Rudolf Jaworski/Peter Stachel (Hg.)
Die Besetzung des öffentlichen Raumes

Rudolf Jaworski/Peter Stachel (Hg.)

Die Besetzung des öffentlichen Raumes

Politische Plätze, Denkmäler und Straßennamen
im europäischen Vergleich

Frank & Timme

Verlag für wissenschaftliche Literatur

Umschlagabbildung: Ľudovít Štúr mit seiner Gefolgschaft vom Bildhauer Tibor Bártfay wurde – lange nach dem Entfernen des Štefánik-Denkmals – auf dem freien Platz vor der städtischen Redoute in Bratislava errichtet, 1972. (Foto: Andrej Mann)

ISBN 978-3-86596-128-0

© Frank & Timme GmbH Verlag für wissenschaftliche Literatur
Berlin 2007. Alle Rechte vorbehalten.

Das Werk einschließlich aller Teile ist urheberrechtlich geschützt. Jede Verwertung außerhalb der engen Grenzen des Urheberrechtsgesetzes ist ohne Zustimmung des Verlags unzulässig und strafbar. Das gilt insbesondere für Vervielfältigungen, Übersetzungen, Mikroverfilmungen und die Einspeicherung und Verarbeitung in elektronischen Systemen.

Herstellung durch das atelier eilenberger, Leipzig.
Printed in Germany.
Gedruckt auf säurefreiem, alterungsbeständigem Papier.

Gedruckt mit Unterstützung des Bundesministeriums für Wissenschaft und Forschung in Wien.
Mit Unterstützung der Volkswagenstiftung.

www.frank-timme.de

Inhaltsverzeichnis

Vorwort   9

Zur Einführung

Peter Stachel (Wien)
Stadtpläne als politische Zeichensysteme.
Symbolische Einschreibungen in den öffentlichen Raum   13

Plätze als Brennpunkte politischer Öffentlichkeit

Corradino Corradi (Paris)
Urbanism and Civilization: The Making of City-Squares in Imperial
Vienna (16th–20th centuries)   61

Bernadette Reinhold (Wien)
„… der nach mir benannte Stalinplatz." Zur politischen Repräsentation
auf Wiener Plätzen   77

Zdeněk Hojda (Prag)
Der Wenzelsplatz in Prag – Bühne moderner tschechischer Geschichte   101

Josip Hrgović (Zagreb)
Orte der Erinnerung und das Problem der Gegenerinnerung.
Der „Platz der Opfer des Faschismus" in Zagreb   115

Jan Kusber (Mainz)
Konkurrierende Plätze in Sankt Petersburg. Zur Dauerhaftigkeit
der Verortung politischer Macht im historischen Gedächtnis 131

Materielle und immaterielle Denkmäler

Werner Telesko (Wien)
Der österreichische „Denkmalkult" im 19. Jahrhundert im
Spannungsfeld von Zentrum und Peripherie 145

Rudolf Jaworski (Kiel)
Denkmalstreit und Denkmalsturz im östlichen Europa –
Eine Problemskizze 175

Andreas Pribersky (Wien)
Krieg, Befreiung, Freiheit? Bedeutungswandel des sowjetischen
Denkmals am Budapester Gellért-Berg von 1947 bis heute 191

Elena Mannová (Bratislava)
Von Maria Theresia zum Schönen Náci. Kollektive Gedächtnisse
und Denkmalkultur in Bratislava 203

François de Capitani (Bern)
Zur Stratigraphie republikanischer Selbstdarstellung
am Beispiel Berns 217

Lena Schulz zur Wiesch (Berlin)
Zum Umgang mit den baulich-symbolischen Relikten
der DDR in Ostberlin 231

Karin Liebhart (Wien)
Authentischer Ort, „DDR-Disneyland" oder „Pendant zum
Holocaustdenkmal"? *Checkpoint Charlie* und das Berliner
Mauermuseum 259

Federico Celestini (Graz/Berlin)
„Denkmäler italienischer Tonkunst": D'Annunzios Roman *Il fuoco*
und die Mythologisierung alter Musik in Italien um 1900   277

Elisabeth Großegger (Wien)
Historische Dramen als immaterielle Denkmäler im öffentlichen
[Theater]raum   293

Straßennamen

Dietz Bering/Klaus Großsteinbeck (Köln)
Die ideologische Dimension der Kölner Straßennamen
von 1870 bis 1945   311

Václav Ledvinka (Prag)
Die Namen von Prager öffentlichen Räumen als Spiegelung
des Wandels der politischen Realität im 20. Jahrhundert
(unter Benutzung der Materialien von Marek Lašťovka und Jakub Hrdlička)   337

Imaginäre und reale Raumkonstruktionen

Jiří Pokorný (Prag)
Der Umsturz als Feier – die ersten Tage der Tschechoslowakischen
Republik   345

Georg Escher (Zürich)
Ghetto und Großstadt. Die Prager Judenstadt als Topos   353

Martin Moll (Graz)
Wohltätigkeitsfeste, Fahnenschmuck und Militärmusik:
Konflikte um den öffentlichen Raum in der Steiermark um 1900   375

Margit Feischmidt (Pécs)
Symbole und Räume rivalisierender Nationalismen am Beispiel
der multiethnischen Stadt Cluj   403

Markian Prokopovych (Budapest)
Staging Empires and Nations: Politics in the Public Space
of Habsburg Lemberg   427

Personenregister   455

Autoren   465

Vorwort

Der vorliegende Band umfasst Beiträge von Autoren aus mehreren europäischen Ländern, der geographische Fokus liegt auf der zentral- bzw. ostmitteleuropäischen Region, die sich insofern als geradezu paradigmatisch geeignetes Untersuchungsgebiet für die hier behandelten Fragestellungen anbietet, als die Systemwechsel und politischen Brüche des 20. Jahrhunderts in dieser europäischen Großregion besonders zahlreich und ausgeprägt waren. Die Anordnung der einzelnen Beiträge folgt dabei weder einem geographischen noch einem chronologischen Ordnungsmuster, sie ist vielmehr explizit thematisch und problemorientiert ausgerichtet, wobei natürlich in vielen der Texte vielfältig überlappende Fragen und Probleme aufgeworfen und erläutert werden. Gleichwohl lassen sich, konkret in Bezug auf Wien, Prag und Berlin, mehrere Texte gemeinsam auch als Beiträge zur Geschichte der politischen Besetzung des öffentlichen Raumes in den betreffenden Städten lesen.

Peter Stachel (Wien) beschäftigt sich im einleitenden Artikel in historischer und methodischer Perspektive mit den Formen politischer Einschreibungen in den urbanen öffentlichen Raum. Daran schließt sich ein Block von Beiträgen, die sich vor allem mit unterschiedlichen Formen politischer Repräsentation auf urbanen Plätzen beschäftigen, wobei Beispiele aus Wien, Prag, Zagreb und St. Petersburg behandelt werden. *Corradino Corradi* (Paris) liefert einen strukturgeschichtlichen Überblick über die Entstehung und die Veränderungen von städtischen Plätzen in Wien vom 16. bis ins 20. Jahrhundert, *Bernadette Reinhold* (Wien) widmet sich in ihrem Beitrag den unterschiedlichen Ebenen politischer Repräsentation auf zentralen Plätzen der Wiener Innenstadt, wobei sie ihr Hauptaugenmerk auf den Schwarzenbergplatz legt. *Zdeněk Hojda* (Prag) analysiert den Prager Wenzelsplatz (Václavské náměstí) als einen zentralen Platz tschechischer Geschichte, auf dem sich unterschiedliche Ebenen symbolischer Bedeutungszuschreibungen überlagern, *Josip Hrgovic* (Zagreb) stellt den Zagreber „Platz der Opfer des Faschismus" als eine Bühne konkurrierender Erinnerungskulturen dar, während *Jan Kusber* (Mainz) mit unterschiedlicher symbolischer Bedeutung aufgeladene und daher „konkurrierende" Plätze in St. Petersburg erläutert.

Der anschließende Textteil befasst sich mit Denkmälern als Formen politischer Einschreibungen in den öffentlichen Raum und als Medien der Identitätspolitik. *Rudolf Jaworski* (Kiel) beschäftigt sich mit Denkmalstreitigkeiten und Denkmalstürzen als integralen Bestandteilen der Wirkungsgeschichte politischer Denkmäler, wofür sich gerade Zentral- und Osteuropa als besonders ergiebiges Forschungsfeld anbietet. *Andreas Pribersky* (Wien) konzentriert sich in seinem Beitrag auf die verschiedenen Phasen des Bedeutungswandels, den das sowjetische Denkmal auf dem Gellért-Berg, in prominenter Lage über der ungarischen Hauptstadt Budapest gelegen, von seiner Errichtung nach dem 2. Weltkrieg bis heute erfahren hat. Überblicke über die unterschiedlichen Denkmalkulturen zweier europäischer Hauptstädte liefern *Elena Mannová* in ihrem Beitrag über Bratislava und *François de Capitani* mit seinem Text über Formen republikanischer Selbstdarstellung in Bern – zwei Beiträge, die unter anderem einen interessanten Vergleich zweier sehr unterschiedlicher Entwicklungen erlauben. Die deutsche Hauptstadt Berlin gehört zu jenen Städten, die im Laufe des 20. Jahrhunderts und gerade auch wieder in den letzten eineinhalb Jahrzehnten besonders radikale Veränderungen der Denkmallandschaft erfahren haben: Dem gehen *Lena Schulz zur Wiesch* (Berlin) in einem Artikel über Umgang mit DDR-Relikten im Osten der Stadt nach 1989 und *Karin Liebhart* (Wien) mit einem Text über die Formen des Gedenkens an die Berliner Mauer, jenes Baudenkmal, das wie kein anderes die deutsche Teilung repräsentierte, nach.

Mit Denkmälern im metaphorischen Sinn, die gleichwohl als Formen politischer Sinnstiftung aufgefasst werden können, beschäftigen sich die Beiträge von *Federico Celestini* (Graz/Berlin) und *Elisabeth Großegger* (Wien): *Celestini* stellt die diversen Projekte der „Denkmäler der Tonkunst" dar, die beispielsweise im Deutschen Reich und in Österreich eine spezifische nationalpolitische Funktion erfüllten und widmet sich dabei schwerpunktmäßig dem Projekt der *L'arte musicale in Italia* und seiner identitätspolitischen Funktionalisierung, *Großegger* analysiert die Historiendramen des 19. Jahrhunderts (mit Blick auch auf neuere Werke) als Darstellung geschichtlicher Momente in Bilderreihen im Sinne eines „ästhetischen Historismus" und damit als immaterielle Entsprechungen von „historischen" Denkmälern.

Die beiden darauf folgenden Texte sind Formen der Raumbesetzung durch Benennungen und Umbenennungen von Straßen und anderen urbanen Flächen gewidmet: *Dietz Bering* und *Klaus Großsteinbeck* (beide Köln) erläutern auf Basis von im Rahmen eines größeren Forschungsprojektes erarbeiteten statistischen Daten die ideologische Dimension der Straßennamen und ihrer Wandlungen in Köln zwischen 1870 und 1945, *Václav Ledvinka* (Prag) analysiert die Veränderungen der Namen von öffentlichen Räumen in Prag als Entsprechung der politischen Geschichte des 20. Jahrhunderts.

Der abschließende Block von Beiträgen beschäftigt sich in der Hauptsache mit temporären Formen der Besetzung des öffentlichen Raumes durch politische Inszenierungen, Aufmärsche und Festakte, aber auch durch Formen der publizistischen und literarischen Aneignung. *Jiří Pokorný* (Prag) präsentiert die öffentlichen Inszenierungen des politischen Umsturzes von 1918 in Prag, während *Georg Escher* (Zürich) gleichfalls Prag thematisiert, dabei aber die Ausprägung des Topos von der legendären „Prager Judenstadt", ein vielfach auch in der Literatur abgehandeltes Sujet, in den Mittelpunkt seiner Ausführungen stellt. *Martin Moll* (Graz) stellt Formen der temporären symbolischen Markierung des öffentlichen Raums durch Feste, Fahnenschmuck und Militärmusik in der Steiermark um 1900 dar, *Margit Feischmidt* (Pécs) und *Markian Prokopovych* (Budapest) analysieren Symbole und Inszenierungen rivalisierender politischer „Raumbesetzungen" am Beispiel von Klausenburg/Cluj/Kolozsvár und Lemberg/L'vív/Lwów.

Der vorliegende Band ist das um einige zusätzliche Beiträge erweiterte Ergebnis einer internationalen Konferenz, die im November 2004 im Palais Clam-Gallas in Prag von der *Kommission für Kulturwissenschaften und Theatergeschichte* der *Österreichischen Akademie der Wissenschaften* in Kooperation mit dem Prager Stadtarchiv (*Archiv hlavniho mesta Prahy*) veranstaltet wurde. Der Dank der Herausgeber gilt unseren Partnern in Prag, namentlich Direktor Václav Ledvinka und besonders Petra Vokáčová vom Prager Stadtarchiv, weiters Zdeněk Hojda, der von Anfang an in die Planung einbezogen war. Wir danken auch Josef Schiffer (Graz), der den Band lektoriert, und Sabine Krammer (gleichfalls Graz), die ihn layoutiert hat. Unser besonderer Dank gilt jenen Institutionen, die durch finanzielle Zuwendungen die Konferenz und die Veröffentlichung ermöglicht haben, namentlich der deutschen *Volkswagenstiftung*, die durch Projektmittel den größten Beitrag geleistet hat, weiters der *Österreichischen* und der *Tschechischen Akademie der Wissenschaften*. Last but not least gilt unser Dank aber vor allem den Autoren der Beiträge, ohne deren Bereitschaft zur Mitarbeit dieser Band nicht zustande gekommen wäre.

Rudolf Jaworski, Peter Stachel

In Memoriam

Klaus Großsteinbeck (1965–2004)
Corradino Corradi (1959–2006)

Stadtpläne als politische Zeichensysteme. Symbolische Einschreibungen in den öffentlichen Raum

Peter Stachel (Wien)

> Ich wollte verstehen, dass Dinge nicht vergessen, dass Städte – wie Menschen, wie Palimpseste, wie die Ruinen eines römischen Tempels, die sich unter einer alten Kirche verbergen – ihrem Untergang nicht einfach zusehen müssen, sondern sich zu erinnern versuchen, denn in dem Wunsch, sich zu erinnern, liegt die Sehnsucht nach Erneuerung, nach Leben, nach dauerndem Bestand.
>
> André Aciman, *Hauptstädte der Erinnerung. Von Alexandria nach New York*, Berlin 2006, S. 124f.

Es gibt sehr elaborierte Definitionen von Öffentlichkeit und öffentlichem Raum, die im deutschen Sprachraum vor allem mit dem Namen von Jürgen Habermas verbunden sind. *Die Öffentlichkeit* wird dabei, vereinfacht ausgedrückt, als ein virtueller Raum aufgefasst, in dem Werte und Normen einer Gesellschaft – im ideal gedachten und in reiner Form nirgendwo existenten „herrschaftsfreien Diskurs" – ausverhandelt werden. Wenn im Folgenden von Raum und insbesondere von öffentlichem Raum die Rede ist, so sind damit allerdings ganz konkret topographische Räume gemeint, in denen sich soziales und politisches Leben abspielt und in die auch politische Zeichen eingeschrieben sind. Ein so aufgefasster öffentlicher Raum ist sozial und kulturell definierter Raum: Das mag banal klingen, muss aber deswegen eigens betont werden, weil die historische und sozialwissenschaftliche Forschung nach 1945 – nicht nur, aber vor allem im deutschen Sprachraum – aus nachvollziehbaren Gründen die Kategorie des Raumes kaum thematisiert hat. Während „Zeit" in den Humanwissenschaften selbstverständlich als soziale Konstruktion und Kategorie verstanden wurde, ist, wie Martina Löw in ihrer im Jahr 2001 veröffentlichten Studie *Raumsoziologie* detailreich belegt, der Raum lange Zeit mehr oder weniger unhinterfragt als substanzhafte, invariante und immobile physikalische Gegebenheit im Sinne eines bloßen „Behälters" aufgefasst worden[1]; mittlerweile hat sich dies jedoch derart nachhaltig geändert, dass nunmehr geradezu von einem „spatial" oder „topographical turn" in den Sozial- und Kulturwissenschaften gesprochen wird.[2]

Der von Individuen und Gesellschaft bewohnte Raum ist immer gesellschaftlich und kulturell sinnhaft strukturierte „Räumlichkeit"[3]: Soziale Akteure orientieren sich im Allgemeinen nicht an abstrakten Entfernungs- und Richtungsangaben, sondern an materiellen und symbolischen Markierungen. Wie bedeutsam diese für die soziale Interaktion gerade im urbanen Raum sind, wurde insbesondere von Kevin Lynch in seiner 1960 veröffentlichten Pionierarbeit *The Image of the City* dargelegt.[4] Klar lesbare morphologische Elemente wie Wege, Grenzlinien, abgegrenzte Bereiche, Schnittpunkte und Merkzeichen erfüllen Orientierungsbedarf und tragen wesentlich zum Wohlbefinden der Bewohner *in* der Stadt und in weiterer Folge zur Identifikation *mit* der Stadt bei. Damit stellt sich aber auch die Frage nach der Dauerhaftigkeit konkreter Strukturelemente und nach den Reaktionen auf grundlegende Veränderungen im materialen und semiotischen Gefüge einer Stadt.[5]

Als Bühne und Orientierungsrahmen sozialen Lebens ist die Stadt zur gleichen Zeit eine soziokulturelle Realität und eine – im Prinzip utopische – Idee, die vielfach als „Metapher der modernen Welterfahrung"[6] verstanden wird.[7] Allgemeine Überlegungen und auch konkrete Pläne für die Konzeption einer „idealen Stadt" gibt es sowohl in der Stadtplanung als auch in der utopischen Literatur zuhauf, tatsächlich realisierte Planungen für „Städte vom Reißbrett" sind jedoch unzweifelhaft höchst seltene Ausnahmen – im Bezug auf das 20. Jahrhundert fällt einem wahrscheinlich am ehesten *Brasilia*[8] als Beispiel ein. Den Planstädten ergeht es ähnlich wie den Plansprachen (Esperanto, Volapük): Sie dienen zu allererst der Selbstverwirklichung der Planer und überzeugen den einen oder anderen so genannten „Experten", können aber in der sozialen Alltagspraxis diejenigen, die sich ihrer bedienen oder die in ihnen leben sollen, oftmals nicht überzeugen. Eine Stadt ist also üblicherweise nicht nach einem übergeordneten Plan, sondern über lange Zeiträume durch regionale und vielfältige punktuelle Gestaltungen und Umgestaltungen entstanden und stellt eine Kombination natürlicher Gegebenheiten mit vom Menschen über lange Zeiträume hinweg geschaffener Umwelt dar. Dies bedeutet aber, so Boris Groys, dass „die ganze innere Ordnung der Stadt, ihre räumliche, kommunikative, soziale Grundstruktur, ihre besondere Lebensweise und die kulturelle Vision, die diese Stadt verkörpert,

[...] den nächsten Generationen hinterlassen – oder, wenn man will – sogar aufgezwungen [wird]. Denn die nächsten Generationen sind dazu verurteilt – ob sie es mögen, oder nicht –, in den Städten zu leben, die von ihren Vorfahren gebaut worden waren."[9] Dieser Umstand verleiht den städtischen Strukturen einen Aspekt der „Dauerhaftigkeit" und Invarianz, der im Prinzip im Widerspruch zur Idee von der modernen Stadt als einem Verdichtungspunkt beschleunigten sozialen Austauschs und Wandels steht.[10] Auf dieses „konservativ" geprägte Verhältnis der Bewohner einer Stadt zur Materialität derselben hat unlängst Detlev Ipsen hingewiesen:

> Im Allgemeinen sollte man davon ausgehen, dass räumliche (und auch zeitliche) Orientierungsmuster langlebig, geradezu persistent sind und die Beziehung der Menschen zu ihnen konservativ. Jede Änderung in den grundlegenden Mustern der Architektur, des Städte- und Gartenbaus, jede Änderung der regionalen Muster der Landnutzung sind daher untrügliche Hinweise auf qualitative Sprünge und Risse in der gesellschaftlichen Organisation.[11]

Denn:

> Durch Architektur ihrer Gebäude, Gärten und Landschaften, durch das Arrangement der Dinge im Raum und durch konzeptionelle Planung schafft sich jede Gesellschaft für eine bestimmte Zeit ihre Muster der räumlichen Orientierung. Diese Muster von Raum und Zeit sind dann wiederum Orientierungsrahmen und grundlegende Voraussetzung für gezieltes Handeln und die Entstehung „einsichtiger" Verhaltensmuster.[12]

Der physikalische Raum – hier konkret der urbane Raum – ist also Ausdrucks- und Symbolträger für soziale und kulturelle Ordnungsmuster, für Elemente sowohl individueller als auch kollektiver Erinnerung und damit letztlich für Identitätsstiftungen, die an Erinnerung geknüpft sind.[13] Auf diese raumbezogenen Aspekte von kollektivem Gedächtnis und kollektiver Identität hat – konkret gerade auch unter Verweis auf den städtischen Raum – als einer der ersten Maurice Halbwachs mit Nachdruck verwiesen, wobei bereits er den Charakter der Dauerhaftigkeit städtischer Strukturen besonders nachdrücklich hervorgehoben hat:

> Wenn zwischen den Häusern, den Straßen und den Gruppen ihrer Bewohner nur eine rein zufällige Beziehung von kurzer Dauer bestände, könnten die Menschen ihre Häuser, ihre Straßenviertel, ihre Stadt zerstören und auf dem selben Grund ein andere Stadt nach einem andersartigen Plan wiederaufbauen; aber wenn die Steine sich auch versetzen lassen, so kann man doch nicht ebenso leicht die Beziehungen verändern, die zwischen den Steinen und den Menschen entstanden sind.[14]

Diese Beziehung zwischen der architektonischen Substanz einer Stadt und den Menschen, die in dieser Stadt leben, wird dort exemplarisch sichtbar, wo Zerstörungen durch Rekonstruktionen unter zum Teil erheblichem Aufwand getilgt werden[15]: So wurde die Altstadt von Warschau, die während des 2. Weltkrieges von den deutschen Truppen gezielt Haus für Haus zerstört worden war, in einem beispiellosen Kraftakt unter widrigsten Bedingungen innerhalb von wenigen Jahren ebenso Haus für Haus wieder errichtet. „Eben weil [die] nationale Identität [der Polen] vernichtet werden sollte, sollte ihre äußere räumliche Basis wiedererrichtet werden, sollte also mit der täuschend echt erneuerten Tradition der Beweis ihres Weiterlebens erbracht werden."[16] In Österreich, konkret in Wien, kann man an den Wiederaufbau des teilweise zerstörten Stephansdoms nach 1945, noch mehr an die eingeschränkt originalgetreue Rekonstruktion der im 2. Weltkrieg weitestgehend zerstörten Wiener Staatsoper (1955) denken.[17] Dabei ist bemerkenswert, dass die Wiederherstellung dieser einzelnen Repräsentativbauten nicht nur einen erheblichen Teil der Gesamtkosten des so genannten „Wiederaufbaus" ausmachte – allein für das Opernhaus wurden mehr als zehn Prozent der Gesamtmittel für die Wiedererrichtung beziehungsweise den Neubau öffentlicher Gebäude in Österreich aufgewandt – sondern dass diesen emotional aufgeladenen Baudenkmälern die Priorität gegenüber der Schaffung von dringend benötigtem neuen Wohnraum zukam; und dies mit Zustimmung eines großen Teils der betroffenen Bevölkerung.[18] In Bezug auf Deutschland fallen einem in diesem Zusammenhang die Wiedererrichtung der Semper-Oper (1985) und der Frauenkirche (2005) in Dresden[19], sowie die aktuellen Diskussionen über die Rekonstruktion des Stadtschlosses und der Schinkel'schen Bauakademie in Berlin ein. Gerade die beiden Berliner Beispiele verdienen aus mehreren Gründen besondere Beachtung: Zum einen weil es hier nicht nur um die „Wiederherstellung", sondern damit notwendig verbunden zugleich auch um die „Auslöschung" von Vergangenheit, also um die Durchsetzung einer bestimmten Form architektonischer „Erinnerung" gegenüber einer anderen geht. Wird das Stadtschloss tatsächlich wieder errichtet, so muss der aus DDR-Zeiten stammende „Palast der Republik"[20] verschwinden. Zum anderen, weil sie nachdrücklich auf den überindividuellen und generationsübergreifenden Zusammenhang zwischen „den Steinen" und „den Menschen" verweisen; nur eine Minderheit derjenigen, die sich heute für die Rekonstruktion dieser historischen Bauten einsetzt, kann auf eigene Erinnerungen an diese aus ideologischen Gründen nach dem Krieg (1950 beziehungsweise 1962) zerstörten Bauten verweisen. Wenn diese dennoch als wiederherzustellender Ausdruck einer spezifischen Identität der Stadt und ihrer Bewohner verstanden werden, so geht es hier offenkundig nicht in erster Linie um individuelles, sondern um „kollektives" Gedächtnis, das natürlich nicht als das irgendwie „wesenhaft" in einer eigenen ontologischen Sphäre existierende Gedächtnis eines Kollektivs, sondern als Prägung und Überformung des Gedächtnisses von Individuen durch die Kollektive, denen der Einzelne angehört, zu verstehen ist.[21]

Die „Steine", also die Materialität der Stadt, ihrer Bauten, Straßen und Plätze, haben mithin nicht allein einen bloßen Nutzaspekt – der als solcher freilich keineswegs zu vernachlässigen ist – die Stadt ist immer auch ein lesbarer „Text"[22], eine „Semiosphäre"[23]. Unter „Text" werden hier natürlich nicht vordringlich verbale Texte verstanden, sondern in einem weiter gefassten (semiotischen) Sinn alle Strukturen, die auf Verknüpfungen von bedeutungstragenden Zeichen basieren und daher „lesbar" sind. Das kommunikationstheoretische Verständnis einer urbanen Struktur als „Text" ist also ein methodisches Instrumentarium[24], das es erlaubt, bestimmte Aspekte der hier in Frage stehenden Problematik zu isolieren und damit besonders hervorzuheben. Insbesondere werden damit Möglichkeiten des Aufweises struktureller und funktionaler Gemeinsamkeiten und Ähnlichkeiten, also des Vergleichs, eröffnet. Andere Teilaspekte, etwa die Frage nach den konkreten Akteuren und ihrem sozialen Kontext, werden damit – nicht zwangsläufig, aber konkret im Folgenden – in den Hintergrund gerückt; dies bedeutet jedoch keineswegs, dass sie irrelevant wären, sie stehen bloß nicht im Mittelpunkt der vorliegenden Analyse.

Aus einer solchen kommunikations- und zeichentheoretischen Perspektive werden städtische Räume „als geschichtete Architektur eines kollektiven Gedächtnisses"[25] wahrnehmbar und analysierbar, wie Corradino Corradi anmerkt:

> Eine bedeutende Tradition in der Stadtmorphologie hat uns gelehrt, die Architektur und die physische Gestalt der Stadt wie einen Text zu lesen. Das bedeutet jedoch vor allem, daß diese Stadtgestalten ein offenes und von mehreren Händen geschriebenes Buch sind, ein Text, an dem jeder Schaffender seine Änderungen vornimmt und eine Artikulation immer höherer Komplexität herbeiführt.[26]

Die Stadt ist, so Karlheinz Stierle, ein Ort, „dessen gesellschaftliche Realität in der Signatur seiner Straßen, Plätze und Bauwerke zur Erscheinung kommt. Sie ist zugleich par excellence ein Ort gesellschaftlicher Praxis und ihrer symbolischen Formen. Die große Stadt ist jener semiotische Raum, wo keine

Materialität unsemiotisiert bleibt."[27] In der Stadt kann alles mit Bedeutung versehen werden und zeichenhaften Charakter annehmen, wobei die Erinnerungszeichen individuell, gleichsam autobiographisch geladen sein können, in der Regel aber vielfach kollektiv überformt und geprägt sind.[28] Mit Stanford Anderson kann dabei zwischen „Erinnerung in der Architektur" und „Erinnerung mittels Architektur" unterschieden werden,[29] was eine Unterscheidung zwischen Gebrauch einerseits und Bedeutung andererseits bedingt (wobei die Bedeutung natürlich nicht auf den Gebrauch reduzierbar ist). Diese Unterscheidung ist allerdings nicht immer klar zu ziehen und kann auch fallweise, etwa dort wo alte Formen einer neuen Nutzung zugeführt werden, zu Interferenzen und Widersprüchlichkeiten führen.

Zur „Erinnerung in der Architektur" gehört unter anderem auch der Bereich jener Grundstrukturen der funktionalen und repräsentativen Anordnung, der für die moderne Großstadt europäischen Typs kennzeichnend und als solcher leicht wieder erkennbar ist. Dazu gehören beispielsweise breite Einfallsstraßen, große Plätze in Nähe der institutionellen Zentren, geräumige Boulevards mit entsprechender ökonomischer Nutzung der dort gelegenen Gebäude[30], Bahnhöfe (mit entsprechender Infrastruktur und mit Hotels in unmittelbarer Nähe) und deren verkehrstechnische Anbindung an die Stadtzentren, die Konzentration von Industrie und Versorgungsbetrieben (Schlachthöfe, Markthallen et cetera) in bestimmten (ehemaligen) Randzonen der Stadt, die Errichtung markanter Akzente setzender, frei stehender Opern-, Theater- und Museumsbauten als ins Auge springende Blickpunkte, als Nachfolger meist an fürstliche Residenzen angegliederter unscheinbarerer Zweckbauten und dergleichen mehr. Diese typische „Stadtgestalt" wurde in Europa seit dem ausgehenden 18. Jahrhundert, insbesondere im 19. Jahrhundert, im Zuge der technischen Modernisierung auch – wenn auch nicht ausschließlich – unter Gesichtspunkten planerischer Rationalität ausgeprägt[31] und ist zumeist selbst dort noch identifizierbar, wo Städte großräumigen Zerstörungen ihrer architektonischen Subtanz – etwa im Zuge kriegerischer Handlungen – ausgesetzt waren. Ursprünglich eine spezifische europäische Entwicklung[32], wurde dieses Modell auch in anderen Weltteilen adaptiert: Umso mehr fällt es dem europäischen Beobachter auf, wenn Städte, wie etwa vielfach in den USA, nach offenkundig andersartigen Strukturmerkmalen aufgebaut sind.

Paradigmatische Beispiele für „Erinnerung durch Architektur" sind Denkmäler und Denkmalensembles, national codierte Plätze und Straßennamen. Diese können als bewusst gesetzte Zeichen im öffentlichen Raum definiert werden, denen zumeist ein auf ein Kollektiv bezogenes Narrativ, also eine sinnhaft angeordnete „Bedeutungsstruktur", eingeschrieben ist. Diese Narrative sind als absichtsvolle Visualisierungen einer erwünschten beziehungsweise verordneten kollektiven Identität oder eines kollektiven Gedächtnisses analysierbar. Mit anderen Worten: Gedächtnis und Erinnerung sind Formen und Medien von Identitätspolitik. Eine Kultur kollektiven Erinnerns, die dominant von Bildern und Emotionen bestimmt ist, unterscheidet sich fundamental von der Vorstellung eines feststehenden und allzeit abrufbaren Bestandes an gesichertem Wissen über historische Ereignisse und auch von kritisch-analytisch vorgehender historischer Forschung.[33] Erinnerung ist zwar auf Vergangenheit bezogen, in ihren funktionellen Aspekten aber immer Produkt und Ausdruck der Gegenwart. Dabei ist es im Prinzip unerheblich, ob sich diese Formen kollektiven Gedächtnisses auf reale Ereignisse oder Personen der Vergangenheit oder auf Mystifikationen beziehen. Auch erlaubt es die Anordnung von Erinnerungszeichen im Raum, unterschiedliche zeitliche Ebenen gleichwertig nebeneinander zu platzieren und damit zeichenhaft im Raum zeitübergreifende Bezüge herzustellen. „Kollektive Erinnerung" wird gleichsam immer neu „ausverhandelt", ein bestimmtes Erinnerungsnarrativ wird gegen konkurrierende Erinnerungsangebote durchgesetzt, dabei neu inszeniert[34] und eventuell inhaltlich oder eben auch räumlich neu angeordnet. Um aber kollektiv wirksam zu werden, muss sich ein Erinnerungsnarrativ im Alltag zeichenhaft visualisieren und auf diese Weise Element der sozialen Kommunikation werden.[35] Wer nun die Definitionsmacht über das kollektive Gedächtnis einer Gemeinschaft ausübt, erweist sich damit auch als Normen setzende politische Instanz und umgekehrt, wer sich als Normen setzende und politisch dominierende Instanz versteht, ist bestrebt, dies durch öffentliche Demonstration der Definitionsmacht über das kollektive Gedächtnis und seine Visualisierungen im öffentlichen Raum – der ja nicht nur Träger von Zeichen, sondern auch Fläche für die Formierung politischer Öffentlichkeit ist – sichtbar zu dokumentieren. „Die Verfügung über Zeichen und Symbole [ist] in hohem Maße bedeutsam für Macht und Herrschaft."[36]

Dies erklärt die besondere Bedeutung von umstrittenen Denkmälern, aber auch den Nachdruck und die Eile, mit der politische Systemwechsel häufig von Denkmalstürzen und der Umbenennungen von Straßen begleitet werden. So wurden beispielsweise im Jahr 1945 in Wien bereits am 27. April, während andernorts noch Krieg herrschte und die Versorgung der Bevölkerung mit dem Notwendigsten ebenso wenig gesichert war wie das Funktionieren der städtischen Infrastruktur, mit der Umbenennung der wichtigsten Straßen begonnen und auch in Berlin stand bereits beim ersten Treffen der

Zivilverwaltung am 24. Mai 1945 die Frage nach der Umbenennung von Straßen auf der Tagesordnung.[37] Die Neucodierung des öffentlichen Raumes dient somit vor allem der Demonstration des Umstandes, dass die politische Macht, mithin auch die Verfügungsgewalt über die Zeichen und Symbole, auf neue Trägerschichten übergegangen ist. Mit den Worten von Maoz Azaryahu:

> Any change in the ruling social and moral order is followed by a redefinition of the official culture in general and the official version of the past in particular. The renaming of streets is only one manifestation of the general process. An additional factor is the proclamatory value that renaming has: it serves as a political declaration in its own right, displaying and asserting the fact, that political changes have occurred and that the „ownership" of the official culture and the media for its presentation has changed hands.[38]

Es geht in dem hier in Frage stehenden Zusammenhang aber nicht nur um den Raum als „Ort" sozialen Handelns, sondern auch um Raum als Territorium von Gruppen. Denkmäler, Straßennamen und politische Plätze sind sichtbare Markierungen solch kollektiv beanspruchten Territoriums, entsprechend der für die nationalistische Ideologie zentralen Imagination eines Territoriums, dass einer bestimmten sprachlich-ethnischen Gruppe exklusiv „gehört" und in dem für Angehörige anderer Gruppen im Prinzip kein Platz vorgesehen ist: „Daher ist der Begriff des öffentlichen Raumes eng verbunden mit der Frage nach Zugehörigkeit und Ausgrenzung. Räume stellen eine Choreographie der Öffentlichkeit dar. Sie konstituieren und formen Öffentlichkeit und bilden Bühnen für die Repräsentation in der Öffentlichkeit."[39]

Politische Repräsentation und Inszenierung im öffentlichen Raum in Form von Prachtbauten, Triumphbögen und Festzügen und dergleichen gehören traditionellerweise zum bewährten Repertoire der medialen Vermittlung von weltlicher und geistlicher Macht. Entsprechende Praktiken lassen sich bis in die Antike zurückverfolgen, doch bis ins späte 18. Jahrhundert blieben derartige Strategien symbolischer Repräsentation sowohl sozial als auch temporär von begrenzter Reichweite.[40] Mit der Herausbildung einer politischen Öffentlichkeit in Verbindung mit beschleunigten Urbanisierungsprozessen, zunehmender politischer Partizipation und Bürgerkultur sowie der einsetzenden Nationalisierung der Massen seit Ausgang des 18. Jahrhunderts und der damit verbundenen Vorstellung von einer gleichsam „natürlichen" Einheit von ethnischer Gruppe und Territorium, erfuhren die Formen der politischen Inszenierung in Europa jedoch einen grundlegenden Wandel. Der öffentliche Raum diente fortan nicht mehr nur der Repräsentation von Herrschaft, sondern wurde in zunehmendem Maße für Manifestationen kollektiver Identifikationsprogramme genutzt und entwickelte sich so im Laufe der Zeit zu einem oftmals auch kontrovers beanspruchten Forum und Austragungsort unterschiedlicher politischer Vorstellungen und Imaginationen. Denkmäler, Plätze und Straßennamen fügten sich im Zuge dieser Entwicklung zu einem aufeinander bezogenen Zeichensystem kollektiver Identitätsentwürfe und Selbstvergewisserung. Dabei vermischten sich lokalpatriotische und nationale Komponenten mit übergeordneten makropolitischen Weltanschauungen, wobei konkret stets auch in Betracht zu ziehen ist, wem – der Kommune oder dem Staat – diese Verfügungsgewalt formal zukam und wie das rechtliche und politische Verhältnis dieser verschiedenen Autoritäten strukturiert war. In den ethnisch und kulturell homogeneren, beziehungsweise früher politisch zentralisierten und national-kulturell vereinheitlichten Staaten Westeuropas, wie beispielsweise in Frankreich, trugen solche symbolische Einschreibungen in den öffentlichen Raum mehrheitlich zur Bestätigung und Festigung bereits bestehender Verhältnisse bei. In den deutschen und italienischen Territorien kam es zu teils fragmentierten, teils offen konkurrierenden Erscheinungsformen zeichenhafter Raumbesetzungen, die sich nicht immer problemlos zu einem homogenen Identitätsmuster zusammenfügen ließen. Im östlichen und südöstlichen Europa dagegen, beispielsweise in der Habsburgermonarchie oder im zaristischen Russland, war die als Ideal betrachtete Einheit von Ethnie und Territorium, in dem Sinn, dass in einem bestimmten Territorium eben nur für eine Ethnie exklusiv Platz vorgesehen sei, nicht gegeben und auch nicht ohne Gewaltanwendung herzustellen. Hier waren eindeutige symbolische Festlegungen daher zwangsläufig mit vielerlei Irritationen und oft mit Konflikten verbunden.[41] Eine Häufung von Mehrfachkodierungen und Mehrfachbeanspruchungen bei gleichzeitig exklusiv vorgetragenen Besetzungsansprüchen führte unvermeidlich zu disparaten und manchmal ausgesprochen feindselig gegeneinander gerichteten Lesarten. Die wiederholten politischen Systemwechsel des 20. Jahrhunderts haben dann zu teilweise dramatischen neuen Umdeutungen beigetragen.

Im Prinzip konnten und können derartige Akte einer symbolischen Besetzung des öffentlichen Raumes überall stattfinden, durchaus auch in der Natur: Man denke an die nationale Codierung von Landschaften, Flüssen, Bergen oder von bestimmten Baumarten (die deutsche Eiche, die slawische Linde) oder Blumen. So wurde, um nur ein Beispiel zu nennen, der Walhalla-Hügel bei Regensburg mit seiner „Ruhmeshalle berühmter Deutscher" absichtsvoll mit als „deutsch" konnotierten Eichen bepflanzt.[42] Zumeist sind es aber vor allem die größeren Städte, insbesondere die Haupt- und Residenzstädte, die zu richtiggehenden Bühnen der Inszenierung bestimmter Formen kollektiver Identität gestaltet wurden. Wie bereits erläutert können und müssen die diversen Raum- und Bauelemente einer Stadt im Sinne der Orientierung als ein lesbares Ganzes wahrgenommen werden. Der „Text einer Stadt" stellt ein teils historisch gewordenes, teils aktuell gewolltes, immer aber kollektiv erzeugtes Sinngewebe dar, an dem im Allgemeinen über längere Zeiträume mit unterschiedlichen Intentionen „gewoben" wird.[43] Jede neue Sinnstiftung erfolgt damit zwangsläufig innerhalb eines bereits vorgegeben Referenzrahmens, wobei dieser in affirmativer Weise bestätigt oder aber kritisch in Frage gestellt werden kann. Die zeichenhaft verdichteten Visualisierungen kollektiver Gemeinschaftsbindungen sind unterschiedlich ausdeutbar und werden in der Tat von den Gesellschaften stets aufs Neue aktualisiert und definiert. Damit kommt es immer wieder zu Um- oder Überschreibungen solcher „Stadttexte" oder auch – und zwar gar nicht so selten – zu Bedeutungsverlusten, die zu Unleserlichkeiten führen, weil bestimmte Botschaften von nachgeborenen Generationen nicht mehr decodierbar sind. So ist beispielsweise die Wahl bestimmter Baustile für öffentliche Gebäude um 1900 unter dem Gesichtspunkt historischer Rekontextualisierung oftmals als bewusste Setzung politischer Symbolik zu interpretieren: In der Habsburgermonarchie galt das „Neobarock" – in seiner durch die Formensprache erzeugten Verbindung mit der Zeit der Gegenreformation und der Türkenkriege – als habsburgisch-staatstragend[44] während die Neorenaissance sowohl als „deutschnational" als auch als „tschechisch-national"[45] definiert werden konnte. Dabei handelt es sich durchwegs um Konnotationen, die einmal von hoher symbolischer Aussagekraft und dementsprechend umstritten waren, die dem heutigen Betrachter aber nur mehr mittels historischer Reflexion zugänglich sind.

Erinnerungszeichen müssen sich nicht unbedingt auf „reale Vergangenheit" beziehen: Ihre Funktion besteht ja wesentlich gerade darin, eine mehr oder weniger kanonisierte Form von „Erinnerung" herzustellen und zu produzieren, was auch auf dem Wege einer erfundenen Vergangenheit, durch „invention of tradition"[46], geschehen kann. Als ein kennzeichnendes Beispiel wäre hier etwa der monumentale „Markuslöwe" unmittelbar neben dem Portal der Burg von Görz/Gorizia in Oberitalien zu erwähnen, der sofort an Venedig denken lässt. Allein: Görz war, abgesehen von einem dreizehnmonatigen Zwischenspiel in den Jahren 1508–1509, nie unter venezianischer Herrschaft, sondern erst eine eigenständige Grafschaft und danach für Jahrhunderte habsburgisch. Der Löwe wurde erst im Zuge der (sehr freien) Rekonstruktion der im 1. Weltkrieg zerstörten Görzer Burg durch die Autoritäten des italienischen Nationalstaates, dem das Gebiet 1918 zugefallen war, angebracht[47] und bezog sich auf den historischen Mythos der „tre venetie" (drei Venetien), die als oberitalienische Keimzellen des italienischen Nationalstaates imaginiert wurden, wobei die Verwaltungseinheit Friaul Julisch-Venetien, in der Görz liegt, in Wahrheit erst durch den italienischen Staat aus Teilen mehrerer verschiedener historischer Herrschaftsgebiete zusammengefügt wurde. Hier handelt es sich also nicht um verloren gegangene, sondern um erfundene Bezüge, die sich gleichfalls nur auf dem Weg historischer Reflexion erschließen.

Symbolische Besetzungen des öffentlichen Raumes können sich ganz unterschiedlicher, zum Teil auch nur temporär wirksamer Medien bedienen: Zu denken wäre hier an Wappen und Fahnen auf öffentlichen Gebäuden, die Beflaggung an Feiertagen oder die gerne von den kommunistischen Regimen Osteuropas geübte flächendeckende Beschallung durch Lautsprecher. Als aktuelles Beispiel aus Österreich kann auf den politischen Konflikt um die höchstrichterlich angeordnete Aufstellung zweisprachiger – deutsch-slowenischer – Ortstafeln in mehreren Gemeinden Kärntens verwiesen werden, die offensichtlich von einigen der politischen Akteure als Versuch einer „ethnischen" Definition beziehungsweise Neudefinition der betreffenden Ortschaften aufgefasst wird. Unter bestimmten Umständen können auch auf den ersten Blick politisch unverfängliche soziale Normen und Zeichen eine identitätspolitische Aufladung erfahren. Derartiges passierte etwa im Zuge der Wiedervereinigung von Berlin nach 1989, als die unterschiedlichen Regulative der Straßenverkehrsordnung vereinheitlicht wurden. Dass dies im Wesentlichen durch die Ausdehnung der vormals in Westberlin üblichen Bestimmungen auf die ganze Stadt geschah, wurde teilweise kritisiert und zog eine identitätspolitische Aufladung der zuvor in Ostberlin üblichen Praktiken nach sich, im Zuge derer die im Ostteil der Stadt üblichen „Ampelmännchen" – also die stilisierten Menschendarstellungen auf den Fußgängerampeln –, die sich von jenen in Westberlin unterscheiden, zu einem Symbol der eigenständigen Identität des Ostteils der Stadt erhoben wurden, was heute noch in der touristischen Vermarktung der Ampelmännchen – auf T-Shirts, Kappen, Postkarten, Magnetplaketten und dergleichen mehr –, nunmehr allerdings eher als Symbol für die eigenständige Identität der ganzen Stadt verstanden, nachwirkt.

Die wichtigsten, weil im Prinzip dauerhaftesten Medien der identitätspolitischen Markierung des öffentlichen Raumes sind aber, wie erwähnt,

Denkmäler, Straßen- und Platznamen, sowie als paradigmatische Verbindungen von öffentlichem Raum als Semiosphäre einerseits und als Bühne zur Formierung politischer Öffentlichkeit andererseits, die „politischen Plätze". In der Forschung sind bislang vornehmlich die ideologischen Aussagen von Denkmälern und ihre Formensprache zum Gegenstand der Untersuchung gemacht worden, kaum aber ihre mindestens genauso aussagekräftige Verankerung im sozialen Raum. Die Wahl der Aufstellungsorte bestimmter Denkmäler und ihre Zuordnung zu anderen visuellen Fixpunkten des betreffenden Stadtbildes sind aber von größter Bedeutung: häufig geben erst die *Kon*texte dem Text einen lesbaren Sinn.[48]

Freistehende Monumentaldenkmäler aus Metall (häufig Bronze) oder Stein sind erkennbar bewusst gesetzte Erinnerungszeichen im öffentlichen Raum, wobei grob zwischen personenbezogenen, gruppenbezogenen, ereignisbezogenen und allegorischen Motiven unterschieden werden kann, die sich freilich in konkreten Denkmälern vielfach durchdringen können. In Bezug auf personenbezogene Denkmäler – am repräsentativsten und technisch aufwändigsten in Form des Reiterstandbildes[49] – ist anzumerken, dass bis ins 19. Jahrhundert im Allgemeinen nur Herrscher, Feldherren und Heilige als denkmalwürdig erachtet wurden: Bei den Denkmälern von Herrscherpersönlichkeiten ist dabei insbesondere auch die Funktion der Repräsentation des Herrschers zu berücksichtigen: Das Bild der Herrscherpersönlichkeit – oder die Bezugnahme auf diese – firmiert gewissermaßen medial als sichtbarer „Platzhalter" für den Träger der politischen Macht selbst, es „verkörpert" diesen im wörtlichen Sinn; eine vergleichbare Funktion erfüllen auch die Portraits der Herrscher auf Briefmarken, Geldmünzen oder die offiziellen Portraits in öffentlichen Institutionen. Eine derartige Repräsentation kann sich auch auf Persönlichkeiten der Vergangenheit beziehen, denen besonderer Sinngehalt für die Gegenwart zugesprochen wird: Man denke etwa an die Allgegenwart von Denkmälern und Bezügen auf die Person Mustafa Kemal Atatürks, des „Vaters" des modernen türkischen Staates, im öffentlichen Raum der heutigen Türkei.

Das uns heute vertraute „bürgerliche" Denkmal, das etwa Künstlern, Wissenschaftlern oder bürgerlichen Politikern – in neuerer Zeit gelegentlich auch erfolgreichen Sportgrößen – gewidmet ist, war eine Innovation des 19. Jahrhunderts[50] und als solche Ausdruck eines sozialen und kulturellen Wandels, der sich teilweise auch in einer Veränderung der Formensprache ausdrückte. Als im Jahr 1842 das Mozart-Denkmal in Salzburg – das erste prominente, in diesem Sinne „bürgerliche" Repräsentativdenkmal auf dem

Boden der Habsburgermonarchie – errichtet wurde, konnte dies nur gegen heftigen Widerstand sowohl der Behörden als auch der Kirche – dem Mozart-Denkmal hatte eine Statue des Hl. Michael weichen müssen – durchgesetzt werden.[51]

Bei gruppenbezogenen Denkmälern wäre vor allem an die diversen Krieger- und Gefallenendenkmäler als militärische Huldigungen einerseits oder als Formen des politischen Totenkultes andererseits zu denken.[52] Insbesondere nach den beiden Weltkriegen sind nicht nur in den meisten größeren Städten, sondern durchwegs auch in kleineren Orten derartige Gedenkstätten errichtet worden. Ereignisbezogene Denkmäler sind vielfach gleichfalls militärisch konnotiert, verweisen häufig auf siegreich geschlagene Schlachten[53], seltener auch auf Friedensschlüsse oder eventuell auch auf Unglücksfälle und Katastrophen – ein Beispiel für letzteres wäre das so genannte „Monument" in London, das an jener Stelle errichtet wurde, wo im Jahr 1666 der verheerende Brand der Stadt in einer Bäckerei seinen Anfang genommen hatte (Sigmund Freud hat gerade dieses Denkmal als ein Beispiel für seine Überlegungen über Analogien zwischen dem individuellen und dem „kollektiven" Gedächtnisses herangezogen – wobei er sich allerdings nicht dieser Terminologie bedient[54]). Allegorische Denkmäler sind häufig auf Staaten oder Nationen, auf Städte, Landschaften oder Flüsse, auf Tugenden und Leistungen, gelegentlich auch auf technische Errungenschaften bezogen; sie tauchen zwar auch als solitäre Denkmäler auf, häufiger erfüllen sie aber die Funktion einer Ausschmückung oder „Erläuterung" als „Beigaben" zu anderen Denkmaltypen. Anzumerken ist dazu, dass allegorische Figuren, neben Heiligenfiguren, lange Zeit die einzigen Formen von Denkmälern waren, in denen Frauen dargestellt wurden – die Monumentalisierung konkreter Frauen und ihrer Leistungen in Form von personenbezogenen Denkmälern blieb demgegenüber noch im 19. Jahrhundert auf wenige Einzelfälle beschränkt. Neben diesen hier skizzierten vier Typen von monumentalen Standbildern existierten und existieren natürlich auch andere konventionelle und zum Teil standardisierte Formen von Monumenten, wie Triumphbögen, Tore, Säulen, Kreuze, Kapellen, Monumentalgräber, tempelartige Bauten oder Gedenktafeln, die sich jedoch hinsichtlich ihrer Memorialfunktion in der Regel den personen-, gruppen- oder ereignisbezogenen Denkmälern zuordnen lassen.

In der jüngeren Vergangenheit hat sich ein Denkmaltypus entwickelt, der zwar formal den gruppen- oder ereignisbezogenen Denkmälern zugeordnet werden kann, sich jedoch von den Denkmälern des 19. und der ersten Hälfte des 20. Jahrhunderts bezüglich seiner Memorialfunktion fundamental unterscheidet. Wurden traditionellerweise stets Personen oder Ereignisse durch Denkmäler „verewigt", die entweder einen positiv konnotierten Bezugspunkt für ein Kollektiv darstellten (militärische Siege, politische Erfolge, künstlerische oder wissenschaftliche Leistungen, nationale Mythen) oder an Opfer der eigenen Gruppe erinnern sollten, so entstehen heute auch Mahnmale, die an Verbrechen des denkmalstiftenden Kollektivs und an deren Opfer erinnern. Zu denken ist hier vor allem an die Holocaust-Mahnmale, die mittlerweile zu einem weltweit verbreiteten Denkmaltypus wurden und auch in Ländern entstehen, deren Gesellschaften nicht direkt in den nationalsozialistischen Genozid an den Juden einbezogen waren.[55] Verweisen diese Mahnmale also einerseits in generalisierender Form auf den „Zivilisationsbruch" (Dan Diner) des Holocaust[56], so sind sie in Deutschland und Österreich, teilweise aber auch in anderen Ländern Zentraleuropas, in erster Linie eine Form der Erinnerung an Verbrechen der eigenen Gemeinschaft. Da die Memorialfunktion des Denkmals hier vollkommen anders gelagert ist als in den „klassischen" Denkmälern, werden dabei zumeist auch andere Gestaltungsformen gewählt: Auf traditionelle Formen der heroischen Monumentalisierung wird heute zumeist verzichtet, ebenso auf sinnstiftende christlich geprägte Symbole des Totengedenkens wie Kreuze, mittlerweile vielfach auch auf Darstellungen menschlicher Figuren. Die Auseinandersetzung mit diesem neuartigen Denkmaltypus hat generell zu Veränderungen in der ästhetischen Gestaltung von Denkmälern geführt, wobei es freilich signifikante regionale Unterschiede gibt. Gerade bei diesen Denkmaltypen ist häufig ihre „Verortung" an einem ganz bestimmten Platz, etwa im Rahmen von Gedenkstätten an Orten nationalsozialistischer Verbrechen, von besonderer Bedeutung.

Die „klassische" Funktion von Denkmälern bestand aber – und besteht mehrheitlich noch immer – darin, durch materielle Einschreibungen in den öffentlichen Raum bestimmte Formen des kollektiven Gedächtnisses zu manifestieren, oftmals überhaupt erst zu erzeugen, und so einerseits eine „kollektive" Identität zu stiften und zu stärken und andererseits das Territorium einer Gruppe sichtbar zu markieren. Die Herstellung und Errichtung dieser Denkmale waren (und sind) Akte der politischen Inszenierung, die zumeist von umfangreichen Feierlichkeiten begleitet waren. Die Verankerung von in nationaler Hinsicht bedeutsamen Denkmälern und Denkmalensembles im kollektiven Gedächtnis wurde darüber hinaus durch mediale Vermittlungsinstanzen wie Schulunterricht, Malerei, Graphik und Photographie, Literatur und Musik unterstützt. Bekannte Denkmäler und Plätze wurden auf diese virtuelle Weise für breitere, auch nicht-urbane Bevölkerungsschichten visualisiert und mit einer Memorialfunktion ausgestattet: So wurden im 19. Jahrhundert auch jene Teile der Bevölkerung erreicht, welche die betreffenden Objekte im Original unter Umständen niemals zu Gesicht bekamen. Insbesondere Reiseführern und der massenhaften Produktion von Bildpostkarten[57] kam eine solche Funktion medialer Vermittlung zu. Heute dienen diese Medien – aber auch neue Formen wie T-Shirts, Briefbeschwerer, Schlüsselanhänger, Magnetplaketten, Modelle oder Bausätze, aus denen sich Modelle der Denkmäler basteln lassen – in erster Linie der touristischen Vermarktung.

Auch wenn die meisten steinernen oder bronzenen Erinnerungsappelle mehr oder weniger eindeutige Botschaften enthalten und diese im Prinzip dauerhaft festzuschreiben versuchen, sind sie vor Bedeutungsverlusten und Fehldeutungen nicht generell geschützt. Dies kann sich einerseits – und dann repräsentativ – handgemein durch die Entfernung oder den Sturz von Denkmälern manifestieren[58], aber auch auf dem Wege schleichender „Entwertungen". Städtebauliche Veränderungen, die Unzeitgemäßheit einer Denkmalrhetorik und -ästhetik, Akte kollektiven Verdrängens und Vergessens oder schlichte Gewöhnung können dazu führen, dass materiell vorhandene Denkmäler ihre ursprünglich intendierte Bedeutung verlieren. Auf diese spezifische Form des „Verschwindens" real und materiell vorhandener Denkmäler hat unter anderem Robert Musil in seinem *Nachlass zu Lebzeiten* hingewiesen:

> Denkmale haben außer der Eigenschaft, dass man nicht weiß, ob man Denkmale oder Denkmäler sagen soll, noch allerhand Eigenheiten. Die wichtigste davon ist ein wenig widerspruchsvoll: Es gibt nichts auf der Welt, was so unsichtbar wäre wie Denkmäler. Dass auffallendste an Denkmälern ist nämlich, dass man sie nicht bemerkt. Sie werden doch zweifellos aufgestellt, um gesehen zu werden, ja geradezu um die Aufmerksamkeit zu erregen; aber gleichzeitig sind sie durch irgend etwas gegen Aufmerksamkeit imprägniert.[59]

Man könne, so Musil weiter, monatelang durch eine Straße gehen um dann irgendwann anhand einer metallenen Tafel oder einer steinernen Figur mit schockartiger Plötzlichkeit zur Kenntnis zu nehmen, „dass an dieser Stelle von achtzehnhundertsoundsoviel bis achtzehnhundertundeinigesmehr der unvergessliche So-oder-nicht-so gelebt und geschaffen habe"[60].

Während also einerseits der performative Akt seiner Errichtung das Denkmal mit Bedeutung aufzuladen trachtet, gewinnen vorhandene Denkmäler aktuelle Bedeutung häufig dann, wenn sie umstritten sind: Im Konflikt um einzelne Denkmäler manifestieren sich dann unterschiedliche und oftmals konkurrierende Erinnerungskulturen innerhalb einer Gesellschaft.[61] In diesem Sinn kann Denkmälern und vergleichbaren Zeichen im öffentlichen Raum die Funktion zukommen, latent vorhandene Konfliktsituationen zwischen gesellschaftlichen Gruppen gewissermaßen zu bündeln und einen konkreten Anlass und Ort für die Austragung dieser Konflikte zur Verfügung zu stellen. Dies erklärt auch, warum die Verbissenheit der involvierten Streitparteien für Außenstehende oftmals schwer nachvollziehbar ist und scheinbar auf der Hand liegende pragmatisch orientierte Lösungsversuche sich in derartigen Auseinandersetzungen häufig als ungeeignet erweisen. Das entsprechende Zeichen im öffentlichen Raum ist hier nur der Anlass, nicht aber die Ursache des Konflikts: Es ist gleichsam das Medium, in dem der zugrunde liegende latente Konflikt manifeste Formen annimmt.

In Österreich wäre hier in Bezug auf die jüngere Vergangenheit beispielsweise an den so genannten „Siegfriedkopf" in der Eingangshalle der Wiener Universität zu denken, der im Jahr 1923 vom Bildhauer Josef Müller als Denkmal für die im 1. Weltkrieg gefallenen Mitglieder und Studenten der Universität geschaffen wurde und von Anfang an mit einer deutschnationalen und latent antisemitischen Bedeutung aufgeladen war. In der 2. Republik entwickelte sich dieses ästhetisch wenig anspruchsvolle Monument zu einem permanenten Zankapfel: Für die Vertreter der schlagenden Korporationen wurde das Denkmal zu einem rituellen Treffpunkt, „linke" Studenten reagierten mit Gegendemonstrationen und wiederholten Angriffen auf das Monument, die von der Beschmierung mit Kot bis zum Abschlagen der Nase des Monumentalkopfes (vor laufenden Fernsehkameras) reichten. Im Jahr 2006 wurde das Denkmal an einen anderen, weniger prominenten Ort innerhalb der Universität (den Arkadenhof) versetzt und zudem in ein neu gestaltetes Denkmal eingefügt. Der Kopf ist nunmehr von einem transparenten Gehäuse ummantelt, das ihn einerseits vor weiteren Beschädigungen schützen soll und das andererseits Träger eines erläuternden Textes ist, der versucht, die ursprüngliche Bedeutung zu konterkarieren. Die materielle Substanz des Monuments ist also nach wie vor vorhanden, seine Aussage wurde jedoch verändert. Ob diese Maßnahme geeignet ist, das Konfliktpotenzial des Siegfriedkopfs zu entschärfen, wird die Zukunft weisen.

Einen vergleichbaren Fall, der jedoch bislang nicht zu brachial ausgetragenen Konflikten geführt hat, stellt das so genannte Wiener „Russendenkmal" dar, das 1945 errichtete monumentale Siegesdenkmal der Roten Armee, das in prominenter städtebaulicher Lage am Schwarzenbergplatz[62] (1945 Stalin-Platz genannt) gelegen ist. In seiner typischen ästhetischen Gestaltung stellt dieses Wiener Denkmal heute eines der wenigen an seinem originalen Platz verbliebenen sowjetischen Siegesdenkmäler in Zentraleuropa dar und provoziert von Zeit zu Zeit Diskussionen über seine Berechtigung. Während Kritiker in dem Denkmal vor allem die Verherrlichung eines totalitären Regimes erblicken, argumentieren die Befürworter mit der besonderen Bedeutung der Roten Armee für die Zerschlagung des nationalsozialistischen Regimes und damit auch für die im Jahr 1945 wieder erlangte Eigenstaatlichkeit Österreichs.[63]

In Ländern, die für Jahrzehnte im sowjetischen Einflussbereich lagen, sind die entsprechenden Denkmäler nach 1989 allerdings größtenteils radikal entfernt worden, wobei sich teilweise neue, teils spielerisch-ironische, teils touristisch orientierte Formen der Verwertung entwickelt haben: So wurden die kommunistischen Denkmäler Budapests außerhalb der Stadt in einem Statuenpark gesammelt[64], ein ähnlicher, wesentlich größer dimensionierter Statuenpark existiert auch im südlitauischen Grūtas. Während im Falle des Budapester Szobor-Parks schon die Aufstellung der Statuen – die dynamisch vorwärts stürmenden Monumentalfiguren wurden so angeordnet, dass sie aufeinander zuzustürzen scheinen – zur ironischen Brechung der heroischen Denkmalästhetik beiträgt, wurde sein litauisches Pendant in einem Wald errichtet, in dem die Monumente aus ihrem urbanen Umfeld herausgelöst nunmehr isoliert auf kleinen Lichtungen aufgestellt sind. Der auf private Initiative zurückgehende Grūto parkas – der im Übrigen wohl nicht ganz zufällig an einem 1. April (2001) eröffnet wurde – hat sich mittlerweile zu einem beliebten Ausflugsziel nicht nur für Touristen, sondern auch für die einheimische Bevölkerung entwickelt. Sowohl in Budapest als auch in Grūtas gibt es ein reichhaltiges Angebot an einschlägigen Souvenirs.

Die politischen Umbrüche von 1989 und danach haben jedoch nicht nur zur Zerstörung oder Dislozierung von Denkmälern geführt, in nicht wenigen Fällen sind auch ältere Denkmäler wieder errichtet worden. Zu denken wäre hier beispielsweise an das Reiterstandbild des kroatischen Nationalhelden Banus Josip Jelačić in Zagreb[65] – jenes Feldherren, der 1848/49 für die Habsburger die ungarische Revolution militärisch niedergeschlagen hatte –, das 1946 von den kommunistischen Machthabern, als „konterrevolutionär" und „nationalistisch" konnotiert, entfernt worden war, 1990 aber mit breiter Zustimmung der kroatischen Bevölkerung wieder errichtet wurde.[66] Damit verbunden war auch die Rückbenennung des zentralen Platzes im Zentrum von Zagreb von Trg Republička (Platz der Republik) zu Trg Jelačića (Jelačić-Platz). Bemerkenswert an diesem Beispiel ist nicht zuletzt eine bezeichnende Abweichung gegenüber der früheren Position des am selben Platz, jedoch nicht exakt am ursprünglichen Standort wieder errichteten Denkmals: Der erhobene rechte Arm mit dem drohend gereckten Säbel weist nunmehr nicht mehr in Richtung Ungarn, sondern nach Süden, in Richtung der von Kroatien im Jugoslawienkrieg beanspruchten Gebiete. Zwar wurden offiziell rein sachlich-verkehrstechnische Gründe als Begründung für diese Veränderung genannt, eine Flut von zeitgenössischen Witzen und Karikaturen über den „gewendeten Banus" belegt jedoch, dass es in der politischen Öffentlichkeit Kroatiens durchaus ein Sensorium für die symbolische Bedeutsamkeit dieser Maßnahme gab. Der Platz – der im Zagreber Dialekt übrigens bis heute „Jelačić-Platz" genannt wird – ist auch die bevorzugte „Bühne" politischer Öffentlichkeit in Kroatien.

In anderen Fällen waren die bewusst hergestellten Bezüge eher regionaler Natur: So wurde etwa im litauischen Klaipėda/Memel, nach der Unabhängigkeitserklärung Litauens, auf ausdrücklichen Wunsch der Bevölkerung eine Kopie des 1918 zerstörten, dem Dichter des „Ännchen von Tharau" gewidmeten Simon Dach-Brunnens, errichtet. Wiewohl das originale Denkmal eine eindeutig deutschnationale Konnotation gehabt hatte, sieht die heutige Bevölkerung darin eher ein Wahrzeichen der regionalen Identität der Stadt und ihrer „multikulturellen" Wurzeln. Als ungleich konflikträchtiger hat sich dagegen die Wiederaufstellung eines 1965 bei Bauarbeiten eher zufällig umgestürzten Bismarck-Gedenksteins im ostpolnischen Dorf Nakomiady/Eichmedien[67] – im einstigen Ostpreußen gelegen – im Jahr 2005 erwiesen: Auch hier wurde das vier Tonnen schwere Monument mit der deutschen Aufschrift „Dem eisernen Kanzler Otto von Bismarck gewidmet 1899" auf Wunsch der Bevölkerungsmehrheit des Ortes unter Berufung auf die Geschichte der Region und regionale Identität wieder errichtet, wobei auch damit argumentiert wurde, dass die Tolerierung des Denkmals gerade dadurch, dass man damit auf die national vielfältige Vergangenheit der Region verweise, die Germanisierungstendenzen der Bismarckschen Politik bewusst konterkariere: „Wir haben gezeigt, dass wir jetzt anders handeln als Bismarck", wird einer der Befürworter des Monuments zitiert.[68] Ungeachtet dessen kam es jedoch zu heftigen Reaktionen der politischen Öffentlichkeit Polens. „Für Bismarck", so der Sekretär des polnischen Rates zum Schutz nationaler Gedenkstätten, Andrzej Przewoznik, kategorisch, „ist in Polen kein Platz".[69] Die Wiederaufstellung des Gedenksteines wurde als Angriff auf die nationale Identität Polens interpretiert, der Bevölkerung des Ortes wurde politische Naivität und die Spekulation auf deutschnational motivierten Tourismus vorgeworfen[70], zur Debatte steht nun die Verlegung des Gedenksteins in ein Museum.[71]

Zuweilen können sich aber unvermutet gleichsam „aus den Tiefen der Geschichte" wieder aufgetauchte Denkmäler auch als fremdartige Artefakte entpuppen und gerade dadurch neue Bedeutung gewinnen: So wurde im ukrainischen Černivci, unter dem Namen Czernowitz einst Hauptstadt des habsburgischen Kronlandes Bukowina, im Jahr 2003 bei Bauarbeiten im Hof des ehemaligen Landesmuseums überraschend die stark beschädigte (so fehlt etwa der Kopf) Statue der so genannten „Czernowitzer Austria" aufgefunden. Das Werk des Bildhauers Karl Pekary war im Jahr 1875, aus Anlass der einhundertjährigen Zugehörigkeit der Stadt zum Habsburgerreich, aus Spenden der Bevölkerung finanziert und am zentralen Austria-Platz aufgestellt worden; seit 1918 – als Czernowitz zu Rumänien kam – galt es als verschollen. In diesem Fall geht es vordringlich um die Frage, welche Bedeutung dieses plötzlich aufgetauchte Artefakt aus einer vergangenen Epoche der Stadt für die heutige Bevölkerung haben kann, hat Czernowitz doch im Laufe des 20. Jahrhunderts durch Ermordung, Vertreibung und Umsiedlung einen fast vollständigen Bevölkerungsaustausch erfahren. Inwiefern kann diesem Monument also heute überhaupt *irgendeine* Bedeutung für die Identität der Stadt und ihrer Bewohner zukommen?[72] Dieser Frage widmet sich mittlerweile ein internationales Kunstprojekt, das sich die Czernowitzer Austria als Aufhänger gewählt hat.[73]

Die genannten Beispiele verweisen auf zwei spezifische Funktionsmechanismen des kollektiven Gedächtnisses: Auf seine Verbundenheit mit einem generationsübergreifenden familiären Gedächtnis einerseits und seine Bindung an einen konkreten Ort andererseits. Während beispielsweise die Bewohner Klaipėdas „ihr" vor einem Menschenalter demoliertes Denkmal wiederhaben wollten, scheint in Černivci eine derartige identitätspolitische Bindung zum Austria-Denkmal weitgehend zu fehlen: Das historische Czernowitz ist für die heutigen Bewohner Černivcis ein fremder Ort, das unvermutet aufgetauchte Denkmal ein fremdes Artefakt und nicht Teil ihres „kollektiven Gedächtnisses".

Eine der Funktion von Denkmälern vergleichbare Aufgabe der nationalen oder ethnischen Markierung von Territorium kann auch Straßenbenennungen zukommen. Wie bereits erläutert, kann die Umbenennung von Straßen und Plätzen in sich selbst als „proklamatorischer" Akt verstanden werden, der einen Wechsel der symbolischen Definitionsmacht und damit der politischen Machtverhältnisse anzeigt und diesen durch Einbindung in die soziale Alltagskommunikation unterstreicht. Dies und die vergleichsweise Unaufwändigkeit der Maßnahme erklärt auch, warum die Umbenennung von Straßen häufig zu den ersten Maßnahmen im Zuge politischer Systemwechsel gehört. Zugleich lässt sich damit allerdings auch das Festhalten an älteren Bezeichnungen in der Alltagspraxis zumindest in manchen Fällen auch als bewusster Akt des Widerstandes deuten – sofern es sich nicht einfach um bloße Gewohnheit handelt.

Bis ins ausgehende 18. Jahrhundert hatten Straßennamen primär praktische Orientierungshilfen geboten, also etwa Flur- und Richtungsanzeigen oder der Kennzeichnung von Handwerk und Gewerbe in bestimmten Stadtteilen gedient. Seit der Französischen Revolution wurden die Namen von Straßen und Plätzen aber vielfach einer gewollten Politisierung unterworfen, die keineswegs unmittelbar an den betreffenden Ort gebunden sein musste, sondern vielmehr ein Bekenntnis zu bestimmten Lokalitäten, Persönlichkeiten oder Ereignissen überregionaler Bedeutung ausdrücken konnte. So gibt es etwa einen „Südtiroler Platz" in zahlreichen österreichischen Städten erst seit der Zeit nach 1918, eine „Breslauer Straße" in vielen deutschen Städten erst seit nach 1945. Um eine Anzeige von Verkehrsverbindungen geht es dabei natürlich nicht, vielmehr um eine bewusste und gewollte Einschreibung nationaler Verluste und Traumata in den „Stadttext". Ähnlich motiviert, aber positiv konnotiert, sind auch die neu so benannten Europa-Plätze in zahlreichen Städten der Europäischen Union, insbesondere in den neueren Mitgliedstaaten.[74]

In vielen Fällen lassen sich die Grundsätze der Benennung von Straßen und Plätzen unschwer als Ausdruck regionaler oder überregionaler Identitätspolitik analysieren. In der steirischen Landeshauptstadt Graz beispielsweise, deren politisch führende Schichten im späten 19. Jahrhundert nachdrücklich bestrebt waren, die Hauptstadt des zweisprachigen – deutsch und slowenisch – besiedelten Kronlandes als „südöstliches Bollwerk deutscher Kultur" gegenüber dem „Slawentum" zu präsentieren, wurden um 1900 Straßen und Plätze in prominenter städtebaulicher Lage konsequent nach als national „deutsch" konnotierten Namenspaten benannt (zum Beispiel Herder, Körner, Kleist, Arndt, Wieland, et cetera), die in keinerlei direktem Bezug zur Stadt standen.[75] Ein besonders gründlich erforschtes Beispiel für eine derartige identitätspolitische Aufladung von Straßennamen stellt das Beispiel Kölns dar, wo sich ein umfangreiches Forschungsprojekt unter verschiedenen, auch statistischen Gesichtspunkten, mit der Politik der Benennung von Straßen und Plätzen beschäftigt.[76] Die an Stelle der ehemaligen Befestigungsanlagen entstandene Kölner Ringstraße stellte als Ganzes gewissermaßen eine Visualisierung des nationalen Narrativs[77] des wilhelminischen Deutschland dar, in dem sie vom *Ubierring* über den *Chlodwigplatz*, den *Karolingerring*, über *Sachsen-*, *Salier-*, *Hohenstaufen-*, *Hohenzollern-*, und *Kaiser-Wilhelm-Ring*, bis zum *Deutscher Ring* führte, der solcherart als End- und Zielpunkt deutscher Geschichte präsentiert und auf Dauer gestellt wurde. Bemerkenswert an dieser Verortung des nationalen Narrativs in der Struktur der Stadt ist nicht nur der Umstand, dass diese implizit protestantisch gefärbte nationale „Heilsgeschichte" sich im mehrheitlich katholisch geprägten Köln durchsetzen konnte, sondern vor allem, dass sich diese Benennungen auch über das Bestehen des Kaiserreichs hinaus erhalten konnten: Die in der Zeit der Weimarer Republik unternommen Versuche einer Umbenennung scheiterten an der Persistenz des nationalen Narrativs. Das Beispiel Kölns kann mithin als ein Beleg dafür dienen, dass es der Weimarer Republik nicht gelungen ist, sich als Träger der Definitionsmacht von Namen und Zeichen im öffentlichen Raum durchzusetzen.

Konsequent und flächendeckend wurde die Einschreibung des nationalen Narrativs in die Straßen der Städte und auch kleineren Ortschaften in der zweiten Hälfte des 19. Jahrhunderts insbesondere in Italien vollzogen. Entsprechend dem Camillo Cavour zugeschrieben Satz, dass es gälte, nachdem man Italien geschaffen habe, jetzt die Italiener zu erschaffen, wurden in so gut wie jedem italienischen Ort zentrale Plätze, Straßen und Gassen nach Personen oder auch Ereignissen des nationalen Einigungsprozesses benannt (Garibaldi, Cavour, Vittorio Emanuele, Verdi et cetera); auch existiert in fast allen Gemeinden eine Via oder Viale Roma, die die besondere Bedeutung Roms als Hauptstadt des neuen Nationalstaates unterstrich und visualisierte.[78]

Wo Straßennamen zum politischen Programm erhoben werden, lösen sie folgerichtig Kontroversen aus, und ebenso wie Denkmäler sind sie naturgemäß von politischen Erschütterungen und Umstürzen in besonderer Weise betroffen. In Deutschland markieren die Jahre 1918, 1933, 1945 und – für den Osten des Landes – 1989 derartige Eckdaten, in Österreich sind es die Jahre 1918, 1934, 1938 und 1945. So wurde etwa im Stadtzentrum Wiens der vor der Votivkirche gelegene Platz im Laufe des 20. Jahrhunderts nicht weniger als fünf Mal umbenannt: Bis 1920 hieß er Maximiliansplatz (nach Maximilian von Mexiko, dem Bruder Kaiser Franz Josephs, der als offizieller Stifter der Votivkirche fungierte), 1920 bis 1934 Freiheitsplatz, 1934 bis 1938 Dollfußplatz, 1938 bis 1945 Hermann Göring-Platz, 1945 noch einmal Freiheitsplatz, ehe er schließlich in der Zeit der Marshallplan-Hilfe nach dem amerikanischen Präsidenten Franklin D. Roosevelt benannt wurde, dessen Namen er noch heute trägt. Zahlreiche Beispiele für mit großem Elan und manchmal geradezu hektisch anmutender Eile vorgenommene Umbenennungen von Straßen und Plätzen lieferten die politischen Umbrüche der Jahre 1989/1990 in vielen der ehemals so genannten „Ostblock"-Staaten. Besonders gründlich analysiert wurden bislang die nach 1989 erfolgten Umbenennungen von Straßen in Ostberlin.[79]

Ebenso wie Denkmäler können auch Straßennamen die ihnen ursprünglich zugedachte Signal- und Symbolwirkung mit der Zeit verlieren. Davon zeugen beispielsweise nachträglich angebrachte Zusätze, die mit Hilfe eines erläuternden Textes den Passanten verloren gegangene Sinnbezüge zu verdeutlichen suchen.

Von besonderem Interesse sind in unserem Zusammenhang die meist großzügig angelegten und mit Denkmälern ausgeschmückten zentralen Plätze europäischer Metropolen, wie etwa der „Rote Platz" in Moskau, die „Heldenplätze" in Wien und Budapest, der „Wenzelsplatz"[80] in Prag oder der bereits erwähnte Jelačić-Platz in Zagreb. Diese Plätze erfüllen mehrere Funktion gleichzeitig: Sie liegen zumeist – wenn auch nicht immer – in den Stadtzentren, oft in der Nähe wichtiger politischer und beziehungsweise oder kultureller Institutionen und funktionieren einerseits als Denkmallandschaften, denen ein nationales oder imperiales Narrativ eingeschrieben ist und zugleich als Aufmarschflächen von politischer und militärischer Präsenz.[81] Sie stellen also einerseits zeichenhafte Einschreibungen in den öffentlichen Raum dar, dienen aber auch als konkrete Orte der Formierung von Öffentlichkeit, und zwar sowohl im Sinne von staatlich-nationalen Ritualen und Festakten als auch für oppositionelle Kundgebungen und Demonstrationen. Die Wahl des konkreten Platzes mag zwar immer auch praktischen Überlegungen folgen – die Inszenierung von Öffentlichkeit als „Masse" kann nur funktionieren, wenn eine entsprechende Fläche zur Choreographie zur Verfügung steht – doch entstehen derartige Plätze im Stadtgefüge natürlich nicht zufällig.[82] All diese urbanen Flächen sind nach erkennbar ähnlichen strukturellen Grundmustern aufgebaut, zumeist führt eine breite Aufmarschstraße zu einem zentralen Platz, auf dem sich für das kollektive Gedächtnis wichtige Denkmäler befinden. Durch latente oder auch manifeste Bezüge zu früheren Ereignissen auf demselben Platz kann dieser selbst zum Teil einer politischen Argumentation werden, was bis zur absichtsvollen Choreographie nach dem Vorbild früherer Ereignisse führen kann: So bezogen sich beispielsweise die öffentlichen Kundgebungen des 15. März 1989 in Budapest in der Wahl ihrer konkreten Orte und Formen gezielt auf die Ereignisse von 1956 und von 1848/49; zwischen 1848, 1956 und der Gegenwart von 1989 wurde absichtsvoll eine „metaphorische Verbindung"[83] hergestellt.

Nachträgliche Eingriffe in die bauliche Struktur derartiger politischer Plätze lassen sich, ebenso wie Umbenennungen oder die Entfernung alter oder die Aufstellung neuer Denkmäler als Versuche ihrer teilweisen oder vollständigen Umcodierung interpretieren, wobei es nicht selten vorkommt, dass zum Teil ältere Einschreibungen wie bei einem Palimpsest lesbar bleiben. Bedeutungsverschiebungen sind freilich auch als Folge von mehr oder weniger friedlichen „Eroberungen" solcher Plätze durch Gegenöffentlichkeiten denkbar oder aber durch die Etablierung neuer, alternativer Plätze.

Die Fokussierung der Institutionen politischer und eventuell auch religiöser Macht auf einem zentralen urbanen Platz ist natürlich keine Erfindung der Neuzeit: Man denke etwa an das Forum Romanum und seine Funktion als „Mittelpunkt" des römischen Reiches.[84] Jedoch sind im Fall der „politischen Plätze" nationaler Provenienz die symbolischen Bedeutungsebenen und Funktionen anders geartet, in vielen Fällen wurden die Plätze bewusst als nationale „Weihebezirke" konstruiert, wobei man sich konkret allerdings durchaus an den traditionellen Gestaltungselementen repräsentativer Herrschaftsarchitektur – wie beispielsweise Triumphbögen oder daran angenäherten Monumentaltoren – orientierte. Den Übergang von klassischen Formen der repräsentativen Herrschaftsarchitektur zum „nationalpolitischen Raum" markiert mit paradigmatischer Deutlichkeit der Bereich Brandenburger Tor – Pariser Platz – Unter den Linden in Berlin. Dieser urbane Raum war ursprünglich ein typisches Beispiel von Herrschaftsarchitektur aus vornationalistischer Zeit, aufgrund seiner Geschichte „verkündet und verkörpert" das monumentale Tor jedoch heute, so Aleida Assmann, „nicht nur Geschichte [...] es ist immer wieder zum Schauplatz von Geschichte geworden, [...] in traumatischen und in triumphalistischen Momenten"[85]. Das Brandenburger Tor[86] – den Propyläen auf der Athener Akropolis nachempfunden – war aus Anlass der preußischen militärischen Erfolge in den Niederlanden (1787) errichtet worden und wurde ursprünglich als Ausdruck preußisch-hohenzollernschen Macht- und Selbstbewusstseins konzipiert; seine Übergabe an die Öffentlichkeit im Jahr 1791 war vollkommen formlos, ohne jeden Festakt und auch ohne Anwesenheit des Herrschers erfolgt.[87] Die „Verschleppung" der das Tor bekrönenden Quadriga nach Paris nach dem Sieg der napoleonischen Truppen im Jahr 1806 wurde jedoch als nunmehr deutlich national konnotierte Demütigung aufgefasst. Nach der Schlacht von Leipzig wurde die Quadriga im Triumphzug nach Berlin zurückgebracht und am alten Standort wiedererrichtet, wobei der Figur der das Pferdegespann lenkenden Viktoria als Ausdruck des militärischen Erfolges ein eisernes Kreuz in die Hand gegeben und zudem die Jahreszahl 1813 als Verweis auf die siegreich geführten „Befreiungskriege" gegen Napoleon angebracht wurde;[88] damit war der erste Schritt der Verwandlung eines dynastischen Siegesmonumentes in ein nationales Symbol getan. Der urbane Raum Brandenburger Tor – Pariser Platz – Unter den Linden gilt heute gewissermaßen als „Hauptplatz" der deutschen Nation und wurde und wird in diesem Sinn auch für politische Kundgebungen genutzt: So wurde beispielsweise Hitlers Machtergreifung am 30. Jänner 1933 mit Kundgebungen und militärischen Paraden an diesem Ort zelebriert, nach 1945 beziehungsweise nach dem Mauerbau 1961 verwandelte sich das Tor zum Symbol der Teilung Deutschlands, in Folge der Ereignisse vom November 1989 wurde es in genau entgegen gesetzter Bedeutung nunmehr zum Symbol der Überwindung eben dieser Teilung.

Die ältesten Beispiele für bereits in ihrer Planung bewusst im nationalpolitischen Sinn konzipierte Plätze stellen der Bereich des Étoile (seit 1970 offiziell Place Charles de Gaulles) mit dem Arc de Triomphe und der Avenue des Champs-Élysées in Paris und der Trafalgar Square in London dar. Der römischen Vorbildern nachempfundene Triumphbogen in Paris wurde im Jahr 1806 von Napoleon Bonaparte in Auftrag gegeben und sollte seine militärischen Erfolge verherrlichen, fertig gestellt wurde das 49 Meter hohe Bauwerk jedoch erst im Jahr 1836.[89] Seine prominente städtebauliche Lage am Punkt des sternförmigen Zusammentreffens von zwölf Straßen erhielt er zu Anfang der zweiten Hälfte des 19. Jahrhunderts unter Napoleon III. durch die mit dem Namen des Barons Georges-Eugène Haussmann (1809–1891) verbundene städtebauliche Umgestaltung von Paris. Der Arc de Triomphe stellt in erster Linie ein Denkmal der französischen Armee, mit Schwerpunkt auf der Zeit Napoleons I. und der beiden Weltkriege, dar. Als Gedenkstätte für die Toten des 1. Weltkrieges wurde etwa das „Grab des unbekannten Soldaten" mit der „ewigen Flamme der Erinnerung" (*Flamme du Souvenir*) (1920) in die Denkmalanlage eingefügt, eine Form des Gedenkens an das anonyme Massensterben des modernen Krieges, die in den meisten ehemals kriegführenden Staaten übernommen und in kennzeichnender Weise ebenfalls in vergleichbare national codierte Plätze eingefügt wurde (zum Beispiel in Wien in den Heldenplatz, in Budapest in den Hősök ter, in Rom in das Monumento Vittorio Emanuele et cetera).[90]

Die „Aufmarschfläche" zum Arc de Triomphe für offizielle Anlässe stellt traditionellerweise die breite Avenue des Champs-Élysées dar, deren Anlage und Name noch immer daran erinnern, dass der heutige Boulevard erst im 19. Jahrhundert an Stelle einer von Ulmen gesäumten Parkallee errichtet wurde, die – dazumal außerhalb der eigentlichen Stadt gelegen – als ländlich geprägtes Naherholungsgebiet der Pariser Bevölkerung, mit Kaffeehäusern und Tanzlokalen, gedient hatte. Im 17. Jahrhundert hatte es sich noch um eine Sumpflandschaft gehandelt, die als königliches Jagdrevier genutzt worden war, die heutige Place de l'Étoile war damals eine vergleichsweise weitab von der Stadt liegende leere Anhöhe, in deren Umkreis um 1800 nicht mehr als ein Handvoll Gebäude existierte. Erst in der zweiten Hälfte des 19. Jahrhunderts wurde die aus der Stadt hinaus führende Straße in Richtung Neuilly vom Faubourg Saint-Honoré weg und auf die Avenue des Champs-Élysées verlegt; die nunmehr das Stadtbild von Paris prägende axe historique – auch „voie triomphale" (*Triumphaler Weg*) genannt – vom Louvre über die Tuilerien, die Place de la Concorde und den Arc de Triomphe bis zum in jüngerer Vergangenheit errichteten Grand Arche in La Défense – ist mithin ein vergleichsweise neues Produkt der Stadtplanung der zweiten Hälfte des 19. und wesentlich des 20. Jahrhunderts.[91] Nach Ansicht von Eric Hazan werde diese urbane Verkehrsstruktur zwar von Außenstehenden häufig als eines der Wahrzeichen der französischen Metropole betrachtet, von einheimischen Parisern dagegen bis heute vielfach als ein Fremdkörper in der Stadt angesehen.[92]

Bemerkenswert ist das Beispiel Paris vor allem auch deshalb, weil sich hier besonders deutlich eine Übertragung der historischen und politischen Symbolik auf den sozialen Raum der Stadt nachweisen lässt, und zwar in der Weise, dass sich durch die Stadt eine relativ klare ideologische Grenze zieht: Die Denkmäler der Revolution und der Republik wie das Pantheon, die *Colonne de Juillet* (Julisäule) auf der Place de la Bastille, das Monument der Republik auf der Place de la République, die Statue des Triumphs der Republik auf der Place de la Nation und die Mauer der Föderierten auf dem Friedhof Père-Lachaise liegen im Osten, die patriotisch und militärisch aufgeladenen Monumente wie der Triumphbogen und das Grab des unbekannten Soldaten auf der Place de l'Étoile, das Denkmal für George Clemenceau auf der Avenue de Champs-Elysées, das Hôtel des Invalides mit dem Grab Napoleons und die aus dem Material erbeuteter Kanonen hergestellte Säule der Grand Armée mit dem Napoleonstandbild auf der Place Vendôme liegen im Westen der Stadt. Dabei handelt es sich um eine historisch seit den Zeiten Haussmanns gewachsene politische Teilung des sozialen Raumes von Paris, die sich übrigens meist auch im Wahlverhalten der Bewohner widerspiegelt.[93] Dementsprechend lässt sich auch eine funktionale Ausdifferenzierung des urbanen Raumes bei öffentlichen Kundgebungen beobachten.

Bis in die jüngste Zeit hinein wußte es beinahe jedes Kind: Wenn die „Linke" für eine Demonstration auf die Straße ging, dann führte die „von der Bastille zur Place de la République" (oder über eine Strecke ganz in der Nähe); wenn die „Rechte" es ihr gleichtat – was viel seltener vorkam –, dann mehrere Kilometer entfernt: Am 30. Mai 1968 etwa führte der Demonstrationszug zur Unterstützung der damals angeschlagenen Macht Charles de Gaulles von der Place de la Concorde zum Triumphbogen. Diese Alternative erscheint uns natürlich [...].[94]

Während also offizielle staatliche Akte – wie etwa die jährliche Militärparade zum 14. Juli – unabhängig von der jeweiligen politischen Positionierung des Präsidenten und der Regierung – traditionellerweise auf den Champs-Élysées und dem Étoile stattfinden[95], ist der klassische Ort der Gegenöffentlichkeit, also für regierungskritische oder allgemein „linke" Kundgebungen, die Place de la Bastille mit ihrem zentralen Monument, der an die „drei glorreichen Tage" (27.–29. Juli) der Revolution von 1830 erinnernden „Julisäule" mit dem *Génie de la Liberté*. Zwar dient auch für die Feiern zum Nationalfeiertag der als Auftakt der Revolution angesehene „Sturm auf die Bastille" vom 14. Juli 1789 als grundlegende historische Legitimation[96], diese ist jedoch durch militärische und patriotische Bezüge sowohl in den Monumenten als auch in der Inszenierung der Feierlichkeiten überlagert. Im Fall der Place de la Bastille sind demgegenüber auch Bezüge zu späteren revolutionären Erhebungen von symbolischer Bedeutsamkeit. So wurde 1848 beispielsweise der königliche Thron aus dem Tuilerienpalast geholt und auf der Place de la Bastille öffentlich verbrannt[97] und der Demonstrationszug vom 15. März 1848, dessen Teilnehmer schließlich die Verfassungsgebende Versammlung im Palais Bourbon auflösten, nahm seinen Ausgang gleichfalls von der Place de la Bastille.[98] Auch die militärischen Auseinandersetzungen im Zuge der Erhebungen von 1830, 1848 und 1871 hatten einen ihrer Brennpunkte jeweils im Bereich um die Place de la Bastille (wofür es allerdings auch strategische Gründe gab). Für Kundgebungen auf der Place de la Bastille hatte sich lange Zeit sogar ein offiziöses Ritual eingebürgert, das als verbindlicher Auftakt einer Kundgebung zelebriert wurde: die Umkreisung der Julisäule mit dem Gruß an die Statue der Freiheit und der Anrufung der Toten vom Juli 1830. Die Wahl des konkreten Schauplatzes – der „Bühne" – ist also ersichtlich von konstitutiver Bedeutung für die jeweilige politische Inszenierung: Undenkbar, dass das „offizielle" Frankreich seine Festakte auf der Place de la Bastille inszenieren würde.

In London stellt der Trafalgar Square – „located at the very centre of the imperial metropolis"[99] – als größter der innerstädtischen Plätze und Kreuzungspunkt der breiten Aufmarschstraßen Whitehall (mit dem *Cenotaph*, an dem an jedem 11. November die Gefallenehrung stattfindet), Strand, Regent Street und The Mall (letztere die Verbindung zum Buckingham Palace und zur Horse Guards Parade, dem traditionellen Ort für Militärparaden) jenen urbanen Raum dar, der traditionellerweise den Sammelpunkt politischer Protestaktionen und großer Versammlungen bildet: von den politischen Krawallen des 13. November 1887 („Bloody Sunday") über die Feiern zum Ende des 1. Weltkrieges (Armistice Day) bis zu den teilweise gewaltsamen Protesten gegen die so genannte Kopfsteuer am 31. März 1990 (Poll Tax Riots), um nur ein paar Beispiele zu nennen.

Auch in diesem Fall stellen die Napoleonischen Kriege einen zentralen historischen Bezugspunkt dar, wurde der Platz doch nach dem Sieg Admiral Nelsons über die französische Flotte bei Trafalgar (1805) benannt; dementsprechend bildet auch *Nelson's Column*, die 56 Meter hohe Säule[100] mit dem monumentalen Standbild des britischen Seehelden Lord Horatio Nelson, den zentralen Punkt der ganzen Anlage. Das Monument wurde im Jahr 1843 nach dem Vorbild einer Säule im Tempel des Mars Ultor (des rächenden Mars) im kaiserlichen Rom errichtet[101]; die bronzenen Flachreliefs am Sockel, die auf militärische Erfolge des Admirals und auf seinen Tod in der Schlacht bei Trafalgar verweisen, wurden aus dem Material erbeuteter französischer Kanonen gegossen. Umgeben ist die Säule von bronzenen Löwen und den Standbildern weiterer britischer „Kriegshelden": Tatsächlich stellt das Nelsonmonument den Zentralpunkt einer ganzen Denkmallandschaft dar, die nicht nur die Figuren vor der National Gallery einbezieht, sondern sich über den Platz hinaus über die ganze Innenstadt von London erstreckt. Vom Architekten John Nash (1752–1835) war die auf dem Areal vormaliger königlicher Stallungen und Remisen (Royal Mews), unter Einbeziehung der gotischen Bildsäule des Eleonore Cross (Charing Cross)[102], in den Jahren zwischen 1830 und 1850 errichtete Platzanlage[103] bewusst als Ausdruck imperialer Macht, als „Emblem of Empire"[104] konzipiert worden, was durch die Einbeziehung des *Canada House* und des *South Africa House* in die Platzgestaltung unterstrichen wurde; auch die Hochkommissariate der übrigen Kolonien befanden sich in unmittelbarer Nähe.[105] Die Errichtung der monumentalen Platzanlage in unmittelbarer Nähe der wichtigsten politischen Institutionen (Parlament, Amtssitz des Premierministers, Buckingham Palace) war Teil einer größeren Umgestaltung der ganzen City of London, die dieser ein repräsentativeres Gesicht, entsprechend ihrer Funktion als Hauptstadt eines Weltreiches, verleihen sollte: „The public art and architecture of London together reflected and reinforced an impression, an atmosphere, celebrating British heroism on the battlefield, British sovereignty over foreign lands, British wealth and power, in short, British imperialism."[106]

Außer als zentraler politischer Platz Englands dient der Trafalgar Square auch als ein Knotenpunkt des Londoner öffentlichen Verkehrs: Dennoch äußert beispielsweise Peter Ackroyd, Verfasser einer umfangreichen Studie über London, in Bezug auf den Trafalgar Square ähnliche Bedenken wie Eric Hazan über die Avenue des Champs-Élysées. Der Platz, so Ackroyd sinngemäß, werde von den Einwohnern der britischen Hauptstadt weniger als Teil ihres Alltags, sondern eher als Kulisse für Touristen betrachtet.[107]

Ein typisches Beispiel für die symbolisch-argumentative Funktion von politischen Plätze stellt auch der Wiener *Heldenplatz* dar[108], der in seinen historischen Ursprüngen auf die Demolierung von Teilen der Stadtbefestigung durch die napoleonischen Truppen im Jahr 1809 zurück geht; dementsprechend wurden auch die ältesten Monumentalbauten auf dem Platz, das Äußere Burgtor und der Theseustempel, als Siegesdenkmäler errichtet[109]: Auch hier bildeten also, wie in Berlin, Paris und London, die Napoleonischen Kriege den ursprünglichen Bezugspunkt historischer Symbolsetzung auf dem zentralen politischen Platz der Hauptstadt.

Die Platzanlage stellt in ihrer heutigen Form eigentlich nur ein Fragment eines in den letzten Jahrzehnten des 19. Jahrhunderts geplanten, an römischen Vorbildern orientierten „Kaiserforums" dar, das – als imperiales Gegenstück zur bürgerlich konnotierten Ringstraße – von der alten kaiserlichen Burg bis zu den Hofstallungen, dem heutigen Museumsquartier, reichen hätte sollen, dessen monumentale Konzeption jedoch bereits vor dem Untergang der Habsburgermonarchie im Jahr 1918 aufgegeben worden war.[110] Sowohl die Lage im Zentrum der Stadt und die räumliche Nähe zu zentralen politischen (Präsidentschaftskanzlei, Kanzleramt, Außenministerium, Parlament, Rathaus der Stadt Wien) und kulturellen (Nationalbibliothek, Kunst- und Naturhistorisches Museum, Burgtheater) Institutionen der Republik Österreich, als auch seine Größe – mit der breiten Ringstraße als Aufmarschfläche –, prädestinieren den Heldenplatz dazu, als zentraler politischer Platz Österreichs zu fungieren. Hier befindet sich auch, im Inneren des Burgtores und damit dem Blick von Außen entzogen (und dementsprechend wenig bekannt), die in ihren Ursprüngen auf die 1930er Jahre zurückgehende „Österreichische Heldengedenkstätte" mit dem Grab des unbekannten Soldaten, in der die Republik so unterschiedlicher Bezugsgruppen wie der Gefallenen der k.u.k. Armee des 1. Weltkrieges, der österreichischen Gefallenen der deutschen Wehrmacht des 2. Weltkriegs, der im Widerstand gegen den Nationalsozialismus Getöteten, der im Dienst ums Leben gekommenen Justizbeamten und – skurrilerweise – der beiden Habsburger Erzherzog Franz Ferdinand und Kaiser Karl I. gedenkt.[111] So gut wie alle auf staatspolitischer Ebene wichtigen Massenveranstaltungen, seien es offizielle Festakte wie die Feiern zum Nationalfeiertag am 26. Oktober, seien es Manifestationen einer Gegenöffentlichkeit in Form von Kundgebungen und Demonstrationen, konzentrieren sich daher auf diesen Platz, der in der jüngeren österreichischen Geschichte vor allem durch ein traumatisches Schlüsselereignis symbolisch aufgeladen wurde: Auf dem Heldenplatz, genauer vom Balkon der Neuen Hofburg, verkündete Adolf Hitler am 15. März 1938 einer jubelnden Menschenmenge „vor der Geschichte" den Anschluss Österreichs an das nationalsozialistische Deutsche Reich. Der Begriff „Heldenplatz" steht daher bis heute im kollektiven Bewusstsein der Österreicher für diese politische und moralische Kapitulation der österreichischen Gesellschaft vor dem Nationalsozialismus und konnte dementsprechend in literarischen Werken als Symbol genau dafür funktionalisiert werden.[112] Zu verweisen wäre hier auf Ernst Lothars Roman „Heldenplatz" (1945)[113], Ernst Jandls Gedicht „wien: heldenplatz"[114] (1962) und auf Thomas Bernhards heftig umstrittenes Theaterstück „Heldenplatz" aus dem Jahr 1988[115], das den offiziellen Beitrag des Wiener Burgtheaters zum „Bedenkjahr" 1988, zum 50. Jahrestag des Anschlusses, darstellte. Aber schon die Wahl des Heldenplatzes als „Vollzugsort" des Anschlusses durch die nationalsozialistische Propaganda hatte sich ganz bewusst auf ältere, heute nur mehr latent vorhandene symbolische Aufladungen des Platzes bezogen, so auf die Identifizierung des „Kaiserforums" mit der multinationalen Habsburgermonarchie.

Diese besondere virtuelle Aufladung des Platzes als Vollzugsort der Anschlusskundgebung färbt in gewissem Sinne auf alle späteren Kundgebungen auf diesem Areal ab, die sich implizit oder explizit damit auseinandersetzen. Nicht zufällig wurde etwa für die große Demonstration gegen die ausländerfeindliche Politik der Freiheitlichen Partei (FPÖ) im Jänner 1993 (das so genannte „Lichtermeer") genau dieser Platz gewählt und ebenso wenig war es Zufall, dass sich die Demonstrationen gegen die Bildung einer Koalition aus bürgerlich-konservativer ÖVP und rechtspopulistischer FPÖ zu Jahresanfang 2000 und danach auf diesen Platz konzentrierten; dies wurde übrigens von Organisatoren und Teilnehmern dieser Demonstrationen wiederholt ausdrücklich betont. Und als im April 2002 ein Grüppchen Rechtsradikaler auf dem Heldenplatz gegen die Ausstellung über Kriegsverbrechen der deutschen Wehrmacht demonstrierte, kam es zu einem öffentlichen Aufschrei: Wenn man eine solche Demonstration schon zulasse, dann doch nicht „ausgerechnet auf diesem Platz".

Ebenso wie Wien besitzt auch Budapest seinen Heldenplatz, auf Ungarisch: Hősök ter.[116] Seine städtebauliche Struktur entspricht mehr oder weniger exakt dem bereits bekannten Muster, eine lange und breite „Aufmarschstraße", die Andrassy utca, führt zu einem geräumigen Platz, auf dem sich ein zentrales nationales Monument, das so genannte „Milleniumsdenkmal" befindet, in das auch die Totengedenkstätte für die Gefallenen des 1. Weltkriegs integriert wurde. Das Denkmal besteht aus zwei annähernd viertelkreisförmigen Kolonnaden, in die jeweils Monumentalstandbilder von Persönlichkeiten der ungarischen Geschichte eingefügt sind, im Zentrum der Anlage befinden sich eine Säule mit der Figur des Erzengels Gabriel – mit der Stephanskrone und dem Doppelkreuz als Attributen – und unmittelbar davor die beinahe fünf Meter hohe Gruppe der Reiterstandbilder jener Stammesfürsten, die der Überlieferung zufolge die Magyaren im ausgehenden 9. Jahrhundert in ihr neues Siedlungsgebiet geführt haben sollen. Wie in Wien ist der Platz von Museumsbauten gesäumt, doch im Unterschied zu den zuvor erläuterten Beispielen befindet er sich nicht unmittelbar im Stadtzentrum – er wurde vielmehr in einem Teil des als Naherholungsgebietes der ungarischen Hauptstadt geltenden „Stadtwäldchens" errichtet, als dessen Teil er noch bis 1932 offiziell galt (erst damals erhielt der Platz auch seinen heutigen Namen). Dieses war Anfang des 18. Jahrhunderts auf einem damals außerhalb der Stadt[117] gelegenen Sumpfgelände errichtet worden. 1870 wurde an Stelle der engen und unpraktischen Verbindung von der Stadt zum Stadtwäldchen durch die Király utca und Városligeti fasor (Stadtwaldallee) ein breiter Boulevard, die Sugár utca (heute Andrassy utca), angelegt; mittlerweile ist die Stadt längst über dieses einst an der Peripherie gelegene Areal hinausgewachsen.

Die Anlage des Platzes als national codierter Raum geht in ihren Ursprüngen auf die so genannte „Milleniumsausstellung" von 1896 zurück, die als nationale Inszenierung begangen wurde. Die Festlegung des Zeitpunktes der „Landnahme" der Magyaren unter dem legendären Stammesfürsten Árpád[118] auf das Jahr 896 ist allerdings eher historische Konvention als belegbares Faktum.[119] Ungeachtet dessen wurde auf dem Areal des Stadtwäldchens aus diesem Anlass ein Ausstellungsgelände geschaffen, auf dem die ungarische Nation und ihre eintausendjährige Geschichte verherrlicht werden sollte, eine vor der Ausstellung fertig gestellte Untergrundbahn verband (und verbindet) den Platz mit dem Stadtzentrum. In diesem Zusammenhang wurde auch das Projekt einer monumentalen Denkmalanlage, in deren Zentrum ein Reiterstandbild Árpáds stehen sollte, entwickelt, wobei jedoch künstlerische und kunstpolitische Auseinandersetzungen – der Auftrag an den Architekten Albert Schickedanz und den Bildhauer György Zala war ohne vorhergehende öffentliche Ausschreibung vergeben worden – dazu führten, dass die Bauerlaubnis für die Anlage erst zu Jahresende 1897, also ein Jahr *nach* der Milleniumsaustellung, erteilt wurde. In den darauf folgenden Jahrzehnten wurde die Anlage Stück für Stück komplettiert, ihre vorläufige Fertigstellung erfolgte erst 1929. Die Restaurierung des im Jahr 1944 durch Bombentreffer beschädigten Monuments bot den willkommenen Anlass, die ursprünglich noch in das Denkmal integrierten habsburgischen Herrscherfiguren zu entfernen: Die Jahrhunderte habsburgischer Herrschaft über Ungarn sind mithin nur mehr in Form von historischen Gestalten vertreten, die im Widerstand gegen diese Herrschaft standen.

Ungeachtet seiner langwierigen und komplizierten Entstehungsgeschichte konnte sich der Hősök ter mit dem Milleniumsdenkmal als zentraler öffentlicher Platz der ungarischen Nation in der Hauptstadt Budapest und als eine bevorzugte Bühne politischer Öffentlichkeit etablieren. Die jährlichen Aufmärsche zum 1. Mai, die blutig verlaufene Arbeiterdemonstration vom 1. September 1930, Kundgebungen im Rahmen des 34. Eucharistischen Weltkongresses 1938, der Gottesdienst im Rahmen des nationalen Katholikentages 1939, die Übergabe der 1849 erbeuteten Honvéd-Fahnen durch Vertreter der Sowjetunion am 23. März 1941 und der Aufmarsch der an die Macht gelangten „Pfeilkreuzler" im Herbst 1944 fanden ebenso auf diesem Platz statt wie die wichtigsten politischen Kundgebungen der Nachkriegszeit: Der Massenaufmarsch des „Linken Blocks" am 7. März 1946, der erste landesweite Parteitag der Sozialdemokratischen Partei am 19. August 1947, die Großkundgebung der Kommunistischen Partei am 6. September desselben Jahres und schließlich die Demonstration gegen das Dorfzerstörungsprogramm in Siebenbürgen am 27. Juni 1988, die in gewissem Sinn als Auftakt des Systemwechsels betrachtet werden kann.

Angesichts dieser herausragenden Bedeutung des Hősök ter als politischem Hauptplatz der ungarischen Nation fehlte es auch nicht an Versuchen, markante Neueinschreibungen in dieses Areal vorzunehmen. Die Räterepublik von 1919 verhüllte die Säule mit dem Erzengel Gabriel mit einem roten Obelisken und fügte ein von den Figuren eines Metallarbeiters und eines Bergmannes umarmtes Standbild von Karl Marx hinzu, das nach 1945 an die Macht gelangte stalinistische Regime Mátyás Rákosis errichtete 1953 zwar nicht auf dem Hősök ter selbst, jedoch in dessen unmittelbarer Nähe und in Sichtweite des Milleniumsdenkmals in der Dósza György utca ein gigantisches, 30 Meter hohes Stalinmonument, wobei der Bereich um dieses Denkmal in bewusster Konkurrenz zum unmittelbar angrenzenden nationalen Areal als neuer zentraler Aufmarschplatz für Massenkundgebungen etabliert wurde. Der Sturz des Stalinmonuments am 24. Oktober 1956 markierte denn auch sinnfällig den Auftakt des Volksaufstandes gegen die kommunistische Diktatur: Der Kopf des Denkmals wurde als Trophäe durch die Straßen geschleift, der Platz wurde ironisch in „Platz der Stiefel" umbenannt, da von dem Standbild nur die Stiefel der Stalin-Figur im Fundament übrig geblieben waren. Nach der militärischen Niederschlagung der Demokratiebewegung durch Truppen des Warschauer Paktes wurde zwar das Stalindenkmal nicht wieder errichtet – zu sehr hätte seine Präsenz wohl an den Symbolwert des Denkmalsturzes erinnert[120] –, das kommunistische Regime nahm aber in Form einer organisierten Massenkundgebung zum 1. Mai 1957 den Platz symbolisch wieder in Besitz. Nach all dem ist es nicht verwunderlich, dass sich auch zahlreiche Kundgebungen des Regimewechsels von 1989/90 auf diesen Platz konzentrierten[121], darunter die Gedenkfeier für den 1958 hingerichteten reformorientierten Ministerpräsidenten Imre Nagy und seine Mitstreiter am 16. Juni 1989: Dabei wurde der Sarg Nagys vor dem Monument aufgebahrt, die Kolonnaden wurden mit schwarz geränderten ungarischen Fahnen verhängt, aus denen man die kommunistischen Symbole im Mittelstreifen herausgeschnitten hatte.[122]

Eine manifeste symbolische Neubesetzung des Platzes wurde schließlich im Jahr 2006 im Zuge der Feiern zum 50. Jahrestag der Demokratiebewegung von 1956 vorgenommen: An der Stelle, an der einst das Stalin-Monument gestanden hatte, wurde ein aus einem staatlichen Wettbewerb als Sieger hervorgegangenes, von einem jungen Künstlerteam konzipiertes Denkmalprojekt aus über eintausend keilförmig angeordneten Stahlstelen errichtet, das die Einigkeit des ungarischen Volkes im Zuge des Aufstandes von 1956 symbolisieren soll. Wie fragil gerade dieses Einigkeitsbewusstsein ist, wird freilich durch den Umstand belegt, dass dieses Denkmal von rechtskonservativen Kräften massiv abgelehnt wurde, die schließlich die Errichtung eines in eher herkömmlicher Formensprache gehaltenen „Gegendenkmals" des Bildhauers Robert Csikszentmihályi durchsetzten. Beide Denkmäler symbolisieren mithin augenfällig konkurrierende Erinnerungskulturen innerhalb Ungarns, die den Ereignissen von 1956 jeweils unterschiedliche Deutungen geben.[123] Nach Ansicht des Schriftstellers Laszló F. Földenyi entstand damit eine Situation, „dass diejenigen Leute, die zu dem einen Denkmal feiern gehen, es ablehnen werden, zu dem anderen hinüberzuspazieren. Es gibt einfach eine Spaltung in der Gesellschaft"[124].

Die genannten Beispiele belegen, dass politische Plätze durch Veränderungen in ihrer Struktur, durch Hinzufügung oder Entfernung von Denkmälern zumindest teilweise mit neuer Bedeutung versehen, ihre früheren Bedeutungen gleichsam „überschrieben" werden können. Allerdings können ältere Bedeutungszuschreibungen oftmals nicht völlig ausgelöscht werden, sie wirken nicht selten untergründig im kollektiven Bewusstsein noch lange nach. Zum Abschluss seien daher noch zwei aktuelle Beispiele derartiger Versuche eine Umcodierung solcher symbolisch hoch aufgeladener Plätze erwähnt.

Im Jahr 1928 wurde auf persönliche Initiative des faschistischen Diktators Benito Mussolini auf einem der zentralen Plätze Bozens/Bolzanos ein monumentales Siegesdenkmal in Form eines neunzehn Meter breiten Triumphbogens errichtet, das als sichtbarer Ausdruck des Anschlusses des überwiegend deutschsprachig besiedelten Südtirol an Italien in Folge des 1. Weltkrieges fungierte.[125] Mit seiner lateinischen Inschrift „*Hic patriae fine siste signa. Hinc ceteros excoluimus lingua legibus artibus*" [*Hier an der Grenze des Vaterlandes, setzt das Zeichen. Von hier aus lehrten wir dem Rest* [= den Barbaren] *Sprache, Gesetz und Kunst*] sollte einerseits der symbolische Anschluss des faschistischen Staates an die Zeiten des Imperium Romanum, andererseits die kulturelle Überlegenheit der Italiener gegenüber der deutschsprachigen Bevölkerung zum Ausdruck gebracht werden. Ungeachtet seines faschistischen Entstehungszusammenhangs diente das Monument bis in die jüngere Vergangenheit als Vollzugsort für politische und vor allem militärische Festakte, was von der Mehrheit der deutschsprachigen Bozener als Provokation, aber auch von einem Teil der italienischsprachigen Bevölkerung als unangemessen betrachtet wurde. Im Jahr 2002 entschloss sich daher der von einer Mitte-Links-Koalition geführte Bozener Gemeinderat unter Bürgermeister Giovanni Salghetti Drioli zu einem bemerkenswerten Versuch der Umcodierung des Denkmals, indem er den Platz, auf dem es steht, von *Piazza della Vittoria* (Siegesplatz) in *Piazza della Pace* (Friedensplatz) umbenannte – das Denkmal selbst, das nicht in die Verfügungsgewalt der Gemeinde, sondern in jene des Staates fällt, blieb dabei unangetastet. Der Versuch scheiterte jedoch an einer politischen Kampagne der rechtspopulistischen *Allianza Nationale*, der es gelang, Teile der italienischsprachigen Bevölkerung gegen die Umbenennung zu mobilisieren. In Folge dessen musste der Platz wieder in Piazza della Vittoria zurück benannt werden.

Noch bemerkenswerter, weil von grundsätzlicherer Natur ist eine Auseinandersetzung, die in den vergangenen Jahren in der britischen Öffentlichkeit über ein Denkmalprojekt am Trafalgar Square geführt wurde. Für das einzige bislang leer gebliebene der vier Denkmalpodeste vor der National Gallery wurde von der Stadt London ein künstlerischer Wettbewerb ausgeschrieben, aus dem zwei Projekte ex aequo als Sieger hervorgingen, die beide teils vehement angefeindet, teils begeistert gefeiert wurden: Thomas Schüttes nicht-figürliches *Hotel for Birds*, das sich spielerisch auf den Umstand bezieht, dass Denkmäler ein bevorzugter Aufenthaltsort der städtischen Taubenpopulationen und damit auch Sammelplatz ihrer Exkremente sind, wurde unter anderem auch mit dem Argument kritisiert, dass es unpassend sei, wenn auf der zentralen nationalen Weihestätte Englands ein Denkmalentwurf eines deutschen Künstlers verwirklicht würde. Für noch größere Aufregung sorgte das Projekt *Alison Lapper Pregnant* des britischen Bildhauers Marc Quinn, eine aus weißem Marmor gefertigte, monumentale (beinahe fünf Meter hohe) naturalistische Aktdarstellung einer hochschwangeren Frau, für die Quinns Künstlerkollegin Alison Lapper Modell stand. Das Besondere daran: Lapper ist schwer körperbehindert, sie wurde ohne Arme und mit deformierten Stummelbeinen geboren.[126] Ungeachtet heftiger Proteste wurde dieses Projekt tatsächlich umgesetzt, das Denkmal wurde am 15. September 2005 der Öffentlichkeit übergeben. Über die Frage eines nationalen historischen Narrativs hinausgehend stellt dieses gestaltungstechnisch bewusst einer herkömmlichen, im Prinzip neo-klassizistischen Denkmalästhetik verpflichtete Monument einer nackten, hochschwangeren, körperbehinderten Frau inmitten einer Schar von Standbildern uniformierter, Waffen tragender männlicher Kriegshelden nicht bloß eine Provokation, sondern eine generelle Infragestellung der Idee von kriegerischem Heldentum und seiner Monumentalisierung, letztlich auch von Heldenplätzen aller Art dar. Allerdings handelt es sich dabei um eine manifeste Einschreibung von nur temporärer Reichweite: Planungsgemäß soll das Standbild im April 2007 wieder entfernt werden.

Anmerkungen

1 Vgl. Martina LÖW, Raumsoziologie, Frankfurt a.M. 2001; vgl. weiters: Thomas KRÄMER-BADONI, Klaus KUHM (Hg.), Die Gesellschaft und ihr Raum. Raum als Gegenstand der Soziologie, Opladen 2003 (Stadt, Raum, Gesellschaft 21); Karl SCHLÖGEL, Im Raume lesen wir die Zeit. Über Zivilisationsgeschichte und Geopolitik, München 2003; Markus SCHROER, Räume, Orte, Grenzen. Auf dem Weg zu einer Soziologie des Raumes, Frankfurt a.M. 2006; Jörg DÜNNE, Stephan GÜNZEL (Hg.), Raumtheorie. Grundlagentexte aus Philosophie und Kulturwissenschaften, Frankfurt a.M. 2006.
2 Vgl. u.a. Doris BACHMANN-MEDICK, Spatial Turn, in: DIES., Cultural Turns. Neuorientierungen in den Kulturwissenschaften, Reinbek bei Hamburg 2006, S. 284-328; Sigrid WEIGEL, Zum „topographical turn". Kartographie, Topographie und Raumkonzepte in den Kulturwissenschaften, in: KulturPoetik 2/2 (2002), S. 151-165. Wesentliche Anregungen – insbesondere auch im Bezug auf die Analyse städtischer Räume – kamen dafür aus dem angelsächsischen Raum: Vgl. u.a. (ohne jeden Anspruch auf Vollständigkeit): Scott LASH, John URRY, Economies of Sign and Space, London 1994; Doreen MASSEY, Space, Place and Gender, Cambridge 1994; Richard SENNETT, Flesh and Stone. The Body and the City in Western Civilization, New York 1994 [dt. 1995]; Philip KASINITZ (Hg.), Metropolis. Center and Symbol of Our Time, New York 1995; Doreen MASSEY, Pat JESS (Hg.), A Place in the World? Places, Cultures and Globalization, Oxford–New York 1995; Steve PILE, Nigel J. THRIFT (Hg.), Mapping the Subject. Geographies of Cultural Transformation, London–New York 1995; Steve PILE, The Body and the City. Psychoanalysis, Space and Subjectivity, New York 1996; Nigel J. THRIFT, Spatial Formations, London–Thousand Oaks/Cal. 1996; James DONALD, Imagining the Modern City, London 1999; Mike FEATHERSTONE, Scott LASH (Hg.), Spaces of Culture. City, Nation, World, London–Thousand Oaks/Cal. 1999; Mike CRANG, Nigel J. THRIFT (Hg.), Thinking Space, London–New York 2000; Edward W. SOJA, Postmetropolis. Critical Studies of Cities and Regions, London 2000.
3 Zur humangeographischen Differenzierung von „Raum" und „Räumlichkeit" vgl. Roland LIPPUNER, Raum-Systeme-Praktiken. Zum Verhältnis von Alltag, Wissenschaft und Geographie, Stuttgart 2005.
4 Kevin LYNCH, The Image of the City, Cambridge/Mass. 1960 [dt.: Das Bild der Stadt, Berlin 1965]. Bereits Walter Benjamin hat beiläufig darauf hingewiesen, dass die Stadt jener Ort sei, an dem Grenzen besonders deutlich erfahrbar sind. Vgl. Walter BENJAMIN, Das Passagen-Werk, Bd. 1., hg. v. Wolf Tiedemann, Frankfurt a.M. 1983, S. 141. Vgl. Weiters als neuere Studie: Angelika PSENNER, Wahrnehmung im urbanen öffentlichen Raum. Ein Feldforschungsprojekt in der Praterstraße Wien/Leopoldstadt, Wien 2004.
5 Vgl. dazu u.a.: Tony HISS, The Experience of Place. A New Way of Looking at and Dealing with Our Radically Changing Cities and Countryside, New York 1990.
6 Iain CHAMBERS, Städte ohne Stadtplan, in: Karl H. HÖRNIG, Rainer WINTER (Hg.), Widerspenstige Kulturen. Cultural Studies als Herausforderung,

Frankfurt a.M. 1999, S. 514-543, hier S. 514. Vgl. dazu auch: Georg SIMMEL, Die Gross-Städte und das Geistesleben, in: Theodor PETERMANN (Hg.), Die Großstadt. Vorträge und Aufsätze zur Städteausstellung, Dresden 1903 (Jahrbuch der Gehe-Stiftung Dresden 9), S. 185-206, Walter PRIGGE, Geistesgeschichte und Stadtgeschichte: Wien, Frankfurt, Paris. Eine Skizze, in: DERS. (Hg.), Städtische Intellektuelle. Urbane Milieus im 20. Jahrhundert, Frankfurt a.M. 1992, S. 12-46.
7 Vgl. u.a.: Donald J. OLSEN, Die Stadt als Kunstwerk. London, Paris, Wien, Frankfurt a.M.-New York 1988; Michel DE CERTEAU, The Imaginary of the City, in: DERS., Culture in the Plural, Minneapolis-London 1997, S. 17-28; Wolfgang BEHRINGER, Bernd ROECK (Hg.), Das Bild der Stadt in der Neuzeit 1400-1800, München 1999; Hartmut HÄUßERMANN, Großstadt. Soziologische Stichworte, Opladen ²2000; Saskia SASSEN, The Global City. New York, London, Tokyo, Princeton/NJ 2001; Rolf LINDNER, Walks on the Wild Side. Eine Geschichte der Stadtforschung, Frankfurt a.M. 2004; Daniel LIBESKIND, Sascha SPOUN, Timon BEYES, Holm KELLER, Die Stadt als Perspektive. Zur Gestaltung und Theorie urbaner Visionen, Ostfildern 2006.
8 Vgl. u.a. den Teil „Brasilia" mit Beiträgen von Max Bense, Sylvia Ficher, James Holston, Dieter Hoffmann-Axthelm, Rem Koolhaas und Rüdiger Korff in: Walter PRIGGE (Hg.), Bauhaus Brasilia Auschwitz Hiroshima. Weltkulturerbe des 20. Jahrhunderts. Modernität und Barbarei, Berlin 2003 (Edition Bauhaus 12), S. 224-301.
9 Boris GROYS, Die Stadt auf Durchreise, in: DERS., Logik der Sammlung. Am Ende des musealen Zeitalters, Wien 1997, S. 92-108, hier S. 92.
10 Auf diesen scheinbaren Widerspruch hat unter anderem Wolfgang Sonne hingewiesen: „Inwiefern eignet sich die Stadt zur Erinnerung? Ist nicht gerade sie der Ort besinnungsloser Gegenwart und hektischen Vergessens, wie es sich im eiligen Geschäftstreiben und dem Gewühl des Verkehrs vollzieht, oder der Ort selbstvergessener Hingabe und der gehetzten Lust des Augenblicks, wie es in all den Vergnügungsvierteln der Großstädte zum Ausdruck kommt?". Wolfgang SONNE, Die Stadt und die Erinnerung, in: Daidalos (Dezember 1995), S. 90-100, hier S. 91. Vgl. auch allgemeiner: Andreas HUYSSEN, Present Past. Urban Palimpsests and the Politics of Memory, Stanford 2003, S. 94-109.
11 Detlev IPSEN, Raumzeichen - Raumsymbole, in: Roman HORAK, Siegfried MATTL (Hg.), Urban Cultures, Wien 2001 (Österreichische Zeitschrift für Geschichte 12, 1), S. 58-75, hier S. 59.
12 Ebenda, S. 58. Vgl. dazu auch: Dolores HAYDEN, The Power of Place. Urban Landscapes as Public History, Cambridge/Mass. 1997, insbesondere S. 2-43.
13 Vgl. u.a.: Catarina CHIETTI, Identitäten im Stadtbild, in: Die alte Stadt 29 (2002), S. 275-289.
14 Maurice HALBWACHS, Das kollektive Gedächtnis, Stuttgart 1967, S. 133f.
15 Ergänzend anzumerken ist allerdings, dass sich die originalgetreue Rekonstruktion zerstörter Bauten in vielen Fällen allein auf die Fassade konzentrierte, während die Innenräume oftmals neu gestaltet wurden.
16 Ernst SCHULIN, Absage an und Wiederherstellung von Vergangenheit, in:

Moritz CSÁKY, Peter STACHEL (Hg.), Speicher des Gedächtnisses. Bibliotheken, Museen, Archive 1, Wien 2000, S. 23-40, hier S. 32.
17 Vgl. u.a.: Maria KRAMER, Die Wiener Staatsoper. Zerstörung und Wiederaufbau, Wien 2005.
18 Vgl. Manfred WEHDORN, Das kulturelle Erbe. Vom Einzeldenkmal zur Kulturlandschaft, Innsbruck-Wien-Bozen 2005 (Österreich - Zweite Republik. Befund, Kritiken, Perspektive 8), S. 19.
19 Zur spezifischen Bedeutung des zerstörten Dresden als Erinnerungsort vgl. Olaf B. RADER, Dresden, in: Etienne FRANÇOIS, Hagen SCHULZE (Hg.), Deutsche Erinnerungsorte 3, München 2001, S. 451-470, insbesondere S. 450-459.
20 Vgl. Stefanie FLAMM, Der Palast der Republik, in: Etienne FRANÇOIS, Hagen SCHULZE (Hg.), Deutsche Erinnerungsorte 2, München 2001, S. 667-682.
21 Vgl. dazu u.a.: Aleida ASSMANN, Dietrich HARTH (Hg.), Mnemosyne. Formen und Funktionen der kulturellen Erinnerung, Frankfurt a.M. 1991; Aleida ASSMANN, Manfred WEINBERG, Martin WINDISCH (Hg.), Medien des Gedächtnisses, Stuttgart-Weimar 1998 (Deutsche Vierteljahreshefte für Literaturwissenschaft und Geistesgeschichte 72, Sonderheft); Otto Gerhard OEXLE (Hg.), Memoria als Kultur, Göttingen 1995; Aleida ASSMANN, Erinnerungsräume. Formen und Wandlungen des kulturellen Gedächtnisses, München 1999; Astrid ERLL, Ansgar NÜNNING (Hg.), Medien des kollektiven Gedächtnisses. Konstruktivität - Historizität - Kulturspezifität, Berlin-New York 2004; Astrid ERLL, Kollektives Gedächtnis und Erinnerungskulturen. Eine Einführung, Stuttgart-Weimar 2005; Günter OESTERLE (Hg.), Erinnerung, Gedächtnis, Wissen. Studien zur kulturwissenschaftlichen Gedächtnisforschung, Göttingen 2005 (Formen der Erinnerung 26).
22 Zur Idee der Stadt als Text und zu deren analytischem Nutzen vgl. u.a.: Karl SCHLÖGEL, Moskau lesen. Die Stadt als Buch, Berlin 1984; Maoz AZARYAHU, Renaming the Past: Changes in „City Text" in Germany and Austria, 1945-1947, in: History and Memory 2,2 (1990), S. 32-53; Karlheinz STIERLE, Einleitung: Die „Lesbarkeit" der Stadt. Annäherungen an eine Sehweise, in: DERS., Der Mythos von Paris. Zeichen und Bewusstsein einer Stadt, München-Wien 1993, S. 12-50; David FRISBY, The Metropolis as Text: Otto Wagner and Vienna's „Second Renaissance", in: Renaissance and Modern Studies 40 (1998), S. 1-16. Aus literaturwissenschaftlicher Sicht vgl. u.a. auch: Richard REICHENSPERGER, Zur Wiener Stadtsemiotik von Adalbert Stifter bis H.C. Artmann, in: Moritz CSÁKY, Richard REICHENSPERGER (Hg.), Literatur als Text der Kultur, Wien 1999, S. 159-185, sowie die Beiträge von Stefan Simonek, Szilvia Kovács und András F. Balogh, in: Helga MITTERBAUER, András F. BALOGH (Hg.), Zentraleuropa. Ein hybrider Kommunikationsraum, Wien 2006.
23 Vgl. Jurij M. LOTMAN, Über die Semiosphäre, in: Zeitschrift für Semiotik 12,4 (1990), S. 287-305.
24 Vgl. u.a.: Boris A. USPENSKIJ, Historia sub specie semioticae, in: DERS., Semiotik der Geschichte, Wien 1991, S. 65-71, insbesondere die einleitenden Ausführungen auf S. 65; Roland POSNER, Kultur als Zeichensystem. Zur semiotischen Explikation kulturwissenschaftlicher Grundbegriffe, in: Aleida

ASSMANN, Dietrich HARTH (Hg.), Kultur als Lebenswelt und Monument, Frankfurt a.M. 1991, S. 37-74.
25 Corradino CORRADI, Wien Michaelerplatz. Stadtarchitektur und Kulturgeschichte, Wien 1999, S. 15.
26 Ebenda, S. 14.
27 STIERLE, Einleitung: Die „Lesbarkeit" der Stadt, S. 14.
28 Vgl. Wilfried KAISER, Mental Maps – kognitive Karten, Stuttgart 1994. Als Beispiel einer Analyse von kollektiven und individuellen Erinnerungszeichen in einer Stadt vgl. u.a. Marc AUGÉ, Ein Ethnologe in der Metro, Frankfurt a.M.–New York 1988.
29 Vgl. Stanford ANDERSON, Erinnerung in der Architektur, in: Daidalos (Dezember 1995), S. 23-37, hier S. 23.
30 Vgl. Klaus HARTUNG (Hg.), Boulevards. Die Bühnen der Welt, Berlin 1997; Zeynep ÇELIK, Diane FAVRO, Richard INGERSOLL (Hg.), Streets. Critical Perspectives on Public Space, Berkeley–Los Angeles–London 1994.
31 Vgl. Spiro KOSTOF, Die Anatomie der Stadt. Geschichte städtischer Strukturen, Frankfurt a.M.–New York 1993. Vgl. auch DERS., Das Gesicht der Stadt. Die Geschichte städtischer Vielfalt, Frankfurt a.M.–New York 1992; David FRISBY, Cityscapes of Modernity, Cambridge 2001.
32 Vgl. Walter SIEBEL (Hg.), Die europäische Stadt, Frankfurt a.M. 2004; Sonja PUNTSCHER-RIEKMANN, The City as a European Symbol, in: Vrääth ÖHNER, Andreas PRIBERSKY, Wolfgang SCHMALE, Heidemarie UHL (Hg.), Europa-Bilder, Innsbruck u.a. 2005, S. 35-53.
33 Vgl. u.a.: Aleida ASSMANN, Erinnerungsräume.
34 Vgl. allgemein: Murray EDELMAN, Politik als Ritual. Die symbolische Funktion staatlicher Institutionen und politischen Handelns. Frankfurt a.M.–New York 1976; Josef FRÜCHTL, Jörg ZIMMERMANN (Hg.), Ästhetik der Inszenierung. Dimensionen eines künstlerischen, kulturellen und gesellschaftlichen Phänomens, Frankfurt a.M. 2001.
35 Vgl. AZARYAHU, Renaming The Past, S. 33. Auf diesem Prinzip beruht auch die Verwendung politischer und nationaler Symbole bzw. Symbolfiguren auf Münzen, Geldscheinen und Briefmarken.
36 IPSEN, Raumzeichen, S. 64.
37 Vgl. AZARYAHU, Renaming The Past, S. 37.
38 Ebenda, S. 34.
39 Hartmut HÄUßERMANN, Topographien der Macht: Der öffentliche Raum im Wandel der Gesellschaftssysteme im Zentrum Berlins, in: Andreas R. HOFMANN, Anna Veronika WENDLAND (Hg.), Stadt und Öffentlichkeit in Ostmitteleuropa 1900-1939. Beiträge zur Entstehung moderner Urbanität zwischen Berlin, Charkiv, Tallinn und Triest, Stuttgart 2002, S. 81-93, hier S. 83.
40 Vgl. Peter HÖVELBORN, Öffentlicher Raum. Die Darstellung seines Wesens und Entwicklungsganges an Beispielen der Frühzeit, der frühen Hochkulturen sowie der europäischen Antike unter Ermittlung von Regelhaftigkeiten und Hinweisen für die Gestaltung moderner öffentlicher Räume, 2 Bde., Univ. Diss. Stuttgart 1982.

41 Vgl. u.a. Jacques LE RIDER, Moritz CSÁKY, Monika SOMMER (Hg.), Transnationale Gedächtnisorte in Zentraleuropa. Innsbruck u.a. 2002; vgl. auch: Peter STACHEL, Cornelia SZABÓ-KNOTIK (Hg.), Urbane Kulturen in Zentraleuropa, Wien 2004 (Studien zur Moderne 19).
42 Vgl. Hermann GLASER, Ein deutsches Mißverständnis. Die Walhalla bei Regensburg (1842), in: Hans Jürgen KOCH (Hg.), Wallfahrtsstätten der Nation. Zwischen Brandenburg und Bayern, Frankfurt a.M. 1986, S. 25–37, insbesondere S. 28–30.
43 Zu verweisen ist hier auf die etymologische Verwandtschaft der Worte „Text" und „Textil".
44 Vgl. Peter STACHEL, Albert Ilg und die „Erfindung" des Barocks als österreichischer „Nationalstil", in: Moritz CSÁKY, Federico CELESTINI, Ulrich TRAGATSCHNIG (Hg.), Barock – ein Ort des Gedächtnisses Interpretament der Moderne/Postmoderne – Barocco: un luogo della memoria Riferimenti interpretativi nella Modernità e nel Postmoderno [im Druck]; Friedrich POLLEROß, Barock ist die Art, wie der Österreicher lebt Oder: Barocke Architektur als Brücke und Bollwerk, in: Emil BRIX, Ernst BRUCKMÜLLER, Hannes STEKL (Hg.), Memoria Austriae. Menschen, Mythen, Zeiten, Wien 2004, S. 446–472.
45 Vgl. Christopher P. STORCK, Kulturnation und Nationalkunst. Strategien und Mechanismen tschechischer Nationsbildung von 1860 bis 1914, Köln 2001; Michaela MAREK, Kunst und Identitätspolitik. Architektur und Bildkünste im Prozess der tschechischen Nationsbildung, Köln–Weimar–Wien 2004.
46 Vgl. Eric J. HOBSBAWM, Terence RANGER (Hg.), The Invention of Tradition, Cambridge 1983.
47 Vgl. Maria Masan DAN, Amalia DELNERI, Das Görzer Schloß und sein Dorf, Monfalcone 1993, S. 15. Das Werk des Bildhauers Giovanni da Campione wurde im Jahr 1919 am 25. April – dem Tag des Hl. Markus – feierlich enthüllt.
48 In den letzten Jahren sind eine Reihe von Studien zur Formensprache und Funktion von Denkmälern erschienen; in Auswahl vgl.: Ekkehard MAI, Gisela SCHIRMBER (Hg.), Denkmal – Zeichen – Monument, München 1989; Charlotte TACKE, Denkmal im sozialen Raum. Nationalsymbole in Frankreich und Deutschland im 19. Jahrhundert, Göttingen 1995; Jürgen TRIMBORN, Denkmale als Inszenierungen im öffentlichen Raum, Köln 1997; Biljana MENKOVIC, Politische Gedenkkultur. Denkmäler – die Visualisierung politischer Macht im öffentlichen Raum, Wien 1999; Ulrich SCHLIE, Die Nation erinnert sich. Die Denkmäler der Deutschen, München 2002; Helke RAUSCH, Kultfigur und Nation. Öffentliche Denkmäler in Paris, Berlin und London 1848–1914, München 2006 (Pariser Historische Studien 70); Mechtild GILZMER, Denkmäler als Medien der Erinnerungskultur in Frankreich seit 1944, München 2006; Karl ARNDT, Denkmaltopographie als Programm und Politik, in: Ekkehard MAI, Stefan WAETZOLDT (Hg.), Kunstverwaltung, Bau- und Denkmalpolitik im Kaiserreich, Berlin 1981, S. 165–190; Rudolf JAWORSKI, Denkmäler als Gedächtnisorte und als Gegenstand der Forschung. Regionale und vergleichende Aspekte, in: DERS., Witold MOLIK (Hg.), Denkmäler in Kiel und Posen, Kiel 2002, S. 10–22.

49 Vgl. allgemein: Charles AVERY, Equestrian Monuments, in: Jane TURNER (Hg.), Grove Dictionary of Art 10, London 1996, S. 440-442.
50 Vgl. u.a.: Alois RIEGL, Der moderne Denkmalkultus. Sein Wesen und seine Entstehung (1903), in: DERS, Gesammelte Aufsätze, Wien 1996, S. 139-184; Werner TELESKO, Der Denkmalskult im 19. Jahrhundert., in: Hermann FILLITZ (Hg.), Der Traum vom Glück. Die Kunst des Historismus in Europa 1, Wien 1996, S. 251-255.
51 Vgl. u.a. Robert HOFFMANN, „Mozartstadt". Die Geschichte einer Aneignung, in: DERS., Mythos Salzburg. Bilder einer Stadt, Salzburg-München 2002, S. 47-55.
52 Vgl. Reinhard KOSELLECK, Michael JEISMANN (Hg.), Der politische Totenkult. Kriegerdenkmäler in der Moderne, München 1994; Jay WINTER, Sites of Memory, Sites of Mourning. The Great War in European Cultural History, Cambridge 1995. Speziell für Deutschland vgl.: Insa ESCHEBACH, Öffentliches Gedenken. Deutsche Erinnerungskulturen seit der Weimarer Republik, Frankfurt a.M.-New York 2005.
53 Vgl. u.a. Gerd KRUMREICH, Susanne BRANDT (Hg.), Schlachtenmythen. Ereignis-Erzählung-Erinnerung, Köln-Weimar-Wien 2003.
54 Vgl. Sigmund FREUD, Über Psychoanalyse. Fünf Vorlesungen, gehalten zur zwanzigjährigen Gründungsfeier der Clark University in Worcester, Mass. September 1909, in: DERS., Gesammelte Werke. Chronologisch geordnet 8. Werke aus den Jahren 1909 bis 1913, London 1948, S. 1-60, hier S. 11f.
55 Vgl. u.a.: James E. YOUNG, Formen des Erinnerns. Gedenkstätten des Holocaust, Wien 1997.
56 Vgl. u.a.: Heidemarie UHL (Hg.), Zivilisationsbruch und Gedächtniskultur. Das 20. Jahrhundert in der Erinnerung des 21. Jahrhunderts, Innsbruck u.a. 2003 (Gedächtnis - Erinnerung - Identität 3).
57 Vgl. u.a.: Rudolf JAWORSKI, Deutsche und tschechische Ansichten. Kollektive Identifikationsangebote auf Bildpostkarten in der späten Habsburgermonarchie, Innsbruck u.a. 2006.
58 Vgl. Winfried SPEITKAMP (Hg.), Denkmalsturz. Zur Konfliktgeschichte politischer Symbolik, Göttingen 1997. Besondere Aufmerksamkeit verdient dabei die Praxis, neue Denkmäler aus dem Material alter oder Siegesdenkmäler (auch Glocken) aus der Bronze erbeuteter Geschütze zu gießen. Der Transformation desselben Materials zu einer neuen Form kommt offenkundig eine besondere symbolische Bedeutung zu.
59 Robert MUSIL, Nachlaß zu Lebzeiten, Reinbek bei Hamburg 1962, S. 62 [Erstausgabe: 1936].
60 Ebenda.
61 Vgl. z.B.: Slawomir KAPRALSKI, Battlefields of Memory. Landscape and Identity in Polish-Jewish Relations, in: History and Memory 13,2 (2001), S. 35-58.
62 Zum Schwarzenbergplatz vgl. Bernadette REINHOLD, Der Schwarzenbergplatz. Seine städtebauliche und architektonische Entwicklung. Univ. Dipl. Wien 1998, sowie den Artikel der Autorin in diesem Band.
63 Vgl. Matthias MARSCHIK, Georg SPITALER (Hg.), Das Wiener Russendenkmal. Architektur, Geschichte, Konflikte, Wien 2005; vgl. auch: Peter DIEM,

Das Befreiungsdenkmal, in: DERS., Die Symbole Österreichs. Zeit und Geschichte in Zeichen, Wien 1995, S. 200-202.
64 Vgl. Géza BOROS, Statuenpark, Budapest 2002; Franz HORVÁTH, Alte Denkmäler als Denkmal. Der Budapester Statuenpark, in: Thomas DAVID, Luc VAN DONGEN, Marietta MEIER (Hg.), Non-Lieux de Memoire. Erinnern und Vergessen, Zürich 1999 (traverse. Zeitschrift für Geschichte/Revue d'Histoire 1999,1), S. 112-117.
65 Vgl. u.a.: Dunja RIHTMAN-AUGUŠTIN, The Monument in the Main City Square: Constructing and Erasing Memory in Contemporary Croatia, in: Maria TODOROVA (Hg.), Balkan Identities. Nation and Memory, London 2004, S. 180-196; Anton Dominik Fernkorn. Spomenik banu Josipu Jelaèiæu, Zagreb 1990; Olga MARUŠEVSKI, Od Manduševca do Trga Republike, Zagreb 1987. Vgl. Auch allgemein: Ludwig STEINDORFF, Schichten der Erinnerung. Zur Klassifizierung von Gedächtnisorten in Kroatien, in: Rudolf JAWORSKI, Jan KUSBER, Ludwig STEINDORFF (Hg.), Gedächtnisorte in Osteuropa. Vergangenheiten auf dem Prüfstand, Frankfurt a.M. 2003, S. 157-182.
66 Die offizielle Wiedererrichtung des Denkmals erfolgte am 16. Oktober 1990, also zu einem Zeitpunkt, als Kroatien noch Teil Jugoslawiens war.
67 Für den Hinweis auf diesen Denkmalstreit bin ich Robert Traba (Berlin/Warschau) zu Dank verpflichtet.
68 Zit. n. Martyna CZARNOWSKA, Bismarck an den Masurischen Seen, in: Wiener Zeitung, 29.3.2006, http://support.wzonline.at/DesktopDefault.aspx?TabID=4517&Alias=wzo&cob=225811&currentpage=0 [Zugriffsdatum: 14.4.2006].
69 Zit. n. Julia KLABUHN, Streit um Bismarck, in: Der Online Elch. Ermland und Masuren heute, in: http://elch.blox.pl/2005/11/Streit-um-Bismarck.html [Zugriffsdatum: 14.4.2006].
70 Entsprechende Vorwürfe beziehen sich auf die geographische Nähe des Ortes zur „Wolfsschanze", einem der „Führerhauptquartiere" während des 2. Weltkrieges.
71 Zu Polen und den baltischen Staaten vgl.: John CZAPLICKA, Geteilte Geschichte, geteilte Erbschaft. Stadtbild und Kulturlandschaft im Baltikum und in Polen, in: Nordost-Archiv. Zeitschrift für Regionalgeschichte N.F. 6 (1997), S. 9-40.
72 Vgl. dazu u.a. mehrere der Texte in: Andrei CORBEA-HOISIE, Alexander RUBEL (Hg.), „Czernowitz bei Sadagora". Identitäten und kulturelles Gedächtnis im mitteleuropäischen Raum, Iaşi-Konstanz 2006 (Jassyer Beiträge zur Germanistik 10).
73 Vgl. Abbé LIBANSKY, Barbara ZEIDLER, Brücken:schlag. Die „Czernowitzer Austria". Symbole und Identitäten in einem neuen Europa, o.O. o.J [2006].
74 Vgl. z.B.: Elena MANNOVÁ, Von Nationalhelden zum Europa-Platz. Inszenierungen des kollektiven Gedächtnisses in Komárno an der slowakisch-ungarischen Grenze, in: Moritz CSÁKY, Klaus ZEYRINGER (Hg.), Inszenierungen des kollektiven Gedächtnisses. Eigenbilder, Fremdbilder, Innsbruck u.a. 2002, S. 110-131.
75 Vgl. Heidemarie UHL, „Bollwerk deutscher Kultur". Kulturelle Repräsentati-

onen und „nationale" Politik in Graz um 1900, in: DIES. (Hg.), Kultur-Urbanität-Moderne. Differenzierungen der Moderne in Zentraleuropa um 1900, Wien 1999 (Studien zur Moderne 4), S. 39-81.
76 Vgl. u.a. den Aufsatz von Dietz Bering und Klaus Großsteinbeck in diesem Band. Vgl. weiters: Peter GLASNER, Die Lesbarkeit der Stadt. Kulturgeschichte und Lexikon der mittelalterlichen Straßennamen Kölns, 2 Bde., Köln 2002; Dietz BERING, Das Gedächtnis der Stadt. Neue Perspektiven der Straßennamenforschung, in: Dieter KREMER (Hg.), Onomastik 1: Chronik, Namenetymologie und Namengeschichte, Forschungsprojekte, Tübingen 2002, S. 209-225; DERS. und Klaus GROßSTEINBECK, Die Kulturgeschichte von Straßennamen. Neue Perspektiven auf altem Terrain, gewonnen am Beispiel Köln, in: Muttersprache 1994, S. 97-117; DIES. und Marion WERNER, Wegbeschreibungen. Entwurf eines Kategorienrasters zur Erforschung synchroner und diachroner Straßennamenkorpora, in: Zeitschrift für germanistische Linguistik 27 (1999), S. 135-166.
77 Vgl. u.a.: Christian Graf von KROCKOW, Von deutschen Mythen. Rückblick und Ausblick, Stuttgart 1995; Andreas DÖRNER, Politischer Mythos und symbolische Politik. Der Hermann-Mythos: zur Entstehung des Nationalbewußtseins der Deutschen, Reinbek 1996; Constanze CARCENAC-LECOMTE, Katja CZARNOWSKI, Sybille FRANK, Stefanie FREY, Torsten LÜDTKE (Hg.), Steinbruch Deutsche Erinnerungsorte. Annäherung an eine deutsche Gedächtnisgeschichte, Frankfurt a.M. u.a. 2000; Etienne FRANÇOIS, Hagen SCHULZE (Hg.), Deutsche Erinnerungsorte, 3 Bde., München 2001. Vgl. auch allgemein: Monika FLACKE (Hg.), Mythen der Nationen. Ein europäisches Panorama, München-Berlin ²2001; Claudia KNABEL, Dietmar RIEGER, Stephanie WODIANKA (Hg.), Nationale Mythen – nationale Symbole. Funktionen, Konstruktionen und Medien der Erinnerung, Göttingen 2005.
78 Vgl. Sergio RAFFAELLI, I nomi delle vie, in: Mario ISNENGHI (Hg.), I luoghi della memoria 1: Simboli e miti dell'Italia unita, Roma-Bari 1996, S. 215-242. Für Österreich vgl. Alois SILLABER, Straßennamen: Wegweiser zur Identität, in: Stefan RIESENFELLNER (Hg.), Steinernes Bewußtsein 1. Die öffentliche Präsentation staatlicher und nationaler Identität Österreichs in seinen Denkmälern, Wien-Köln-Weimar 1998, S. 575-618; für Frankreich vgl. Daniel MILO, Le nom des rues, in: Pierre NORA (Hg.), Les Lieux de mémoire 2, Paris 1997, S. 1887-1918 [die Angabe bezieht sich auf die in drei Bänden erschienene Taschenbuchausgabe]. Vgl. dazu auch allgemein: Rolf PETRIE, Les lieux de mémoire und I luoghi della memoria. Ein Vergleich. In: Quo Vadis Romania? Zeitschrift für eine aktuelle Romanistik 15/16 (2000), S. 77-101.
79 Vgl. u.a.: Maoz AZARYAHU, Street Names and Political Identity: The Case of East Berlin, in: Journal of Contemporary History 21 (1986), S. 581-604; DERS., Die Umbenennung der Vergangenheit oder die Politik der städtischen Architektur: Ost Berlin 1990-1991, in: Zeitschrift für Volkskunde 88 (1991), S. 16-29; DERS., German Reunification and the Politics of Street Names. The Case of East Berlin, in: Political Geography 16 (1997), S. 479-493; Wolfgang P. AHRENS, Street Names and Street Name Changes in the German Democratic

Republic, in: Onomastica Canadiana 69,2 (1987), S. 1-14; Gottfried KORFF, Namenswechsel. Volkskundliche Anmerkungen zur Politik der Straßenumbenennung in der ehemaligen DDR, in: Österreichische Zeitschrift für Volkskunde 46 (1992), S. 321-337. Vgl. weiters generell: Bruno FLIERL, Berlin baut um - Wessen Stadt wird die Stadt? Kritische Reflexionen 1990-1997, Berlin 1998; HUYSSEN, Present Past; Jennifer A. JORDAN, Structures of Memory. Understanding Urban Change in Berlin and Beyond, Stanford 2006.

80 Vgl. den Beitrag von Zdeněk Hojda in diesem Band. Vgl. auch allgemein: Adolf KARGER, Prag und die nationale Identität, in: Der Bürger im Staat 9,2 (1997), S. 90-96.

81 Auf die besondere Bedeutung, die gerade militärischen Inszenierungen für die städtebauliche Struktur bereits im Bereich der vornationalistischen Herrschaftsarchitektur zukommt, hat insbesondere Lewis Mumford mit Nachdruck hingewiesen. Vgl. Lewis MUMFORD, Die Stadt. Geschichte und Ausblick, Köln-Berlin 1961, S. 428-432 und S. 453-455.

82 Die spezifische, über pragmatisch-organisatorische Überlegungen hinausgehende Funktion von politischen Plätzen wird ersichtlich, wenn man sie in ihrer Funktion mit Stadien vergleicht, die gelegentlich auch eine vergleichbare Rolle der organisierten Zusammenführung von „Masse" zu politischen Zwecken erfüllen. In diesen Fällen ist jedoch die Abgrenzung vom übrigen öffentlichen Raum durch die architektonische Struktur ungleich stärker und damit auch die Wahrnehmung von außen eingeschränkt, auch fehlt es in den meisten Fällen an nationalpolitisch aufgeladenen Denkmälern als Bezugpunkten. Vgl. Matthias MARSCHIK, Rudolf MÜLLNER, Georg SPITALER, Michael ZINGANEL (Hg.), Das Stadion. Geschichte, Architektur, Politik, Ökonomie, Wien 2005.

83 Tamás HOFER, Symbolischer Kampf im Systemwechsel: Der 15. März 1989 in Budapest, in: Beate BINDER, Wolfgang KASCHUBA, Peter NIEDERMÜLLER (Hg.), Inszenierungen des Nationalen. Geschichte, Kultur und die Politik der Identitäten am Ende des 20. Jahrhunderts, Köln-Weimar-Wien 2001, S. 233-262, hier S. 247. Vgl. auch: Ágnes KAPITÁNY, Gábor KAPITÁNY, Systemwechsel und Symbolwechsel in Ungarn (1989-1996), in: Andreas PRIBERSKY, Berthold UNFRIED (Hg.), Symbole und Rituale des Politischen. Ost- und Westeuropa im Vergleich, Frankfurt a.M. 1999, S. 159-173; Éva KOVÁCS, Mythen und Rituale des ungarischen Systemwechsels, in: Gerhard BAUMGARTNER (Hg.), Im Osten nichts Neues?, Wien 1999 (Österreichische Zeitschrift für Geschichte 10, 2), S. 210-237; Alice FREIFELD, The Cult of March 15: Sustaining the Hungarian Myth of Revolution 1849-1999, in: Maria BUCUR, Nancy M. WINGFIELD (Hg.), Staging the Past. The Politics of Commemoration in Habsburg Central Europe, 1848 to the Present, West Lafayette/Indiana 2001, S. 255-285. Weiters: Robert NEMES, The Revolution in Symbols. Hungary in 1848-1849, in: Pieter M. JUDSON, Marsha L. ROZENBLIT (Hg.), Constructing Nationalities in East central Europe, New York-Oxford 2005, S. 37-49. Vgl. auch allgemein: Steven PFAFF, Yang GUOBING, Double-edged Rituals and the Symbolic Resources of Collective Action: Political Commemo-

rations and the Mobilization of Protest in 1989, in: Theory and Society 30 (2001), S. 539-589.
84 Vgl. Theodor KISSEL, Das Forum Romanum. Leben im Herzen Roms, Düsseldorf-Zürich 2004.
85 Aleida ASSMANN, Der lange Schatten der Vergangenheit. Erinnerungskultur und Geschichtspolitik, München 2006, S. 13. Ausgangspunkt für Assmanns Ausführungen zum Brandenburger Tor ist ein künstlerisches Projekt von Horst Hoheisel, der in der Nacht vom 26. auf den 27. Jänner 1997 - also vor dem Auschwitz-Gedenktag (dem Jahrestag der Befreiung des Lagers durch die Rote Armee) - im Zuge einer Installation ein Bild des Lagertores des Konzentrationslagers Auschwitz mit seiner Inschrift „Arbeit macht frei" auf das Brandenburger Tor projiziert hatte.
86 Vgl. u.a. Hans SCHOLZ, Deutschlands Portal. Das Brandenburger Tor (1791), in: KOCH, Wallfahrtsstätten der Nation, S. 15-24; Gustav SEIBT, Das Brandenburger Tor, in: FRANÇOIS, SCHULZE (Hg.), Deutsche Erinnerungsorte 2, S. 67-85; Peter FEIST, Das Brandenburger Tor, Berlin 22003; Laurenz DEMPS, Das Brandenburger Tor. Ein Symbol im Wandel, Berlin 2003. Vgl. auch: Dieter HILDEBRAND, Hans-Werner KLÜNNER, Jost HANSEN, Unter den Linden. Historische Photographien, Berlin 1991; Clemens BEECK, Unter den Linden. Zwischen Brandenburger Tor und Lustgarten, Berlin 2000; Gerhard DREXEL, Rund um den Pariser Platz, Berlin 2002; Christian BAHR, Geteilte Stadt. Die Berliner Mauer, Berlin 2001; Peter FEIST, Die Berliner Mauer, Berlin 32003; Die Berliner Mauer. Geschichte 1961-1989, Berlin ⁵2004.
87 Vgl. u.a.: Katrin CHOD, Herbert SCHWENK, Hainer WEIßPFLUG, Berlin Mitte. Das Lexikon, hg. v. Hans-Jürgen Mende und Kurt Wernicke, Berlin 2001, S. 146. Auffallend ist auch der Umstand, dass die Schauseite des Tores nicht nach Außen, sondern nach Innen, zur Stadt hin, ausgerichtet ist.
88 Vgl. Godehard JANZING, Johann Gottfried Schadows Quadriga in Berlin. Politisches Symbol und Wehrgedanke, Univ. Dipl. Berlin 1997; DERS., Die Quadriga auf dem Brandenburger Tor. Bildwerk und Verteidigungsidentität, in: Gabi DOLFF-BONEKÄMPER, Edward VAN VOOLEN (Hg.), Denkmale und kulturelles Gedächtnis nach dem Ende der Ost-West-Konfrontation, Berlin 2000, S. 73-84.
89 Vgl. Marc GAILLARD, The „Arc de Triomphe", Paris 1998; Dominique FERNANDES, Gilles PLUM, Isabelle ROUGE-DUCOS, Der Triumphbogen am Place de l'Étoile, Paris 2005; Christophe VALLET, Bernard JEANNOT, Bernard SCHOTTER, Arnauld BREJON DE LAVERGNÉE (Hg.), Napoléon en Campagne - Napoleon on Campaign, Paris 2005; Roland POZZI DI BORGO, Les Champs-Élysées. Trois siècles d'histoire, Paris 1999.
90 Das „Grab des unbekannten Soldaten" in Paris wurde am 11. November 1920 - dem 2. Jahrestag der deutschen Kapitulation - eingeweiht. Die Wahl des Ortes war umstritten, die Linke hätte das Panthéon vorgezogen: Als Kompromiss wurde schließlich am selben Tag das Herz Léon Gambettas, der im Deutsch-Französischen Krieg von 1870/71 eine entscheidende politische Rolle gespielt hatte, im Panthéon beigesetzt. Vgl. Jean-François JAGIELSKI, Le soldat inconnu.

Invention et postérité d'un symbole, Paris 2005. Während im stilprägenden Pariser Grab des unbekannten Soldaten tatsächlich ein nicht identifizierter, bei Verdun gefallener Soldat der französischen Armee begraben ist, sind die meisten anderen „Gräber des unbekannten Soldaten" Gedenkstätten, die zwar formal als Gräber konzipiert sind, in denen jedoch kein Leichnam beerdigt wurde. Weitere Beispiele: Berlin, Neue Wache, Gräber des unbekannten Soldaten und eines unbekannten KZ-Häftlings; London, Westminster Abbey (Gefallenenehrung jährlich am 11. November am so genannten Cenotaph in Whitehall, Nähe Downing Street); Moskau, Alexandergarten im Kreml (für die Gefallenen des 2. Weltkriegs); Warschau, Piłsudski-Platz; USA, Arlington National Cemetary; Athen, Syntagmaplatz usw.

91 Vgl. u.a. Gottfried FLIEDL, Die Pyramide des Louvre. Welt als Museum, in: Moritz CSÁKY, Peter STACHEL (Hg.), Die Verortung von Gedächtnis, Wien 2001, S. 303–333.

92 Vgl. Eric HAZAN, Die Erfindung von Paris. Kein Schritt ist vergebens, Zürich 2006, S. 186–193, insbesondere S. 192.

93 Vgl. Maurice AGULHON, Paris. Durchquerung von Ost nach West, in: Pierre NORA (Hg.), Erinnerungsorte Frankreichs, München 2005, S. 517–541, insbesondere S. 519f.

94 Ebenda, S. 519.

95 Auch die von Charles de Gaulles angeführte „Siegesparade" am 26. August 1944, dem Tag der Befreiung von Paris, führte über die Avenue des Champs-Élysées zum Arc de Triomphe.

96 Christian AMALVI, Le 14-Juillet. Du Dies irae à Jour de fête, in: Pierre NORA (Hg.), Les Lieux de mémoire 1, Paris 1997, S. 383–423. Eine ähnliche funktionale Ausdifferenzierung gibt es in Frankreich auch hinsichtlich der Hymne: Die Nationalhymne *Marseillaise* geht zwar gleichfalls auf die Revolution zurück, bei regierungskritischen Kundgebungen werden aber traditionellerweise das *Ça ira* oder die *Carmagnole*, zwei explizit republikanische Revolutionslieder, angestimmt.

97 Vgl. HAZAN, Die Erfindung von Paris, S. 403.

98 Ebenda, S. 408f.

99 Jonathan SCHNEER, London 1900. The Imperial Metropolis, New Haven–London 2001, S. 17.

100 Angeblich entspricht die Höhe der Säule jener des Hauptmastes von Nelsons Flaggschiff HMS Victory.

101 Vgl. Peter ACKROYD, London. Die Biographie, München 2002, S. 705.

102 Das so genannte Charing Cross wurde von König Edward I. (1239–1307) als eines von ursprünglich zwölf Kreuzen errichtet, die jeweils einen Punkt markierten, an dem der Leichenzug seiner im Jahr 1290 verstorbenen Gemahlin Eleonore von Kastilien halt gemacht hatte; das heutige Charing Cross ist allerdings eine Kopie. Sigmund Freud nennt bei seinem Vergleich von individuellem und kollektivem Gedächtnis (Trauma) neben dem *Monument* – siehe dazu die Ausführungen im Text – das *Charing Cross* als ein Beispiel für ein kollektives, in diesem Fall „fremdes" Erinnerungszeichen. Vgl. FREUD, Über

Psychoanalyse, S. 11f. Als Fallstudie zum traumatischen Gehalt platzbezogenen Gedächtnisses vgl. u.a. : A. J. JACOBS, Symbolic Urban Spaces and the Political Economy of Local Collective Memory: A Comparison of Hiroshima and Nagoya, Japan, in: Journal of Political and Military Sociology 31 (2003), S. 253-278, http://www.findarticles.com/p/articles/mi_qa3719/is_200301/ai_n9197761/print.

103 Ausgeführt wurden die Umsetzung der Planung nach Nashs Tod von Sir Charles Barry (1795-1860), der auch den Palace of Westminster (Houses of Parliament) errichtete.
104 Vgl. u.a.: Rodney MACE, Trafalgar Square. Emblem of Empire, London 1976.
105 Vgl. Ingrid NOWEL, London. Biographie einer Weltstadt, Köln 1998, S. 164f.
106 SCHNEER, London 1900, S. 19. Vgl. auch: David CANNADINE, Ornamentalism. How the British Saw Their Empire, London u.a. 2001.
107 Vgl. ACKROYD, London, S. 526f.
108 Vgl. Peter STACHEL, Mythos Heldenplatz, Wien 2002; DERS., Der Heldenplatz. Zur Semiotik eines österreichischen Gedächtnisortes, in: RIESENFELLNER (Hg.), Steinernes Bewußtsein 1, S. 619-656; Ernst HANISCH, Wien, Heldenplatz, in: Etienne FRANÇOIS, Hagen SCHULZE (Hg.), Deutsche Erinnerungsorte 1, München 2001, S. 105-121. Vgl. auch allgemein: Irene NIERHAUS, Orte der nationalen Narration in Österreich. Urbaner Raum und staatliche Repräsentation in Wien, in: PRIBERSKY, UNFRIED (Hg.), Symbole und Rituale des Politischen, S. 281-294.
109 STACHEL, Mythos Heldenplatz, S. 49-60.
110 Vgl. Margaret GOTTFRIED, Das Wiener Kaiserforum. Utopien zwischen Hofburg und Museumsquartier. Imperiale Träume und republikanische Wirklichkeiten von der Antike bis heute, Wien-Köln-Weimar 2001.
111 Paul WITTAS, Anton WAGNER, Das Österreichische Heldendenkmal. Ein kurz gefaßter Führer durch Raum und Zeit, Wien o.J. Vgl. weiters: Ingeborg PABST, Das Österreichische Heldendenkmal im Äußeren Burgtor in Wien, in: Michael HÜTT, Hans-Joachim KUNST, Florian MATZNER, Ingeborg PABST (Hg.), Unglücklich das Land, das Helden nötig hat. Leiden und Sterben in den Kriegerdenkmälern des Ersten und Zweiten Weltkrieges, Marburg a.d. Lahn 1990 (Studien zur Kunst- und Kulturgeschichte 8), S. 11-27; Peter DIEM, Das Äussere Burgtor – Ein österreichisches Heldendenkmal, in: DERS., Die Symbole Österreichs, S. 203-206. Vgl. auch allgemein: Heidemarie UHL, Transformationen des österreichischen Gedächtnisses. Erinnerungspolitik und Denkmalkultur in der Zweiten Republik, in: transit 15 (1998), S. 101-119; Katharina WEGAN, Monument-Macht-Mythos. Frankreich und Österreich im Vergleich nach 1945, Innsbruck-Wien-Bozen 2005.
112 Ein vergleichbares Beispiel dafür, wie der Name eines Platzes auf nationaler Ebene zum Synonym für ein kollektives Trauma werden kann, wäre u.a. die *Plaza de Tlatelolco* (genauer *Plaza de las Tres Culturas* in Tlatelolco) in Mexiko City: Auf dem Platz – der auf jenem Areal errichtet wurde, auf dem die Truppen des spanischen Konquistadoren Hernán Cortés im Jahr 1521 ein Massaker an der aztekischen Bevölkerung begangen hatten – waren am 2. Oktober 1968

mehr als dreihundert Teilnehmer einer Studentendemonstration von Polizei und Militär getötet worden. Da das offizielle Mexiko Jahre lang bestrebt war, das Ereignis aus der öffentlichen Diskussion verschwinden zu lassen, entwickelte sich ein vielfältiger literarischer und künstlerischer Diskurs, in dem das Wort Tlatelolco in gewisser Hinsicht zum Synonym für Missstände des politischen Systems in Mexiko insgesamt wurde. Vgl. Vittoria BORSÒ, Mexiko 1968-1995: das Trauma von Tlatelolco und die Folgen, in: Michael RÖSSNER (Hg.), Lateinamerikanische Literaturgeschichte, Stuttgart–Weimar 22002, S. 406-423.
113 Ernst LOTHAR, Heldenplatz, Cambridge/Mass. 1945.
114 Vgl. Ernst JANDL, Gesammelte Werke. Erster Band: Gedichte 1, Darmstadt–Neuwied 1985, S. 124.
115 Thomas BERNHARD, Heldenplatz, Frankfurt a.M. 1988.
116 Vgl. Andras GERŐ, Der Heldenplatz Budapest als Spiegel ungarischer Geschichte, Budapest 1990; Katalin SINKÓ, A továbbélő historizmus. A Milleniumi emlékmű mint szimbolikus társadalmi akciók színtere, in: A Historizmus művészete Magyarországon, Budapest 1992, S. 277–293; György HAJÓS, Der Heldenplatz, Budapest 2001; Imre HELGERT, Lajos NÉGYESI, György B. KALAVASZKY, Nemzeti emlékhely a Hősök terén, Budapest 2002. Vgl. auch: Attila PÓK, Was bedeutet es, ein Ungar zu sein? Zu Begriff und Repräsentation des Ungartums, in: Werkstatt Geschichte 8 (1994), S. 41–47; Cornelia GROSSER, Sándor KURTAN, Karin LIEBHART, Andreas PRIBERSKY, Heldenplätze, in: DIES., Genug von Europa. Ein Reisejournal aus Ungarn und Österreich, Wien 2000, S. 225–239.
117 Die Stadt Budapest entstand genau genommen erst im Jahr 1873 durch Zusammenlegung der drei Gemeinden Buda (Ofen), Óbuda (Alt-Ofen) und Pest(h).
118 Vgl. Katalin SINKÓ, Árpád versus Saint István. Competing Heroes and Competing Interests in the Figurative Representation of Hungarian History, in: Tamás HOFER (Hg.), Hungarians between „East" and „West". Three Essays on National Myths and Symbols, Budapest 1994, S. 9–26.
119 Vgl. u.a.: György DALOS, Ungarn. Mythen–Lehren–Lehrbücher, in: FLACKE, Mythen der Nationen, S. 528–556, insbesondere S. 529–534. Zum Einsatz historischer Symbolik in Ungarn einst und heute vgl. u.a. History – Image. Selected Examples of the Interplay Between Past and Art in Hungary. Guide to the Exhibition of the Hungarian National Gallery, Budapest 2000; Andreas PRIBERSKY, Eine Krone für die 3. Ungarische Republik? Geschichte als Archiv der Gedächtnispolitik, in: LE RIDER, CSÁKY, SOMMER (Hg.), Transnationale Gedächtnisorte, S. 67–77.
120 Einige Zeit später wurde im selben Areal ein Lenin-Denkmal errichtet, das nach 1989 entfernt wurde.
121 Es gab allerdings auch noch andere, gleichfalls vielfältiger historischer Symbolik folgende „Bühnen" der Formierung politischer Öffentlichkeit in Budapest, so die Route vom Petőfi-Denkmal, durch die Lajos Kossuth-Straße, die Bajcsy-Zsilinszky-Straße, über den Szent István-Ring und die Margareten-Brücke zum Bem-Platz. Dieser Route folgte der für die weitere Entwicklung so

bedeutsame Demonstrationszug am 15. März 1989. Vgl. KOVÁCS, Mythen und Rituale des ungarischen Systemwechsels; HOFER, Symbolischer Kampf im Systemwechsel.

122 Derartige Fahnen werden mittlerweile bei rechtsgerichteten Demonstrationen gegen die sozialdemokratische Regierung mitgeführt, um solcherart die linke Regierung metaphorisch mit der einstigen kommunistischen Diktatur in Verbindung zu bringen.

123 Vgl. allgemein: Géza BOROS, Gloria victis. Wiedergutmachung auf Ungarns öffentlichen Plätzen. Die Denkmäler der Revolution von 1956, in: DOLFF-BONEKÄMPER, VAN VOOLEN (HG.), Denkmale und kulturelles Gedächtnis, Berlin 2000, S. 199-212.

124 Laszló F. FÖLDENYI, zit. n. Streit um den Mythos 56. Die Erinnerung an den Volksaufstand von 1956 entzweit Ungarn, in: Das Erste Online, http://www3.mdr.de/titel-thesen-temperamente/221006/ungarn.html [Zugriffsdatum: 24.10.2006].

125 Vgl. Thomas PARDATSCHER, Das Siegesdenkmal in Bozen. Entstehung, Symbolik, Rezeption, Bozen 2002.

126 Zu Lappers eigenen Ansichten zu Quinns Statue vgl. Alison LAPPER, Autobiographie einer Optimistin, München 2005, S. 242-255.

Der Titel dieses Beitrages geht auf eine Anregung von Peter Lachnit zurück, der eine Radiosendung im Österreichischen Rundfunk, die sich der diesem Band zugrunde liegenden Konferenz in Prag widmete, so betitelte. Teile des Textes fußen auf Überlegungen, die in einem vom Verfasser gemeinsam mit Rudolf Jaworski erarbeiteten Antrag an die Volkswagenstiftung angedacht wurden.

Urbanism and Civilization:
The Making of City-Squares in Imperial Vienna (16th–20th centuries)

Corradino Corradi (Paris)

In this paper I will offer the main outline of a wide-ranging work of research I conducted during the last five years. This research concerns the architectural, morphological, and cultural history of urban places and city-squares located in Vienna's First District – the well-known urban area composed by the historical city (*Innere Stadt*) and the Ringstraße quarters – from the early modern age to the late 20th century.[1]

Because of the fairly large amount of complexity involved in such an inquiry – both from a methodological and historical point of view – I will be somewhat schematic in my discussion. Accordingly, I will provide a synthetic account of my research in order to extrapolate three key elements: its principal object – city-squares; its main theme – architecture and urbanism within the context of a sociological history of public space; and its conclusions – the establishment of a relevant correlation between urbanism and the civilizing process.

City-squares as sociomorphological objects

My inquiry deals primarily with the "city square" (*Stadtplatz*), that is "an open (usually four sided) area surrounded by buildings, especially one provided of a public surface (planted with trees etc. and surrounded by houses) or an open area at the meeting of streets" (*Concise Oxford Dictionary*, entries 3a/b). The very definition of the object presents difficulties which are implied in different national languages and cultural contexts or traditions; for example, note the differences among the English term "square", the German "Platz", the French "place", and the Italian "piazza". The latter term derives from the Latin and Greek word "platea", which means the "enlargement of a road" and thus emphasizes both the dimensional specificity and the public character of this spatial object. The city square often seems to rely on a special feature for its definition: the intersection of streets, a particular use of its surface (as a market for instance), a particular form due to the courtyard or the exterior space of a special building (a church, a city hall, a public building etc.).

In fact the "city-square" is less a single spatial object than it is a *complex spatial system* which is made up of multiple constituent parts: the built space and its various architectures (residential, historical and monumental, public buildings etc.), the open surface and its public uses (traffic and transportation, socialisation, commercial exchange etc.), the public space and its spatial design and configuration (monuments, parks, planted areas, urban art etc.).[2] A "city square" is really the microcosm of a city, a kind of basic "paradigm" of city forms, including most of the spatial and social components of the urban conglomeration as a whole.

I cannot offer here a detailed, substantive discussion about the architectural theory dealing with the theme of the "square" both in the history of architecture and urbanism and in the history of art and aesthetics.[3] I would, however, like to mention that the square is the central theme of a crucial text in the history of modern urbanism which has a primary reference to Vienna: *City Planning According to Its Artistic Principles* by Camillo Sitte (*Der Städtebau nach seinen künstlerischen Grundsätzen*, 1889),[4] recently retranslated as *The Art of Building Cities*. This reference alone is, I believe, sufficient to justify research devoted to the history of "city squares" in Vienna.

A large part of my research is taken up by architectural and morphological analysis. I have shown how this kind of analysis, in order to be effective, must be integrated with an historical and sociological approach.

It is perhaps not surprising for the few readers who are familiar with my previous book on the architectural and cultural history of the Michaelerplatz in Vienna that I emphasize the importance of considering city-squares – every kind of square, even those most influenced by dominant historical personalities or individual architects – not as individual but as *collective* products, and not as primarily artistic (aesthetic) but as *socio-cultural* objects.[5] Therefore the focus of my current research is to define the city-square as a socio-morphological system, to conceive of the study of urban squares as the main way to investigate the features and the history of *public space*.

"Public space" is yet another subtle and complex notion, and we shall see how the analysis of squares can elucidate it in a dramatic way.

The field of objects or the "archive of city-squares"

The overall survey is based on a field of objects consisting of 48 squares located in central Vienna (First District and the whole area of the Ringstraße). The main methodological device I employed in this systematic analysis was a so-called "archive of city-squares", that is, a classification or catalogue of Viennese urban places or squares (a sort of "*stadträumliches Archiv*"). Each component of every square has been investigated via a common scheme based on a specific sequence of themes and aspects: date of creation, present and old location of the square (old and new quarters etc.), denominations (dates and changes), type of urban operations marking formations or transformations, dimensions (length, width, surface), architectural styles, economic activities, type of construction, legal status of the sites, uses, destinations and configurations of the open areas (monuments, green areas etc.), and other rather 'technical' features (morphological parameters etc.).

The present field of objects (around 2000) in central Vienna consists of 48 city-squares; the whole historical field includes 52 squares (six squares disappeared). The first chronological sequence concerns the date of formation or creation of each city-square (see *chronological table*). Within the overall diachronic evolution we have selected 4 major synchronic cuts related to several historical city maps:

1. Early modern Vienna (around 1547: Hirschvogel Plan)

Squares in medieval and late medieval Vienna (12th–15th century):
9/48 (18,7%); 11/52 (21,1%)

Hoher Markt (1208); Am Hof (1222); Graben 1294; Judenplatz 1294; *Alter Roßmarkt* (Stock-im-Eisen-Platz) 1308; Neuer Markt 1234; *Kienmarkt* (Ruprechtsplatz) 1369; Lugeck 1338; Schweinemarkt (Lobkowitzplatz) 1350; Witmarkt* 1288; Kammerhof* 1302; Brandstatt* 1393 (*: disappeared squares).

2. Late modern Vienna (around 1770: Nagel Plan)

Squares in early modern, baroque and classicist Vienna: (16th–end of 18th century):
12/48 (25%) or 14/52 (26,9%)

Franziskanerplatz 1624; *Unterer Jesuitenplatz* (Universitätsplatz) 1631; *Burgplatz* (In der Burg) 1547 and 1665; *Spitalplatz* (Lobkowitzplatz/Albertinaplatz) 1660; Schulhof (*Oberer Jesuitenplatzl*) 1701; Freyung 1710; Petersplatz 1715; Michaelerplatz 1730; Josefsplatz 1767; Stephansplatz 1783; Ballhausplatz 1786; Minoritenplatz 1786; Dominikanerplatz* (Prädigerplatz) 1701; Exercier- und Paradeplatz* (1783–1870).

3. Early industrial age (around 1880: cadastral map); Age of Ringstraße: first phase of urban expansion

Squares in the Age of Ringstrasse (A): 1857–1890 ca.
13/48 (27%)

Rudolfsplatz 1861; Schwarzenbergplatz I: 1867; Börseplatz 1870; Schillerplatz 1870; Rooseveltplatz (*Votivkirchenplatz*) 1871; Schlickplatz 1872; Schmerlingplatz (*Reichsratsplatz*) 1873; Deutschmeisterplatz 1876; Albertinaplatz (*Albrechtsplatz*) 1877; Heldenplatz 1878; Concordiaplatz 1880; Maria-Theresien-Platz 1888; Morzinplatz 1888.

4. Late industrial age (Stadtbauamt map of 1910): last decade of Imperial Vienna before the disintegration of Austria-Hungry: achievement and second phase of urban expansion

Squares: Age of Ringstrasse (B): 1890–1927 ca.
11/48 (22,5%)

Schwedenplatz (*Kaiser-Ferdinands-Platz*) 1897; Karlsplatz 1899; Julius-Raab-Platz (*Aspernplatz*) 1903; Schwarzenberg II* 1904; Beethovenplatz 1904; Friedrich-Schmidt-Platz 1907; Rathausplatz 1907; Georg-Coch-Platz 1913; O. Kokoschka (*Kopalplatz*) 1914; Dr.-K.-Lueger-Platz 1926; Museumsplatz 1927.

Overall during the industrial age – urban expansion connected to the construction of the Ringstraße – creation of 24 new city-squares (50% of the present field).

5. 20th century Vienna: consolidation of the process of the so called "City-Bildung": the formation of central Vienna as political-administrative centre and as business district

Squares: second half of 20th century
4/48 (8,3%)

Robert-Stolz-Platz 1976; Desider-Friedmann-Platz 1992; Herbert-von-Karajan-Platz 1996; Josef-Meinrad-Platz 1998; (2004: Max-Weiler-Platz).

The construction of public space

The field of Vienna's city-squares was first organised by the establishment of chronological sequences and morphological classifications, and then analysed via an investigation of socioeconomic activities and architectural operations in order to gain insight into the *historical process of public space-making*. In this way we have been able to relate two crucial factors in this kind of analysis: urban forms and morphology, on the one hand, and town building activities and town planning operations or *urbanistic practice*, on the other.

So, if we consider urbanism as a practice, we have to single out and identify the main social and institutional actors who conceive, plan and carry out the architectural and urbanistic operations in order to produce city-squares or public places. Such an approach, which we termed the "praxeology of urbanism" (i.e., the study of the practice or praxis of urbanism), shows that, throughout this lengthy period – from the early modern age to the 20th century city – the driving forces remained politics and society, not aesthetics. It seems that architecture and urbanism are a fundamental art-practice in which the dominant groups elaborate their ideological programs in order to legitimize power; in *that way* they tend to resolve "the entanglements of social hegemony, material reality and topographical history".[6]

However, the issue of domination and political hegemony in urban space is a much more subtle one than it is usually described in the accounts concerning the history of urbanism. In fact the main social actors and political institutions do not act on their own, nor do they act as a mere group or association of individuals. In order to reach their goals – hegemony in public space – they have to find and implement specific policies and strategies, i.e. "construction or architectural policies" and "urbanistic strategies". Even the most powerful of these social and institutional actors – such as, for instance, the imperial ruler or the high feudal aristocracy in baroque Vienna – have to adjust to the system of *interactions* and *interdependences* which presides over the entire structure of urban society. Indeed a "praxeology of urbanism" involves inquiring the subtle interplay among the constituent groups or members of society who build and shape the city-space.[7]

Four main sociogenetic patterns of public space: from settlement and representation to appropriation and collective differentiation

We can summarize the results of this wide-ranging inquiry about the creation and development of city-squares by extrapolating the essential transitions which mark the historical process of public-space-making in imperial Vienna from the early modern to the contemporary age.

a) Settling and taking roots in urban space: medieval squares

At the beginning of the modern age we find a city whose public space is still dominated by medieval city-squares, that is, open areas essentially characterised by market activities. Medieval Vienna produced one main kind of public space: the *settling- and market-square*, that is a city-square created both by the delimitation of an open area for a specific surface use (various kinds of markets) *and* by the parcelling out of the site in order to build a residential core where usually very homogeneous social groups could settle and organise their activities and social life. (Of the 11 city-squares we find in medieval Vienna, only one was originally related to another kind of public space: the square Am Hof, the centre of the medieval feudal ruler, the duke of Austria belonging to the dynasty of Babenberger). Unlike other cities in which we find important city-squares related to religious edifices, in medieval Vienna the open areas surrounding churches, convents or monasteries are still often occupied by a cemetery and therefore appear to remain physically separated by the actual public space and its uses. It is noteworthy that this process not only occurred in the early medieval fortified city within the walls during the 12th century, but also develops during the great medieval urban expansion of 13th and 14th century Vienna.

Important squares such as Graben, Alter Roßmarkt, Brandstatt, and Neuer Markt arose out of the urbanistic dynamic of the medieval expansion. The main social actors which determined the policies creating the settling- and market-squares were, respectively, the social groups belonging to the guilds or craftsmen associations and the urban elite (notables and patriciate) who dominated the municipal institutions. By the 1550s the social structure of urban property and real estate in Vienna still shows the significance of the group of "Besitzbürger", a class of landlords which originated in the social and economic context of medieval Vienna. Despite the increasing significance of house leasing and the concentration of real estate in the hands of the urban elite members, estate ownership, especially for those who owned small houses – mainly craftsmen and 'Bürger' – was the main way by which one could settle and *take root* in the city-space, and entirely belong to the social milieu.

Therefore, the public space related to settling- and market-squares was produced by social interaction, economic and commercial exchange, but also by a shared and common space for civic assembly or ritual events, as a place to exchange and propagate oral information, in a word as a truly "sociological centre" – to speak with Max Weber. From a sociogenetic perspective, this was a spatial model which can be defined as a "space of settlement and radication"[8] – the process of settling and taking root in the town space, and the process of consolidating the state of being rooted, as far as the radication of habits is concerned.

b) Distinction: the baroque and classicist squares in the court society

This model of public space which was determined by the policies of medieval municipal institutions was increasingly and inexorably changed by the installation of the imperial court in 16th and 17th century Vienna. Far from what one might imagine it to be like, the new model, connected to the affirmation of *court society*, did not radically replace the medieval pattern of spatial settlement: instead, it modified and appropriated it in very specific ways and according to its own goals. The urbanistic transformations concerning the city-squares show this process quite clearly.

At first the change is not produced by the creation of new and magnificent city-squares as determined by the process of urbanisation and "curialization" of the high feudal aristocracy, settling in the inner city. Rather, the first transformations occur with the partial modification and surface-redesigning of existing city-squares, the ones which were created in medieval Vienna. These are typical "embellishment" operations affecting some marking elements of public space: simple, utilitarian medieval fountains are replaced by new ornamental baroque fountains and votive columns which clearly emphasize representative and symbolic features. Graben (*Pestsäule* and fountains; Am Hof: *Mariensäule*, Hoher Markt: *Josephssäule* and Vermählungsbrunnen; Neuer Markt: *Donnerbrunnen* in 18th century).

At the same time, the built residential environment undergoes a major transformation, both at the level of the social structure of urban property and at the architectural and typological level. The city fabric formed by the gothic houses and parcels is replaced by the typology of baroque houses and palaces.

Still, the morphological structure of the old city-squares remains unchanged, as well as the web of streets and road network which were created during the medieval age. The new architectural ornamentation and urban embellishment, which emphasize the need for (self)-representation of the new dominant social actors (the aristocracy forming the court society), is actually grafted onto the medieval spatial structure.

The imperial policies gradually appropriated the medieval public space by instituting a series of careful interventions and localised transformations in the existing city-squares. A similar yet urbanistically bolder strategy is implemented through the architectural and town planning policies which were conceived by the religious Orders of the Counter-Reformation in 17th century Vienna. The first new city-squares created in baroque Vienna were two Jesuit squares, the Franciscan square and the Dominican square, which added to the construction (or renovation) of a salient number of new churches and convents in the existing squares (Am Hof, Neuer Markt, Freyung, Michaelerplatz, Minoritenplatz). They shaped the so-called "squares of the religious orders" – a phenomenon which can be found in different ways and with differing intensity all over Europe where the Counter-Reformation was most active – Rome, Naples, in most sections of Italian cities, but also in Paris, Prague and Vienna.[9]

Since the second half of 17th century at least, following the religious leadership in urbanism in early modern Vienna, the imperial initiative takes momentum: new squares were shaped in the late 17th and 18th century in connection with the construction and extension of the Hofburg – Burgplatz, Michaelerplatz, Josephsplatz and Ballhausplatz. Though to a much lesser degree than in Paris, the imperial rulers in modern Vienna also enjoyed their "royal squares" (Burgplatz and Josefsplatz), that is a spatial model of square where the monument to the ruler played a primary role in the spatial conceptualization and architectural form of a typically *representative* space.[10]

Three main factors – embellishment of existing squares, creation of the church squares by religious architectural policies, and building of royal squares – contributed to shape the sociogenetic model of public space which is typical of the court society: the *space of distinction or representation*. It is however important to note that the medieval pattern of spatial settlement – though diminished – does not disappear completely and coexists for a lengthy period along with the model of distinction and representation in public space during the modern age.

c) Appropriation: the historicist squares in the age of bourgeoisie

During the modern age a new phenomenon appears which will be decisive for the future of urbanism and city-squares: the birth of the modern state, in the form of the absolutist state of the 17th and 18th century. I will not deal here with the interesting differences between French and Habsburg absolutism,[11] but it is significant to emphasize that the consolidation of state structures and administration which took place during the Theresian and Josephinian eras were crucial to the great transformations of 19th century Vienna.

Though the last quarter of the 18th century and the *Vormärz* apparently did not present any dramatic changes to the fabric of the inner city or in the alteration of the field of city-squares, it is during this very period that the cornerstone was laid for the next urban expansion which was to be based on the planning and implementation of the Ringstraße. The official creation of the huge Exerzier- und Paradeplatz (1783) and of the Äußerer Burgplatz (1810) set the stage for the spatial conditions for the boom in the creation of new city-squares in the large area of the fortification belt and the ramparts (Glacis).[12]

During the baroque period imperial policymakers had been unable to implement an urbanistic strategy on a large scale. During this period, the process of control, rationalisation and management of urban public spaces progressed in tandem with the strengthening and consolidation of the state administration. This process also took place in the inner city, where the removal of urban cemeteries surrounding the churches and the subsequent annexation of these areas led to the creation of new city-squares (see for instance the Stephansplatz) and thus of public space.

The planning of the Ringstraße and the development of the urban expansion were made possible by two events: the demolition of the fortifications and the parcelling out for the construction purposes of the new quarters. As a result, four specific types of city-squares were created

– the *esplanade-squares*: the squares characterised by very large surfaces and linked to the new public buildings were principally constructed by the state administration, except for the two city-hall squares (Rathausplatz and F.-Schmidt-Platz);

– the *residential squares*: the squares produced by the construction and urban development of the areas affected by the city-expansion, that is the new residential areas of the Ringstraße (Rudolfsplatz, Schwarzenbergplatz, Schillerplatz, Börseplatz, Beethovenplatz etc.); where the main actors were the entrepreneurs and the "Baugesellschaften" (construction societies) during the industrial age;

– the *junction squares*: large squares which served as urbanistic connections in the road network and among the systems of transportation: especially between the inner city, the Ringstraße and other city-districts (Votivkirchenplatz, Schwarzenbergplatz, Aspernplatz, Schmerlingplatz);

– the *park- and monument-squares*: the squares whose surfaces were essentially designed as public parks, green areas (Votivkirchenplatz; Rathauspark), but also those new squares presenting a prominent monumental element in their centre (Schillerplatz, Beethovenplatz, Deutschmeisterplatz etc.).[13]

We know that the construction of new public buildings was financed through the *Stadterweiterungsfond* (Fund for the city expansion) which was managed by a special committee in the state government (Ministry of the Interior). This new type of funding structure made possible a successful and significant cooperation between the state administration (the leading political elite which maintained a strong link with the court aristocracy) and the rising social actors of the industrial age: the high ranks of professional bourgeoisie (mainly industrialists, capitalists, bankers).

Meanwhile, as a consequence of the growing power of the bourgeoisie, another major institutional actor emerged which increasingly determined the planning and administration of public space: the municipal institutions and their technical arm such as the *Stadtbauamt* (city planning office). This office was to play a major role especially from the 1890s onward, during the second and final phase of the Ringstraße development, when the building of the main urban infrastructures of fin de siècle Vienna occurred.

Collaboration among these main groups of social actors (capitalists and industrialists) and public institutions (state and municipal institutions) made possible the creation of a new model of public space based on an overall and comprehensive *process of appropriation* of urban space. For the first time the city-space was changed not only in a gradual and partial manner, as it had been the case in previous ages, but in a pervasive, complete and virtually *synchronic* way.

Traffic and transportation, town planning techniques, financing methods, building technology, and space conceptualizations were all affected by an unprecedented transformation of public space, the effects of which continued to be felt well into the following century. The main agent of appropriation was the professional bourgeoisie which determined the very first wave of democratisation of the old court society, which was still founded on the privilege of birth. The appropriation of space was a pervasive process which concerned the whole configuration of city-space, from an economic, social, political, and cultural perspective. We find this totality and plurality quite clearly exemplified in the models of 19th century city-squares.

In addition, the combined action of the process of industrialization and the rise of the professional bourgeoisie produced the distinction between "public" (i.e. professional life) and "private" (i.e. family life) which still characterizes the contemporary city.

d) Conflict of appropriations and collective differentiation: contemporary public spaces

During the 20th century the process of appropriation of public space did not remain a privilege of the bourgeoisie: it extended to the whole social field by reaching the working classes. The planning and design of city-squares in fin de siècle Vienna and in the first decades of the 20th century (extension of Schwarzenbergplatz, creation of Karlsplatz, quarter of the Postsparkasse, Karl Lueger Platz) show a more acute uncertainty in the municipal policies of urbanism and reflects the new emerging conflicts inside the Viennese society. After the creation of Greater Vienna (in the 1890s) the social conditions and balance changed radically because of the intense and massive urbanisation of working classes in the imperial capital, mainly in the suburbs. The public spaces in the inner city – which, meanwhile, became the core of public administration *and* of business activities in the fin de siècle capital – remained apparently unaffected by this phenomenon: it wasn't any longer a space wholly controlled and dominated by the socio-political elite (of high bourgeoisie and court nobility) as it was in the first phase of the Ringstraße development.

Especially after the disintegration of the Austrian empire, the inner city becomes increasingly a *collective* space subject to the social tensions which are typical of a great European city in that time. The space which was mainly appropriated by the high bourgeoisie in the first industrial age became in the first half of the 20th century the field of a *conflict of different and contrasting appropriations*, from a sociopolitical as well as from a symbolic point of view. It is noteworthy that the set of central city-squares in Vienna can substantially be considered to be completed, from an urbanistic point of view, around 1915. The following transformations will mainly involve relatively secondary aspects: surface design, displacement of monuments, building reconstruction (as a result of demolition), changes of denomination, insertion of urban art etc. Nevertheless, these urbanistically "secondary" aspects are in fact very significant given the conflict between the symbolic and social aspects of the appropriation of public space in 20th century Vienna.[14]

On the one hand, the inner city as historical centre represents a public heritage and is recognised by the present society as a shared and collective good. On the other hand, it still remains the object of different conceptualizations (mainly conservative and progressive ones) which reflect opposing approaches in *symbolic and political appropriations* of public space.

Contemporary public space is at the same time the shared place of collective memory *and* the place of confrontation among rival social and cultural identities. Therefore, from a sociogenetic point of view, it indicates what we call a *space of collective differentiation* – a pluralistic urban space where many divergent interests converge and the multiplicity of architectural forms and space-uses points to the multi-temporal (asynchronic) way by which urban realities originate and evolve.[15]

Such a pluralistic notion allows us to draw a significant conclusion about the general constitution of urban spaces. The present city is the result of *all* the multiple forms of spatial organisations which were produced by the plurality of societies of the past. Such spatial organisations may still be very active and visible in the city of today or, on the contrary, they may remain imperceptible and appear to have been all but forgotten by the present society. Nonetheless, they are all present at the same time in the urban space.[16] In this sense, public urban space is the most complex human reality which we can conceptualize. The city does not contain a single past: rather, it incorporates a "plurality of pasts" of which one cannot be entirely aware. Because of its constitutive and inherent complexity, it is of vital importance to investigate the relations between history and space so that we may understand how urbanistic practices (in each sociohistorical context) correlate to the processes of space appropriation and urban civilization.

Therefore one main result of our research suggests that the more a society can enumerate and bring to light its "plurality of pasts," the more a given society can aspire to be characterised as civilized.

Notes

1 See Corradino CORRADI, La Place: espaces et sociétés; morphologies et sociogenèses des espaces urbains publics à l'âge moderne et contemporain (Vienne: XVIe-XXe siècles), Paris (to be published).
2 On the complexity of squares see Laura BARBIANI (Hg.), La piazza storica italiana: analisi di un sistema complesso, Venice 1992. Recent research tends to move away from typological a priori-classification in order to promote specific surveys, see Michaël DARIN, Géraldine TEXIER-RIDEAU (Hg.), Places de Paris; XIXe-XXe siècles, Paris 2003. For a recent classification of public space uses (destination space, neighbourhood space, hiatus space, circulation space, marginal space) see for instance Jerold S. KAYDEN, Privately Owned Public Space: The New York City Experience, The New York City Department of City Planning, and the Municipal Art Society of New York, New York 2000; NYC Department of city planning, http://www.nyc.gov/html.
3 On this subject see Paul ZUCKER, Town & Square: From the Agora to the Village Green, New York 1959; Françoise CHOAY, "Place", Dictionnaire de l'urbanisme et de l'aménagement, Paris 1996; Pierre PINON, Places et parvis de France, Paris 1999. A quite heterogeneous classification is offered in Glossarium Artis, vol. 9: Städte/villes/towns, 1991.
4 The subtitle of Camillo Sitte's book clearly suggested the close connections with the historical context of Vienna's Ringtrasse: "Ein Beitrag zur Lösung modernster Fragen der Architektur und monumentalen Plastik unter besonderer Beziehung zu Wien" (Wien 1889). On this point see Carl E. SCHORSKE, Fin de siècle Vienna, New York 1979, Chapter 2.
5 Corradino CORRADI, Wien Michaelerplatz. Stadtarchitektur und Kulturgeschichte, Wien 1999. Far from diminishing the artistic function of urbanism, this implies an extension of this aspect to the domain of society and culture. On this point one can only agree with the introductory remarks of Spiro KOSTOF, The City Shaped: Urban Patterns and Meanings Through History, London 1991, S. 352: "We read [urban] form correctly only to the extent that we are familiar with the precise cultural conditions that generated it. Rather than presume, in other words, as practically everybody in the architectural world wants to presume, that buildings and city-forms are a transparent medium of cultural expression, I am convinced that the relationship only works the other way around. The more we know about cultures, about the structure of society in various periods of history in different parts of the world, the better we are able to read their built environment."
6 On this point see Marvin TRACHTENBERG, Dominion of the Eye. Urbanism, Art, and Power in Early Modern Florence, Cambridge-New York 1997: "[...] we might begin to think about what has been called 'Renaissance urbanism' in different terms. The old seductive, hypnotic plot - 'incremental growth' giving way to 'conscious design', 'disorder' to 'order', darkness to light - does not play. [...] I would advance an other paradigm. I see Italian urbanism from the late Middle Ages through the seventeenth century as a phenomenon of longue

durée, yet interrupted and altered by sudden shifts. [...] I will say that the old stylistic concepts of Gothic-Renaissance-(Mannerism)-Baroque [...] present severe limitation [...] 'style' was not really the main thing in urbanism. Throughout this long period, as in Trecento Florence, politics and society, not aesthetics, remained the driving, determining forces; urbanism continued as a deeply ideological art in which theory served to legitimize power and as a guide to resolving the entanglements of ambition, material reality and topographical history. This three-way gap finally could be bridged only by the exacting activity that we call urbanistic practice." (ebenda, S. 281-283).

7 About the term "praxeology" see http://encyclopedia.laborlawtalk.com/Praxeology; our use of that term focuses on the primarily sociological sense of this notion, and doesn't refer to praxeology understood as the distinctive methodology of the Austrian school of economics (Ludwig von Mises and his followers).

8 The term "radication" defines the process of taking root, or state of being rooted; as, the radication of habits.

9 See Rudolf WITTKOWER, Irma B. JAFFE (Hg.), Baroque Art: the Jesuit Contribution, Fordham 1972; on the construction policy of the Jesuits in Vienna see Werner TELESKO, Kunsthistorische Bemerkungen zum 'alten Universitätsviertel' in Wien als 'Gedächtnisort', in: Moritz CSÁKY, Peter STACHEL (Hg.), Die Verortung von Gedächtnis, Wien 2001, S. 279-302.

10 This model was to be further developed in the 19th century by the shaping of the Heldenplatz and the Maria-Theresien-Platz, the great squares produced by the extension of the new Hofburg and the planning of the "Imperial Forum" (Kaiserforum).

11 On Vienna during the age of absolutism see for example John P. SPIELMANN, The City and the Crown, Vienna and the Imperial Court 1600-1740, West Lafayette 1993; Charles Lawrence DIBBLE, Architecture and Ethos: The Culture of Aristocratic Urbanisation in Early Modern Vienna, Ann Arbor 1993; Christine LEBEAU, Aristocrates et grands commis à la Cour de Vienne (1748-1791). Le modèle français, Paris 1996; on the difference between Habsburg and French absolutism see Jean BÉRENGER, Finances et Absolutisme autrichien dans la seconde moitié du XVIIe siècle, Paris 1975; and more recently Jeroen DUINDAM, Vienna and Versailles. The Courts of Europe's Dynastic Rivals, 1550-1780, Cambridge 2003.

12 As Carl E. Schorske memorably wrote: "That Vienna should have had as its center a huge tract of open land available for modern development was, ironically, a consequence of the city's historical backwardness. Well after other European capitals had razed their fortifications, Vienna had maintained them." (The Ringstraße and the Birth of Urban Modernism, in: Fin-de-siècle Vienna: Politics and Culture, New York 1981, S. 27).

13 A first general classification of city-squares was offered by Joseph von Stübben (Der Städtebau, Darmstadt, 1890), who typically recognizes three main different typologies: Verkehrsplatz, Nutzplatz, and Architekturplatz, among which we find the Denkmalplatz.

14 In the chapter dealing with 20th century Vienna (see La place: espaces et sociétés, cit., chapter 19), I analyse several city-squares who are specifically concerned by this process: Dr-Karl-Lueger-Platz, Heldenplatz, Albertinaplatz, Michaelerplatz, Stock-im-Eisen-Platz, Judenplatz. On the conflict of political appropriations concerning Heldenplatz see Peter STACHEL, Mythos Heldenplatz, Wien 2002.

15 On this point, and more generally on the relations between socio-genetic and morphological features of urban spaces, see Corradino CORRADI, Der Stadtraum und seine Soziogenese, in: DERS., Wien Michaelerplatz, S. 237–244.

16 For a theoretical account, which derives from Fernand Braudel's research on the connection of history and space and on the "identities" of France, see Bernard LEPETIT, Une herméneutique des villes est-elle possible?, in: Temporalités urbaines, Paris 1993.

TABLE OF CHRONOLOGY:
PREFORMATIONS, FORMATIONS, AND TRANSFORMATIONS

Date*	MEDIEVAL CITY	MODERN AGE	INDUSTRIAL AGE		PRESENT AGE
	XIIe–Xve	XVIe–XVIIIe	XIXe–1890	1890–1927 en.	1950–
1208	**Hoher Markt**	PARTIAL DEMOLITIONS	RECONSTRUCTIONS	RECONSTRUCTIONS	RECONSTRUCTIONS
1222	**Am Hof**	RECONSTRUCTIONS		RECONSTRUCTIONS	RECONSTRUCTIONS
1234	**Neuer Markt**	RECONSTRUCTIONS		RECONSTRUCTIONS	OPEN SPACE REDESIGN
1289	**St. Peter Freithof** Petersplatz	Petersplatz (1786)	PARTIAL DEMOLITION		
1294	**Graben**	RECONSTRUCTIONS	DEMOLITIONS	RECONSTRUCTIONS	OPEN SPACE REDESIGN
1294	**Judenplatz**	RECONSTRUCTIONS			
1302	**Kammerhof***				OPEN SPACE REDESIGN
1308	**Alter Roßmarkt** Stock-im-Eisen-Platz	Stock-im-Eisen-Platz (1701)	Rue dite Wilpredtmarkt PERCEMENT		OPEN SPACE REDESIGN
1369	**Kienmarkt*** (Ruprechtsplatz)	CONSTRUCTION	Ruprechtsplatz INSULARISATION/ (1862)		DEMOLITIONS
1338	**Lugeck**			RECONSTRUCTIONS	
1350	**Schweinmarkt** Lobkowitzplatz	Spitalplatz	Lobkowitzplatz		
1393	**Brandstatt***		Jasomirgottstrasse		
1547		RECONSTRUCTIONS			
1547	(Schottenstift / Friedhof)	**Burgplatz / In der Burg** **Schottenplatz** Freyung (1710)	PARTIAL DEMOLITIONS	RECONSTRUCTIONS	REHABILITATION OPEN SPACE REDESIGN
1624		**Franziskanerplatz**			OPEN SPACE REDESIGN
1631		(Unter.) **Jesuiterplatz** Dr.-I.-Seipel-Platz			
1701	Bei den Predigern	**Dominikanerplatz*** Predigerplatz	Postgasse (1862)		
1701	Schulhof - Friedhof der weissen Brüder	Schulhof (Ober.) Jesuiterplatzl			
1766	Gegenüber St. Michael	**Michaelerplatz**			
1767		**Josefsplatz** Bibliotheksplatz		REDEVELOPMENT	OPEN SPACE REDESIGN HISTORICAL BUILDING REHABILITATION
1783	St. Stephansfriedhof	**Stephansplatz** St. Stephanskirchhof			OPEN SPACE DESIGN
1786	Hofspital	**Ballhausplatz**	DEMOLITIONS		OPEN SPACE REDESIGN
1786	Bei den Minderen Brudern	**Minoritenplatz**		PARTIAL DEMOLITIONS	OPEN SPACE REDESIGN
1861			**Rudolfsplatz**		
1862	Kienmarkt	Salzamt	**Ruprechtsplatz**		
1867			**Schwarzenbergplatz**		
1870			**Börseplatz**	EXTENSION	OPEN SPACE REDESIGN
1870			**Schillerplatz**		
1871			**Rooseveltplatz**		
1872			**Votivkirchenplatz**		
1873		Exerzier- und Paradeplatz	**Schlickplatz**		
1876			**Schmerlingplatz**		
1877	Neuer Rossmarkt	Spitalplatz	**Reichsratsplatz** **Deutschmeisterplatz** **Albertinaplatz** **Albrechtsplatz**		DEMOLITIONS OPEN SPACE REDESIGN
1878		Äußerer Burgplatz	**Heldenplatz**		
1880			**Concordiaplatz**		
1888			**Maria-Theresien-Platz**		
1888			**Morzinplatz**		DEMOLITIONS
1897				Schwedenplatz **Ferdinandsplatz**	DEMOLITIONS
1899			Technikerstrasse	**Karlsplatz**	
1902	Salvatorgasse/Am Gestade	RECONSTRUCTIONS		**Passauerplatz**	
1903				Julius-Raab-Platz	
1904				**Aspernplatz**	
1907		Exerzier- u. Paradeplatz		**Beethovenplatz**	
1907		Exerzier- u. Paradeplatz		**Rathausplatz**	
1913				**F.-Schmidt-Platz**	
1914			Franz-Josefs-Kaserne	**Georg-Coch-Platz**	
1926				O.-Kokoschka-Platz **Kopalplatz**	
1927			Wollzeile	**Dr.-K.-Lueger-Platz**	OPEN SPACE REDESIGN
1976			Museumstrasse	**Messeplatz**	Museumsplatz
1992	Kienmarkt		Albrechtsgasse/Goetheg.		Robert-Stolz-Platz
1996				Judengasse	D-Friedmann-Platz
1998			Opernring/Kärntnerstr.		H.-v-Karajan-Platz
2004			Franzensring	Burgtheater	Josef-Meinrad-Platz
			Kärntnerring		Max-Weiler-Platz

*Date of first appearance in the documentary sources

„... der nach mir benannte Stalinplatz."
Zur politischen Repräsentation auf Wiener Plätzen

Bernadette Reinhold (Wien)

Die Ringstraße – der Nabel von Wien, der Nabel der Welt? In der Heimatstadt der Psychoanalyse und bei der evidenten Selbstbezogenheit Österreichs kann sich einem der Begriff der *Nabelschau* schon aufdrängen.[1] Denn trotz des seit 1918 genährten Images vom *Wasserkopf Wien* und der Rivalität mit den traditionell starken Bundesländer-Identitäten, ist Wien unbestritten das Zentrum dieses Landes. Und legt man das Brennglas auf diese Stadt, so gilt der Ring und die von ihm umschlossene Innenstadt als Zentrum, als *Nabel* von Wien. Mehr noch: während sich in anderen Millionenstädten kaum ein fixierbares Zentrum ausmachen lässt, gilt in Wien der Stephansdom als virtuelle Mitte, der spätestens seit seiner Zerstörung 1945 zur Wiederaufbauikone der Zweiten Republik wurde.[2] Das Beispiel Wien zeigt sehr gut, dass die (imaginäre) topographische Mitte nicht unbedingt mit den zentralen Ort politischer Macht ident sein muss. Gerade im Zusammenhang mit dem Begriff des *politisierten Platzes* als Umschlagplatz politischer (Macht-)Demonstrationen drängen sich in Wien andere Orte auf – allen voran der Heldenplatz. Der Wiener Schwarzenbergplatz gehört zumeist nicht dazu. Seine Geschichte, seine spezifische Kodierung im Stadtraum, seine symbolische Topographie ist jedoch untrennbar mit den bedeutenden *politisierten Plätzen* in Wien und somit auch mit der neueren österreichischen Geschichte verbunden.

Der Wiener Heldenplatz, der wohl prominenteste Platz Österreichs, galt bis 1918 noch als Umraum der kaiserlichen Residenz, der Hofburg (Abb. 1). Als ein Konglomerat von Bauteilen unterschiedlicher Epochen sollte dieser unter Kaiser Franz Joseph I. zu einem großzügig geplanten Kaiserforum umgewandelt werden, wuchs jedoch über den Status quo eines imposanten Torsos nicht hinaus. Gemeinsam mit den Denkmälern für Erzherzog Carl (1859/60), den zum *Edlen Ritter* mythifizierten Prinz Eugen (1865) und dem äußeren Burgtor (1824) bildete die synthetisierte Fassade der Hofburg ein ideales Platzensemble für staatstragende Rituale, das sowohl das Kaiserhaus als auch der autoritäre Ständestaat zu nutzen wussten. Zum „Hauptplatz [...] der neueren österreichischen Geschichte"[3], wie Peter Stachel ihn so treffend bezeichnet hat, wurde er aber erst mit der *Vollzugsmeldung* Adolf Hitlers am 15. März 1938. Als Gedächtnisort, einem *lieu mémoire* erster Güte, wurde er zum Synonym für den *Anschluss* Österreichs an das Deutsche Reich, an den – wie etwa die heftigen Reaktionen auf Thomas Bernhards gleichnamiges Theaterstück „Heldenplatz" 1988 zeigten – die Formen österreichischer Vergangenheitsbewältigung mitsamt ihrem Harmonisierungswillen und ihrer „Gesinnungselastizität" (Stachel) geknüpft sind. Nach 1945, vor allem nach der so genannten Waldheim-Affäre 1986 und dem Gedenkjahr 1988 wurde der Heldenplatz und damit das Menetekel des „Anschluss-Platzes" virulent. Ein bis in die Gegenwart fortgesetzter Neu- bzw. Umkodierungsprozess setzte ein. So fanden alle wesentlichen politischen Massenkundgebungen der jüngeren Republikgeschichte hier statt: Darunter das „Lichtermeer" im Jänner 1993, die größte friedliche Demonstration der Nachkriegszeit, die sich gegen Ausländerfeindlichkeit und Rassismus wandte. In den letzten Jahren waren es vor allem Proteste gegen die rechts-konservative Regierung, die in anfangs regelmäßig abgehaltenen „Donnerstags-Demonstrationen" und einer über viele Monate ständig besetzten „Botschaft besorgter BürgerInnen" eine auch medial präsente Gegenöffentlichkeit erzeugten. Im Zusammenhang mit Monumenten und der Generierung kollektiver Identitäten hat Aleida Assmann davon gesprochen, dass derartige Prozesse nie im leeren Raum passieren.[4] Im Gegenteil handelt es sich stets um ein Kräftefeld von rivalisierenden Parteien, um Legitimationsansprüche, um Partizipation oder Ausschluss, um Kontrolle oder den Versuch sich dieser zu entziehen, um hegemoniale Einschreibungen in den *City-Text*[5] oder um subversive oder deviante Markierungen. Die suggerierte Vereinnahmung des Heldenplatzes durch Regierungsgegner provozierte ihrerseits rechtsradikale Kreise, deren Aktivitäten im April 2002 in Neonazi-Aufmärschen gegen die „Wehrmacht"-Ausstellung kulminierten. Sowohl die politischen Protestkundgebungen, darunter auch eine in Österreich jahrzehntelang unvorstellbare Großdemonstration der Gewerkschaft 2003, als auch zahlreiche regierungsnahe Veranstaltungen haben die Benutzungsfrequenz des Platzes generell erhöht. Die Reizschwelle zur Partizipation, zur Aneignung des Platzes, sank zunehmend in den späten 1990er Jahren. Und so hat der Heldenplatz neben der Rolle als sich stets aktualisierender, lebendiger Gedächtnisort auch die Qualität eines beliebten Freizeitareals für Sonnenhungrige, Freizeitsportler und Hundebesitzer.

Der Rathausplatz, unweit des Heldenplatzes auf dem ehemaligen Exerziergelände der Monarchie gelegen, gilt mit dem Rathaus – der neogotischen Kathedrale der Bürger und Bürgerinnen – als Knotenpunkt kommunaler Macht. Er ist allerdings seit vielen Jahren einer schleichenden Neukodierung unterworfen. Denn spätestens seit den 1980er Jahren wurde er im kulturellen *urban renewal*, das als Standortfaktor auf einem hochkompetitiven Städte-Markt bewertet wurde, zu einem Fest- und Rummelplatz für mehr oder weniger kommerzielle Events, 364 Tage im Jahr. Nur einmal im Jahr, am 1. Mai, wird der Rathausplatz als politische Bühne des seit den 1920er Jahren omnipräsenten sozialdemokratischen *Roten Wien* genutzt. Vom Kampftag zum Erinnerungstag geworden, ist der 1. Mai heute vor allem noch Gedächtnisort der SPÖ, denn sein definitiver politischer Gehalt ist in den letzen Jahrzehnten zu einer hohlen Formel geworden.[6]

Während der Helden- und der Rathausplatz durch ihre Geschichte, vor allem aber ihre mediale Präsenz als – zumindest zeitweise – *politisierte* Plätze gelten, assoziiert man den Schwarzenbergplatz[7] kaum oder gar nicht in diesem Zusammenhang. Im Myzel der Ringstraße mit den genannten Plätzen verbunden, handelt es sich aber auch hier um einen *politisierten* Platz, der etlichen Neu- und Umkodierungen unterworfen war, in Relation zum Heldenplatz aber bestenfalls die Position des *besten Nebenschauplatzes* der neueren österreichischen Geschichte einnehmen kann. Die Gründe hiefür liegen unter anderem in seiner realen wie symbolischen Topographie, seiner Gestalt und der dadurch geprägten Benutzbarkeit und Aneignungsmöglichkeit. Als Zwitterwesen eines Straßen-Platzes entwickelt sich der Schwarzenbergplatz über 400 Meter entlang einer dynamisierten Riesenachse und rezipiert mit neoabsolutistischem Gestus im sonst großbürgerlichen Ringrund theatralisch-kulissenhafte sowie achsial-autoritäre Stadtschöpfungen des Barock. Vom Ring aus gesehen mündet die Platzachse in die gestaffelte Architekturszenerie des Belvedere und des Palais Schwarzenberg. Der 1873 eingeweihte Hochstrahlbrunnen und die 32 Meter hohe Nadel des Denkmals der Roten Armee von 1945 integrierten sich – trotz ihrer unterschiedlichen politischen Botschaften – in diesem *point de vue*. Der immanente Straßencharakter des Schwarzenbergplatzes hat jedoch aus dem Platz eine stark frequentierte, südöstlich ausgerichtete *Verkehrsmaschine* gemacht, die pro Tag bis zu 60.000 Pkw passieren. Die 2004 abgeschlossene Neugestaltung des Platzes änderte daran nichts. Denn auch wenn stets seine Eleganz betont wurde, konzentrierte man sich erwartungsgemäß auf das Design der Verkehrsflächen und der Stadtmöblierung.

Namen gebend für den Platz war das Denkmal für Carl Fürst Schwarzenberg, den Heerführer der Völkerschlacht bei Leipzig 1813 – der mit Abstand blutigsten Schlacht des 19. Jahrhunderts. (Abb. 2). 1867 in einem großen Festakt eingeweiht war es das dritte und letzte Feldherren-Denkmal, das Kaiser Franz Joseph I. persönlich im öffentlichen Raum stiftete. Die anderen, schon erwähnten Denkmäler für Erzherzog Carl, den apostrophierten *Sieger von Aspern* und Prinz Eugen wurden auf dem Heldenplatz aufgestellt. Die Idee für das Schwarzenberg-Denkmal geht auf Kaiser Franz I. zurück. Doch erst Jahrzehnte später setzte man dem *europäischen* Feldherrn, der die alliierten Mächte gegen Napoleon angeführt hatte und auch stellvertretend für die Neuordnung Europas nach dem Wiener Kongress stand, ein Denkmal – und das zu einem Zeitpunkt, als die Großmacht Österreich bereits zunehmend ins Hintertreffen geraten war.

Umso mehr war man bemüht, an der alten Ordnung, am alten Image festzuhalten. Ein – ikonographisch eindeutig monarchistisch konnotiertes – Reiterstandbild war der anachronistische Versuch der kompensativen Imagepflege. Die „Stilisierung und Monumentalisierung"[8], das kollektive Vergegenwärtigen der großen Geschichte in der Hoffnung auf eine ebenso große Zukunft sollte über die schmähliche Gegenwart und die gravierenden Misserfolge vor allem der österreichischen Armeen hinwegtrösten: 1859 Magenta und Solferino, 1866 Königgrätz. Dazu kam die Ermordung des Kaiserbruders Maximilian in Mexiko 1867 und auch innenpolitisch war der Monarch mit dem ständigen Liberalisierungsdruck, der Nationalitätenfrage und dem Ausgleich mit Ungarn 1867 konfrontiert. Anderswo, so hatte die liberale Presse anlässlich der Denkmalenthüllung ätzend bemerkt, würde man zivilen Helden, etwa Erfindern, Monumente setzen. Doch in Österreich präsentierte sich der Staat vornehmlich in militärischer Gewandung. Das Militär war eine der tragenden und loyalsten Stützen der Monarchie, deren oberster Vertreter selbst fast ausschließlich in Uniform auftrat.

Das Denkmal bildete einen Kristallisationspunkt in einem urbanen, militärisch dicht konnotierten Feld, das deckungsgleich mit einem der nobelsten Viertel der neuen Ringstraße war (Abb. 3). Die alte Wasserkunstbastion, die hier vor der Schleifung der Stadtmauer stand, war eines der stärksten Bollwerke, wo sich militärische Einrichtungen, darunter das Zeug- und Gusshaus, konzentrierten. Schon während der Türkenbelagerungen von 1529 und 1683 hatten hier im Südosten der Stadt die heftigsten Kampfhandlungen stattgefunden. Die Befestigungsanlage und das Glacis standen ab Joseph II. einer zunehmend zivilen Nutzung offen, wodurch aus Verkehrsgründen einige neue Stadttore entstanden. Im Bereich der massiven Wasserkunstbastion sah sich jedoch niemand zu einem Umbau oder Durchbruch veranlasst. Auch dann nicht, als das Verkehrsaufkommen mit dem Bau der südlich davon gelegenen Süd- und der Ost-Bahn in den 1840er-Jahren zu einem wirklichen Problem wurde. Auch vom dahinter liegenden, kammartig strukturierten Viertel gab es keinen *inneren Druck* zu einer Öffnung, zumal sich hier spätestens seit 1683 der Hochadel mit Palais und Klöstern niedergelassen hatte.

Jenseits des Wienflusses war zeitgleich eine barocke Gartenstadt mit großzügigen Sommerresidenzen entstanden. Das Palais Schwarzenberg und das Belvedere bilden heute noch einen bescheidenen Rest davon. Bis in die Zeit des Ersten Weltkriegs gab es auch hier, speziell am Rennweg, eine hohe Dichte an militärischen Einrichtungen, allen voran die 1774 errichtete Heumarktkaserne, die erst 1910 demoliert wurde. Im städtebaulichen Wirkungsfeld lag auch das Arsenal, das nach der Revolution von 1848 errichtet worden war. Die so genannte Belvedere-Linie – quasi ident mit der Achse des späteren Schwarzenbergplatzes – war nach der Revolution von ungebrochener strategischer Bedeutung, nun nicht mehr im Kampf gegen den äußeren, sondern den inneren Feind. General Augustin stellte sogar fest, dass man von hier aus ideal „die Geschosse bis zum Stephansplatz und weiter" feuern könne.[9]

Selbst die Eisenbahn war durch die Möglichkeit schneller Truppentransporte und einer flotten Mobilisierung von Soldaten aus der Provinz im erneuten Revolutionsfall ein strategischer Faktor. Ideelle Präsenz des Militärs war durch das Belvedere gegeben, den Sommersitz des legendären Feldherrn Prinz Eugen, und im Oberen Belvedere residierte bis zu seiner Ermordung in Sarajewo der Thronfolger Erzherzog Franz Ferdinand mit seiner Militärkanzlei. In den 1840er-Jahren gab es Projekte für eine Memorialkirche für Kaiser Franz I. in unmittelbarer Nähe, und die anlässlich des vereitelten Attentats auf Kaiser Franz Joseph (1852) gestiftete Votivkirche war ursprünglich im Garten des Oberen Belvederes geplant.[10]

Angesichts des militärisch konnotierten und zugleich geschichtsträchtigen Settings verwundert es nicht, dass sich Erzherzog Ludwig Viktor, der jüngste Bruder des Kaisers, am Platz des neuen Schwarzenberg-Denkmals sein Stadtpalais erbauen ließ (Abb. 2). Von höchster Stelle aus legte man größten Wert auf entsprechende ästhetische Gestaltung und übertrug dem jungen, ambitionierten Architekten Heinrich von Ferstl quasi die gesamte bauliche Gestaltung des Platzes rund um das Denkmal. Durch die Präsenz des Kaiserhauses war der Platz von Anfang an nobilitiert und bildete den Endpunkt des berühmten Ringstraßen-Corsos – der Promeniermeile der besseren Gesellschaft oder derer, die sich dafür hielten. Generell war im Schwarzenbergplatz-Viertel am sonst großbürgerlichen Ring auffallend viel Hochadel vertreten. Die Hälfte der Häuser war in der Hand des alten Adels, bis 1918 lebten hier beachtliche 28 Prozent, und auch heute ist der Anteil des Hochadels in diesem Viertel vergleichsweise hoch. Ludwig Viktor wurde schon bald wegen Skandalen im Zusammenhang mit seiner Homosexualität vom kaiserlichen Bruder nach Schloss Kleßheim in Salzburg verbannt. In sein Palais zog die Österreichische Offiziersgesellschaft, die hier immer noch Räume unterhält. Die Bauplastik des erzherzoglichen Palais präsentiert – wie nicht anders zu erwarten – die Korona österreichischer Feldherren seit der ersten Türkenbelagerung. Nur Feldmarschall Schwarzenberg, der *Held von Leipzig* fehlt, da er direkt vor dem Palais fast zeitgleich sein Denkmal erhalten hatte.

Der Schwarzenbergplatz wurde bald zu einem offiziellen Festplatz außerhalb des Burgbereichs, an dem rund um das Denkmal des *Helden von Leipzig* immer wiederkehrende Rituale wie Kranzniederlegungen und Gedenkveranstaltungen inszeniert wurden. Derartige Rituale erneuern stets den Charakter eines Denkmals, erneuern das Gedenken, die dahinter liegende Stiftungsidee und die damit verknüpften politischen Motivationen – und sie prägen in dieser Weise auch das Umfeld, den Platz auf dem sie stattfinden. Der Befreiungsgedanke, der im Gedenken an die Napoleonischen Kriege in der Schlacht von Leipzig nicht zuletzt in diesem Denkmal seine Kulmination, seine Monumentalisierung erfahren hatte, amalgamierte mit dem generellen Ritus militärischer Feiern, auch wenn diese jeder realen Feiergründe entbehrten. Die militärischen, oder zumindest paramilitärischen Inszenierungen haben die Kodierung des Schwarzenbergplatzes auf diese Art und Weise immer wieder erneuert und festgeschrieben. So fand 1868 das Dritte Deutsche Bundesschießen, ein Treffen deutscher und internationaler Schützenverbände, in Wien statt und wurde – zwei Jahre nach dem Ausschluss aus dem Deutschen Bund – als Politspektakel nicht zuletzt in den Medien inszeniert (Abb. 4). Nach weitläufigen Aufmärschen mündete die Festveranstaltung am Schwarzenbergplatz. Franz Joseph hatte sich dezent im Hintergrund gehalten und angesichts der politischen Umstände einen Empfang in der Hofburg vermieden. Ein solcher wäre unweigerlich als habsburgische Vereinnahmung des Deutschen Bundesschießens interpretiert worden. Der Schwarzenbergplatz bot mit seinem (para-)militärischen Ambiente die ideale Kulisse für die Schlusskundgebung, die der Gastgeber Franz Joseph für einen quasi beiläufigen Besuch zu nutzen wusste.

Die nachhaltige Einschreibung in den *City-Text* veranschaulichen die Veranstaltungen rund um den so genannten Wehrmann in Eisen (Abb. 5). Diese Holzfigur eines Ritters hatte man erstmals 1915 im Schatten des großen Feldherrn aufgestellt und diese konnte gegen eine entsprechende Spende benagelt werden.[11] An der urbanen Schnittstelle zwischen denen *im Feld*, versinnbildlicht durch die Nähe der Bahnhöfe, und den Daheimgebliebenen konnte man in einem kollektiven Akt die vielen Kriegswitwen und -waisen unterstützen. Das Benageln steht in der Tradition von Votivstöcken, wie etwa dem bekannten Stock-im-Eisen am Wiener Stephansplatz. Im Stählungsakt des Ritters, der Idealfigur des Kriegers, konnte man den schmerzhaften Verlust kanalisieren und das Gefühl evozieren, seinen persönlichen Beitrag geleistet zu haben.

Der Wehrmann wurde 1934 noch einmal am Schwarzenbergplatz aufgestellt, um erneut durch Benagelung den Umbau des Burgtores am Heldenplatz zum österreichischen Heldendenkmal zu finanzieren. Zu diesem Zeitpunkt war der Heldenplatz schon zu *dem* zentralen Veranstaltungsort für politische Massenkundgebungen mutiert.[12] Das Burgtor war 1824 im Gedenken an die Völkerschlacht bei Leipzig errichtet worden, und so wurde der Wehrmann in aktualisierte Beziehung zum *Helden von Leipzig* gestellt. Auch wenn sich der Heldenplatz als Fest- und Protestplatz zweifellos etabliert hatte, für militärisch-staatstragende, zumindest aber militaristische oder habsburgtreue Akte bot der Schwarzenbergplatz kontinuierlich bis in die NS-Zeit den optimalen Rahmen.[13]

Nach der Entstehung des inneren Schwarzenbergplatzes rund um das Denkmal nahm man um die Jahrhundertwende im Zuge der Wienflusseinwölbung die Gestaltung des äußeren Platzteils in Angriff (Abb. 1). Mit Ausnahme von Erzherzog Ludwig Viktor entstammten schon die Bauherren des älteren Platzteils den potentesten Wirtschafts- und Industriekreisen der Monarchie, darunter die Familien Wertheim und Ofenheim. Diese Tendenz setzte sich auch im jüngeren Platzteil fort. Bis heute sind hier zahlreiche Firmen und Konzerne aus den Bereichen der Schwer- und der Mineralöl-Industrie (darunter Aral, Mobil, BP), Transport-, aber auch Versicherungsunternehmen, Anwälte und Consulting-Firmen konzentriert. Dazu kommen prominente Standesvertretungen, etwa die Industriellenvereinigung oder die Wiener Kaufmannschaft. Die Unternehmer, zumeist der so genannten zweiten Gesellschaft entstammend, ließen sich nicht rund um das Zentrum des Kapitals, der Börse, nieder, sondern in dem traditionell vom Hochadel und durch staatstragende Repräsentation geprägten Feld, dem eleganten Schwarzenbergplatz. Die meisten Bauten entsprachen dem Typus des vielfach untersuchten großbürgerlichen Ringstraßenpalais, das Büro- und Verwaltungsräumlichkeiten mit vermieteten Privatwohnungen verband. Den mehr oder minder privaten Repräsentationsbedürfnissen des Bauherrn selbst wurde in der Bel Etage großzügigst Rechnung getragen.

Ferstls Gestaltung des älteren Platzteils folgte noch den Idealen der Neo-Renaissance und verband die einzelnen Palais zu zwei großen Klammern rund um das Schwarzenberg-Denkmal. Der jüngere Schwarzenbergplatz hingegen ist ein um den Hochstrahlbrunnen von 1873 quasi kreisförmig angeordnetes Ensemble von zumeist neobarocken Solitärbauten. Nicht nur der Bauplatz, sondern auch die gewählte Architektursprache lassen keinen Zweifel entstehen, dass man hier – wie man heute sagen würde – Imagepolitik via Architektur betrieben hat: Kolossalordnungen, massive Sockel- und Attikazonen und nicht zuletzt die Bauplastik treten in „imperialer Gestik" auf. Der spärliche Einsatz (aktueller) sezessionistischer Motive im üppig auftretenden Neobarock macht – neben dem Imponiergehabe der gewählten Mittel – die Loyalität gegenüber dem Kaiserhaus evident.[14] Die rückwärts gewandte, legitimative Wahl unterschiedlicher Spielarten des Neo-Barock transportiert mittels Stilvariante differenzierte Botschaften: So erfüllt die wehrhafte Interpretation römischer Vorbilder den im Eröffnungsprogramm der Industriellenvereinigung proklamierten Kampf „gegen die Feinde der Industrie", während die vis-a-vis liegende Wiener Kaufmannschaft in der gefälligeren Variante eines österreichisch-hildebrandtschen Neobarocks samt Bauplastik dem Motto des offenen Welthandels verpflichtet scheint.[15]

Das NS-Regime und der von ihm provozierte Krieg haben am Schwarzenbergplatz reale wie ideelle Narben hinterlassen. Schon 1931 war ein weit gediehenes Projekt zu einem Gustav-Mahler-Denkmal im Bereich des heutigen Sowjet-Denkmals antisemitischer Hetze zum Opfer gefallen.[16] Unter den vielen Unternehmen am Schwarzenbergplatz waren etliche in jüdischer Hand gewesen – zu nennen sind die Familie Gutmann, die für ihre Klimt-Sammlung bekannte Familie Lederer oder die Rothschilds, die im Nahbereich des Schwarzenbergplatzes gleich drei Palais besessen hatten. Nur wenige Monate nach dem Anschluss 1938 hatte man deren Betriebe liquidiert und arisiert, nach der Flucht, Verschleppung oder Ermordung der Eigentümer wurden NS-Institutionen, unter anderem die berüchtigte Zentralstelle für jüdische Auswanderung, in den enteigneten Gebäuden einquartiert. Auch die Familie Pollack-Parnau ereilte das Schicksal vieler jüdischer Unternehmer: In ihrem Palais wurde die NSDAP-Kreisleitung des angrenzenden 3. Bezirks einquartiert, die ohnehin strenge, neoklassizistische Fassade abgeräumt und dem zweifelhaften Versuch unterzogen, ihre Monumentalität noch weiter zu steigern (Abb. 6). Im Jahr 1945 wurde es bei einem Bombentreffer auf die dahinter liegende Polizeikaserne vollkommen zerstört.

Mit Kriegsende wurde ganz Wien erneut zur militärischen Zone und der Schwarzenbergplatz, der Teile im 1., 3. und 4. Bezirk hat, unter den Alliierten aufgeteilt. Der äußere Schwarzenbergplatz, der größtenteils im 3. Bezirk liegt, lag nun in der Sowjet-Zone. „... der nach mir benannte Stalinplatz" ist das anekdotisch überlieferte Bonmot des alten Fürsten Schwarzenberg über den Schwarzenbergplatz, der bis 1956 in Josef-Stalin-Platz umbenannt war.

Knapp vier Monate nach der *Schlacht um Wien* enthüllte man am 19. August 1945 in einem Festakt hinter dem Hochstrahlbrunnen ein Denkmal, das dem Ruhm der Roten Armee und dem Gedenken ihrer Gefallenen bei der Befreiung von Wien gewidmet war (Abb. 7).[17] Vor einer großzügigen Kolonnade zeigt das 32 Meter hohe, bis heute unveränderte Monument einen Rotarmisten mit einem goldenen Schild, den Insignien von Hammer und Sichel und einer Standarte. Der fünfeckige Sockel nennt stellvertretend für tausende bei der Befreiung Wiens gefallene Rotarmisten die Namen von besonders Ausgezeichneten, den Tagesbefehl des Generalissimus Stalin, ein Gedicht von Michalkow und eine Strophe der sowjetischen Hymne. Die mediale Inszenierung via Rundfunksendung und die tagelangen Berichte in der Presse brachten umfangreiche Passagen aus den Reden der geladenen Politprominenz.[18] Neben den Dankesworten von österreichischer Seite durch Staatskanzler Karl Renner und den Wiener Bürgermeister Theodor Körner sind die Reden der zwei Staatssekretäre Leopold Figl und Ernst Fischer signifikant für den politischen Spagat, den man in den Jahren bis 1955 machte. In seiner Rede fokussierte der christlich-konservative Figl, der durch seine von Legenden umrankten Verhandlungen zum Staatsvertrag spätestens 1955 zur populären Politfigur wurde, die Grundidee, dass Österreich das erste Opfer Nazi-Deutschlands gewesen war – eine zum Mythos gewordene Argumentation, die auch bei den genannten Verhandlungen konsequent eingesetzt wurde. Seine Beurteilung der Jahre 1938 bis 1945 wurde in der Presse entsprechend hervorgehoben: „Der Glaube an Österreich aber ist in all diesen harten Jahren nicht kleiner geworden [...]."[19] Der Prozess diesen Mythos zu dekonstruieren und die Mittäterschaft Österreichs an den nationalsozialistischen Verbrechen offen zu bekennen, wurde bekanntlich erst mit der so genannten Waldheim-Affäre 1986 virulent. Der kommunistische Staatssekretär Fischer dankte nicht nur den Rotarmisten, die nicht als Rächer, sondern als Befreier gekommen seien, sondern auch „den toten Märtyrern unseres österreichischen Volkes […]. Das Blut […] der tapferen Helden […] vermengt sich in unserer Erde zu einer Einheit."[20] Der Bruderschaftsgedanke und der Bündnischarakter, beides Grundelemente der Sowjetunion, weisen in Fischers Worten zumindest latent auf die im Raum schwebende und viel gefürchtete Engerführung der austro-sowjetischen Beziehungen hin. Das Heldendenkmal am Schwarzenbergplatz war von Anfang an also auch ein Monument des Kalten Krieges.

Neben den politischen Aspekten bestand das Image der sowjetischen Soldaten als „gebildete Offiziere, barbarische Horden von Vergewaltigern, Fahrrad-, Uhrendiebe und Liebhaber kleiner Kinder, die sie mit Schokolade beschenken".[21] Das *Denkmal des unbekannten Plünderers* – ein Beiname, der noch vor seiner Fertigstellung geläufig war – wurde jenseits offizieller Berichte äußerst ambivalent aufgenommen.[22] Der Applaus der scharenweise bei der Enthüllungsfeier anwesenden Wiener und Wienerinnen galt daher nicht nur dem Heldendenkmal und den dazugehörigen Militärparaden, sondern wohl auch der gleichzeitigen Wiedereröffnung des Hochstrahlbrunnens und dem spektakulären Feuerwerk.[23]

Bis 1955 hatten die Sowjets aus dem Befreiungsdenkmal ein regelrechtes Denkmalensemble geschaffen – auf der großen Verkehrsinsel vor dem Monument hatte man neben einer Stalin-Gedenktafel und einigen Grabsteinen von hier bestatteten Rotarmisten, einen Sowjet-Panzer mit gegen die Innenstadt gerichtetem Lauf postiert.[24] Die Sowjets ließen keine Gelegenheit ungenutzt, ihre Präsenz im Stadtraum zu manifestieren, und so wurde 70 Jahre nach der Enthüllung des Schwarzenberg-Denkmals die militärisch-politische Kodierung des Platzes erneut virulent. Die konkurrierende Inanspruchnahme des öffentlichen Raumes durch die alliierten Besatzungsmächte wurde kaum anderswo so deutlich wie am Schwarzenbergplatz. Im Haus der Industrie hatte der Alliierte Rat seinen Sitz, und hier wurde auch der österreichische Staatsvertrag ausverhandelt. Militärische Aufmärsche und Wachablösen waren an der Tagesordnung und fanden in der letzten Parade der Alliierten 1955 ihren Höhepunkt (Abb. 8).

Die Pflege des bis heute meist despektierlich als *Russendenkmal* bezeichneten Monuments ist staatsvertraglich geregelt. Schon der mit der Bauleitung beauftragte russische Architekt Michajl A. Scheinfeld hatte von Anschlagsdrohungen berichtet. Und so wurde das Denkmal bis weit in die 1960er-Jahre bewacht. Ein 1958 begangener, vom jungen Medium Fernsehen ausgeschlachteter Lustmord hinter den Kolonnaden war vom Wachposten unbemerkt geblieben. 1962 allerdings konnte ein Sprengstoffattentat auf das

Denkmal noch knapp verhindert werden. Die politische Motivation war zunächst unklar: Die „Höllenmaschine", wie der Sprengsatz in der Presse genannt wurde, war professionell hergestellt worden.[25] Rund um das Denkmal verstreute Kärtchen mit dem Aufdruck „Libertà per Berlino" verwiesen einerseits auf die zeitgleichen, blutigen Ausschreitungen an der Berliner Mauer, gaben andererseits eindeutige Hinweise auf die radikal-nationalistische Terrorszene Italiens. Bezüge zum ähnlich inszenierten Anschlag auf das Andreas-Hofer-Denkmal in Innsbruck im Jahre zuvor waren bald hergestellt und wurden als Reaktion auf die Autonomiebestrebungen Südtirols und den damit verbundenen Bombenanschlägen gedeutet. Vieldeutig war auch die Wahl des Anschlagstages, der 18. August – der Geburtstag von Kaiser Franz Joseph I. Auch wenn am Folgetag des Jahres 1945 die Enthüllungsfeiern des Rotarmisten-Denkmals stattgefunden hatten – der anti-österreichische Konnex war zwingender. Der Anschlag galt nicht den Sowjets oder ihrem politischen Einfluss in der Berlin-Frage, er galt Österreich. Das *Russendenkmal* spielte dabei nur die Statistenrolle eines diplomatisch sensiblen Angriffziels.[26]

Das Denkmal war und ist alles andere als populär. Anders als in den sozialistischen Ländern empfand man es jedoch – wie schon die Kommentare von 1962 zeigten – weniger als Provokation, sondern bald als historisches Dokument der eigenen jüngsten Geschichte. Der kleinste gemeinsame Nenner ist dabei stets die Rechtfertigungsformel, dass man ja gemäß Art. 19 des Staatsvertrages gebunden sei. Mit dem Fall der Berliner Mauer 1989 und später dem Zerfall der Sowjetunion wurde eine Diskussion um das Befreiungsdenkmal entfacht. Wie bei der etwa zeitgleichen Debatte um den Beibehalt von Hammer und Sichel im Staatswappen waren die Auseinandersetzungen vorwiegend durch platte Politklischees, faktisches Unwissen und eine Unschärfe der Argumentation von beiden Seiten geprägt. Dem Vorwurf der Verherrlichung der Roten Armee und des Stalinismus begegnete man – abgesehen von der vermeintlichen Unumstößlichkeit des Staatsvertrags – kaum mit einer Klarstellung der ursprünglichen Intention des Befreiungs- und Gefallenendenkmals, sondern: Man habe wichtigere Probleme und das *Russendenkmal* sei doch als eines der wenigen noch existierenden Monumente seiner Art so etwas wie eine Touristenattraktion.[27] Wie nicht anders zu erwarten stellte die FPÖ des zuständigen 3. Bezirks einen Antrag auf Schleifung des Denkmals. Dem gegenüber stand eine repräsentative Umfrage des Gallup-Instituts von 1992, die feststellte, dass nur neun Prozent der Befragten für eine Entfernung, aber 60 Prozent für den Verbleib „des zeitgeschichtlichen Dokuments" waren.[28] Summa summarum: Ein „Denkmalsturm im Wasserglas".[29]

Von militärischer Präsenz, auch im ideellen Sinn, ist heute kaum noch etwas bis gar nichts mehr zu spüren. Das Schwarzenberg-Denkmal teilt das Schicksal der meisten Denkmäler, das Musil einmal so treffend charakterisiert hat: Sie sind unsichtbar bzw. nutzen eigentlich nur noch als optische Markierungspunkte im Stadtraum oder als Rastplätze für Tauben. Die Positionierung in der politischen Topographie hatte sich – wie schon eingangs gesagt – spätestens seit 1938 zugunsten des Heldenplatzes verschoben.

Punktuell wird der Schwarzenbergplatz rund um das Sowjet-Denkmal immer wieder zum virulenten politischen Ort. So ist es beinahe Tradition, dass hier linke bzw. linksradikale Demonstrationen, wie etwa die Anti-Opernball-Demonstrationen ihren Ausgangspunkt haben. Im Februar 2001 kam es zu schweren Auseinandersetzungen mit der Polizei, die eine parlamentarische Anfrage der Grünen nach sich zog, und im Juli desselben Jahres startete von dort eine Solidaritätsdemonstration für die beim G8-Gipfel in Genua verhafteten AktivistInnen der VolxtheaterKarawane.[30] Wenn nicht ohnehin als Versammlungsort nicht genehmigt, so wäre der Heldenplatz für diese Kundgebungen wohl zu groß. Das *Russendenkmal* hingegen liegt abseits der hegemonialen Politdarstellung der wichtigen Parteien. Der Schwarzenbergplatz ist ungebrochen ein wichtiger Nebenschauplatz in der politischen Topographie dieser Stadt.

Die im Alltag kaum wahrnehmbare, sedimentierte Geschichte des Platzes bietet Spielraum, der – bezeichnenderweise – vor allem von HistorikerInnen und KünstlerInnen genutzt wird. Die Besetzung des Stadtraums durch künstlerische Interventionen ist seit den 1990er Jahren stark angestiegen, wobei der Schwarzenbergplatz zumeist im zeitgeschichtlichen Kontext *bespielt* wird. So stand der Schwarzenbergplatz im Jubiläumsjahr 2005 (60 Jahre 2. Republik, 50 Jahre Staatsvertrag, 10 Jahre EU-Mitgliedschaft) bei etlichen Veranstaltungen im Zentrum des Geschehens. Unter anderem zeigte das Filmarchiv Austria am Heldenplatz und am Schwarzenbergplatz mittels Großprojektionen filmische Zeitdokumente an „historischen Orten" und fanden Stadtwanderungen, die die Befreiung und die Besatzung durch die Sowjets zum Thema hatten statt, die hier ihren Ausgangspunkt nahmen.[31] Die symbolische Topographie fand auch in einige Kunstprojekte Eingang, etwa in die Installation *Österreich ist frei* von 2000, bei der ein überdimensionaler rot-weiß-roter Schranken – als eines von *sechs symbolischen Toren in die Zukunft* – am Beginn des Schwarzenbergplatzes mit den Klängen des Donauwalzers und Figls berühmter Rede bei der Staatsvertragsunterzeichnung 1955 beschallt wurde.[32] Galten die Bahnhöfe als *Stadttore der Moderne*, so war dem *eleganten* Schwarzenbergplatz auch die Funktion eines Empfangsplatzes zur Inneren Stadt zugekommen. Am 1. Mai 2004, an dem Tag der EU-Osterweiterung hatte die österreichische Regierung am S-Bahnhof, der Kontaktstelle zu den neuen Beitrittsländern, Veranstaltungen abgehalten. Die permanent-breakfast-Bewegung, die seit 1993 öffentliche Plätze *befrühstückt*, tat das rund um die EU-Erweiterung in den Grenzgebieten. Zum Beitrittstag selbst wählte man den Schwarzenbergplatz als transnationale Schnittstelle – die Kodierung als Entree zur Stadt hatte so in einem Kunstevent eine neue, explizit politische Aktualität erhalten.[33]

Das bekannte Argument der staatsvertraglichen Verpflichtungen wurde 1998 aktualisiert, als das Team Kupelwieser-Pauhof in ihrem Wettbewerbsbeitrag zur Platzneugestaltung vorschlug, das Befreiungsdenkmal vis-a-vis vom Schwarzenberg-Monument quer zur Platzachse zu platzieren.[34] Die Laborsituation der Konzeptkunst, in der auf oft provokantem Wege gewohnte Sichtweisen in Frage gestellt werden, fand in einem Projekt der tschechischen Künstlergruppe Pode Bal im Juni 2004 seinen vorläufigen Höhepunkt. Die für ihre kritisch-ironischen Arbeiten im öffentlichen Raum bekannte Gruppe schlug vor, das 1994 von Wilhelm Holzbauer geplante *Denkmal der Leiden der 6. Armee*, welches nach heftigsten Protesten der Bevölkerung nicht in Wolgograd, sondern auf einem Feld, nahe dem 40 Kilometer entfernt liegenden Petschanka errichtet wurde, unmittelbar vor das Wiener Sowjet-Denkmal am Schwarzenbergplatz zu stellen. Von „Versöhnung" war in der Diskussion die Rede und, dass das Monument „aus der Ortlosigkeit...auf einen zum Un-Ort gewordenen Platz zurückkehren und Denkanstöße liefern" solle.[35] Vom politisch bedeutungsvollen *Nebenschauplatz* der österreichischen Geschichte zum Un-Ort?

Als politisierter Platz hat der Schwarzenbergplatz Eingang in zeitgenössische Arbeiten der künstlerischen und wissenschaftlichen Reflexion gefunden. Daran dass er in breiten Bevölkerungskreisen kaum als solcher wahrgenommen wird, ändert dieser Umstand wohl wenig. Mehr noch dürfte die fast epidemische Stadtraumbewirtschaftung durch Freizeitevents auch am Schwarzenbergplatz ihre Spuren hinterlassen, wenn – wie von Seiten der Stadtverwaltung geplant – der Bereich um den Hochstrahlbrunnen zum sommerlichen *chill-out* einlädt und die ephemere Gastronomie ihre Zelte aufschlägt. Ein Schicksal ähnlich dem des Rathausplatzes ist vorprogrammiert – doch auch dann wird der Schwarzenbergplatz wohl ein *Nebenschauplatz* bleiben.

Anmerkungen

1 Zur Selbstbezogenheit Österreichs im Spiegel seiner Presse vgl. Sidsel FABECH, Von welchem Österreich ist hier die Rede? Diskursive Verhandlungen und Kämpfe zwischen rivalisierenden nationalen Identitätskonstruktionen in der österreichischen Presse, Copenhagen Working Papers in LSP, Copenhagen Business School 5/2004, Kopenhagen 2004, insbes. S. 420.

2 An der Konstruktion des Stephansdoms zum imaginären Zentrum Österreichs waren nicht unwesentlich vom NS-Regime Vertriebene bzw. Heimkehrer beteiligt. Die österreichische Widerstandsbewegung hatte als Losungszeichen *O5* – als Kurzformel für Österreich – verwendet. Ein heute hinter Glas geschütztes Graffito an der Westfassade machte den Dom letztlich auch zum Symbol des politischen Widerstandes. Mit dem Einsetzen der rechtskonservativen Regierung 2000 gab es nicht nur Demonstrationen zum Stephansplatz, *O5* wurde – nicht ohne Polemik – als Widerstandsymbol aktualisiert.

3 Peter STACHEL, Mythos Heldenplatz, Wien 2002, S. 7.

4 Vgl. Aleida ASSMANN, Kultur als Lebenswelt und Monument, in: Aleida ASSMANN, Dietrich HARTH (Hg.), Kultur als Lebenswelt und Monument, Frankfurt/M. 1991, S. 20.

5 Vgl. Moaz AZARYAHU, Renaming the Past: Changes in „City Text" in Germany and Austria, 1945–1947, in: History and Memory 2 (1990) Nr. 2, S. 32–53.

6 Ernst HANISCH, Die Wiener Ringstraße als historischer Erinnerungsort: Gegen „schreckliche Vereinfachungen", Vortrag beim Symposium „Am Puls der Zeiten" zu Ehren Carl Schorskes, am 1. Oktober 2004 in Wien. Ernst Hanisch, Salzburg, sei an dieser Stelle herzlich für die Überlassung des Manuskripts gedankt.

7 Vgl. Bernadette REINHOLD, Der Schwarzenbergplatz. Seine städtebauliche und architektonische Entwicklung, phil. Dipl. Universität Wien 1998; DIES., Platzgeschichten als Kulturgeschichten – Der Wiener Schwarzenbergplatz, in: Österreichische Zeitschrift für Geschichtswissenschaften 12 (2001), H. 1, S. 103–107.

8 Zit. n. ASSMANN, Kultur als Lebenswelt und Monument, S. 14.

9 Walter WAGNER, Die Stellungnahme der Militärbehörden zu Stadterweiterung in den Jahren 1848–1857, in: Jahrbuch des Vereins der Geschichte der Stadt Wien 17/18 (1961/62), S. 222f.

10 REINHOLD, 1998, S. 12–16.

11 Vgl. Irene NIERHAUS, Nationale Narrationen. Staatliches Memorieren im städtischen Zweiggeflecht Wien, in: Helmut ENGEL, Wolfgang RIBBE (Hg.), Via triumphalis. Geschichtslandschaft „Unter den Linden" zwischen Friedrich-Denkmal und Schloßbrücke, Berlin 1997, S. 181–196; DIES., Die nationalisierte Heimat. Wehrmann und städtische Öffentlichkeit, in: Gisela ECKER (Hg.), Kein Land in Sicht. Heimat – weiblich?, Berlin 1997, S. 57–79.

12 Dabei sind der Katholikentag 1933 und die Trauerfeiern für den von NS-Putschisten ermordeten Bundeskanzler Dollfuß 1934 zu nennen. Aber auch nationalsozialistische Protestkundgebungen fanden hier statt und zeigen die Viru-

lenz des Heldenplatzes, den die konkurrierenden Parteien für sich einzunehmen versuchten.
13 Vgl. Tag der deutschen Polizei 1942. Der militaristische Aspekt ist kontinuierlich durch das Offizierskasino gegeben, wo auch noch in der Zwischenkriegszeit einige verstorbene, der Armee nahe stehende Angehörige des Kaiserhauses zur Verabschiedung aufgebahrt wurden. Freundlicher Hinweis von Harald Seyrl, Wiener Kriminalmuseum.
14 Vgl. Friedrich ACHLEITNER, Österreichische Architektur im 20. Jahrhundert, Bd. III/1 Wien 1.-12. Bezirk, Salzburg-Wien 1990, S. 116.
15 REINHOLD, 1998, S. 104-107.
16 Ebenda, S. 122-124.
17 Zu den Umständen der Errichtung siehe Erich KLEIN (Hg.), Die Russen in Wien. Die Befreiung Österreichs, Wien 1995, S. 233-243; DERS., Alles arme Teufel, im Frieden und im Krieg. Gespräch mit Ferdinand Welz über das Befreiungsdenkmal in Wien, in: Kunst und Diktatur. Architektur, Bildhauerei und Malerei in Österreich, Deutschland, Italien und der Sowjetunion 1922-1956, Ausstellungskatalog, Künstlerhaus Wien 1994, S. 848-850.
18 Vgl. Wien ehrt seine Befreier, in: Volksstimme, 21. August 1945, S. 1f.
19 Staatssekretär Ing. L. Figl: Rufer und Mahner zur Einheit in Österreich, in: Das Kleine Volksblatt, 21. August 1945, S. 1.
20 Sinnbild des Glauben und der Dankbarkeit. Die Feier der Enthüllung des großen Befreiungsdenkmals in Wien, in: Arbeiter-Zeitung, 21. August 1945, S. 1.
21 Zit. nach Hannes LEIDINGER, Verena MORITZ, Russisches Wien. Begegnungen aus vier Jahrhunderten, Wien-Köln-Weimar 2004, S. 183.
22 Josef SCHÖNER, Wiener Tagebuch, 14. Juni 1945, zit. nach Erich KLEIN (Hg.), Die Russen in Wien. Die Befreiung Österreichs, Wien 1995, S. 233.
23 G.H., Unsterbliche Helden, in: Österreichische Zeitung, 21. August 1945, S. 2.
24 Andreas LEHNE, Der Panzer – ein Denkmal der besonderen Art, in: ÖZKD 45 (1991), S. 193-196.
25 Vgl. Mehr Schutz für das Sowjetdenkmal, in: Neue Tageszeitung, 21. August 1962, S. 1f.; Die Höllenmaschine hätte schweren Schaden angerichtet, in: Volksstimme 21. August 1962, S. 1.
26 Vgl. Franz STAMPRECH, Keine Freunde Berlins, aber Feinde Österreichs, in: Wiener Zeitung, 22. August 1962, S. 2.
27 Dieser Argumentation schlossen sich auch konservative Politiker an, wie der Wiener ÖVP-Chef Wolfgang Petrik oder auch Herbert Krejci, der damalige Präsident der am Schwarzenbergplatz situierten Industriellenvereinigung, vgl. Arbeiterzeitung, 15. Mai 1990, S. 14f.; Neue Zeit, 5. Jänner 1992, S. 5.
28 „Russendenkmal" – Ehrenmal, in: Die Landstrasse. Bezirkszeitung der Kommunistischen Partei Österreichs 4 (1992), S. 2.
29 Günter KAINDLSTORFER, Der Denkmalsturm im Wasserglas, in: Arbeiterzeitung 15. Mai 1990, S. 14f.
30 Vgl. http://www.ballhausplatz.at/johcgi/ball/TCgi?target=thema&thema=25&ID_News=890 und http://www.tatblatt.net/132chronologie-aktuell.htm [Zugriffsdatum: 31.10.2004].

31 Vgl. http://www.oesterreich2005.at [Zugriffsdatum: 31.10.2004]; *Eine Reise durch die Apriltage 1945*, 2. und 9. April 2005 startete im Rahmen des *Festival 21* des Bezirkes Floridsdorf beim *Russendenkmal*, vgl. www.festival21.at [Zugriffsdatum: 13.4.2005].

32 Die Installation war im Rahmen des Themenjahres *Wien 2000 - Zukunft findet Stadt* von Susanna Schuda und Florian Schmeiser rund um den Nationalfeiertag am 26. Oktober aufgestellt worden. Die Homepage www.oefrei.at, die sich aus verschiedenen Perspektiven mit der Identitätsbildung Österreichs auseinandersetzte, ist wie viele derart dokumentierte Kunstaktionen nicht mehr im Netz; vgl. Schranken in die Zukunft. Sechs Stadttore in die Zukunft, in: Der Standard, 24. Oktober 2000, S. 10.

33 Vgl. http://www.permanentbreakfast.org/presse.html [Zugriffsdatum: 13.3.2005].

34 Schwarzenbergplatz, Wien 1 und 3, in: wettbewerbe 175/176/177, Oktober, November, Dezember 1998, S. 102f., 110f.

35 Das Projekt wurde im Rahmen der Ausstellung *Niemandsland* im Wiener Künstlerhaus präsentiert und diskutiert. Kommentar vom 11.6.2004, http://www.schwarzenbergplatz-development.org [Zugriffsdatum: 31.10.2004]. Zdeněk Hojda, Prag, sei für Hinweise zu Pode Bal herzlich gedankt.

An dieser Stelle möchte ich mich bei der Emanuel und Sofie Fohn-Stipendien Stiftung bedanken, die mich bei meinen Recherchearbeiten finanziell unterstützt hat. Den vorliegenden Text widme ich meinen Kindern Zeno und Philomena.

Abb. 1: Flugaufnahme der Wiener Ringstraße, um 1970. Im Vordergrund der Hochstrahlbrunnen und die Achse des Schwarzenbergplatzes, links im Mittelgrund der Heldenplatz, links oben der der Rathausplatz mit dem zweigeteilten Rathauspark.

Abb. 2: Der Schwarzenbergplatz um 1888, nach August Kronstein. Links im Vordergrund das Palais Ludwig Viktor, hinter dem Hochstrahlbrunnen das Palais Schwarzenberg und dahinter versetzt das Obere Belvedere. An der Horizontlinie ist das 1848 begonnene Arsenal zu sehen.

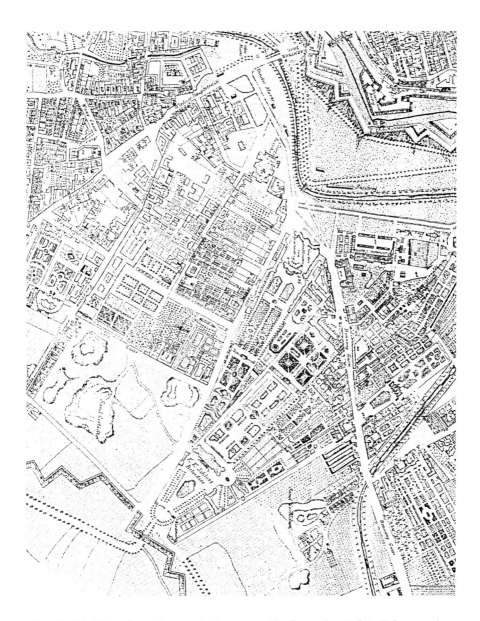

Abb. 3: Die Wasserkunstbastei mit dem gegenüberliegenden Palais Schwarzenberg und dem Belvedere. Links die Sandgstetten, das Areal des späteren Süd- und Ostbahnhofes, Planausschnitt von J. v. Degen, 1802.

Abb. 4: Festakt des Dritten deutschen Bundesschießens am teilweise noch in Bau befindlichen Schwarzenbergplatz, 1868.

Abb. 5: Der Wehrmann in Eisen am Schwarzenbergplatz, 1915.

Abb. 6: Palais Pollack-Parnau, vor und nach 1938.

Abb. 7: Das Befreiungsdenkmal von 1945 am Schwarzenbergplatz.

Abb. 8: Letzte alliierte Militärparade nach der Auflösung des Alliierten Rates vor dem Haus der Industrie, 1955.

Der Wenzelsplatz in Prag – Bühne moderner tschechischer Geschichte

Zdeněk Hojda (Prag)

Kaum finden wir ein wichtiges historisches Ereignis in der modernen tschechischen[1] bzw. tschechoslowakischen Geschichte, das nicht entweder seinen Auftakt oder seinen Abschluss auf dem Wenzelsplatz fand. Der Wenzelsplatz funktioniert als eine große Bühne, auf der sich die Auftritte abspielen, die oftmals als Umbrüche in der modernen tschechischen Geschichte bezeichnet werden können. Jede politische Rede, Manifestation oder Demonstration, jeder politische Akt nimmt an seiner Ausdrucksstärke, an Tragweite und geschichtlichem *pondus* zu, und hat daher mehr Konsequenzen im Gefolge, wenn sie/er sich am Wenzelsplatz ereignet. Denn sie/er steht damit allen Menschen vor Augen, wird allgemein wahrgenommen, diskutiert, in der Zeit der Massenmedien von diesen weiterverbreitet. Auf jede politische Manifestation, die hier stattfindet, muss einfach wiederum politisch regiert werden. Die herrschende Macht vergewissert sich da in offiziell veranstalteten Kundgebungen ihrer Stärke, die oppositionellen Stimmungen treten hier mit stärkest möglichem Echo an die Öffentlichkeit, die ihnen sonst versagt bleibt. Der Wenzelsplatz wird daher im 20. Jahrhundert von fast jeder politischen Kraft für sich beansprucht und abwechselnd sowohl symbolisch wie auch physisch besetzt.

Welche Voraussetzungen, welche Umstände haben gerade diesen 674 Meter langen Boulevard (bei nur 60 Meter Breite) inmitten Prags wiederholt zu solch fatalem Kreuzungspunkt der tschechischen wie der tschechoslowakischen Geschichte gemacht. Was macht ihn zum „Krawalleplatz", wie er wenig schmeichelhaft während der Badeni-Unruhen in den Jahren 1897/98 benannt wurde? In diesem Beitrag versuche ich die Ursachen seiner Sonderrolle auf drei Ebenen zu zeigen. Erstens stelle ich die Voraussetzungen des physisch-geographischen bzw. urbanistisch-baugeschichtlichen Charakters vor. Zweitens möchte ich den Wenzelsplatz als mit nationaler Symbolik beladenen Raum, als Gedächtnisort beschreiben. Auf der dritten Ebene werde ich den Einfluss von Ereignissen nachfolgen, die schrittweise jene Rolle des Platzes als politischen Tatort in den Köpfen verfestigen halfen, die damit eine Tradition erzeugten. In diesem Kontext wird auch eine kurze politische Geschichte des Wenzelsplatzes dargestellt. Selbstverständlich sind alle drei Ebenen miteinander verflochten – und dieses Zeichengeflecht von urbanistischen Codes, Symbolen und historischen Ereignissen möchte ich in den folgenden Zeilen vermitteln.

Wenzelsplatz – seine historische und baugeschichtliche Entwicklung[2]

Als Karl IV. im Jahr 1348 die Neustadt nach einem festen städtebaulichen Plan gründete, fiel den drei großen Plätzen eine wichtige Raum ordnende sowie praktische Funktion (als Märkte) zu, nämlich dem Viehmarkt (heute Karlovo náměstí), dem Rossmarkt (Václavské náměstí) und dem Heuwaagplatz (Senovážné náměstí). Während der erstgenannte Viehmarkt als repräsentativer Raum des neu gegründeten Stadtteils dienen sollte, mit dem Rathaus und der Fronleichnamskapelle (wo die Reichsinsignien aufbewahrt wurden), war den beiden anderen Plätzen eher eine utilitaristische Stellung zugeordnet. Das änderte sich im 15. Jahrhundert, als der Viehmarkt, einst auf der wichtigen Verbindungslinie zwischen Hradschin und Wischehrad liegend, nach der Vernichtung dieser zweiten Prager Herrscherburg in den Hussitenkriegen sich topologisch plötzlich etwas abseits der wichtigen Straßen befand. Zum zentralen Markt der Neustadt wurde nun der Rossmarkt, was bald auch in seiner Baugestalt Spuren hinterließ. Vor allem der untere, an die Altstadt angrenzende Teil des Rossmarkts konnte seit dem späten 16. Jahrhundert mit einigen größeren Renaissancehäusern prahlen, die mit reichen Attiken oder auch Ecktürmen versehen (Ecke Rossmarkt und Wodičkagasse) emporragten. Die barocken Umbauten erhöhten später das durchschnittliche Bauniveau an beiden Seiten auf zwei- bis dreistöckige Häuser, wobei der Platz bei völliger Absenz von Adelspalästen seinen bürgerlichen Charakter beibehielt.

Um 1680 wurde in dem unteren Teil die St. Wenzel-Statue mit Brunnen errichtet, ein Werk von Johann Georg Bendl. Im Jahre 1827 wurde das Monument um etwa 50 bis 60 Meter nach oben verlegt, vor das Hotel Erzherzog Stephan, wo sie dann bis zu ihrer Entfernung im Jahr 1879 verblieb. Gerade diese Statue gab am 16.3.1848 dem Journalisten Karel Havlíček Anlass, den Antrag zur Umbenennung des Rossmarkts in Wenzelsplatz einzureichen, welche Bezeichnung dank den darauf folgenden Begebenheiten (siehe unten) dann auch rasche Verbreitung fand.

Erst die kommunikations- und nutzungsbedingten Umbauten führten im letzten Drittel des 19. Jahrhunderts zum komplexen Wandel des Platzes vom geräumigen Markt zum großstädtischen Boulevard. Den ersten Schritt dazu markierte die Anpflanzung von vier Baumreihen in den Jahren 1868 bis 1876. Dadurch entstand eine doppelte Allee mit fünf dekorativen gusseisernen Kandelabern für die Gasbeleuchtung in der Mitte. Das hat den Verkehr auf dem ganzen Platz auf gänzlich neue Art gelenkt: Zur Passage blieben nur die Randstreifen zwischen den Bäumen und den Hauszeilen und der ganze Raum wurde seitdem eher als eine Straße wahrgenommen. Die Alleen selbst mündeten am oberen Ende des Platzes ins „Leere", denn das seit 500 Jahren bestehende Rosstor wurde (samt den Stadtmauern) im Jahr 1876 abgetragen. So drängten sich von da an beim Anblick vom „Brückel" (Mûstek) die ersten Miethäuser der Vorstadt *Königliche Weinberge* etwas chaotisch am Horizont, was eine bauliche Lösung für den oberen Teil des Wenzelsplatzes unvermeidlich machte. Aus diesem Grund wurde 1883 ein Wettbewerb ausgeschrieben, der in der Folge zum Bau des Nationalmuseums (1885–1891) nach den Plänen von Joseph Schulz führte. Dadurch schloss sich der Platz mit einer monumentalen Dominante optisch wieder ab, die gleichzeitig – von der dem Museum vorgelagerten Terrasse, d.h. etwa von der gleichen Höhe wie früher von der Kronmauer des Rosstors – eine gute Aussicht über den ganzen Platz gewährte. Dabei machte man sich auch den Umstand zum Nutzen, dass das Terrain des Platzes auf letzten etwa 150 Metern etwas steiler ansteigt (die Pferdebahnwagen mussten hier gar einen Vorspann zusetzen), was den ganzen Raum bühnenartig wirken lässt.

Mit der raschen Entwicklung der Vorstädte sowie mit der endgültigen Verlagerung des regen Handelslebens von den krummen Altstädter Gassen in die eher gradlinigen Neustädter Straßen wurde der Wenzelsplatz schrittweise auch zu einer wichtigen Verkehrskreuzung. Seit 1884 gab es hier eine Pferdebahnlinie.[3] In neunziger Jahren setzte ein rascher Bauaufschwung ein, es entstanden neue Bankpaläste, Warenhäuser und Hotels.[4] Die Alleen wurden beiderseits auf eine Baumreihe reduziert und auf die neu errichteten Trottoirs verschoben, die Passanten wurden von der zentralen Verkehrsader nun durch Bäume und Straßenbahngleise getrennt. Der Platz wurde bald elektrifiziert (1894 Beleuchtung, 1900 Straßenbahnen) und der Wandel zur repräsentativen Hauptstraße, die Passanten anzieht und zugleich einen „modernen" durchfließenden Verkehr ermöglicht, war damit bis vor Ausbruch des Ersten Weltkriegs praktisch vollendet.

Am Wenzelsplatz konzentrierte sich in weiterer Folge der Ehrgeiz des neuen Staates, der in den 20er Jahren so stark propagierte Hang zur Modernität, die Metropolensehnsucht. Der Platz wurde zum Herz der Prager City: Hier entwickelte sich die bunte Welt der Durchgangspassagen, es entstanden 15 Kinos, mondäne Cafés und Konditoreien wurden eröffnet. Der Funktionalismus in der Architektur wurde zum prägenden Stil dieses Modernitätsbruchs und besonders in den Jahren zwischen 1926 und 1929 wurden im unteren Teil des Platzes bemerkenswerte Neubauten errichtet.[5] Die Verlegung der Straßenbahnen in die Mittelspur im Jahr 1927 trennte die Fahrbahn in zwei breite Ströme für den rasch zunehmenden Autoverkehr.

Die Nachkriegszeit brachte, rein urbanistisch gesehen, keine merkbare Änderung mit sich. Die Lücken dreier gegen Kriegsende durch Bomben zerstörter Häuser im oberen Teil des Platzes wurden erst in den Jahren 1956 bis 1957 durch Neubauten besetzt, die trotz der vorherrschenden stalinistischen Architektur sowohl funktional als auch stilistisch eher dem modernistischen Plan der Zwischenkriegszeit entsprachen.[6] Der Wenzelsplatz erwies sich so als urbanistisch stabiler, vollendeter Raum.

Erst die Jahre 1967 bis 1985 brachten empfindliche Störungen, deren Konsequenzen bis heute nicht befriedigend gelöst sind. Sie betrafen zwar nicht den Baubestand, organisierten jedoch weitgehend die Kommunikation auf dem Platz völlig neu. Einen absolut unglücklichen Eingriff in die hergebrachte Tradition sowie in die Kommunikationslogik auf dem Platz bedeutete die Eröffnung der so genannten Nord-Süd Magistrale (1975), die das Museumsgebäude vom übrigen Platz völlig abschnitt. Der Ausbau der U-Bahn Linien (1967–1985) mit zwei Kreuzungen unter dem oberen sowie dem unteren Ende des Platzes verursachte dann nicht nur den Bau von Unterführungen und Vestibülen, sondern auch die problematische Verbannung der Straßenbahnen von dem Platz (1980), worauf leider keine überzeugende Lösung zur Nutzung der dabei entstandenen Freiflächen folgte. Vom Blickwinkel unseres Themas kann als Folge davon eine gewisse Ausdehnung der Fußgängerbereiche im unteren, vor allem aber im oberen Teil des Platzes, also in der nächsten Umgebung der St.-Wenzel-Statue beobachtet werden.

Die symbolische Dimension

Während im ersten Abschnitt eher der Stellenwert raumbezogener Aspekte im Gesamtgefüge der Wenzelsplatz-Problematik thematisiert wurde, möchte ich mich nun im Folgenden ihren symbolischen Aspekten widmen.

Der stärkste symbolische Ort ist da gewiss die St. Wenzel-Statue selbst, die nicht nur für die Namengebung des Platzes verantwortlich ist. Wie schon oben erwähnt wurde, stand seit dem letzten Viertel des 17. Jahrhunderts eine St.-Wenzel-Statue auf dem Markt. Diese Barockstatue wurde 1879 infolge einer Umgestaltung des Platzes beseitigt. Die Überlegungen für ihren Nachfolger entwickelten sich im Zusammenhang mit den Plänen zum Neubau des Nationalmuseums.[7] Das Projekt aus dem Jahr 1884 sah die Platzierung einer Reiterstatue des Heiligen auf der Rampe vor der Hauptfassade vor. Als Bauherr des Unternehmens fungierte der Landesausschuss des Königreichs Böhmen, daher entflammten die ersten Debatten über das Ideenprogramm des Museums, einschließlich der Wenzelsstatue, auf dem Boden des Landtags. Die deutschen Abgeordneten befürchteten eine „nationale Tendenz", die Tschechen argumentierten dagegen mit der Kulturmission des Heiligen. Seit 1887 arbeitete der Bildhauer Josef Václav Myslbek an dem Thema. Von ihm angeregt setzte später der patriotische Kunstförderer und Präsident der Tschechischen Akademie der Wissenschaften für Kunst und Literatur als Mäzen des ganzen Projektes eine wesentliche Änderung durch. Das Reiterstandbild sollte vom Museumsbau losgelöst und frei auf dem Platz aufgestellt werden. Im darauf ausgeschriebenen Wettbewerb (1994) wurden gleich zwei der Entwürfe preisgekrönt – jener von Myslbek und der seines Konkurrenten Bohuslav Schnirch. In der darauf folgenden öffentlichen Debatte über die beiden Konkurrenzprojekte kamen höchst interessante Stellungnahmen zum Ausdruck. In den Ansichten vom Charakter des heiligen Fürsten – und inwieweit er bei beiden Bildhauern zum Ausdruck kommt – verbergen sich die stereotypen Vorstellungen vom Nationalcharakter. Die öffentliche Meinung stand mehrheitlich hinter dem Entwurf von Schnirch, der den Heiligen Wenzel als „Fürsten des Friedens" darstellte. Der eher kämpferisch geprägte St. Wenzel von Myslbek entsprach diesem Autostereotyp nicht so gut, nichtsdestoweniger kam er zur Ausführung. Unter dem Druck der Öffentlichkeit machte Myslbek noch zahlreiche Veränderungen an seiner Konzeption, die den Heiligen schließlich als eine friedfertige, ruhigere Gestalt präsentierten. Das Denkmal steht seit 1912 an seiner heutigen Stelle, bis 1924 waren noch vier Statuen der böhmischen Schutzpatrone/innen an den Sockelecken aufgestellt.

Der Wenzelsplatz ist also kein Heldenplatz, dagegen stand diese gewünschte Konzeption des Friedensfürsten. Es gibt aber noch eine weitere wichtige Frage: Welche Rolle spielte die religiöse Dimension oder anders gesagt, inwieweit wurde das Denkmal als religiöses Symbol wahrgenommen? In jedem Fall gab es eine latente Spannung zwischen den beiden maßgeblichen historischen Leitfiguren der Tschechen, dem Hl. Wenzel und Jan Hus. Die Wahrnehmung des Hl. Wenzel als katholisches Symbol ist bei einem großen Teil der Öffentlichkeit vorauszusetzen und es muss auch zugestanden werden, dass die Statue ab und zu wirklich im religiösen Kontext „benutzt" wurde.[8] Erst die Feiern anlässlich des St.-Wenzel-Milleniums brachten eine Entspannung, wenn nicht Versöhnung, in diesem Duell von zwei Traditionen.[9]

Wie bei anderen Denkmälern auch ist in der Konzeption des Wenzelsdenkmals die Funktion eines Straßenaltars eincodiert, die in der Treppe und Nische an der Vorderseite des Sockels zum Vorschein kommt. Das führt uns weiter zur Frage von Praktiken, zu deren Gegenstand das Denkmal gerade anlässlich von Kundgebungen wurde. Es kann sich dabei um die offiziellen Kranzniederlegungen handeln, viel interessanter ist aber die spontane Nutzung: das Aushängen und Ankleben von Flugblättern oder Transparenten auf den Sockel sowie die Statue selbst, oder die Beschriftung des Sockels. Das Denkmal selbst oder die „sakrale" Zone in seiner Nähe können als Rednertribüne benutzt werden. Diese Praktiken kamen besonders in den Jahren 1968/69 und 1989 sehr häufig vor. Man könnte jetzt fragen, was dies noch mit dem Heiligen Wenzel, mit seiner symbolischen Funktion zu tun hat? Ich glaube, die Schutzfunktion des Heiligen als Schutzpatron, wenn auch in säkularisierter Form, blieb immanent vorhanden und ist nie völlig verschwunden. In den November-Tagen des Jahres 1989 war aber eine ganz bewusste Rückwendung zur St.-Wenzels-Tradition zu spüren. Als Beispiel kann das dort öffentlich gesungene (und begeistert rezipierte) Lied von Petr Skoumal erwähnt werden, eine Paraphrase des mittelalterlichen St.-Wenzel-Chorals.

Im Vergleich mit dem Wenzelsdenkmal spielen die anderen Symbole auf dem Platz eine untergeordnete Rolle. Das Museumsgebäude (1885–1891), fast überdimensioniert, monumentalisiert den Raum, und steht in der Blickachse des ganzen Platzes.[10] Das Museum stellt aber nicht nur das Gehäuse für die Sammlungen dar. Seine programmatische Dekoration trägt eine ganze Fülle von Bedeutungen; die Architektur, Skulptur und Malerei ergeben zusammen eine ganze nationale Enzyklopädie. Dazu befindet sich unter der Kuppel das nationale Pantheon und verleiht so dem Ganzen eine höchst symbolische Dimension. Der Hinweis auf die Vergangenheit diente im

19. Jahrhundert dem politischen Kampf um das Staatsrecht der Tschechen, eine Botschaft, die heute natürlich nicht mehr wahrgenommen wird. Der prestigehafte Charakter des Gebäudes bleibt jedoch gut lesbar.[11] Das Museum trug in diesem Sinne eine politische Botschaft, die Prestige-Funktion der nationalen Repräsentation (oder anekdotisch gesagt: „Wo die Ungarn ihr Parlament haben, steht in Prag das Museum.").

Zu den neuesten Symbolen zählt der Ort der Palach-Opfer. Er funktioniert auch ohne materielle Erinnerung, er war im Gegenteil als nur im Bewusstsein existierender Ort äußerst wirkungsfähig (siehe die Palach-Woche). Unter der Rampe des Nationalmuseums gibt es seit 2001 ein absichtlich „harmloses" Denkmal: zwei niedrige Hügel mit einem horizontalen Kreuz, ein „Trottoirdenkmal" nach dem Entwurf von Barbora Veselá und den Architekten Čestmír Houska und Jiří Veselý.

Die symbolisch beladenen Orte konzentrieren sich also zum obersten Teil des Platzes hin. Der Rest fungiert nahezu ausschließlich als reger großstädtisch geprägter Boulevard. Und wenn schon Symbole in diesem Bereich der metropolitanen Requisiten gesucht werden, zum Beispiel als Ziel einer unterdrückten Aggression, dann geschieht es nur „ad hoc", für den vorübergehenden Gebrauch, oft eher durch Zufall.[12]

Die historischen Ereignisse oder wie die Tradition entsteht

In diesem Teil meiner Betrachtungen werde ich mich auf die Geschichte des Wenzelsplatzes als Treffpunkt, nationaler Versammlungsplatz oder „Tummelplatz" konzentrieren. Anders gesagt, es wird mich interessieren, wie er sich vom Markt zur politischen Tribüne entwickelte. Am Anfang stehen zweifellos die Ereignisse im Frühling 1848[13], als hier an der St.-Wenzel-Statue drei Gottesdienste unter dem freien Himmel abgehalten wurden. Der erste am 19. März, für die nach Wien abgehenden böhmischen (nicht ausschließlich tschechischen, wenn auch zum überwiegenden Teil) Gesandten, am 4. Juni eine ganz besondere, orthodoxe Messe mit einem serbischen Popen, mit Bitte für Erfolg des gerade beginnenden Slawenkongresses. Die dritte und politisch folgenschwerste wurde am 11. Juni von dem radikalen Priester Jan Arnold gefeiert und führte praktisch unmittelbar zum Auftakt des so genannten Pfingstwochenaufstands in Prag.

Hier stellt sich aber die Frage, wo diese neue Gewohnheit herkam. Die Entscheidung der Teilnehmer der nationalen Gesandtschaft nach Wien sich von Prag auf diese Weise zu verabschieden, ist zweifellos als den Traditionen folgend einzuschätzen. Eine wichtige Rolle spielte dabei gewiss die Symbolik des Staatsrechts, die auch späterhin mit dem Patron der St.-Wenzelskrone eng verbunden war. Die ungewöhnliche Form der Messe im Freien muss zugleich mit der althergebrachten Form der Einsegnung verknüpft werden, in diesem Fall der Einsegnung der nationalen Sache.

Nach einer langen Pause, während dieser der Wenzelsplatz eine grundlegende politische Umwandlung durchmachte, kehrte die Politik mit der 1. Mai-Demonstration des Jahres 1890 auf die Bühne zurück. Seit dieser Zeit hat der obere Teil des Platzes definitiv die Rolle vom unteren als Schauplatz der Ereignisse übernommen. Auch die weiteren Momente, die den Wenzelsplatz bis zum Ersten Weltkrieg in einen „Krawalleplatz" wandelten, hingen mit politischem Kampf und nationalen oder sozialen Forderungen eng zusammen. Nach den Zusammenstößen, die der Rücknahme der Badenischen Sprachverordnungen folgten, (1897/98) ist die Demonstration für das Allgemeine Stimmrecht im Jahr 1905 zu erwähnen.

Auf dem Wenzelsplatz nahmen 1914 die tschechischen Regimenter ihren Abschied, bevor sie an die Front fuhren, nach dem Kriegsende kehrten die meisten ganz ruhig und unauffällig zurück. Das gilt jedoch nicht für die Legionäre (die tschechischen Soldaten, die als eigene Truppeneinheiten in den Entente-Armeen gekämpft hatten), die am Wenzelsplatz 1919 in vollem Glanz aufmarschierten. Vor dem Wenzelsdenkmal wurde bei dieser Gelegenheit „Den Helden und Märtyrern" („Hrdinům a mučedníkům") ein symbolischer Sarkophag errichtet. In dem zweiten Jahr der neuen Republik war aber die historische Sternstunde des Wenzelsplatzes schon verstrichen, nämlich der 28. Oktober 1918.[14] Um die „Sternstunde" handelte es sich in dem Sinne, dass die Ereignisse des 28. Oktober, während einer spontanen Versammlung zum Entstehen des selbstständigen Staates, mit dem Niederreißen von Symbolen der österreichischen Monarchie (das durch einige die öffentliche Erinnerung prägende Photos verewigt wurde) und mit den Rednern auf dem Sockel des Denkmals in ihrer mythisierten Form gerade mit dem Wenzelsplatz für immer verknüpft blieben. Dies geschah ganz unabhängig vom tatsächlichen Hergang der Ereignisse, denn die wirklich wichtigen Gründungsakte der Tschechoslowakei spielten sich selbstverständlich anderswo ab. Doch am 21.12.1918 wurde der Wenzelsplatz zum Schauplatz eines neuen Typs der öffentlichen Kundgebung, nämlich von Empfang und Begrüßung des neuen Staatsoberhauptes, des Präsidenten Masaryk, der aus dem Exil zurückkehrte.

In den zwanziger Jahren wird der Raum nicht nur zur Auslage der sich als modern darstellenden Gesellschaft (siehe oben), sondern auch – schon beinahe automatisch – zum Ort kollektiver Identitätsvergewisserungen wie von Staatsbegräbnissen (z.B. der Schriftsteller und Dichter Alois Jirásek und Jaroslav Vrchlický, der Opernsängerin Emma Destinnová, die ihren Anfang traditionsgemäß im Pantheon des Nationalmuseums nahmen, wo die Verstorbenen aufgebahrt waren) oder Festumzügen der Turnerorganisation „Sokol" anlässlich ihrer Kongresse. Egal ob Festplatz oder Trauerplatz, der Wenzelsplatz hat in diesen Jahren seine Rolle als gesamtnationale Bühne besonders stark gefestigt. Die Jubiläumsfeste zum zehnten Geburtstag der Republik (1928) und die ein Jahr danach organisierten Feierlichkeiten zum St.-Wenzel-Millenium (1929) waren in ihren Hauptakten schon gar nicht mehr an anderer Stelle als auf dem Boulevard unter dem Museum denkbar.

Aus den Kriegsjahren ragen zwei Ereignisse heraus, die lieber als vergessen gelten mögen oder verschwiegen werden, doch immer noch nicht ganz bewältigt fortleben, aller Selektivität der historischen Erinnerung zum Trotz.[15] Ich meine die Militärparade der deutschen Wehrmacht am 3. April 1939 (also nicht ganze drei Wochen nach der Besetzung) und den so genannten „Schwur der Treue zum Reich" vom Jahre 1942, eine erpresste, aber doch massenhaft besuchte Kundgebung. Die totalitäre Macht hat hier den Platz völlig besetzt und zum ersten Mal (und mit Erfolg) als Schauplatz zur Loyalitätsbekundung benutzt.

Überraschenderweise sind die Ereignisse der Jahre 1945 bis 1948 nicht besonders stark mit dem Wenzelsplatz verknüpft. Gewiss ist hier viel passiert: das Kriegsende wurde erklärt, Eduard Beneš nach der Rückkehr von London willkommen geheißen, der Zweijahresplan 1946 sowie der „Sieg der Arbeiterklasse" im Februar 1948 ausgerufen. Doch sind die Ereignisse vom Mai 1945 sowie auch vom Februar 1948 eher mit dem Altstädter Ring verbunden, schon allein wegen der Bilder der mit Fliedersträußen beschenkten Rotarmisten vor dem noch rauchenden Altstädter Rathaus oder des Klement Gottwald mit seiner Schafspelzmütze auf dem Balkon des Palais Kinsky am 25. Februar 1948, seine „Botschaft" über die Wiederherstellung der Regierung ausrufend, oder sei es auch dank der gepflegten Erinnerungskultur, im ersten Fall durch die große Gedenktafel an der Wand des halbzerstörten Rathauses, im anderen durch alljährliche Pflichtkundgebungen zum „siegreichen Februar". Der Wenzelsplatz übernahm demgegenüber die Rolle des Hauptplatzes für die 1. Mai-Manifestationen, die aus ganz Prag hierher strömten und ihr Finale im Defilee vor der Ehrentribüne im unteren Teil des Platzes abhielten.

In den Jahren 1968/69 wird Wenzelsplatz wieder zur historischen Bühne Nummer Eins. Am Anfang steht der nach Jahren erste „freiwillige" 1. Mai-Umzug, es folgen die tragisch-heroischen Bilder vom 21. August und aus den Tagen danach. Die Erinnerung trägt in diesem Fall eindeutig heroisierende Züge und die Bilder von nur mit tschechoslowakischen Fahnen (eine hat gar der Heilige Wenzel getragen) und selbst gemachten Transparenten „bewaffneten" jungen Leuten am Denkmal, vor der Kulisse der durch sowjetische Kugeln beschädigten Museumsfassade, haben das Gedächtnis lange genährt. In dieser heroischen Tradition einer Ohnmachtgeste gegen die brutale Macht setzt sich dann auch Jan Palachs tragisches Opfer im Januar 1969 fort. Hoffentlich wird es nicht als zynisch verstanden, wenn ich konstatiere, dass die ungeheure Reichweite dieser Opfer besonders durch den gewählten Tatort – in der Nähe der St.-Wenzel-Statue – maßgeblich beeinflusst war. Es folgten die jubelnden Umzüge zur Genugtuung gebenden Niederlage der „Okkupanten" im Eishockey Ende März 1969 sowie der traurige Schlusspunkt, nämlich die von „eigenen" tschechoslowakischen Polizisten aufgelöste Demonstration zum ersten Jahrestag der Besatzung im August 1969.

Das bis jetzt letzte Kapitel in der Geschichte der Besetzung des Wenzelsplatzes haben zunächst die Opposition und dann allmählich auch die Mehrheitsgesellschaft in den Jahren 1987 bis 1989 geschrieben. Die politische Wende hatte sich schon in mehreren Äußerungen spätestens seit 1987 vorbereitet und hing eng mit der „symbolischen Landschaft" des Platzes zusammen. Ich verweise auf die Versammlungen zum 28. Oktober (in diesem Fall kam es parallel dazu zu einem gewissen Tauwetter von Seiten des offiziellen Regimes, das nicht sehr effizient versuchte, das Jubiläum unter seiner Kontrolle zu erhalten) und dann vor allem anlässlich der vom Regime am stärksten tabuisierten Ereignisse, zu den Jahrestagen der sowjetischen Besatzung am 21. August und zum Opfertod Jan Palachs in der zweiten Woche des Januar. Die letzte Palach-Woche im Januar 1989 führte schon im Auftakt zum Verschmelzen von Oppositionellen und der politisch nicht engagierten Öffentlichkeit. Die subversive Jubiläumskultur hatte in allen drei Fällen historisch guten Grund, gerade am Wenzelsplatz Zuflucht zu suchen, denn solange es sich um relativ wenige Gruppen handelte, legten sie der Tradition gemäß den Schwerpunkt ihrer Aktionen in die Nähe des St.-Wenzel-Denkmals.

Es könnte fast scheinen, dass der entscheidende Durchbruch, den der 17. November mit seiner Studentendemonstration brachte, eine Ausnahme darstellt; die Studenten wurden von Polizisten an der Nationalstraße doch noch gestoppt. Diese Optik wäre aber irreführend. Der Studentenzug, am Jan Opletal-Grab (Studentenopfer des 17. Novembers 1939) auf dem Wischehrad seinen Anfang nehmend, zielte gerade auf den Wenzelsplatz und die Polizeisperre sollte das Erreichen dieses Ziels um jeden Preis verhindern. Die nachfolgenden Massenkundgebungen, die seit dem 20. bis 24. November jeden Nachmittag den Wenzelsplatz mit ca. 150.000 Leuten füllten (die Schätzungen weisen unterschiedliche Zahlen aus) haben dann die endgültige Wende gebracht. Der Wenzelsplatz ist von den Demokratie fordernden Kräften besetzt worden.

Wenn auch in den November-Tagen das Wenzelsdenkmal wiederum eine zentrale Rolle spielte (als Plakatwand, Objekt für Beflaggung und kurz nach der Wende als Hüter eines provisorischen Mahnmals der Opfer des kommunistischen Regimes, das unmittelbar vor ihm, noch in der „sakralen Zone" des Denkmals entstanden war), diente es diesmal nicht auch zugleich als Rednertribüne. Diese befand sich entgegen allen Traditionen am Balkon des Melantrich-Hauses, ungefähr in der Mitte des Platzes[16]; die Ursachen dafür waren sowohl technischer (damit die Redner besser hörbar waren) als auch politischer Natur (die tschechische National-sozialistische Partei, der das Melantrich-Haus gehörte und die bis dahin ein folgsamer Partner der Kommunisten in der Nationalfront gewesen war, wollte von dieser politischen Gelegenheit profitieren). Nichtsdestoweniger hat das Bedürfnis nach einer politischen Tribüne, die sich von jenem unoffiziellen, plebejischen Podest am Denkmal etwas abhob, zu einer topologischen Innovation geführt.

Ich habe nur die wichtigsten unter den vielen offiziellen und inoffiziellen, spontanen und angeordneten, organisierten und chaotischen Kundgebungen angeführt. Die drei Höhepunkte, die im historischen Bewusstsein am stärksten auf den Wenzelsplatz bezogen werden, sind die Ereignisse der Jahre 1918, 1968/69, 1988/89. Der lange Schatten dieser Ereignisse hat sich in das Zeichengefüge des Platzes eingeschrieben. Sie haben am wirkungsvollsten dazu beigetragen, dass hier ein beträchtliches Gedächtniskapital angehäuft wurde (vgl. Maurice Halbwachs), dass hier vieles erlebt wurde, was eine funktionierende Gesellschaft zu ihrer Selbstidentifizierung in Form gemeinsamer Erlebnisse (neben den gemeinsamen Symbolen und Mythen) notwendig braucht.

Schlussfolgerungen

Wissen wir jetzt also mehr als am Anfang? Worin liegt der Zauber des Wenzelsplatzes, seine „magische Dimension", die große Ereignisse bzw. die Kundgebungen anlässlich dieser Ereignisse anzieht und sowohl die herrschende Macht als auch ihre Gegner zu Besetzungsversuchen veranlasst?

Die objektiven Voraussetzungen, die durch die „natürliche" Gestaltung des Platzes vorgegeben sind, wurden durch seine Umgestaltung zum Paradeboulevard noch unterstrichen. Wir können vielleicht vermuten, dass die Organisatoren der älteren Kundgebungen diesen für Umzüge so günstigen Charakter bewusst einschätzten, bevor er zu nicht weiterer Bestätigung erfordernden „Tradition" wurde. Daher kann man den natürlichen sowie urbanistischen Charakter zu den eher unbewussten Umständen der Beliebtheit des Platzes rechnen.

Viel komplizierter gestaltet es sich mit der symbolischen Dimension, also mit dem St.-Wenzelskult oder zumindest der St.-Wenzelsverehrung als Voraussetzung. Diese Symbolik gehört zu den subjektiven und bewussten Gründen der Entscheidungen für den Wenzelsplatz. Man muss diese schon deswegen unterscheiden, weil gar nicht alle Kundgebungen St. Wenzel beschwuren, sich auf ihn beriefen oder ihn „mitspielen" ließen. Es gab übrigens über eine relativ lange Zeit hinweg gar keine Wenzelsstatue auf dem Platz (1879–1912). Meines Erachtens fungiert der Heilige als Staatspatron bzw. nationaler Patron nur bei jenen Gelegenheiten, wenn es sich um Kundgebungen eindeutig nationalen Charakters handelte, in einer Situation der Bedrohung oder des „endlich erreichten" Sieges. Das passt perfekt zu allen drei Höhepunkten in der politischen Geschichte des Wenzelsplatzes im 20. Jahrhundert, nämlich den Jahren 1918, 1968/69 und 1988/89, wobei die bewusste Eingliederung des „ewigen Fürsten" sich am stärksten im Jahr 1989 in das Zeichensystem einschreibt. St. Wenzel wird natürlich nicht auf eine „mittelalterliche" Art verehrt, sondern als Chiffre für Ewigkeit und Überdauern, die auf die Nation, bzw. den Staat bezogen wird. Bei vielen anderen Kundgebungen wurde die „Anwesenheit" des Heiligen entweder missbraucht (1942) oder (was häufiger geschah) missachtet. Die symbolische Bedeutung des Nationalmuseums ist dem gegenüber fast völlig verblasst.

Die größte Bedeutung bei der Untersuchung der besonderen Rolle des Wenzelsplatzes ist dem dritten Faktor zuzuschreiben, also der Tradition. Es geht dabei wieder um einen äußerst subjektiven und zugleich bewussten (oder halbbewussten) Komplex von Entscheidungen, die den Wenzelsplatz zum Handlungsort vieler Kundgebungen gemacht haben und machen. Seine in der Tradition begründete Anziehungskraft wird durch die Effizienz der am Wenzelsplatz stattfindenden Aktivitäten bestätigt. Das gilt sowohl für die offiziellen als auch die inoffiziellen Kundgebungen, jedes „pro und contra" findet hier scheinbar seine geeignete Tribüne. Das ist meiner Ansicht nach nicht nur Folge eines „Schneeballeffekts", sondern liegt auch am Bewusstsein einer Ritualisierung dieser Versammlungen und Umzüge, die den Teilnehmern erfahrungsgemäß gute „Orientierung" und Sicherheit gewährt.

Ich hoffe, dass die künftige detailliertere Analyse der Rhetorik, der Verhaltensmuster sowie der Semiotik der einzelnen großen „Ereignisse am Wenzelsplatz" diese grob gezeichneten Thesen bekräftigen wird.

Anmerkungen

1 Ich benutze hier absichtlich das Wort „tschechisch" statt „böhmisch", weil der Wenzelsplatz im behandelten Zeitraum national mehrheitlich tschechisch geprägt war.
2 Eine spezialisierte bauhistorische Monographie über den Wenzelsplatz gibt es nicht, die Ikonographie wird bei Kateřina BEČKOVÁ, Václavské náměstí v běhu staletí, Praha 1993 und vollständiger noch in DIES., Zmizelá Praha: Nové Město, Praha 2001 dargestellt. Zur historischen Entwicklung des Raumes vgl. Vilém LORENC, Das Prag Karls IV. Die Prager Neustadt, Stuttgart 1982; weiters die kurze, aber dicht und pointiert geschriebene Studie von Dobroslav LÍBAL, Václavské náměstí, in: Zprávy památkové péče 59 (1999), Nr. 9, S. 293–296.
3 Vgl. Pavel FOJTÍK, František PROŠEK, Václavské náměstí. Historie dopravy, Praha 1991.
4 In der chronologischen Abfolge: Assicurazioni Generali 1895, Wiehl-Haus 1896 (großes Neorenaissance-Palais, den Nationalstil *in nuce* darstellend), Peterka-Haus 1899 (ein Warenhaus), Hotel Šroubek 1906, Hotel Zlatá Husa 1910, Palast Lucerna (multifunktionales Passagenhaus) 1912, Melantrich-Haus 1912 (Verlag) und Hotel Ambassador 1912, Palast Koruna 1914 (noch ein multifunktionales Passagenhaus), Česká Banka 1916.
5 Vgl. Lindt-Haus 1927 (Warenhaus mit großer Konditorei), Palast Alfa 1928 (multifunktionales Passagenhaus), Baťa 1929 (Schuhwarenhaus).
6 Es handelte sich um zwei Kaufhäuser: das „Lebensmittelhaus" und das „Modehaus", sowie das Hotel „Jalta". Die Kaufhäuser sind eher funktionalistisch geprägt und das Hotel Jalta wurde zwar im stalinistisch dekorativen Stil erbaut, jedoch maßstäblich passt es ebenfalls vollkommen in den urbanistischen Rahmen.
7 Michaela MAREK, Kunst und Identitätspolitik. Architektur und Bildkünste im Prozess der tschechischen Nationsbildung, Köln 2002, zum Wenzelsdenkmal S. 373–380. Ich würde hier nur gegen die vermeintliche politische Einmi-

schung des Staates mittels des Stipendiums für Myslbek polemisieren (vgl. Jeroen Bastiaan VAN HEERDE, Staat und Kunst. Staatliche Kunstförderung 1895 bis 1918, Wien 1993, besonders Kapitel V. Auszeichnungen, Preise, Stipendien und Subventionen, S. 123ff.). Vgl. auch Zora DVOŘÁKOVÁ, Josef Václav Myslbek, Praha 1979, S. 137, 207f., und das entsprechende Kapitel in Zdeněk HOJDA, Jiří POKORNÝ, Pomníky a zapomníky, Praha–Litomyšl 1996, S. 105–113.
8 Vom Jahre 1935 ist z.b. ein Photo erhalten, wo vor dem Denkmal ein großer Altar aufgestellt ist, mit der Inschrift „Christus regnat". Es ist mir nicht gelungen, die näheren Umstände festzustellen.
9 Zu den Millenium-Feierlichkeiten vgl. Petr PLACÁK, Svatováclavské milénium. Češi, Němci a Slováci v roce 1929, Praha 2002, und HOJDA-POKORNÝ, Pomníky a zapomníky, S. 113–115.
10 Zum Museumsgebäude vgl. MAREK, Kunst und Identitätspolitik. Architektur und Bildkünste, S. 321–385; weiter Lubomír SRŠEŇ, Budova Národního muzea v Praze 1891–1991, Praha 1991 sowie Karel KSANDR, Pavel ŠKRANC, Národní muzeum. Architektura a výzdoba hlavní budovy, Praha o.J. [1991].
11 Nach Max WEBER, Wirtschaft und Gesellschaft. Grundriß der verstehenden Soziologie, Tübingen 1972, S. 527f., ruht das emotionale Pathos der Zugehörigkeit zu einer Nation primär auf Prestige-Empfinden. Zitiert nach Bedřich LOEWENSTEIN, Symbole, Mythen, nationale Integration. Anmerkungen zum Thema „Historische Feldbeherrschung", in: Eva BEHRING, Ludwig RICHTER, Wolfgang F. SCHWARZ (Hg.), Geschichtliche Mythen in den Literaturen und Kulturen Ostmittel- und Südosteuropas, Stuttgart 1999, S. 23.
12 Ich meine die Ereignisse vom Ende März 1969, als der Sieg über die sowjetische Eishockey-Mannschaft bei der WM in der Schweiz euphorisch bejubelt wurde. Dabei wurde das Auslagefenster der Filiale der sowjetischen Fluggesellschaft „Aeroflot" zerbrochen und die Büroräume angezündet. Mit größter Wahrscheinlichkeit handelte es sich dabei um eine Provokation – die Sache blieb aber verständlicherweise ungeklärt.
13 Zum Thema 1848 zum letzten Mal ausführlich Jiří ŠTAIF, Revoluční léta 1848-1849 a České země, Praha 1990, hier auch die weiterführende Literatur.
14 Die Ereignisse vom 28.10.1918 werden vom Jiří Pokorný in diesem Band näher behandelt.
15 Es würde zu weit führen, hier eine methodologische Studie zu versuchen, wie man die Aktualität der Erinnerungen messen könnte. Ich gehe hier empirisch aus von den sich im öffentlichen Raum (in der Presse, im Fernsehen und der visuellen Kultur überhaupt, ebenso in Lehrbüchern) manifestierenden „Bildern". Natürlich sind meine Befunde in dieser Hinsicht daher nur thesenhaft und provisorisch.
16 Irene NIERHAUS hat in ihrem Beitrag: Orte der nationalen Narration in Österreich, in: Andreas PRIBERSKY, Berthold UNFRIED (Hg.), Symbole und Rituale des Politischen. Ost- und Westeuropa im Vergleich, Frankfurt/M. 1999, S. 293, Anm. 17, der Balkonrolle in der politischen Rhetorik eine kurze Betrachtung gewidmet. Ihr Befund, dass besonders die monarchisch geprägten Regimes zu politischen Balkonakten neigen, entspricht aber im tschechischen Fall nicht den Tatsachen.

Orte der Erinnerung und das Problem der Gegenerinnerung. Der „Platz der Opfer des Faschismus" in Zagreb

Josip Hrgović (Zagreb)

Der Untersuchungsgegenstand oder genauer die Frage, um die es mir hier geht, ist folgende: Kann man die Existenz von bestimmten Typen historischer Erinnerung annehmen, die allen politischen Systemwechseln widerstehen? In diesem Zusammenhang beziehe ich mich dezidiert nicht auf die elitäre Sphäre, innerhalb deren die Vertreter der historischen Wissenschaften mehr oder minder an den Normen der Objektivität orientiert argumentieren, sondern auf die pragmatische und soziale Dimension dieses Phänomens. Es besteht Grund zur Annahme, dass jede historische Konstruktion auf die Erschaffung der Gegenwart im öffentlichen Raum wirkt, indem sie sich jener „Erinnerungspartikel" bedient, die Pierre Nora „Orte der Erinnerung" nennt.[1] Dieses Phänomen zeigt einen deutlichen Einfluss auf individuelle oder kollektive Handlungen, was gerade an jenen Erinnerungspartikeln deutlich wird, die den Wechsel der verschiedensten politischen Systeme überlebt haben.

Ich möchte mich dieser Frage annähern, indem ich sie anhand eines konkreten Fallbeispiels, des *Trg žrtava fašizma* [Platz der Opfer des Faschismus] in Zagreb[2] (Abb. 1), zu beantworten versuche. Die Straßen und Plätze, Stadtteile und Parks sind in den Städten und Ortschaften Kroatiens, wie auch in anderen Weltgegenden, für gewöhnlich nach historischen Ereignissen und Persönlichkeiten benannt. Nach der Definition von Pierre Nora könnte man solche symbolischen Zuordnungen als spezielle Spielarten von Orten der Erinnerung bezeichnen. Meist übersteigt die Anzahl des vorhandenen Fundus an Namen jedoch die Anzahl der materiell verfügbaren Orte in Städten und Dörfern bei weitem. Als logische Folge muss in jedem einzelnen Fall eine Auswahl getroffen werden, wobei davon ausgegangen werden kann, dass dies unter den Bedingungen der herrschenden politischen Strukturen und der dieses System stützenden Ideologie geschieht. Beide Faktoren ergänzen sich zu jeder Zeit in dem Bemühen, bestimmte Orte der Erinnerung im Gedächtnis der Öffentlichkeit mit allgemein akzeptierbaren historischen

Bildern zu besetzen, deren semantische Kraft in der jeweiligen Gegenwart zu verfestigen und zugleich auch für die Zukunft festzuschreiben. Politisch einflussreiche Individuen und Gruppen haben immer wieder versucht, den Kontext, in dem Erinnerung stattfindet, nach ihren Vorstellungen zu formen. Es sei aber betont, dass hier nicht die politischen Machtverhältnisse und ihr Einfluss auf verschiedene Versionen „der Geschichte" behandelt werden, sondern der gesellschaftliche Aspekt in der Wechselwirkung zwischen den politischen Machteliten und dem Prozess der Formung von öffentlicher Erinnerung an bestimmten Plätzen.

Dabei ist auf die Warnung Bedacht zu nehmen, die Karl Popper in seiner Studie *The Poverty of Historicism* (1944–45) ausgesprochen hat, dass nämlich „social engineering" eine reale Gefahr bedeutet, wenn es unter den Vorzeichen holistischer Ideologien geschieht, die nicht zu einer Gleichheit der Rechte, sondern zur Gleichschaltung des Denkens führen.[3] Aber ist es überhaupt möglich „social engineering" zu entgehen? Wie ich am Beispiel des Platzes der Opfer des Faschismus zeigen werde, ist ein Entkommen *nicht* möglich. Jedes politische System versucht sein eigenes Bild der Realität, der Vergangenheit, der Gegenwart und der Zukunft „von oben" zu verordnen. Bestimmte Arten von Erinnerungsorten existieren in der Wahrnehmung der Öffentlichkeit nur im Rahmen der herrschenden politischen Verhältnisse und Ideologien; nach Systemwechseln werden sie wieder geändert und fallen damit dem Vergessen anheim. Die Erinnerungsorte haben also für sich genommen selbst kaum Einfluss auf die zukünftige Entwicklung. Das Forschungsinteresse richtet sich daher darauf, inwieweit Erinnerungspartikel, die für eine bestimmte Epoche charakteristisch sind, über längere Zeiträume hinweg überdauern können.

An dieser Stelle scheint es angebracht, kurz auf Pierre Noras Konzept der Erinnerungsorte einzugehen, das er in seiner unter dem Titel *Entre Mémoire et Histoire* [Zwischen Geschichte und Gedächtnis] stehenden Einleitung erläutert hat. Dort formuliert Nora den Gedanken, dass Geschichte dann zur Notwendigkeit wird, wenn die Menschen nicht mehr aus der eigenen Erinnerung schöpfen können, sondern sich der Vergänglichkeit des unwiderruflich Vergangenen bewusst werden und sich nur mehr mit Hilfe schriftlicher Dokumente erinnern können. Ein Gedächtnisort ist nach Nora ein materieller oder immaterieller Bezugspunkt, der durch bewusste Konstruktionsleistung oder die Wirkung der Zeit ein symbolisches Element des Gedächtnisses einer Gemeinschaft wurde; an ihnen lagert sich gewissermaßen kulturelles Gedächtnis an. Konkret kann es sich dabei um topographische Orte, um

Abb. 1: Platz der Opfer des Faschismus in Zagreb (Gegenwart)

Objekte, Konzepte oder Praktiken oder auch um historische Persönlichkeiten handeln.

Die englische Ausgabe der *Les Lieux de Memoire* unter dem Titel *Realms of Memory* hat dem internationalen Publikum die ursprünglich sieben Bände in einer gekürzten Version von drei Bänden leichter zugänglich gemacht. Das Forschungsinteresse bezieht sich auf Fragen betreffend das Konzept der Nation, des Nationalismus sowie die nationale Identität und deren Implikationen für die Konzeptualisierung der Beziehung zwischen Geschichte und Erinnerung. Was waren die Beweggründe für dieses Projekt? Nora fasste sie in einer Frage zusammen: Was bleibt von einer Nation, wenn man den Nationalismus, den Imperialismus und den allmächtigen Staat wegnimmt? In den modernen Gesellschaften, so argumentiert Nora, ist der Sinn für die gemeinsame Tradition verloren gegangen und damit die kollektive Erinnerung, die zuvor Vergangenheit und Gegenwart durch einen lebendigen Strang des Bewusstseins verbunden hatte, sodass jahrhundertealte Siege und Niederlagen so verinnerlicht waren, dass sie ebenso „real" schienen wie die Ereignisse des vorangegangenen Tages. Auf der anderen Seite haben aber auch die modernen Gesellschaften kein vollkommen „historisierendes" Bewusstsein ausgebildet, in dem alle Ereignisse der Vergangenheit als völlig von der Gegenwart losgelöst betrachtet werden.

In diesem Zusammenhang seien Zitate von zwei Autoren angeführt, die unabhängig voneinander in ihren Rezensionen der englischen Übersetzung der von Pierre Nora herausgegebenen *Lieux de memoire* (Realms of Memory) einen Gedanken aufgreifen, der auch den inhaltlichen Rahmen dieses Beitrags absteckt. Das erste Zitat stammt aus der Rezension von George Walden, die 1998 im *New Statesman* erschienen ist: „The trouble with history is that there is no end to it. Where do you stop writing – or reviewing – a book like this?"[4] Das zweite Zitat ist der Besprechung von James A. Leith von der kanadischen Queen's University aus dem Jahr 1999 entnommen: „The preoccupation with memory though obscures the importance of its opposite in nation-building: forgetting. As states move through various political and institutional forms, the triumph of certain symbols has involved neglect of others."[5] Wäre es demnach nicht möglich, dass, so wie – nach Walden – Geschichte in immer neuen Worten geschrieben und auch rezensiert werden kann, der Entwurf einer Nationalgeschichte ebenso wie deren Vermittlung an eine breite Öffentlichkeit in Zukunft völlig anders aussehen könnte?

Wo liegt also der Unterschied von Geschichte und Gedächtnis? Die Geschichte ist der Wirkungskreis einer meinungsbildenden Elite, deren Aufzeichnungen überliefert wurden, während Gedächtnis das Ergebnis lokal begrenzter Gemeinschaften ist. Gedächtnisorte sind ein exklusives Phänomen der modernen Geschichte. Sie ersetzen das „reale" lebendige Gedächtnis, das uns über Jahrtausende begleitet hat und heute in dieser Form nicht mehr existiert. Die Konstruktion von Geschichte substituiert im Zuge dessen das „wahre" Gedächtnis – Orte der Erinnerung werden oftmals künstlich und mehr oder weniger willkürlich geschaffen.

Der Platz der Opfer des Faschismus als Ort multipler Erinnerungen

Bei der Untersuchung als Gedächtnisort werden die verschiedenen Namen, die der Platz im Laufe seiner Geschichte getragen hat, jene der sechs Straßen, die dorthin führen, und die unterschiedlichen Funktionen des auf dem Platz befindlichen Gebäudes betrachtet. Der Zeitraum erstreckt sich über die verschiedenen historischen und politischen Epochen von seiner Schaffung bis in die unmittelbare Gegenwart. (Tabelle 1)

Das vom Bildhauer Ivan Meštrović gestaltete Gebäude in der Mitte des Platzes wurde im Jahr 1939 als Kunstpavillon errichtet. Während des Zweiten Weltkrieges, als das Gebäude als Moschee diente, wurden unter dem Regime des unabhängigen Staates Kroatien (NDH) an den Seiten drei Minarette hinzugefügt. Nach dem Krieg wurden die Minarette unter der kommu-

Platzname	Platz Peter I – des Befreiers (1917–1941)	Der III. Platz (1941–1942)	Platz von Ban Kulin (1942–1946)	Platz der Opfer des Faschismus (1946–1990)	Platz der hervorragenden kroatischen Persönlichkeiten (1990–2000)	Platz der Opfer des Faschismus (2000–)
Staat	Königreich SHS (1918–1929) Königreich Jugoslawien (1929–1941)	NDH (1941–1945)		SRH (SFRJ) (1945–1990)	RH (1990– →)	
Straßenname	Boškovićeva Radisina Beogradska Zvonimirova Dukljaninova Račkoga	Boškovićeva Radisina Gradaščevieva Zvonimirova Dukljaninova Račkoga		Boškovićeva Adžijina Kovačevićeva Sozialitische Revolution Dukljaninova Račkoga	König Držislava Herzog Mislava Herzog Višeslava König Zvonimira Dukljaninova Račkoga	
Gebäudefunktion	Kunst Pavillon	Moschee		Museum der Revolution	Haus der Kroatischen Künstler	

Tabelle 1: Veränderung der Platz- und Straßennamen in den verschiedenen historischen und politischen Perioden

nistischen Regierung wieder abgerissen und das Gebäude in ein *Museum der Revolution* umfunktioniert. Seit 1990 dient das Objekt als *Haus der Kroatischen Künstler* nunmehr in erster Linie für Ausstellungszwecke. Die Namen der sechs Straßen stellen weitere Orientierungsmarken dar, die den semantischen Rahmen des Platzes als Ort der Erinnerung im jeweiligen Herrschaftssystem abstecken. Der vollständige Kontext der Namensgebungen zeigt, dass die Betonung historischer Elemente mit den politischen Systemen wechselt und semantisch schlüssig die Absichten der jeweiligen Machthaber widerspiegelt. Trotzdem muss darauf hingewiesen werden, dass die Namen des Platzes und der Straßen nicht das einzig mögliche Ergebnis einer vorgegebenen Entscheidung waren, sondern gewissermaßen eine Auswahl aus einem Spektrum verfügbarer Markierungen darstellen, die unter dem jeweils herrschenden politischen System praktikabel erschienen.

Ich habe die vom Jugoslawischen Lexikographischen Institut herausgegebene *Opća enciklopedija*[6] [Allgemeine Enzyklopädie] (1977–1982) als hauptsächliche Quelle für die Historiografie der Namen benutzt. Für diese Entscheidung gab es zwei gewichtige Gründe: Zunächst repräsentiert die Enzyklopädie gewissermaßen das Allgemeinwissen der kroatischen Bürger, außerdem hat die Mehrzahl der heute lebenden Kroaten ihr Wissen unter dem sozialistischen System erworben, sodass spätere historische Revisionen nach dem Untergang dieses Systems vermutlich bislang eher ohne größeren Einfluss blieben. Das Movens für diese Arbeit liegt daher nicht darin, eine „wahrere" Interpretation der historischen Fakten zu liefern, sondern zu zeigen, dass die Mehrheit der Bürger Kroatiens wahrscheinlich eben jenes Allgemeinwissen über diese historischen Tatsachen besitzt.

Zeit der serbischen politischen Vorherrschaft (1927–1941)

Auf der Zagreber Stadtkarte von 1911 ist an der Stelle des heutigen Platzes ein städtischer Markt eingezeichnet. Es handelt sich also um einen relativ jungen Platz, der auf der Karte von 1923 als Platz N (Abb. 2) aufscheint, einer unter mehreren neuen Plätzen der Stadt. Er ist namenlos und war bis dahin als materielle Grundlage für einen politischen Gedächtnisort offenkundig ohne Bedeutung. Seine damalige Gestalt – er war dazumal noch am äußeren Stadtrand gelegen – kann aus einer Panoramaansicht von 1926 ersehen werden (Abb. 3). Ein Ausschnitt aus einer Karte von 1935 zeigt den ersten Namen des Platzes, der damit erstmals als Gedächtnisort bezeichnet werden kann: Im Jahr 1927 war der Platz nach König Peter I. Karadjordjević, dem so genannten „Befreier", benannt worden. Ebenso wie jene der umliegenden Straßen verweist diese Markierung auf die Politik eines gemeinsamen zukünftigen Schicksals von Kroatien und Serbien.

Woran sollte Peter I. der Befreier als historische Persönlichkeit ebenso wie als Gedächtnisort erinnern? Er war das Staatsoberhaupt des Königreichs Serbien und später des Königreichs der Serben, Kroaten und Slowenen (SHS).

Im Jahr 1903 zum König von Serbien gekrönt, übergab er 1914 die Herrschaft an seinen Thronfolger Alexander. Wie kam es dazu, dass er nach dem 1. Weltkrieg Herrscher des SHS-Königreiches wurde? Der gemeinsame Staat der Slowenen, Kroaten und Serben wurde im Oktober 1918 nach dem Zerfall der Habsburgermonarchie als unabhängiges politisches Gebilde geschaffen. Die politischen Vertreter des SHS-Staates verfochten dessen einheitliche und zentralistische Ausrichtung sowie seine bedingungslose Einheit mit dem Königreich Serbien, während die politischen Vertreter der Kroaten eine föderale Struktur des künftigen gemeinsamen Staates forderten. Letztlich konnten sich diese jedoch nicht durchsetzen und so proklamierte Alexander, im Namen Peters I., am 1. November 1918 einseitig das Königreich der

Abb. 2: Der alte Stadtmarkt

Serben, Kroaten und Slowenen. Nur vier Tage später waren die Straßen von Zagreb voll mit Domobranzen (kroatischen Angehörigen der österreichisch-ungarischen Streitkräfte) und Bürgern, die die Gründung einer eigenständigen Republik Kroatien verlangten. Die Behörden setzten bewaffnete Polizeikräfte ein, in deren Kugelhagel 13 Demonstranten starben und 17 verwundet wurden, welchen man heute als „Dezember-Opfer" gedenkt.

Im Januar 1929, sechs Monate nach der Ermordung einiger kroatischer Abgeordneter im Belgrader Parlament, übernahm eine Militärdiktatur die Macht im Königreich Jugoslawien. Wie konnte der Beiname Peters I. des Befreiers, im Kontext eines dermaßen kurzen Zwischenspiels, verstanden werden? Während des 1. Weltkrieges hatten die kroatischen und serbischen Soldaten auf entgegen gesetzten Seiten gekämpft; dann erlangte Peter I., der die serbische Armee befehligt hatte, die Macht und schwang sich zum Diktator auf.

Werfen wir nun einen Blick auf die gebündelten Gedächtnisorte der angrenzenden Straßen, die nach *Bošković, Radisin, Beograd, Zvonimir, Dukljanin* and *Rački* benannt waren.

Rudjer Bošković war ein Naturwissenschaftler und Philosoph des 18. Jahrhunderts, vielseitig tätig als Astronom, Mathematiker, Physiker, Geodäsist und Konstrukteur, ebenso wie als Schriftsteller, Archäologe und Diplomat. Er gilt als einer der bedeutendsten Schüler Newtons und entwickelte eine eigenständige Theorie der Kräfte, nach der Materie aus einzelnen Punkten bestehe, denen Kräfte innewohnen. Auf dem Gebiet der Philosophie vertrat er den Standpunkt der Relativität menschlicher Erkenntnis. Nachdem Friedrich Wilhelm Herschel die Existenz eines weiteren Planeten durch dessen Einwirken auf die Planetenbahnen des Sonnensystems angenommen hatte, war Bošković der erste, der die Entdeckung des Uranus anerkannte; dies sind nur einige von Boškovićs wichtigsten Beiträgen zur Wissenschaft.

Die *Radisina* Straße verdankt ihren Namen einem kroatischen Arbeiterverein, dessen Zentrale in der benachbarten *Zvonimir* Straße gelegen war. Das Ziel dieses Vereins war es, Jugendlichen aus den ärmeren Schichten eine Ausbildung angedeihen zu lassen sowie ihnen geeignete Arbeitsplätze zu vermitteln. Unter kommunistischer Herrschaft wurde nach 1945 die Organisation verboten, bis dahin hatte sie rund 28.000 junge Menschen betreut. Im Jahr 1993 wurde die Gesellschaft neu gegründet.

Die *Beograd* Straße ist natürlich nach der serbischen und ehemals gesamtjugoslawischen Hauptstadt benannt.

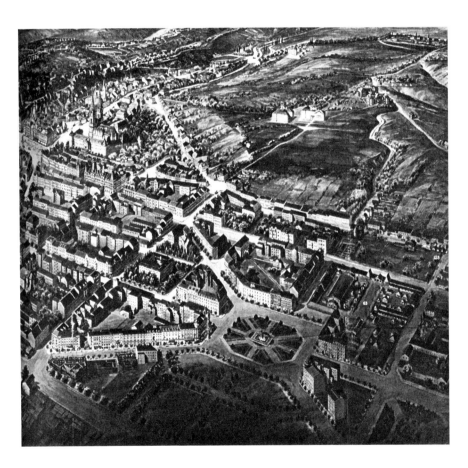

Abb. 3: Der N Platz (1926)

Die *Zvonimir* Straße erhielt ihren Namen nach einem kroatischen König des 12. Jahrhunderts, Dmitar Zvonimir. Dieser hatte vor seiner Krönung als Statthalter den Landstrich zwischen Rijeka und Labin verwaltet. Er war der erste und zugleich einzige kroatische König, der durch einen Vertreter des Papstes gekrönt wurde. Die eindrucksvollste Erinnerung an Zvonimir knüpft sich an die Legende um seine Ermordung und einen furchtbaren Fluch: Die Legende besagt, dass Zvonimir eine Armee für die Teilnahme an einem Kreuzzug versammelt hatte, die Mehrheit seiner Vasallen aber dagegen rebellierte und er schließlich durch ein Adelskomplott ermordet wurde. Vor seinem Tod soll Zvonimir das kroatische Volk verflucht haben, dass es nie wieder einen Herrscher aus seinen eigenen Reihen haben solle.

Die *Dukljanin* Straße erhielt ihren Namen nach dem Geschichtswerk *Chroniken des Priesters Dukljanin*, die am Ende des 12. Jahrhunderts von einem gewissen Grgur (Gregor) verfasst wurden. Diese historisch belegte Persönlichkeit verwaltete das Erzbistum Dukljanska von Bari aus. Unter anderem ist in diesem Werk auch die Geschichte von Zvonimirs Tod und seinem Fluch überliefert.

Die historische Figur des Priesters Franjo Rački, ein Historiker und Politiker des 19. Jahrhunderts, diente als Taufpate für die *Račkoga* Straße. Als Parlamentsabgeordneter trat er durch Reden hervor, in denen er sich für die kroatische Unabhängigkeit auf der Grundlage der überlieferten Verträge und Urkunden einsetzte. Er war Mitbegründer der Zeitschrift *Literature* und der jugoslawischen Akademie für Wissenschaft und Kunst, als deren erster Präsident er fungierte. Rački gilt als der Gründervater der modernen kroatischen Geschichtsschreibung.

Die oben angeführten Bezeichnungen der Straßen und des Platzes waren im Gedächtnis der Öffentlichkeit von 1918 bis 1941 präsent, also in jener Ära, in der der politische Einfluss Serbiens unter König Alexander Karađjordjević in Form einer zentralistischen Herrschaft, zuerst des SHS-Staates und später des Königreichs Jugoslawien, prädominant war.

Das unabhängige Kroatien unter der Herrschaft der profaschistischen Kollaborateure (1941–1945)

In der kurzen Phase des unabhängigen kroatischen Staates (NDH) unter der Herrschaft der faschistischen *Ustascha* [die Aufständischen] von 1941 bis 1944 kam es zu einschneidenden Veränderungen in der Gedächtnislandschaft. Im ersten Jahr der Ustascha-Herrschaft wurden von der Stadtregierung die alten Namen der Straßen und des Platzes getilgt, weil sie mit dem politisch erwünschten öffentlichen Gedenken für unvereinbar befunden wurden. Als unmittelbare Folge davon benannte man den Platz zunächst einfach den *Dritten Platz*. Im darauf folgenden Jahr, nachdem man den Kunstpavillon in eine Moschee umgewandelt und ein Minarett errichtet hatte, erhielt er den Namen *Kulin Ban*-Platz. Kulin war an der Wende vom 12. zum 13. Jahrhundert Statthalter von Bosnien gewesen und hatte als Vasall der Herrscher von Ungarn und Kroatien gegen das Byzantinische Reich gekämpft. Die ersten schriftlichen Zeugnisse der kroatischen Sprache stammen aus sei-

Abb. 5: Die Moschee während des 2. Weltkrieges

ner Regierungszeit: drei Exemplare eines Vertrages, der im Jahre 1189 in Latein und kyrillischer Schrift abgefasst wurde. In diesem Vertrag wird ein Friedens- und Freundschaftspakt besiegelt, der den Kaufleuten von Ragusa (Dubrovnik) verschiedene Privilegien wie freie Bewegung und Ansiedlung in Bosnien gewährte. Dieses Dokument belegt im Übrigen auch, dass Kulin sich am Ritus der katholischen Kirche orientierte, da die Urkunde nach der Zeitrechnung von Christi Geburt und nicht wie bei den byzantinischen Kaisern üblich nach dem Beginn der Welt datiert wurde.

Es erübrigt sich zu erklären, warum der Name eines serbischen Königs dem neuen nationalistischen und faschistischen Regime wenig passend erschien, dagegen erscheint es auf den ersten Blick nicht ganz schlüssig, warum statt dessen der Name eines bosnischen Statthalters gewählt wurde. Die Umbenennung einer der angrenzenden Straßen, deren Name von *Beogradska* zu *Gradaščevićeva* geändert wurde, hat aber den selben semantischen Hintergrund: Die Benennung erfolgte nach Husein-beg Gradaščević, der an der Wende vom 18. zum 19. Jahrhundert gelebt hatte. Er war der Anführer des bosnischen adeligen Widerstandes gegen die osmanische Zentralverwaltung, besiegte die türkische Armee im Jahr 1831 und ernannte sich in der Folge selbst zum Wesir von Bosnien. Nur ein Jahr später wurde er aber besiegt, womit der Aufstand des bosnischen Adels endgültig zusammenbrach.

Die neuen Straßenschilder, die in die Richtung der Moschee wiesen und die Namen von Kulin Ban und Husein-beg Gradaščević trugen, befanden sich in Übereinstimmung mit der Politik einer gemeinsamen Zukunft von Kroatien und Bosnien-Herzegowina. Daher überrascht es nicht, dass die faschistische Regierung an dieser Stelle ein religiöses Bauwerk für die moslemische Bevölkerung errichtete und Straßen und Plätze nach hervorragenden Persönlichkeiten des Nachbarlandes benannte. Das damalige Staatsgebilde, das zum großen Teil das Territorium der heutigen Staaten Kroatien und Bosnien-Herzegowina umfasste, versuchte mit diesen Mitteln eine gemeinsame friedliche Koexistenz für die beiden Religionsgemeinschaften zu etablieren, was sich in der Entscheidung niederschlug, die islamische Religion bei der Besetzung von Gedächtnisorten in die angestrebte gemeinsame Zukunft eines vereinten Staates zu integrieren.

Die Sozialistische Republik Jugoslawien unter der Herrschaft der Kommunistischen Partei (1945–1990)

Eine einschneidende Veränderung in die Struktur des Platzes erfolgte im Jahr 1945, als die Sozialistische Republik Jugoslawien gegründet wurde. Die Minarette wurden abgerissen und die Moschee wurde zum *Museum der Revolution* umgestaltet. Der Kulin Ban-Platz wurde zum *Platz der Opfer des Faschismus*, aus der *Radisina* Straße wurde die *Adžijina* Straße, aus der *Gradaščevićeva* Straße die *Kovačevićeva* Straße und die *Zvonimirova* Straße wurde zur *Straße der Sozialistischen Revolution*.

Ich will mich hier bei der Betrachtung des Faschismus und seiner Opfer auf die Situation in Zagreb beschränken. Träger des Faschismus in Kroatien war die *Ustascha*, deren Programm vor allem nationalkroatische Ziele umfasste, weiters den Aufbau einer ständischen Gesellschaft sowie die Etablierung eines nach faschistischen Prinzipien funktionierenden Führerstaates – in der Praxis die Ausübung einer Schreckensherrschaft. Im Kampf gegen den Faschismus waren etwa 50.000 Bürger von Zagreb aktiv, wovon fast 20.000 ihr Leben verloren. Die zentrale Polizeiaufsichtsbehörde der Ustascha, eine Art Geheimpolizei, die Untersuchungen gegen politisch Verdächtige durchführte, war auf dem Kulin Ban-Platz angesiedelt, ebenso – ab 1943 – die deutsche *Gestapo*. Viele Zagreber Bürger wurden von hier aus in die Lager gebracht, unter ihnen auch der berühmte Schriftsteller August Cesarec. Die Behörde und damit auch der Platz wurde am 5. Mai 1943 von Heinrich Himmler besucht, was die Ustascha zum Anlass nahm, 1700 Zagreber Juden zu verhaften; die überwiegende Mehrzahl von ihnen starb später in den Konzentrationslagern. Zwei der drei neuen Straßennamen gedenken zweier Opfer des Faschismus, die Mitglieder der Kommunistischen Partei waren: Die kroatischen Serben Vojo Kovačević und Božidar Adžija. Während die Straßen und der Platz somit den Opfern des Vorgängerregimes gewidmet wurden, erinnerte das *Museum der Sozialistischen Revolution* an das Ereignis, durch das das faschistische Regime beseitigt worden war. Indem man von einer Revolution, also einer gewaltsamen Veränderung der herrschenden Machtstrukturen sprach, musste man auch dokumentieren, wie die sozialistische Revolution in Kroatien innerhalb des größeren Rahmens des Krieges der nationalen Befreiung abgelaufen war.

Die unabhängige Republik Kroatien (seit 1990)

Die zweite Phase bedeutender Veränderungen im Inventar der Gedächtnisorte erfolgte mit dem Zerfall der Sozialistischen Republik Jugoslawien und der Gründung der Republik Kroatien im Jahr 1990. Unter der Mehrheitsregierung der politischen Partei der *Kroatischen Demokratischen Union* in der Stadtregierung erfolgte die Umbenennung des Platzes der Opfer des Faschismus in den *Platz der herausragenden kroatischen Persönlichkeiten*, während das Museum der Revolution zum *Haus der Künstler* wurde (Abbildung 4). Die *Boškovićeva* Straße wurde um den Teil, der zum Platz führt, gekürzt und in *Držislavova* Straße umbenannt; aus der *Adžijina* Straße wurde die Straße des Herzogs *Mislav*, aus der *Kovačevićeva* Straße die des Herzogs *Višeslav* und die *Straße der Sozialistischen Revolution* wurde wieder zur *Zvonimir* Straße. Der *Platz der herausragenden kroatischen Persönlichkeiten* sollte all jener Kroaten gedenken, die während der vergangenen 900 Jahre kroatischer Geschichte direkt oder indirekt zum Entstehen der unabhängigen kroatischen Republik beigetragen hatten. Unter diesen waren auch einige Könige und Herzöge, deren Namen nun zur Neubenennung der Straßen, die auf diesen Platz führen, herangezogen wurden. Držislav Stjepan I. war ein kroatischer König, der in der zweiten Hälfte des 10. Jahrhunderts regierte. Er steht für die staatliche Einheit, da er den Titel eines Königs vom byzantinischen Kaiser erhielt ebenso wie die Herrschaft über die dalmatinischen Städte, die bis dahin unter dem Einfluss von Byzanz gestanden hatten. Herzog Mislav, der in der ersten Hälfte des 9. Jahrhunderts herrschte, ist wegen seiner Auseinandersetzungen mit Venedig in Erinnerung geblieben, während Herzog Višeslav um das Jahr 800 als erster namentlich bekannter Herrscher der Kroaten aufscheint. Sein Name findet sich in ein steinernes Taufbecken gemeißelt, das sich früher in der Kirche von Nin befand.

Im Jahr 2000 erhielt der Platz wieder den Namen *Platz der Opfer des Faschismus*. Die enge Wechselwirkung zwischen der politischen Ideologie und der Gestaltung von Gedächtnisorten wird in dieser bisher letzten Umbenennung des Platzes in besonders interessanter Weise augenfällig. Kurze Zeit nach der Umbenennung des Platzes wurde ein Komitee zur Bewahrung des Platzes der Opfer des Faschismus gegründet, dessen Hauptziel darin bestand, den alten Namen des Platzes mit Hilfe einer öffentlichen Kampagne wieder einzuführen. Obwohl man erstmals in der kroatischen Geschichte alles daran setzte, das volle Spektrum demokratischer Handlungsmöglichkeiten auszuschöpfen, unter anderem Petitionen und Demonstrationen, wurde der ursprüngliche Name erst nach den Parlamentswahlen des Jahres 2000 wieder hergestellt, als eine Koalition unter der Führung der Sozialdemokraten (Reformkommunisten), die relative Mehrheit der Stimmen erlangte.

Aus all dem leitet sich die Frage ab, was mit den Erinnerungsorten unter wechselnden Herrschaftsverhältnissen von Parteien und Ideologien geschieht. Zu dieser Frage kann man jene aus der Rezension der englischen Ausgabe von Noras Werk von Hue-Tam Ho Tai in Bezug setzen[7]: Wer definiert die Nation und die nationale Identität? Ändert sich die Definition im Lauf der Zeit, weil die Ereignisse immer wieder zu Neuinterpretationen der Vergangenheit führen? Werden je nach Region, Geschlecht, Klasse und so weiter die Definitionen in unterschiedlicher Weise rezipiert? Inwiefern verstärkt das Geschehen in der Gegenwart die Kraft der Erinnerung und gewährleistet ihr Fortdauern? Was hat als Konsequenz all dessen überhaupt Bestand? Werfen wir unter diesen Aspekten einen Blick auf den Platz der Opfer des Faschismus: Nur drei Gedächtnisorte, die Namen dreier historischer Persönlichkeiten, haben im Wechsel der Zeiten Bestand gehabt. Dabei handelt sich um *Dukljanin*, *Bošković* und *Rački*, deren Gemeinsamkeit darin besteht, dass es sich bei ihnen um kroatische Wissenschaftler handelt. Keine einzige der aufeinander folgenden Ideologien wollte sie verleugnen. Könnte es sein, das mit der Wissenschaft verknüpfte Erinnerungsorte als Gegenerinnerungen spezifische Qualitäten besitzen, die über die politischen Kontexte herkömmlicher Erinnerungsorte hinausgehen? Gibt es noch andere Kategorien von Orten mit ähnlichen Qualitäten? Eine endgültige Antwort auf diese Frage kann aber wohl nicht aus der Betrachtung eines einzigen Platzes abgeleitet werden.

Zum Abschluss möchte ich noch die pragmatische Dimension dieses Problems andeuten. Ein Name sticht unter allen anderen durch seinen Kontext hervor. Er bezeichnete weder eine wichtige historische Persönlichkeit, noch einen solchen Ort, und auch kein bedeutendes historisches Ereignis oder eine Entwicklung, die nicht dem Vergessen anheim fallen sollte. Obwohl er mit einer ganz spezifischen materiellen Grundlage, einer Zeit und einem Ort verknüpft ist, scheint er auch auf eine universelle Weise mit der gesamten Menschheit verbunden zu sein: Die semantische Wurzel der *Radisina* Straße leitet sich nämlich vom Substantiv *rad*, „Arbeit", her.

In den vergangenen fünfzehn Jahren der kroatischen Unabhängigkeit waren die kroatischen Medien mit dem Problem beschäftigt, ob nun dieser oder jener Name dieser oder jener Straße verliehen werden sollte; dabei handelt es sich um letztlich nutzlose Diskussionen darüber, welche Auffassung von Geschichte die bedeutendere oder „richtigere" sei. Es erscheint beinahe so, als ob diese Diskussionen die latente Funktion hätten, die öffentliche Aufmerksamkeit von den eigentlichen gegenwärtigen und zukünftigen Problemen des Staates und seiner Bürger abzulenken. George Orwell hat in seinem Roman *1984* geschrieben, dass jener Staat, der die Vergangenheit kontrolliert, auch die Macht über Gegenwart und Zukunft hat. Der Platz der Opfer des Faschismus zeigt, dass das nicht die ganze Wahrheit darstellt: Einige Gedächtnisorte können ganz offensichtlich nicht mit der Zukunft verknüpft werden, bei anderen scheint dies dagegen ohne weiteres möglich zu sein.

Aus dem Englischen übersetzt von Josef Schiffer

Anmerkungen

1 Pierre NORA, Realms of Memory: The Construction of the French Past, 3 Bde. New York–Chichester/West Sussex 1996–1998.
2 Vgl. Siniša MARIČIĆ (Hg.), Trg žrtava fašizma u Zagrebu, Varaždin 1991.
3 Vgl. Karl POPPER, The Poverty of Historicism, London 1957.
4 George WALDEN, Where the History is Alive, in: The New Statesman 127, 4373 (1998), S. 45f., hier S. 45.
5 James A. LEITH, Review of Realms of Memory [1999], http://www3.uakron.edu/hfrance/reviews/leith.html [Zugriffsdatum: 4.1.2006].
6 Opća enciklopedija, Zagreb 1977–1982.
7 Vgl. Hue-Tam HO TAI, Remembered Realms: Pierre Nora and French National Memory, in: American Historical Review 106,3 (2001), S. 906–922.

Bildquellen

1 Der Platz der Opfer des Faschismus. Quelle: Zdunić, D. (1995) *Zagreb*. Zagreb: ITP Marin Držić.
2 Der Marktplatz. Quelle: Juriša, A. (1994) *Sličice iz sjećanja*. Zagreb: Vlastita naklada.
3 Der N Platz. Quelle: Agičić, D. (1999) *Moj Zagreb, tak imam te rad*. Zagreb: Duplo P, Laurana, Libar.
4 Die Moschee. Quelle: Kampus, I.; Karaman, I. (1994) *Tisućljetni Zagreb*. Zagreb: Školska Knjiga.

Das diesem Beitrag zugrunde liegende Referat wurde im Jahr 2002 auf der Internationalen Tagung *Social Aspects of the Sciences VI: Transforming Scientific Paradigms – Concepts of Memory* am Inter-University Centre Dubrovnik gehalten.

Konkurrierende Plätze in Sankt Petersburg. Zur Dauerhaftigkeit der Verortung politischer Macht im historischen Gedächtnis

Jan Kusber (Mainz)

Fragt man nach der Reichweite von Lesarten historischer Geschehnisse durch ihre architektonischen und durch Jubiläen massenwirksam inszenierten Repräsentationen des Staates, so bieten sich, geht man von der Entstehung einer über den lokalen Zusammenhang hinausgehenden Öffentlichkeit aus, für das Zarenreich und die Sowjetunion zunächst nur zwei Städte an, die Hauptstadt- und Residenzfunktion besaßen: Moskau und Sankt Petersburg. Beide verkörpern ein komplexes Gemisch von Traditionen und auf sie bezogener Gedächtnisorte,[1] die gleichermaßen Wandlungen und unterschiedlichen Inanspruchnahmen ausgesetzt sind. Beide Städte waren und sind also als Zentralen politischer Machtausübung für den russländischen Kontext von überragender Bedeutung. Für den vorliegenden Sammelband habe ich mich entschlossen, Sankt Petersburg als Fallbeispiel herauszugreifen und zwar aus folgenden Gründen:

In anderen Zusammenhängen ist die Konkurrenz der beiden Kapitalen um Hauptstadtfunktionen bereits hinlänglich erörtert worden. Das Bild von Moskau als dem Herzen und Sankt Petersburg als dem Kopf Russlands ist eines, welches gelegentlich Napoleon bei seiner Entscheidung, 1812 in Richtung Moskau und nicht nach Sankt Petersburg zu marschieren, zugeschrieben wird. Es fällt aber bis in die unmittelbare Gegenwart und bis in akademische Milieus hinein mit einem Autostereotyp zusammen, das gleichsam ein Eigenleben zu führen begann, die wechselseitige Wahrnehmung geprägt und zu einer nicht endenden Konkurrenz geführt hat, bei der Sankt Petersburg vor 1917 die „Oberhand" hatte, Moskau die Kapitale an der Newa wiederum nach der Revolution, aber auch nach dem Zusammenbruch des sowjetischen Imperiums neuerlich auf den zweiten Platz verwiesen hat.[2] Mit dem Umzug der politischen Entscheidungsgewalten nach Moskau als Hauptstadt des sowjetischen Experiments veränderte sich die politische Bedeutung Petrograds respektive Leningrads sukzessive: Auch wenn man der Stadt nicht den Schauplatz der Revolutionen von 1905 und 1917 absprechen konnte – Zentrum der Sowjetunion, ja der sozialistischen Welt wurde nun Moskau. Und auch die rasante Entwicklung Moskaus als ökonomische und politische Hauptstadt des postsowjetischen Russland hat diese Hierarchie zementiert, woran auch das aufwändig inszenierte Stadtjubiläum St. Petersburgs 2003 nichts änderte.

An dieser Konkurrenzsituation bleibt für den hier interessierenden Zusammenhang jedoch die Entstehung von Sankt Petersburg bedeutsam: Diese Stadt war von Beginn an, seit ihrer Gründung 1703, auf Repräsentation und die Symbolisierung von Geschichtsbildern zur Legitimation von Herrschaft über ein multiethnisches Imperium angelegt. Zumindest im 18. und der ersten Hälfte des 19. Jahrhunderts schien der ganze städtische Raum auf diese Zwecke hin gestaltet zu werden. Die Herrscher versuchten in ihrer jeweiligen Bautätigkeit und auch in ihren „Scenarios of Power" den städtischen Raum zu prägen.[3] In Moskau wird man dies lediglich für den Kreml als Herrschaft repräsentierendes Zentrum der Macht[4], in Loslösung von der Festungsfunktion[5], und die programmatischen Sakralbauten der Stadt, nicht aber den gesamten Stadtraum festhalten können.[6] Erst die Sowjetzeit mit ihren städtebaulich programmatischen Zerstörungen und Umgestaltungen seit den zwanziger und dreißiger Jahren des vorigen Jahrhunderts, so ließe sich pointiert behaupten, hatte die Vereinnahmung des gesamten städtischen Raumes durch das Regime zum Ziel.[7]

In Sankt Petersburg hingegen waren die zum Meer hin ausgerichteten Palastfassaden, die Regelmäßigkeit der mit Perspektiven und städtebaulichen Dominanten von dem ersten Generalplan zur Stadtplanung noch in der Zeit Peters I. an darauf ausgerichtet, Herrschaft und Orientierung an westeuropäischen Stadt-, Kultur- und Herrschaftsansprüchen zu realisieren.[8] Die hauptstädtische Öffentlichkeit, die städtischen Unter- und Mittelschichten wie die zunächst durch den Hof angezogenen Eliten, die diese Öffentlichkeit in Teilöffentlichkeiten repräsentierten, erfüllten die ebenso glanzvollen wie janusköpfigen Entwürfe und Fassaden mit Leben und machten die Stadt zum Schauplatz der Geschichte. Stadtplanung und die Größe der Stadt an der Newa, die die beim Tode Peters I. erst 40.000 Einwohner hatte, an der Wende vom 18. zum 19. Jahrhundert über 200.000 und in den 1880ern die Millionengrenze überschritt, und die Besetzung verschiedenster Orte der Stadt durch historische Ereignisse führten zu einem spannungsreichen Verhältnis zwischen dem Gesamtensemble der daraus staatlicherseits generierten Gedächtnisorte auf der einen und den unterschiedlichen Kodierungen von Plätzen, Orten, Straßen und Denkmälern durch ihre Bewohner auf der anderen

Seite. Diese spezifische Speicherfunktion machte schon 1922 Nikolaj Anziferow, einer der Verfechter einer lokalen kulturwissenschaftlichen Forschung (*kraevedenie*), die den Raum als wirkungsmächtig für den Charakter einer Stadt erkannte,[9] beim Spaziergang durch den städtischen Raum aus; er bezeichnete sie als „die Seele Sankt Petersburgs" und versuchte sie beim Betrachten der einzelnen Gedächtnisorte wieder in erkennbare und interpretierbare Bestandteile zu zerlegen.

Nun ist es in der jüngeren Zeit zu intensiveren Diskussionen über die Bedeutung des Raumes gerade für Russland und die Sowjetunion als Imperien gekommen. Aneignungsstrategien von Räumen durch historische Akteure werden in den Blick genommen, sowohl auf begrenztere städtische Räume hin als auch in der Konsequenz für das ganze russländische Reich vor und nach 1917 bzw. vor und nach 1991. Dabei ist es teilweise zu einem eher statischen Bild des Raumes gekommen, das die komplexe Aufladung von Räumen durch Handlungen ihrer Akteure mitunter außer Acht gelassen hat. Karl Schlögel etwa misst dem Raum eine Prägekraft für den Menschen zu, der das Individuum zum geformten Objekt macht und nicht als handelndes Subjekt sieht.[10] Dies möchte ich anhand dreier Plätze St. Petersburgs in einer knappen Problemskizze hinterfragen – den Senatsplatz, das Marsfeld und den Schlossplatz. Die drei ausgewählten Plätze zeichnen sich dadurch aus, dass sie von den Akteuren der politischen Macht in Anspruch genommen wurden und in Wechselwirkung mit den Menschen, die den städtischen Raum in ihrem sozialen und kulturellen Handeln ebenso prägten wie die politische Macht, standen. Sie sind beileibe nicht die einzigen, die man hätte wählen können: Der Platz des Aufstandes vor dem Moskauer Bahnhof,[11] der Heumarkt und der Nevskij-Prospekt mit seinen Platzerweiterungen bilden mindestens ebenso interessante Objekte. Sie alle haben gemeinsam, dass das sie umgebende architektonische Ensemble, die auf ihnen oder an ihnen errichteten Denkmäler sowie die historische Aktion in der Gedächtnisortfunktion zusammenfallen und immer mehr zu einem Amalgam der Musealisierung werden, das heutzutage für Touristen interessanter zu sein scheint als für Petersburger, die Plätze und Straßen als ihren Lebensraum begreifen. Dies gilt insbesondere für die drei ausgewählten Plätze Senatsplatz, das Marsfeld und Schlossplatz, die heute weder mehr Machtzentrum noch eigentlich Kommunikationszentrum sind. Für alle drei Plätze war schon mit dem Verlust der Hauptstadtfunktion Petrograds 1918 eine entscheidende Bedeutungsveränderung, überwiegend aber ein Bedeutungsverlust verbunden, der nicht ausgeglichen werden konnte. Zudem sind diese Plätze als Schauplatz von Haupt- und Staatsaktionen imperialer russischer und frühsowjetischer Geschichte auch noch in unmittelbarer Nähe zueinander gelegen und damit gleichsam über die Millionnaja ulica respektive den Alexandergarten miteinander verbunden. Allen drei ist gemeinsam, dass die Hauptverkehrsader Sankt Petersburgs, der Nevskij Prospekt, zwar in unmittelbarer Nähe verläuft, jedoch keinen der Plätze quert oder in ihn einmündet; kein Bahnhof ist in der Nähe. Man musste und muss, so könnte man überspitzt formulieren, diese Plätze eigens aufsuchen.

Bei dem angestellten vorläufigen Vergleich gehe nicht davon aus, dass Räume gleichsam sind, bevor die Menschen sie „beleben", und damit konstituiert und starr prägende Grundlagen menschlichen Lebens darstellen, sondern bin mit Martina Löw der Auffassung, dass Räume in dynamischen Prozessen entstehen und dass ein „Ort" noch keinen „Raum" macht, der von sich aus historische Erinnerung gebiert oder trägt. Historische Erinnerung ist wandelbar und wie die Konstruktion von Räumen vielfältig.[12] Verschiedene Räume können sich an einem Ort, hier einem von sich entwickelnden Architurensembles geprägten Platz, befinden, sich überlagern, je nachdem, welche Personengruppe in welcher Zeit man betrachtet. Gleichzeitig gehe ich aber auch davon aus, dass es Wechselwirkungen bestimmter Plätze und ihrer Orte mit Inanspruchnahmen durch bestimmte Gruppen geben kann, die zu Bedeutungsamalgamierungen führen, die in ständiger Veränderung begriffen sind. Kurzum: Nicht alles geht in das historische Gedächtnis eines Kollektivs ein und ist speicherfähig; vieles aber wird konkret mit dem Raum als Ort eines Geschehens verbunden, gerade wenn es um überwiegend politische Aufladungen geht. Es ist eben nicht zufällig, dass die drei ausgewählten Plätze Orte überregional politisch relevanter Ereignisse werden und in der Folge dann für die Pflege oder die Auslöschung, schließlich die Verschränkung historischer Erinnerung dienen.

Wenn wir uns nun mit dem zu Anfang des 20. Jahrhunderts bekannten Stadthistoriker Nikolai Anziferow daran machen, im Stadtbild gleichsam als Spaziergänger „die Seele Petersburgs" zu erkunden, so führt uns dies nachgerade zwingend zu meinem ersten Beispiel, auf den Senatsplatz an der Newa, jenem Fluss, der Petersburgs Hinführung zur Ostsee darstellte.[13] Dort steht das eindrucksvolle Standbild des Ehernen Reiters, dessen Anblick heute unverstellt kaum genossen werden kann, weil es beständig von Touristen, fliegenden Souvenirhändlern und Blumen niederlegenden Brautpaaren umlagert ist, welches aber vielleicht am deutlichsten die Intention des Stadtgründers und ihr Fortleben verkörpert.

Katharina die Große hatte Étienne Maurice Falconet angewiesen, an diesem zentralen Platz an der Newa – heute eingerahmt von der Admiralität, dem Gebäude des Synods und der Isaaks-Kathedrale – Peter, dem Gründer Sankt Petersburgs, ein Standbild zu errichten, das die imperiale Traditionslinie verdeutlichen sollte: Hoch erhebt sich auf einem einzigen wuchtigen Granitfelsen, dem so genannten „Donnerstein", Peter der Große zu Pferde, mit der Hand nach Westen weisend. Das Pferd auf seinen Hinterhufen scheint gleichsam zu schweben. „Peter dem Ersten, Katharina die Zweite" lautete die programmatische Inschrift, die die Kaiserin auswählte. Einen Platz über Repräsentation besetzen und dabei Kontinuitäten zu betonen: Dies war das Ziel einer ausgeklügelten Choreografie, mit der nicht nur das Denkmal, sondern auch das Imperium den Platz an der Admiralität in Besitz nahm. 1782 wurde das Standbild in einer aufwändigen Feier in Katharinas Beisein enthüllt[14] und blieb ikonografisches Programm für das Zarenreich, das sich in Sankt Petersburg realisieren ließ, nicht jedoch im gesamten Reich.

Alexander Puschkin variierte in seinem großem Poem „Der eherne Reiter" (1834/37) den seit Francesco Algorotti 1739 verbrieften, viel strapazierten Ausspruch von Peterburg als „dem Fenster nach Europa" kritisch, als er schrieb, Peter habe „das Fenster nach Europa aufgestoßen" und deutete das Radikale der Politik Peters nicht nur für die Stadtentwicklung, sondern für den Weg der russischen Geschichte an. Am Ende des Poems erwacht das steinerne Denkmal, der Zar steigt zu Pferde vom Sockel herab und verfolgt in einer gespenstischen Szene den Haupthelden.[15] In der russischen Literatur des 19. und 20. Jahrhunderts wurde der Charakter der Stadt – Puschkin folgend – zur intellektuellen Streitfrage. Diese machte sich am architektonischen, von Klassizismus und Empire geprägten Ensemble des Senatsplatzes und des Standbildes ebenso fest wie an dem zentralen historischen Ereignis, das auf diesem Platz stattfand und das ihm in der frühen Sowjetzeit seinen Namen eintrug. Im Dezember 1825 hatten adlige Romantiker Mitglieder eines Garderegiments auf diesen Platz geführt, um im Moment der ungeklärten Frage des Thronwechsels nach dem Tod Alexanders I. den Aufruhr zu proben und damit – auch in der Eigensicht vorhersehbar – scheiterten.[16] Dass der Eherne Reiter das Volk im Poem Puschkins verfolgt, konnte im Übrigen auch als implizite Parteinahme des Schriftstellers gewertet werden, so dass im weiteren literarischen Diskurs über den Platz und sein Denkmal beide Ereignisse, Denkmalsetzung und Dekabristenaufstand, miteinander verschmelzen konnten. Zum Scheitern verurteilt war auch der Versuch, diesen Platz nach 1917 ganz in die revolutionäre Tradition der Dekabristen zu stellen. Überlegungen, für die adligen Aufständischen Monumente zu errichten, wurden ebenso verworfen wie die Zerstörung des Denkmals von Falconet; der „Eherne Reiter" stand wohl Puschkins wegen nicht zur Disposition. Eine diskutierte Umkodierung des Gedächtnisortes unter sowjetischen Vorzeichen scheiterte. Und auch der lokale Versuch während der deutschen Blockade im Zweiten Weltkrieg, den Platz im Anschluss an die Dekabristen mit der Heldenstadt Leningrad zu verbinden, schlug doch vom Turm die ewige, Lebenswillen symbolisierende Uhr der Stadt, scheiterte, da er gesamtsowjetisch nicht gewollt war.[17]

Dass der Senatsplatz heute ein Touristenmagnet ist, verbindet ihn mit dem Schlossplatz. Der Grund hierfür ist jedoch ein anderer. Man besucht ihn, weil die Wirkungsmacht dieses Schauplatzes der Geschichte allgegenwärtig ist. Zarenresidenz und Schauplatz der Revolution sind im historischen Bewusstsein verbunden und dies durchaus losgelöst von den historischen Ereignissen. Zwar war der Winterpalast seit der Mitte des 18. Jahrhunderts in der heute bekannten Gebäudeanordnung als Residenz der Zaren geplant, jedoch hielten sie sich dort sehr viel weniger auf, als die Fremdenführer die Erwartungshaltungen des Publikums bedienend wissen wollen. Zwar war die Gefangensetzung der Provisorischen Regierung durch die Bolschewiki fundamental für den Oktoberputsch,[18] jedoch war dieser kein fulminanter Sturm, wie ihn Filme wie „Oktober" oder „Lenin im Oktober" inszenierten,[19] um den revolutionären Massen ihren Platz retrospektiv an diesem Ereignis zu sichern. Freilich waren diese und andere Inszenierungen erfolgreich, wenn es darum ging, den Winterpalast und den Schlossplatz, die Alexandersäule, errichtet aus Anlass des Sieges gegen Napoleon, und die Generalstabs- und Ministeriumsgebäude mit einem hohen Identifikationswert für das alte wie das neue Regime zu versehen. Bei Kriegsproklamationen strömte man ebenso auf den Schlossplatz, der immerhin einige hunderttausend Menschen fasst – man denke an den Russisch-japanischen oder den Ersten Weltkrieg –, zu patriotischen Manifestationen, zu politischem wie Sozialprotest wollte man am Petersburger Blutsonntag vor den Zarenpalast ziehen.[20] Nach dem Oktoberumsturz wurde der Schlossplatz zur Bühne für Masseninszenierungen und -feste im Rahmen des neu etablierten Festkalenders.[21] Beginnend mit dem ersten Revolutionsfeiertag 1918[22], dann aber alljährlich zu Mai- und Revolutionsfeiertagen wurde gerade der Schossplatz immer wieder Schauplatz des Versuches, dem alten zarischen Erbe eine neue Bedeutungsebene zu verleihen, in dem man das Volk nicht einfach versammelte, sondern in die Festinszenierungen mit einbezog, als Zuschauer und Akteure zugleich. Avantgardekünstler und -architekten machten sich daran, den Schlossplatz als Bühne für Revolutionsspektakel auszugestalten, in denen die Werktätigen gegen die Kapitalisten zu Felde zogen und natürlich obsiegten, in denen aber die Formensprache abstrakt blieb und die Individualisierung der Handelnden nicht vorgesehen war.[23] Satire als Mittel der Bloßstellung der Klassengegner und früheren Bewohner der den Platz umgebenden Bauten wurde genutzt; Produktionsthemen standen in diesen Schauspielen, die von der „Befreiung der Arbeit" handelten, im Vordergrund und wurden als Kontrapunkte zur zarischen Vergangenheit gesetzt. Die Rote Armee, die es zum Zeitpunkt der Revolution noch gar nicht gegeben hatte, wurde zunehmend glorifiziert. Schon bald bekamen die Planer dieser Feierlichkeiten freilich Zweifel am Grad der Akzeptanz und des Abstraktionsvermögens der Zuschauer. Die „Verpackung" des alten Architekturensembles nahm bei den zunehmend ritualisierten Feierlichkeiten der dreißiger Jahre sukzessive ab. Generell wird man die Zuweisung von Bedeutung in Reduktion auf Revolution und Sieg der Bolschewiki nach den aufwändigen Experimenten der zwanziger Jahre des vorigen Jahrhunderts als gescheitert bezeichnen dürfen, ebenso wie die Umbenennung des Platzes in Urickij-Platz, nach einem Bürgerkriegsaktivisten und Tschekisten, der 1918 auf dem Schlossplatz ermordet wurde.[24] Ein Anziehungspunkt als Platz, zu dem man sich begibt, nach dem man Entscheidendes erfahren hat, blieb der Schlossplatz freilich. Hier versammelte man sich spontan, als das Ende der Blockade Leningrads bekannt gegeben wurde; hier lief man zusammen, als die Nachricht von Stalins Tod 1953 durch den Äther der Stadt flog; hier wurde die Rückbenennung Leningrads in Sankt Peterburg gefeiert; auf dem Schlossplatz sammelten sich in postsowjetischer Zeit immer wieder die Träger des Sozialprotests, etwa beim Banken- und Währungskrach 1998. Der Schlossplatz nicht als kommunikatives Zentrum der Stadt, dies war und ist der Nevskij-Prospekt mit seinen Platzerweiterungen, aber als Gedächtnisort der Macht, der von Beginn an in der Stadtanlage als solcher geplant war, weist mithin Persistenzqualitäten auf, die den Ort gegen radikale Umdeutungen widerstands- oder besser amalgamierungsfähig machten.

Das dritte Beispiel ist das Marsfeld, welches auf Weisung Peters I. im 18. Jahrhundert durch die Trockenlegung zweier Flüsschen entstand.[25] Er ist der größte der hier betrachteten Plätze und diente als „große Wiese" am Rande des Stadtkerns zunächst für Volksfeste und Illuminationen. Die traditionelle Butterwoche (Maslenica) wurde jedes Jahr mit verschiedenartigen Prozessionen, Jahrmarktsattraktionen und den traditionellen Balagans (mobile Bühnen für kleinere Theaterstücke) auf der „großen Wiese" gefeiert.[26] Mit dem Wachsen des Stadtkerns wandelte sich seine Funktion weg von den Karnevalsfeierlichkeiten dieser Art. Nun stand das Paradieren von Truppen unter den Augen des Herrschers im Vordergrund. In unmittelbarer Nähe zum Sommergarten gelegen, zur Neva hin geöffnet und von städtebaulichen Dominanten nur insofern eingefasst, als Kasernen und Kanäle seine Umgrenzung bildeten, bot er Aufmarschflächen nicht nur für die kleineren morgendlichen und abendlichen Paraden der Garderegimenter, sondern auch für Truppenaufmärsche nach Siegen über äußere Feinde. In dieser Zeit erhielt die „große Wiese" ihren Namen nach dem Kriegsgott „Mars", indem man neuen antikisierenden Vorbildern der Herrschaftsinszenierung folgte, die aus dem Westen rezipiert wurden. Der Raum konnte im Zarenreich als Aufmarschraum der Herrschaft begriffen werden, der allerdings zunehmend verletzbarer wurde. Alexander II. hatte hier die Truppenparade abgenommen, als er 1882 auf dem Weg zurück in den Winterpalast ermordet wurde. Am Petersburger Blutsonntag sammelten sich hier die zarischen Truppen, die überfordert durch die Situation das Blutbad des 9. Januar 1905 anrichteten.

Das Marsfeld als Verkörperung zarischer Kriegsmacht – damit sollte nach der Februarrevolution 1917 bewusst gebrochen werden, als man den weiten Platz in „Platz der Opfer der Revolution" umbenannte, eine Bezeichnung, die er bis 1940 behalten sollte, als er wieder in Marsfeld umbenannt wurde Der Platz wurde sukzessive in einen Garten umgestaltet, der Naherholungs- mit Memorialfunktion verbinden sollte. Noch im Verlauf des Jahres 1917 wurden hier zahlreiche Opfer der Februarrevolution bestattet. Nach dem Oktober wurde diese Praxis bis zum Ende des Bürgerkrieges fortgesetzt. Statt der lebenden Garderegimenter waren es nun die revolutionären Toten, die dem Platz seine Aura geben sollten. Ein abstrakt gehaltener Revolutionsobelisk wurde errichtet. Die Aneignung des Raumes erwies sich jedoch als schwierig. Als z.B. der berühmte Architekt Ivan A. Fomin im Frühjahr 1920 den Auftrag erhielt, den Platz zum Park umzugestalten, und seine Pläne in einer großen „Subbotnik-Aktion" von Tausenden von Freiwilligen mit dem Pflanzen von Bäumen und Sträuchern umgesetzt wurden, scheiterte der große Wurf an den klimatischen Gegebenheiten. Im Sommer des Jahres 1920 vertrockneten die Setzlinge. Auch wenn andere Gestaltungsinitiativen erfolgreicher waren: Aus dem Marsfeld wurde kein belebter Raum, den die Bewohner der Stadt oder aber die politischen Machthaber nutzten, auch nicht, als für die Opfer der Leningrader Blockade und der Roten Armee im Jahr 1957 eine der zum Standardrepertoire sowjetischen Gedenkens gehörende ewige Flamme errichtet wurde.

In gewisser Weise scheint der Verlust der Hauptstadtfunktion auch für das Schicksal des Gedächtnisortes „Marsfeld" ausschlaggebend gewesen zu sein. „Gewinner" um den Wettbewerb sowjetischer Gedächtnisorte politischer Macht musste der Ort sein, dem es gelang, nicht nur Schauplätze heroischen sowjetischen Handelns durch inszenierte oder bauliche Aktualisierungen „lebendig" zu halten, sondern Reliquien der Sowjetmacht an sich zu binden. Der Ort der Revolutionen von 1905 und 1917 hatte gegen den Konkurrenten Moskau schlechte Karten. Als Beispiel mag hier die Auseinandersetzung um den Beisetzungsort Lenins dienen.[27] Schon im Vorfeld seines erwarteten Todes hatten Erwägungen für eine Aufbereitung eines propagandistisch nutzbaren Gedenkens eingesetzt und die Führung in Moskau war sich im Januar 1924 denn auch einig, dass sein Leichnam in der neuen/alten Hauptstadt Moskau in unmittelbarer Nähe zum Machtzentrum Kreml musealisiert werden müsse. So kam der in verschiedenen Parteigliederungen und Arbeitergruppierungen geäußerte Wunsch, Lenin gleichsam an die Stätte seines Wirkens, nach Petrograd, zurückzuholen, nicht zum Tragen. Benno Ennker hat überzeugend nachgewiesen, dass mit der lautstarken Artikulation dieses Wunsches den Regisseuren der Trauerfeierlichkeiten wesentliche Elemente der Inszenierung entglitten waren. „Piter will Lenin bei sich, auf dem ‚Platz der Opfer der Revolution', wo die ersten Helden des Oktobers begraben sind." So hieß es in der Pravda am 24.1.1924,[28] andere Pressorgane Petrograds sekundierten bei der Forderung nach einer Bestattung auf dem Marsfeld vergeblich. Was erfolgte, war eine Umbenennung der gesamten Stadt in Leningrad. Damit wurde eine zusätzliche Spannung zwischen dem neuen Stadtnamen, der im Zitat angedeuteten volkstümlichen Bezeichnung „Piter", vor allem aber den dominanten imperialen Architekturensembles geschaffen.

Das Marsfeld als mögliche Option eines sozialistischen Heldenplatzes konnte sich gegen die Macht der architektonischen Ensembles von Schloss- und Senatsplatz nicht durchsetzen. Die Bemühungen der ersten Jahre nach 1917 die Memorialfunktion für die Revolution alljährlich zu aktualisieren, etwa durch zusätzliche Trauerverkleidungen bereits existierender Denkmale oder gar regelrechte „Verpackungen" des Raums, wie es manche (nicht realisierte) Entwürfe vorsahen, konnten nicht realisiert werden. Das Marsfeld liegt heute am Rande, ist nur mehr noch ein Naherholungspark und hat seine Funktion als Gedächtnisort, die man ihm am Beginn der Sowjetepoche verleihen wollte, verloren. Es hatte einen zweifelhaften Wiedererkennungswert auf Plakaten in Agit- und Spielfilmen und fiel deshalb bei den in Sankt Petersburg/Leningrad gepflegten Gedächtnisorten in die zweite Reihe zurück.

Was folgt aus dieser unterschiedlichen Dauerhaftigkeit und Intensität von historischer Aufladung von Plätzen bei der Zuweisung von Gedächtnisortfunktion im Stadtraum Sankt Petersburg? Mir scheint als ein vorläufiges Ergebnis festhaltenswert, dass es erst die Mehrfachcodierungen sind, die einen Gedächtnisort mit einer größeren Halbwertszeit versehen. Betrachtet man Plätze, so stellen diese nicht selten unterschiedliche Gedächtnisorte mit heterogenen Zeitbezügen für differenziert zu betrachtende Akteurs- und Rezipienten, also Nutzergruppen dar. Das Ensemble von Gedächtnisorten, das einen solchen Platz über die Architektur- und Denkmalsetzung auf und an dem jeweiligen Platz formiert, ist hierbei ebenso wenig beliebig, wie die Lage des Platzes im Gesamtgefüge der Stadtanlage oder die verkehrsgeographische wie geschichtstragende Bedeutung der Straßen, die in die Plätze einmünden oder davon abgehen.

Für die hier vorgestellten Beispiele ergeben sich daraus folgende Schlüsse. Karl Schlögel hat für die frühe sowjetische Zeit in seinem faszinierenden Buch über Sankt Petersburg als das Laboratorium der Moderne von einem „Dekorationswechsel" gesprochen.[29] Dort, wo die Zerstörung alter Gedächtnisorte nicht gelang, sei es, dass das Interesse erlahmte, sei es, dass die Ressourcen nicht hinreichten, wäre der Dekorationswechsel versucht worden und damit eine Umkodierung der Bedeutungsgebungen bestimmter Orte. Über den Erfolg solcher künstlerisch zweifellos spannender Versuche ist im Zusammenhang mit der sowjetischen Revolutionskultur mit ihrer nachhaltige Wirkung bei den Akteuren und Rezipienten gerade nach der Hinwendung zur Kulturgeschichte in der Osteuropaforschung viel diskutiert worden.[30] Das avantgardistische Experiment an sich bleibt festzuhalten – soweit der Konsens. Die Prägekraft für den Platz scheint mir jedoch zweifelhaft, weil hinter den Fassadendekorationen, temporären Denkmälern oder Denkmalsverkleidungen die Merkmale der alten Gedächtnisorte dominant blieben. Der Schossplatz zeigt dies im Verlauf seiner Geschichte als Bestandteil des städtischen Raumes deutlich. Ob die versuchten Dekorationswechsel zu einer Neukodierung oder doch zumindest zu einer Mehrfachkodierung führten, in der auch das sowjetische Experiment nachhaltig verankert werden konnte, bleibt fraglich: Der Platz der Dekabristen bleibt vom Ehernen Reiter dominiert, der von Architektur des imperialen Russland gleichsam eingehegt wird. Er ist es, der vor allem durch die literarische Verarbeitung zum Kern des Petersburg-Mythos wurde, ein Mythos, den der Stadtraum Moskau in dieser Form nicht generieren konnte. Der Dekabristenaufstand vor dem Senat war natürlich nichts, dessen man in der Zarenzeit gedenken durfte, aber auch der Versuch diese adligen, vorbürgerlichen Idealisten zu Mitgliedern im Pantheon fortschrittlicher Vorläufer der Sowjetmacht zu machen, scheiterte nach 1917 in seiner Halbheit. Es ergibt sich also für Sankt Petersburg, und dies mag auch für andere Residenzstädte gelten, eine Hierarchie von Plätzen, in der zwar fallweise in der Gedächtnisortfunktion konkurriert wird, deren Dauerhaftigkeit aber auch durch Funktion und Architektur der Plätze prädisponiert wird. Schichten der Erinnerung lassen sich auf diesen Plätzen nur sehr unterschiedlich aktivieren, selbst wenn sie durch den Kulturwissenschaftler und Historiker freigelegt werden. Zwar ist aufs Ganze gesehen sicher dem Befund von Gerhard Simon zuzustimmen, dass die Erinnerung an unterschiedliche Formationen der Geschichte durch die politische Macht im Russland zu Beginn des 21. Jahrhunderts harmonisiert und vereinnahmt wird.[31] Doch gerade mit Blick auf konkrete Räume, in diesem Fall Plätze, lassen sich solche staatlich verordneten Strategien nur in Maßen durchsetzen; das Erleben und Erinnern der Bewohner Sankt Petersburgs kann diese Strategien konterkarieren. Dies gilt für die Zeit vor und nach 1917 ebenso wie für die Zeit nach 1991. Bald nach ihrer Gründung lobte die Russländische Akademie der Wissenschaften im 18. Jahrhundert Goldmedaillen für hervorragende Leistungen aus. Gäbe es solche für Petersburger Plätze mit Blick auf ihre Gedächtnisortfunktion im Kontext russländisch- oder sowjetisch-imperialer Geschichte, der Petersburger Schlossplatz hätte eine gewonnen.

Anmerkungen

1 Siehe aus der unterdessen kaum noch überschaubaren Fülle der Literatur: Pierre NORA, Zwischen Geschichte und Gedächtnis, Berlin 1990, insbesondere S. 26-33; Aleida ASSMANN, Im Zwischenraum von Geschichte und Gedächtnis: Bemerkungen zu Pierre Noras „Lieux de mémoire", in: Etienne FRANÇOIS (Hg.), Lieux de Mémoire/Erinnerungsorte. D'un modèle français à un projet allemand, Berlin 1999, S. 19-27.
2 Hans LEMBERG, Moskau und St. Petersburg. Die Frage der Nationalhauptstadt in Russland. Eine Skizze, in: Theodor SCHIEDER u.a. (Hg.), Hauptstädte in europäischen Nationalstaaten, München u.a. 1983 (= Studien zur Geschichte des 19. Jahrhunderts 12), S. 103-111. Siehe hierzu auch am Beispiel der Stadtnamen den anregenden Beitrag von: Boris GROYS, St. Petersburg, Petrograd, Leningrad, in: DERS., Die Erfindung Russlands, München 1995, S. 167-178.
3 Richard WORTMAN, Scenarios of Power. Myth and Ceremony in the Russian Monarchy. 2 Bände, Princeton 1995, 2000.
4 Hierzu Jan KUSBER, Symbol der Herrschaft. Der Kreml als Ort der Zarenkrönung, in: Damals 2 (2004), S. 30-35.

5 Diese Funktion erfüllte die Peter- und Pauls-Festung in Sankt Petersburg nur in den allerersten Jahren.
6 Elena S. POGOSJAN, Petr I. Architektor russkoj istorii, Sankt Petersburg 2001, S. 77-95; Lindsey HUGHES, Peter the Great. A Biography, New Haven 2002, S. 66-68, 161-164.
7 Jan KUSBER, „Heiliges Russland" und „Sowjetmacht". Moskau als Ensemble von Gedächtnisorten, in: Rudolf JAWORSKI u.a. (Hg.), Gedächtnisorte in Osteuropa. Vergangenheiten auf dem Prüfstand, Frankfurt u.a. 2003 (Kieler Werkstücke. Reihe F. Band 6), S. 97-115.
8 Erst unter den letzten beiden Zaren Alexander III. und Nikolaus II. änderte sich die architektonische Ausrichtung im Sinne eines Historismus, der an altmoskowitische Traditionen gemahnen sollte, der aber seinerseits dem allgemeinen europäischen Historismus der zweiten Hälfte des 19. Jahrhunderts entsprach. Vgl. hierzu grundsätzlich die aufschlussreichen Beiträge in: Monika FLACKE (Hg.), Mythen der Nationen. Ein europäisches Panorama. (Ausstellungskalatog), Berlin 1998.
9 Hierzu: Carsten GOEHRKE, Russlands Regionen und der Regionalismus: Forschungsgeschichtliche Bilanz und Ausblick, in: Andreas KAPPELER (Hg.), Die Geschichte Russlands im 16. und 17. Jahrhundert aus der Perspektive seiner Regionen, Wiesbaden 2004 (Forschungen zur Osteuropäischen Geschichte 63), S. 38-51.
10 Karl SCHLÖGEL, Im Raum lesen wir die Zeit. Über Zivilisationsgeschichte und Geopolitik, München 2003. Eine knappere Vorstellung seines Ansatzes bereits in: DERS., Kartenlesen, Raumdenken. Von einer Erneuerung der Geschichtsschreibung, in: Merkur 56 (2002), S. 307-318. Siehe weiterhin: Ju. M. LOTMAN, Simbolika Peterburga i problemy semiotiki goroda, in: Semiotika goroda i gorodskoj kultury, Leningrad Tartu 1984 (Učenye zapiski Tartuskogo gosudarstvennogo universiteta. Trudy po znakovym sistemam XVIII), S. 30-45; M. D. KAGAN, Grad Petrov v Istorii russkoj kultury, Sankt Petersburg 1996 sowie die einleitenden Kapitel in: E. Ė. KELLER, Prazdničnaja kul'tura. Očerki istorii, Sankt Petersburg 2001, S. 12-61. Mit einem sehr traditionellen Ansatz: Erich DONNERT, Sankt Petersburg. Eine Kulturgeschichte, Köln u.a. 2002.
11 K. G. SOKOL, Monumenty Imperii. Opisanie dvuchsot naibolee interesnych pamjatnikov imperatorskoj Rossii, Moskva 1999, S. 96-108.
12 Martina LÖW, Raumsoziologie, Frankfurt a.M. 2001, insbesondere S. 224-230, 263-274.
13 Nikolaj ANZIFEROW, Die Seele Petersburgs, München 2003.
14 SOKOL, Monumenty imperii, S. 43-45.
15 Vgl. A. S. PUŠKIN, Mednyj vsadnik. Kniga dlja čtenija s illjustrirovannym kommentariem, s priloženiem illjustracij A. Bernua i podborkoj stichotvoerenija, Moskva 1981; aus literaturwissenschaftlicher Sicht: Armin KNIGGE, Puschkins Verserzählung „Der Eherne Reiter", Amsterdam 1984.
16 Die Generation von 1812 ist das große Thema bei: Jurij M. LOTMAN, Russlands Adel. Eine Kulturgeschichte von Peter I. bis Nikolaus I. Köln u.a. 1997 (Bausteine zur slawischen Philologie und Kulturgeschichte A 21).

17 Solomon VOLKOV, St. Petersburg, A Cultural History, New York 1995, S. 425–442.
18 Hierzu die Schilderungen bei: Wladimir D. NABOKOW, Petrograd 1917. Der kurze Sommer der Revolution, Berlin 1992.
19 Vgl. Peter KENEZ, Cinema and Soviet Society. From the Revolution to the Death of Stalin, New York 2001, S. 54–56, 217.
20 Viktor BUZINOV, Dvorcovaja ploščad'. Neformal'nyj putovoditel', Sankt Petersburg 2001, S. 172–184.
21 Vladimir TOLSTOJ, Irina BIBIKOVA, Catherine COOK, Street Art of the Revolution. Festivals and Celebrations in Russia, 1918–1933, London 1990; Malte ROLF, Feste des „roten Kalenders": Der Große Umbruch und die sowjetische Ordnung der Zeit, in: Zeitschrift für Geschichtswissenschaft, 49, 2 (2001), S. 101–118.
22 Mit voller Kraft. Russische Avantgarde 1910–1934. Eine Ausstellung des Museums für Kunst und Gewerbe Hamburg, Heidelberg 2001, S. 93f.
23 Siehe die Beschreibungen der Maifeierlichkeiten 1919 und dem Revolutionsjubiläum 1925: TOLSTOJ, BIBIKOVA, COOK, S. 81 f., 151f.
24 B. Ja. CHASANOV, Urickij, Mosej Solomonovič, in: P. V. VOLOBUEV u.a. (Hg.), Političeskie dejateli Rossii 1917. Biografičeskij slovar', Moskva 1993, S. 326–328.
25 K. GORBAČEVIČ, E. CHABLO, Počemu tak nazvany? O proischoždenii nazvanii ulic, ploščadej, ostrovov, rek i mostov Sankt Peterburga, Sankt Petersburg ⁵2002, S. 147.
26 James VAN GELDERN, Bolshevik Festivals, 1917–1920, Berkeley u.a. 1993, S. 92f., 105–107.
27 Benno ENNKER, Die Anfänge des Leninkults in der Sowjetunion. Köln u.a. 1997 (Beiträge zur Geschichte Osteuropas, 22), S. 76–85; VOLKOV, St. Petersburg, S. 336f.
28 Zitiert in: ENNKER, Die Anfänge, S. 82f.
29 SCHLÖGEL, Petersburg, S. 388.
30 Aus der Fülle der Literatur: Rene FÜLÖP-MÜLLER, Geist und Gesicht des Bolschewismus. Darstellung und Kritik des kulturellen Lebens in Sowjet-Russland, Zürich 1926; Abbot GLEASON u.a. (Hg.), Bolshevik Culture. Experiment and Order in the Russian Revolution, Bloomington, Indianapolis 1985; Stefan PLAGGENBORG, Revolutionskultur. Menschenbilder und kulturelle Praxis in Sowjetrussland zwischen Oktoberrevolution und Stalinismus, Köln 1996 (Beiträge zur Geschichte Osteuropas 21).
31 Gerhard SIMON, Russland. Historische Selbstvergewisserung und historische Mythen, in: Geschichtsdeutungen im internationalen Vergleich, München 2003 (Zur Diskussion gestellt 63), S. 61–74.

Der österreichische „Denkmalkult" im 19. Jahrhundert im Spannungsfeld von Zentrum und Peripherie*

Werner Telesko (Wien)

Vorbemerkung

Denkmäler zeigen ein komplexes Spannungsfeld auf: Zum bestimmenden Motiv, das zur Initiative einer Denkmalerrichtung führte, können im Lauf der Zeit durch aktuelle Ereignisse neue Aspekte hinzukommen und das ursprünglich mit dem Monument angestrebte Ziel nicht unwesentlich verändern. Dabei sind nicht nur die Umstände der Denkmals*errichtung* an sich entscheidend, sondern die jeweiligen *Deutungen* und *Umdeutungen* im Lauf der Zeit. Das Denkmal fungiert damit grundsätzlich als „performativer Text"[1]: „Sie (die Denkmäler [W.T.]) sind zur Hälfte Erinnerung an etwas Vergangenes und zur anderen Hälfte Anspruch auf etwas Kommendes".[2] Das „Heroische" wird im Monument einerseits personal anschaulich und umgekehrt wird der Einzelne zum „überzeitlichen" Heroen, wie das Berliner Kreuzberg-Denkmal (1826)[3] und das Wiener „Deutschmeister-Denkmal" (1906) [siehe unten] in exemplarischer Weise zeigen. Im Zentrum der künstlerischen Formulierungen, besonders der Herrscherdenkmäler, steht zumeist die jeweilige Tracht bzw. der Ornat („Kostümstreit"), die den natürlichen „Körper" zeichenhaft überschreiben, somit Individualität hinter der „überpersönlichen" Würde des Amtsträgers und Dargestellten zurücktreten lassen: Der Herrscher, der den sozialen „Körper" personifiziert, ist Inbegriff der Untertanen. Er bildet gleichsam deren Projektionsfläche in den Medien der bildenden Kunst.

Der konkrete „Umgang" mit „Geschichte" spielt sich zugleich auf verschiedenen Ebenen ab. Einerseits zeigt er an, wie ein bestimmtes Objekt im Lauf der Zeit „codiert" bzw. „umcodiert" wird, andererseits erscheint die *gemeinsame* Geschichte, etwa die des 19. Jahrhunderts in Österreich im Spannungsfeld von „Zentrum" und Peripherie", gerade unter diesem Aspekt vielfach unterschiedlich interpretiert. Besonders die Analyse regionaler Traditionen und Formulierungen erlaubt vor dem Hintergrund der prägenden Folie des

"Gesamtstaats" differenzierte Einblicke in die unterschiedlichen "Besetzungen" des öffentlichen Raumes[4]. Die Pole "Zentrum" und "Peripherie" bezeichnen dabei nicht nur Fragen der kulturellen Dimensionierung und der Verteilung von Schwerpunkten an sich, sondern auch Aspekte der Machtverteilung und der generellen Struktur von Entscheidungsmechanismen, wobei das Zentrum zumeist als "Mittelpunkt der Entscheidungsprozesse"[5] anzusehen ist, somit als das kulturell dominierende Zentrum betrachtet werden muss. In diesem komplexen Verhältnis zwischen "Zentrum" und "Peripherie" werden die Krisenmomente von Integration, Identität, Legitimität und Distribution deutlich (Der neuere Postkolonialismus verwirft hingegen die Vorstellungen dichotomer hierarchischer Differenzen, etwa in der Spielart "Zentrum-Peripherie", die demnach als Konstruktionen entlarvt werden[6]). Dabei werden "Beziehungsgefüge von lokaler, regionaler und nationaler Identität"[7] transparent: Die Monarchen förderten einerseits die Visualisierung der Staats- und Dynastiegeschichte sowie die Veranschaulichung der Transparenz von Kontinuitätslinien dynastischer, stammesmäßiger und verfassungsgeschichtlicher Provenienz. Auf der anderen Seite forcierten Länder und Städte besonders die lokalpatriotischen Verankerungen der Erinnerungskultur.

Die Problematik von "Zentrum" und "Peripherie" besitzt besonders in der Habsburgermonarchie eine eminent staatspolitische Facette: Mit dem "Oktoberdiplom" (20. Oktober 1860) und dem "Februarpatent" (26. Februar 1861) wurde die Gesetzgebung gleichmäßig auf den Kaiser, den Reichsrat und die Landtage der Kronländer aufgeteilt. Diese "Doppelgleisigkeit" zentralistischer *und* ständisch-autonomer Verwaltung fand während der gesamten franzisko-josephinischen Epoche eine konsequente Fortsetzung. Neben den Behörden der Landesvertretung gab es eine staatliche Landesregierung, die unter der Leitung eines Landespräsidenten stand (in den Kronländern auch als "Statthalter" bezeichnet), und die kaiserliche Regierung gegenüber der Landesvertretung vertrat. Dies hatte zur Folge, dass – auf staatsrechtlicher Grundlage – die Problematik von "Zentrum" und "Peripherie" der franziskojosephinischen Epoche gleichsam strukturell inhärent war und ein ständiger (Austausch-)Prozess zwischen dem Zentralismus, somit Tendenzen zur "Vereinheitlichung", und föderalistischen Bestrebungen stattfand. "Vereinheitlichungen" waren dabei ein "signifikanter Zug der habsburgischen Staatswirklichkeit"[8] insgesamt und dies gilt auch für die Visualisierung kultureller "Identitäten", die einer "Homogenisierungspolitik"[9] (im Sinne der Verringerung der Bedeutung anderer Symbolsysteme) sowie Tendenzen zur

„Standardisierung" und „Kanonisierung" der Geschichtsreflexion[10] unterworfen war. Derartige Strategien zur „Vereinheitlichung", besonders manifest in Bestrebungen zur Umsetzung einer „flächendeckenden" Denkmalkultur, waren ab 1867 ein vordringliches Ziel der Zentralstellen.

Spezifika des österreichischen „Denkmalkults" im 19. Jahrhundert

Zu den spezifisch habsburgischen „Zugängen" zum Denkmalkult im 19. Jahrhundert lässt sich grundsätzlich feststellen, dass dabei wesentliche Traditionen der Frühen Neuzeit fortgesetzt wurden. Dazu gehört vor allem die – im europaweiten Vergleich – deutlich geringere Motivation, Personen und Herrschern Denkmäler zu errichten. Johann Basilius Küchelbecker (1697–1757) erwähnt als getreuer Historiograph in seinem wichtigen Bericht „Allerneueste Nachricht vom Römisch Kaiserlichen Hofe [...]" (Hannover 1730), man finde „zu Paris, London oder in anderen großen Städten" dynastische Monumente, während „das kayserliche Hauß dergleichen weltlichen Ruhm verachtet"[11]. Dieser Trend setzte sich im 19. Jahrhundert weitgehend fort. Umso erstaunlicher ist besonders das rasante Anwachsen der Zahl der Wiener Denkmäler in der zweiten Hälfte des 19. Jahrhunderts. Im Vergleich zum Deutschen Reich ist aber der österreichische Denkmalkult quantitativ unterentwickelt: Etwa 400 Monumente für Kaiser Wilhelm I. entstanden nach seinem Tod im Jahr 1888, und über 300 Bismarckvereine errichteten über 700 (!) Denkmäler ihres Idols[12], welche die Landschaft gleichsam „flächendeckend"[13] besetzten.

Der herrscherliche Denkmalkult im Deutschen Reich brachte ikonographische Neukonzeptionen hervor, die in dieser Form in der österreichisch(-ungarischen) Monarchie nicht vorstellbar sind, etwa das Reiterdenkmal für Kaiser Wilhelm I. vor dem „Kaiserhaus" in Goslar, das in Kombination mit dem direkt daneben befindlichen Reiterstandbild für Kaiser Friedrich I. Barbarossa (Walter Schott und Robert Toberentz, 1892–1900) seine Sinnstiftung aus einer historischen „Typologie" bezieht[14]. Auch das „Kyffhäuser-Denkmal" (Enthüllung 1896)[15] zeigt in seiner Anlage die Kombination eines Monumentes für Kaiser Wilhelm I. mit der (darunter befindlichen) Figur Kaiser Friedrich Barbarossas. Hier fand das Denkmodell der „Überblendung" und „Koppelung"[16] Anwendung, das geschichtliche Tatsachen in eine mythische Form hüllt und ein Ereignis zur „Folie" des anderen werden lässt: Geschehnisse der Vergangenheit werden demnach aus ihrem historischen Kontext herausgelöst und als – gleichsam verfügbarer – „Mythos" in den Dienst eines aktuellen politischen Ziels gestellt.

Die unmittelbare Rezeption deutscher Denkmäler in Österreich blieb allerdings die Ausnahme: Das Völkerschlachtdenkmal am Kirl in Ybbs/Donau (NÖ), errichtet 1913 nach Entwurf des Ybbser Neohistoristen Leo Christophory anlässlich des hundertsten Jahrestages der Leipziger Völkerschlacht[17] (Abb. 1), ist in deutlicher Anlehnung an das Völkerschlachtdenkmal in Leipzig (1913) gestaltet. Der Wiener Bildhauer Josef Baumgartner schuf den figuralen Schmuck. Das massige Monument sollte an den Sieg über Napoleon erinnern. „Für Ehre, Freiheit, Vaterland" und „1813–1913" lauten die Inschriften, wodurch das französische Feindbild kurz vor dem Ersten Weltkrieg aktualisiert wurde[18].

Der „dynastische" Denkmalkult

Die monarchische Repräsentation der zweiten Hälfte des 19. Jahrhunderts ist in Wien unmittelbar mit der Person Kaiser Franz Josephs I. verbunden. Dass sich der Kaiser den Staat als einen „auf militärische Stärke gestützten Einheitsstaat der Dynastie, also als bürokratisch modernisierten, ideologisch aber sehr altertümlichen Patrimonialstaat"[19] vorstellte, zeigt die „Denkmalslandschaft des ‚Kaiserforums'"[20] in einprägsamer Weise. Vor allem die siegreichen Schlachten und Kriege sind hier als „einheitsstiftend" in einer nachträglichen, symbolischen „Überhöhung" verherrlicht. Schon zu Lebzeiten des Kaisers war das Problem der Reservierung eines geeigneten Ortes für dessen Standbild mehrfach diskutiert worden. Unter anderem tauchte der Vorschlag auf, das Denkmal für die 1898 ermordete Kaiserin Elisabeth in einer der beiden Hälften des Rathausparks zu plazieren; die andere Hälfte sollte für Franz Joseph reserviert bleiben. Ideen für Franz Joseph-Denkmäler entstanden bereits 1880 anlässlich des 50. Geburtstages (Jubelsäule auf dem Praterstern, Otto Wagner und Rudolf Weyr). 1895 folgte ein Entwurf Otto Wagners für ein Reiterdenkmal auf dem Rathausplatz und 1902 beantragte der Wiener Bezirk Alsergrund die Errichtung eines Brunnens mit einem Standbild des Kaisers vor der Votivkirche. Für das Kaiserjubiläum des Jahres 1908 entwarf Otto Wagner 1904 und 1905 einen Monumentalbrunnen für den Karlsplatz mit dem thronenden Kaiser, zum bevorstehenden 60-jährigen Regierungsjubiläum das Denkmal „Die Kultur" vor dem Kaiser Franz Joseph-Stadtmuseum (1909). Hinzuweisen ist besonders auf Otto Wagners monumentales Projekt eines Kaiser Franz Joseph-Denkmals (1916 oder 1917 [?])[21], das nach der Meinung des Architekten mit der Ringstraße und der Hofburg in inhaltliche Beziehung treten müsse. Der einzig geeignete Platz wäre demnach vor dem Burgtor gegenüber dem Maria Theresia-Denkmal, was eine Verlegung des Burgtores (nach Grinzing oder Sievering) notwendig gemacht hätte. Der Entwurf zum Denkmal zeigt eine gewaltige Reiterfigur, die von einer Balustrade mit den Wappen der einzelnen habsburgischen Kronländer abgeschrankt wird.[22] Ein monumentales Standbild im „Arsenal" ist ebenfalls nicht zustande gekommen und auch nicht Friedrich Ohmanns Projekt zur Ausgestaltung des Platzes zwischen Votivkirche und Schottenring mit einem Denkmal für den Kaiser und anderen Habsburgermonumenten (1916-1918)[23]: Das zentrale Kaiserdenkmal sollte von Bildnissen der bedeutendsten Habsburger umgeben werden. In einer Halle bzw. Kolonnade waren Reliefdarstellungen berühmter Ereignisse aus der Regierungszeit des Regenten vorgesehen. Diese Szenen wären durch Standbilder führender Persönlichkeiten der franzisko-josephinischen Periode ergänzt worden. Ohmanns Entwürfe für das Denkmal sind auf den Platz vor der Votivkirche bezogen und bilden nur einen Teil der geplanten Ausgestaltung des gesamten Platzes, mit einem Habsburger-Museum, weiteren Monumenten der Dynastie und anderen Gebäuden. Alle Projekte für ein frei stehendes Denkmal Franz Josephs an der Wiener Ringstraße scheiterten, was zum Teil mit der Abneigung des Kaisers gegen Denkmäler für seine Person zu tun hat. Bei den ausgeführten Monumenten zeigt sich letztlich eine geringe ikonographische Variationsbreite sowie eine deutliche Tendenz zur Strenge (in der zeitgenössischen Literatur panegyrisch als „hoheitsvolle Einfachheit" des Kaisers verherrlicht[24]), die in der Typik der Darstellungen – wie besonders in der repräsentativen Malerei – zumeist dem Goldenen Vlies-Ornat und der Kampagne-Uniform verpflichtet ist. Besonders anlässlich des 60. Regierungsjubiläums gelangten in vielen Orten der Monarchie seriell hergestellte Kaiserbüsten aus Bronze ohne größeren künstlerischen Wert zur Aufstellung (z.B. die Büste in Pettendorf am Wagram [NÖ])[25], die das „Bild" des Herrschers in alle Kronländer „exportieren" sollten. Daneben spielen Denkmäler, die den Herrscher in Jägeruniform zeigen (in Bad Ischl [OÖ] von Georg Leisek, 1910, und in der Walster bei Mariazell [Stmk.] von Fritz Weghaupt, 1910)[26], an biographisch mit dem Herrscher unmittelbar verbundenen Orten eine wichtige Rolle im Sinn der regionalen Kontextualisierung des Herrscherbildes. Die Franz Joseph-Büste (1908) im barocken „Herkulesbrunnen" (1655) in Kirchschlag in der Buckligen Welt (NÖ)[27] (Abb. 2) demonstriert eine weitere regionale Facette im Gedenken an den Regenten: Der Kaiser fungiert hier gleichsam als – abseits stehender, aber in die Herkules-Thematik durch die Besetzung des Ortes des ehemaligen Herkulesbrunnens eingebundener – „Endpunkt" der Folge der barocken „Büstenwand" des „Hofhauses" mit neun Habsburger-Büsten (um 1655/1657). Kontinuität wird hier in einem höchst innovativen Aufstellungsmodus deutlich gemacht, der zudem die Möglichkeit eröffnet, barocke Traditionen und die Repräsentation im 19. Jahrhundert zu einer formalen *und* inhaltlichen Einheit zusammenzufügen. Dieser Anschluss an das barocke Erbe wird auch im Kaiser Franz-Joseph-Brunnen (1898) auf dem Rathausplatz in Scheibbs (NÖ), der eine neugotische Fiale mit einer darunter befindlichen Brunnenschale kombiniert, deutlich: Zusammen mit der barocken Johannes Nepomuk-Säule (1722) bildet der Brunnen in der Längsachse des Platzes eine markante Gedächtnisstiftung, die um die Thematisierung des Wassers und dessen unterschiedliche Funktionen (hagiographisch [Johannes Nepomuk] und monarchisch [Kaiser Franz Joseph]) kreist.

Als das auf Franz Joseph I. verübte Attentat des Schneidergesellen Janos Libényi vom 18. Februar 1853 misslang, errichtete die Gemeinde von Ferlach (Ktn.) im gleichen Jahr am Hauptplatz eine neugotische Gedenksäule – ein in Österreich einmaliges Monument der Erinnerung an den Anschlag, das schließlich gegen Ende des Jahres 1918 abgetragen wurde. Der Kupferstecher Joseph Wagner hielt dieses Denkmal in einer Darstellung fest.[28] Die entsprechende Begleitschrift zur Enthüllung „Das Denkmal in Ferlach. Eine Darstellung des Baues mit der Beschreibung der Enthüllungs-Feier" (Klagenfurt 1854) geht näher auf die Umstände der Konzeption dieses Monuments ein. Man weist darauf hin, dass „Natur" und „Kunst" vereinigt im „Dienste des Patriotismus" stehen[29]: Aus diesem Grund wird detailliert auf den Granit und den Serpentin vom Glockner, auf den Glimmer-Schiefer aus Viktring, den Gneis vom Mölltal, den Chlorit-Schiefer vom Kreuzberg, den Urkalk aus dem oberen Lavanttal, den Ur-Dolomit vom Kirchbichl u.a. als Materialien des Denkmals verwiesen. Dessen Einfassung mit Gewehrläufen und Bajonetten (!) stellt die Verbindung zur industriellen Tradition des Ortes her. Zugleich aber werden diese Waffen auf die Verteidigung Österreichs von Karl VI. bis Franz Joseph bezogen[30]. Die Monumente in Kirchschlag in der Buckligen Welt, Scheibbs und Ferlach zeigen anschaulich die Bezugnahme der Gedächtnissetzungen auf die eigenen topographischen und naturgeschichtlichen Traditionen.

Denkmäler für Feldmarschall Radetzky

Johann Joseph Wenzel Graf Radetzky von Radetz (1766-1858), ohne Zweifel prominentester österreichischer Heerführer im 19. Jahrhundert, stellt gleichsam die „Inkarnation" habsburgischen Militärwesens dar. In den Zusammenhang seiner Verherrlichung gehört besonders das Denkmal für Prag: Im Jahr 1858 schufen die Bildhauer Josef (1804-1855) und Emanuel (1810-1901) Max nach dem Entwurf von Christian Ruben (1805-1875), dem Direktor der Prager Malerakademie, das – wesentlich früher als das Wiener Monument entstandene – Denkmal für den Feldmarschall auf der Prager Kleinseite (Dieses kam 1918 in ein Depot und befindet sich heute im Lapidarium des Prager Nationalmuseums [Abb. 3])[31]. Ursprünglich wollte im Jahr 1850 Franz Graf Thun d. J. (1826-1888), Radetzkys Adjutant, auf dem „Weißen Berg" bei Prag ein Denkmal für die österreichische Verfassung errichten, wobei die Kaiser Ferdinand I. und Franz Joseph I. besonders hervorgehoben werden sollten. Der entsprechende Finanzfonds wurde dann auf ein Konto zur Errichtung eines Radetzky-Denkmals übertragen[32]. Der Feldmarschall steht im ausgeführten Denkmal mit der österreichischen Fahne auf einem runden Schild, den Vertreter der österreichischen militärischen Einheiten tragen, die an den lombardischen Kriegen der Jahre 1848/1849 (Nennung der Schlachten in Medaillons an den Seitenwänden) teilgenommen hatten. Von Josef Max stammen die acht Kriegerfiguren als Schildhalter, während die Gestalt des Feldherrn selbst von Emanuel Max geschaffen wurde. Damit wird eine Denkmalidee Horace Vernets (1789-1863), die ein Reiterstandbild Napoleon Bonapartes, getragen von seinen Soldaten, zum Inhalt hat[33], für Radetzky adaptiert. Auch die Wahl des mythischen Árpád zum Führer der Ungarn[34] wurde mittels des prominenten Typs der „Schilderhebung", die letztlich auf das byzantinische Ritual der „Schilderhebung" und die Verherrlichung römischer Feldherrn zurückgeht[35], dargestellt. Zudem könnte Ferdinand Maximilian Brokofs (1688-1731) Statue des hl. Franz Xaver SJ auf der Prager Karlsbrücke (1711), die den Jesuitenheiligen von Heiden getragen zeigt, für die Konzeption des Radetzky-Denkmals entscheidend gewesen sein.

Im Jahr 1858, nach dem Ableben Radetzkys, wurde ein Denkmal für den Feldmarschall in Ljubljana (Laibach) projektiert[36]. Nach diesem Konzept sollte eine Bronzebüste von Anton Dominik Fernkorn (1813-1878) bis Sommer 1859 fertiggestellt werden. Der Sockel wurde vom einheimischen Steinmetzmeister Ignacij Toman aus Nabresina-Marmor angefertigt[37]. Fernkorn goss die Kolossalbüste Radetzkys (Höhe der Büste mit Sockel 190 cm) im Frühling 1859. Die

Enthüllung des Denkmals in der Zvezda (Sternallee) fand am 19. März 1860, zu Radetzkys Namenstag, statt. Die in den Zeitungen gelobte Porträtähnlichkeit des Dargestellten wurde durch das lorbeerbekränzte Haupt, an sich Kennzeichen eines Regenten, idealisiert. Das Denkmal steht seit dem Zusammenbruch der Monarchie nicht mehr, die Büste wird heute im Stadtmuseum von Ljubljana aufbewahrt[38].

Bereits 1852 wurde ein „Radetzky-Denkmal" ganz anderer Art für Innsbruck errichtet[39], das eine besondere Konzeption des „Gedächtnisses" an den berühmten Feldherrn vorführt. Der ab 1. März 1849 existente tirolischvorarlbergische „Radetzky-Verein", der dieses „Denkmal" initiierte, sammelte alle auf das Leben und die Taten des Feldmarschalls sowie der siegreichen Armee bezogenen Schriften und andere patriotische Drucksorten. Daraus entstand ein „Radetzky-Album": Schmuckblätter wurden mit der Bitte, sich darauf zu verewigen (zumeist mit patriotischen Gedanken), an ausgewählte Persönlichkeiten versendet. Im Jahr 1850 wurden diese dem Tiroler Landesmuseum Ferdinandeum übergeben und am 19. März 1852, dem Namenstag Radetzkys, zu einer Art Monument zusammengefügt. Nach der Schrift „Das Radetzky-Denkmal im Nationalmuseum zu Innsbruck" (Innsbruck 1859)[40] wurde dieses „Denkmal" am 19. März 1852, dem Namensfest des Feldmarschalls, feierlich aufgestellt: Es stellt einen monumentalen Schrank dar, in dem die seit 1848 zusammengetragene Autographensammlung (heute mehr als 1000 Autographe), das „Radetzky-Album", eingelegt ist. Die Texte enthalten Gedichte, Proklamationen, Biographien, Beschreibungen von Schlachten und patriotischen Handlungen und preisen die militärischen Leistungen des Feldmarschalls. Auf der Front des Schranks prangt die Büste des Feldmarschalls, über dessen Haupt der Tiroler Adler mit Lorbeerkranz. Die autobiographische Sammlung erschien in Innsbruck im Jahr 1856 unter dem Titel „Ehrenkranz zur Feier des 90. Geburtsfestes und 73. Dienstjahres des k.k. Feldmarschalls Vater Radetzky am 2. November 1856" und enthält eine Blütenlese aus dem Album. Das „Radetzky-Album" vermittelt eine neuartige Denkmalkonzeption, deren Zielsetzung primär auf der *literarischen* Rezeption des Gefeierten im „Gedächtnis" der Nachwelt basiert.

Das prominenteste Monument des Feldmarschalls ist ohne Zweifel im Wiener Radetzky-Denkmal überliefert[41], dessen Enthüllung am 24. April 1892, dem Jahrestag der Hochzeit des Kaiserpaares (!), stattfand (Abb. 4), was die Verbundenheit des Kaisers mit seinem längstdienenden Soldaten deutlich unterstreicht. Caspar von Zumbuschs (1830–1915) Denkmal demonstriert in der Betonung von statischer Ruhe und realistischer Sachlichkeit eine markante Neuorientierung im Verhältnis zur ikonographischen Ausführlichkeit seines Wiener Maria Theresia-Monuments (1888)[42]. Der Aufruf zur Errichtung eines Denkmals für den Feldmarschall war 1859 infolge der Kriegsereignisse erfolglos verhallt, und erst 1886 erteilte Erzherzog Albrecht ohne Einberufung einer Konkurrenz Zumbusch hierzu in kurzem Wege den Auftrag. Grundlage für die Errichtung war ein „Aufruf zur Errichtung eines Radetzky-Denkmals in Wien". Darin heißt es unter anderem:

Nach dem Hinscheiden des unvergeßlichen Feldmarschalls Grafen Radetzky, 5. Jänner 1858, machte sich bald der allgemeine Wunsch bemerkbar, diesem ruhmgekrönten Feldherrn, der während zweiundsiebzig Dienstjahren unter fünf Monarchen neunzehn Feldzüge mitmachte, den wahren Vater seiner Soldaten, dem durch dynastische Treue und wahre Vaterlandsliebe voranleuchtenden Patrioten, ein würdiges Denkmal in Wien zu setzen. [...] Radetzkys Monument soll dereinst unsere Nachkommen daran erinnern, was ein zweiundachtzigjähriger Heerführer zu leisten vermochte, der unter den schwierigsten Verhältnissen, von allen Seiten bedrängt, unerschüttert ausharrend, getragen vom Vertrauen des Monarchen, des Heeres und der Liebe seiner Soldaten, schließlich Sieg auf Sieg über die feindliche Übermacht gewann![43]

In seiner Jugend hatte der Bildhauer anlässlich einer Italienreise den Feldherrn kennengelernt. Nach Zumbuschs eigenen Worten ist Radetzky „zu Pferde, wie auf dem Schlachtfeld haltend, den Kampf überschauend und lenkend dargestellt; aufgefaßt ist er in dem Alter, in welchem er seine höchsten Triumphe feierte: als Vater Radetzky!"[44] Nach der Meinung des Bildhauers und anderer Sachverständiger im Komitee sollte das Denkmal vor dem Justizpalast am Ring Aufstellung finden. Nach vielen Sitzungen und Besichtigungen des Modells im Atelier wurde aber der Platz am Hof vor dem Kriegsministerium ausgewählt. Am 11. Mai 1888 fand im Atelier Zumbuschs eine Komiteesitzung statt, in der die Inschriften und die Szenen der Reliefs festgelegt wurden. Für die Gestaltung der Stirnseite bestimmte man einstimmig Franz Grillparzers (1791–1872) berühmte Formulierung „In Deinem Lager ist Österreich" als Ausgangspunkt[45]. Am 24. April 1892 fand die feierliche Enthüllung des Denkmals statt. Die Übergabeurkunde dieses Tages formulierte anlässlich der Enthüllung unter anderem: „[...] Das Comitee übergibt nunmehr das auf dem Platz, wo einst die Burg der Babenbergerherzöge gestanden, von Meister Zumbusch's kundiger Hand fertiggestellte Denkmal [...] dem Herrn Bürgermeister der Reichshaupt- und Residenzstadt Wien zur getreuen Obhut"[46]. Im Jahr 1912, nach Vollendung der neuen Bebauung des Stubenrings, wurde das Monument auf seinen heutigen Platz übertragen.

Der Sockel des Denkmals zeigt zwei Reliefs: links „Radetzky im Kriegsrat mit mehreren Generälen" (Heß, Schönhals, d'Aspre, Wratislav und Thurn) und rechts „Radetzky wird nach Verkündigung des Waffenstillstandes am 12. März 1849 von Soldaten aller österreichischen Waffengattungen und Nationen umjubelt". Die Kritiker des Entwurfs und das Komitee verlangten allegorisches Beiwerk, aber Zumbusch blieb bei seiner Anschauung, dass dem Genius des Feldherrn allein die Person und die beiden monumentalen Reliefs mit Szenen aus dessen Leben genügen müssten, weil ein Denkmal keine historische Abhandlung, sondern primär ein Kunstwerk sein müsse[47].

Die Geschichte der Monumente zeigt deutlich, dass die brisantesten „Aktualisierungen" Radetzkys in Gestalt monumentaler Denkmäler genau an jenen Orten stattfanden, an denen nach 1848 die politisch heiklen Fragen von „Einheit" des Volkes und „Nation" historisch am aktuellsten waren: in Prag und Wien. Die unmissverständliche Rezeption monarchischer Typik im Prager Denkmal verleiht der Besetzung des öffentlichen Raumes eine nachdrücklich antirevolutionäre Konnotation. An anderen Orten konnte das Gedenken an den ruhmreichen Feldmarschall auch als reliquienähnliche Memoria (Innsbruck) formuliert werden.

Der „Löwe von Aspern"

Das „Ereignisdenkmal" hat in Österreich – verglichen mit den Monumenten für Personen – eine vergleichbar geringe Ausprägung erfahren. Wichtigstes Beispiel ist hier der „Löwe von Aspern" (1858) mit der Sockelinschrift „Dem Andenken der am 21 und 22 May 1809 ruhmvoll gefallenen oesterreichischen Krieger"[48], der von Erzherzog Albrecht 1855 in Auftrag gegeben und am 22. Mai 1858 enthüllt wurde. Der sterbende Löwe – er ist von einem Speer durchbohrt, dessen Spitze an der linken Seite der Brust zu Tage tritt –, birgt im Todeskampf sein Haupt zwischen seinen Tatzen. Unter seinen schweren Pranken werden französische Schlachttrophäen (Aiglons und Kürassierhelm) zerquetscht. Neben dem „Husarentempel" bei Mödling (1813) und Fernkorns Erzherzog Carl-Denkmal am Wiener Heldenplatz (1860 enthüllt) ist der Löwe von Aspern das einzige offizielle Denkmal, das an den legendären Sieg der Österreicher über Napoleon erinnert.

Entwürfe für ein „Aspern-Denkmal" wurden noch am Anfang des 20. Jahrhunderts entwickelt[49]: Nach dem Wunsch Bürgermeister Luegers hätte ein entsprechendes Denkmal auf der Ringstraße – und zwar vor der heutigen

Urania – stehen sollen: Ein Entwurf Friedrich Ohmanns von 1912[50] zeigt die Ausgestaltung des Platzes mit dem Denkmal in der Mitte. Erzherzog Franz Ferdinand setzte aber durch, das Denkmal außerhalb der Stadt, auf dem ehemaligen Schlachtfeld, als weithin sichtbares Wahrzeichen, aufzustellen: In einer engeren Konkurrenz des Jahres 1907 siegte der (nicht ausgeführte) Entwurf Ludwig Baumanns, der den Typus eines Pylons variiert[51]. Im Jahr 1909 kam es zu einem wahren „Denkmalboom" an den Orten der Schlachten von 1809, aber nicht in Wien: Nach dem Artilleristendenkmal in Aspern (1909, Richard Hillebrand) wurde am 4. Juli in Deutsch-Wagram ein Denkmal zum Gedenken an die Schlacht enthüllt (siehe unten). Am 17. Oktober dieses Jahres stellte man in Graz das „Hackher-Denkmal" und in Windisch-Matrei (Osttirol) ein Denkmal für die Befreiungskämpfer Johann Panzl und Anton Wallner (Enthüllung am 8. September 1909) fertig.

Denkmäler und die Verbreitung von populären „Bildformeln"

Anton Dominik Fernkorns Erzherzog Carl-Denkmal am Wiener Heldenplatz[52] knüpft letztlich an die zeitgenössische Darstellung Johann Peter Krafftts (1780–1856) „Erzherzog Carl mit der Fahne des Regiments Zach in der Schlacht von Aspern, 1809" (1812, Wien, Heeresgeschichtliches Museum, Inv.-Nr. BI 19.182) an. Zudem dürfte ein Einfluss der Kartons Leopold Kupelwiesers (1796–1862) für die Ausmalung des Festsaals der Niederösterreichischen Statthalterei in Wien („Erzherzog Carl in der Schlacht bei Aspern 1809", 1850) auf Fernkorn wirksam gewesen sein. Noch im Lünettenfresko (1871) des rechten Nebensaals der „Ruhmeshalle" des Wiener Arsenals (Carl von Blaas [1815–1894]) wird der Moment des Ergreifens der Fahne des Regiments Zach als inhaltlich zentral herausgestellt. Dies bedeutet, dass *ein- und dasselbe* Ereignis (herausgelöst aus seiner komplexen diachronen und historischen Verflochtenheit) im gleichen ikonographischen Typus (Erzherzog Carl mit der Fahne in der Hand, der in voranstürmender Pose innehält und sich zurückwendet) in unterschiedlichen Gattungen – als höchst einprägsame Bildformel – im „nationalen" (Bild-)Gedächtnis über einen langen Zeitraum tradiert wird. Noch die entsprechenden Xylographien in Josef Wenzigs Publikation „Illustrirtes Vaterländisches Geschichtsbuch. Bilder aus der Staaten-, Völker- und Kulturgeschichte Oesterreichs. Mit 150 Illustrationen, mehreren Tonbildern, einem Titelbilde und Frontispice" (Leipzig 1861) zeigen deutlich, dass das Motiv des Hochreißens der Fahne des Regiments Zach durch den Erzherzog für *beide* Darstellungen, Schlacht und Denkmal, den bestimmenden Bildtypus kreiert. Das „Bild" des fahnenschwingenden Erzherzogs Carl wurde vor allem in habsburgischen Geschichtsbüchern verbreitet. Das Haus Habsburg war demnach *in der Person* des siegreichen Erzherzogs Carl präsent. Diese außerordentlich typenbildende Kraft des Hochreißens der Fahne wirkte sich auch auf Geschichtswerke aus, die nicht im Habsburgerreich entstanden sind und dieses auch nicht primär behandeln.

Die Vermittlung von bestimmten Interpretationen der historischen Ereignisse wurde mit Hilfe *eines* prägenden Typus in verschiedenen Gattungen möglich. Die habsburgische Interpretation der Schlacht von Aspern, wie sie in Fernkorns Denkmal anschaulich vorgetragen wird, erscheint in den vielfältigen Rezeptionen des darin inkarnierten Typus mitgeliefert. Export und Aneignung dieses prägenden Typus bedeuten somit im Wesentlichen nichts anderes als die anschaulich gemachte Übernahme der habsburgischen Interpretation dieses epochalen Ereignisses.

Monumente im Gefolge des Wiener Erzherzog Carl-Denkmals

In dieser außerordentlich wirkmächtigen Tradition des fahnenschwingenden Heros steht letztlich noch das von Josef Tuch hergestellte und 1909 am Wiener Neubaugürtel aufgestellte „Hesser-Denkmal"[53], das in stilistischer Hinsicht deutlich in der naturalistischen Tradition der Werke Victor Tilgners (1844–1896) steht: Am 13. Mai 1809 kämpfte das Infanterieregiment Nr. 49 glücklich gegen den französischen Feind in der Schwarzen Lacken-Au in der Nähe von Wien. Hundert Jahre später sollte zum Gedenken an diese und andere Waffentaten des Regiments ein Denkmal errichtet werden. In der Ansprache bei der Enthüllung wurde seitens des „Hesser-Denkmal-Bundes" die „Treue und Vaterlandsliebe" der Errichter beschworen, während Kaiser Franz Joseph Aspekte der „dynastischen Treue, der Liebe zum Vaterlande" in seiner Ansprache vortrug[54]. Aus ehemaligen und gegenwärtigen Mitgliedern dieses „Hesser-Regiments" (benannt nach Feldmarschall Heinrich Freiherr von Hess [1788–1870]) konstituierte sich ein Denkmalkomitee. Die erste Sitzung des Hesser-Denkmalbundes fand am 14. November 1906 statt; zu dieser Zeit stand noch nicht fest, ob das Denkmal in Wien oder in der Garnisonsstadt St. Pölten errichtet werden sollte. Für die plastischen Arbeiten wurde Josef Tuch verpflichtet; für die architektonischen Teile Architekt Karl Badstieber. Figurales Hauptmotiv des Denkmals ist ein Fähnrich der Hesser, der im Gefecht in der Lacken-Au einen verwundeten Kameraden deckt: Er hat die Fahne über den knienden Kameraden wie zum Schutze erhoben und hält den gezückten Säbel kampfbereit. Die Rückseite bildet ein über Trophäen (Adler, Kanonenrohr und französische Fahne) hinwegschreitender Löwe – in deutlicher motivischer Rezeption des „Löwen von Aspern". Das Erzherzog Carl-Denkmal Fernkorns und das „Hesser-Denkmal" bilden gewissermaßen *Anfang-* und *Endpunkt* einer Entwicklung im monumentalen Denkmalgenre, die den zentralen „Gedächtnisort" des 19. Jahrhunderts, die Befreiungskriege gegen Napoleon, zum Inhalt hat, und – als verbindendes Charakteristikum – das wesentlich durch Fernkorn geprägte Fahnen- bzw. Löwenmotiv („Löwe von Aspern" und Erzherzog Carl-Denkmal am Heldenplatz) variiert[55]. Das „Hesser-Denkmal" weist nicht zuletzt Bezüge zu gleichzeitig entstandenen Denkmälern auf, und hier besonders zum Monument in Erinnerung an die Schlacht von Deutsch-Wagram (NÖ) am 5. und 6. Juli 1809, errichtet 1909 in Deutsch-Wagram am Platz „Sachsenklemme" (Abb. 5): Auch bei diesem Denkmal geht es primär um die symbolische Kombination des Fahnenführers mit dem verwundeten bzw. getöteten Krieger als höchst realistisch gestaltete Umsetzung des Leitbildes für „todesmutige Tapferkeit" (Kaiser Franz Joseph I. bei der Enthüllungsfeier)[56]. Das Monument, dessen Ausführung dem Wiener Bildhauer Franz Seifert übertragen wurde, steht an der Stelle, wo am Abend des 5. Juli 1809 der Angriff von Marschall Bernadotte siegreich zurückgeschlagen wurde[57]: Es besteht aus einem Obelisken (bezeichnet mit „1809") mit einem Adler an der Spitze. An der Basis steht ein Soldat mit Fahne; daneben sitzt ein zu Tode getroffener weiterer Kämpfer. In der zeitgenössischen Literatur heißt es, dass man ein „Wahrzeichen österreichischer Macht und Stärke", ein „stolzes Mal einer großen Vergangenheit"[58] errichten wollte. Das Sinnpotenzial wird hier im Kontrast zwischen dem sterbenden Krieger, dem Kaiseradler und dem fahnenschwingenden Soldaten entfaltet. Besonders letzterer wird – in Rezeption von Fernkorns Erzherzog Carl-Denkmal – als signifikantes (Wiedererkennungs-)Zeichen österreichischer Erinnerung an die Ereignisse von 1809 eingesetzt. Der Ort Deutsch-Wagram erfuhr sowohl durch dieses monumentale Denkmal als auch durch die Kapelle im Sahulka-Park (1859 errichtet für die Gefallenen der Schlacht) eine deutliche Akzentsetzung als „Gedächtnisort" der Schlacht gegen Napoleon.

Die „Anonymisierung" der Erinnerung in „vaterländischen" Denkmälern

Verschiedene andere Denkmäler und Darstellungen nehmen ebenfalls Bezug auf den Kampf gegen Türken und Franzosen und greifen den Typus des Fahnenträgers auf.[59] Zu dieser Rezeptionsgeschichte gehört auch das am 29. September 1906 enthüllte „Deutschmeister-Denkmal" (Skulptur von Johannes Benk [1844–1914], Architektur von Anton Weber [1858–1942])[60] am Wiener Deutschmeisterplatz (I. Bezirk) mit der am Monument angebrachten Widmung „Die Wiener ihren Deutschmeistern" (Abb. 6). Anlässlich des zweihundertjährigen Bestehens des Wiener Hausregimentes Hoch- und Deutschmeister (Inf.-Reg. 4) [1696 auf Kosten des Deutschen Ordens aufgestellt; seit 1781 war die Stadt Wien und Umgebung der Werbebezirk für diese Truppe] hatte sich im Jahr 1896 ein Denkmalkomitee gebildet, das eine Ausschreibung veranstaltete. Der Entwurf von Johannes Benk wurde – obwohl nicht preisgekrönt – ausgewählt, nachdem das Komitee die Bildhauer Benk und Ernst Hegenbarth (1867–1944) beauftragt hatte, Entwürfe vorzulegen[61]. Hinter der Errichtung des Deutschmeister-Denkmals stand zwar ein privates Personenkomitee, aber die Gemeinde Wien unter Bürgermeister Lueger war federführend beteiligt. Da die „Deutschmeister" *Einigkeit* und *Verbundenheit aller Völker* der Monarchie darstellen sollten, bestand seitens der Wiener Stadtregierung ein lebhaftes Interesse, in der Konzeption dieses Monument den *einigenden* Aspekt in den Vordergrund zu stellen[62]. Diese solcherart beanspruchte „Einigkeit" erscheint im Denkmal durch militärische Siege und Verweise auf nationale (wenn auch vergangene) Größe in Szene gesetzt. Zudem wurde in den Leitartikeln aller großen Zeitungen anlässlich der Enthüllung des Denkmals auf das „typisch Wienerische" (!), das die Deutschmeister in angeblich so vollendeter Weise verkörperten, hingewiesen.[63] Die Grundidee Benks war es, die ruhmreichen Zeiten dieses Regiments (Türkenkriege, Siebenjähriger Krieg und die Befreiungskriege gegen Napoleon) in geschichtlicher Treue darzustellen: Das Regiment hatte in diesen drei Epochen gekämpft: in den Türkenkriegen unter Prinz Eugen (Relief an der Vorderseite: „Die Feuertaufe bei Zenta 1697"), in den Kämpfen gegen Friedrich den Großen (Relief an der Rückseite: „Graf Soro bei Kolin 1757") und schließlich in den Befreiungskriegen gegen die Franzosen (die Plastiken rechts und links am Sockel: „Der Grenadier von Landshut" [für den Heldenmut des Jahres 1809] und „Der treue Kamerad" [als Symbol der Waffenbrüderschaft von 1814]). Das Monument stellt somit eine selten anzutreffende Synthese umfassender Geschichtserinnerung und -verherrlichung aus der Perspektive *einer* sozialen Gruppe dar: Die zentrale Gestalt des überlebensgroßen Fahnenträgers transponiert den bedeutungsvollen Typus Erzherzogs Carl (in der Formulierung von Fernkorns Wiener Denkmal) in die Gegenwart und anonymisiert diesen – wie auch Tuchs Monument am Wiener Neubaugürtel – als Leitbild eines militärischen Verbandes. Während die Figuren in den Reliefs in den Kostümen ihrer Zeit dargestellt sind, stellt die Hauptfigur einen Deutschmeisterfähnrich in der Alltagsuniform von 1900 dar.

Mit der wachsenden Bedeutung der Leistungen des Einzelnen wird letztlich auch der „einfache" Soldat „denkmalwürdig". In dieser Hinsicht ist das „Deutschmeister-Denkmal" letztlich die logische Konsequenz der großen Feldherrndenkmäler. Man wünschte nicht mehr den Anführer, sondern die Soldaten zu ehren, nicht die Führung, sondern die Mannschaft. Somit aktualisiert das Denkmal einen weiteren Aspekt in der weiten Problematik von „Zentrum" und „Peripherie", und zwar hinsichtlich der *sozialen* Gliederung: Die Zielrichtung des Gedenkens verschiebt sich zum einzelnen Regiment; das zentrale Motiv der Erinnerung in künstlerischer Hinsicht, das Hochreißen der Fahne, bleibt aber eng an die traditionelle monarchische Besetzung (Erzherzog Carl-Denkmal) gebunden, womit die Aktualisierung militärischer Ereignisse in der „Fallinie" der epochalen Leistungen der Dynastie positioniert erscheint.

Die neue Bedeutung der „Peripherie": Denkmäler für Kaiser Joseph II. im späten 19. Jahrhundert

Kaiser Joseph II. (1741–1790) erhielt in der zweiten Hälfte des 19. Jahrhunderts aus der Perspektive der zunehmenden Nationalitätenkonflikte die Zuordnung eines „symbol for a past golden era of German predominance in the monarchy".[64] Joseph-Denkmäler aus der Fürst Salm'schen Kunstgießerei in Blansko haben sich an mehreren Orten erhalten (vor allem in Niederösterreich; in Böhmen und Mähren wurden die meisten dieser Statuen im Oktober 1918 und danach zerstört), differieren jeweils nur durch einen verschiedenartigen Anstrich und fallweise durch unterschiedliche Schriftzüge auf den Dekreten, die dem Herrscher beigegeben sind. Ikonographisch interessantere Denkmäler sind allerdings nicht besonders häufig. Eine Ausnahme stellt hier das Kaiser Joseph-Denkmal in Brno (Brünn) dar (von Antonín Břenek, im Jahr 1892 enthüllt, abgetragen 1918) am Kaiser Joseph-Platz vor dem kürzlich zuvor fertiggestellten „Deutschen Haus"[65]. Kennzeichen wie die

„standardisierte" Ikonographie, die große Zahl der hergestellten Exemplare und die relativ geringen Kosten für ihre Erwerbung machen die Statuen der Gießerei Blansko zu typischen Produkten des Industriezeitalters. Diese Denkmäler, deren Bestellung aus dem Katalog möglich war (!), standen in Niederösterreich sowie in Böhmen und Mähren entlang der Grenze der Deutschen zu den Tschechen, in dieser Hinsicht diese Trennlinie als „imagined community" markierend. Aus diesem Bestreben einer gleichsam „flächendeckenden" Versorgung mit Kaiser Joseph-Statuen wird eine neue Form von Gedächtnissetzung ersichtlich, indem „Uniformität" und „Standardisierung" der Monumente zu neuen Prinzipien der „Botschaft" werden. Ohne jeden Bezug auf das Joseph-Denkmal Franz Anton Zauners (1746-1822) am Wiener Josephsplatz (1807) entstanden hier spezifische *regionale* Identitätsstiftungen, die das Andenken an den gefeierten Regenten und seine Reformen unmittelbar an den *Ort* des Monuments binden sollten, das monarchische Andenken somit regional und anlassgebunden kontextualisierten sowie die Bedeutung der jeweiligen Denkmalerrichtung an *Peripherie* und *Grenze* betonten. In der jeweiligen Positionierung der Monumente wird deren öffentliche Funktion im Sinne von Bauernbefreiung oder Manifestation des Deutschtums offenbar. Entscheidend für die Erinnerung an Kaiser Joseph II. sind nicht nur die Denkmäler selbst, sondern vor allem die entsprechenden Begleitpublikationen, die Auskunft über den Zweck der Statuen geben und die Leistungen Josephs ausführlich charakterisieren (Befreier von „Knechtschaft", Aufhebung des Jesuitenordens, Einführung des Deutschen als Staatssprache, Toleranzpatent, Pressefreiheit und Aufschwung des Handels sowie Begründer der Volksschule).

Josef Werndl

Das wichtigste österreichische Beispiel für den Typus des monumentalen bürgerlichen Denkmals im Spannungsfeld des neuen Verhältnisses zwischen „Zentrum" und „Peripherie" am Ende des Jahrhunderts ist das Monument für den Gewehrfabrikanten Josef Werndl (1831-1889) von Victor Tilgner auf der Promenade in Steyr (1894)[66] (Abb. 7). Der bedeutende Steyrer Industrielle, im Straßenanzug mit Hut dargestellt, wendet sich an vier Arbeiterfiguren (Säbelmacher, Schmied, Tischler und Monteur). Tischler und Säbelmacher ruhen von der Arbeit aus, während auf der Rückseite Schmied und Monteur bei ihrer Tätigkeit geschildert werden. Diese Gestaltung hebt den Abstand zwischen dem

Denkmalfigur und dem Betrachter auf und zeigt einen überaus veristischen Zugang zur Aufgabenstellung des Monuments. Der entsprechende Auftrag war aufgrund Tilgners persönlicher Kontakte zu Steyrer Industriellenkreisen ohne öffentliche Ausschreibung direkt an den Künstler ergangen. Die Rückseite des Denkmals enthält die Inschrift „DIE / DANKBAREN MITBÜRGER / 1894" und projiziert damit den verbreiteten herrscherlichen Topos der „Dankbarkeit" des Volkes gegenüber dem Monarchen auf den Industriekapitän. Die Werndl gegenüber überaus positiv eingestellte Zeitung „Der Alpen-Bote" stellte eben diesen Aspekt im Jahr 1871 in den Vordergrund: „Herr Werndl ist in Wahrheit ein Vater seiner Arbeiter und wird von ihnen auch als solcher geehrt und geliebt, [...]"[67]. Werndls paternalistischer Führungsstil bestand ganz wesentlich im persönlichen Kontakt zu seinen Arbeitern. Nicht ohne Grund rezipiert deshalb das Werndl-Denkmal – wie auch Tilgners Mozart-Statue im Wiener Burggarten (1896) – den Typus der stehenden Herrscherfigur (mit „Allocutio"-Gestus bzw. Marschallstab in der Rechten) in der Art von Georg Raphael Donners (1693–1741) Statue „Die Apotheose Karls VI." (1734, Wien, Österreichische Galerie Belvedere, Inv.-Nr. 4216)[68]. Zudem erscheinen beim Werndl-Denkmal prominente Elemente der neuzeitlichen Herrscherrepräsentation (besonders das von einem Säbelmacher gehaltene Medaillon des Vaters Leopold Werndl) „profaniert" und in den bürgerlichen Zusammenhang des von seinen Arbeitern „gefeierten" Arbeitsherrn integriert. In zeitgenössischen Kommentaren zur Denkmalsenthüllung wird Werndl denn auch „mit der Rechten auf die ihn grüßenden Arbeiter hindeutend" gesehen: „[...] Der alte Arbeiter [...] hält in pietätvoller Erinnerung das Reliefporträt von Werndls Vater, Leopold Werndl 1797–1853 [...]"[69]. Wie bei Zumbuschs Wiener Maria Theresien-Denkmal (1888) erfolgt auch in der Anlage des Werndl-Denkmals eine inhaltliche Verdichtung und Verspannung mittels dominierender Diagonalen (Eckfiguren), basierend auf der in der barocken Plastik (Georg Raphael Donners „Providentia"-Brunnen am Wiener Mehlmarkt [Neuer Markt], 1739) ausgeprägten Tradition. Monarchische Typik, wie sie in Denkmälern im *Zentrum* des Reiches beispielhaft ausgeprägt ist, wird nun auf den verdienstvollen Bürger der *Provinz* übertragen. Auch im Josef Hyrtl-Denkmal (Büste auf einer Stele) des Jahres 1902 (Josef Hyrtl war Professor für Anatomie [1810–1894] und Stifter eines Waisenhauses) am Josef Hyrtlplatz in Mödling (NÖ) wird durch die künstlerische Gleichartigkeit mit der direkt daneben befindlichen – ebenfalls 1902 entstandenen – Franz Josephs-Büste[70] das Bestreben offenbar, das bürgerliche Porträt der repräsentativen Herrscherdarstellung *anzugleichen*.

Somit fand am Ende des Jahrhunderts eine wesentliche Neudefinition im Verhältnis zwischen „Zentrum" und „Peripherie" in der bildenden Kunst statt: Die standesmäßige *Nobilitierung* des Bürgers durch monarchische Typik und die *Regionalisierung* des – im Gewand der traditionellen Herrscherrepräsentation vorgetragenen – Gedächtnisses an verdienstvolle Persönlichkeiten erhielten gerade zu dem Zeitpunkt eine neue Bedeutung, als der Denkmalkult für habsburgische Regenten (Joseph II. und Franz Joseph I.) quantitativ und qualitativ neue Dimensionen annahm. Auf der einen Seite musste der Herrscherkult – besonders zu den Herrscherjubiläen der Jahre 1898 und 1908 – gleichsam flächendeckend durchgesetzt werden, um propagandistische Bestrebungen der „Vereinheitlichung" wirkungsvoll unterstützen zu können, auf der anderen Seite konkurrierten diese Intentionen mit dem – stark an Bedeutung gewinnenden – bürgerlichen Denkmalkult sowie den „anonymen" Monumenten um öffentliche Aufmerksamkeit. Die Rezeption prominenter künstlerischer Typenbildungen führte einerseits zwar zu einer Bedeutungssteigerung der Werke in den politischen und künstlerischen *Zentren* (hier besonders Fernkorns Erzherzog Carl-Denkmal), andererseits aber ebenso zu einer Auffächerung, Differenzierung und Umdeutung dieser prägenden Typen in den Monumenten der *Regionen*, die solcherart deutlich an Bedeutung gewannen.

Anmerkungen

* Die Forschungen zu vorliegendem Beitrag wurden im Rahmen eines APART (AUSTRIAN PROGRAMME FOR ADVANCED RESEARCH AND TECHNOLOGY)-Stipendiums der Österreichischen Akademie der Wissenschaften von 2002–2005 gefördert.
1 Aleida ASSMANN, Arbeit am nationalen Gedächtnis. Eine kurze Geschichte der deutschen Bildungsidee, Frankfurt a.M.–New York–Paris 1993 (Edition Pandora 14), S. 55.
2 Ebenda, S. 57.
3 Peter BLOCH, Das Kreuzberg-Denkmal und die patriotische Kunst, in: Jahrbuch Preußischer Kulturbesitz 11 (1973), S. 142–159.
4 Vgl. für Deutschland und Frankreich besonders: Charlotte TACKE, Denkmal im sozialen Raum. Nationale Symbole in Deutschland und Frankreich im 19. Jahrhundert, Göttingen 1995 (Kritische Studien zur Geschichtswissenschaft 108), S. 289–296.
5 Manfried WELAN, Zentrum und Peripherie, in: Grete KLINGENSTEIN (Hg.), Krise des Fortschritts, Wien–Köln–Graz 1984 (Studien zu Politik und Verwaltung 5), S. 103–121, insbesondere S. 105.

6 Vgl. Johannes FEICHTINGER, Habsburg (post)-colonial. Anmerkungen zur Inneren Kolonisierung in Zentraleuropa, in: DERS., Ursula PRUTSCH und Moritz CSÁKY (Hg.), Habsburg postcolonial. Machtstrukturen und kollektives Gedächtnis, Innsbruck u.a. 2003 (Gedächtnis – Erinnerung – Identität 2), S. 13–31, insbesondere S. 15.
7 Wolfgang HARDTWIG, Nation – Region – Staat. Strukturmerkmale des deutschen Nationalismus und lokale Denkmalskulturen, in: Gunther MAI (Hg.), Das Kyffhäuser-Denkmal 1896–1906. Ein nationales Monument im europäischen Kontext, Köln–Weimar–Wien 1997, S. 53–83, insbesondere S. 57–59, 81.
8 FEICHTINGER, Habsburg (post)-colonial, S. 15f.
9 Ebenda, S. 18.
10 Werner TELESKO, „Kanonbildung" und „Personalisierung": habsburgische Geschichtsreflexion in der Kunst des 19. Jahrhunderts – aus heutiger Sicht, in: Österreich in Geschichte und Literatur 50 (2006), H. 1–2, S. 4–15.
11 Zit. n. Gerhardt KAPNER, Ringstraßendenkmäler. Zur Geschichte der Ringstraßendenkmäler, Wiesbaden 1973 (Die Wiener Ringstraße. Bild einer Epoche IX.1), S. 1.
12 Monika ARNDT, Das Kyffhäuser-Denkmal. Ein Beitrag zur politischen Ikonographie des Zweiten Kaiserreiches, in: Wallraf-Richartz-Jahrbuch 40 (1978), S. 75–127, insbesondere S. 109–111; Gunther MAI, Denkmäler und politische Kultur im 19. Jahrhundert, in: DERS. (Hg.), Kyffhäuser-Denkmal, S. 9–44, insbesondere S. 18; Ulrich SCHLIE, Die Nation erinnert sich. Die Denkmäler der Deutschen, München 2002, S. 59–61.
13 Martin WARNKE, Politische Landschaft. Zur Kunstgeschichte der Natur, München–Wien 1992, S. 24.
14 Monika ARNDT, Die Goslarer Kaiserpfalz als Nationaldenkmal. Eine ikonographische Untersuchung, Hildesheim 1976, Abb. 2; Peter BLOCH und Waldemar GRZIMEK, Das klassische Berlin. Die Berliner Bildhauerschule im neunzehnten Jahrhundert, Frankfurt a.M.–Berlin–Wien 1978, S. 209f. (Abb.); ARNDT, Das Kyffhäuser-Denkmal, S. 92–97.
15 ARNDT, Das Kyffhäuser-Denkmal, ebenda.
16 ASSMANN, Arbeit, S. 53–57.
17 Dehio-Handbuch. Die Kunstdenkmäler Österreichs (hg. vom Bundesdenkmalamt): Niederösterreich südlich der Donau, Teil 2, Horn–Wien 2003, S. 2770.
18 Stefan RIESENFELLNER, „Alles mit Gott für Kaiser und Vaterland!". Der maria-theresianische und franzisco-josephinische Denkmalkult rund um das Beispiel des „nationalen" österreichischen Denkmalraumes der k.u.k. Militärakademie in Wiener Neustadt, in: DERS. (Hg.), Steinernes Bewußtsein I. Die öffentliche Repräsentation staatlicher und nationaler Identität Österreichs in seinen Denkmälern, Wien–Köln–Weimar 1998, S. 333–363, insbesondere S. 338f.
19 Ernst BRUCKMÜLLER, Symbole österreichischer Identität zwischen „Kakanien" und „Europa". Mit einem Vorwort von Hubert Christian Ehalt, Wien 1997 (Wiener Vorlesungen im Rathaus 59), S. 23.
20 Ebenda.
21 Wien, Wien Museum, Inv.-Nr. 96.013/2 (Foto); vgl. KAPNER, Ringstraßen-

denkmäler, S. 245-256, insbesondere S. 246, Abb. 93; Katalog: Kaiser Franz Joseph von Oesterreich oder Der Verfall eines Prinzips, Wien 1980 (64. Sonderausstellung des Historischen Museums der Stadt Wien), S. 170, Nr. 262; Margaret GOTTFRIED, Das Wiener Kaiserforum. Utopien zwischen Hofburg und MuseumsQuartier. Imperiale Träume und republikanische Wirklichkeiten von der Antike bis heute, Wien–Köln–Weimar 2001, S. 115, Abb. 69, 70.

22 Zu weiteren Projekten von Franz Joseph-Denkmälern am „Äußeren Burgplatz", etwa zu jenem von Josef Hannich, 1912, das den sitzenden Kaiser auf einer mächtigen pylonartigen Basis zeigt: GOTTFRIED, ebenda, S. 131, Abb. 90.

23 Maria PÖTZL-MALIKOVA, Die Plastik der Ringstraße. Künstlerische Entwicklung 1890-1918, Wiesbaden 1976 (Die Wiener Ringstraße. Bild einer Epoche IX.2), S. 125, Anm. 724; Gottfried FLIEDL, Monumentalbau im Historismus. Architektur als Legitimation, phil. Diss. Wien 1977, S. 108f.; RIESENFELLNER, Denkmalkult, S. 341.

24 RIESENFELLNER, ebenda, S. 358.

25 Werner KITLITSCHKA, Historismus und Jugendstil in Niederösterreich, St. Pölten–Wien 1984, S. 138f.

26 RIESENFELLNER, Denkmalkult, S. 355, 358.

27 Dehio-Handbuch. Die Kunstdenkmäler Österreichs (hg. vom Bundesdenkmalamt): Niederösterreich südlich der Donau, Teil 1, Horn–Wien 2003, S. 962.

28 Hans M. TUSCHAR, Ferlach. Geschichte und Geschichten, Klagenfurt 1996, S. 29 (mit Abb.).

29 S. 3f.; vgl. hier das ähnlich konzipierte Denkmal für Kaiser Franz I. in Stuhlfelden bei Mittersill (Sbg.), das am 27. August 1837 enthüllt wurde.

30 Ebenda, S. 9, 17f.

31 Vgl. Ferdinand SEIBT (Hg.), Böhmen im 19. Jahrhundert. Vom Klassizismus zur Moderne, Berlin–Frankfurt a.M. 1995, S. 280f., Abb. 159; neuerdings grundlegend: Michaela MAREK, Kunst und Identitätspolitik. Architektur und Bildkünste im Prozess der tschechischen Nationsbildung, Köln–Weimar–Wien 2004.

32 SEIBT, ebenda, S. 280.

33 Vgl. Wolfgang HÄUSLER, „Die Zeit steht! - Ihr vergeht!". Bemerkungen zum Wandel von Geschichtsbild und Geschichtsbewußtsein in der österreichischen Kunst des 19. Jahrhunderts, in: Katalog: Aus Österreichs Vergangenheit. Entwürfe von Carl von Blaas (1815-1894), Österreichische Galerie, Wien 1991, S. 23-43, insbesondere S. 34, Abb. 22, 23. Auf diesen Sachverhalt nimmt bereits die zeitgenössische Rezeption des Denkmals Bezug, vgl. M. TREBITSCH, Das Radetzky-Denkmal. Geschichtlich dargestellt, Prag 1858, S. 26.

34 Vgl. György DALOS, Ungarn. Mythen - Lehren - Lehrbücher, in: Monika FLACKE (Hg.), Katalog: Mythen der Nationen: ein europäisches Panorama, Deutsches Historisches Museum, München–Berlin 1998 (ebenda ²2001), S. 528-556, insbesondere S. 533 (mit Abb.), Nr. H 5, 6.

35 Diesen Bezug zum Prager Radetzky-Denkmal stellt die „Denkschrift zur Erinnerung an die Tage der Anwesenheit Ihrer Majestäten des Kaisers Franz Josef I. und der Kaiserin Elisabeth zu Prag im November des Jahres 1858 aus Anlaß der feierlichen Enthüllung des Radetzky-Monumentes", Prag 1859, S. 39, her.

36 Bereits 1852 wollte die Stadt Ljubljana Feldmarschall Radetzky ein Denkmal in Gestalt einer ganzfigurigen Statue in Uniform setzen (nach einem Modell Adam Rammelmayers, das sich heute im Stadtmuseum von Ljubljana befindet; der Typus entspricht jenem der Radetzky-Statue auf dem „Heldenberg" bei Kleinwetzdorf).

37 Hans AURENHAMMER, Anton Dominik Fernkorn, Wien 1959 (Veröffentlichung der Österreichischen Galerie in Wien), S. 18, 54, Nr. 61, Abb. 22; Sonja ŽITKO, Fernkorns und Tilgners Werke für Ljubljana, in: Österreichische Zeitschrift für Kunst und Denkmalpflege 51 (1997), H. 2, S. 408–414, insbesondere S. 408f. (mit Quellennachweisen).

38 ŽITKO, ebenda, S. 409f.

39 Laurence COLE, Vom Glanz der Montur. Zum dynastischen Kult der Habsburger und seiner Vermittlung durch militärische Vorbilder im 19. Jahrhundert. Ein Bericht über „work in progress", in: Österreichische Zeitschrift für Geschichtswissenschaften 7 (1996), H. 4, S. 577–591, insbesondere S. 587f.; Stefan RIESENFELLNER, Steinernes Bewußtsein I. Der „Heldenberg" – die militärische und dynastische „Walhalla" Österreichs, in: DERS. (Hg.), Steinernes Bewußtsein I, S. 13–30, insbesondere S. 29f.; zusammenfassend: Gert AMMANN und Ellen HASTABA (Red.), Katalog: SammelLust. 175 Jahre Tiroler Landesmuseum Ferdinandeum, Innsbruck-Wien 1998, S. 72f.

40 Innsbruck, Tiroler Landesmuseum Ferdinandeum, Bibliothek, FB 1456, Nr. 1.

41 Markus KRISTAN, Denkmäler der Gründerzeit in Wien, in: RIESENFELLNER, Steinernes Bewußtsein I, S. 77–165, insbesondere S. 102–106.

42 Walter KRAUSE, Die Plastik der Wiener Ringstraße. Von der Spätromantik bis zur Wende um 1900, Wiesbaden 1980 (Die Wiener Ringstraße. Bild einer Epoche IX.3), S. 184.

43 Zit. n. Maria KOLISKO, Caspar von Zumbusch. Mit einem Vorworte von Eduard LEISCHING, Zürich-Leipzig-Wien 1931, S. 69, Anm. 1.

44 Zit. n. ebenda, S. 81 (ohne Quellenbeleg).

45 KRISTAN, Denkmäler der Gründerzeit, S. 103.

46 Wien, Stadt- und Landesarchiv, Adressen III B 124, Radetzky, zitiert nach: KAPNER, Ringstraßendenkmäler, S. 27.

47 Caspar Zumbusch, Tagebuchsprüche, zit. n. KOLISKO, Caspar von Zumbusch, S. 121.

48 AURENHAMMER, Fernkorn, S. 53f., Nr. 56, 57, Abb. 51, 52; Ernst BRUCKMÜLLER, Österreich. „An Ehren und an Siegen reich", in: FLACKE, Mythen der Nationen, S. 269–294, insbesondere S. 287 (mit Abb.), Nr. A 28; Ilse KRUMPÖCK (unter Mitarbeit von Andreas ZAJIC und Bernhard FRODL), Die Bildwerke im Heeresgeschichtlichen Museum, Wien 2004 (Publikation des Heeresgeschichtlichen Museums, Militärhistorisches Institut Wien), S. 42f.; zum militärischen Hintergrund: Manfried RAUCHENSTEINER, Kaiser Franz und Erzherzog Carl. Dynastie und Heerwesen in Österreich 1796–1809, Wien 1972 (Österreich Archiv), S. 75–110.

49 Zusammenfassend: Katalog: Das ungebaute Wien. Projekte für die Metropole. 1800–2000, Wien 1999 (256. Sonderausstellung des Historischen Museums der Stadt Wien), S. 266–273.

50 Wien, Wien Museum, Inv.-Nr. 106.935, vgl. PÖTZL-MALIKOVA, Plastik, S. 124, Anm. 712.
51 Ebenda, S. 124, Anm. 714.
52 Zusammenfassend: Richard BÖSEL und Selma KRASA, Katalog: Monumente. Wiener Denkmäler vom Klassizismus zur Secession, Kulturkreis Looshaus, Graphische Sammlung Albertina, Wien 1994, S. 103-107 (Selma KRASA); Peter STACHEL, Mythos Heldenplatz, Wien 2002, S. 79-89.
53 Max von MILLENKOVICH-MOROLD, Denkmäler in Wien und Niederösterreich. Dargestellt in Wort und Bild für Schule und Haus. Mit Beiträgen zahlreicher Autoren, Wien 1914, S. 90f. (mit Abb.); Margarethe POCH-KALOUS, Wiener Plastik im 19. Jahrhundert, in: Geschichte der bildenden Kunst in Wien. Plastik in Wien, Wien 1970 (Geschichte der Stadt Wien, hg. vom Verein für Geschichte der Stadt Wien N.R. VII, 1), S. 163-250, insbesondere S. 228, Abb. 308; KRISTAN, Denkmäler der Gründerzeit, S. 137-140; Christa DIETRICH, Regimentsdenkmäler als Symbole für Reichseinheit und militärische Tradition. Eine Wiener Sonderentwicklung in der ausgehenden Monarchie, in: RIESENFELLNER, Steinernes Bewußtsein I, S. 225-268, insbesondere S. 243-254.
54 KRISTAN, Denkmäler der Gründerzeit, S. 138.
55 Ebenda, S. 139f.; die Kombination von Fahnenträger und Obelisk ist auch beim Kriegerdenkmal für Geestemünde (1892, von Oscar Bodin) anzutreffen, vgl. Peter BLOCH, Sibylle EINHOLZ und Jutta von SIMSON (Hg.), Ethos und Pathos. Die Berliner Bildhauerschule 1786-1914. Beiträge mit Kurzbiographien Berliner Bildhauer, Berlin 1990, S. 419, Abb. 52.
56 Zitiert nach: MILLENKOVICH-MOROLD, Denkmäler, S. 91.
57 Ebenda, S. 80f.; RIESENFELLNER, Denkmalkult, S. 337f.
58 MILLENKOVICH-MOROLD, ebenda, S. 80f.; vgl. RIESENFELLNER, ebenda, S. 337f.
59 Fernkorns Denkmal des Siegers von Aspern besitzt bis zu einer Bronzegedenktafel für die Verstorbenen des k.u.k. Infanterieregiments Freiherr von Georgi Nr. 15 von Heinrich Karl Scholz von 1934 Bedeutung (Wien, Heeresgeschichtliches Museum, Inv.-Nr. 2003/20/67), vgl. KRUMPÖCK, Bildwerke, S. 152f.
60 Wien, Stadt- und Landesarchiv, HA-Akten, Kleine Bestände, Schachtel 33-6; Franz RIEGER, Das Deutschmeisterdenkmal und die Denkmalkunst in Wien, Wien 1910, S. 58-62; Richard ZAUNER, Zur Enthüllung des Deutschmeisterdenkmals in Wien am 29. September 1906; Gerhardt KAPNER, Die Denkmäler der Wiener Ringstraße, Wien-München ²1969, S. 56f.; KAPNER, Ringstrassendenkmäler, S. 4, 53-58; PÖTZL-MALIKOVA, Plastik, S. 23f., Abb. 15-17; KRISTAN, Denkmäler der Gründerzeit, S. 112-114; DIETRICH, Regimentsdenkmäler, S. 230-242; KRUMPÖCK, Bildwerke, S. 25 (Fahnenträger).
61 KAPNER, Ringstraßendenkmäler, S. 57, 214-217; DIETRICH, ebenda, S. 234f.
62 DIETRICH, ebenda, S. 239.
63 Ebenda, S. 240.
64 Nancy M. WINGFIELD, Conflicting Constructions of Memory: Attacks on Statues of Joseph II in the Bohemian Lands after the Great War, in: Austrian History Yearbook 28 (1997), S. 147-171, insbesondere S. 152, und DIES., Sta-

tues of Emperor Joseph II as Sites of German Identity, in: Maria BUCUR und Nancy M. WINGFIELD (Hg.), Staging the Past. The Politics of Commemoration in Habsburg Central Europe, 1848 to the Present, West Lafayette 2001 (Central European Studies), S. 178–205.
65 Werner TELESKO, Die Rezeption der Ikonographie Kaiser Josephs II. im Spannungsfeld tschechischer und deutscher Identitätsstrategien im späten 19. Jahrhundert, in: Michaela MAREK und Jiří PEŠEK (Hg.), „Kultur als Vehikel und als Opponent politischer Absichten" (Veröffentlichungen der Deutsch-Tschechischen und Deutsch-Slowakischen Historikerkommission) [im Druck].
66 Gerbert FRODL (Hg.), 19. Jahrhundert, München u.a. 2002 (Geschichte der bildenden Kunst in Österreich 5), S. 526f., Nr. 230 (mit Lit.) [Cornelia REITER].
67 Zitiert nach: Gerlinde LANDERTSHAMER, Ausprägung des paternalistischen Führungsstiles in der zweiten Hälfte des 19. Jahrhunderts in Österreich am Beispiel des Josef Werndl und der österreichischen Waffenfabriksgesellschaft, sozial- und wirtschaftswiss. Diplomarbeit Universität Linz 1994, S. 99.
68 Elfriede BAUM, Katalog des Österreichischen Barockmuseums im Unteren Belvedere in Wien, Wien–München 1980 (Österreichische Galerie Wien, Kataloge II/1), S. 106–109, Nr. 54; Michael KRAPF, Von der Universalität des Herrschens zur Selbstfindung im Österreichischen Kaiserstaat, in: Katalog: Aus Österreichs Vergangenheit. Entwürfe von Carl von Blaas (1815–1894), Österreichische Galerie, Wien 1991, S. 15–22, insbesondere S. 17, Abb. 5.
69 Zit. n. Harry SLAPNICKA, Oberösterreich unter Kaiser Franz Joseph (1861 bis 1918), Linz/D. 1982 (Beiträge zur Zeitgeschichte Oberösterreichs 8), S. 347f.
70 Dehio-Handbuch. Die Kunstdenkmäler Österreichs (hg. vom Bundesdenkmalamt): Niederösterreich südlich der Donau, Teil 2, S. 1493.

Abb. 1: Ybbs (NÖ), Völkerschlachtdenkmal am Kirl, errichtet 1913 nach einem Entwurf von Leo Christophory (Archiv des Autors)

Abb. 2: Kirchschlag in der Buckligen Welt (NÖ), Franz Joseph-Büste (1908) im barocken „Herkulesbrunnen" (1655) (Archiv des Autors)

Abb. 3: Stahlstich von Johann Zitek, Denkmal für Feldmarschall Radetzky in Prag (heute im Lapidarium des Prager Nationalmuseums) von Josef und Emanuel Max nach einem Entwurf von Christian Ruben, 1858 (Wien, Österreichische Nationalbibliothek, Bildarchiv)

Abb. 4: Wien, Denkmal für Feldmarschall Radetzky vor dem Alten Kriegsministerium von Caspar von Zumbusch, 1892 (Wien, Österreichische Nationalbibliothek, Bildarchiv)

Abb. 5: Deutsch-Wagram (NÖ), Sachsenklemme, Denkmal zur Erinnerung an die Schlacht von Deutsch-Wagram (1809) von Franz Seifert, 1909 (Archiv des Autors)

Abb. 6: Wien, Deutschmeister-Denkmal, Skulptur von Johannes Benk, Architektur von Anton Weber, 1906 (Archiv des Autors)

Abb. 7: Steyr (OÖ), Promenade, Denkmal für Josef Werndl von Victor Tilgner, 1894 (Archiv des Autors)

Denkmalstreit und Denkmalsturz im östlichen Europa – Eine Problemskizze

Rudolf Jaworski (Kiel)

Denkmäler sind die wohl auffälligste Ausdrucksform öffentlich zelebrierten Erinnerns, sie haben darum nicht von ungefähr das Interesse der kulturwissenschaftlichen Forschung der letzten Jahrzehnte auf sich gezogen und lassen sich unter verschiedenen Gesichtspunkten untersuchen.[1] Im Prinzip sind Denkmäler für die Ewigkeit gebaut. Zumindest wenn es nach dem Willen ihrer Stifter geht, sollen sie auf unbegrenzte Zeit den ihnen einmal zugedachten Erinnerungszweck nicht nur den Zeitgenossen, sondern vor allem auch den nachfolgenden Generationen dauerhaft präsent halten. Denkmäler als in Stein gehauene oder in Erz gegossene Erinnerung verkörpern somit den hochgestreckten, allgemein gültig formulierten Anspruch auf einen schier unverwüstlichen symbolischen Stempel, welcher dem öffentlichen Raum durch ihre Errichtung aufgedrückt werden soll. Die wohl überlegte strategische Sorgfalt, mit welcher die Standorte von Denkmälern im öffentlichen Raum ausgesucht wurden und werden, unterstreicht diese Absicht in eindringlicher Weise. Andererseits lehrt die historische Erfahrung nicht nur in Zentral- und Osteuropa, dass Denkmäler trotz ihrer Wetterfestigkeit auf die Dauer häufig nur ihre eigene Vergänglichkeit dokumentieren und zwar aus ganz unterschiedlichen Gründen und auf sehr verschiedenartige Weise. Die Spannbreite solchen Bedeutungsverlustes reicht von gewaltsamen Denkmalstürzen bis hin zu einer schleichenden Entwertung von Denkmälern, wie sie etwa durch zunehmende Unlesbarkeit für nachwachsende Generationen oder durch topographische Veränderungen im Stadtbild verursacht werden.

Wenn in dieser Problemskizze die dramatischen Aspekte der Denkmalkultur in den Mittelpunkt der Betrachtung gestellt werden, so ergibt sich diese Zuspitzung aus der Konzentration auf politische Denkmäler sowie aus dem geographischen und chronologischen Rahmen des hier infrage stehenden Beobachtungsfeldes. Dabei ist generell vorauszuschicken, dass Denkmalstreit und Denkmalsturz nicht nur extreme Ausnahmepositionen markieren, sondern zugleich integrale Bestandteile der Wirkungsgeschichte politischer Denkmäler darstellen, die sich aus dem Widerspruch zwischen den absolut gesetzten Denkmalbotschaften und einer nicht gleich bleibenden Rezeption ergeben. Insofern gehören auch solche Erscheinungen zu den, wenn auch negativ konnotierten Inszenierungen von Denkmälern im öffentlichen Raum.[2]

Aufgrund ethnisch-kultureller Gemengelagen in Verbindung mit relativ häufigen Herrschaftswechseln und Grenzrevisionen waren Denkmalkonflikte in Zentral- und Osteuropa gleichsam strukturell vorprogrammiert. Einen öffentlichen Raum, der zwar kontrovers genutzt und interpretiert, ansonsten aber als gleichbleibender und stabiler Referenzrahmen für politische Eintragungen wie zum Beispiel für Denkmäler verfügbar gewesen wäre, hat es darum in diesem Teil unseres Kontinents meist nur episodisch und immer nur exklusiv für bestimmte, im Moment der Denkmalerrichtung gerade dominante, meist ethnisch definierte Bevölkerungsgruppen gegeben, wenn er nicht überhaupt von supra- und fremdnationalen Kräften okkupiert war. Das heißt aber, dass ganze Populationen über lange Zeiträume hinweg von der Besetzung des öffentlichen Raumes ausgeschlossen sein konnten und nicht etwa nur erinnerungspolitisch subsumiert gewesen waren. Dies musste zu notorischen und nicht nur zu episodisch auf Einzelprojekte bezogenen Denkmalkonflikten führen – und zwar noch jenseits der dargestellten Denkmalinhalte und der konkreten Intentionen der jeweiligen Denkmalerrichter. Denkmalstreit gewann unter solchen Bedingungen eine besondere Qualität: Es ist etwas anderes, ob deutsche Sozialdemokraten im Wilhelminischen Deutschland gegen das Völkerschlachtdenkmal bei Leipzig polemisierten oder ob Rumänen und Magyaren in Siebenbürgen bis heute um Denkmäler streiten.[3] Im ersten Fall ging es in einer bestimmten historischen Situation um eine parteipolitische Positionierung innerhalb eines grundsätzlich nicht infrage gestellten staatlichen und nationalen Gefüges, im anderen um die Auseinandersetzung ganzer ethnischer Gemeinschaften um differierende historisch-rechtlich und kulturell definierte kollektive Hoheitsrechte innerhalb eines gemeinsamen Lebensraumes. Damit ist zugleich die spezifische Qualität und anhaltende Schärfe derartiger Symbolkämpfe in Ost- und Zentraleuropa gekennzeichnet.

Im langen 19. Jahrhundert waren Denkmäler auch im östlichen Teil Europas noch vergleichsweise weniger umkämpft.[4] In dieser Hochzeit der europäischen Denkmalkultur blieb der Streit um Denkmäler noch weitgehend auf Denkmalkritik beschränkt, das heißt auf die Auseinandersetzung um den Sinn und Unsinn einer Denkmalerrichtung, auf rivalisierende Gestaltungspläne oder um den ästhetischen Wert der betreffenden Projekte.⁵ Ansonsten waren die Denkmalaussagen in diesem Jahrhundert mit seinen politisch noch weitgehend stabilen Strukturen durch eine relativ ungebrochene Sinnstiftung gekennzeichnet, auch wenn schon damals ihr Anspruch auf Allgemeingültigkeit und -verbindlichkeit nicht unwidersprochen hingenommen worden ist.

Bis zum Ersten Weltkrieg war die „Denkmalmanie" in Zentral- und Osteuropa aber vor allem den supranationalen Mächten sowie den sie repräsentierenden dominanten Nationen und Herrschergestalten zugute gekommen, die damit ihre Präsenz auch dort zum Ausdruck bringen wollten, wo die Loyalität der örtlichen Bevölkerung infrage stand. In der litauischen Hauptstadt Wilna/Vilnius wurde 1898 dem gefürchteten zaristischen Gouverneur der nordöstlichen Gubernien, dem Grafen Michail Nikolaevič Murav'ev, ein „Friedensdenkmal" gewidmet – gegen den erklärten Willen von Litauern, Polen und Juden.⁶ Die zahlreichen staatslosen nationalen Gesellschaften in diesem Raum konnten sich demgegenüber vor 1918 nur bedingt in Denkmälern ausdrücken, wobei die Realisierungschancen unter anderem von der politischen Position und wirtschaftlichen Stärke der betreffenden Nationalität abhingen. Die raumgreifende Denkmalanlage, die 1898 aus Anlass der Milleniumfeierlichkeiten zur magyarischen Landnahme auf dem Budapester Heldenplatz erbaut wurde, zeugte jedenfalls von dem ungebrochenen Stolz dieser halbsouveränen Nation. Ebenso bewiesen die Tschechen, dass sie selbst im Rahmen der supranationalen Habsburgermonarchie imstande waren, ihre politischen und kulturellen Leitfiguren mit öffentlich aufgestellten Denkmälern zu ehren, wobei sich allerdings Rivalitäten zu analogen Vorhaben der deutschböhmischen Nachbarn ergeben konnten.⁷ Ausschlaggebender Faktor für das Gelingen oder Scheitern solcher Denkmalprojekte blieb freilich die Haltung der übergeordneten Bürokratien zu derartigen gesellschaftlichen Initiativen. Im Zarenreich wie im Deutschen Kaiserreich war die Toleranz gegenüber Denkmälern, die nicht gesamtstaatlich und obrigkeitlich konnotiert waren, weitaus geringer als in der Habsburgermonarchie.

Ein besonders anschauliches Beispiel erinnerungspolitischer Ausgrenzung stellte die Situation der Polen in den preußischen Ostprovinzen vor 1914 dar. Während überall auf ihrem historischen Territorium preußische Bauten und Denkmäler, darunter auch Bismarckstatuen, als sichtbare und bewusst gesetzte Wahrzeichen der Fremdherrschaft aufgestellt wurden, blieb es den Polen versagt, ihre eigene kollektive Erinnerung im öffentlichen Raum kenntlich zu machen und zu pflegen. So war es undenkbar, dass Statuen der ersten piastischen Könige auf einem der öffentlichen Plätze in der Provinzhauptstadt Posen aufgestellt werden konnten, hätten sie doch viel zu sehr an die altpolnische Vergangenheit dieser Stadt erinnert und an die schlecht zu leugnende Tatsache, dass diese preußische Provinz auf dem historischen Boden Großpolens (Wielkopolska) errichtet worden war. Dasselbe Hindernis galt generell für Denkmälerprojekte, die mit zentralen Ereignissen der polnischen Geschichte verbunden gewesen sind. So kam es zu der merkwürdigen Situation, dass polnische Denkmäler, die an den Sieg des polnisch-litauischen Heeres bei Grunwald/Tannenberg im Jahre 1410 erinnern sollten, vor dem Ersten Weltkrieg nicht am ostpreußischen Originalort errichtet werden konnten, sondern stellvertretend in Krakau und Galizien.[8]

Insgesamt blieben aber die Denkmalkonflikte im östlichen Europa bis zur russischen Revolution von 1917 und der staatlichen Neuordnung Zentral- und Osteuropas ein Jahr darauf vornehmlich auf Ablehnung realisierter und auf Verhinderung geplanter Projekte begrenzt. So besehen ließe sich vermutlich eine interessante und aussagekräftige Geschichte der verhinderten Denkmäler in diesem Teil Europas schreiben.[9] Erst danach veränderte sich der Stil der Auseinandersetzungen schlagartig und nachhaltig: Für den gesamten Verlauf des kurzen und unruhigen 20. Jahrhunderts wurde der Denkmalsturz zum vorherrschenden Signum symbolischer Politik. Umbauten, wie sie beispielsweise durch mehrfachen Austausch von Statuen in den Kollonaden am Budapester Milleniumdenkmal vorgenommen worden sind, stellten demgegenüber eher eine Ausnahme dar.

Viel häufiger beherrschten Szenen dramatischer Denkmalstürze das Bild, die mitunter von geradezu atavistischen Emotionen gelenkt zu sein schienen. Zumal wenn es sich um abgesetzte Staatsmänner und Herrschergestalten handelte, nahmen sich solche Aktionen oftmals wie symbolische Hinrichtungen aus. Dieser Eindruck spontaner Wutentladung entsprach aber nicht immer den tatsächlichen Ereignissen, sondern wurde häufig erst durch eine gezielte Medialisierung hervorgerufen. Ein Denkmal zu stürzen, bedarf schließlich eines gewissen Sachverstandes bezüglich seiner Materialbeschaffenheit, Statik und Verankerung und lässt sich darum meistens nicht aus dem Augenblick heraus bewerkstelligen. Darum war es keineswegs ungewöhnlich, dass Passanten erst im Zuge einer behördlich veranlassten Denkmalbeseitigung in die Aktion einbezogen wurden, was dann wiederum von den Medien als spontane Kundgebung effektvoll in Szene gesetzt wurde. Die Rigorosität, mit welcher dabei vorgegangen wurde, resultierte aus dem Zäsurcharakter der betreffenden Umbruchzeiten, die oft genug nicht allein von regulären politischen

Machtwechseln gekennzeichnet waren, sondern vielfach radikale Veränderungen des gesamten gesellschaftlichen und politischen Systems zur Folge hatten. Entsprechend häufig und teilweise ausgesprochen fanatisch gestalteten sich auch die Abrechnungen mit den symbolischen Relikten der jeweils vorangegangenen politischen Strukturen, also auch mit den Denkmälern.

Auch wenn sich im Einzelnen durchaus unterschiedliche Geschwindigkeiten beim Austausch des öffentlichen Symbolhaushaltes nachweisen lassen, wurde der Sturm auf Denkmäler im 20. Jahrhundert zu einem wichtigen und charakteristischen Bestandteil des politischen Macht- oder Systemwechsels, stellte er doch gleichsam dessen symbolische Kehrseite dar. Als öffentlich gesetzte Zeichen der eben überwundenen Machtverhältnisse wurden Denkmäler als unerträglich empfunden, erinnerten sie doch an kollektiv erfahrene Demütigungen, die mit ihrer Zerstörung nachträglich gesühnt werden sollten. Für sie sollte kein Platz mehr im neu besetzten öffentlichen Raum sein. Ihrer Beseitigung kam die „Bedeutung eines historischen Strafvollzuges"[10] zu, welche das Andenken an die unmittelbare Vorgeschichte so weit wie möglich auslöschen sollte. Dabei war es relativ belanglos, ob solche Demontagen spontan erfolgten oder bereits im Auftrag der neuen Machthaber inszeniert wurden. Der beabsichtigte Effekt war immer derselbe: Das Verschwinden solcher Denkmäler aus dem Stadtbild sollte die Gesellschaft von der bedrückenden Erinnerung an die eben überwundene Vergangenheit befreien helfen, eventuell vorhandene Gewissensbisse wegen möglicher Komplizenschaft mit dem Ancien Régime gar nicht erst aufkommen und den Neuanfang als kompromisslos und radikal erscheinen lassen.

Unter solchen Umständen waren „gewachsene Denkmallandschaften" im östlichen Europa unmöglich, das heißt eine Anhäufung und Koexistenz von Einzeldenkmälern unterschiedlicher Epochen, die unverändert und zusammengenommen im Nachhinein einen „Symbolkomplex" hätten herausbilden können, war nirgendwo anzutreffen.[11] Stattdessen kam es meistens zu einem radikalen und kompletten Austausch von Denkmälern, wobei schon allein die peripheren und semiperipheren Randlagen der Länder und Völker Ostmitteleuropas das Bedürfnis nach möglichst eindeutigen Symbolbezügen und -abgrenzungen befördert haben. Gerade dort, wo die Lebenswelten unterschiedlicher Kulturen, Ethnien und Konfessionen ausfransten und an Eindeutigkeit verloren, wurde Dominanz auch in Denkmälern beziehungsweise im Denkmalsturz ausgedrückt, wobei es zu mehrfachen Wechseln kommen konnte, wie zum Beispiel in der deutsch-polnischen oder in der deutsch-tschechischen Kontaktzone.[12]

Am Anfang des 20. Jahrhunderts stand der Ikonoklasmus im Zuge der Russischen Revolution und des Zerfalls des Zarenreiches. Die entsprechenden Zerstörungen waren teilweise so flächendeckend ausgefallen, dass nachträglich der unzutreffende Eindruck entstehen konnte, die gesamteuropäisch verbreitete „Denkmalmanie" habe an der Grenze des Zarenreiches Halt gemacht.[13] Zaristische Denkmäler waren aber nach der Oktoberrevolution gleich in zweifacher Weise untragbar geworden. In den Territorien des sich neu formierenden Sowjetreichs war für die darauf abgebildeten russischen Generäle und Angehörigen der Aristokratie ohnehin kein Platz, standen sie doch für das eben erst überwundene Zarenregime.[14] Hierzu wurde von den Bol'ševiki schon im April 1918 ein gesondertes Dekret „Über die Denkmäler der Republik" herausgegeben und sehr bald ein eigenes Programm für eine „Monumentalpropaganda" entworfen, in dessen Gefolge das ganze Land mit ziemlich gleichförmig gestalteten Lenin-, später dann mit Stalinstatuen überzogen worden ist. Ganz anders motiviert war die nicht minder heftige Ablehnung an der sich verselbstständigenden Peripherie des Zarenreiches am Ausgang des Ersten Weltkrieges: in Finnland, in den neu gegründeten baltischen Staaten sowie vor allem im wiedererstandenen Polen nach 1918. In diesen Ländern galten russische Denkmäler als verhasste Symbole der Fremdherrschaft und wurden aus diesem Grund gleich nach Kriegsende abgetragen, unter anderem die bereits erwähnte Statue des zaristischen Gouverneurs und Russifizierers Michail N. Murav'ev in Wilna.

Der politische Umbruch und die staatliche Neuordnung in Ost- und Zentraleuropa führten aber nach 1918 auch andernorts zu Denkmalstürzen, zumal dort, wo ein nationaler Machtwechsel innerhalb eines Territoriums stattgefunden hatte. Stellvertretend sei hier an die Beseitigung der Ende des 19. Jahrhunderts in großer Anzahl errichteten Josef-II-Denkmäler in den böhmischen Ländern erinnert.[15] Diese Statuen, in den 1880er Jahren massenhaft produziert und aufgestellt, wurden nach 1918 in zweifacher Hinsicht zu einem Stein des Anstoßes: Einmal standen sie für die eben erst überwundene supranationale Habsburgermacht und zweitens, was vielleicht noch wichtiger gewesen sein dürfte, für die abgeschüttelte deutsche Vorherrschaft in den böhmischen Ländern. Denn dieser aufgeklärte Monarch war seit dem letzten Drittel des 19. Jahrhunderts von national gesinnten Deutschböhmen als Germanisator gefeiert und somit ungefragt zu einem Parteigänger deutschnationaler Bestrebungen gemacht worden. Josef-II-Statuen auf exponierten Plätzen vorwiegend deutsch besiedelter Städte in den böhmischen Ländern wurden nach der Gründung des tschechoslowakischen Staates am 28. Oktober 1918 somit zu bevorzugten Zielscheiben tschechischnationaler Vereinigungen.

Abb. 1: Demontage der Josef-II-Statue in Teplitz-Schönau im Jahr 1920. (Quelle: Zeitgenössische Bildpostkarte, Privatbesitz R. Jaworski)

Wie die drei Bildsequenzen auf der abgebildeten sudetendeutschen Protestpostkarte zu den entsprechenden Vorgängen in Teplitz-Schönau im Oktober/November 1920 zu erkennen geben, handelte es sich bei dieser Demontage keinesfalls um einen einmaligen, spontanen Bildersturm, sondern ganz offensichtlich um eine sorgfältig geplante Aktion (Abb. 1).

Nur zwanzig Jahre später lösten die nationalsozialistische Expansion nach Osteuropa und der Zweite Weltkrieg eine neue Welle von Denkmalstürzen aus. In Polen wüteten dabei nicht nur die deutschen Okkupanten, sondern auch Vertreter unzufriedener Minderheiten, wie zum Beispiel ukrainische Nationalisten in Przemyśl (Abb. 2). Sie beschädigten im Sommer 1940 zuerst ein Denkmal, das 1938 zu Ehren polnischer Freiwilligenverbände im Ersten Weltkrieg errichtet worden war, indem sie den polnischen Adler von der Spitze des Denkmals abschlugen, um die ganze Anlage dann wenig später mit Genehmigung der deutschen Aufsichtsbehörden völlig abzutragen und das Material für den Straßenbau zu verwenden.[16]

Die sowjetische Vorherrschaft und die Etablierung kommunistischer Systeme in den Ländern Ostmitteleuropas leiteten nach dem Zweiten Weltkrieg

Abb. 2: *Ukrainische Passanten vor dem abgeschlagenen polnischen Adler des Orlat-Denkmals in Przemyśl im Juli 1940. (Quelle: Karta 43 (2004), S. 12)*

einen erneuten Austausch der politischen Symbolik im öffentlichen Raum ein. Jetzt waren es Rotarmisten, sozialistische Vordenker, Helden der Arbeit und andere Heroen der neuen Gesellschaftsordnung, für die im gesamten Ostblock exklusiv und stets in zentraler Lage Denkmäler aufgestellt worden sind.[17]

Überdimensionale Stalinfiguren spielten bei solchen Einschreibungen in den öffentlichen Raum eine herausragende Rolle, standen sie doch gleichermaßen für den Aufbruch der Länder Osteuropas in die „neue Zeit" wie für den unbedingten Führungsanspruch der Sowjetunion in diesem Raum. Es war darum nur folgerichtig, dass sich der aufgestaute Unmut im ungarischen Volksaufstand von 1956 an der 16 Meter hohen Bronzestatue Stalins im Zentrum Budapests abreagierte (Abb. 3). Ein Augenzeuge schilderte die entscheidenden Szenen:

Eine ungeheure Menschenmenge drängte sich auf dem Platz zusammen [...] und von überall tönte es: ‚Vorwärts! Herunter mit ihm!' Auf den bereitgestellten Leitern kletterten junge Leute an der Statue empor. Sie zogen Stahlseile nach sich, die sie Stalin um den Hals legten. [...] Die gewaltige Gestalt bewegte sich aber nicht und schien uns mit ihrem Lächeln zynisch anzublicken [...]. Die Ungeduld des wartenden Publikums steigerte sich zusehends. Nun erschienen auf einem Lastwagen zwei junge Arbeiter, die Schweißbrenner mit sich brachten. Unter dem Jubel der hunderttausendköpfigen Menge fingen die beiden an, die Bronzegestalt über den Stiefeln durchzuschneiden. Danach [...] fiel der bronzene Stalin von seinem hohen Podest auf die Erde nieder. Mit dem Sturz schien plötzlich auch von unseren Herzen der Druck zu weichen, der all diese Jahre auf uns gelastet hatte.[18]

Die große Publizität, die Ventilfunktion, aber auch die Stilisierungen, welche derartige Aktionen ausmachten, waren in diesen Aussagen sehr eindringlich zum Ausdruck gebracht.

Abb. 3: Die Reste des am 23. Oktober 1956 gestürzten Stalin-Denkmals in Budapest. (Quelle: Reg Gadney, Cry Hungary! Uprising 1956, London 1986, S. 39)

Was 1956 in Budapest passiert war, sollte sich im Umbruchsjahr 1989/90 vielerorts im gesamten Ostblock wiederholen, als mit dem Kommunismus auch symbolisch abgerechnet worden ist.[19] Die auch in den westlichen Medien aufmerksam verfolgten und dokumentierten Aktionen ließen freilich bemerkenswerte Unterschiede erkennen. Die Skala des Denkmalstreites und -sturzes reichte von radikaler Demontage und Vernichtung oder Dislozierung und Ghettoisierung – wie beispielsweise in den seit einigen Jahren neu eingerichteten Denkmalparks bei Wilna und in Budapest[20] – über Beschmierungen, Beschädigungen, Umfunktionierung und Umgestaltung bis hin zur Errichtung von Denkmal-Antithesen oder -Parodien. Ausgesprochen zwiespältig fiel vor allem der Umgang mit den Befreiungsdenkmälern nach 1945 aus, die an den Zweiten Weltkrieg erinnerten, weil sie einerseits den Sturz der NS-Herrschaft dokumentierten, andererseits aber für die überwundene sowjetische Hegemonie standen. Sogar innerhalb eines Landes waren sehr unterschiedliche, geradezu widersprüchliche Praktiken möglich, wie zum Beispiel in der Ukraine, wo im Westteil des Landes alle Führerdenkmäler des Sowjetkommunismus zerstört wurden, während in der Ostukraine solche Statuen erhalten geblieben sind.[21]

Zurückblickend lässt sich somit im 20. Jahrhundert eine dichte Abfolge von Denkmalstürzen und Denkmalkriegen in Zentral- und Osteuropa feststellen, die 1917/18 einsetzte, dann gleich nach Beginn und am Ende des Zweiten Weltkrieges fortgesetzt wurde, sich teilweise noch einmal im Zuge der Destalinisierung bemerkbar machte und schließlich flächendeckend 1989/90 zur Geltung kam. Die Schwierigkeiten, in Zentral- und Osteuropa eine einigermaßen kontinuierliche und widerspruchsfreie Denkmalkultur aufzubauen, lassen sich vielleicht am besten an den Kriegerdenkmälern aufzeigen und auf den Punkt bringen, weil ihnen in besonderer Nachdrücklichkeit und Allgemeingültigkeit ein kollektives Identifikationsangebot an die Überlebenden und Nachgeborenen eingeschrieben ist. „Die Toten", so fasste Reinhart Koselleck die politische Funktion von Kriegerdenkmälern einmal zusammen, „verkörpern eine vorbildliche Haltung, sie starben für eine Aufgabe, mit der sich die Überlebenden im Einklang befinden sollen, um die Gefallenen nicht umsonst gefallen sein zu lassen."[22]

Aus Deutschland ist uns das Problem vertraut, den Totenkult für die im Ersten Weltkrieg Gefallenen mit dem Gedenken an die Toten des Zweiten Weltkrieges in einen allgemein akzeptablen Sinn- und Traditionszusammenhang zu stellen. Um wie viel größer war aber das Dilemma in den ostmitteleuropäischen Ländern nach dem Ersten und dann noch einmal nach dem

Zweiten Weltkrieg, Kriegerdenkmäler für gefallene Landsleute zu errichten, die auf beiden Seiten der Front gekämpft hatten – einmal als reguläre Verbände im Rahmen der Streitkräfte der Mittelmächte und später des Großdeutschen Reiches oder aber als Legionäre und Partisanen aufseiten der Alliierten? In beiden Fällen handelte es sich schließlich um „Söhne der Nation", die nicht umsonst gefallen sein durften.

Ähnlich gelagerte Motive veranlassten deutschstämmige Oberschlesier nach der Wende von 1989/90, zahlreiche Kriegerdenkmäler für die Toten des Ersten Weltkrieges zu restaurieren und ebensolche für die Gefallenen im Zweiten Weltkrieg mit deutschen Inschriften in Polen neu zu errichten. Nach Jahrzehnten kollektiv erfahrener Demütigungen und Selbstverleugnung handelte es sich hierbei um einen durchaus nachvollziehbaren Akt erinnerungspolitischer Wiedergutmachung. Mindestens ebenso verständlich war aber der Entrüstungssturm aufseiten der polnischen Nachbarn, die in solchen Initiativen eine nachträgliche und als inakzeptabel empfundene Ehrung von Angehörigen der deutschen Wehrmacht sahen, welche viel Leid über die polnische Bevölkerung gebracht hatte.[23] Kompromissfähig sind beide Auffassungen nicht, und das weniger aufgrund irgendwelcher prinzipieller Unversöhnlichkeiten, sondern wegen unterschiedlicher Erinnerungsperspektiven, die sich unvermeidlich aus den komplizierten Verhältnissen in diesem Teil Europas ergeben haben.

Alle hier aufgezeigten Dilemmata betreffen die vielleicht spektakulärste, aber keinesfalls die einzige Spielart einer modernen „damnatio" oder „reanimatio memoriae", denn was im Voranstehenden an Widersprüchlichkeiten, Verleugnungen und Brüchen für die Denkmalkultur im östlichen Europa skizziert wurde, galt gleichermaßen für andere Besetzungsmodi des öffentlichen Raumes. Wie oft sind gerade in diesem Teil Europas im Verlauf des vergangenen Jahrhunderts Straßen, Plätze und Brücken umbenannt, wie oft Gedenktafeln beseitigt, umformuliert oder ausgewechselt worden? Die bei solchen Gelegenheiten mobilisierten Emotionen lassen sich durchaus mit den Aufregungen vergleichen, welche Denkmalstreit und -sturz regelmäßig begleiteten.

Eine dieser Entsprechungen sei hier abschließend noch hervorgehoben, weil sie besonders markante Parallelen und Wechselwirkungen zu den Denkmälern aufweist: Gemeint sind Jubiläen und Gedenktage von gesamtstaatlicher und nationaler Bedeutung, die ja nicht selten mit Denkmaleinweihungen, mit Kranzniederlegungen oder einem Festzug zu Denkmälern kombiniert worden sind, so dass man Denkmäler in vielen Fällen als „steingewordene Jubiläen" bezeichnen könnte, wie sich umgekehrt die temporären Besetzungen des öffentlichen Raumes durch die Szenarien von Jubiläen und Gedenktagen nach einer schönen Formulierung von Aleida Assmann durchaus als „Denkmäler in der Zeit" charakterisieren lassen.[24] In beiden Fällen soll die Erinnerung an eine historische Person oder ein historisches Ereignis gleichsam aus dem Fluss der Zeit herausgenommen und verewigt werden. Bei aller Ähnlichkeit der Funktionen lassen sich freilich auch gravierende Unterschiede beider Erinnerungsmodi feststellen. Einmal errichtete Denkmäler stehen in der Regel unverrückbar im öffentlichen Raum, man könnte auch sagen: Sie stoßen sich in ihm und leisten trotz möglicher Erosionserscheinungen dem zeitlichen und geistigen Wandel rein materialiter einen anhaltend trotzigen Widerstand. Will man Denkmäler entfernen, so muss man sie mit erheblichem physischen und logistischen Aufwand abtragen oder versetzen. Jubiläen sind demgegenüber viel weniger mühsam zu beseitigen, sie lassen sich beliebig auf die Tagesordnung setzen oder eben auch wieder herunternehmen. Sie sind darüber hinaus viel einfacher zu manipulieren und zu modellieren. Leninstatuen musste, wie in Bukarest nach dem Sturz des Kommunismus in Osteuropa, eine Stahlseilschlinge um den Hals gelegt werden, um den Begründer des ersten Vaterlandes der Werktätigen überhaupt bewegen zu können, seine im gesamten Ostblock exponierten Standorte zu verlassen (Abb. 4).

Die Gedenkfeierlichkeiten zur Oktoberrevolution verliefen nach der Wende im nachkommunistischen Russland demgegenüber von selbst im Sande, nachdem sie schon in dem Jahrzehnt zuvor die merkwürdigsten Metamorphosen durchlaufen hatten.[25]

Denkmäler, so lässt sich zusammenfassend feststellen, hatten in Zentral- und Osteuropa im Verlauf des 20. Jahrhunderts nie eine echte Chance, zu Denkmallandschaften zusammenzuwachsen oder unbehelligt und unspektakulär in Vergessenheit zu geraten. Dazu hätte es eines viel ruhigeren und kontinuierlicheren Verlaufs der Geschichte bedurft. Stattdessen blieben sie in diesem krisengeschüttelten Teil Europas bis in die jüngste Vergangenheit hinein „Steine des Anstoßes", an denen sich die Gemüter erhitzten und mit denen man sich in irgendeiner Weise auseinander setzen musste, gerade wenn man mit ihnen nicht einverstanden war. Obwohl sich in den einzelnen Ländern wie in der gesamten Region gewisse Übereinstimmungen und „sich periodisch wiederholende Choreographien"[26] des öffentlich vollzogenen Symbolwechsels nachweisen lassen, kann von Gleichförmigkeit nicht die Rede sein – zumindest nicht von einer solchen, die überall und in allen Zeitabschnitten wirksam geworden wäre. Insbesondere nach dem Umbruch von 1990 zeigten sich bemerkenswerte Unterschiede in den einzelnen Ländern.

Abb. 4: Strangulierte Lenin-Statue in Bukarest 1990. (Quelle: Bernd Kramer (Hg.), Demontage ... revolutionärer oder restaurativer Bildersturm? Berlin 1992, S. 187)

Während in Polen und in den baltischen Staaten jeweils kompromisslose Bilderstürme einsetzten, war in der zunächst noch existierenden Tschechoslowakei und in Ungarn ein weniger harscher, flexibler und ironischer Umgang mit den übrig gebliebenen Straßenaltären des Stalinismus charakteristisch. Ein mittlerweile häufig angeführtes Beispiel entsprechender Umwidmungspraktiken stellt der 1991 pinkfarben angemalte Sowjetpanzer im Prager Stadtteil Smíchov dar.[27] Auch sind die Basiselemente der bombastischen Denkmalanlagen für Stalin weder in Prag noch in Budapest vollständig abgetragen, sondern, mit neuen Attributen ausgestattet, weiterhin erinnerungspolitisch genutzt worden. Beobachtungen dieser Art leiten unvermeidlich zu der Frage über, inwieweit solche Unterschiede im Umgang mit ungeliebten Denkmälern nicht zugleich auf spezifische Eigenheiten und Wandlungsvorgänge in der politischen Kultur der einzelnen Länder zurückverweisen. Das kann vorläufig freilich nur unterstellt werden; für einen gesicherten Befund sind noch erhebliche Forschungsanstrengungen nötig, und zwar sowohl auf Länderebene wie erst recht im Rahmen vergleichend angelegter Studien.

Anmerkungen

1 Siehe dazu die umfangreiche Bibliographie von Gerhard SCHNEIDER, Denkmäler, Kriegerdenkmäler und Kriegstotenkult von 1800 bis heute, Freiburg 2004, in: http:www.ph-freiburg.de/sozial/geschichte/personal/schneider/Kriegerdenkmaeler.doc.
2 Vgl. dazu allgemein Winfried SPEITKAMP, Denkmalsturz und Symbolkonflikt in der modernen Geschichte, in: DERS. (Hg.), Denkmalsturz. Zur Konfliktgeschichte politischer Symbolik, Göttingen 1997, S. 5–21; Jürgen TRIMBORN, Denkmale als Inszenierungen im öffentlichen Raum, Köln 1997, insbes. S. 297–305.
3 Siehe dazu im Vergleich Peter HUTTER, ‚Die feinste Barbarei'. Das Völkerschlachtdenkmal bei Leipzig, Mainz 1990, S. 184f.; und Margit FEISCHMIDT, Ethnizität als Konstruktion und Erfahrung. Symbolstreit und Alltagskultur im siebenbürgischen Cluj, Münster 2003, S. 45–104.
4 Und zum Folgenden allgemein Hartmut BOOCKMANN, Denkmäler. Eine Utopie des 19. Jahrhunderts, in: Geschichte in Wissenschaft und Unterricht 28, 3 (1977), S. 160–173; Wolfgang BRÜCKNER, Zugänge zum Denkmalwesen des 19. Jahrhunderts, in: Ekkehard MAI u. Gisela SCHIRBER (Hg.), Denkmal – Zeichen – Monument, München 1989, S. 13–18; Wolfgang HARDTWIG, Geschichtskultur und Wissenschaft, München 1990, S. 310f.; Reinhart KOSELLECK, Die Transformation der politischen Totenmale im 20. Jahrhundert, in: Transit 22 (Winter 2001/2002), S. 74f; Gunther MAI, Denkmäler und politische Kultur im 19. Jahrhundert, in: DERS. (Hg.), Das Kyffhäuser-Denkmal 1896–1996. Ein nationales Monument im europäischen Kontext, Köln 1997, S. 9–20; Adam J. LERNER, The Nineteenth-Century Monument and the Embodiment of National Time, in: Marjorie RINGOSE u. Adam J. LERNER (Hg.), Reimaging the Nation, Buckingham 1993, S. 176–196; Hans-Ernst MITTIG, Volker PLAGEMANN (Hg.), Denkmäler im 19. Jahrhundert, München 1972.
5 Vgl. dazu die Fallstudien bei Antje LAUMANN-KLEINEBERG, Denkmäler des 19. Jahrhunderts im Widerstreit, Frankfurt/M. 1989; sowie die Problemskizze von Hans Ernst MITTIG, Über Denkmalkritik, in: DERS. u. PLAGEMANN (Hg.), Denkmäler im 19. Jahrhundert, S. 283–301.
6 Vgl. dazu Theodore R. WEEKS, Monuments and Memory. Immortalizing Count M. N. Muraviev in Vilna, in: Nationalities Papers 27 (1999), S. 551–564.
7 Vgl. dazu Zdeněk HOJDA, Jiří POKORNÝ, Pomníki a zapomníki, Praha 1996, S. 54–140; außerdem die Beiträge von Eduard MIKUŠEK sowie Zdeněk HOJDA und Jiří POKORNÝ, in: Hanns HAAS u. Hannes STEKL (Hg.), Bürgerliche Selbstdarstellung. Städtebau, Architektur, Denkmäler, Wien 1995, S. 229–239 u. S. 241–251.
8 Vgl. dazu Sven EKDAHL, Die Grunwald-Denkmäler in Polen. Politischer Kontext und nationale Funktion, in: Nordost-Archiv NF VI (1997), S. 76–83; Witold MOLIK, Zur Denkmalkultur der Stadt Posen im 19. und zu Beginn des 20. Jahrhunderts, in: DERS., Rudolf JAWORSKI (Hg.), Denkmäler in Kiel und Posen, Kiel 2002, S. 60–80; zur Situation in Russischpolen Janusz TAZBIR,

,Kampf um Denkmäler'. Nationaldenkmäler und die Entwicklung des polnischen Nationalbewusstseins im 19. Jahrhundert, in: MAI (Hg.), Das Kyffhäuser-Denkmal, S. 114–135.
9 Siehe vergleichsweise für Deutschland die Fallstudie von Dietrich SCHUBERT, ‚Jetzt wohin?' Heinrich Heine in seinen verhinderten und errichteten Denkmälern, Köln 1999.
10 TRIMBORN, Denkmale als Inszenierungen, S. 297.
11 Siehe dazu für Estland Irina RAUD, Materialisiertes Gedächtnis in Estland, in: Gabi DOLFF-BONEKÄMPER u. Edward VAN VOOLEN (Hg.), Denkmale und kulturelles Gedächtnis nach dem Ende der Ost-Westkonfrontation, Berlin 2000, S. 61–64; für Polen insgesamt Janusz TAZBIR, Walka na pomniki i o pomniki, in: Kultura a społeczeństwo XLI, 1 (1997), S. 3–15; für Ungarn und die Tschechoslowakei die Beiträge von Janos POTO und Jiří POKORNÝ, in: Andreas PRIBERSKY u. Berthold UNFRIED (Hg.), Symbole und Rituale des Politischen, Frankfurt/M. 1999, S. 185–195 u. S. 197–205. Vgl. demgegenüber für Deutschland Hans-Dieter SCHMID, Den künftigen Geschlechtern zur Nacheiferung. Denkmäler als Quellen zur Geschichtskultur, in: Praxis Geschichte 16, 4 (2003), S. 6–9.
12 Vgl. für die böhmischen Länder die Literaturangaben in Anm. 7; für die Situation in der deutsch-polnischen Stadt Gnesen/Gniezno Erazm SCHOLTZ, Marek SZECZEPANIAK, Pomniki gnieźnieńskie sprzed 1945 roku, in: Kronika Wielkopolski 29, 1 (2001), S. 80–94. Insofern ergeben sich deutliche Parallelen zu anderen europäischen Grenz- und Übergangszonen wie zum Beispiel Lothringen oder dem Elsass. Vgl. dazu Christiane KOHSER-SPOHN, Der Staat im Stein. Die Architektur der Denkmäler im Elsass im 20. Jh. (Vortragsmanuskript), Braunschweig/Lübeck 2004; Annette MAAS, Zeitenwende in Elsaß-Lothringen. Denkmalstürze und Umdeutung der nationalen Erinnerungslandschaft in Metz (Nov. 1918–1922), in: SPEITKAMP (Hg.), Denkmalsturz, S. 79–108; Philippe MARTIN, François ROTH (Hg.), Mémoire et lieux de mémoire en Lorraine, Sarreguemines 2003.
13 Erhalten gebliebene Fotos und Postkarten von Denkmälern aus der Zarenzeit zeigen freilich ein anderes Bild. Siehe dazu die ikonographische Bestandsaufnahme von K. G. SOKOL, Monumenty imperii, Moskva 1999; außerdem Piotr PASZKIEWICZ, Pomniki carskie na zachodnich rubieżach imperium rosyjskiego i ich treści ideowe, in: Przegląd Wschodni VII (2000), S. 123–158.
14 Und zum Folgenden John E. BOWLT, Russian Sculpture and Lenin's Plan of Monumental Propaganda, in: Henry A. MILLON u. Linda NOCHLIN (Hg.), Art and Architecture in the Service of Politics, Cambridge/Mass. 1978, S. 182–193; Orlando FIGES, Boris KOLONITSKII, Interpreting the Russian Revolution. The Language and Symbols of 1917, New Haven 1999, S. 48–57.
15 Und zum Folgenden Nancy WINGFIELD, Conflicting Constructions of Memory: Attacks on Statues of Joseph II in the Bohemia Lands after the Great War, in: Austrian History Yearbook 28 (1997), S. 147–171.
16 Siehe dazu Andrzej SZELIG, Przemyśl, in: Karta 43 (2004), S. 11–13; außerdem The New German Order in Poland, London 1942, S. 470–473.

17 Siehe stellvertretend für die Volksrepublik Polen den umfassenden Überblick von Irena GREZESIUK-OLSZEWSKA, Polska rzeźba pomnikowa w latach 1945–1995, Warszawa 1995.
18 Peter GOSZTONY (Hg.), Der ungarische Volksaufstand in Augenzeugenberichten, München 1981, S. 148–150; außerdem Reg GADNEY, Cry Hungary! Uprising 1956, London 1986, S. 36–39.
19 Dieser jüngste Bildersturm in Osteuropa ist mittlerweile recht gut dokumentiert. Siehe dazu u.a. Bildersturm in Osteuropa. Die Denkmäler der kommunistischen Ära im Umbruch, München 1994 (ICOMOS. Hefte des deutschen Nationalkomitees XIII); Bernd KRAMER (Hg.), Demontage... revolutionärer oder restaurativer Bildersturm? Berlin 1992; Biljana MENKOVIC, Politische Gedenkkultur. Denkmäler – Die Visualisierung politischer Macht im öffentlichen Raum, Wien 1999, S. 75–86; Berthold UNFRIED, Denkmäler des Stalinismus und ‚Realsozialismus' zwischen Bildersturm und Musealisierung, in: DERS. (Hg.), Spuren des ‚Realsozialismus' in Böhmen und der Slowakei, Wien 1996, S. 17–40.
20 Siehe zu dem Budapester „Szobor-Park" die englischsprachige Broschüre von Akos RETHLY (Hg.), Statue Park. Gigantic Memorials from the Communist Dictatorship, Budapest 1994; und für den litauischen „Grutas-Park" Alvydas NIKŽENTAITIS, Gestürzte und neu errichtete Denkmäler: Geschichte im Transformationsprozess Litauens, Vilnius 2003 [Typoskript], S. 2–6.
21 Bogdan S. TSCHERKES, Denkmäler von Führern des sowjetischen Kommunismus in der Ukraine, in: Bildersturm in Osteuropa, S. 44f.
22 Reinhart KOSELLECK, Kriegerdenkmale als Identitätsstiftungen der Überlebenden, in: Bodo MARQUARD, Karlheinz STIERLE (Hg.), Identität, München 1979, S. 262; vgl. zu den Kriegerdenkmälern außerdem die vergleichend angelegte Studie vom selben Autor, Die Transformation der politischen Totenmale im 20. Jahrhundert, in: Transit 22 (Winter 2001/02), S. 59–86; sowie von Biljana MENKOVIC, Politische Gedenkkultur, S. 23–86.
23 Vgl. zu dem anhaltenden Streit http://www.redaktion-bahamas.org/auswahl/web48.htm vom 19.05.2002, S. 1–6; Gazeta Wyborcza vom 27.01.2003.
24 Vgl. dazu Aleida ASSMANN, Jahrestage – Denkmäler in der Zeit, in: Paul MÜNCH (Hg.), Jubiläum, Jubiläum... Zur Geschichte öffentlicher und privater Erinnerung, Essen 2005, S. 305–314.
25 Vgl. dazu Rudolf JAWORSKI, Erinnerung mit Hindernissen. Zur Jubiläumskultur im östlichen Europa, in: MÜNCH, Jubiläum, Jubiläum, S. 263f.
26 Ernö MAROSI, Sturz alter und Errichtung neuer Denkmäler in Ungarn 1989–1992, in: Bildersturm in Osteuropa, S. 59.
27 Vgl. dazu Zdeněk HOJDA, Denkmäler des Krieges als Orte der Erinnerung. Tschechien nach der Wende – Lieux de mémoire oder Kampfplätze der Erinnerung? in: Christoph CORNELISSEN u.a. (Hg.), Diktatur – Krieg – Vertreibung. Erinnerungskulturen in Tschechien, der Slowakei und Deutschland seit 1945, Essen 2005, S. 234–236; Tomáš NOVÁK, Der rosarote Panzer – Made in Czechoslovakia, in: KRAMER (Hg.), Demontage..., S. 133–140.

Krieg, Befreiung, Freiheit?
Bedeutungswandel des sowjetischen Denkmals am Budapester Gellért-Berg von 1947 bis heute

Andreas Pribersky (Wien)

Das öffentliche Bildgedächtnis vom Ende des sowjetischen Imperiums in Zentraleuropa ist von Denkmalstürzen – vor allem von jenen der unzähligen Lenin-Statuen – ebenso wie von der Demontage der Grenzsperren, mit dem Fall der Berliner Mauer als zentrales Ereignis, wesentlich geprägt. Denkmäler – auch die aus dem öffentlichen Raum entfernten des „Realen Sozialismus" – werden von ihren Errichtern in der Regel auf Dauer, auf möglichst langes Fortbestehen angelegt: das kommt allein schon in den verwendeten Materialien zum Ausdruck ebenso wie in der Grundintention, Personen oder Ereignisse über deren aktuelle Bedeutung hinaus für die Erinnerung festzuhalten. So gilt der Denkmalsturz als Ausnahmesituation, dem auch in der Literatur zu Denkmälern nur ein geringer Anteil gewidmet ist.[1] Dennoch erscheint die Entfernung der Denkmäler des Einparteienstaats ab dem Jahr 1989 – wiewohl es weiter zurückliegende historische Beispiele von Denkmalsturz gibt – als Teil einer Tradition republikanischer Revolutionen, die in der Französischen Revolution ihren Ausgang genommen hat. In der Französischen Revolution wurde die Frage der Macht unmittelbar mit jener der Kontrolle über öffentliche Symbole verbunden,[2] was zu einer umfassenden, *radikalen* Demontage nahezu aller königlichen Denkmäler, und damit etwa in Paris zu Beginn des 19. Jahrhunderts zu einer (vorübergehenden) Denkmals-„Leere" führte.[3] Die Revolutionäre bezogen ihre politische Legitimität auch aus der allgemeinen Übereinstimmung mit den neuen nationalen Symbolen und Ritualen, die im öffentlichen Raum in Monumenten ebenso wie in revolutionären Festen bis hin zu Alltagssymbolen wie der Kleidung sichtbar werden sollte: „Politische Symbole und Rituale waren keine Metaphern der Macht, sondern deren Mittel und Zweck zugleich."[4] Diesem Vorbild des Sturzes und der Neuerrichtung von Denkmälern ist die Russische Revolution des Jahres 1918 ebenso gefolgt wie die Nachahmung von deren Gestus bei der Errichtung der sozialistischen Einparteienstaaten in Ostmitteleuropa nach 1945.

Konsequenterweise hatte auch die *Refolution*[5] des Jahres 1989 einen Denkmalsturz zur Folge – der womöglich im Rahmen eines *sanften* Systemwechsels (mit der Ausnahme Rumäniens) eine noch wesentlichere symbolische Bedeutung für die Sichtbarkeit des politischen Bruchs hatte:

> Wenn eine revolutionäre Bewegung die Legitimität einer überkommenen Regierung in Frage stellt, muss sie notwendig auch die überkommenen Herrschaftssymbole in Frage stellen. Und sie muss neue politische Symbole erfinden, in denen sie den Idealen und Prinzipien der neuen Bewegung Ausdruck verleiht.[6]

Die Demontage der Symbole des Einparteienstaates ist uns, wie gesagt, in Erinnerung geblieben: wie aber ist es um deren Ersatz durch neue Symbole bestellt? Dafür findet sich zumindest im öffentlichen Gedächtnis kein vergleichbar einprägsames Bild, das gleich dem Sturz der Leninstatuen den Neuanfang der Demokratien symbolisieren würde. Und obwohl ich für die Zeit nach 1989 kein Überblickswerk über die Besetzung der von den Denkmalstürzen zurückgelassenen Leerstellen im öffentlichen Raum der Neuen mitteleuropäischen Demokratien gefunden habe, deuten viele Beispiele darauf hin, dass die *Rekonstruktion* von historischen Symbolen, die (Wieder)Errichtung von Denkmälern und Bauten vorsozialistischer Epochen einen bedeutenderen Stellenwert im öffentlichen Raum einnehmen als der Entwurf einer neuen Symbolik und politischen Repräsentation der postsozialistischen Demokratien. In Ungarn wird dieses *historisierende* Selbstbild, das in der Repräsentation der Neuen Demokratien im öffentlichen Raum zum Ausdruck kommt, etwa anhand der aus Anlass des 1000-jährigen Staatsgründungsjubiläums im Jahr 2000 errichteten Denkmäler sichtbar, als im gesamten Land mehr als hundert öffentlich finanzierte Denkmäler König Stephans errichtet wurden.[7] Deutlich wird dieses historisierende Vorgehen bei der Redefinition des öffentlichen Raumes auch am Beispiel der Änderung von Straßennamen, die nach 1989 im Wesentlichen der Logik eines Rückgriffs auf historische Benennungen und deren Wiedereinsetzung an Stelle jener folgte, die auf den sozialistischen Einparteienstaat verwiesen; oder in der offiziellen Staatssymbolik (Fahne, Wappen), die ausnahmslos – selbst bei Staatsneugründungen wie den Nachfolgestaaten des sozialistischen Jugoslawien – auf Symbole der historischen Heraldik des jeweiligen Staates bzw. seiner „Vorläufer" in der Region zurückgreift.

Die Entfernung der Denkmäler des sozialistischen Einparteienstaates aus dem öffentlichen Raum – worunter (zurecht) auch deren Musealisierung in *Statuenparks* verstanden wird, wie sie etwa in Litauen, Polen oder Ungarn errichtet wurden – blieb dennoch aus verschiedenen Rücksichten unvollständig: so finden sich etwa in allen Neuen Demokratien (und den Neuen Deutschen Bundesländern) Mahnmale, die an den Sieg der Roten Armee über Nationalsozialismus und Faschismus erinnern und über deren Erhaltung – vielfach als Teil eines Ensembles mit Gräbern von bzw. dem Grab des gefallenen Sowjetsoldaten – (zwischenstaatliche) Verpflichtungen eingegangen wurden, die über den politischen Systemwechsel hinausreichen. Auch die Erinnerung an Intellektuelle und Künstler wird oft von den unterschiedlichen politischen Systemen als Teil ihrer Ideologie oder der kanonisierten Kulturdenkmäler reklamiert, was zur Erhaltung von deren Gedenkstätten über den politischen Wandel hinaus beiträgt: so geschehen etwa mit dem Denkmal des ungarischen Dichters Jozsef Attila vor dem Parlament am Pester Donauufer, dessen ehernes Ebenbild – das ihm der sozialistische Einparteienstaat als „Arbeiterdichter" einräumte – bis heute – zum Nationaldichter umgedeutet – an diesem prominenten, politischen Ort verblieben ist.

Vieles verweist also darauf, dass auf den Denkmalsturz des Jahres 1989 – jedenfalls bis heute, über 15 Jahre danach – keine, beziehungsweise kaum Anzeichen eines symbolischen Neubeginns sichtbar wurden. Vor diesem Hintergrund scheinen mir jene Gedenkorte von besonderem Interesse, die selbst zu Trägern eines Bedeutungswandels wurden oder aufgrund eines Umdeutungsprozesses im öffentlichen Raum verblieben sind. Als exemplarisches Beispiel für einen derartigen Bedeutungswandel – der von einer teilweisen *Dekonstruktion* begleitet wurde – kann das, heute als Budapester „Freiheitsstatue" bezeichnete „Sowjetische Mahnmal am Gellért-Berg" gelten.

Unter der letzteren Bezeichnung wurde im Jahr 1947 eine Figurengruppe eingeweiht (Abb. 1), in deren Zentrum der Genius der Freiheit mit der Siegespalme in den erhobenen Händen steht, quasi bewacht von der überlebensgroßen Statue eines Soldaten der Sowjetarmee auf dem vorgesetzten, niedrigeren Sockel; diese zentrale Figurengruppe wird von zwei weiteren flankiert: links ein junger Mann mit einer Fackel in der erhobenen Hand, der den Fortschritt verkörpert, rechts eine Männerfigur, die den „ewigen Kampf gegen das Böse" in Gestalt eines Drachens darstellt – hier als Symbol des Sieges über den (ungarischen) Faschismus und Nationalsozialismus. Umrahmt wird die Gruppe von Reliefen, die die sowjetisch-ungarische Begegnung des Jahres 1945 und die gemeinsame Errichtung des Denkmals darstellen, sowie einem Relief des (unbekannten) Soldaten der Sowjetarmee an der Rückseite des zentralen Sockels.

In dieser Form beherrschte das Denkmal bis über das Ende des sozialistischen Einparteienstaates (1989/90) hinaus, bis in das Jahr 1992 das Budapester Stadtbild: Aufgrund seiner Lage an der Donau und Pest zugewandten Seite des Budaer Gellért-Berges ist es weithin sichtbar und war damit zweifellos das prominenteste sowjetische Mahnmal des Landes.

Die Errichtung an diesem, topographisch gesehen sicherlich einprägsamen Ort im Budapester Stadtbild, an dem das Mahnmal auf Wunsch der sowjetischen Auftraggeber platziert wurde, war jedoch während der Planung nicht unumstritten. Nicht allein der Bildhauer – Zsigmond Kisfaludi Strobl – auch andere ungarische Persönlichkeiten, die in den Errichtungsprozess involviert waren, fürchteten ein Übergehen der negativen historischen Konnotationen, die mit dem Errichtungsort verbunden werden, auf das Denkmal: Unmittelbar hinter der Denkmalsanlage stehen am Gellért-Berg auch heute noch die Mauern jener *Zitadelle* genannten Festung, die von den Habsburgern nach der Niederlage der Revolution des Jahres 1848 als militärische Befestigung gegen die Stadt errichtet wurde – und der deshalb im historischen Gedächtnis die Bedeutung gewaltsamer Fremdherrschaft anhaftet. Eine Übertragung dieser Symbolik auf das sowjetische Mahnmal bot sich auch aufgrund des wesentlichen Anteils der Unterstützung durch russische Truppen im Kampf der Habsburger gegen die 48er-Revolutionäre an; sie spielte in der Deutungsgeschichte der Denkmalsanlage interessanterweise aber nur eine untergeordnete Rolle. So fiel den revolutionären Ereignissen des Jahres 1956 zwar der Sowjetsoldat (bis auf einen Stiefel) zum Opfer (der von Kisfaludi 1958 wiedererrichtet wurde), die übrige Anlage wurde aber verschont und erst nach dem politischen Systemwechsel 1991 von politisch rechts stehenden Gruppen aus diesem Bedeutungskontext heraus in Frage gestellt.

Die ungarische Öffentlichkeit beschäftigt(e) lange Jahre der Denkmalsgeschichte hindurch nämlich eine andere „Mehrdeutigkeit" des Denkmals, die von einem sozusagen unsichtbaren Mahnmal herrührt, das gleichsam in der zentralen Figur der Anlage, der Statue des Genius, eingeschrieben scheint: bis heute hält sich das Gerücht, das diese Figur ursprünglich einem anderen Zweck gewidmet war.

Der Bildhauer der Anlage, Kisfaludi Strobl, war vom sowjetischen Marschall Woroschilow aufgrund seiner bereits im öffentlichen Raum präsenten Denkmäler für den Auftrag ausgewählt worden, die er – teils auch als Arbeiten mit unmittelbarer politischer Aussage – während der Horthy-Ära ausgeführt hatte. Zentrales Werk dieser Periode wäre zweifellos der Auftrag zur Errichtung des so genannten Fliegerdenkmals geworden – an dessen Entwurf Kisfaludi vor Kriegsende arbeitete – das an István Horthy, den im 2. Weltkrieg in der Sowjetunion als Kampfpiloten gefallenen Sohn des „Reichsverwesers" erinnern und angeblich am selben Ort am Gellért-Berg errichtet werden sollte.

Der Historiker János Pótó – der die politische Denkmalgeschichte Ungarns im 20. Jahrhundert dokumentiert hat und dessen Darstellung auch die Angaben zum Mahnmal in diesem Beitrag (wenn nicht anders angegeben) folgen[8] – konnte aufgrund der Öffnung der Archive nach 1989 aus Dokumenten ebenso wie aus dem Nachlass Strobls rekonstruieren, dass es sich bei beiden Annahmen um Legenden handelt: Weder für die Umarbeitung eines (tatsächlich) bereits bestehenden Entwurfs des Fliegerdenkmals zur Figur des Genius noch für die gleiche Standortwahl finden sich Belege; wohl aber für die Überzeugungskraft des einschlägigen Gerüchts, das immerhin selbst unter der Zensur des Einparteienstaats einen publizistischen Niederschlag in der ungarischen Presse fand – und in der Exilpresse ohnehin, von der aus es auch in den westlichen Medien verbreitet wurde. Pótó hat stattdessen für einen anderen Teil des Ensembles – für den *Drachentöter* – zwei vergleichbare frühere Arbeiten Strobls gefunden, die diesem als Vorbild hatten dienen können: dessen *Husarendenkmal* in Nyiregyháza und sein Mahnmal zum Gedenken an die „Blutzeugen der Nation" der Horthy-Ära zeigen beide dieses Motiv, wobei letzteres die Abwehr des Bolschewismus (der Räterepublik von 1918) darstellte.

Vor allem dieses Beispiel verweist – über die Frage nach der mehrmaligen Verwendung von Entwürfen oder des Selbstzitats hinaus – auf die Problematik des Verhältnisses von künstlerischem, ästhetischem Ausdruck zu der dargestellten politisch-ideologischen Botschaft: Die Verwendung derselben Stilmittel für unterschiedliche, ja einander entgegen gesetzte politische Aussagen findet sich freilich nicht allein im Übergang vom Faschismus in den Kommunismus – für den die kontinuierliche Bedeutung eines, sich naturalistisch verstehenden Realismus für beide Ideologien als Erklärung herangezogen werden kann. Für dieses Phänomen lassen sich auch zahlreiche Beispiele an anderen politischen Epochenschwellen finden – so auch für den Übergang des Jahres 1989.

Als Beispiel dafür möchte ich hier auf das Werk von Imre Varga – wohl einer der bedeutendsten ungarischen Bildhauer des 20. Jahrhunderts im öffentlichen Raum des Landes – bzw. auf einzelne Arbeiten daraus verweisen. Varga – dessen Stil durchgehend von einer eigenständigen, persönlichen und eher impressionistischen Traditionen verpflichteten Formensprache charakterisiert erscheint – hat mit mehreren Werken Anteil an der Denkmalgeschichte des Einparteienstaats in Ungarn, wofür das prominenteste Beispiel außer dem bereits erwähnten Jozsef Attila wohl sein Denkmal der ungarischen Räterepublik von 1918 ist: das ursprünglich auf der so genannten *Blutwiese* – ebenfalls ein historisch bereits durch die Funktion als Hinrichtungsstätte (der sie auch ihren Namen verdankt) für einige Repräsentanten der so genannten „Freimaurerverschwörung" Ende des 18. Jahrhunderts im Gedächtnis an die Habsburger-Monarchie kodierter Ort – ist heute, im Gegensatz zum Jozsef Attila-Denkmal, als Teil der nach 1989 als *sozialistisch* wahrgenommenen Gestaltung des öffentlichen Raumes im *Statuenpark* in der Nähe von Budapest ausgestellt, wo eine repräsentative Auswahl der Budapester Denkmäler dieser Epoche musealisiert wurde.[9] Varga war mit seinem bildhauerischen Werk aber auch am Prozess des Systemwechsels selbst beteiligt: mit der Errichtung seines Raul Wallenberg-Denkmals im Jahre 1988 in Buda, das aus einer privaten (!) und internationalen Initiative entstanden war, zur Erinnerung an die Rettung zahlreicher Budapester Juden vor der Deportation und Vernichtung durch die nationalsozialistischen Besatzer mit Hilfe des damaligen schwedischen Diplomaten – und das aufgrund des bis heute unbestätigten wie unwiderlegten Verdachts, Wallenberg sei nach Kriegsende in sowjetischen Lagern verschwunden und umgekommen, Teil der Auseinandersetzung mit und innerhalb der politischen Machtträger des zerfallenden Einparteienstaats wurde. Schließlich hat Varga, diesmal an der urbanen Pester Seite des Parlaments, mit der Denkmalsanlage zur Erinnerung an Imre Nagy – der zentralen politischen Figur der Revolution des Jahres 1956 – auch ein bedeutendes politisches Symbol der neuen, demokratischen ungarischen Republik von 1990 im öffentlichen Raum gestaltet.

Die Werkgeschichte Strobls oder Vargas als bildhauerische Repräsentanten unterschiedlicher, entgegengesetzter politischer Systeme mit denselben ästhetischen Ausdrucksmitteln – und es ließen sich für dieses Phänomen auch noch eine Reihe internationaler Beispiele finden, in Österreich etwa das Werk Anton Hanaks, ebenfalls einer der bedeutendsten Bildhauer des Landes im 20. Jahrhundert[10] – kann auch als Verweis auf die Kontextabhängigkeit der Deutung ihrer Werke beziehungsweise von deren *Be*deutung im öffentlichen Raum gelesen werden.

Die hier begonnene Rekonstruktion des Bedeutungswandels des Mahnmals am Gellért-Berg ist also weniger nur eine Frage nach den *sichtbaren* Elementen dieses Prozesses – nach dem Umbau des Mahnmals – als nach den Prozessen seiner De- bzw. Rekontextualisierung, in die dieser eingebettet erscheint.

So beginnt auch die Umwandlung des *Mahnmals* zur *Freiheitsstatue* selbst als „virtueller" Vorgang. Eine Voraussetzung für den erfolgreichen Umbau scheint nämlich das zwar offiziell verbreitete, aber dennoch populäre Narrativ zu sein, in dem das Denkmal offenbar rasch und losgelöst von der ursprünglichen Bezeichnung als „Sowjetisches Mahnmal am Gellért-Berg" bereits während der 40-jährigen Einparteienherrschaft als Budapester „Befreiungsdenkmal" bezeichnet wurde: Unter diesem Namen findet es sich bereits die Kádár-Ära hindurch als Postkartenmotiv und in der Tourismusliteratur abgebildet – ja in einzelnen Beispielen aus dem Sozialismus auch bereits als Budapester „Freiheitsstatue" bezeichnet. Für diese, anscheinend unmittelbar auf die Errichtung folgende Umbenennung bot das Mahnmal Anlässe ebenso wie Anknüpfungspunkte: als Anlass muss der bereits erwähnte, prominente, das Stadtbild beherrschende Aufstellungsort in Erinnerung gerufen werden, der vor allem dem weithin sichtbaren Standbild des Genius die topographische Bedeutung eines Wahrzeichens für die Stadt zuwies – so findet man diese Statue bereits im Einparteienstaat auf den Postkarten vielfach als Teil eines „Gruß aus Budapest"-Motivs;[11] Anlass war wohl auch die Ausführung des Mahnmals durch einen ungarischen Künstler, der – worauf die oben erwähnte Legende mit Nachdruck hinweist – nicht ausschließlich als Repräsentant des Sozialismus im öffentlichen Bewusstsein präsent war. Zudem trat, trotz des zweimaligen Auftretens der Figur des Sowjetsoldaten als Teil des Ensembles, die Bedeutung als *Mahn*mal des Gedenkens an die sowjetischen Kriegsopfer dieser Befreiung – denen in Budapest mehrere Gedenkstätten gewidmet sind, die bedeutendste darunter im Zentrum von Pest – von Anfang an gegenüber seiner *Denkmals*funktion in den Hintergrund, die vor allem von der überragenden Geniusfigur im Zentrum der Anlage ausgeht und den Akzenten, die der *Lichtbringer* ebenso wie der ungarisch-sowjetische Freundschaftsfries zu setzen versuchten.

Und obwohl die letzteren Elemente zu jenen Teilen des Mahnmals gehören, die im Statuenpark musealisiert und somit aus dem urbanen öffentlichen Raum entfernt wurden, spielte dieser vorangegangene Bedeutungswandel in der öffentlichen Diskussion um den Verbleib des Denkmals im Stadtbild – der, wie oben erwähnt, 1991 in Frage gestellt wurde – offenbar eine entscheidende Rolle. Während die Denkmalskritiker sich in ihrer Argumentation vor allem auf die Erinnerung an die sowjetische Besetzung stützten, die im Stadtbild der Hauptstadt des neuen Ungarn keinen Platz habe, insistierten die Befürworter seines Verbleibens eben auf der Bedeutung als Zeichen der Befreiung von Faschismus und Nationalsozialismus: ein Deutungsgehalt, dessen Entfernung aus dem Stadtbild der Hauptstadt für die politischen Institutionen des neu gegründeten, demokratischen Staatswesens auf dem Weg in ein Europa (Beitritt zu Europarat, NATO und EU), das diese Befreiung als gemeinsame Ursprungserzählung ansieht, zumindest nicht unproblematisch erschien – umso mehr, als die, im nationalistischen Lager beheimateten Kritiker die Errichtung eines Denkmals der Heiligen Stephans-Krone (die ein Teil auch des aktuellen ungarischen Staatswappens ist) an dessen Stelle vorschlugen. Die Konfrontation von Demonstrationen für und gegen den Verbleib des Denkmals am Gellért-Berg am 15. März 1991 – dem Feiertag zum Gedenken an die Revolution des Jahres 1848 – setzte die Denkmalsfrage auf die politische Tagesordnung und führte zu einem Umbau des Denkmals im Frühjahr 1992, der beide Gruppen – Befürworter wie Kritiker – zufrieden stellen sollte.

Im Zentrum des Umbauprojekts, das unter der Bezeichnung des Denkmals als *Seele der Freiheit* durchgeführt wurde, stand – am Ende einer sukzessiven Entfernung aller symbolischen Elemente, die es mit der Sowjetunion verbanden – eine viertägige Verhüllung des Genius durch den ungarischen Künstler Tamás Szentjóby (Abb. 2): das Bild dieses Übergangsstadiums der Figur zeigt einerseits deren ironische Desakralisierung, indem das Erscheinungsbild der *Seele* beziehungsweise die Figur des Genius in die Nähe der populären Gespensterdarstellungen gerückt wurde. Der Zeitpunkt dieser – zweifellos an die Arbeiten von Christo anknüpfenden – Aktion sollte zugleich, ebenso wie dessen Verhüllung des Berliner Reichstagsgebäudes, Raum für neue (Be)Deutungen schaffen: Der Genius wurde am 1. Jahrestag des Abzugs der sowjetischen Truppen aus Ungarn 1991 verhüllt und repräsentierte so nicht mehr bloß den Beginn, sondern zugleich auch das Ende ihrer mehr als 40-jährigen Präsenz in Ungarn.

Nach Abnahme der (viertägigen) Verhüllung wurde der Öffentlichkeit ein *neues* Denkmal präsentiert, das den Bedeutungswandel auch in einer neuen Inschrift an jenem Sockel, auf dem zuvor der Sowjetsoldat „Wache stand", dartut: Das Denkmal gedenkt nunmehr „allen" Opfern für Ungarns Unabhängigkeit und Freiheit in der Geschichte des Landes – also jenen aus dem Kampf gegen Faschismus und Nationalsozialismus ebenso wie auch jenen der 40-jährigen sozialistischen Einparteienherrschaft. Als „Budapester Freiheitsstatue" findet man die Figur des Genius seither noch häufiger in der Tourismuswerbung abgebildet als zuvor, so etwa auch als Umschlagbild der offiziellen Budapester Fremdenverkehrszeitschrift „Where Budapest"[12] – eröffnet sie doch einerseits seit dem Systemwechsel von 1989/90 eine ungehinderte Assoziation mit dem New Yorker „Vorbild" und dient andererseits nach wie vor als (touristischer) Orientierungspunkt und Markierung für den Ausblick über die Stadt; nicht zuletzt wird auch aufgrund der hervorragenden Lage das jährliche offizielle Feuerwerk am Nationalfeiertag des Heiligen Stephan, dem 20. August, wie schon vor dem Systemwechsel, unmittelbar am Fuß von Statue und Zitadelle gezündet, was die Figur des Genius zu einem bleibenden Bestandteil dieses Staats-Schauspiels macht.

Die Vielfalt und Widersprüchlichkeit der historischen Narrative, die der heutigen Budapester Freiheitsstatue anhaften, erscheint so im rekonstruktiven Rückblick geradezu als Grundlage ihrer Beständigkeit: während die Legende, die sie mit der Horthy-Ära verbindet – meint Pótó – mit der Entsowjetisierung verblasst, werden sich vielleicht populäre Bezeichnungen wie die als „Bieröffner", die ebenfalls schon vor dem Systemwechsel kursierte, als die haltbarsten erweisen[13].

Der Weg des Genius der Freiheit vom sowjetischen Mahnmal zur Freiheitsstatue zeigt ein, von seiner ursprünglichen politischen Botschaft und seiner eigenen Geschichte wie der, die es repräsentiert(e), kaum belastetes Monument. Die erfolgreiche Umdeutung scheint es dem Zusammenhang der „gelehrten" Lesarten des (Kunst-)Historikers zu entziehen und es – mithilfe seiner unveränderten touristischen Bedeutung – quasi unversehens (durch die Verhüllung) in den Kontext der aktuellen politischen Repräsentation der 3. Ungarischen Republik von 1990 zu stellen.

Mit der *Schöpfung* der Budapester Freiheitsstatue scheint damit möglicherweise beispielhaft etwas gelungen, das die politische Repräsentation der Neuen Demokratien als zentrale Problemstellung beschäftigt: die Umdeutung ihrer Geschichte als stetiger Weg in jenes Europa nach dem Ende der Konfrontation der Blöcke, das sich derzeit abzuzeichnen beginnt. Für den Prozess der *Verwestlichung*, der gerade zu Gange ist, könnte der Weg vom sowjetischen Mahnmal zur Freiheitsstatue deshalb als anschauliches Beispiel gelten. Vielleicht ist deshalb die eingangs gestellte Frage nach der Symbolik der Neuen Demokratien selbst eine historische, die von jener nach der (Re)Inszenierung des Kontexts – als Teil politischer Repräsentationsstrategien im Zeitalter der elektronischen Massenmedien[14] – abgelöst wurde: das Denkmal im öffentlichen Raum würde so zur *Kulisse* unterschiedlicher Staatsschauspiele, der Denkmalsturz zum bloßen Kulissenwechsel.

Anmerkungen

1 Winfried SPEITKAMP, Denkmalsturz und Symbolkonflikt in der modernen Geschichte, in: DERS. (Hg.), Denkmalsturz. Zur Konfliktgeschichte politischer Symbole, Göttingen 1997, S. 5–21, hier S. 5.
2 Lynn HUNT, Symbole der Macht, Macht der Symbole. Die Französische Revolution und der Entwurf einer politischen Kultur, Frankfurt a. M. 1989, S. 72.
3 June HARGROVE, Les statues de Paris, in: Pierre NORA, Les lieux de mémoire, Bd. 2/3 La Nation, Paris 1986, S. 243–282, hier S. 243.
4 HUNT, S. 72f.
5 Der Begriff *Refolution* als Kombination aus Reform und Revolution zur Bezeichnung des „sanften Systemwechsels" von 1989 wurde von Timothy Garton Ash geprägt. Timothy G. ASH, We the people. The Revolution of '89 witnessed in Warsaw, Budapest, Berlin & Prague, London 1990, S. 14.
6 HUNT, S. 73.
7 Siehe HVG (Héti Világgaszdaság) 33 (2001), Kiralyi többés, S. 69–71.
8 János PÓTÓ, Az emlékeztetés helyei, Budapest 2003, S. 126–139.
9 PÓTÓ, S. 235–258.
10 Vgl. Gerhardt KAPNER, Anton Hanak. Kunst- und Künstlerkult. Ein Beispiel, Wien–München 1984.
11 PÓTÓ, S. 126.
12 Where Budapest, october 1993.
13 PÓTÓ, S. 139.
14 Vgl. Murray G. EDELMAN, Politik als Ritual. Die symbolische Funktion staatlicher Institutionen und politischen Handelns, Frankfurt a. M. ²1990.

Abb. 1: Sowjetisches Mahnmal am Gellért-Berg, 1947 eingeweiht

Abb. 2: Verhüllung des Genius durch den ungarischen Künstler Tamás Szentjóby, Frühjahr 1992

Von Maria Theresia zum Schönen Náci. Kollektive Gedächtnisse und Denkmalkultur in Bratislava

Elena Mannová (Bratislava)

Die Stadt an der Donau, die in ihrer Vergangenheit zu mehreren Staatsgebilden gehörte, bis sie zur Hauptstadt der Slowakei wurde, wird und wurde oftmals und immer im Rückblick als ein toleranter Ort des harmonischen Zusammenlebens von Deutschen, Slowaken und Magyaren idealisiert. Es gab wirklich einmal Zeiten, als die Stadt zugleich die Namen *Posonium*, *Pressburg*, *Pozsony* und *Prešporok* trug. Und es gab einmal wirklich auch „jene primitiven Zeiten" (wie sie Ľubomír Lipták bezeichnete), „als es nicht einfach war, etwas zu verbieten". Bürger konnten damals Denkmäler bauen – für ihr eigenes Geld und auf ihren eigenen Plätzen.[1] Aber mit den integralen Nationalismen kamen die Zeiten, als es für die offizielle staatsnationale Kultur zum vorrangigen Ziel wurde, unoffizielle Versionen der Vergangenheit zu entwurzeln. Die Stadt Bratislava, die schon vorher an mehreren geographischen und kulturellen Grenzen lag, wurde in der Retorik konkurrierender Nationalisten zu einer Grenzbastion – am Ende des 19. Jahrhunderts des Magyarentums, nach 1918 des Slowakentums. Innerhalb der Stadt selbst gab es aber beim Wohnen und in der alltäglichen Kommunikation keine feste Sprachgrenzen, viele Einwohner waren bi- oder trilingual und lebten in ethnisch gemischten Ehen.

Für die Gestaltung der Bratislaver Denkmallandschaft waren mehrere Faktoren relevant. Erstens, wie überall, durch die Tatsache, dass zu einem gewissen Maß die Stadt, die Stadtbürger und ihre Vereine selbstständig waren. Mit der allmählichen Modernisierung wurde jedoch die Rolle des Staates stärker und stärker. Von den steinernen Piedestalen wurde mehr staatliche Kosmologie (und Kosmogonie) verkündet als durch die lokalen Traditionen des ursprünglich meist deutschsprachigen Bürgertums.

Zweitens hing die Denkmalszenerie auch mit der Stellung dieser Stadt im Staat zusammen. Im 19. Jahrhundert fiel die ehemalige Haupt- und Krönungsstadt in den Rang einer gemütlichen Provinzstadt zurück. Die unerwartete Wende nach 1918 versetzte die Stadt (aus strategischen Gründen) wieder in die Rolle einer Hauptstadt – zuerst des Landes, später des slowakischen Staates. Auch diese Situation schwächte die Positionen der städtischen Selbstverwaltung bei der Besetzung des öffentlichen Raumes.

Drittens kam es im Lauf der Zeit zu großen Wandlungen in der Bevölkerungsstruktur. Infolge der Assimilation, der gewaltsamen ebenso wie der konjunkturellen, und infolge der zahlreichen Migrationen seit Ende des 19. Jahrhunderts und vor allem auch nach 1918 erschienen in der Stadt viele „neue" Menschen, für die lokale Pressburger Traditionen Symbole der alten Ordnung darstellten. Öffentliche Spannungen zwischen der eingesessenen Stadtbevölkerung und den Neuankömmlingen spiegelten sich in drei repräsentativen Bereichen wider: im Kampf um das Theater, beim Fußball sowie in der Denkmalkultur und beim architektonischen Umbau der Stadt. „Bodenständige" Deutsche und Magyaren verteidigten „historische Denkmäler", neuangekommene Slowaken und Tschechen bevorzugten pragmatisch die „moderne Stadt".[2]

Und viertens, da im dicht bebauten Stadtgefüge freier Raum größter Luxus ist,[3] mußte bei der politischen Besetzung der Plätze mit der wachsenden Zahl der Bewohner die Hierarchie öffentlicher Räume ebenso wie die Hierarchie ihrer Denkmäler Änderungen unterliegen.

Um in Kürze offizielle Repräsentationen der Identität der Stadt zu visualisieren, genügt es, anzuschauen, wie das historische Bild der Stadt auf Titelseiten und Buchumschlägen der wichtigsten Publikationen zur Geschichte der Stadt konzipiert wurde. Auf dem historisierenden Einband von Ortvays Geschichte von der Wende zum 20. Jahrhundert dominiert die ungarische Vergangenheit, damals schon als identisch mit ethnisch-magyarischer wahrgenommen: Krönungsinsignien mit der Sankt-Stephanskrone, die Burg und der Krönungsdom. Nur unten, ganz unauffällig, dekorieren ein paar Eichenblätter das Stadtwappen.[4] Das Titelblatt des Goldenen Buches von Bratislava, einer Festschrift zum 10. Jubiläum der Ersten Tschechoslowakischen Republik, repräsentiert eine moderne republikanische und demokratische Stadt und ihre Einwohner: Rundfunkantenne auf dem Michaelerturm, Weinbäurin, Schiffer und Merkur, von mehreren Fähnlein nur ein tschechoslowakisches identifizierbar.[5] Im Vorwort zum Buch *Preßburg in der neuen Slowakei* aus den frühen 1940er Jahren wird die Stadt als das deutsche Tor zum Südosten geschildert.[6] Der Buchumschlag der Stadtgeschichte aus der realsozialistischen Periode nutzt die Symbolik der Bürgermeisterkette aus: Stadtwappen, Lindenblätter und Figuren der slowakischen „Wiedergeburt" (Štúr und

Bernolák); auf der Rückseite das historische teleologische Panorama von Römern und alten Slawen bis hin zur Befreiung durch die sowjetische Armee sowie kommunistische Volksmilizen vor einer Fabrik.[7] Das poetisch-mystische Gemälde auf dem Umschlag des Goldenen Buches aus dem Jahr 1993 äußert die heutige sentimentale und nostalgische öffentliche Atmosphäre bei der Betrachtung „harmonischer und toleranter" Vergangenheit.[8]

Pressburg – Pozsony – Bratislava stellen also drei unterschiedliche *lieux de mémoire*, Knoten des Gedächtnisses und Kontra-Gedächtnisses deutscher, magyarischer und slowakischer Stadtbewohner dar, und zugleich drei unterschiedliche Bilder in den Narrativen dreier Nationalhistoriographien.[9] Da sich die Machtverhältnisse in der Stadt mit jenen im Staat nicht immer deckten, entwickelte sich die Denkmalszene ambivalenter und gar nicht so eindeutig wie offizielle Versionen der Vergangenheit. Vor allem im 19. Jahrhundert, als Stadtbürger Denkmäler noch selbst und ohne staatliche Unterstützung finanzierten, sollten magische Gestalten aus Metall oder Stein die Stadtidentität versinnbildlichen.

Die Ära säkularisierter und demokratischer, also nichtdynastischer Denkmäler begann im Ungarischen Königreich in der zweiten Hälfte des 19. Jahrhunderts.[10] Vorher gab es in Pressburg nur eine einzige Herrscherstatue, die des Habsburgers Maximilian II., die der Kaiser angeblich der Stadt nach dem Feuer während seiner Krönung zum ungarischen König (1563) selbst geschenkt hat. Die Statue auf einem Brunnen vor dem Rathaus überlebte alle ikonoklastischen Wellen, vielleicht deshalb, weil die Bewohner sie bis heute für den legendären Ritter Roland halten.

Die erste große Denkmalaktion der Stadtbürger war die Errichtung des Denkmals für Johann Nepomuk Hummel. Sofort nach dem Tode des berühmten Musikers (1837) traten in seiner Vaterstadt Bestrebungen auf, sein künstlerisches Andenken zu bewahren. Der Kirchenmusikverein hatte alljährlich seine Messe ständig im Repertoire, der Architekt Ignaz Feigler restaurierte Hummels Geburtshaus. Zu seinem 100-jährigen Geburtstag 1878 entstand aus der Initiative der Freimaurerloge *Zur Verschwiegenheit* ein Hummel-Denkmal-Komitee. Die Initiatoren hatten sich entschlossen, das Denkmal ohne öffentliche Sammlungen, nur aus eigener Kraft, das heißt „lediglich aus dem Arrangement von Concerten, Vorlesungen, Kunstausstellungen" zu bauen. Die Straße, wo Hummels Geburtshaus steht, wurde sofort umbenannt, aber das Komitee brauchte fast zehn Jahre, bis das Denkmal von Viktor Tilgner im Oktober 1887 auf der Promenade enthüllt werden konnte. Die Kunstkritik bewunderte „den lebensfrischen Geist des Barockstyles" des Monuments. Alle Rituale und schriftlichen Dokumente der Enthüllungszeremonie zeigen, dass es gar nicht um das Feiern eines *deutschen* Genius ging. Schon zuvor war in das Fundament eine Urkunde in ungarischer und deutscher Sprache eingesenkt worden. Das Festkonzert vor der Enthüllung wurde mit einem Prolog eröffnet, den Graf Géza Zichy „in ungarischer Sprache freundlichst gedichtet" hat und wo er Hummel János und „Magyar hazafiság" (ungarischen Patriotismus) bejubelte. Als Epilog diente ein deutsches Gelegenheitsgedicht von einem lokalen Dichter. Die Festschrift besteht aus zwei parallelen Texten, einem ungarischen und einem deutschen. Die Ethnizität des Musikers wird nicht erwähnt, man betont nur, daß „Hummel mehrere Sprachen sprach und war [...] auch der ungarischen Sprache so ziemlich Meister".[11] Die ganze Aktion als eine „Huldigung dem großen Sohne der Stadt, dem Genius und dem der Muse treuen Sohn" äußert ausgezeichnet die vornationale ungarisch-patriotische und lokale Identität deutschsprachiger Pressburger während des Dualismus.[12]

Der aktive Stadtarchivar und das Mitglied vieler Vereine Johann Nepomuk Batka versuchte 1890 die Errichtung eines weiteren Musikerdenkmals zu initiieren. Es sollte Franz/Ferenc Liszt huldigen, der den Stadtbürgern ein konfliktloses „Potpourri" des Deutschtums und des Magyarentums personifizierte und enorm beliebt war. Batkas Bemühungen hatten in diesem Fall jedoch keinen Erfolg.[13] Aber eine ähnliche Mischung von Identitäten, ergänzt noch mit prodynastischer Loyalität, charakterisierte das zweite große Kulturunternehmen Pressburgs am Ende des 19. Jahrhunderts: den Bau des Milleniumdenkmals zu Ehren Maria Theresias an dem Ort des ehemaligen Krönungshügels (1897). Der Bildhauer Johann/János Fadrusz verkörperte in seiner Plastikgruppe aus weißem Carraramarmor „eine der schönsten Episoden aus der vaterländischen Geschichte, welche sich in Pressburg abgespielt hatte: [...] die von allen Seiten durch äußere Feinde bedrängte jugendliche Königin erscheint Hilfe suchend vor den hier versammelten Edlen des Reiches, welche ihr begeistert zurufen: Vitam et sanguinem pro Rege nostro!"[14] Laut der Festschrift zur Enthüllung sollten Nebenfiguren den Adel und die Bürgerschaft Ungarns darstellen. Der links von der Königin stehende Magnat deutet mit der Hand die Donau abwärts, in Richtung nach Pest, „als ob er sagen würde: Sieh' hier Dein treues Ungarn". „Die martialische Gestalt eines bürgerlichen Kriegers", der das Landeswappen hält, „blickt drohenden Auges und mit gesenktem Schwerte kampfbereit nach dem eben bezwungenen Feinde." In der Realität blickt er Richtung Wien. Eine slowakische Zeitung bemerkte in ihrer Kritik am Milleniumdenkmal, dass dieser

Kämpfer ein *kuruc*, also ein antihabsburgischer Rebel ist.[15] Die Widmungsurkunde sowie die Inschrift auf der Rückseite des Denkmals waren nur in ungarischer Sprache, die auch im Programm der Enthüllung und der Theatervorstellung vorherrschte. Der anwesende Herrscher sowie der Festredner sprachen gemischt ungarisch und deutsch. Die Ungarischkenntnisse des Kaisers waren aber nicht sehr gut, ebenso wie vieler Pressburger und der örtlichen Aristokratie.[16] In dieser Statuengruppe überlappten sich historische Bindungen Pressburgs an die Habsburger und städtische Krönungstraditionen mit der Loyalität zum Königreich Ungarn. Die Erinnerungen an die „deutsche" und „magyarische" Stadt ließen sich nicht voneinander trennen. Die Aktion wurde in die staatlichen Milleniumsfeierlichkeiten nicht einbezogen und ausschließlich von den Stadtbürgern und der Stadt finanziert. Mit staatlicher Unterstützung wurde in dieser Zeit ein weiteres Monument in diesem Raum errichtet, der arpádische Kämpfer auf der Burg Theben (Devín, Devény), der ganz eindeutig die Grenzen des ungarischen/magyarischen nationalen Territoriums gegen Österreich markieren sollte.

Vor dem Ersten Weltkrieg war die Magyarisierung des öffentlichen Raumes so weit fortgeschritten und das deutschsprachige Bürgertum assimilierte sich so rasch, dass die lokalen magyarischen Eliten die erste Denkmalverschiebung initiieren und realisieren konnten. Im Frühling 1911 wurde das Hummel-Denkmal in die unweit davon gelegene Notre-Dame-Parkanlage verlegt und der ehrenvolle Platz gegenüber dem Theater durch den ungarischen Nationalhelden Sándor Petőfi besetzt. Die Festschrift erwähnt zwar am Rande Petőfis vorrevolutionäre Tätigkeit in der Stadt, aber die Gruppenstatue von Béla Radnai verkörpert unzweideutig den Dichter in der national bedeutsamen Situation, als er seine Laute weglegte und zum Säbel griff. Auf dem Relief auf der Rückseite des Monuments deklamiert Petőfi in Pest dem Volk sein berühmtes Gedicht *Talpra Magyar* am 15. März 1848.[17] Da die deutschsprachigen Stadtbürger sich in der Öffentlichkeit zum deutschen Nationalismus gar nicht bekannten, kam es zu keinen erinnerungspolitischen Grabenkämpfen. Vage Anregungen zu einem Goethe-Denkmal blieben ohne Widerhall.

Im Jahr 1919 nach der Besatzung der Stadt durch die tschechoslowakische Armee wurden die Denkmäler von Maria Theresia „aus dem gehassten Habsburger Hause", des „Deutschen" Hummel und des „Renegaten" Petőfi (weil er eine slowakische Mutter hatte) mit Holz verschalt.[18] Insofern sich die neue Macht in der Stadt nur allmählich etablieren konnte, verlief die Enthungarisierung der Denkmalszene nur langsam. Erst 1921 wurden die Milleniummonumente – Maria Theresia und der arpádische Kämpfer auf Theben – zerstört. Die tschechoslowakischen Behörden distanzierten sich zwar von diesen ikonoklastischen Aktionen, aber vor allem von der tschechischen Seite wurde betont, dass „solche Statuen für uns fremd und bedeutungslos sind und sie deshalb dem neuzeitlichen Geist weichen mussten".[19] Das Petőfi-Denkmal wurde zerlegt und erst Anfang der 1950er Jahre in der Parkanlage in Petržalka wieder errichtet.

Da man Denkmäler einfacher demoliert als baut, entstanden repräsentativere Monumente erst in 1930er Jahren: zuerst das des slowakischen Dichters Hviezdoslav auf der ehemaligen Promenade (dann Kossuth-Platz, Palacký-Parkanlage, Hviezdoslav-Platz). Das wichtigste Denkmalunternehmen der Zwischenkriegszeit war die Errichtung des Monuments für den slowakischen Nationalhelden Milan Rastislav Štefánik, Astronom, Mitgründer der tschechoslowakischen Staatlichkeit und französischer General. Seine überlebensgroße Gestalt in einer Fliegerkombination vor einer Säule mit „tschechischem Löwen" stand auf dem Platz am Donaukai, wo sich seinerzeit Krönungshügel und Reiterstandbild von Maria Theresia befunden hatten. Das Werk des tschechischen Bildhauers Bohumil Kafka wurde im Herbst 1938 installiert. Bald danach wurde Štefánik im slowakischen Staat von einem Tschechoslowaken zum slowakischen Autonomisten umkodiert und sein Antibolschewismus wurde hervorgehoben. Der Löwe wurde auseinander genommen und die Säule zertrümmert. Štefániks Statue überlebte bis 1954 und dann wurde er gerade wegen seines Antibolschewismus liquidiert. An die leere Stelle kam später ein anderer slowakischer Nationalheld – der Kodifikator der Schriftsprache Ľudovít Štúr. Der Löwe mit dem tschechoslowakischen Wappen tauchte erst im Jahr 1988 wieder auf, als ein verzweifelter Versuch des Regimes seine Glaubwürdigkeit zu retten.[20] Bis heute steht er unweit vom ursprünglichen Ort, auf dem Donaukai vor dem Nationalmuseum, und erinnert an die nicht mehr existierende Gesamtstaatlichkeit. Am 28. Oktober treffen sich dort jedes Jahr Anhänger der Tschechoslowakei.

Als Zentraldenkmal für kommunistische Rituale diente seit den 1960er Jahren der Friedhof für die sowjetischen Soldaten, Slavín, und seit den 1970er Jahren das Denkmal des Slowakischen Nationalaufstandes (an Stelle des kurzlebigen Stalin-Denkmals). 1985 befanden sich in den Plätzen und Straßen Bratislavas 77 Denkmäler und Gedenkstätten, und dazu noch weitere in Friedhöfen. Der größte Teil von ihnen war Helden und Ereignissen aus dem Zweiten Weltkrieg, dem Slowakischen Nationalaufstand und der Befreiung gewidmet (26%), knapp danach kamen *slowakische* Schriftsteller, Künstler sowie ein paar Wissenschaftler und Erfinder (25%). Denkmäler, die revolutionäre kommunistische Traditionen und die Arbeiterbewegung verherrlichten, bildeten 16%. Vorwiegend in Parkanlagen blieben 13 Statuen *deutscher und ungarischer* Persönlichkeiten der lokalen Geschichte, die noch vor 1918 errichtet worden waren (17%). Unter ihnen überwogen Musiker, was sehr gut mit dem Bild Bratislavas als Stadt der Musik korrespondiert.[21]

Die Mehrheit (34%) der 105 Gedenktafeln im Jahr 1985 erinnerte an den Zweiten Weltkrieg: darunter 26 Tafeln an die Rote Armee und sowjetische Partisanen, 4 an den Slowakischen Nationalaufstand und 5 an antifaschistische Kämpfer und Opfer des Faschismus. Eine fast ebenso große Gruppe stellten Tafeln dar, die kommunistischen Persönlichkeiten und der Kommunistischen Partei gewidmet waren (33%). Tafeln zum Andenken an *slowakische* Künstler und Wissenschaftler, die im nationalen oder kommunistischen historischen Narrativ integriert sind, befanden sich in 15 Orten (14%). Vierzehn Tafeln erinnerten an *nichtslowakische* Persönlichkeiten und Ereignisse, die (mit Ausnahme des norwegischen Schriftstellers Björnstjerne Björnson, der die Slowaken gegen nationale Unterdrückung durch die Ungarn verteidigte) keine slowakischnationale oder kommunistische Geschichtsdeutungen hatten (13%). Ähnlich wie bei Denkmälern dominierten auch bei Gedenktafeln in der Gruppe von „Nichtslowaken" Musiker – Mozart, Haydn, Hummel, Liszt, Rubinštejn, Bartók und Franz Schmidt.[22]

Nach dem Umsturz von 1989 verschwanden zuerst importierte Persönlichkeiten (Lenin, Gottwald), mehrere kommunistische Funktionäre haben ihn aber überlebt. Ein Denkmal für die Opfer des Kommunismus steht nur im Friedhof in Ružinov. Am 16. November 2004 hat der Künstler Fero Guldan ein merkwürdiges inoffizielles Denkmal für die Opfer des Kommunismus und Faschismus auf dem Platz der Freiheit (dem ehemaligen Gottwald-Platz) errichtet und enthüllt. Petőfi kehrte von der rechten Seite der Donau ins Zentrum zurück. Nach dem slowakischen Helden, „Vater der Nation", dem autonomistischen katholischen Pfarrer und Politiker Andrej Hlinka (der die 1000-Kronen-Banknote ziert) wurden in Bratislava nur eine Parkanlage im zweiten Bezirk und ein Platz im Vorort Rača benannt. Eine nostalgische Welle des Erinnerns an die „Multikulturalität" der Stadt spiegelt sich in Inszenierungen von Krönungsfeierlichkeiten und anderen Festen mit historischer Symbolik wider, im dreisprachigen Titel der Zeitung, die jede Haushalt kostenlos erhält, in der Rückkehr verlorener Büsten auf die Fassade des Nationaltheaters, in der Popularität von Nachdrucken und Übersetzungen alter historiographischer Werke und so weiter. Neben dem Krönungsdom, an dem

Ort der ehemaligen neologischen Synagoge, steht das Holocaust-Denkmal. Laut dem Ministerium für Kultur sollte das bronzene Denkmal mit der slowakischen und hebräischen Aufschrift „Gedenke!" zur öffentlichen „moralischen Säuberung" beitragen.[23] Im Jahr 2002 wurde das Memorial von Chatam Sofer eröffnet und zum Grab des Pressburger Wunderrabbis strömen heute zahlreiche jüdische Pilgern aus der ganzen Welt.[24] Anlässlich des Eintritts der Slowakei in die EU baute man bei der Donau, unweit des Ortes, wo einst der Krönungshügel stand, einen Integrationshügel. Der ursprüngliche Krönungshügel war mit Erde aus allen Komitaten des Ungarischen Königreichs gebaut worden, für die neue künstliche Erhöhung spendeten die Botschafter der EU-Länder symbolisch je eine Handvoll Erde aus ihrer Heimat. In den heutigen Debatten über die Benennung der neuen Donaubrücke erscheinen immer noch Ausdrücke der alten historischen Polarisierung („katholische slowakische Nationalisten" versus „Tschechoslowakisten oder Kosmopoliten"). Eine Petitionsaktion, unter anderen auch von der Organisation katholischer Bischöfe initiiert, kämpfte für die Benennung Murgaš-Brücke nach dem (katholischen) Erfinder Jozef Murgaš. Anhänger des tschechoslowakischen Vereins *Mosty* haben den Namen nach Tomáš Garrigue Masaryk vorgeschlagen. In der Internetumfrage gewannen national neutrale Entwürfe – Apollo-Brücke (sie steht auf dem Ort der Raffinerie Apollo, die im Zweiten Weltkrieg ausbombardiert wurde), Regenbogenbrücke, Fünfte Brücke oder Europa-Brücke.[25]

Auf dem ehemaligen Korso fotografieren Touristen Plastiken von unpolitischen Antihelden: aus einem Kanal guckt Čumil hervor, an einer Bank vor dem Rathaus lehnt ein napoleonischer Soldat. Als Zeichen der Konsumwelt lauert ein Paparazzi aus Metall an der Ecke des gleichnamigen Restaurants. Zum neuen Symbol der Stadt auf Ansichtskarten und Reiseführern wurde die Statue vom *Schönen Náci*. Die populäre Figur von Ignác (Náci) Lamár (1897–1967) gehörte jahrzehntelang zum Kolorit der Stadt. Als typischer Pressburger sprach er alle drei Sprachen. In den Straßen promenierte er immer im Frack und Zylinder, mit weißen Handschuhen und einem Spazierstock, höflich grüßte er Bekannte sowie Unbekannte. Einer Legende nach war er in dieser Ausstattung auf seine eigene Hochzeit vorbereitet, die dann aus tragischen Gründen nicht stattfand und dass der unglückliche Bräutigam sich mental von diesem Schlag nicht mehr erholte.[26] Der *Schöne Náci* war nicht nur wegen seiner Gutherzigkeit sehr beliebt, sondern auch deshalb, weil er nie bettelte und sein Brot durch Hilfe in Haushalten verdiente. Die Besitzer von Kaffeehäusern und Konditoreien auf dem Korso haben ihn kostenlos bewirtet. Der elegante und nette Sonderling im schwarzen Frack, den man noch in den 1960er Jahren immer mit einem weißen Päckchen in den Straßen treffen konnte, erinnert an die Welt von gestern, an die verlorene Bürgerlichkeit.[27]

Anmerkungen

1 Ľubomír LIPTÁK, Monuments of Political Changes and Political Changes of Monuments, in: DERS., Changes of Changes. Society and Politics in the 20th Century (Studia historica Slovaca XXII), Bratislava 2002, S. 71–94, insbesondere S. 73.
2 Vgl. Peter SALNER u.a., Taká bola Bratislava [So war Bratislava], Bratislava 1991; DERS., Premeny Bratislavy. Etnologické aspekty sociálnych procesov v mestskom prostredí [Umwandlungen Bratislavas. Ethnologische Aspekte sozialer Prozesse in städtischer Umgebung], Bratislava 1998.
3 Spiro KOSTOF, Die Anatomie der Stadt. Geschichte städtischer Strukturen, Frankfurt–New York 1993, S. 172.
4 Theodor ORTVAY, Geschichte der Stadt Pressburg, I.–IV. (7 Bd.), Pressburg 1892–1912; Tivadar ORTVAY, Pozsony város története, I.–IV. (7 Bd.), Pozsony 1892–1912.
5 Zlatá kniha Bratislavy. Das goldene Buch der Stadt Bratislava. Bratislava város aranykönyve, Bratislava 1928.
6 Pressburg in der neuen Slowakei. Geschichte, Kultur, Wirtschaft, Preßburg 1940, S. 7.
7 Vladimír HORVÁH, Darina LEHOTSKÁ, Ján PLEVA (Hg.), Dejiny Bratislavy [Die Geschichte Bratislavas], Bratislava ²1978.
8 Pavel DVOŘÁK, Zlatá kniha Bratislavy [Das goldene Buch Bratislavas], Bratislava 1993.
9 Vgl. Elena MANNOVÁ, Objavovanie mnohovrstvovosti. Diferencovaná prezentácia minulosti multietnickej Bratislavy po politických zlomoch 19. a 20. storočia [Die Entdeckung der Vielschichtigkeit. Die differenzierte Präsentation der Vergangenheit des multiethnischen Bratislava nach politischen Zäsuren des 19. und 20. Jahrhunderts], in: OS Fórum občianskej spoločnosti 9 (2005), 1–2, S. 110–116.
10 LIPTÁK, Monuments of Political Changes, S. 72.
11 Johann BATKA, Emerich WODIÁNER (Hg.), A Hummel-emlékszobor leleplezéséhez, Pozsony, 1887, évi október hó 16. Zur Enthüllung des Hummel-Denkmals in Pressburg, am 16. Oktober 1887, Pozsony–Pressburg [1887].
12 Elena MANNOVÁ, Identitätsbildung der Deutschen in Pressburg im 19. Jahrhundert, in: Halbasien. Zeitschrift für deutsche Literatur und Kultur Südosteuropas 5, 2 (1995), S. 60–76; DIES., Die Pressburger Deutschen und ihre Vereine im 19. Jahrhundert (Vornationale Identität im multiethnischen urbanen Raum), in: Wynfrid KRIEGLEDER, Andrea SEIDLER, Jozef TANCER (Hg.), Deutsche Sprache und Kultur im Raum Pressburg, Bremen 2002, S. 65–82.

13 Geschichte der gerechten und vollkommenen Johannisloge Zur Verschwiegenheit im Oriente Pressburg 1872–1932, Reichenberg o.J., S. 93.
14 Eugen ENGYELI, Alois LANGER (Hg.), Festschrift zur Enthüllung des Pressburger Krönungsdenkmales am 16. Mai 1897, Pressburg [1897], S. 12.
15 Eleonóra BABEJOVÁ, Fin-de-Siècle Pressburg. Conflict and Cultural Coexistence in Bratislava 1897–1914, New York 2003, S. 163.
16 Ebenda, S. 164.
17 Festschrift aus Anlass der Enthüllung des Pozsonyer Petőfi-Denkmales, Pozsony 1911.
18 DVOŘÁK, Zlatá kniha Bratislavy, S. 502.
19 Pavel Z BUDČE, Komu a proč dnes stavíme pomníky [Wem und warum bauen wir Denkmäler], o.O. u. o.J. [Zwischenkriegszeit], S. 19.
20 LIPTÁK, Monuments of Political Changes, S. 72.
21 Eva JANKOVIČOVÁ, Zoznam pamätných tabúľ, pomníkov a pamätníkov Bratislavy [Verzeichnis der Gedenktafeln, Denkmäler und Gedenkstätten Bratislavas], Bratislava 1985. Manuskript befindet sich in der Regionalen Bibliothek Bratislavas, für die Möglichkeit zur Einsichtnahme danke ich dem Direktor Dr. Juraj Kodaj.
22 Ebenda.
23 Monika MITÁŠOVÁ, Pamätníky holokaustu (Poznámky na okraje bratislavského pamätníka holokaustu) [Holokaust-Denkmäler (Bemerkungen am Rande des Bratislavaer Holokaust-Denkmal)], in: Egon GÁL (Hg.), Židia v interakcii II, Bratislava 1999, S. 117–137.
24 Zur Gedenkstätte vgl. Peter SALNER, Martin KVASNICA, Chatam Sofer memoriál 1762–2002, Bratislava 2002.
25 Bratislavské noviny 7, No. 19, 21.10.2004, S. 1.
26 Eine unterschiedliche Variante seiner Lebensgeschichte bietet die Prosa von L. O. ROSA, Schöne Náci, bratislavský Charlie [Schöner Náci, Bratislavaer Charlie], Bratislava 1994.
27 Die Forschung für diesen Beitrag ermöglichte das „Centre of Excellence" der Slowakischen Akademie der Wissenschaften „Kollektive Identitäten in modernen Gesellschaften. Region Zentraleuropa. Prozesse von Konstruierung, Reproduktion und Transformierung kollektiver Kategorien und Identitäten".

Abb. 1: Maria Theresia-Denkmal von Johann Fadrusz auf dem Ort des ehemaligen Krönungshügel, 1897

Abb. 2: Das Petőfi-Denkmal von Béla Radnai verdrängte das ursprüngliche Hummel-Denkmal, 1911.

Abb. 3: Štefánik-Denkmal von Bohumil Kafka auf dem Ort des demolierten Maria Theresia-Denkmals, 1938. Die Situation nach dem Entfernen des Pylons mit dem Löwen und dem tschechoslowakischen Staatswappen, 1940.

Abb. 4: Der Pylon mit dem Löwen aus dem ehemaligen Štefánik-Denkmal wurde nach 34 Jahren auf einem anderen Ort wieder aufgestellt und erinnert an die Gründung der Ersten Tschechoslowakischen Republik, 1988. (Foto: Andrej Mann)

Abb. 5: Ľudovít Štúr mit seiner Gefolgschaft vom Bildhauer Tibor Bártfay wurde - lange nach dem Entfernen des Štefánik-Denkmals - auf dem freien Platz vor der städtischen Redoute errichtet, 1972. (Foto: Andrej Mann)

Abb. 6: Das Denkmal für die Opfer des Holocaust von Milan Lukáč steht auf dem Ort der zerstörten neologischen Synagoge. (Foto: Viera Kamenická)

Abb. 7: Die von Juraj Meliš geschaffene Statue vom Schönen Náci auf dem Bratislavaer Korso. (Foto: Andrej Mann)

Zur Stratigraphie republikanischer Selbstdarstellung am Beispiel Berns

François de Capitani (Bern)

I.

Berns Geschichte der nachreformatorischen Zeit kennt keine ganz großen Brüche, keine systematischen Bilderstürme. Der Übergang von der alten aristokratischen Republik zum modernen demokratischen Nationalstaat vollzog sich in Etappen zwischen 1798 und 1848.[1] Trotz Bürgerkriegen, die vom 16. bis zum 19. Jahrhundert regelmäßig ausbrachen, blieben die Symbolwelten bemerkenswert stabil oder konnten leicht uminterpretiert werden. Der Wandel im politischen Selbstverständnis fand seit der frühen Neuzeit immer im Rahmen eines republikanischen Diskurses statt, der sich zwar immer wieder neuen Forderungen stellen musste, doch nie radikal in Frage gestellt wurde. Wir müssen deshalb weit ins 16. Jahrhundert zurückgreifen, wenn wir die Denkmalpolitik des 19. und 20. Jahrhunderts in Bern verstehen wollen.

Ein bewusster republikanischer Umgang mit Denkmälern begann schon bald nach der Reformation. Dem Bildersturm waren zwar die Statuen der Heiligen zum Opfer gefallen,[2] doch andere religiöse Bilder im öffentlichen Raum konnten ohne große Mühe uminterpretiert werden. Dem riesigen Christophorus, der am Stadteingang über die Stadt wachte, wurden das Christusknäbchen, der Heiligenschein und der Stab abgenommen.[3] Neu mit Hellebarde und Schwert ausgerüstet wurde er zum Goliath; in Verbindung mit einer Davidskulptur auf dem davor liegenden Brunnen wurde so aus dem Heiligen ein alttestamentarisches Gleichnis der städtischen Freiheit. Wie der Davidbrunnen die Uminterpretation des Christophorus erlaubte, so konnte das Bildprogramm des Jüngsten Gerichts am Hauptportal des Münsters mit einer Mosesfigur in einen heilsgeschichtlichen Zusammenhang gebracht werden, der auch dem reformierten Glauben konform war.

Schließlich aber waren es die in den 40er Jahren des 16. Jahrhunderts erstellten Brunnenfiguren, die eine neue, christliche, aber nicht katholische, dezidiert republikanische Lektüre der Stadt zum Programm erhoben.[4] Elf große Brunnenfiguren prägten seither das Bild der Berner Gassen: Bilder der Tugenden und der Stärke der wehrhaften Stadt. Der Zeitglockenturm – ursprünglich ein Eingangstor in die Stadt – war nach zwei Stadterweiterungen zum Mittelpunkt der Stadt geworden.[5] Eine ausgeklügelte astronomische Uhr und großzügige Fassadenmalereien machten den Turm schon im 16. Jahrhundert zu einer beachteten Attraktion und die großflächigen Fresken reihten sich in das große stadtweite angelegte ikonographische Programm ein.

In Etappen setzt sich seit dem ausgehenden 16. Jahrhundert ein neues Selbstverständnis der städtischen Obrigkeit durch. Die Entfremdung vom Reich fördert ein dezidiert republikanisches Denken, mit der territorialen Ausdehnung und Festigung der bernischen Macht entsteht ein neues Staatsbewusstsein, die Stadt wird zur Hauptstadt eines geschlossenen Herrschaftsgebiets. Nicht nur in Münzen und Medaillen lässt sich dieser Wandel nachvollziehen, auch in den Denkmälern und besonders in der Adaptation bestehender Denkmäler an neue Bedürfnisse.[6]

Die Neubemalung des Zeitglockenturms zu Beginn des 17. Jahrhunderts setzt bereits einen neuen Akzent. Der Bannerträger, der bisher die stolze Reichsstadt verkörperte, wurde durch ein – heute nur noch teilweise rekonstruierbares – allegorisches Bildprogramm ersetzt. Vier große Ölbilder mit der Gründungsgeschichte im Tordurchgang ergänzten das Programm[7].

Republiken standen in der frühen Neuzeit unter Legitimationsdruck, denn sie bildeten die Ausnahme, wurden – ganz besonders im 17. Jahrhundert – als Gefahr für die europäische Sicherheit betrachtet und mussten deshalb gewaltige Anstrengungen unternehmen, dem Vorwurf der Illegitimität zu begegnen.[8]

Ein Weg war die Berufung auf die Geschichte. In Bern wurde Berchtold V. von Zähringen zum Helden der Republik. Dass ausgerechnet ein Fürst zum Begründer der bernischen Freiheit wurde, ergab sich aus der Legende. Die beiden Kinder des Herzogs und Städtegründers sollen vom neidischen Adel ermordet worden sein. Mit Berufung auf die spätmittelalterlichen Chroniken heißt es in einer Version des frühen 18. Jahrhunderts drastisch:[9]

Daher er sich entschlossen, dem umliegenden Adel zu Trutz, und seinen übrigen getreuen Unterthanen zum Schutz und Trost eine wehrhafte Stadt zu bauen, und sprach: ‚Meine Widersacher haben die Hoffnung meines Hauses mit Gifft hingenommen, diese Stadt soll ihnen aber zu einem gifftigen Trank werden, darin sie sich zu tode bluten sollen.'

Expressis verbis wird Berchtold schließlich im 18. Jahrhundert als der Begründer der Republik bezeichnet. In einer patriotischen Rede von 1761 rief ein junger Berner Aristokrat pathetisch aus[10]: „Stosst er mit einer Hand die Kayserskrone von sich, und achtet sie nicht wehrt, ihr seine Ruhe und seine Tage aufzuopffern, so baut er mit der andern eine Stadt auf, und leget den Grund zu einer freyen Republik."

Ein großes gemaltes, heraldisches Denkmal auf den Stadtgründer wurde 1601 im Münster errichtet.[11] Aber bald zweifelte auch niemand mehr daran, dass der geharnischte Stundenschläger auf dem Zeitglockenturm niemand anderes sein konnte als der Herzog von Zähringen.[12]

Eine weitere Möglichkeit der republikanischen Legitimierung bestand im Anknüpfen an die großen Vorbilder der Antike, besonders an Rom. Wie andere Städte der alten Eidgenossenschaft sah auch Bern sich in der legitimen Nachfolge der römischen Republik und die Hauptstadt sollte dem auch Rechnung tragen[13]. Der bunten Welt des Barocks sollte ein schlichtes, aber imposantes Erscheinungsbild entgegengestellt werden. Davon zeugen die großen Staatsbauten des 18. Jahrhunderts, die Spitäler und das Kornhaus. Die bunten Skulpturen der Brunnen und am Münster wurden in schlichteren Farben neu gefasst, z.T. auch nur grau getüncht. Die Fresken am Zeitglockenturm machten ornamentalen Figuren Platz und die wenigen damals errichteten, betont schlichten Denkmäler an große Taten und große Männer lehnten sich an römische Vorbilder an, mit kunstvollen lateinischen Inschriften versehen. Auch der Zeitglockenturm erhielt ein solches Erinnerungszeichen: Herzog Berchtold im Profil mit einer antikisierenden Inschrift. Neue Straßen erhielten nach römischem Vorbild Meilensteine – Mittelpunkt des Straßensystems war selbstverständlich der Zeitglockenturm – und Inschriften erinnerten an die Bauarbeiten.

Durch gezielte Baumaßnahmen wurde die Stadt als Ganzes zum Monument, zum Bild der Republik stilisiert. Als solches erlebten bereits im 18. Jahrhundert die Besucher die Stadt. So schreibt Goethe 1779 genau das, was die bernische Obrigkeit von einem durchreisenden Dichter hören wollte:[14]

[...] sie ist die schönste, die wir gesehen haben, in Bürgerlicher Gleichheit eins wie das andere gebaut, all aus einem graulichen weichen Sandstein, die egalitet und Reinlichkeit drinne thut einem sehr wohl, besonders da man fühlt, dass nicht leere Decoration oder Durchschnitt des Despotismus ist.

Grau waren damals auch die Bildsäulen, die Türme, alles sollte altrömische Schlichtheit und Größe suggerieren. Die Revolution setzte dieser allgegen-

219

wärtigen Evokation Roms ein rasches Ende. Nach 1803, dem Ende der kurzlebigen Helvetischen Republik, konnte und wollte man weder an die Rombegeisterung des Ancien Régime, noch an jene der Revolutionsjahre anknüpfen.

Doch im 18. Jahrhundert wurde in der Schweiz wie überall Sinn und Zweck von Denkmälern heftig diskutiert. Deutlich hat dies Isaac Iselin 1781 formuliert:[15]

Die letzteren [die alten Eidgenossen] haben Capellen, Wallfahrten etc. zum Andenken derer gestiftet, die für das Vaterland gestorben sind, und sie haben dabey in dem Geiste ihrer Zeiten gehandelt. Nun ist die Zeit der Ehrensäulen und der litterarischen Denkmäler. Sie werden ohne Zweifel auch in der Schweiz aufkommen und Gutes stiften.

Anlass war die Errichtung eines Monuments für die mythischen Gründer der Eidgenossenschaft und Wilhelm Tell am Vierwaldstättersee durch den französischen Philosophen Abbé Raynal gewesen. Dass dieses Denkmal 1796 durch einen Blitzschlag vollständig zerstört wurde, heizte die Diskussion weiter an.

II.

Auf diesem Hintergrund ist die bernische Geschichte der Interpretation des öffentlichen Raumes durch Denkmäler im 19. Jahrhundert zu verstehen: Eine relativ große Zahl von Figuren stand bereits in den Straßen Berns, über deren ursprüngliche Bedeutung man aber nichts genaues mehr wusste. Natürlich konnte der Gerechtigkeitsbrunnen nicht völlig falsch interpretiert werden, aber die anderen? Das Programm der Tugenden und der selbstbewussten Stärke war unverständlich geworden, und das gerade in einer Zeit, wo der Bedarf an Denkmälern im öffentlichen Raum stieg. Die großen institutionellen Umwälzungen der ersten Hälfte des Jahrhunderts gaben der Identifikation mit der eigenen Geschichte neuen Auftrieb. Was lag näher als im frühneuzeitlichen Bildprogramm genau das zu erkennen? Der Brunnen mit der Allegorie der Temperantia könnte doch ein Denkmal auf die Spitalgründerin Anna Seiler sein? Also ist er es. So wurden die Brunnenfiguren durch einfache Uminterpretation zu historischen Denkmälern.[16] Der Armbrustschütze, der schon im 18. Jahrhundert gelegentlich als Wilhelm Tell bezeichnet wurde,[17] wird nun zum bernischen Helden Ryffli, der Bannerträger zum Venner

Brüggler. Nicht alle neuen Namen haben sich bis heute erhalten, mehrere haben sich aber durchgesetzt. Bern war in der glücklichen Lage, auf wohlfeile und effiziente Art und Weise zu einer Neuinterpretation des städtischen Raumes zu gelangen. Dieses Programm wurde im 19. und beginnenden 20. Jahrhundert durch einige weitere – als unverzichtbar angesehene – Heldendenkmäler erweitert.[18] Als erstes wurde wiederum Berchtold von Zähringen geehrt, die allegorische Darstellung im Münster und die Interpretation eines geharnischten Bären auf einem Brunnen als Allegorie auf den Herzog waren wohl zu abstrakt und der Stundenschläger am Zeitglockenturm wurde nicht mehr als Berchtold angesehen. Es folgten die beiden großen Kriegsführer des Mittelalters, Rudolf von Erlach und Adrian von Bubenberg, und schließlich Albrecht von Haller als Vertreter der Geistesheroen. Daneben gab und gibt es natürlich eine Vielzahl von kleineren historischen Denkmälern und Gedenktafeln, die aber das Stadtbild kaum geprägt haben.

Berns Identitätsfindung wurde nach 1850 auf harte Proben gestellt. Es war nicht mehr die stolze Stadt, die über ein großes Territorium regierte, sondern Hauptstadt eines demokratischen und bäuerlich geprägten Kantons und seit 1848 Bundesstadt der Eidgenossenschaft. Stadt, Kanton und Bund müssen sich seit 1848 das Stadtbild teilen; den meisten Einfluss hat sicher die Stadt, doch Interventionen des Kantons oder des Bundes lassen sich nicht vermeiden und führen regelmäßig zu Reibereien, die im Straßenbild durchaus Spuren hinterlassen haben.

Zudem wuchs die Stadt in der zweiten Hälfte des 19. Jahrhunderts rasch in alle Himmelsrichtungen: neue Quartiere entstanden, wie ein Ring legten sie sich um die Altstadt auf der Aarehalbinsel. Und damit begann die Stadt anders zu funktionieren. Die Lebensbereiche Arbeit, Freizeit, Wohnen drifteten wie überall auseinander und die Quartiere der Innenstadt waren stürmischen Zeiten ausgesetzt. Teile verslumten, andere wurden zu reinen Geschäftsbezirken.

Der Umgang mit der historischen Bausubstanz und den Denkmälern wurde nun zu einem wichtigen Thema der politischen Auseinandersetzung. Sollen die Wahrzeichen und Denkmäler früherer Zeiten erhalten werden, oder sollten sie nicht einer großzügigen Moderne weichen? Exemplarisch wurde dieser Streit um die Besetzung des öffentlichen Raumes in der Debatte um den Abbruch des Christoffelturmes geführt.[19] Dieser schloss die Altstadt im Westen ab und gerade hier entstand – in unmittelbarer Nähe des Bahnhofes – ein modernes Geschäftsquartier. Die Befürworter eines Abbruchs argumentierten, der Turm sei ein Verkehrshindernis und das Symbol eines überwundenen Ancien Régime. Die Gegner führten die Bedeutung des Turmes für das gesamte Stadtbild ins Feld. Der Streit entzweite die Bevölkerung und wurde zum Zankapfel in der parteipolitischen Auseinandersetzung zwischen Konservativen und Progressiven. Der Christoffelturm war zum Wahrzeichen des konservativen alten Bern geworden. Äußerst knapp – mit 415 gegen 411 Stimmen – wurde der Abbruch 1864 beschlossen und alsbald durchgeführt. Die Aktion zeigte durchaus ikonoklastische Züge: das Wahrzeichen des alten Bern sollte ganz verschwinden. Die Christophorusstatue wurde demonstrativ als Brennholz verwendet, obwohl sie hätte verkauft werden können. Nur wenige Teile – so der gigantische Kopf – sind erhalten geblieben, aus kleineren Holzstücken wurden Erinnerungsstücke geschnitzt; so sind auch einige Geigen aus dem Holz des Christophorus bekannt. Schon wenige Jahre später wäre die Zerstörung des Turmes nicht mehr denkbar gewesen. Über alle politischen Parteien hinweg herrschte Konsens über die Erhaltung der bedeutenderen Monumente oder wenigstens um einen behutsamen Umgang mit dem Gesamtbild. Neubauten konnten zwar mit der Moderne liebäugeln, doch hatten sie sich dem Gesamtbild unterzuordnen. Hans Bloesch, ein feinsinniger Beobachter dieses Wandels hat es folgendermaßen ausgedrückt:[20]

Fast unmerklich verschwand das alte Bern, Stück um Stück wurden die alten Bausteine abgetragen und andere eingefügt an ihrer Stelle, so dass wohl der Grundplan und der Gesamteindruck blieben, das einzelne aber sich wandelte, um den Forderungen zu entsprechen, die ein neues Menschengeschlecht an seine Umgebung stellte.

Immerhin, ein bedeutender Teil der innerstädtischen Bausubstanz blieb erhalten und die Innenstadt wurde als Ganzes immer mehr als riesiges Monument angesehen, dem mit Denkmälern oder Bauelementen verschiedene Akzente versetzt werden konnten.

Über die Schicht der Interpretation der Stadt als der Heimat großer Helden aus der Zeit vor der Revolution legten sich neuere Schichten der Inbesitznahme des öffentlichen Raumes.

Die Bundesbauten und ihre Denkmäler stellen Bern als die Stadt des eidgenössischen Aufbruches dar. Als eigentliches Nationaldenkmal der Eidgenossenschaft wurde das Bundeshaus geplant und 1902 eingeweiht. Besonders stolz war man auf die Bedeutung der Schweiz im Rahmen internationaler Organisationen, deren friedensfördernde Arbeit gewürdigt wurde. Weltpostdenkmal und Welttelegraphendenkmal waren der direkte Ausdruck dieses Bildes einer modernen und demokratischen Schweiz, nicht zur Freude jener

Berner, denen vor allem das Bild der stolzen und aristokratischen Republik des Ancien Régime am Herzen lag.[21]

Die Stadt begann ihr Erbe neu zu interpretieren. Die Brunnen und die Figuren am Münster erhielten ihre ursprüngliche farbige Fassung zurück, zuerst in verhaltenen Farbtönen, später mit bunteren Farben. Wieder einmal wurde der Zeitglockenturm mit neuen Fresken versehen, da die schlichten Dekorationen des 18. Jahrhunderts nicht mehr zum angestrebten Stadtbild passten. Aus verkehrstechnischen Gründen wurden Brunnen verschoben, da ja der ikonographische Gesamtzusammenhang des Figurenprogramms schon längst vergessen war, hatte dies keine negativen Folgen für die Denkmalfunktion der einzelnen Figuren.

III.

Akzente in der Lektüre des Stadtbildes wurden im 20. Jahrhundert weniger durch Denkmäler gesetzt, sondern durch Zitate im Baustil. Hier nun konnte die Stadt Bern als eine Stadt in einem Kanton, der sich als Bollwerk der bäuerlichen Kultur verstand, einbezogen werden. Ein Neubau inmitten der Altstadt – der Sitz der Rentenanstalt – wurde in der Zwischenkriegszeit als überdimensioniertes Emmentaler Bauernhaus errichtet. Der stadtbernische Baudirektor – ein Sozialdemokrat – begrüßte diese private Initiative und schrieb:[22]

Der Generaldirektor der Rentenanstalt, ein Berner, wie er kerniger kaum sein könnte, wollte damit der Bauweise seiner bernischen Landschaft seinen Tribut zollen; und so ist das Bauwerk denn auch zu werten.

Das Haus ist also erklärtermaßen ein Denkmal auf die postulierte enge Verbindung von Stadt und Land. Ebenso konnte die Stadt als Stadt der Arbeiter konnotiert werden: das Volkshaus von 1911/14 oder ein Denkmal auf den Arbeiter am Berner Rathaus um 1940 setzten Signale. Jakob Bührer schrieb zum Bau des Volkshauses die programmatischen Zeilen[23]:

Nun bricht in dieses alte ‚neue Bern' hinein, in diese Sandsteinpaläste, die aber nicht mehr die Wohnungen unserer gnädigen Herren, sondern Warenhäuser, Rechtsanwalts- und Versicherungsbureaus beherbergen, ein gewaltiger Neubau, der nicht aus Sandstein besteht, sondern aus ‚Dreck und Eisen', der keiner altbernischen Bauform sein Motivchen entnimmt, sondern fromm, frech und frei seine eigene Melodie heruntergeigt.

Die Stadt der Aristokratie, die Stadt des Bauernkantons oder die Stadt der Arbeiter – so sollte Bern wahrgenommen werden. Das Altbernisch-aristokratische überwog jedoch und setzte sich seit der Zwischenkriegszeit und ganz besonders nach dem Zweiten Weltkrieg endgültig durch. Das Programm der Stadt wurde immer mehr durch einen breiten Konsens im Schoße des Heimat- und Denkmalschutzes bestimmt. Die Vermarktung im wachsenden Tourismus mag eine wichtige Rolle gespielt haben, doch identitäre Fragen waren wohl doch bestimmend. Niemand mehr hat ernsthaft nach dem Zweiten Weltkrieg eine durchgreifende Erneuerung der Stadt gefordert. Die Stadt als Monument ist unbestritten, niemand möchte sie missen – was wäre Dürrenmatt ohne seine als bedrohend und einengend erfahrene Berner Altstadt?[24] Bern wurde gesäubert und das Stadtbild bereinigt. Symptomatisch ist das Herumschieben von Denkmälern im 20. Jahrhundert. Herzog Berchtold, Rudolf von Erlach, Adrian von Bubenberg und Albrecht von Haller stehen heute nicht mehr dort, wo sie ursprünglich hingestellt wurden. Teils aus Gründen der Verkehrsplanung, teils aber gerade aus denkmalschützerischen Erwägungen wurden neue Standorte gefunden. Sie stehen heute etwas diskreter im Stadtbild, sollen nicht auf die Besitzergreifung des öffentlichen Raumes durch die heroische Geschichte im 19. Jahrhundert hinweisen, die heute kaum mehr nachvollziehbar ist.

Schon vor dem Ersten Weltkrieg stießen sich viele an den überdimensionierten Plakaten und Anzeigen, die vom Bild einer alten Stadt ablenkten. Nach und nach mussten diese verschwinden oder wenigstens diskret in den Hintergrund treten. Dieser Prozess der Monumentalisierung der Altstadt als solche ist bis heute nicht abgeschlossen. Einige im Zuge der Modernisierung nach dem Ersten Weltkrieg asphaltierte Straßen erhalten wieder eine Pflasterung nach alten Vorbildern, der motorisierte Verkehr wird zurückgedrängt. Vor 50 Jahren sah Bern moderner aus als heute, wenn man von den technischen Infrastrukturen absieht. In diesem Monument hat es keinen Platz mehr für neue Denkmäler, die der Stadt eine neue Konnotation geben könnten. Schon 1941 schrieb Hans R. Hahnloser:[25]

Mag sein, dass die lärmenden Maschinen der nächsten Epoche, die rasende Kugel vom Weltpostverein und die Brunnenmutter vom Helvetiaplatz auf langehin den Mut der Künstler wie der Behörden lähmten – der Staat hat bis zum vergangenen Jahr unser Stadtbild durch keinen Auftrag verschönt, und auch den Bundesvätern gebrach es an besserem Rat.

Als die Neugestaltung des Platzes vor dem Bundeshaus vor wenigen Jahren zur Debatte stand, stellte sich genau diese Frage. Die Gestaltung als „Platz der Menschenrechte", wie es von einer überparteilichen Gruppierung vorgeschlagen worden war, wurde von links und rechts heftig bekämpft. Der Platz ist zwar jetzt verkehrsfrei geworden, doch einer verbindlichen Konnotation wurde ausgewichen. Ein abstrakter Springbrunnen trägt zur Ästhetisierung des Platzes bei, der bewusst bedeutungsneutral bleiben soll.

Heute ist es wohl so, dass die Überlagerung verschiedener Schichten der Besetzung des öffentlichen Raumes durch Zeichensysteme der letzten 500 Jahre die Lektüre des Stadtbildes schwierig macht und neue Initiativen im Keim erstickt. Dass es keine großen Brüche gab und damit auch keine Neuanfänge, bedeutet einerseits für viele Geborgenheit, andererseits für andere Einengung. Die Historiker haben sich – mit gutem Grund – auf den Umgang mit Brüchen konzentriert – dass auch die Kontinuität Fragen aufwirft, sollte dabei nicht vergessen werden.

Anmerkungen

1 Zur allgemeinen Entwicklung: Beat JUNKER, Geschichte des Kantons Bern seit 1798. 3 Bde, Bern 1982-1996. Anna BÄHLER u.a, Bern – die Geschichte der Stadt im 19. und 20. Jahrhundert, Bern 2003.
2 Zum Bildersturm der Reformation: Franz-Josef SLADECZEK, Der Berner Skulpturenfund: die Ergebnisse der kunsthistorischen Auswertung, Bern 1999, S. 33ff.
3 Vgl. Franz BÄCHTIGER, Zur Revision des Berner Christoffel, Bern 1980.
4 Vgl. allgemein: Paul HOFER, Die Kunstdenkmäler des Kantons Bern. Band I. Die Stadt Bern, Basel 1952. Zum Bildprogramm; Markus LANDERT, Zeichen der Freiheit im Stadtbild Berns. Öffentliche Bauten als Ausdruck des republikanischen Staatswesens, in: Berner Kunstmitteilungen 279 (1991), S. 11-15. Neue Ansätze bei: Ursula SCHNEEBERGER, Der Gerechtigkeitsbrunnen in Bern. Eine Neuinterpretation, Bern 1998 (Typoskript).
5 Ueli BELLWALD, Der Zytglogge in Bern, Bern 1983 (Schweizerische Kunstführer, Serie 35, Nr. 341/343).
6 Hans Christoph VON TAVEL, Zur Selbstdarstellung des Standes Bern im 17. Jahrhundert, in: Im Schatten des Goldenen Zeitalters, Band II, Bern 1995, S. 295-304.
7 BELLWALD, Der Zytglogge.
8 Zum Thema der republikanischen Legitimation: Zeichen der Freiheit. 21. Europäische Kunstausstellung unter dem Patronat des Europarates. Katalog von Dario GAMBONI, Georg GERMANN (Hg.) unter Mitwirkung von François DE CAPITANI, Bern 1991.

9 [Johann Rudolf GRUNER], Deliciae urbis Bernae, Zürich 1732, S. 9-10.
10 Albrecht HERPORT, Herzog Berchtold V., in: Patriotische Reden, gehalten vor dem hochlöblichen äußern Stand der Stadt Bern, Bern 1773, S. 83-99, Zitat S. 91.
11 Luc MOJON, Die Kunstdenkmäler des Kantons Bern. Band IV. Das Berner Münster, Bern 1960, S. 356ff.
12 GRUNER, S. 410.
13 François DE CAPITANI, Die Antike im schweizerischen Staatsdenken des 18. Jahrhunderts, in: Ernest GIDDEY (Hg.), Vorromantik in der Schweiz? 6. Kolloquium der SGG 1981, Freiburg 1982, S. 217-237.
14 Goethe in einem Brief vom 9.10.1779 an Charlotte von Stein. Zit. n. Hans WAHL, Goethes Schweizerreisen. Tagebücher, Briefe, Gedichte, Handzeichnungen, Bern 1921, S. 15-16.
15 Brief vom 21. April 1781, gedruckt in: Ferdinand SCHWARZ (Hg.), Briefwechsel des Basler Ratschreibers Isaak Iselin mit dem Luzerner Ratsherrn Felix Balthasar, in: Basler Zeitschrift für Geschichte und Altertumskunde Band 21 (1925), S. 265. Zu den frühen Denkmälern in der Schweiz und der Geschichte des Raynal-Denkmals: Benno SCHUBIGER, Die Suche nach dem Nationaldenkmal vor 1848, in: Die Erfindung der Schweiz - Bildentwürfe einer Nation. Schweizerisches Landesmuseum, Zürich 1998, S. 58-65.
16 Einer der eifrigsten Berner Lokalhistoriker der ersten Hälfte des 19. Jahrhunderts war der Pfarrer Karl Howald (1796-1869). Sein besonderes Interesse galt den Brunnenfiguren und ihrer Deutung. Seine handschriftliche „Berner Brunnenchronik" wird in der Burgerbibliothek Bern aufbewahrt.
17 Walter BIBER, Regesten zur Baugeschichte der Stadt Bern II, Bern 1954, S. 66.
18 Zu den Denkmälern Berns im Allgemeinen: Karl F. WÄLCHLI u.a., Bernische Denkmäler, Bern 1987.
19 Franz BÄCHTIGER, Zur Revision des Berner Christoffel, Bern 1980.
20 Hans BLOESCH, 700 Jahre Bern. Lebensbild einer Stadt, Bern 1931, S. 149.
21 Zum Welttelegraphendenkmal: Welttelegraphendenkmal. Bern, Helvetiaplatz. Konservierung, Restaurierung 2001-2003, Bern 2003.
22 Ernst REINHARD, Lebendiges Bern, Bern 1942, S. 16.
23 Jakob BÜHRER, Das neue Volkshaus in Bern, in: Das Werk 1915, S. 41-78, S. 42.
24 Friedrich DÜRRENMATT, Die Stadt, Zürich 1962.
25 Hans R. HAHNLOSER, Werke neuer Kunst an öffentlichen Bauten Berns, in: Atlantis 1941.

Abb. 1: Gerechtigkeitsbrunnen, errichtet 1543

Abb. 2: Anna Seiler Brunnen, 1545. Die Figur der Temperantia wurde im 19. Jahrhundert zum Denkmal auf die Berner Spitalsgründerin umgedeutet.

Abb. 3: Denkmal auf Herzog Berchtold V. von Zähringen. Die Figur des Berner Künstlers Karl Emanuel Tscharner wurde 1847 auf der Münsterplattform aufgestellt.

Abb. 4: Der Zeitglockenturm um 1900

Abb. 5: Das Bundeshaus, eingeweiht 1902. (Architekt: Hans Auer)

Abb. 6: Weltpostdenkmal. Das Werk des Pariser Künstlers René de St-Marceaux wurde 1909 eingeweiht.

Abb. 7: Sitz der Rentenanstalt, um 1940

Zum Umgang mit den baulich-symbolischen Relikten der DDR in Ostberlin

Lena Schulz zur Wiesch (Berlin)

Erkenntnisinteresse und Fragestellung

Allein im 20. Jahrhundert erlebte Berlin Kaiserreich, Weimarer Republik, Nationalsozialismus, die getrennte Koexistenz von DDR-Realsozialismus und bundesrepublikanischer Marktwirtschaft und nun die so genannte *Berliner Republik*. Wie alle Regime hinterließen auch die genannten ein spezifisches baulich-symbolisches Erbe im *Stadttext*. Gegenstand des Beitrags sind die Auseinandersetzungen um das Erbe des Realsozialismus und deren Auswirkungen in der neuen Berliner Republik.

Die Jahre 1989/90 standen im Zeichen eines extrem raschen Wandels. Mit der Währungsunion im Sommer 1990 verschwanden die Konsumprodukte, zur Vereinigung wurden fast sämtliche Institutionen der ehemaligen DDR durch die westlichen ersetzt und schließlich die offiziellen Staatsinsignien der DDR (Wappen, Flagge, Hymne, Währung) getilgt. Auch die baulich-symbolische Umwelt hat sich stark verändert. Seit 1989 sind in Ostberlin beispielsweise über 80 Straßen umbenannt worden,[1] wurden zahlreiche Gedenktafeln abgenommen oder inhaltlich verändert; die Mauer, *das* Symbol der Blockkonfrontation während des Kalten Krieges, wurde bis auf wenige Segmente vollständig entfernt; mehrere Denkmäler geschliffen und symbolträchtige Gebäude abgerissen. Die mit den baulich-symbolischen Veränderungen verbundene Entkanonisierung und der Austausch der Leitbilder und geistigen Vorbilder hat zahlreiche Auseinandersetzungen entfacht, die nicht nur die Relikte des Realsozialismus, sondern auch die anderer Epochen miteinbezogen haben. Derartige Auseinandersetzungen sind typisch für revolutionäre und postrevolutionäre Phasen,[2] können aber sehr unterschiedliche Verläufe haben. So blieben während des Zusammenbruchs der DDR in Ostberlin beispielsweise die sonst für revolutionäre Phasen typischen Bilderstürme und Denkmalstürze aus. Deswegen standen und stehen die Entscheidungsträger in der vereinten Stadt vor der schwierigen Aufgabe, sich gegenüber vielen symbolischen Relikten des DDR Regimes zu verhalten.

Mein Vorhaben ist es, in diesem Beitrag einen soziologisch-politikwissenschaftlichen Blick auf die Auseinandersetzungen mit diesem Erbe zu werfen. Der Umgang mit Symbolen ist in demokratischen Gesellschaften nicht das Ergebnis herrschaftlicher Verfügungen, sondern politischer Entscheidungen, an denen eine Vielzahl von Akteuren beteiligt ist. Sie finden zudem in einem bestimmten zeitlichen und gesellschaftlichen Rahmen statt, der die Argumente und Entscheidungsprozesse beeinflusst und letztlich auch festlegt, welche Lesarten des baulich-symbolischen Erbes entstehen. Hauptgegenstand des Beitrags sind die verschiedenen Faktoren, die auf das Schicksal und den Inhalt der Objekte einwirken.

Im ersten Abschnitt werde ich näher auf einen Symbolbegriff eingehen und anschließend die Ostberliner *Symbollandschaft* vor und während der Wende beschreiben. Die Analyse untersucht anhand der Fallbeispiele Lenin-Denkmal und Palast der Republik erstens die Determinanten dieser umstrittenen Symbole. Darunter sind die Faktoren zu verstehen, die dafür verantwortlich sind, warum um sie gestritten wird, ob sie erhalten oder getilgt werden und weshalb? Zweitens soll untersucht werden, welche Lesarten dieser Symbole in der Gesellschaft existieren und dominieren. Drittens soll schließlich eine kurze kritische Diskussion der Umgangsweisen sowie ihrer vorherrschenden Lesarten erfolgen. Hieran knüpft sich die Frage, ob Denkmäler, Staatsinsignien und andere *Symbole* tatsächlich sozial relevant sind, indem sie unser Denken und Handeln beeinflussen.

Zur Wahl des Symbolbegriffs und -konzepts

Im Berlin der Nachwendezeit wurden bei weitem nicht nur Denkmäler und offizielle Repräsentativsymbole diskutiert. Auch profane Gebäude und Orte wurden zum Gegenstand unterschiedlichster Interpretationsweisen und zum politischen Zankapfel.[3] Dies deutet darauf hin, dass auch spontan entstandene Symbole sozial wirksam und relevant sind. So kann angenommen werden, dass in der Stadt jedes Objekt und Bauwerk Symbolcharakter erlangen kann. Es ist daher sinnvoll, den Blick auch auf andere als nur die vorsätzlich gestifteten Symbolträger zu richten. Die Debatte um Erhalt oder Abriss des Palasts der Republik, die seit mehreren Jahren andauert und trotz des begonnenen Abrisses fortgeführt wird, ist dafür ein Beispiel.

Im Folgenden werden kurz die Eigenschaften von *Symbolen* geschildert, die verdeutlichen sollen, warum der Symbolbegriff für die Analyse des Umgangs mit dem baulich-symbolischen Erbe des Realsozialismus geeignet ist. Zwar sind Symbole immer auch Zeichen, nicht jedes Zeichen ist aber gleich ein Symbol.[4] Während ein Zeichen eine referentielle Struktur hat und nur meint, was es bedeutet (wie ein Stoppschild eine unzweideutige Aufforderung bezeichnet), hat das Symbol einen besonderen *sozialen Mehrwert*, der im Zusammenhang mit sozialer Interaktion von Menschen entsteht. Für ein Symbolsystem gilt, dass es nichtssagend bleibt, „[...] wenn es nicht jemand gibt, der es interpretiert. Die Dinge und Zeichen haben nicht von sich selbst aus Sinn, sondern es bedarf einer Interpretationsgemeinschaft, die die Art und Weise der Verwendungen des Zeichens und damit seinen Sinn festlegt".[5] Um den möglichen sozialen Wirkungsweisen von Symbolen nahezukommen, müssen also die sozialen Interaktions- und Kommunikationsprozesse untersucht werden, welche die Bedeutung konstituieren. Wie alle sozialen Prozesse weisen auch diese eine Machtstruktur auf, was bedeutet, dass der Zugang zur Kommunikationshoheit und somit zur Deutungsmacht über Symbole den Zugang zu symbolischem Kapital, also bestimmten Ressourcen wie Wissen, Geld oder Status erfordert.[6]

Ein besonderes Merkmal von Symbolen ist ihre semantische Offenheit und ihre Dynamik über die Zeit. Zwar gibt beispielsweise ein Denkmal durch die Wahl und Gestaltung des Trägers einen Interpretationsrahmen für seine Bedeutung vor.[7] Dennoch ist es auch möglich, dass ein Denkmal je nach historischem, räumlichem und politischem Kontext oder aufgrund ästhetischer Moden andere oder widersprüchliche Bedeutungen und Aufladungen erlangt. So kann ein und dasselbe Objekt in unterschiedlichen zeitgeschichtlichen oder nationalen Zusammenhängen Verschiedenes ausdrücken, was Andreas Dörner als „semantische Sinnpluralität bezeichnet.[8] Diese verbiete es, sich allein auf das dargestellte Werk zu konzentrieren und eine Analyse der Objekte und Artefakte, die als Zeichenträger fungieren, durchzuführen. Zusätzlich zur allgemeinen Aussage eines Werkes spielt auch der soziale Gebrauch, wie z.B. Rituale oder Inszenierungen eine wichtige Rolle für die Bedeutungskonstitution. Mutmaßlich wirkten zum Beispiel die politischen Denkmäler der DDR kaum aufgrund ihrer ästhetischen Präsenz im Stadtraum, sondern vielmehr „[...] durch die an ihnen inszenierten Rituale. Mit dem Wegfall der Rituale ist die memorative Potenz der Denkmäler stark eingeschränkt und entfällt unter Umständen ganz".[9] Neben dem Kontext spielen auch die Interpreten eine wichtige Rolle für die Bedeutungskonstitution. Sie sind dafür verantwortlich, dass es, wie Umberto Eco beschreibt, neben der als gültig konstituierten Bedeutung zahllose zusätzliche Interpretationen geben kann: „Der Inhalt des Symbols ist ein Nebel möglicher Interpretationen, offen für eine semiotische Verschiebung von Interpretant zu Interpretant. Das Symbol hat keinen autorisierten Interpretanten"[10].

Wie bedeutsam sind aber Symbole im gesellschaftlichen Alltag und wie erlangen sie Relevanz? Robert Musils berühmtem Postulat folgend ist nichts auf der Welt so unsichtbar wie Denkmäler, solange sie stehen.[11] Maurice Halbwachs erweitert diese Aussage auf die weitere bauliche Umwelt und geht davon aus, dass revolutionäre Umbrüche von der Bevölkerung nicht unbedingt als existenzielle Bedrohung wahrgenommen werden, solange die baulich-symbolische Umwelt fortbesteht. Er nimmt an, dass die Mehrzahl der Städter das Verschwinden einer bestimmten Straße oder eines bestimmten Gebäudes sehr viel stärker empfinden würde als die schwerwiegendsten nationalen, religiösen, politischen Ereignisse.[12] Wird die Existenz von Objekten der gebauten Umwelt oder von Symbolen herausgefordert, können sie – obgleich sie vorher völlig unbeachtet waren – plötzlich zum Gegenstand von Deutungskonflikten werden und zu Konflikten über die Gültigkeit der in den Symbolen reifizierten Werte und Vorbilder führen.

Ein Bildersturm, also die Beseitigung der architektonisch-plastischen Repräsentationen eines alten Systems nach dessen Ende[13] muss nicht notwendigerweise durch ein reales oder potenzielles „Gefühl des Bedrohtseins von einer Ideologie" ausgelöst werden, wie es Hubertus Adam beschreibt.[14] Symbol- oder Denkmalstürze können auch als Mittel der politischen Inszenierung dienen, um deutlich zu machen, dass ein altes Regime ausgedient hat.

Der Symbolbegriff soll also einer hermeneutischen Erweiterung des Denkmalbegriffs dienen. Gemeint ist erstens, dass fast jedes beliebige Objekt im urbanen Raum im Zuge verschiedener Prozesse eine soziale Aufladung erhalten kann, in Deutungskonflikte verwickelt und Bedeutungswandel erfahren kann. Zweitens wird angenommen, dass die Aussagen von Symbolen nicht objektivistisch betrachtet werden können, sondern immer wieder neu entstehen und verhandelt werden. Trotz der Wandelbarkeit und der Offenheit für verschiedene Interpretationen und Interpreten ist der Gehalt von Symbolen allerdings nicht beliebig wandelbar, sondern an einige Konventionen gebunden. Drittens und letztens sorgt das drohende oder tatsächliche Verschwinden oder die Veränderung der gebauten Umwelt häufig für Deutungskonflikte. Auseinandersetzungen um Erhalt oder Tilgung, wie sie im Folgenden beschrieben werden, verdeutlichen die soziale und politische Relevanz, die Symbole erlangen können.

Grob können drei verschiedene Umgangsweisen mit den DDR-Symbolen unterschieden werden: der unveränderte Erhalt, die ästhetische oder inhaltliche Veränderung sowie die Demontage. Durch den raschen gesellschaftlichen Wandel kam es bei jeder dieser Umgangsweisen – selbst beim einfachen Stehen lassen – zu Bedeutungsveränderungen. Die Veränderungen fanden in drei Perioden statt: während der revolutionären Phase im Herbst 1989, während der post-revolutionären Phase vor der Vereinigung im Oktober 1990 sowie während einer Phase der Normalisierung seit der Vereinigung.

Bestandsaufnahme der Ostberliner Symbollandschaft

Die staatliche Selbstdarstellung der DDR war stark durch die Repräsentationsarchitektur im Zentrum Berlins geprägt. Beispiele dafür sind der Palast der Republik und der ihm vorgelagerte Aufmarschplatz; der betonierte Lustgarten, der in Marx-Engels-Platz umbenannt worden war; das Staatsratsgebäude, das Außenministerium und das Gebäude des Zentralkomitees im ehemaligen NS-Reichsbankgebäude. Die DDR hatte kurz nach ihrer Gründung sämtliche Straßennamen aus der Zeit des Nationalsozialismus getilgt und zahlreiche Gedenktafeln und Denkmäler errichtet. Dabei wurden insbesondere die Helden des DDR-Gründungsmythos, die Antifaschisten, bedacht. Weitere zentrale Figuren im nationalen Pantheon waren Lenin, Marx, Engels, Liebknecht und Luxemburg, der KPD-Vorsitzende Thälmann sowie (bis zur Entstalinisierung nach 1961) Stalin. Die DDR-Zeitgenossen (wie Otto Grotewohl, Walter Ulbricht, Erich Honecker und andere) wurden kaum monumental verewigt und erschienen allenfalls auf Briefmarken, Textstelen und -tafeln und als Straßennamen.

Während in Ländern wie Polen, Tschechoslowakei, Rumänien und Sowjetunion die Götzen der alten Regime vom Volk gestürzt wurden, brachte der Volkszorn in Deutschland keinen Bildersturm hervor. Stattdessen war der revolutionäre Akt der DDR-Bevölkerung die Konstituierung und Rückgewinnung des öffentlichen Raumes – der Stadt, der Medien, der Politik.[15] Einzig die Gebäude des Ministeriums für Staatssicherheit wurden gestürmt, Akten durchstöbert und teilweise vernichtet. Über die Gründe für das Ausbleiben eines Denkmalsturms von unten kann nur gemutmaßt werden: ist es erstens eine Mentalitätsfrage, dass die Deutschen „vor der Revolution eine Bahnsteigkarte ziehen" (Lenin) und also alles seinen geordneten Gang nimmt, indem die Denkmäler administrativ gestürzt werden? Absorbierte zweitens vielleicht die Berliner Mauer, an der man sich mit Hammer und Meißel abreagieren konnte, stellvertretend jegliche zerstörerische Energien? Thomas Flierl zufolge war die Mauer kein intendiertes, sondern ein ungewolltes Denkmal, an dem sich durchaus eine Art Denkmalsturz vollzog.[16] Eine dritte mögliche Erklärung wäre, dass die Bevölkerung schlicht zu beschäftigt war damit, endlich den Westen zu besuchen und dadurch von den symbolischen Fragen abgelenkt. Jedenfalls blieben die Denkmäler aus der Zeit des Realsozialismus während der revolutionären Phase unangetastet. Dies ist ein bemerkenswertes Detail, das die Chance beziehungsweise den Zwang schuf, sich auch nach der revolutionären Phase mit den Denkmälern auseinanderzusetzen und dabei reflektiertere Entscheidungen zu treffen, als in der Hitze der Revolution selbst.

I. Das Lenin-Denkmal und die Determinanten seiner Schleifung

Das Lenin-Denkmal wurde 1970 zu Ehren von Lenins 100. Geburtstag etwa in drei Kilometer Entfernung vom Alexanderplatz im Bezirk Friedrichshain errichtet und war als Freundschaftsgeste gegenüber der Sowjetunion gedacht. Die 19 Meter hohe Statue aus rotem Granit wurde von dem sowjetischen Bildhauer Nicolai Tomski entworfen und war umrahmt von einem ebenfalls neu errichteten Hochhauskomplex des Architekten Herrmann Henselmann. Die privilegierten Wohnungen am Leninplatz waren ausschließlich für parteitreue DDR-Bürger reserviert. Mit Ausnahme von Protesten während der Planungsphase seitens einiger Mitglieder der Akademie der Künste der DDR – die ungehört blieben – war das Denkmal bis 1989 nie Gegenstand öffentlicher Kritik, wurde erstmals im Jahr 1991 öffentlich diskutiert und kurz darauf demontiert.

Die Analyse der verantwortlichen Umstände und Einflussfaktoren ergab folgende entscheidende Determinanten:

1. Das historische Zeitfenster

Das oben erwähnte Gefühl der Bedrohung durch eine Ideologie schwindet mit dem zeitlichen Abstand ihrer Überwindung. Mit diesem Schwinden vergeht auch die Notwendigkeit des Bildersturms.[17] Somit können Denkmalstürzer in dem Zeitfenster kurz nach einem Umsturz noch mit Verständnis rechnen, aber die Zeit spielt gegen diejenigen, die noch Jahre nach einer

Abb. 1: Mehr oder weniger ideologische Protestaktionen begleiten die Demontage. (Foto: Katharina Harich)

Revolution ein Denkmal schleifen wollen.[18] Die Debatte um das Lenin-Denkmal fällt zeitlich noch klar in die postrevolutionäre Phase, in der das neue System dem alten nach den gröbsten institutionellen Weichenstellungen auch symbolisch den Rest gibt. So stand das Jahr 1991 im Zeichen zahlreicher semiotischer Veränderungen im Stadtraum, wie zum Beispiel der Umbenennung von Straßen im östlichen Zentrum, begleitet teilweise von Protesten und Protestaktionen. Das enge Zeitfenster kann auch die Hast bei vielen Entscheidungen erklären. Haben sich die Gemüter nämlich einmal beruhigt, entwickeln sich andere, nüchternere Perspektiven, die die Motive für eine Denkmalschleifung relativieren. Vor der Kulisse des ersten Jahrestags der Vereinigung konnten die noch frischen Emotionen gegen das alte Regime noch einmal mobilisiert werden. In diesem Zusammenhang wurde auch die Tatsache, Berlin könnte – noch ein Jahr nach der Vereinigung – international die letzte sein, die eine Leninstatue auf ihrer Denkmalliste hatte, vor allem von den westlichen Entscheidungsträgern skandalisiert. Als neue Hauptstadt (der Beschluss war wenige Monate alt) könne sie sich das nicht erlauben. Vielmehr kann unterstellt werden, dass die Stadtregierung um den Willen der Außenwirkung und den Preis des Protests billigend in Kauf nehmen, den Zeitpunkt sehr genau gewählt hat, um dem alten Regime symbolisch den Todesstoß versetzen. Der Abriss des Denkmals erfolgte in den Tagen des Endes der Sowjetunion und des Sturzes sowjetischer Lenin-Denkmäler und wurde „bewusst als symbolische Überwindung des Kommunismus durch die Umbenennung des nun denkmallosen Ortes in Platz der Vereinten Nationen inszeniert".[19]

2. Das politische Zeitfenster

Der Umgang mit dem Lenin-Denkmal muss in einem Zusammenhang mit dem Ende 1990 erfolgten Regierungswechsel in der Stadt von einer sozialdemokratisch-grünen zu einer konservativ-sozialdemokratischen Koalition sowie der Entscheidung vom Juni 1991, Berlin wieder zur Hauptstadt Deutschlands zu machen, gesehen werden. Da die Bundespolitik ihren Blick nach dem sehr knapp ausgefallenen Beschluss stark auf die Entwicklungen in Berlin richtete, fühlte sich die Stadtregierung offenbar verpflichtet, ihre Hauptstadtfähigkeit unter Beweis zu stellen und ein Signal in Richtung des Bundes zu senden. Zudem gab die Zeit zu Beginn einer neuen Legislaturperiode Raum für weitreichende und gegebenenfalls unpopuläre Entscheidungen, weil noch nicht um eine Wiederwahl geworben werden musste.

3. Die Lage des Denkmals in der Stadt

Die Positionierung eines Symbols in der Stadt gibt Aufschluss über seine ursprüngliche Zentralität im politischen Raum. Nach der Wende konzentrierten sich die meisten Aktivitäten auf das Stadtzentrum, während die Neubaugebiete im Osten Berlins zunehmend marginalisiert wurden. Die Tatsache, dass die Leninstatue an einer Ausfallstraße (ehemalige *Leninallee*) Richtung Osten und nicht im Stadtzentrum stand, sorgte dafür, dass sie relativ lange Zeit, nämlich fast zwei Jahre, quasi vergessen war und erst recht spät auf die politische Agenda gesetzt wurde. In einer exponierteren Lage, die sich im täglichen Blickfeld von Touristen oder politischen Entscheidungsträgern befindet, wäre die Entscheidung für einen Abriss vermutlich deutlich schneller und klarer gefallen.

4. Die Akteure und Akteurskonstellationen

Die an der Diskussion und Entscheidung beteiligen Akteure waren Politiker, Experten und Bürger aus beiden Teilen der Stadt. Die ursprüngliche Forderung nach einem Abriss des Lenin-Denkmals kam nicht, wie man hätte erwarten können, von Seiten der DDR-Bürgerrechtler, sondern wurde von der konservativen CDU-Fraktion im Abgeordnetenhaus auf die Agenda gebracht. Der Senat aus CDU und SPD war mit wenigen Ausnahmen durch Politiker aus dem alten Westberlin dominiert. Der Bürgermeister Eberhard Diepgen war für seine antikommunistische Linie bekannt und hatte den Westteil der Stadt bereits vor dem Mauerfall fünf Jahre lang regiert. Laut Diepgen sei der Abriss kein Hindernis, sondern vielmehr erforderlich gewesen, damit die Aufarbeitung der Geschichte gelingen könnte.[20] Er ließ keinen Zweifel an seiner Entschlossenheit, das Denkmal zu schleifen. Die SPD-Fraktion war in der Frage gespalten; der Bausenator Nagel und der parteilose Kultursenator Roloff-Momin waren zu Beginn der Diskussion gegen einen Abriss, änderten jedoch vor der entscheidenden Abstimmung im Senat ihre Meinung. Die Argumente der Abrissgegner waren alles andere als homogen, auch in der Opposition im Abgeordnetenhaus. Die SED-Nachfolgepartei PDS warf in einer Parlamentsdiskussion der Berliner Regierung vor, mit der Schleifung des Denkmals vom Scheitern anderer politischer Projekte abzulenken. Sie sah in dem Abrissplan außerdem eine „Diffamierungskampagne" gegen Lenin, der trotz aller Widersprüchlichkeit eine wichtige Figur und für das theoretische Denken von großer Bedeutung gewesen sei.[21] Bei der übrigen Opposition, insbesondere den Grünen, argumentierte man gegen die „Entsorgung von Geschichte", die den bewussten Umgang mit der Vergangenheit verhindere. Zudem verwiesen die Grünen darauf, dass es in Ostberlin viele Menschen gebe, deren Biographien vom Sozialismus geprägt wurden. An diese Sozialisation könne und solle das Lenin-Denkmal erinnern.[22] Die Bezirksverordnetenversammlung Friedrichshain war über den Abriss so gespalten wie das Berliner Parlament und stimmte am Ende mit einer knappen Mehrheit für die Demontage.

Die Forderung nach einem raschen Abriss negierte die Empfehlungen vieler Denkmalexperten. In der *Initiative politische Denkmäler*, die Mitte 1990 gegründet wurde, wandten sich Experten aus Denkmalpflege, Kunstwissenschaft und dem Kulturministerium in Diskussionsveranstaltungen gegen die hektische Zerstörung der Ostberliner Denkmäler und mahnten zur Besonnenheit. Auch der damalige Berliner Landeskonservator Engel wandte sich gegen einen Abriss. Die Denkmalinitiative drängte auf die Einrichtung der in der Koalitionsvereinbarung vom Januar 1991 beschlossenen Expertenkommission zum Umgang mit den politischen Denkmälern. Dagegen verwies die CDU in mehreren Stellungnahmen darauf, dass derart wichtige Entscheidungen auch ohne eine Expertenkommission getroffen werden müssten.

Auch zahlreiche Künstler beteiligten sich an der Diskussion über das Denkmal, wobei sich die meisten darüber einig waren, dass der künstlerische Wert der Statue eher zweifelhaft war. Von mehreren wurde ein Wettbewerb zur Verfremdung des Denkmals gefordert. Die Stellvertreterin des Berliner Landeskonservators sah die Monumente der DDR als Objekte an, „die aus einer ideologischen Position heraus errichtet wurden, die Symbole dieses Staates sind, authentische Zeugnisse jener Zeit". Geschichte könne man sich nicht aussuchen, ebenso wenig könne man sie „besenrein übergeben". Die Auseinandersetzung mit Denkmälern sei ein Teil der Vergangenheitsbewältigung.[23]

Im Vorfeld des Abrisses gründeten sich verschiedene Bürgerinitiativen und organisierten Unterschriftensammlungen, Demonstrationen und Mahnwachen. In einer Erklärung gegen die als „Demütigung der Verlierer" charakterisierte „Abriss- und Umbenennungswut von Personen der Geschichte" warfen sie dem Berliner Senat vor, die unliebsamen Facetten der deutschen Geschichte lupenrein zu entsorgen. In den Augen der Bürger sei dies ein „Akt der Arroganz der Macht" und erinnere „in fataler Weise an bereits begangene Reinigungsaktionen".[24] Die *Bürgerinitiative Lenin-Denkmal* stellte vor dem eingerüsteten Denkmal ein selbst gemachtes Bauschild auf, auf dem es hieß: „Hier entsorgt der Senat von Berlin deutsch-deutsche Geschichte im

Rahmen einer Säuberungsaktion gegen Andersdenkende. Sponsoring: Zewa, wisch und weg. Abwicklung: Blackout & Co KG".[25] Das Berliner *Büro für Ungewöhnliche Maßnahmen* mietete sich wenige Tage vor dem Abrisstermin einen Kran und hängte dem Denkmal ein Transparent mit der Aufschrift „Keine Gewalt" (das Motto der DDR-Bürgerrechtsbewegung) um den Hals.

Trotz der starken Präsenz von Ostberlinern während der Proteste verliefen die Fronten zwischen Gegnern und Befürwortern nicht eindeutig zwischen den beiden Stadthälften. Zwar rekrutierte sich ein Großteil der Aktivisten in der Tat aus den Häusern rund um den Leninplatz,[26] ein Teil kam aber auch aus der jungen linken Szene Westberlins, die gerade den Ostteil der Stadt entdeckte.[27] Als kurz vor dem Abriss plötzlich die hohen Kosten mit in die Debatte einflossen, startete der CDU-nahe Westberliner Privatsender *Radio 100,6* eine Kampagne, die den schnellstmöglichen Abbau des Denkmals zum Ziel hatte. Damit nicht finanzielle Erwägungen den Abriss vereiteln würden, rief der Sender zu Spenden auf, um die Arbeiten zu unterstützen. Innerhalb weniger Tage wurden 40.000 DM gesammelt und dem Regierenden Bürgermeister übergeben.[28]

Am 10. September 1991 beschloss der Senat mehrheitlich, das Standbild zu demontieren. Kurz nach dem Beschluss erlässt der zuständige Senator Hassemer (CDU) die Streichung von der Berliner Denkmalliste. Für ihn sei die Abtragung des Denkmals eine Fortsetzung und damit Bestandteil der 1989 eingeleiteten Revolution; es sei somit im öffentlichen Interesse, Lenin von der Liste zu streichen. „Revolutionen warten nicht auf Fachkommissionen und richten sich nicht nach deren Urteilen". Zwar habe es keine spontane Aktion in Berlin gegeben, das bedeute aber nicht, dass der Volkszorn nicht existiere.[29] Schließlich wurde im November 1991 mit der Demontage des Denkmals begonnen.[30] Entgegen der Planung konnte der Abriss nicht in acht Tagen vollzogen werden, sondern dauerte aufgrund von Dauerfrost und einer Firmenpleite über drei Monate. Aufgrund der großen Medienaufmerksamkeit im Vorfeld des Abrisses und der ständig steigenden Kosten wurde die Regierung allerdings zum Gespött der Abrissgegner, die sich darüber freuten, wie sich der Senat am Stahlbetonkern des Denkmals buchstäblich die Zähne ausbiss. Im Februar wurden die 129 Einzelteile des Denkmals schließlich im Köpenicker Stadtforst unter märkischem Sand vergraben. Statt der zu Beginn geschätzten 100.000 DM kostete der Abriss bis zu 2 Millionen DM.[31]

5. Entscheidungsstrukturen und politische Prozesse

In Berlin liegt der Denkmalschutz in den Händen des Stadtentwicklungssenators. Die Denkmalschützer und der Landeskonservator sind dem Senator direkt unterstellt, was bedeutet, dass deren Meinungen und Empfehlungen ihn in keiner Weise binden müssen. Entscheidungen mit einer größeren Reichweite, wie in diesem Fall, erfolgen auf Grundlage von Senatsbeschlüssen. Das Parlament muss nicht eingeschaltet werden; im Falle des Lenin-Denkmals gab es lediglich eine von der PDS beantragte *aktuelle Stunde*. Auch die Bezirksparlamente haben bei weitergehendem öffentlichem Interesse nur eine beratende Funktion. Aus demselben Grund können sie zum Beispiel bei Straßenbenennungen ihrer Kompetenz enthoben werden, wie dies im Regierungsbezirk Mitte häufig geschehen ist. Als Folge solcher Vorgaben ist es also möglich, dass die Entscheidungen hierarchisch fallen und sowohl eine protestierende Öffentlichkeit, als auch ein anders gestimmtes Parlament problemlos ignoriert werden können.

Verschiedene Deutungsweisen des Lenin-Denkmals

Während der gesamten Zeit der Auseinandersetzungen existierten verschiedene Lesarten des Denkmals konkurrierend nebeneinander. Die Befürworter eines Abrisses thematisierten hauptsächlich die im Denkmal verschlüsselte Ideologie und wandten sich gegen die Ehrung der Person Lenins. Die Argumente der CDU-Politiker lassen vermuten, dass sie das Denkmal noch als einflussreich für einen Teil der Bevölkerung ansahen und es als Bedrohung für die neue Gesellschaftsordnung ansahen – wobei ihr Handeln auch auf eine schlichte Instrumentalisierung des Abrisses hinweist, um die Hauptstadttauglichkeit und Reformwillen zu demonstrieren. Die Verteidiger des Denkmals sahen in Lenin entweder eine ehrenwerte Person oder abstrahierten von der Darstellung und verwiesen auf den Erinnerungswert, der durch den Erhalt des Denkmals eines Tages entstehen würde. Mit der Zeit verlor sich die Debatte um die Person Lenins allerdings zugunsten eines Diskurses, in dem das Denkmal zum Symbol des Trotzes und Widerstands, also stellvertretend *für die Sache der Ostdeutschen*, verteidigt wurde. Diese Deutung wurde vor allem von den Bürgern vorgebracht, die an den Demonstrationen und Mahnwachen teilnahmen. Ähnlich instrumentelle Argumentationen lassen sich in anderen Fällen von Symbolkonflikten beobachten.

Die Analyse von 75 Artikeln aus Ost- und Westberliner sowie überregionalen Printmedien[32] ergab mehrere, häufig koexistierende Bedeutungszuschreibungen des Denkmals. Diese lassen sich in folgende Deutungsgruppen einordnen: Das Lenin-Denkmal als ...

1. Ehrung einer bedeutenden historischen Figur, eines Staatsmannes und Philosophen (Affirmative Deutung)
2. Symbol für den *roten Terror* in der Sowjetunion. Lenin als Mörder und Verbrecher und Wegbereiter des Stalinismus (Geschichtskritische Deutung)
3. Symbol der Verteidigung gegen die westliche Siegerjustiz nach der Wende – Blitzableiterfunktion (Instrumentell-defensive Deutung).
4. Symbol für die Vergangenheit in der DDR und für Emotionen, die sich an vergangene Funktionen des Denkmals knüpfen (Ostalgische Deutung)
5. Zeugnis seiner Zeit (Historisch kontextualisierende Deutung)
6. Ästhetisches Schandmal im Stadtraum (Ästhetische Deutung)

Diese Deutungsweisen waren zu unterschiedlichen Zeiten unterschiedlich stark. Zunächst wurde eine ideologische Debatte von Seiten der Politik angestoßen und die Unmöglichkeit betont, dass die offensichtliche Ehrung, die eine Person durch die Denkmalsetzung erführe, einmal umgedeutet werden könne. Während Bürgermeister und Senat die Demontage mit der historischen Belastung Lenins begründeten, nahmen die demonstrierenden Anwohner und Initiativen den Abriss zum Anlass, sich gegen die ‚Bevormundung' durch den Westen zu wehren und demokratische Verfahren im Umgang mit DDR-Relikten und -Institutionen anzumahnen. Später dominierte eine Lesart, in der die Statue zu einem Sinnbild der DDR-Geschichte wurde. Wie emotional die Verbindung zum Denkmal wurde, zeigt die Schleife am Abschiedskranz vor dem Bauzaun: „Wir ehren Lenin, um unsere Würde zu verteidigen".[33] Je näher der Abriss rückte, desto mehr wurde der Konflikt zur Projektionsfläche für die Klagen der Protestierenden in Bezug auf den Prozess der Wiedervereinigung. In der Berliner Zeitung wird eine Anwohnerin zitiert: „Mir geht es gar nicht um Lenin selbst, sondern darum, unsere Macht zu demonstrieren, uns nicht vereinnahmen zu lassen".[34] Weitere Argumente waren: „Es geht gar nicht um Lenin. Es geht doch darum, dass die Wessis uns gar nichts lassen wollen" oder: „Der hat doch niemandem was getan" oder: „Soll'n se det doch stehen lassen [...]. Der steht schon immer da".[35] In westlichen Augen waren solche Äußerungen ein Beleg für die Notwendigkeit des Abrisses, denn die Statue hätte Gelegenheit für öffentliche, unkritische Verehrungen geben können.

Immer wieder lässt sich bei der Medienberichterstattung zum Thema in den westlichen Zeitungen, Zeitschriften und vor allem Boulevardzeitungen eine Verniedlichung *der Ostdeutschen*, Pauschalisierungen ihrer Einstellungen und ein insgesamt despektierlicher Duktus feststellen. Durch verallgemeinernde Äußerungen wurde ein Stereotyp *des Ostdeutschen* entworfen, das die Realitäten stark überzeichnet. Damit wurde einerseits die Heterogenität der Protestierenden verkannt und außerdem die Tatsache ausgeblendet, dass die schweigende Mehrheit gegenüber einem Abriss vermutlich zustimmend eingestellt war. Nach dem Abriss des Denkmals verstummten die Auseinandersetzungen, sodass sich keine neuen Lesarten ergeben haben.

Kritische Diskussion des Umgangs mit dem Lenin-Denkmal und der Deutungen

Der Abriss des Lenin-Denkmals muss als Revolutionsritual interpretiert werden, das kurz nach der Einheit unzweifelhaft klarstellen sollte, dass Lenin in der neuen Zeit kein Referenzpunkt mehr sein durfte. Die Schleifung war ein Signal nach außen und nach innen – an die internationalen Beobachter des Vereinigungsprozesses und an die Bevölkerung. Für ein solches Signal war es zwei Jahre nach dem Mauerfall fast schon zu spät, da der Abstand zur Überwindung des alten Regimes bereits groß und das Denkmal in die Nähe eines Museumsstücks geraten war. Das politische *Gelegenheitsfenster* war eigentlich bereits zugefallen, öffnete sich jedoch mit den Geschehnissen in der Sowjetunion und dem Hauptstadtbeschluss erneut. Letzterer führte zu Diskussionen über die Selbstdarstellung der zukünftigen Bundeshauptstadt und veranlasste die Berliner Regierung, klare Zeichen einer hauptstadtwürdigen Symbollandschaft zu setzen. Die immer wieder angemahnte Einrichtung der in den Koalitionsbeschlüssen vereinbarten Expertenkommission wurde öffentlich für überflüssig erklärt – sie wurde erst im März 1992, zwei Wochen nach Beendigung des Abrisses eingerichtet. Statt sich differenzierten Diskussionen zu stellen, wählten Bezirk und Senat das Mittel, Fakten zu schaffen. Gerade in der Nachwendezeit mit ihren runden Tischen und der Bürgerbewegung herrschte jedoch in der Ostberliner Gesellschaft ein starker Wunsch nach Mitgestaltung und politischer Partizipation. Dieser Wunsch wurde durch den Alleingang der Regierung und durch die Ablehnung von Expertisen torpediert.

Die Tatsache, dass das Denkmal als Zeugnis der Vergangenheit einen historischen Wert darstellte und als Konterpunkt in der Symbollandschaft hätte stehen können, wurde von den Entscheidungsträgern verkannt, beziehungsweise abgelehnt. Dabei hatte das Denkmal längst aufgehört, aktiv zu senden und schon Museumswert erlangt. Seine Entkanonisierung war mit dem politischen Systemwandel abgeschlossen, eine offizielle Heldenverehrung und rituelle Aufladung gab es nicht länger. So war die Verteidigung des Denkmals auch weniger ein Zeichen dafür, dass die DDR-Propaganda tatsächlich funktioniert hat und nachhaltig ihre Wirkung tat, sondern sie brachte auch die Leute zusammen, die bis dahin weitgehend im Stillen unzufrieden waren mit anderen Maßnahmen, wie z.B. den zahlreichen Straßenumbenennungen in den Jahren nach 1990 oder der allgemeinen Hast im Umgang mit dem symbolischen Erbe der DDR.

II. Der Palast der Republik und die Determinanten seines Fortbestands

Der 1976 eröffnete Palast der Republik entstand an der Stelle, wo bis 1950 das Berliner Schloss gestanden hatte. Die Residenz der brandenburgischen Markgrafen und Kurfürsten, der preußischen Könige und deutschen Kaiser war auf Befehl des Politbüros gesprengt worden. Nach 1950 diente die in *Marx-Engels-Platz* umbenannte Schlossfreiheit als Aufmarschplatz. 1976 wurde der Palast der Republik als Repräsentationsbau errichtet, der zwei Funktionen vereinte: die des Sitzes der DDR-Volkskammer und die eines Kulturpalastes mit mehreren Theatern, Restaurants, Milchbars und Bowlinghallen. Diese Verknüpfung von Politik und Kultur sollte die enge Nähe zwischen Partei und Volk symbolisieren. Allein zwischen 1976 und 1990 sollen mehr als 70 Millionen Menschen – also nahezu 14 000 täglich – den Palast besucht haben. Im Sommer 1990 beschloss das erste frei gewählte DDR-Parlament im Volkskammersaal des Palasts die Eingliederung der DDR in die Bundesrepublik. Wenige Monate später wurde das Gebäude wegen Asbestverseuchung geschlossen. Seitdem war das Areal immer wieder im Fokus von Konflikten. Zur Diskussion standen der Erhalt oder Abriss des Palasts sowie der Wiederaufbau des historischen Stadtschlosses oder auch nur seiner Fassade.

Im Unterschied zum Lenin-Denkmal überstand der Palast der Republik die unmittelbare postrevolutionäre Phase. 1992 wurde der Volkskammersaal unter Denkmalschutz gestellt. Ein internationaler Wettbewerb wurde 1993 mit der impliziten Vorgabe der Tilgung des Palasts durchgeführt, die somit zum ersten Mal zu einer realistischen Bedrohung wurde. Die Ergebnisse des Wettbewerbs waren allerdings folgenlos, da es keine Finanzierungsmöglichkeiten gab. Vor dem Hintergrund des Erhalts des benachbarten und ursprünglich zum Abriss verurteilten Staatsratsgebäudes und seiner Umwandlung in ein provisorisches Kanzleramt, war auch die Option einer Rehabilitierung des Palasts der Republik wieder in greifbare Nähe gerückt. Zwischen 1997 und 2003 wurde der Palast für rund 70 Millionen Euro vom Asbest befreit – eine notwendige Maßnahme, unabhängig von der Entscheidung über Abriss oder Erhalt.[36] Im Jahr 2001 wurde vom Senat die internationale Expertenkommission *Historische Mitte Berlin* eingesetzt, die Vorschläge für die zukünftige Gestaltung des historischen Zentrums erarbeiten sollte. Ihre Empfehlungen – unter anderem für einen Wiederaufbau der historischen Fassade – wurden im Sommer 2002 im Bundestag debattiert und übernommen. Allerdings wurde nur über die Gestalt, nicht über die Nutzung des Gebäudes entschieden. Der Abriss des Palasts war in dieser Entscheidung mit enthalten. Seit 2001 wird die Stadt von einer SPD-PDS Koalition regiert. Unter der Schirmherrschaft von PDS-Kultursenator Flierl, der sich für den Erhalt des Palasts einsetzte, wurde eine kulturelle Zwischennutzung des Palasts möglich. Seit Juli 2003 stand der bis auf das Stahl-Skelett ausgehöhlte Palast für fast drei Jahre wieder offen für Führungen und diverse kulturelle Veranstaltungen, Symposien und sogar kommerzielle Nutzungen, die mitunter internationale Resonanz erlangten und den Ruf nach einem Zentrum für zeitgenössische Kunst laut werden ließen.

Nach mehrmaligem Verschieben des Abrissbeginns wurde der Palast schließlich im Frühjahr 2006 geschlossen und mit dem Abriss begonnen.

Als Determinanten für den langen Fortbestand des Gebäudes können folgende Faktoren ausgemacht werden:

1. Der Faktor Zeit

Die Jahre zwischen der Schließung des Palasts 1990 und dem Beginn der Asbestsanierung 1997 müssen in den Kontext der fortschreitenden Tilgung vieler DDR-Gebäude, Straßennamen und Denkmäler gestellt werden. Heute, im Jahr 16 nach dem Ende der DDR, wurden einstige ideologische Motive als Begründung für einen Abriss in der abschließenden Bundestagsdebatte noch einmal reichlich bedient Auch dürfte die post-revolutionäre Phase als beendet gelten; eher handelt es sich um die Periode der Normalisierung, in der der Hauptstadtumzug und die meisten städtebaulichen Weichenstellungen ebenfalls vollzogen sind.

Die Schließung des Palasts 1990 erfolgte noch durch das DDR-Parlament, die Wettbewerbe um das Areal fanden unter dem Einfluss der Planung des

Regierungsviertels der neuen Hauptstadt statt, bei der in der frühen Phase großzügig über Abrisse – wie z.B. der einstigen Reichsbank und dem Staatsratsgebäude – diskutiert wurde. Die Tatsache, dass der Palast nach seiner Schließung jahrelang brach lag und dann sechs Jahre lang asbestsaniert wurde, konservierte ihn und ebenso das Erinnern an ihn. Da 13 Jahre lang keinerlei Nutzung erfolgte, war nach der Asbestsanierung beides möglich gewesen: das erneute Aktivieren der einstigen Setzungen ebenso wie die völlige Neuzuschreibung von Sinn und Aussage. Der Palast wurde zu einem *schlafenden Symbol*, das ungenutzt auch keine offiziellen neuen Aufladungen erfuhr.

2. Die Lage des Palasts in der Stadt

Exponierter als in der historischen Mitte auf der Spreeinsel hätte die Lage des Palasts nicht sein können. Zwischen 1999 und 2001 war das Bundeskanzleramt im benachbarten Staatsratsgebäude provisorisch untergebracht, außerdem bezog zur selben Zeit der Bundesaußenminister den Neubau am Werderschen Markt. Tausende von Touristen strömen täglich am Palast vorbei und fragen sich, was die Ruine zu bedeuten hat. Diese Zentralität hat dafür gesorgt, dass das Gebäude trotz Funktions- und Bedeutungsverlust nie in Vergessenheit geraten konnte und die Diskussionen um sein Fortbestehen nie verstummten. Die Nähe zur UNESCO-geschützten Museumsinsel und zu anderen Sehenswürdigkeiten macht den Palast zu einem Blickfang und ständigen Reizthema. Aufgrund der Lage war es für die Regierung auch nicht einfach möglich gewesen, das Areal zu privatisieren und einer anderen als repräsentativen Nutzung zuzuführen, wie es der Regierende Bürgermeister Diepgen 1991 vorgeschlagen hatte. Der Schlossplatz ist bisher nur als öffentlicher Raum denkbar, so dass nur über die weitgehend öffentliche Nutzung eines dort stehenden Gebäudes diskutiert wird.

3. Akteure und Akteurskonstellationen, politischer Prozess

Der Bund als Eigentümer des Gebäudes war bis 1998 und die Stadt als Eigentümer eines Teils der Fläche bis 2001 von einer konservativ-sozialdemokratischen Koalition regiert. Sowohl Bundes- als auch Landespolitiker waren in ihrer Mehrheit für einen schnellstmöglichen Abriss des Palasts, wie zum Beispiel der zwischen 1995 und 2004 amtierende SPD-Stadtentwicklungssenator Strieder, der offen mit dem Schlossneubau sympathisierte. Das bis 1999 von der PDS dominierte Bezirksparlament in Mitte war in der Frage gespalten, opponierte aber in seiner Mehrheit gegen die Wiedererrichtung des Schlosses. Da es beim Palast mehrere Eigentümer und Entscheidungsinstanzen (Bund, Land, Bezirk) gab und auch kein dominanter Entscheidungsträger vorpreschte, gab es kein klares *leadership*. Auch verliefen die Diskussionen und Entscheidungen zwischen den Instanzen wenig koordiniert. Neben den Expertengruppen und politischen Entscheidungsträgern sind zwei Akteursgruppen besonders hervorzuheben: die Protestinitiativen gegen den Abriss – inklusive der Initiative für die Zwischennutzung des Palasts *Urban Catalysts* – und der *Förderverein Berliner Schloss e.V.* Auf beide Gruppen trifft zu, dass sie keine reinen Ost- oder Westinitiativen waren, sondern durchaus gemischt.[37] Viele der Palast-Initiativen, wie *Pro Palast, Macht den Palast auf, Projekt World Peace Ballroom, Zwischenpalastnutzung*, wurden augenscheinlich von den alten Ostberliner Besuchern des Palasts gegründet, die nostalgische Gefühle mit dem Gebäude verbanden. Sie forderten, die ursprüngliche Idee des Volkspalasts neu zu verfolgen und die kulturellen und sozialen Möglichkeiten einer solchen Utopie zu verwirklichen. Zur Verteidigung des Palasts gehörte in dieser Gruppe meist eine sinnliche Erfahrung mit seiner ursprünglichen Nutzung als Volkshaus.

Die Initiativen erlebten verschiedene Karrieren. Die einzige personelle Konstante über den gesamten Zeitraum der Diskussion gab es auf Seiten der Schlosslobby, mit der *Gesellschaft Historisches Berlin* und dem *Verein Berliner Schloss e.V.* Dessen Vorsitzender, der Hamburger Unternehmer Wilhelm von Boddien, errichtete 1993 mit der Unterstützung lokaler Wirtschaftsunternehmen eine lebensgroße Attrappe des Stadtschlosses, die den Berlinern ein Jahr lang einen Eindruck des Wiederaufbaus vermittelte und der Initiative Tausende von Mitstreitern und Spendern für den Wiederaufbau bescherte. Auf Initiative des Vereins wurden allein im Jahr 2003 640.000 Euro für die rund 80 Millionen Euro teure historische Fassade an Spenden gesammelt.[38] Die Gesamtkosten für einen Wiederaufbau werden auf ca. 800 Millionen Euro beziffert. Einen Höhepunkt erlebte die Initiative im Jahr 2002, in dem die Expertenkommission *Historische Mitte* den Bau der historischen Fassade empfahl und sich der Bundestag mit seinem Votum anschloss.

Nach Auseinandersetzungen, wer für die Abrisskosten des Palastes zuständig sei und zu welchem Anteil der Bund am Neubau des Stadtschlosses beteiligt sein würde, wurde der konkrete Zeitplan für den Bau des Stadtschlosses aufgegeben. Stadtentwicklungssenator Strieder setzte sich kurz vor seinem Rücktritt im Frühjahr 2004 für den sofortigen Abriss des Palasts ein und für die Errichtung einer Grünfläche auf der Brache. Seit dem Ende der Asbestsanierung vermietete der Verwalter des Gebäudes, das Bundesvermögensamt, den Palast mehrfach für Führungen und Veranstaltungen, unter anderem für die Jahrestagung des Bundes der Deutschen Industrie, der die Wahl seines Tagungsortes mit der Vermittlung von „Umbruch und Aufbruch" begründete – einem Motto, das die Neubesetzung des Palasts sehr gut umschreibt. Im August 2004 feierte die Unternehmensberatungsfirma *McKinsey* ihr vierzigstes Firmenjubiläum im Palast. Im Spätsommer wurde schließlich die kulturelle Zwischennutzung des Palasts begonnen, die durch verschiedene Kulturträger übernommen wurde und unter der Schirmherrschaft des Kultursenators Flierl (PDS) stand. Als Kritiker des raschen Abrisses hatte Flierl maßgeblichen Anteil an der kulturellen Zwischennutzung des Palasts.

4. Geld

Es dürfte nicht übertrieben sein, Geld als *die* entscheidende Determinante für das lange Überleben des Palasts zu benennen. Noch 1996 hatte die damalige Bundesbauministerin Adam-Schwätzer den Abriss aller SED-belasteten Bauten in Berlin inklusive der ehemaligen Nazigebäude gefordert – ein Unterfangen, das vorwiegend aus finanziellen Gründen scheiterte. Hätten nach der Schließung des Palasts die Mittel zur Verfügung gestanden, um sofort mit einer Asbestsanierung zu beginnen, wäre ein daran rasch anschließender Abriss sehr wahrscheinlich gewesen. Durch die sieben Jahre währende Sanierung hinter Bauzäunen und Planen konnte die Bedeutung des Palasts sich jedoch wandeln. 1997 stand er kaum noch für das einstige DDR-Parlament, sondern nur noch als dessen hässliches Überbleibsel. Auch der 1993 durchgeführte Wettbewerb, der aufgrund fehlender finanzieller Mittel annulliert werden musste, hätte unter anderen Umständen das Schicksal des Palasts früher besiegeln können. Über die Zeit haben sich jedoch auch die Entscheidungsträger verändert. Unter der rot-grünen Bundes- und rot-roten Stadtregierung bestanden deutlich günstigere Bedingungen für eine Weiternutzung des Palasts als unter konservativer Führung. Hätte der Bund die Mittel zur Verfügung gestellt oder die Freunde des Stadtschlosses ausreichend Spenden gesammelt, um den Neubau des Stadtschlosses finanzieren zu können, dann wäre mit dessen Bau wahrscheinlich schon begonnen worden. Die finanzielle Misere der Stadt Berlin trägt also das Ihre zu der Situation bei. Nicht nur die Fehler bei der Auftragsvergabe, sondern vielmehr die immer wieder unklare Finanzierungsfrage verzögerte den vom Senat anberaumten Abrissbeginn im Februar 2005 auf den Herbst. Zwischenzeitlich war nicht klar, ob das Land Berlin in der Lage sein würde, seinen Eigenanteil von einem Drittel der Kosten des zwischen 20 und 60 Millionen Euro teuren Abrisses aufzubringen.

Verschiedene Deutungsweisen des Palasts der Republik

Seit seiner Schließung 1990 bestimmten sehr verschiedene Lesarten den Diskurs um den Palast der Republik. Während die Befürworter eines Erhalts vor allem auf die Funktionen des Palasts abstellten, die sie bewahrt und wiederbelebt wissen wollen, setzen die Freunde des Stadtschlosses auf die ästhetische Überzeugungskraft eines Wiederaufbaus der historischen Substanz. Ideologische Argumente wurden eher zu Beginn und erstaunlicherweise zum Ende der Debatte bemüht. Die Frage der Funktion eines wieder errichteten Stadtschlosses geriet dabei in den Hintergrund. Die plastische Erfahrung durch die Schlossattrappe überzeugte viele Bürger auf eine ähnliche Weise von der Notwendigkeit eines Wiederaufbaus, wie die Erinnerungen an schöne Stunden im Palast dessen Verteidiger dazu antrieben, seinen Fortbestand zu schützen. Aufgrund der langen Zeit der Auseinandersetzungen um die Zukunft des Palasts lebten mehr noch als im vorangegangenen Beispiel die Zuschreibungen zu bestimmten Zeitpunkten auf und verschwanden zum Teil wieder. Folgende Deutungsgruppierungen lassen sich vornehmen. Der Palast der Republik als ...

1. *Haus des Volkes* und bewahrenswertes Zeichen des kulturellen Reichtums in der DDR (Affirmative Deutung)

2. Symbol aus dem Alltagsleben der DDR und für den Protest gegen die *Geschichtsentsorgung durch Westdeutschland* (Ostalgische, instrumentell-defensive Deutung)

3. Herrschaftsarchitektur, trügerische Transparenz im diktatorischen Osten (Ideologische Deutung)

4. Symbol für eine illegitime Bebauung und *Schandfleck*: nur historischer Bau legitim (Schloss-Revisionistische Deutung)

5. Erhaltenswürdiges Erbe der DDR (Historisch kontextualisierende Deutung)

6. Ästhetisches Schandmal, das nicht in die historische Kulisse des Zentrums passt (Ästhetische Deutung)

7. Leere Hülle: Palast ideal für postmoderne Nutzung (Retromodische Deutung).

Es wird deutlich, dass einige der Lesarten auf die Teilung der Stadt rekurrieren, an die entweder erinnert werden solle oder die ein für alle mal überwunden gehöre – auch städtebaulich. In der Zeit seiner endgültigen Schließung erschien der Palast quasi sinnentleert und offen für neue Zuschreibungen, wie zum Beispiel als Folge der kulturellen Zwischennutzung des so genannten *Volkspalasts* 2004. Er war nicht länger eine leere Hülle, sondern hatte durch die kulturelle Bespielung einen neuen Gebrauchswert für die junge Kunst- und Ausgehszene in Berlin erlangt. Von *einer* dominanten Deutungsweise kann nicht die Rede sein; weiterhin existierten verschiedene Lesarten nebeneinander.

Kritische Diskussion des Umgangs mit dem Palast der Republik und der Deutungen

Die Asbestverseuchung und die Finanzkrise der Stadt haben entscheidend dazu beigetragen, dass der Palast der Republik trotz seines hohen Symbolwerts bis 2006 in der Mitte Berlins fortbestehen konnte. Aufgrund der langen Brache hatte das Bauwerk sehr verschiedene Nutzungsformen und Bedeutungen annehmen können. Der Bedeutungsgehalt war nach der kulturellen Zwischennutzung sehr vielschichtig geworden. Der *(n)ostalgische* Strang in diesem Gemenge machte am Ende nur noch einen von vielen diskursiven Linien aus. Die Initiativen für und gegen den Palast mussten einen Anteil am Diskursgeschehen an die junge Szene abtreten, die spielerisch mit dem Gebäude umging und sich selbst mit temporären Inszenierungen in der Ruine zelebrierte. Eine der meistbeachteten Initiativen war die Installation des norwegischen Künstlers Lars Ramberg im Frühjahr 2005, der das Wort *Zweifel* auf dem Dach des Palasts installierte und damit auf die offene Frage der Identität des vereinigten Deutschlands aufmerksam machen wollte.

Die Tatsache, dass der Palast die revolutionäre und auch die post-revolutionäre Periode bis 2006 überstanden hat, hat dafür gesorgt, dass die weithin vernehmbaren Auseinandersetzungen um den Wert des baulich-symbolischen Erbes der DDR in den vergangenen 15 Jahren nicht abgebrochen sind. Sein Fortbestand hat ästhetische und ideologische Debatten und somit implizit auch Diskussionen um das neue Selbstverständnis der Stadt und ihrer Bürger provoziert. Auch während des Abrisses genießt der Palast noch einen hohen *Streitwert*.[39] Wird ein solcher Wert frühzeitig erkannt, kann er beispielsweise ein Denkmal über die Phase der revolutionären Bilderstürme retten und später in einen historischen Zeugniswert übergehen. Das Potenzial zu provozieren ist also nicht notwendigerweise ein Manko, sondern eine besondere Qualität, indem es als *Diskurs-Katalysator* wirkt.[40] Der Palast der Republik hat dies immer wieder bewiesen. Es ist interessant zu beobachten, wie zum Beispiel durch die Initiative *Urban Catalysts* noch während der fortschreitenden Demontage des Palasts neue Vorschläge unterbreitet werden. Unter der geplanten Grünfläche solle wenigstens noch das Kellergeschoss erhalten bleiben und dort unter dem Motto *100% Nutzung, 0% Architektur* eine vielseitig nutzbare Ausstellungs- und Veranstaltungshalle eingerichtet werden. Unter dem Eindruck des fulminanten Erfolges der letzten Bespielung des Palasts mit der Kunstausstellung *Fraktale IV*, die in einem gleißend weiß hergerichteten *White Cube* im Palast gezeigt wurde, hat dieser Vorschlag nicht nur in den Feuilletons ein großes Echo gefunden.[41] Erneut werden Forderungen laut, eine in Berlin längst überfällige Ausstellungshalle für zeitgenössische Kunst anstelle des Stadtschlosses zu errichten. Auf diese Weise hätte nach jahrelangem *Trial and Error* der Streit um den Palast einen Vorschlag hervorgebracht, der das von vielen erwünschte *Dritte* repräsentieren würde und weder eine Reminiszenz auf den Palast noch eine rückschrittliche und revanchistische Kopie darstellte. In jedem Fall hat die künstlerische Zwischennutzung und die Übernahme durch die junge Kunstszene erfolgreich von der ursprünglichen Ost-West-Dichotomie und ideologischen Aufladung der Debatte abgelenkt, die ausgerechnet während der Bundestagsdebatte zum Abrissmoratorium im Januar 2006 noch einmal aufgeflackert war.

Indem umstrittene Symbole immer wieder zum Diskutieren und zum neuen Ausdeuten einladen, sind sie eine wichtige Quelle für den gesellschaftlichen Diskurs. Der Erhalt des Palasts hätte die Chance bieten, ihn als Konterpunkt in der heutigen baulich-symbolischen Landschaft und als Zeugnis für das streitbare architektonische Erbe der DDR-Symbolik zu begreifen. Der Abriss hingegen ist ein probates Mittel, einen ästhetischen *Ausreißer* in der historischen Mitte loszuwerden. Dennoch ist absehbar, dass der Streitwert des Palasts übergeht in einen Streitwert des Schlossplatzes: so oder so – auf diesem Platz wird angesichts seiner diskursiven Aufladung ein neues Symbol geschaffen. Dieses neue Symbol könnte, mehr noch als jede andere neue Installation in der Stadt, einen neuen Wert schaffen, über den man dann erneut streiten kann.

Abb. 2: Zweifel. Installation des Norwegers Lars Ramberg 2005 während der Zwischennutzung. (Foto: Lena Schulz zur Wiesch)

Ergebnisse und Ausblick

Einleitend wurden die Fragen aufgeworfen, welche Determinanten einen Einfluss auf das baulich-symbolische Erbe des Realsozialismus haben und welche unterschiedlichen Deutungsweisen sich im Zuge des politisch-administrativen Umgangs mit diesem Erbe ergeben haben. Eine kritische, normative Auseinandersetzung mit diesen beiden Fragen wurde angeschlossen, um die soziale Relevanz der Symbole und ihrer Bedeutungen zu prüfen. Es ist kaum möglich, aus den hier vorgestellten Fallbeispielen Verallgemeinerungen über den politischen Umgang mit diesen Symbolen in Berlin abzuleiten, geschweige denn, die Effekte in Bezug auf die Wirkungsweise dieses Umgangs messen zu können oder Rückschlüsse über den Zustand der inneren Einheit zu treffen. Der Umgang mit dem Erbe des Realsozialismus findet nicht in einem Vakuum, sondern in einem komplexen zeitlichen und gesellschaftlichen Kontext statt, was die Argumente und Entscheidungsprozesse beeinflusst und eben auch, welche Lesarten entstehen.

Wie eingangs vermutet hat sich gezeigt, dass nicht allein die Politik und politische Mehrheiten dafür verantwortlich sind, welche Symbolträger die öffentlichen Räume prägen und welche dominanten Deutungsweisen sich dabei ergeben. Auch zufällige Konstellationen spielen dabei eine Rolle, und die Ergebnisse sind keineswegs vorhersehbar. Es wurde deutlich, dass es *Gelegenheitsfenster* im Umgang mit Symbolen gibt, die insbesondere in der revolutionären und frühen post-revolutionären Phase offen stehen. Außerhalb dieser Gelegenheitsfenster ist es schwer, radikale Entscheidungen durchzusetzen. Doch selbst ein offenes Zeitfenster zusammen mit einer günstigen politischen Koalition und der Geschlossenheit vieler Akteure geben keine Garantie dafür, dass ein Symbol erhalten oder getilgt wird. Fehlen die finanziellen Mittel, bleiben auch ungeliebte Erbstücke erhalten und können von anderen Akteuren mit Bedeutungen aufladen und vereinnahmt werden.

Während der Entscheidungsprozesse um das Schicksal des baulich-symbolischen Erbes erlangen die verschiedensten Deutungsweisen Geltung, die in vielen Fällen nichts mit den ursprünglichen Setzungen und Intentionen der Erbauer zu tun haben. Vielmehr reflektieren sie die Emotionen, die beispielsweise im Zusammenhang mit einem als autoritär oder arrogant empfundenen politischen Umgang entstehen. An dieser Stelle zeigt sich, dass das baulich-symbolische Erbe durchaus sozial relevant ist. Dies lässt sich anhand der verschiedenen auch ideologischen Projektionen ablesen, die während der Debatten um Wert und Unwert eines Erbstückes entstehen und dazu führen, dass der Abriss eines Denkmals oder Gebäudes mit der Diskreditierung der DDR-Vergangenheit gleichgesetzt wird. Neben dem Phänomen der (N)ostalgie und der Beschwörung alter oder neuer Ost-West-Dichotomien kann auch die Entfremdung von politischen Entscheidungen und Entscheidungsträgern eine Folge sein.

Die Entfernung von umstrittenen Erbstücken kann zwar das Wegfallen von Zankäpfeln bedeuten, wie im Falle des Palasts der Republik zu vermuten wäre. Mit dem Ende der Auseinandersetzungen geht der Stadt jedoch auch eine wichtige Quelle von Diskussionen verloren, die für das gegenseitige Verstehen wichtig wären. Eine pluralistische Symbollandschaft, die auch widersprüchliche Erbstücke umfasst, regt zum Nachdenken und oftmals auch zum Streiten an. Eine Homogenisierung der Symbollandschaft und kosmetische Glättung von historischen Brüchen wäre gerade in einer Stadt wie Berlin, deren Geschichte von dramatischen Brüchen geprägt ist, problematisch. In Berlin lässt sich diesbezüglich ein interessantes Phänomen beobachten: die intensive Art der Auseinandersetzung mit dem symbolischen Erbe der Vergangenheit hat sich in den vergangenen Jahren weitgehend auf den *Ostteil* der Stadt beschränkt, obgleich es auch im Westen ausreichend Beispiele für nicht mehr zeitgemäße Symbole[42] gibt, die der geläufigen Geschichtsinterpretation widersprechen. Diese einer kritischen Prüfung zu unterziehen und offen über ihren Umgang zu diskutieren steht noch aus.

Anmerkungen

1. Vgl. Information des Luisenstädtischen Bildungsvereins Berlin e.V. und Lexikon Alle Berliner Straßen und Plätze. Von der Gründung bis zur Gegenwart, 4 Bände, Berlin 1998.
2. Vgl. Maoz AZARYAHU, Die Umbenennung der Vergangenheit oder: Die Politik der symbolischen Architektur der Stadt Ost-Berlin 1990–1991, in: Zeitschrift für Volkskunde 88 (1992), S. 16–29.
3. Wie zum Beispiel die Kantine *Ahornblatt*, das heutige Kunsthaus *Tacheles*, das ehemalige *Palasthotel*, die Zentrale der Staatssicherheit etc.
4. Rudolph SPETH, Symbol und Fiktion, in: Gerhard GÖHLER et al. (Hg.), Institution – Macht – Repräsentation. Wofür politische Institutionen stehen und wie sie wirken, Baden-Baden 1997, S. 69.
5. Ebenda, S. 78.
6. Pierre BOURDIEU, Sozialer Raum und Klassen, Frankfurt/M. 1985.
7. Das heißt, aufgrund bestimmter gesellschaftlicher Konventionen wird zum Beispiel eine Personenstatue im öffentlichen Raum immer als Ehrung dieser Person verstanden.

8 Andreas DÖRNER, Politischer Mythos und Symbolische Politik, Opladen 1995, S. 79.
9 Hubertus ADAM, Erinnerungsrituale – Erinnerungsdiskurse – Erinnerungstabus. Politische Denkmäler der DDR zwischen Verhinderung, Veränderung und Realisierung, in: Kritische Berichte 20 (1992), S. 11.
10 Zit. in: Rudolph SPETH, Symbol und Fiktion, in: Gerhard GÖHLER et al. (Hg.), Institution – Macht – Repräsentation. Wofür politische Institutionen stehen und wie sie wirken, Baden-Baden 1997, S. 80.
11 Robert MUSIL: Denkmale, in: ders.: Gesammelte Schriften, Hg. Adolf FRISÉ Bd. II, 1978 Reinbek bei Hamburg, S. 506f. (Original 1927).
12 Maurice HALBWACHS, Das Gedächtnis und seine sozialen Bedingungen, Frankfurt/M. 1985, S. 131.
13 Hubertus ADAM, Zwischen Anspruch und Wirkungslosigkeit. Bemerkungen zur Rezeption von Denkmälern in der DDR, in: Kritische Berichte 19 (1991), S. 60f.
14 Ebenda, S. 61.
15 Thomas FLIERL, Der ‚Fall' der Denkmäler. Konkurrierende Konzepte symbolischer Geschichtspolitik in Berlin seit 1989/90, unveröffentlichtes Vortragsmanuskript v. 2.2.2004, S. 4.
16 Vgl. ebenda.
17 Vgl. ebenda.
18 Vgl. Maoz AZARYAHU, Die Umbenennung der Vergangenheit oder: Die Politik der symbolischen Architektur der Stadt Ost-Berlin 1990–1991, in: Zeitschrift für Volkskunde 88 (1992), S. 22
19 Thomas FLIERL, Der ‚Fall' der Denkmäler. Konkurrierende Konzepte symbolischer Geschichtspolitik in Berlin seit 1989/90, unveröffentlichtes Vortragsmanuskript v. 2.2.2004, S. 7.
20 Eberhard DIEPGEN, Protokoll der Plenarsitzung des Berliner Abgeordnetenhauses v. 14.11.1991.
21 Zitat Abgeordneter ZOTL, ebenda.
22 Zitate Abgeordnete ECKERT, KÜNAST, ebenda.
23 Der Tagesspiegel, Nachdenkliche Annäherung an Standbilder im Stadtbild, 9.2.1991.
24 Die tageszeitung, Lenin-Denkmal – Gewaltfrei verpacken, 2.10.1991.
25 Die tageszeitung, Protest bis zum letzten roten Stein, 14.11.91.
26 ... und somit aus ehemals *linientreuen Genossen.*
27 Matthias MATUSSEK, Lenins Stirn, fünfter Stock, in: Der Spiegel, 11.11.1991.
28 Ralf Georg REUTH, Sitzt Lenin doch noch auf dem Olymp?, in: Frankfurter Allgemeine Zeitung, 11.11.91.
29 Spandauer Volksblatt, Zorn ist eine ehrenhafte Emotion, 17.10.1991.
30 Der Kopf der Statue wurde pikanterweise just am 50. Geburtstag des CDU-Bürgermeisters Diepgen abgenommen – kein Zufall, sondern eine Provokation, wie einige Beobachter meinen.
31 Berliner Zeitung, 3.2.92.
32 Folgende regionale und überregionale Zeitungen aus den Jahren 1990 bis 2003 wurden in die Analyse einbezogen: Ost: Berliner Zeitung, Der Morgen,

Neues Deutschland, Junge Welt. West: Tagesspiegel, Berliner Morgenpost, Tageszeitung, Frankfurter Allgemeine Zeitung, Spiegel.

33 Robert HALBACH, Kommet her und sehet ..., in: Bernd KRAMER (Hg.), Demontage ... Revolutionärer oder Restaurativer Bildersturm? Texte & Bilder, Berlin 1992, S. 97f.

34 Berliner Zeitung, Lenin fällt – der Streit geht weiter, v. 6.11.91.

35 Matthias MATUSSEK, Lenins Stirn, fünfter Stock, in: Der Spiegel, 11.11.1991.

36 Allerdings wäre es durchaus möglich gewesen, den Palast bei laufendem Betrieb vom Asbest zu befreien, wie dies seit Jahren im ICC geschieht, dem 1979 eröffneten westlichen Pendant zum Palast.

37 Im Ostteil der Stadt ist sogar eine Mehrheit gegen den Erhalt des Palastes, während sich im Westen durchaus Anhänger des Palasterhalts finden – insbesondere in der jungen Generation. Vgl. Rainer HAUBRICH, Kein Lehrstück politischer Kultur, in: Thomas BEUTELSCHMIDT, Julia M. NOVAK (Hg.), Ein Palast und seine Republik. Ort – Architektur – Programm, Berlin 2001, S. 203.

38 Protokoll der Jahresmitgliederversammlung des Fördervereins Berliner Schloss e. V., Berlin, am 23. Februar 2004.

39 Gabi DOLFF-BONEKÄMPER Lieux de mémoire – lieux de discorde. Les monuments historiques comme médium de communication sur les conflits en Europe, in: Europarat, Prospective: Fonctions du patrimoine culturel dans une Europe en changement. Recueil des contributions d'experts, Strasbourg 2001, S. 55-60; http://www.coe.int/T/F/Coop%E 9ration_culturelle/Patrimoine/Ressources/prospective.pdf.

40 Vgl. ebenda, S. 59.

41 http://www.palastbuendnis.de/.

42 Wie beispielsweise die Siegessäule, das *Fliegerviertel* in Tempelhof, Straßennamen u.a. nach Antisemiten oder die ohne Kommentierung dastehenden Sportlerstatuen am Olympiastadion.

Authentischer Ort, „DDR-Disneyland" oder „Pendant zum Holocaustdenkmal"? *Checkpoint Charlie* und das Berliner *Mauermuseum*

Karin Liebhart (Wien)

> Jede Erinnerung an die Mauer ist heute Inszenierung.
> *Alexander Visser, Der Tagesspiegel, 10.10.2004.*

Nur wenige Berliner Orte haben international so große Bekanntheit erreicht wie der Kontrollpunkt an der Grenze zwischen US-amerikanischem Sektor (Berlin Kreuzberg) und sowjetischem Sektor (Berlin Mitte). Nahezu so populär ist das dort eingerichtete, privat geführte *Mauermuseum*. Das auch als *Haus am Checkpoint Charlie* bezeichnete Museum wurde 1962 als Zeichen des Protests gegen den Mauerbau in der Bernauerstraße gegründet und ist seit 1963 in der Friedrichstraße einem größeren Besucherstrom zugänglich:[1] Die Berliner Mauer und das Museum zählen mittlerweile zu den wichtigsten Touristenattraktionen in Westberlin.[2] Sie stehen symbolisch für eine historische Epoche mit hoher emotionaler Besetzung und für die Interpretationsgeschichte des Kalten Krieges. Als Träger eines kollektiven Gedächtnisses bezeichnen sie jenen „semantischen Raum, der zwischen dem historischen Ereignis und seiner heutigen Erinnerung liegt und in den sich die Geschichte seiner Deutung eingeschrieben hat".[3]

Die Lokalisierung von Erinnerungsinhalten an bestimmten Schauplätzen, den „Theatern" des Gedächtnisses, war schon für die Gedächtniskunst der Renaissance von Bedeutung und wurde in jüngerer Zeit vor allem vom Kulturwissenschafter Jan Assmann, der von einer „Verräumlichung der Erinnerung" spricht, und vom Sozialwissenschafter Peter Burke hervorgehoben, der neben zeitlichen und sozialen Kontexten ebenfalls die räumlichen Rahmenbedingungen des Gedächtnisses betont:[4] Beide beziehen sich auf den französischen Soziologen Maurice Halbwachs, der in seinen Untersuchungen über die sozialen Rahmen des kollektiven Gedächtnisses den Raum als eines der Medien seiner Tradierung bezeichnet: „Eine Wahrheit", so Halbwachs, muss sich, „um sich in der Erinnerung der Gruppe festsetzen zu können, in der konkreten Form eines Ereignisses, einer Person, eines Ortes darstellen."[5] Orte, insbesondere öffentliche Räume, können zu Zeichensystemen kollektiver Selbstverständigung, zu Symbolen sozialer, kultureller oder politischer Identität und zu Anhaltspunkten für Erinnerung werden. In diesem Sinn nennen Etienne François und Hagen Schulze, die Herausgeber des dreibändigen Werks *Deutsche Erinnerungsorte*, die Berliner Mauer einen lebendigen Ort der Erinnerung, der unmittelbar vielfältige Assoziationen hervorruft.[6]

„Focal Point of the Cold War"

Im Diskurs der Erinnerung an die Jahrzehnte der Teilung Deutschlands und Europas wird *Checkpoint Charlie*, einem von 1945 bis 1990 bestehenden Grenzübergang, der ausschließlich Angehörigen der Streitkräfte, DiplomatInnen, politischen FunktionärInnen und AusländerInnen zur Verfügung stand, besondere symbolische Bedeutung zugeschrieben: Als pars pro toto für die Berliner Mauer insgesamt gilt er als *das* Symbol des Kalten Krieges: So spielt Checkpoint Charlie eine wichtige Rolle in John Le Carrés 1963 erschienenem Roman *Der Spion, der aus der Kälte kam* – das lokale Ambiente wurde möglichst detailgetreu für die Verfilmung in einem Dubliner Studio nachgebaut.[7] Den Mauerflächen am Checkpoint Charlie wurde generell große mediale und touristische Aufmerksamkeit zuteil und sie übten besondere Anziehungskraft auf VertreterInnen der Mauermalerei und der Graffiti-Kunst aus. 1979 initiierte die, nach dem Beginndatum des Mauerbaus, dem 13.8.1961, benannte *Arbeitsgemeinschaft 13. August e.V.* einen Wettbewerb zur Bemalung einer 28 Meter hohen Hauswand am Checkpoint Charlie, aus dem der Entwurf „Die Niederreißung der Berliner Mauer" als Sieger hervor ging. Der Wettbewerbssieger Matthias Keppel nahm ein Jahrzehnt vor dem Fall der Mauer dieses Ereignis künstlerisch vorweg – über die zerbrochene Mauer reichen sich ein Ostdeutscher und ein Westdeutscher die Hände.[8] Auf Einladung des Museums *Haus am Checkpoint Charlie* entstand an diesem speziellen Abschnitt der „größte(n) Leinwand der westlichen Popkultur", wie die Mauer auch genannt wurde,[9] noch zu Zeiten der DDR im Jahr 1986 eines der flächenmäßig größten Werke Keith Harings.[10]

Checkpoint Charlie, neben den Checkpoints Alpha und Bravo einer der drei internationalen Grenzübergänge der alliierten Kräfte im geteilten Berlin, rückte im Oktober 1961 in das Interesse der Weltöffentlichkeit. In Folge einer eskalierenden Auseinandersetzung – um von den DDR-Behörden in Widerspruch zum Berliner 4-Mächteabkommen durchgeführte Ausweiskontrollen für westliche Militärangehörige beim Eintritt nach Ostberlin – erlangte Checkpoint Charlie Berühmtheit als jener Ort, an dem sich amerikanische und sowjetische Panzer konfrontativ gegenüber standen.[11]

In weiterer Folge wurde der Ort in der öffentlichen Wahrnehmung vor allem mit spektakulären Fluchtversuchen in Verbindung gebracht. Die Ausstellung im *Haus am Checkpoint Charlie* dokumentiert besonders dramatische, erfolgreiche und auch missglückte, Fluchtversuche von DDR-BürgerInnen nach der Errichtung der Berliner Mauer – unter anderem mit Hilfe von Tunnelgrabungen, Heißluftballons, einem Mini-U-Boot oder einem selbstgebauten Motorraddrachen.[12]

Seit 1952 und dem Bau der Grenzsicherungsanlagen war die Grenze zwischen der BRD und der DDR nicht mehr passierbar, eine Ausnahme bildete nur die Sektorengrenze in der Stadt Berlin. Im Laufe der 1950er Jahre stiegen die Flüchtlingszahlen dennoch massiv an. Insgesamt flohen bis zum Mauerbau im August 1961 mehr als 2 Millionen Menschen. Danach gelang jährlich nur mehr etwa 2.000 bis 3.000 Personen, legal Ausreisenden und Flüchtlingen, der Übertritt nach Westdeutschland. Der Folder des Mauermuseums nennt eine Gesamtzahl von mehr als 5.000 erfolgreich Geflüchteten zwischen 1961 und 1989.[13]

Im kollektiven Gedächtnis des vereinigten Deutschland nach 1989/1990 steht Checkpoint Charlie vor allem auch als ein Symbol für den Wunsch zahlreicher DDR-BürgerInnen in den Westen zu gelangen. Die *Arbeitsgemeinschaft 13. August e.V.* und die BetreiberInnen des Mauermuseums bezeichneten im Rahmen einer Pressekonferenz im Juni 2005 Checkpoint Charlie als „Ort der Freiheit (...) wo Weltgeschichte sich manifestiert" sowie als „bedeutendsten Platz der freien Welt", der in seiner historischen und politischen Bedeutung dem *Roten Platz* in Moskau und dem *Platz des Himmlischen Friedens* in Peking gleichkomme: „Hier am Checkpoint Charlie begann und endete die Weltenteilung (...) An keinem anderen Ort wurde die Teilung zwischen Ost und West deutlicher sichtbar als am Checkpoint Charlie. Hier trennte eine Mauer eine ganze Stadt (...) Hier erfasste Ronald Reagan die Dimension, die Realitäten zu verändern und den ‚Eisernen Vorhang' zu zerreißen."[14]

Checkpoint Charlie wird aus dieser Perspektive jene zweifache ikonische Qualität zugeschrieben, die sich über massenmedial vielfach reproduzierte Bilder von der Berliner Mauer und deren Fall ins Gedächtnis der Weltöffentlichkeit eingeprägt hat – als Symbol der Trennung Europas in zwei politisch und militärisch antagonistische Blöcke durch den Eisernen Vorhang und zugleich als Symbol der Überwindung dieser Teilung. Der Folder des Mauermuseums nennt den Ort deshalb auch „focal point of the Cold War, where two worlds split apart and joined again".[15]

Der berühmteste ehemalige Kontrollpunkt der Alliierten, an dem am 13. August 2000 eine Replik des im September 1961 errichteten ersten Wachhäuschens enthüllt wurde,[16] und das Mauermuseum selbst wurden im Laufe der Jahre mit mehreren Objekten versehen, die die vormalige Trennung Deutschlands symbolisieren: Zu sehen sind unter anderem ein überdimensionaler Roter Stern, die „letzte Kremlflagge" und eine historische Tafel mit der englisch-, russisch-, französisch- und deutschsprachigen Aufschrift „Sie betreten den amerikanischen Sektor" bzw. auf der Kehrseite „Sie verlassen den amerikanischen Sektor." 1998 wurden im Rahmen eines Kunstprojekts zwei große Photos installiert, eines zeigt einen US-amerikanischen Soldaten, der nach Osten sieht, das andere einen sowjetischen Soldaten, der nach Westen blickt.[17] Fallweise posierten, gegen den Willen der BetreiberInnen des Mauermuseums, am Checkpoint Charlie auch als DDR-Volkspolizisten oder alliierte Soldaten verkleidete Schauspielstudenten für Fotos mit TouristInnen.

Spurensuche - symbolische Repräsentationen der Berliner Mauer

In Berliner Buchhandlungen, touristischen Souvenirgeschäften und einschlägigen Museen sind zwar historische und aktuelle Stadtpläne mit eingezeichnetem Mauerverlauf, unzählige Ansichtskarten mit Mauermotiven und reich bebilderte Publikationen über die Berliner Mauer zu finden,[18] wo dieses Bauwerk genau stand, ist im heutigen Berliner Stadtbild jedoch kaum mehr erkennbar. Eines der wenigen noch erhaltenen Teilstücke begrenzt die, der Auseinandersetzung mit den Verbrechen des nationalsozialistischen Terrorregimes gewidmete, Ausstellung „Topographie des Terrors".[19]

Seit der zweiten Hälfte der 1990er Jahre wurden allerdings mehrere Anstrengungen unternommen, die Mauer durch symbolische Rekonstruktionsversuche und Repräsentationen wieder sichtbarer werden zu lassen. Motiviert waren derlei Initiativen nicht zuletzt durch touristische Nachfrage: „Auch wenn die Mauer für die Berliner mit schlimmen Erinnerungen verbunden ist: Für Besucher gehört sie zum Programm wie die Pyramiden zu Ägypten".[20]

Die offizielle Berlin-Werbung habe die „Perversion" der Berliner Mauer als „Mischung von Tragödie und Touristenattraktion" schließlich schon bald nach deren Errichtung kommerzialisiert, bemerkt dazu Edgar Wolfrum.[21] Der Berliner Tourismus-Manager Hanns Peter Nerger brachte die Erwartungshaltung der Städtereisenden wie folgt auf dem Punkt: „Touristen, die nach Berlin kommen, erwarten, die Mauer zu sehen oder etwas über sie zu erfahren".[22]

15 Jahre nach dem Mauerfall erarbeitete deshalb die Berliner Landesregierung ein Konzept, das den ehemaligen Mauerverlauf wieder deutlich erkennbar machen soll, denn eine solche Orientierungshilfe würden inzwischen „viele Berliner und noch mehr Besucher der Stadt" vermissen.[23] Der Berliner Kultursenator Thomas Flierl stellte fest, es sei zwar verständlich, dass durch den Abbruch der Grenzanlagen 1990 „die Unumkehrbarkeit des historischen Prozesses" verbürgt werden sollte, heute würden jedoch die Spuren der Teilung in der Stadt fehlen. „Brüche, Verwerfungen und Störungen im Stadtbild" wären aber „entscheidende Anhaltspunkte" für historische Erinnerung.[24] Als in Berlin die Phase des Nachdenkens über eine angemessene Form des Erinnerns an die deutsche Teilung begann, war allerdings „ihr symbolträchtigstes Zeugnis bereits beseitigt: die Berliner Mauer". Im Gegensatz zu Stasi-Gefängnissen und bürokratischen Einrichtungen der DDR, die zum Teil in Gedenkstätten umgewandelt wurden, „fielen die Berliner Mauer und die innerdeutschen Grenzbefestigungen einer Art kollektiver Amnesie anheim"[25], obwohl der Mauerbau „als der schwärzeste Tag"[26] der Nachkriegsgeschichte erschien.

Lange Zeit hatte die offizielle Berliner Politik den „Bedarf an authentischen Stätten der Teilung" unterschätzt.[27] Die 1998 eingeweihte *Gedenkstätte Berliner Mauer* zeigte schließlich einen Teil der Mauerreste samt Grenzbefestigungsanlagen, durch gestalterische Mittel verfremdet und von einer Aussichtsplattform einsehbar. Das zugehörige Dokumentationszentrum wurde anlässlich des 10. Jahrestages des Mauerfalls am 9. November 1999 eröffnet.[28] Bereits den Wettbewerb zur Errichtung dieser Gedenkstätte hatte eine Kontroverse um deren adäquate Gestaltung begleitet. Am Denkmal selbst, das von den Wettbewerbspreisträgern Kohlhoff & Kohlhoff errichtet wurde, entzündeten sich auch nach dessen Fertigstellung Debatten, ob künstlerische Gestaltung oder historisch detailgetreue Rekonstruktion die angemessene Form öffentlichen Gedenkens an die Berliner Mauer und die mit ihr verbundene Geschichte des geteilten Deutschland wäre. Die erste Version einer der „Erinnerung an die Teilung der Stadt vom 13. August 1961 bis 9. November

1989" gewidmeten Tafel wurde nach heftigen Protesten um die Inschrift „dem Gedenken an die Opfer kommunistischer Gewaltherrschaft" ergänzt.

Die Gedenkstätte in der Bernauer Straße ist mittlerweile politisch kaum mehr umstritten, allerdings liegt sie abseits touristischer Pfade. Zwar wurde sie vielfach, so etwa auch von der Fraktion der Grünen im Berliner Stadtparlament, als „authentischer Ort" gewürdigt, mit der „konsensualen Senats-Mauergedenkstätte Bernauer Straße" habe das Erinnern an die geteilte Stadt jedoch „eine Form gefunden, die es aus dem Alltag verabschiedete", bemerkte der Tagesspiegel.[29]

Von mehreren Seiten wurde mit dem Argument der Authentizität Denkmalschutz für weitere vorhandene Mauerreste und Befestigungsanlagen eingemahnt.[30] Seit 2003 dokumentiert auch eine Kommission des Berliner Senats Mauerfragmente und technische Relikte.[31] Den ehemaligen Verlauf des Bauwerks markiert nun im innerstädtischen Bereich Berlins ein 10 Zentimeter breiter Kupferstreifen zwischen Brandenburger Tor und Checkpoint Charlie. Bereits 1996 hatte unter reger Anteilnahme der Medien eine Aktion stattgefunden, in deren Rahmen der Regierende Bürgermeister Eberhard Diepgen gemeinsam mit dem Geschäftsführer der *Partner für Berlin GmbH* den ehemaligen Mauerverlauf in der Niederkirchnerstraße und der Zimmerstraße mit roter Farbe nachzeichneten. Gedacht war dies als Initialzündung für eine komplette Markierung der nicht mehr sichtbaren Mauer in der Berliner Stadttopographie „für die Nachwelt".[32]

Der „Umgang mit der Erinnerung an das DDR-Unrechtsregime" und dessen symbolische Vergegenwärtigung im Stadtbild wurde gerade in jüngster Zeit wieder zu einem „der beherrschenden kulturpolitischen Themen Berlins".[33] Trotz mehrerer Initiativen zur Bewahrung der Berliner Mauer als Erinnerungsort[34] haben jedoch alle diese Konzepte beziehungsweise deren Umsetzung – so etwa die Ausstellung „Berliner Mauer – Orte des Gedenkens" im Sony-Center, die fraktionsübergreifende Bundestagsmehrheit für eine Mauergedenkstätte am Brandenburger Tor, die Idee einer Fotoausstellung im U-Bahn-Bereich Pariser Platz oder das Konzept vernetzter Wegweiser zu den einzelnen mit der Berliner Mauer verknüpften Gedächtnisorten – nie jene kontinuierliche mediale Aufmerksamkeit und Popularität erreicht, die das Mauermuseum am Checkpoint Charlie und die dort angesiedelten, emotional aufgeladenen symbolischen Erinnerungsakte und Inszenierungen erlangten.

Checkpoint Charlie - Bühne umstrittener Inszenierungen deutscher Zeitgeschichte

Auch am Checkpoint Charlie vergegenwärtigte bis vor kurzem „nur noch eine doppelläufige Pflastersteinreihe im Straßenbelag" den ehemaligen Mauerverlauf. Deshalb biete sich „für eine Vorstellung von dem ganzen absurden Ausmaß dieser todbringenden Grenzanlagen (...) ein Besuch im Mauermuseum am Checkpoint Charlie" an, wie es in einem aktuellen Reiseführer für Berlin heißt."[35]

Das in diesem Reiseführer als authentischer Ort empfohlene Museum geht auf eine Initiative des Aktivisten für gewaltfreien Widerstand Rainer Hildebrandt zurück, der unter dem NS-Regime mehrmals wegen Wehrkraftzersetzung interniert war. 1948 gründete er die antikommunistische *KgU - Kampftruppe gegen Unmenschlichkeit*, die sich um Gefangene in sowjetischen Lagern kümmerte. Hildebrandt verließ die KgU, als diese Anfang der 1950er Jahre Sabotageakte in der DDR durchführte. Das gemeinsam mit ehemaligen politischen Häftlingen der DDR und StudentInnen aus Westberlin gestaltete Mauermuseum sah er als „Insel der Freiheit im letzten Gebäude direkt vor der Grenze", von der aus FluchthelferInnen den Grenzübergang beobachten konnten, wo Geflüchtete Unterstützung erfuhren, Fluchtpläne erdacht wurden und „immer gegen das Unrecht in der DDR gekämpft wurde".[36]

Neben drei permanenten Ausstellungen in den Sprachen Deutsch, Englisch, Französisch und Russisch (*Die Mauer - vom 13. August bis heute*; *Maler interpretieren die Mauer*, seit 1973; *Berlin - Von der Frontstadt zur Brücke Europas*, seit 1976) und einem kontinuierlichen Film- und Vortragsangebot zeigt das Mauermuseum seit 1984 auch die Ausstellung „Von Gandhi bis Walesa – Gewaltfreier Kampf für Menschenrechte". Letztere versucht recht undifferenziert eine mit Gandhi beginnende Traditionslinie gewaltfreien Widerstandes gegen totalitäre Regime jedweder Prägung und politische Gewalt herzustellen. Dies geschieht mit Hilfe von Text- und Bildtafeln unter anderem zur Ungarischen Revolution 1956, zum Prager Frühling 1968, zu den Aktionen der Gewerkschaft Solidarität im sozialistischen Polen, zur DissidentInnenbewegung in der UdSSR, zu den Montagsdemonstrationen in Leipzig sowie mittels Exponaten wie einer Schreibmaschine der Charta 77, dem Tagebuch und den Sandalen Mahatma Gandhis, der Totenmaske Andrej Sacharows und einer 50 Meter langen weiß-blau-roten russischen Fahne als Symbol der „Drei Tage im August" des Jahres 1991 in Moskau. Auch die im Jahr 2004 eingerichtete *Gemeinnützige Stiftung Dr. Rainer Hildebrandt* widmet sich gemäß ihren Statuten „dem Gedanken des gewaltfreien Widerstandes in totalitären

Regimen gleich welcher politischen Richtung".[37] Das *Haus am Checkpoint Charlie* versteht sich im Sinne seines Gründers so auch als „das erste Museum des internationalen gewaltfreien Kampfes".[38]

Am Interesse des Publikums gemessen ist es das „erfolgreichste, weil meistbesuchte Museum Berlins".[39] Eine Redakteurin der *taz* bezeichnete das *Haus am Checkpoint Charlie* zwar als „obskures Sammelsurium von Schautafeln, Uniformen, Fluchtautos und Kinderbildern". In der Tat sind die Ausstellungen einigermaßen überladen und unübersichtlich gestaltet.[40] Jährlich kommen seit dem Fall der Berliner Mauer und der Vereinigung von BRD und DDR dennoch etwa 600.000 Personen an diesen Gedenkort[41], besichtigen das Mauermuseum und besuchen den mit Publikationen, Ansichtskarten, Videos, DVDs und diversen einschlägigen Souvenirs wie Originalstücken der Mauer, Schokolade und T-Shirts mit Mauermotiven bestückten Shop gleich daneben.

Das Museum und der Ort an dem es steht erinnern jedoch nicht nur an die Jahrzehnte der Teilung Deutschlands in einen westlichen und einen der sowjetischen Einflusssphäre unterworfenen Staat, sondern dienen auch als Bühne für heftige politische Auseinandersetzungen mit deutschen Vergangenheiten.

Im Oktober 2004 ließ – deklariert als künstlerische Aktion – Alexandra Hildebrandt, die Witwe des Museumsgründers und Direktorin des Mauermuseums, am Checkpoint Charlie 200 Meter Mauer errichten und 1.065 schwarze, drei Meter hohe Holzkreuze aufstellen, für die im Museum dokumentierten Opfer des geteilten Deutschland, mit deren Daten die Kreuze beschriftet wurden. Hildebrandt definierte diese Inszenierung unter Bezugnahme auf die Errichtung des viel diskutierten und 1999 vom Bundestag beschlossenen Mahnmals zur Erinnerung an die Ermordung von sechs Millionen europäischen Jüdinnen und Juden als „Pendant zum Holocaustdenkmal".[42] Damit stellte sie Checkpoint Charlie als Erinnerungsort nicht nur in eine Reihe mit dem Standort des Holocaust-Mahnmals, einem 19.000 Quadratmeter großen Feld in unmittelbarer Nähe des Brandenburger Tores und des Reichstagsgebäudes,[43] sondern setzte die Auseinandersetzung mit der NS-Vergangenheit Deutschlands und jener mit der Geschichte der DDR implizit gleich. Dies rief zahlreiche Proteste hervor. Mit der, laut Alexandra Hildebrandt bewusst gewählten, Anordnung der Kreuze als „Anspielung auf das Holocaust-Denkmal werde eine Grenze überschritten, die nicht überschritten werden dürfe", kritisierte etwa die Sprecherin der Berliner Senatsverwaltung für Stadtentwicklung: „Der Holocaust und die Tragik der Mauer dürften nicht gleichgesetzt werden".[44] Für Kultursenator Thomas Flierl bewegt sich die „bewusst herbeigeführte Anmutung" der Parallelität der Kreuze mit den Mahnmal-Stelen Peter Eisenmanns überhaupt „abseits jeder Möglichkeit von zulässigen historischen Vergleichen".⁴⁵ Die umstrittene Inszenierung am Checkpoint Charlie setzt nicht nur nach ästhetischen Kriterien einen Kontrapunkt zu dem vom New Yorker Architekten Peter Eisenmann entworfenen Mahnmal, einer Welle aus mehr als 2.700 schwarz-grauen Betonstelen, das „der Shoah ihre Singularität zurück(gibt)", indem es „das Ereignis der Erzählbarkeit entzieht", wie der Journalist Bert Rebhandl anlässlich der Einweihung im Mai 2005 bemerkte.⁴⁶

Von vielen PassantInnen und vor allem auch von TouristInnen wurden das neu errichtete Mauerstück und der Wald aus Kreuzen am Checkpoint Charlie allerdings wohlwollend aufgenommen. Sie brachten, so scheint es, „die Geschichte in den Alltag zurück".⁴⁷ Die Inszenierung machte „die Geschichte der Teilung Berlins zur Zeit des Kalten Krieges ‚lebendig'", führte sie „zum Anfassen nah an den Betrachter heran" ließ zugleich aber „keinen Freiraum (…) zwischen der individuellen Wahrnehmung und dem Bild des historischen ‚Ereignisses'":⁴⁸ „Am Checkpoint Charlie erklärt sich die Symbolik der Mauer und ihrer Opfer unmittelbar und drastisch, an der Bernauer Straße entstehen dagegen unzählige Fragen, aber kaum Antworten".⁴⁹

Als Bühne für aktuelle Repräsentationen schmerzlicher historischer Erfahrungen aus der Zeit zweier getrennter deutscher Staaten fokussiert das *Haus am Checkpoint Charlie* plakativ auf die Opfer der Teilung Deutschlands und deren schlussendliche Überwindung als primäres Symbol aktueller Identitätsfindungsprozesse eines vereinten Deutschland nach der Wende. Alexandra Hildebrandts unreflektiert erscheinende Inszenierung, die über die Symbolik der Kreuze auf das Totengedenken als ursprünglichste Form der Erinnerungskultur anspielt,⁵⁰ stieß dementsprechend auf vielfältige Kritik. Unter anderem wurde sie als „DDR-Disneyland", „Hollywood-Szenario"⁵¹ oder „Historygruselshow am Checkpoint Charlie"⁵² qualifiziert. Die Berliner Kulturverwaltung sprach von einer „unerträgliche(n) Privatisierung des Gedenkens"⁵³ und verwies damit auf ihre Interpretation offizieller, staatlicher beziehungsweise kommunaler Gedenkstätten als legitimere Orte der Erinnerung an die Opfer der Berliner Mauer. „Der Checkpoint Charlie ist nicht der richtige Ort, um an alle Toten der deutsch-deutschen Grenzen mit einem zentralen Mahnmal zu erinnern. Dafür gibt es die Gedenkstätte Bernauer Straße mit Dokumentationszentrum. Es ist absurd, wenn sich das private Museum am Checkpoint Charlie nun seinen eigenen Hausaltar schaffen will", bemerkte etwa Kultursenator Thomas Flierl.⁵⁴

Die von der Museumsbetreiberin Alexandra Hildebrandt intendierte und in der Inszenierung am Checkpoint Charlie zum Ausdruck kommende implizite Gleichsetzung des Stellenwerts der NS-Verbrechen und der Erfahrung mit dem repressiven und oftmals inhumanen System der DDR für die gesamtdeutsche Erinnerungskultur nach der Wende wurde zum Teil auch von jenen Personen übernommen, die sich gegen eine Räumung des für die Aktion nur kurzfristig gepachteten Platzes engagierten. So verfasste etwa ein ehemaliger US-Geheimdienstmitarbeiter einen Brief an die US-Botschaft in Berlin mit der Bitte sich gegen die Demontage der Holzkreuze zu engagieren, und argumentierte wie folgt: „Es wäre wichtig, dass nicht nur die Medien in Deutschland, sondern auch die Medien in den Vereinigten Staaten die Relevanz des Angedenkens nicht nur an die Opfer des schrecklichen Holocausts, sondern auch an die Tausende von Opfern der inhumanen Verbrechen der früheren DDR an ihren eigenen Bürgern und an Deutschen aus Westberlin und Westdeutschland auf positive Weise publizieren würden."[55] Die Räumung der Kreuze wurde aufgrund zahlreicher Gegenstimmen immer wieder verschoben. Mit eintägiger Verzögerung wegen Protesten seitens der US-Republikaner, die sich insbesondere gegen die Wahl des Datums – der 4.7. ist der Independence Day und US-amerikanischer nationaler Feiertag – ausgesprochen hatten,[56] wurde sie schließlich am 5. 7. 2005 doch noch durchgeführt. Zwar ketteten sich ehemalige DDR-Häftlinge an die Holzkreuze, die unmittelbar vor der Räumung noch von einem Priester geweiht wurden, errichtete die Vereinigung *Republicans Abroad International* Transparente mit Unterschriftsmöglichkeiten gegen die Räumungsaktion und schlossen sich auch VertreterInnen der CDU den Protestkundgebungen an.[57] Der befürchtete Imageschaden für Berlin, „(w)enn Bilder um die Welt gehen, wie Bagger die Kreuze am Mahnmal niedermähen",[58] blieb jedoch aus. Die Abräumarbeiten gingen sehr vorsichtig voran, die umstrittenen Holzkreuze sind mittlerweile im Museum zwischengelagert, sollen aber laut Alexandra Hildebrandt möglichst bald und wenn möglich am selben Ort wieder aufgestellt werden.[59]

Der Abriss der Kreuze am Checkpoint Charlie hat jedenfalls die Diskussion über das Gedenken an die Berliner Mauer und ihre Opfer erneut zugespitzt. Für den Bürgermeister von Berlin Mitte, Joachim Zelle, verweist „das Gezerre um den Checkpoint" auf ein Manko in der Berliner Gedächtnispolitik und zeigt, „dass die Stadt ein einheitliches Mauerkonzept braucht".[60] Der Plan des Kultursenators Flierl, bis zum Jahr 2011 am Checkpoint Charlie ein *Museum des Kalten Krieges* einzurichten, stieß keineswegs auf einhellige Zustimmung. „(D)ie zweite deutsche Diktatur und ihre Folgen für die Menschen müssen sichtbar werden", forderte beispielsweise CDU-Generalsekretär Frank Henkel. Die Verantwortung der SED dürfe nicht hinter der Darstellung der Konfrontation zweier Blöcke verschwinden.[61] Gegen Flierls Konzept eines *Museums des Kalten Krieges* sprach sich auch die Grüne Fraktion im Berliner Stadtparlament aus.

An welche deutsche Vergangenheit wie erinnern?

Öffentliche Inszenierungen von Geschichte und Diskussionen über adäquate Formen des Erinnerns, wie jene um die symbolische Besetzung des Checkpoint Charlie, spiegeln immer auch politische Verhältnisse und Machtkonstellationen, da politisches Handeln die Durchsetzung von Repräsentationen sozialer Welten beinhaltet. In entsprechenden Diskursen fungieren Denkmäler, Mahnmale und symbolische Inszenierungen als Zeichenträger politischer Positionen, stellen Medien zu deren Visualisierung dar, dienen der Interpretation und kollektiven Vergegenwärtigung historischer Ereignisse und kommunizieren politische Deutungen. Damit bringen sie Aspekte der politischen Kultur und des politischen Selbstverständnisses einer Gesellschaft zum Ausdruck und erzählen oft mehr über gegenwärtige politische Kulturen, als über jene Vergangenheiten, auf die sie verweisen.[62] Im „Theater" des kollektiven Gedächtnisses geben soziale Gruppen ihrer aktualisierten Vergangenheit identitätsstiftende Funktion. Ausgewählte historische Ereignisse werden in einen gegenwärtigen Sinn-Rahmen eingefügt, einzelne Ereignisse verknüpft und zu Erzählungen kombiniert.

Mahnmale im öffentlichen Raum repräsentieren solche Erzählungen. Sie sprechen jedoch verschiedene soziale Gruppen an, die von einer Vielfalt sozialer Lebenswelten und symbolischer Sinnwelten geprägt sind. Zwar sind im kulturellen Gedächtnis[63] einer Gesellschaft gemeinsame Codes und Interpretationsrahmen für die „offizielle" Wahrnehmung von Mahnmalen, Denkmälern und Erinnerungsorten verankert. Es ist aber kein Konsens über gemeinsame Erinnerungsbilder, dem sich alle Gruppen der Gesellschaft in gleichem Maß verpflichtet fühlen, vorauszusetzen. Die Wahrnehmung und Deutung von der Erinnerung gewidmeten öffentlichen Inszenierungen ist immer auch vor dem Hintergrund pluralistischer, differenter Gruppengedächtnisse, die deren Rezeption prägen, zu sehen. Gedächtnis entsteht in einem Spannungsverhältnis konkurrierender, zum Teil widersprüchlicher Erinnerungserzählungen. Diese bilden ein Kräftefeld, in dem dominante, marginalisierte und tabuisierte Diskurse wechselseitig aufeinander wirken.[64]

Eben dieses, aktuelle Debatten über politische, soziale und kulturelle Grundlagen der größeren BRD seit 1990 bestimmende, Phänomen kann am Beispiel des Checkpoint Charlie und seiner symbolischen Besetzung beziehungsweise des dort stattfindenden Gedächtnistheaters und der Bezüge, die darin zu anderen Berliner Orten des Gedenkens hergestellt werden, besonders gut beobachtet werden.

Zum einen hat die Geschichte der DDR, um die es hier vorrangig zu gehen scheint, viele Facetten und befördert mehrere Arten der Auseinandersetzung. Der schwierigen historischen Aufarbeitung steht das populärkulturelle Phänomen der *Ostalgie*, die in der Beliebtheit der Ost-Ampelmännchen, vieler „Ost-Produkte" und im großen Erfolg einschlägiger Filme wie Wolfgang Beckers *Good Bye Lenin* (Berlin 2003) oder Leander Haussmanns *Herr Lehmann* (Berlin 2003) zum Ausdruck kommt, gegenüber.[65]

Zugleich hat „Erinnerung (…) in Deutschland nach wie vor zwei Stränge, einen westdeutschen und einen ostdeutschen. Über die Geschichte der Teilung Deutschlands und insbesondere über die Geschichte der DDR verfügen die Deutschen über kein einheitliches Geschichtsbild".[66] In der neuen Bundesrepublik existiert in dieser Hinsicht weder ein kollektives Selbstverständnis noch herrscht Konsens über ihre Beurteilung und Einordnung in den deutschen und europäischen Kontext.[67] „Nach dem Zusammenbruch der DDR und des gesamten Ostblocks wurden Ideologie und Herrschaftssystem sozialistischer Provenienz zum gesamtdeutschen Erbe. Darauf war die alte Bundesrepublik so wenig vorbereitet wie das ‚Beitrittsgebiet' der soeben vergangenen DDR", ein nationaler Konsens, „wie er sich hinsichtlich des NS-Regimes im Laufe von Jahrzehnten herausgebildet hatte" fehlte.[68]

Aber auch die Erinnerung an den Nationalsozialismus ist durch unterschiedliche Gedächtnisdiskurse und Erinnerungstraditionen in der BRD und der DDR geteilt. Die Dichotomie von „Erinnern" und „Vergessen" wurde in der BRD zum „Movens einer Generation, die sich vor allem in gedächtnispolitischen Debatten (…) formierte",[69] das nationalsozialistische Dritte Reich zum negativen Bezugssystem der Gesellschaft. Die offizielle Ideologie der DDR sah das Erbe des Nationalsozialismus hingegen nicht als Teil ihrer Geschichte an.

Am Beispiel der jüngsten Debatten um die symbolische Besetzung der Erinnerungslandschaft Checkpoint Charlie zeigen sich sämtliche Facetten des komplexen Diskurses über deutsche Vergangenheiten, die angemessene Interpretation zeitgeschichtlicher Epochen und Zäsuren und deren Bedeutung für aktuelle Identitätskonstruktionen. Zugleich bringen sie zum Ausdruck, dass es „augenscheinlich an der Fähigkeit (fehlt), unterschiedliche historische Ereignisse und Unrechtstatbestände zu erinnern und ihrer jeweiligen Opfer zu gedenken, ohne zum einen die Maßstäblichkeit zu verlieren noch andererseits das individuelle Leid zu missachten".[70] In diesem Sinne plädiert Jochen Staadt, SED-Forscher an der TU Berlin, für ein dezentrales und pluralistisches Konzept öffentlicher Repräsentation bedeutender Ereignisse der deutschen Vergangenheit und wendet sich gegen eine Monopolisierung der Erinnerung: „Es wird in dieser Stadt niemals einen einzigen zentralen Ort geben, der für die Nazi-Diktatur oder für die SED-Diktatur steht. Es werden immer viele Orte sein".[71]

Anmerkungen

1 Friedrichstrasse 43–45, 10969 Berlin-Kreuzberg.
2 Martin JANDER, Berlin (DDR). Ein politischer Stadtspaziergang, Berlin 2003, S. 53; vgl. auch www.mauer-museum.com (Mauermuseum Haus am Checkpoint Charlie, Friedrichstraße 43–45, 10969 Berlin) sowie www.berliner-mauer-dokumentationszentrum.de (Dokumentationszentrum Berliner Mauer, Bernauerstraße 111, 13355 Berlin).
3 Klaus GROSSE KRACHT, Erinnerung à la carte, http://iasl.uni-muenchen.de/rezensio/liste/grosse2.html; vgl. auch Pierre NORA, Zwischen Geschichte und Gedächtnis, Berlin 1990 sowie Peter CARRIER, Les Lieux des mémoire als Diagnose und Symptom, in: Gerald ECHTERHOFF, Martin SAAR (Hg.), Kontexte und Kulturen des Erinnerns. Maurice Halbwachs und das Paradigma des kollektiven Gedächtnisses, Konstanz 2002, S. 141–162, hier S. 143.
4 Jan ASSMANN, Die Katastrophe des Vergessens. Das Deuteronomium als Paradigma kultureller Memotechnik, in: Aleida ASSMANN, Dietrich HARTH (Hg.), Mnemosyne. Formen und Funktionen der kulturellen Erinnerung, Frankfurt/M. 1991, S. 337; Peter BURKE, Geschichte als soziales Gedächtnis, in: ebenda, S. 304 und 291.
5 Maurice HALBWACHS, La Topographie Legendaire des Avangiles en Terre Sainte. Etude de Memoire Collective, Paris 1941, vgl. auch DERS., Das kollektive Gedächtnis, Frankfurt/M. 1985 sowie DERS., Das Gedächtnis und seine sozialen Bedingungen, Frankfurt/M. 1985.
6 Zur Bedeutung der Berliner Mauer als Gedächtnisort vgl. den Beitrag von Edgar WOLFRUM, Die Mauer, in: Etienne FRANÇOIS, Hagen SCHULZE (Hg.), Deutsche Erinnerungsorte I, München 2002[4], S. 552–568; vgl. auch http://www.chronik-der-mauer.de.

7 Johannes PETER, Illustrierte Geschichte der Berliner Mauer, Berlin 2004, S. 47f.; The Spy who Came in from the Cold (Martin Ritt, GB 1965).
8 Edgar WOLFRUM, Die Mauer, in: Etienne FRANÇOIS, Hagen SCHULZE (Hg.), Deutsche Erinnerungsorte I, München 2002⁴, S. 564.
9 Ebenda, S. 563.
10 Johannes PETER, Illustrierte Geschichte der Berliner Mauer, Berlin 2004, S. 49. Die heute sehr populäre *East-Side-Gallery* im Bezirk Friedrichshain hingegen datiert erst nach dem Fall der Mauer, ein Stück der so genannten Vorderlandmauer wurde nach der Öffnung von internationalen KünstlerInnen bemalt. Besonders bekannt und vielfach reproduziert wurden vor allem zwei dieser Bilder: der Bruderkuss zwischen Honegger und Breschnew, der – paraphrasiert – für den ungarischen Wahlkampf übernommen wurde sowie ein die Mauer durchbrechender Trabi.
11 Vgl. Johannes PETER, Illustrierte Geschichte der Berliner Mauer, Berlin 2004, S. 47; Broschüre: The Berlin Wall. History 1961-1989. Looking for Traces: 8 Tours through New Berlin, Berlin ⁴2004, S. 28.
12 Martin JANDER, Berlin (DDR). Ein politischer Stadtspaziergang, Berlin 2003, S. 45, 56.
13 Vgl. Folder Mauermuseum. Museum Haus am Checkpoint Charlie. Inventive Escapes.
14 Pressekonferenz der Arbeitsgemeinschaft 13. August e.V. am 28.6.2005 zum Thema „Freiheitsmahnmal am Platz Checkpoint Charlie ‚Sie wollten nur die Freiheit'". Edgar Wolfrum hält in seinem Beitrag zu den Deutschen Erinnerungsorten hingegen fest, Ronald Reagan habe seine an Michail Gorbatschow gerichteten berühmten Worte vor dem Brandenburger Tor gesprochen. Edgar WOLFRUM, Die Mauer, in: Etienne FRANÇOIS, Hagen SCHULZE (Hg.), Deutsche Erinnerungsorte I, München 2002⁴, S. 563.
15 Vgl. Folder Mauermuseum. Museum Haus am Checkpoint Charlie.
16 Andreas HOFFMANN, Matthias HOFFMANN, Die Mauer. Touren entlang der ehemaligen Grenze, Berlin 2003, S. 40.
17 Johannes PETER, Illustrierte Geschichte der Berliner Mauer, Berlin 2004, S. 49.
18 Vgl. z.B. The Berlin Wall-Wall Chronicle-Wall Map. o. J., den Ostalgie-Plan Berlin Hauptstadt der DDR im aktuellen Stadtplan, den Pharus-Plan Berlin – Die geteilte Stadt. Vom Zweiten Weltkrieg bis zur Wiedervereinigung oder die Broschüre The Berlin Wall. History 1961-1989. Looking for Traces: 8 Tours through New Berlin, Berlin ⁴2004 sowie Johannes PETER, Illustrierte Geschichte der Berliner Mauer. Berlin 2004. Ein Team der TU Cottbus hat insgesamt noch mehr als 100 „authentische" Orte aufgelistet, an denen die ehemalige Grenze, Mauerreste und Grenzsperren besichtigt werden können, vgl. Der Tagesspiegel, 21.7.2005.
19 Niederkirchnerstraße 8, 10963 Berlin, vgl. Martin, JANDER, Berlin (DDR). Ein politischer Stadtspaziergang, Berlin 2003, S. 95.
20 Alexander VISSER, Der Tagesspiegel, 10.10.2004.
21 Edgar WOLFRUM, Die Mauer, in: Etienne FRANÇOIS, Hagen SCHULZE (Hg.), Deutsche Erinnerungsorte I, München 2002⁴, S. 563.

22 Hanns Peter NERGER, Der Tagesspiegel, 6.11.2004.
23 Der Tagesspiegel, 14.1.2005.
24 Thomas FLIERL, Der Tagesspiegel, 6.11.2004.
25 Der Tagesspiegel, 9.11.2004.
26 Edgar WOLFRUM, Die Mauer, in: Etienne FRANÇOIS, Hagen SCHULZE (Hg.), Deutsche Erinnerungsorte I, München 2002⁴, S. 554.
27 Der Tagesspiegel, 2.11.2004.
28 Bernauerstraße 111, 13355 Berlin; http://www.berliner-mauer-dokumentationszentrum.de/de/gedenk_main.html.
29 Der Tagesspiegel, 9.11.2004.
30 Der Tagesspiegel, 20. und 23.7.2005.
31 Johannes PETER, Illustrierte Geschichte der Berliner Mauer, Berlin 2004, S. 61.
32 Heinz J. KUZDAS, Berliner Mauer Kunst. Mit East Side Gallery, Berlin ⁸2004, S. 86.
33 Der Tagesspiegel, 10.8.2005.
34 Vgl. etwa das Memorandum des Zentrums für Zeithistorische Forschung Berlin (ZFF), Potsdamer Neueste Nachrichten 10.3.2005.
35 Kristine JAATH, Hauptstadt Berlin, Bielefeld ⁵2005, S. 224.
36 Vorwort von Rainer Hildebrandt – Museum Haus am Checkpoint Charlie. http://www.mauer-museum.com/start1/html.
37 Pressekonferenz der Arbeitsgemeinschaft 13. August e.V. am 28.6.2005 zum Thema „Freiheitsmahnmal am Platz Checkpoint Charlie ‚Sie wollten nur die Freiheit'".
38 Vorwort von Rainer Hildebrandt – Museum Haus am Checkpoint Charlie. http://www.mauer-museum.com/start1/html. Eine weitere Ausstellung zu CIA-Aktivitäten am Checkpoint Charlie ist in einem 2005 gekauften Haus in der Friedrichstraße 44 geplant, vgl. Der Tagesspiegel, 21.7.2005.
39 Johannes PETER, Illustrierte Geschichte der Berliner Mauer, Berlin 2004, S. 48.
40 Jana SITTNICK, Die Frau meint es ernst, die tageszeitung, 30.10.2004. http://www.taz.de/pt/2004/10/30/a0136nf/textdruck.
41 Ebenda, S. 54; vgl. auch www.mauer-museum.com.
42 Jana SITTNICK, Die Frau meint es ernst, die tageszeitung, 30.10.2004. http://www.taz.de/pt/2004/10/30/a0136nf/textdruck. Über kaum einen anderen öffentlichen Bau ist in den letzten Jahren so heftig diskutiert worden, wie über das von der Publizistin Lea Rosh und dem Historiker Eberhard Jäckel 1988 initiierte Mahnmal für die ermordeten Jüdinnen und Juden Europas. Neben der Frage, ob Deutschland neben den KZ-Gedenkstätten als „authentischen" Orten der nationalsozialistischen Verbrechen noch zusätzlich ein künstlerisches Werk brauche, wurde – vor allem auch seitens der jüdischen Gemeinde – die ausschließliche Widmung an die jüdischen Opfer kritisiert (http://www.tagesspiegel.de/tso/drucken.asp?Text ID=49450). Die heftigen Debatten sind vor dem Hintergrund von Jahre nach dem Historikerstreit 1986/87 wieder aufgeflammten Diskussionen um die Bedeutung der Shoah für die deutsche Geschichte und die Identität der Bundesrepublik zu sehen. So schrieb etwa Martin Walser in seiner Rede in der Frankfurter Paulskirche 1998 dem Mahn-

mal „kontroversielle Qualität als ‚negatives' Nationaldenkmal" zu und bezeichnete es als „fußballfeldgroße(n) Albtraum", „Monumentalisierung der Schande" und „Hindernis auf dem Weg zur ‚Normalisierung' des deutschen Verhältnisses zur eigenen Geschichte"; Bert REBHANDL, Gedenken, nicht Geschäft, in: Der Standard, 9.5.2005, S. 18.
43 Vgl. http://www.hr-online.de/website/tools/printsite.jsp?key=standard_document_5401210.
44 Der Tagesspiegel, 27. und 28. 10.2004.
45 Der Tagesspiegel, 17.11.2004.
46 Bert REBHANDL, Gedenken, nicht Geschäft, in: Der Standard, 9.5.2005, S. 18. Ein – gegen den Wunsch des Architekten – zusätzlich eingerichteter „Ort der Information" an der Nordseite des Stelenfeldes rekonstruiert am Beispiel von Einzelschicksalen Deportation und Ermordung der europäischen Jüdinnen und Juden und dokumentiert biografische Daten von 3,5 Millionen Ermordeten. Die Gedenkstätte Yad Vashem in Jerusalem stellte dafür ihre im Verlauf von über 50 Jahren zusammengestellte Datenbank zur Verfügung. http://www.tagesspiegel.de/tso/drucken.asp?Text ID=49450 sowie Janet SCHAYAN, Holocaust-Mahnmal, in: www.magazine-deutschland-de, 14.3.2005.
47 Der Tagesspiegel, 1. und 9.11.2004.
48 Jana SITTNICK, Die Frau meint es ernst, die tageszeitung, 30.10.2004. http://www.taz.de/pt/2004/10/30/a0136nf/textdruck.
49 Der Tagesspiegel, 2.11.2004.
50 Jan ASSMANN, Das kulturelle Gedächtnis. Schrift, Erinnerung und politische Identität in frühen Hochkulturen, München 1992.
51 Der Tagesspiegel, 17.7.2005.
52 Der Tagesspiegel, 7.10.2004.
53 Der Tagesspiegel, 12.10.2004.
54 Der Tagesspiegel, 6.11.2004.
55 Pressekonferenz der Arbeitsgemeinschaft 13. August e.V. am 28.6.2005 zum Thema „Freiheitsmahnmal am Platz Checkpoint Charlie ‚Sie wollten nur die Freiheit'".
56 Der Tagesspiegel, 26.6.2005.
57 Der Tagesspiegel, 5.7.2005.
58 Tourismusmanager Hans-Peter Nerger, Der Tagesspiegel, 29.6.2005.
59 Der Tagesspiegel, 6.7.2005.
60 Der Tagesspiegel, 14.10.2004.
61 Der Tagesspiegel, 11.7.2005.
62 Heidemarie Uhl 2004, S. 71.
63 Während das kommunikative Gedächtnis im Modus der biographischen Erinnerung arbeitet und jene Erinnerungen umfasst, die sich auf die rezente Vergangenheit beziehen bzw. die der Mensch mit seinen Zeitgenossen teilt, demnach durch soziale Interaktion im Alltag entsteht, funktioniert das kulturelle Gedächtnis im Modus der fundierenden Erinnerung. Es richtet sich auf Fixpunkte in der Vergangenheit, knüpft an kanonisierte Objektivationen an, in denen der Sinn in feste Formen gebannt ist. Im Unterschied zum kommunika-

tiven Gedächtnis, das keine SpezialistInnen kennt, benötigt das kulturelle Gedächtnis spezielle TrägerInnen, z.B. ZeitzeugInnen, KünstlerInnen, WissenschafterInnen oder PolitikerInnen Jan ASSMANN, Das kulturelle Gedächtnis. Schrift, Erinnerung und politische Identität in frühen Hochkulturen, München 1992.

64 Petra BERNHARDT, Spiel's noch mal, Erich? Zur Darstellung von Vergangenem im populärkulturellen Film: Eine hegemonietheoretisch orientierte Lesart von Good Bye Lenin! Seminararbeit Forschungspraktikum Postsozialismus. Universität Wien SS 2004.

65 Vgl. Thomas GOLL, Einführung – Erinnerungskultur und Ostalgie, in: Thomas GOLL, Thomas LEUERER (Hg.), Ostalgie als Erinnerungskultur? Symposium zu Lied und Politik in der DDR, Baden-Baden 2004, S. 9–15, Thomas LEUERER, Die heile Welt der Ostalgie – Kollektive politische Erinnerung an die DDR durch mediale Verzerrung?, in: ebenda, S. 46–59; vgl. http://www.berlin-tourist-information.de/deutsch/sightseeing/d_si_berlinprogramme und Peter CARRIER, Les Lieux des mémoire als Diagnose und Symptom, in: Gerald ECHTERHOFF, Martin SAAR (Hg.), Kontexte und Kulturen des Erinnerns. Maurice Halbwachs und das Paradigma des kollektiven Gedächtnisses. Konstanz 2002, S. 141–162, hier S. 142.

66 Thomas GOLL, Thomas LEUERER (Hg.), Ostalgie als Erinnerungskultur? Symposium zu Lied und Politik in der DDR. Geleitwort der Herausgeber, Baden-Baden 2004, S. 7.

67 Annette LEO, Keine gemeinsame Erinnerung. Geschichtsbewusstsein in Ost und West, in: Bundeszentrale für politische Bildung (Hg.), Aus Politik und Zeitgeschichte. Beilage zur Wochenzeitung Das Parlament, B 40-41/2003, Bonn 2003, S. 27–32.

68 Der Tagesspiegel, 9.11.2004.

69 Christian GERBEL et al., Transformationen gesellschaftlicher Erinnerung. Zur hegemonietheoretischen Konzeption einer „Gedächtnisgeschichte" der Zweiten Republik, in: Christina LUTTER, Lutz MUSNER (Hg.), Kulturstudien in Österreich, Wien 2003, S. 14.

70 Der Tagesspiegel, 9.11.2004.

71 Der Tagesspiegel, 27.1.2005.

Abb. 1: Quartett aus dem Museumsshop Haus am Checkpoint Charlie

Abb. 2: Postkarte aus dem Museumsshop Haus am Checkpoint Charlie

„Denkmäler italienischer Tonkunst": D'Annunzios Roman *Il fuoco* und die Mythologisierung alter Musik in Italien um 1900

Federico Celestini (Graz/Berlin)

In der zweiten Hälfte des 18. Jahrhunderts wurden in mehreren Ländern Europas die ersten systematischen Versuche unternommen, Musik der Vergangenheit durch gedruckte Neuausgaben zugänglich zu machen. Neben dem Bedarf an *exempla* für den Kompositionsunterricht wurde damit dem wachsenden Interesse für die musikalische Vergangenheit in der Zeit des entstehenden Historismus entsprochen, auf das auch die ersten musikhistorischen Abhandlungen Dom Philippe-Joseph Caffiaux' (1754), Padre Martinis (1759–1781) und Charles Burneys (1776–1789) zurückzuführen sind. Zu dieser Zeit erschienen auch die ersten Ausgaben von Gesamtwerken. Obwohl es sich dabei um kurz zuvor verstorbene (Händel, Mozart) oder gar noch lebende Komponisten (Haydn, Clementi) handelte, stellt das frühe Bewusstsein von deren über die Gegenwart hinausragender ästhetischer und musikhistorischer Bedeutung, das der Entscheidung, ein Gesamtwerk zu drucken, zu Grunde liegt, zweifellos ein weiteres Symptom dieser neuen Sensibilität für die Historie dar.

Die Betonung einer kollektiven musikalischen Praxis, welche die Existenz von Institutionen voraussetzt, unterscheidet die frühen Editionen alter Musik von den Gesamtwerkausgaben, in denen hingegen der Werkcharakter und die als hervorragend empfundene Leistung einzelner Komponisten im Vordergrund stehen. Paradigmatisch für beide Arten musikalischer Editionen sind unter den frühesten Neuausgaben die auf den Britischen Inseln erschienene Sammlung *Cathedral Music* (1760–1772) sowie Georg Friedrich Händels *Works* (1787–1797, unvollendet). Auf die didaktische Funktion der Reproduktion von exempla für Studierende der Komposition weist hingegen die erste Edition alter Musik in Italien hin, nämlich Giuseppe Paoluccis *Arte pratica di contrappunto con esempi di vari autori* (1765). Eine solche Unternehmung setzt voraus, dass erstens zwischen vergangener und zeitgenössischer kompositorischer Praxis Kontinuität besteht, und zweitens, dass das herkömmliche pädagogische Konzept der Nachahmung bewährter Muster älterer Zeiten als gültig angesehen wird. Obwohl beide Voraussetzungen kurz nach dem Ende des 18. Jahrhunderts nicht mehr gegeben waren, bewahrte sich weiterhin insbesondere auf der Nordseite der Alpen das editorische Interesse für Musikwerke der Vergangenheit im strengen, kontrapunktischen Stil[1].

Erst im Laufe des 19. Jahrhunderts kommt den Editionen älterer Musik die Aufgabe zu, kollektive kulturelle Identität – meistens nationaler Prägung – zu stiften. Die neu edierten musikalischen Werke der Vergangenheit vollziehen dadurch den Übergang von *documenta* zu *monumenta*. Als Dokument war alte Musik Gegenstand eines historisch-philologischen Interesses zur Belehrung und Erhellung des Geistes. Als Monument mahnt das historische Zeugnis vergangener Zeiten den gegenwärtigen Menschen dazu, eine dieser Vergangenheit würdige Zukunft zu bereiten.[2] Kommt das Dokument durch die individuelle Betrachtung des Gelehrten zur Geltung und erst durch die Vermittlung der Geschichtsschreibung zur interessierten Öffentlichkeit, so soll das Monument unmittelbar durch seine imposante Präsenz im öffentlichen Raum wirken. Dieser Übergang schlägt sich unmissverständlich in den Titeln der Editionen nieder. Die Reihe *Denkmäler deutscher Tonkunst*, welche von Philipp Spitta und seinen Mitarbeitern nach dem Muster der *Monumenta Germaniae Historica* entworfen worden war, erschien ab 1892[3]. Die Unterstützung des Kaisers Wilhelm II., welche auch dadurch gewonnen wurde, dass im editorischen Plan die Ausgabe der Werke Friedrichs des Großen vorgesehen war,[4] verlieh der Edition den offiziellen Charakter einer nationalen Unternehmung. Was bei den deutschen Herausgebern bloß eine Strategie der captatio benevolentiae Imperatoris zur Unterstützung eines groß angelegten editorischen Vorhabens war, wurde 1894 für Guido Adler zu einem wesentlichen Teil der ideologischen Aufladung der *Denkmäler der Tonkunst in Österreich*. Denn Adler ließ der Ausgabe der *Denkmäler* jene der Werke der Kaiser Ferdinand III., Leopold I. und Joseph I. vorausgehen. Aufgrund der nationalen Pluralität des habsburgischen Vielvölkerstaats war es nicht möglich, die herauszugebende „Tonkunst" bloß mit einer Nation zu identifizieren. Im Unterschied zu den deutschen Kollegen, welche schlicht die Ausgabe der „Werke hervorragender älterer deutscher Tonmeister" verkündeten und dabei mit vaterländischer Selbstverständlichkeit rechnen konnten,[5] musste Adler die Begründung der aufwendigen Unternehmung viel differenzierter darlegen. Dabei kam der Figur des Kaisers jene identitätsstiftende Rolle zu, die anderswo in Europa vom Nationsgedanken getragen wurde: „In Österreich, wo der Tonkunst seit jeher eine ausgebreitete Pflege zu Theil wurde, wo der Kunstsinn der regierenden Dynastien in der natürlichen Anlage der Bevölkerung den kräftigsten Widerhall fand, liegt ein überreicher Schatz ruhmwürdiger Tonwerke der Vergangenheit."[6] Nicht die hervorragenden künstlerischen Eigenschaften einer Nation hätten in Österreich „Denkmäler der Tonkunst" hervorgebracht, sondern die tiefe Affinität zwischen „Kunstsinn" der Monarchen und „natürlicher Anlage" der Bevölkerung. Dies habe eine optimale Situation geschaffen, in der sich „Künstler aller Länder und Reiche, oft die besten ihrer Zeit," trafen und wirkten[7]. Die mahnende, zukunftsweisende Funktion musikalischer Denkmäler sowie deren unmittelbare Wirkung, die kräftige Ausstrahlung des Monuments, welche jeder vermittelnden „Erörterung und Besprechung" entbehrt, werden heraufbeschworen:

Die geschichtliche Erkenntnis fördert nicht allein das schöne Alte zu Tage, sondern wird auch anregend wirken auf Künstler und Publicum der Gegenwart und Zukunft. Nicht sowohl durch literarische Erörterung und Besprechung, als durch die unmittelbare Kenntnis der Werke selbst sichern wir uns diesen Gewinn und schaffen uns erst die Möglichkeit, uns und die Jünger der Kunst in richtiger Weise zu bilden.[8]

Interessanterweise schwebte Adler keineswegs eine tönende Präsenz dieser „Denkmäler" im öffentlichen Raum vor, sondern eine stille Wirkung bei der Ausbildung junger Musiker. Tatsächlich dachten weder Spitta noch Adler an eine Edition zum Zweck der musikalischen Aufführung. Zweifellos widerspricht diese dramatische Einschränkung des Öffentlichkeitscharakters der proklamierten Monumentalität und in der Tat blieb eine solche Wirkung aus. Monumental war vielmehr im deutschsprachigen Kulturraum die in den zum Tempel stilisierten Konzertstätten stattfindende Rezeption großer Werke der „Wiener Klassik", die daher zur Stiftung kollektiver kultureller Identität unvergleichlich kräftiger beitrugen als die mühsame Betrachtung der Partituren Fux' oder Praetorius'.[9] Dementsprechend fanden die *Denkmäler*-Ausgaben lediglich im Kreis der Fachleute adäquate Beachtung.

Nach Oscar Chilesottis *Biblioteca di rarità musicali* (1884–1915)[10] wurde im Jahr 1897 auch in Italien eine Ausgabe musikalischer Werke der Vergangenheit initiiert, in der sowohl der nationale als auch der monumentale Charakter als konstitutiv erscheinen. Beide Eigenschaften, die im eher zurückhaltenden Titel *L'arte musicale in Italia* nicht zum Ausdruck kommen, werden vom Herausgeber Luigi Torchi umso pathetischer im einleitenden Text angesprochen:

> Die italienische klassische Musik stellt die größte und reinste Kenntnis, verbunden mit der größten Kraft des Genius dar: Aber diese, bis heute vergessen und unbeachtet im selben Land, wo sie ihre Wiege hatte und kräftig und schön wuchs, konnte keine echte Wirkung auf die Kultur der Künstler und die musikalische Bildung des italienischen Volks ausüben. Sie lebe wieder auf, wie ihre Schwestern, in den jeweiligen Phasen ihrer Entwicklung, in ihren wundervollen Monumenten.[11]

In diesem Zitat wird der Verlust der Tradition beklagt. Torchi, wie Chilesotti ein Vertreter der positivistischen Schule, stand der so genannten veristischen Oper kritisch bis völlig ablehnend gegenüber. In der einseitigen Pflege des melodramma, in seiner vermeintlich bedingungslosen Unterwerfung unter die Gesetze des kommerziellen und populären Erfolgs sah Torchi den Grund für das Absterben der „großen" Tradition der italienischen Instrumentalmusik und somit für den Verfall der italienischen Tonkunst.[12] Diese Überzeugung wurde, wenn auch mit unterschiedlicher Radikalität, von einer Gruppe jüngerer Musikkritiker und Komponisten übernommen, die das musikalische Leben und die musikkritische Diskussion in Italien bis zum Ausbruch des Zweiten Weltkriegs mitbestimmten.[13]

Unter diesen Voraussetzungen erscheint die Herausgabe älterer Musik in Italien anders konnotiert und motiviert zu sein, als es in Deutschland und Österreich der Fall war. Hier ruhte das musikalische Selbstbewusstsein auf dem Fundament der „Wiener Klassik" und zehrte – je nach Geschmack oder Gesinnung – von den Werken Wagners und Brahms'. Die „Denkmäler der Tonkunst" wurden daher von ihren Herausgebern als Nachweis der Kontinuität, als Träger einer ununterbrochenen Tradition betrachtet. Im eben erst wieder vereinten Italien beschworen hingegen die aufgebrachten Kritiker der veristischen Oper ein musikalisches Risorgimento zur Vollendung des politischen,[14] das sich an der Betrachtung älterer Werke entzünden hätte sollen. In den Worten Torchis nimmt dies den Charakter eines moralischen Appells gegen die Korruption durch den kommerziellen Erfolg im Opernhaus an:

> Wenn die Rückkehr zu den lebendigen, ewig lebendigen Quellen italienischer Musik in der musikalischen Ausbildung nicht erfolgt, wenn ein verständiges Interesse an den vielen beinahe verkannten Meisterwerken nicht wieder erweckt wird, wird das, was von der heimischen Kunst erwartet wird, nämlich eine Erneuerung, ein hohes Niveau, eine unabhängige, dauerhafte und geniale Produktion ausbleiben. Es ist Zeit, dass diejenigen italienischen Musiker, die Charakter, Vernunft und Redlichkeit besitzen, den persönlichen und kleinlichen Interessen, den egoistischen Neigungen, die unsere Kunst verdorben haben und auch heute beherrschen [...], endlich das strenge Studium der Monumente vaterländischer Kunst [...] entgegensetzen.[15]

Die Tradition war gebrochen und anstatt der Kontinuität wurde die Poetik des „Zurück zu ..." propagiert. Eher denn als Monumente erscheinen somit die in Vergessenheit geratenen Werke der Vergangenheit als monumentale Ruinen, die in ihrer Abgeschiedenheit den Traditionsbruch und die klägliche Dekadenz einer als beschämend empfundenen Gegenwart hervorheben, indem sie auf den verlorenen Ruhm älterer Zeit verweisen. Die ruinöse Landschaft Italiens war im 19. Jahrhundert nicht länger pittoreskes Sujet suggestiver Gemälde, sondern Auslöser patriotischer Entrüstung, wie das Gedicht *All'Italia* von Giacomo Leopardi[16] und der Chor *Dai fori muscosi* aus Alessandro Manzonis Trauerspiel *Adelchi*[17] exemplarisch zeigen. Die Restaurierung musikalischer Ruinen erschien den daran Beteiligten keineswegs als ein retrospektiver Akt der Pietät, sondern als Neubeginn der italienischen Musik. Von den Pionieren Chilesotti und Torchi abgesehen, erfolgte in der Tat diese Restaurierung in Italien keineswegs durch Musikwissenschaftler wie in den anderen Ländern Europas, sondern durch „compositori militanti che si fecero editori, revisori, diffusori e storici".[18] Die italienischen Denkmäler der Tonkunst mussten, um ihre heilende Wirkung zu entfalten, wieder zum Klingen gebracht werden, deshalb sind die italienischen Editionen, und zwar bereits jene Chilesottis und Torchis, im Unterschied zu jenen Spittas und Adlers eindeutig zum Zweck der Aufführung bestimmt.

Durch die Wirkung Gabriele D'Annunzios, der zur Jahrhundertwende einen bald zur Mode stilisierten Archaismus in der literarisch interessierten Öffentlichkeit verbreitete, steigern sich der patriotische Pathos und die moralische Entrüstung, die Torchi zu seiner editorischen Tätigkeit bewegten, bis zur Mythologisierung der alten italienischen Musik. D'Annunzios Interesse für die Musik, das zwar auf keinen soliden Fachkenntnissen ruhte, jedoch von einer außergewöhnlichen Empfindsamkeit für das musikalische Phänomen in allen seinen Manifestationen zehrte,[19] findet in seinem literarischen Werk in unterschiedlichen Formen seinen Niederschlag, welcher von der Erwähnung musikalischer Werke und der Übernahme von Motiven der Wagner'schen Dramen in den Romanen bis zu Versuchen, in seiner Lyrik und Prosa eine musikalische Wirkung im Sinne der zeitgenössischen Synästhesie zu erlangen, reicht.[20] Obwohl sich Hinweise auf Musik und Musiker bereits im Roman *Il piacere* (1889) und im von Wagners *Tristan* geprägten *Trionfo della morte* (1894) häufen,[21] steht alte Musik erst in dem im Frühjahr 1900 erschienen *Il fuoco* im Zentrum der Handlung, und zwar in einer Weise, die den Mythos der alten Musik geradezu stiftet. Denn dieser Roman, in dem D'Annunzio seine Liebesgeschichte mit der berühmten Schauspielerin Eleonora Duse literarisch verklärt, beginnt mit den Vorbereitungen für die feierliche Wiederaufnahme von Benedetto Marcellos dramma per musica *L'Arianna* in den Sälen des Palazzo Ducale in Venedig. Zur Wahl des Werks führten einige konvergierende Faktoren: Da sich im Palazzo Ducale das Gemälde Tintorettos *Bacco e Arianna* befindet, konnte D'Annunzio von diesem Sujet ausgehend die Beschwörung eines „italienischen Genies" gleich auf mehrere Künste beziehen. Ferner ermöglichte die *Arianna* Marcellos – nach dem übrigens das venezianische Liceo Musicale benannt war und ist –, an die *Arianna* Claudio Monteverdis anzuschließen, die sonst bis auf das später überarbeitete *Lamento* verschollen ist. Schließlich konnte D'Annunzio, nachdem Chilesotti 1885 einen Klavierauszug aus der Partitur Marcellos als vierten Band seiner *Biblioteca di rarità musicali* herausbrachte, auch einen Blick in die Noten werfen. In der Beschreibung des Erzählers nimmt aber die eher harmlose Musik Marcellos sofort ein ihr unbekanntes Pathos an:[22]

Und wie um dieses Bild zu verklären, drangen aus dem nahen Festsaal die ersten Töne von Benedetto Marcellos Symphonie zu ihm, deren Fugensatz sofort den Charakter eines großen Stiles verriet. Ein Gedanke, voll, klar und stark wie eine lebendige Persönlichkeit, entwickelte sich mit zunehmender Machtfülle. Und er erkannte in dieser Musik die Kraft desselben Prinzips wieder, um das er wie [um] einen Tyrsus die Kränze seiner dichterischen Begeisterung gewunden hatte.

Der Protagonist des Romans, Stelio Éffrena – Schriftsteller und Musiker sowie literarische Verkörperung des Nietzsche'schen Übermenschen, in der sich offensichtlich D'Annunzio selbst stilisiert, – hört die Musik Marcellos vom Publikum abgesondert, nachdem er eine glühende Eröffnungsrede gehalten hat.[23] Dieses Hörerlebnis wird für seine Konzeption eines neuen dramatischen Werks entscheidend, dessen endgültige Vision ausgerechnet am Tag des Todes Richard Wagners in Venedig am Ende des Romans erfolgt.[24] Die alte „italienische Tonkunst" klingt wieder in den historischen Räumen des venezianischen Palais und durch diese tönende Präsenz wird der vergangene Ruhm vergegenwärtigt. Während der Aufführung des zweiten Aktes wird der gesamte Palazzo Ducale zum Schallboden eines jubelnden Chors – hyperbolisches Bild einer vibrierenden Synästhesie:

Beim plötzlichen Erklingen der menschlichen Stimmen, die den nie besiegten Gott mit triumphierendem Zuruf grüßten, fuhr[en sie] zusammen:
   Es lebe der Starke, e[s] lebe der Große...
Der geräumige Saal dröhnte wie eine riesige geschlagene Pauke; und der Widerhall pflanzte sich fort durch die Scala [dei Censori], durch die Scala d'Oro, durch die

Gänge und Hallen, durch die Vorsäle und Galerien, bis zu den Brunnen, bis zu den Fundamenten des Palastes, wie ein donnernder Jubel, der in die helle Nacht hinausjauchzte.[25]

Stelios aufgeregte Reaktion stellt das Paradigma für die Wirkung alter Musik auf die jungen Musiker der „generazione dell'80" dar[26], für die die „Wiedergeburt" musikalischer Größe der Vergangenheit geradezu eine Mission war:

> So schloß sich unversehens in dem inneren Erleben des Dichters der Kreislauf der Jahrhunderte, indem er sich bis in die dunkl[en] Fernen primitiver Mysterien verlor. Jene Kunstform, nach der [ihn] jetzt der Zwang seines Genius, geleitet durch die dunkl[en] Instinkte der menschlichen Menge, [...] drängte, sie erschien ihm in der Heiligkeit ihrer Anfänge. Der göttliche Schmerz Ariadnes, der wie ein melodischer Schrei aufstieg aus dem rasenden Bacchantenchor, ließ von neuem das Werk zuckend erbeben, das er formlos noch, aber schon lebensfähig, in sich barg.[27]

Die „Kunstform", die Stelio vorschwebt, ist die des Dramas, welche in ihm durch die Musik Marcellos und die Worte Ariadnes wieder wach wird. Denn sein „Genius" ist des neuen/alten Werks bereits schwanger. Die tönende Wiederbelebung der alten Musik ist zugleich Voraussetzung für die Geburt der neuen, in einem beinahe mystischen simultanen Erleben der gesamten musikalischen Vergangenheit. D'Annunzios musikästhetische Vision eines „lateinischen" Musikdramas steht somit unvermeidlich in Konkurrenz zu jener Richard Wagners, dessen Gestalt über dem gesamten Roman schwebt[28]. Die „Größe" der Musik Wagners wird zwar von Stelio/D'Annunzio anerkannt, jedoch dem „germanischen Geist", dem „nordische[n] Wesen" zugeschrieben und dadurch auch in ihrer Gültigkeit eingeschränkt:

> – Richard Wagners Werk – erwiderte er – ist auf germanischem Geist begründet und entspringt nordischem Wesen. Seine Reform gleicht in gewissem Sinne der von Luther angestrebten. Sein Drama ist nur die feinste Blüte des Genius, die wundervoll ergreifende Zusammenfassung all des Strebens, das die Gemüter der Musiker und Dichter dieses Landes erfüllt, von Bach zu Beethoven, von Wieland zu Goethe. Wenn Sie sich seine Musikdramen vorstellen an den Gestaden des Mittelmeers, zwischen unsern hellen Oliven-, zwischen unsern schlanken Lorbeerbäumen, unter der Glorie des lateinischen Himmels, so würden Sie sie erbleichen und vergehen sehen.[29]

Diesem „nordischen" Drama setzt aber Stelio/D'Annunzio keineswegs das weltweit erfolgreiche melodramma Verdis, Puccinis oder Mascagnis entgegen, über die im ganzen Roman kein einziges Wort fällt,[30] sondern er pocht auf die italienischen Ursprünge des Musikdramas selbst, in denen der Geist der griechischen Tragödie wieder zum Leben gekommen sei: „Nichts ist so weit von der Orestie entfernt wie die Nibelungentetralogie. Die Florentiner der Casa Bardi sind weit tiefer in den Geist der griechischen Tragödie eingedrungen. Ehre der Camerata des Grafen von Vernio!"³¹ Hier sei auch die Idee des Gesamtkunstwerks zuerst entstanden und verwirklicht worden – wohlgemerkt: lange vor Wagner:

> In der Vorrede zum *Spiel von Seele und [...] Körper* setzt Emilio del Cavaliere dieselben Ideen über die Bildung des neuen Theaters auseinander, die in Bayreuth verwirklicht wurden. Mit inbegriffen die Vorschriften über die vollkommene Stille, das unsichtbare Orchester und die Vorzüge des verdunkelten Raumes. Marco da Gagliano preist, gelegentlich seiner Lobrede eines festlichen Schauspiels, das Zusammenwirken aller Künste [...].³²

Das deutsche Drama gehört daher auch in der Monumentalisierung des Aufführungsortes überboten:

> – Bayreuth! – unterbrach ihn Fürst Hoditz.
> – Nein, der Gianicolo – rief Stelio Effrena, aus seinem fiebernden Schweigen auffahrend – ein römischer Hügel. Nicht aus [dem] Holz und Ziegel Oberfrankens: wir wollen ein Theater aus Marmor auf dem römischen Hügel haben.³³

Zur Abgrenzung vom „germanischen" Drama Wagners denkt Stelio/D'Annunzio an ein „lateinisches", das – wenig überraschend – an die klassische Antike anknüpft. Tatsächlich liefert Stelio Èffrenas diesbezüglicher Entwurf ein in Hinblick auf die späteren musikhistorischen Entwicklungen sehr frühes, wenn auch ziemlich vages Programm für einen vom nationalistischen Stolz getragenen musikalischen Neoklassizismus:

> [...] so verkünde ich die Herankunft einer neuen, oder einer wieder erneuerten Kunst, die durch die starke und ehrliche Einfachheit ihrer Linien, durch ihre kraftvolle Anmut, durch die Glut ihres Geistes, durch die reine Kraft ihrer Harmonien das riesige Idealgebäude unsres auserwählten Stammes fortführen und krönen wird. Ich bin stolz darauf, ein Lateiner zu sein; und – verzeihen Sie mir, o träumerische Lady Myrta, verzeihen Sie mir, o sinniger Hoditz – ich erkenne in jedem Menschen von fremdem Blut einen Barbaren.³⁴

Dieser Vision folgten auch Versuche zur Verwirklichung. 1909 kündigen D'Annunzio und der junge Komponist Ildebrando Pizzetti, der 1905 bereits eine archaisierende Bühnenmusik für D'Annunzios Tragödie *La nave* komponiert hatte, dem Verleger Ricordi ein „nuovo dramma musicale latino" an. Es handelt sich um *La Fedra*, die an der Mailänder Scala erst im März 1915 uraufgeführt wurde.³⁵ D'Annunzio war davon überzeugt, mit dem jungen

Pizzetti die Vision Stelios im *Il fuoco* verwirklicht zu haben. Folgenderweise äußert er sich über das dramatische Werk unmittelbar vor der Première in einem Interview im *Il Corriere della sera*:

Es scheint mir, dass die Zuhörer trotz der gegenwärtigen Sorgen die Reinheit, die Ehrlichkeit, die Männlichkeit nicht überhören werden können, die in dieser Musik liegt. Eine Musik, die unsere höchste Tradition erneuert und den Geist Claudio Monteverdes [sic!], Girolamo Frescobaldis, Palestrinas bis zurück zur reinen Religiosität der früheren Jahrhunderte, bis zur erhabenen Quelle des Gregorianischen Chorals wiederbelebt.[36]

Nach dem Krieg wird Alfredo Casella zur Konstruktion eines „italienischen Neoklassizismus" aus dem „Geist" D'Annunzios reichlich schöpfen, wie folgende Stelle aus einem Aufsatz vom Jahr 1925 bezeugt:

Endlich haben wir es erlebt, dass eine zahlreiche Gruppe von Komponisten eine Musik von unzweifelhaft italienischer Art wieder zum Erklingen brachte, also eine starke, gut durchdachte, klare Musik, völlig durchdrungen von jenem Sonnenlicht, das unserem Leben die Gestalt gibt, eine Musik, in der sich ungeachtet etlicher Einflüsse dieses oder jenes fremden Meisters die Schatten ehrwürdiger Vorfahren wieder erkennen lassen, Schatten eines Frescobaldi, Monteverdi, Vivaldi, Scarlatti, Rossini.[37]

Die von D'Annunzio initiierte Mythologisierung der alten Musik im „Feuer" nationalistischen Pathos unterscheidet den von Casella in seinen programmatischen Schriften vertretenen Neoklassizismus von dem europäischen Strawinsky'scher Prägung. Die historische Distanz zwischen Vergangenheit und Gegenwart, welche in der ironischen Verfremdung Strawinskys zum Tragen kommt, wird in der patriotischen Begeisterung ausgelöscht[38].

Die Mythologisierung alter Musik im *Il fuoco* erfolgt durch einen Ästhetisierungsprozess und bewirkt deren Enthistorisierung. Das Hörerlebnis Stelios steigert sich dabei zur Erfahrung einer synästhetischen Ganzheit, in der Raum und Zeit zur musikalischen Vibration verschmelzen. In Stelios Musikempfinden schließt sich der „Kreislauf der Jahrhunderte", die Wahrnehmung des alten und das Schaffen des neuen Werks fallen in der Ekstase zusammen. Denn die mythische Zeit kennt keine Tiefe, deshalb erscheinen bei D'Annunzio – wie später bei Casella[39] – Benedetto Marcello und Emilio de Cavalieri, Palestrina und die Gavotte des 18. Jahrhunderts, der Gregorianische Choral und die Klaviersonaten Scarlattis als in ihrer „essentia" identische Manifestationen des „italienischen Genius". Dessen „reinster" Ausdruck sei allerdings im Werk Claudio Monteverdis zu bewundern: Die hier kommentierte Szene wird durch den Gesang von Monteverdis *Lamento d'Arianna* abgeschlossen, durch den „die Seelen" der Zuhörer „fortgerissen" werden. Schwebt D'Annunzio die Vision eines neoklassischen Musikdramas vor, so sind Sprache und Bilder, mit denen er diese zum Ausdruck bringt, zweifellos jene einer schwärmerischen Romantik. Die Musik Monteverdis bereitet den begeisterten Zuhörern nichts weniger als die Erfahrung des Absoluten: „[Die Seelen der Anwesenden] erglühten gemeinsam in der urewigen Wahrheit, sie hörten die Melodie der Welt durch ihre leuchtende Ekstase klingen."[40]

Wiederum wird mit Emphase die beinahe mystische Wirkung alter Musik in ihrer klingenden Präsenz beschworen. Deren Wiederbelebung ist somit keine Aufgabe des Historikers, sondern des Künstlers, dessen „Seele" im Einklang mit der Musik „vibriert". Ausgerechnet im venezianischen Liceo Musicale *Benedetto Marcello* wurde im Februar 1907 Baldassare Galuppis *Il filosofo di campagna* wiederaufgeführt, während 1909 in Mailand eine Aufführung von Monteverdis *Orfeo* in Konzertform stattfand. Noch während der letzten Kriegsmonate begannen Komponisten wie Gian Francesco Malipiero und Ildebrando Pizzetti[41] die Herausgabe der *Raccolta Nazionale delle Musiche Italiane* (1918–1921) und boten die Leitung der Edition D'Annunzio zur Anerkennung seiner Funktion als Apostel der alten Musik an. Dadurch wurde die patriotische Bedeutung der Unternehmung hervorgehoben, denn nach dem Krieg war D'Annunzio nicht länger bloß ein erfolgreicher Dichter und berühmter Dandy, sondern er verkörperte für eine breite Öffentlichkeit die Rolle des Kriegshelden und somit jene „heroische Italianität", die er in seinen Werken immer wieder besang[42].

Eine diffuse Aura der Dekadenz erfasst das Übermenschen-Motiv in *Il fuoco* und dämpft dessen schrille Töne. Im Gegensatz zwischen dem schöpferischen Stolz Stelios und einer monumentalen Umgebung, in der sich trotz der lauten Proklamationen Zeichen und Symbole des Verfalls und des Todes häufen, liegt die ästhetische Faszination des Romans. Durch diese symbolische Aufladung wird die affirmative Eindeutigkeit der Worte und Taten Stelios für jene Tiefe der Bedeutungsebenen geöffnet, die das Lesen zur ästhetischen Erfahrung macht. In dieser Ambivalenz bleibt im Roman auch die verherrlichte alte Musik verfangen, da die Welt, in der diese pathetisch zu neuem Leben erwacht, selbst vom Tod heimgesucht ist. Wie manche Werke Malipieros zeigen, liegt darin ein durchaus groteskes Potenzial.

Anmerkungen

1 Für eine ausführlichere Betrachtung der hier nur skizzierten Entwicklung siehe Anselm GERHARD, Für den „Butterladen", die Gelehrten oder „das practische Leben"? Denkmalsidee und Gesamtausgaben in der Musikgeschichte vor 1850, in: Die Musikforschung 57 (2004), S. 363–382.
2 Im lateinischen Wort „monumentum" spricht das Verb „monere".
3 Noch früher (1869–1871) brachte Friedrich Chrysander, der Herausgeber der deutschen Händel-Gesamtwerkausgabe (1858–1902), die Bände seiner *Denkmäler der Tonkunst* heraus, aus dessen Plan allerdings kein nationaler Charakter abzulesen ist: Carissimi (II), Corelli (III), Couperin (IV), Palestrina (I), Steffani (IV), Urio (V).
4 Vgl. Carl DAHLHAUS, Zur Ideengeschichte musikalischer Editionsprinzipien, in: Fontes artis musice xxv (1978), S. 19–27, insbesondere S. 20.
5 Vgl. Martin BLUMNER, Johannes BRAHMS, Friedrich CHRYSANDER, Oscar von HASE, Hermann von HELMHOLTZ, Heinrich von HERZOGENBERG, Joseph JOACHIM, Philipp SPITTA, Adolf TOBLER und Karl WEINHOLD, [Vorbemerkung], in: Denkmäler deutscher Tonkunst, Bd. 1, Leipzig o. J., ohne Seitennummerierung.
6 Guido ADLER, C. August ARTARIA, Johannes BRAHMS, Eduard HANSLICK, Wilhelm Ritter von HARTEL, Albert Ritter von HERMANN, Engelbert MÜHLBACHER, Hans RICHTER, Wilhelm Baron WECKBECKER, [Vorbemerkung], in: Denkmäler der Tonkunst in Österreich, Bd. 1, Wien 1894, S. V.
7 Ebenda.
8 Ebenda.
9 Über die monumentalisierende Rezeption der Wiener Klassik siehe Barbara BOISITS, Monumentales Gedächtnis und kulturelle Identität. Die Wiener Beethoven-Feier von 1870, in: Musik in der Moderne – Music and Modernism, hg. von Federico CELESTINI, Gregor KOKORZ und Julian JOHNSON, Köln–Weimar–Wien 2005 (Wiener Veröffentlichungen zur Musikgeschichte, 7), im Erscheinen.
10 Chilesottis Edition schloss die folgenden Bände ein: Besard (VII, IX), Caroso/Negri (I), Frescobaldi (VI), B. Marcello (IV), Picchi (II), G. Stefani (III), Vecchi (V), Musica del passato [Lautentänze des 16.–18. Jh.] (VIII).
11 Luigi TORCHI, Ai Lettori, in: L'arte musicale in Italia, I. Bd., Milano u.a. [1897], S. III: „La musica classica italiana rappresenta la più grande e più pura conoscenza, accoppiata colla maggior forza del genio: ma essa, obliata fino ad oggi ed ignorata, nello stesso paese in cui ebbe la culla e nel quale crebbe vigorosa e bella, non ha avuto, per conseguenza, nessuna vera efficacia sulla cultura degli artisti e sulla educazione musicale del popolo italiano. Riviva dunque anch'essa, come le sorelle sue, nelle varie fasi del proprio sviluppo, ne' suoi splendidi monumenti." Übersetzung vom Verfasser. Die Edition schließt die folgenden Bände ein: I. Composizioni sacre e profane a più voci. Secoli XIV, XV, XVI; II. Composizioni sacre e profane a più voci. Secolo XVI; III. Composizioni per Organo o Cembalo. Secoli XVI, XVII e XVIII; IV. Compo-

sizioni a più voci. Secolo XVII; V. Composizioni a una e più voci. Secolo XVII; VI. La musica scenica. Secolo XVII; VII. Musica istrumentale. Secolo XVII.

12 Nach der Aufführung von Mascagnis *Cavalleria Rusticana* in Paris (19. Januar 1892) begannen mehrere französische Kritiker, den italienischen Komponisten eine Rückbesinnung auf die alte Musik zu empfehlen. Über die Verbindung zwischen der Ablehnung der veristischen Oper in Frankreich und in Italien siehe Fiamma NICOLODI, L'Opera verista a Parigi: una ‚querelle' musicale a confronto, in: dieselbe, Gusti e tendenze del Novecento musicale in Italia, Firenze 1982, S. 1-66.

13 Die wichtigsten Komponisten dieser Gruppe, für die Massimo Mila die Bezeichnung „generazione dell'80" in die Literatur einführte, waren Ildebrando Pizzetti, Gian Francesco Malipiero, Alfredo Casella und, in etwas abgesonderter Stellung, Ottorino Respighi. Unter den Kritikern waren Fausto Torrefranca und Giannotto Bastianelli die einflussreichsten. Zu den gemeinsamen Einsichten, aber auch zu den Unterschieden, die immer wieder zu Konflikten und Brüchen führten, siehe u.a. Fiamma NICOLODI, Musica e musicisti nel ventennio fascista, Fiesole 1984, S. 120-165.

14 Im Jahr 1911 veröffentlicht der Kritiker Giannotto Bastianelli das Manifest *Per un nuovo Risorgimento*, in dem unter explizitem Bezug auf Cavour, Garibaldi und Vittorio Emanuele zum „Risorgimento" der alten italienischen Musik aufgerufen wird. Namentlich erwähnte Mitstreiter sind Renzo Bossi, Ildebrando Pizzetti, Gian Francesco Malipiero und Ottorino Respighi. Siehe dazu Fiamma NICOLODI, Musica e musicisti nel ventennio fascista, S. 126-128.

15 Luigi TORCHI, Ai Lettori, S. V: „Finché non si apprezzerà convenientemente, nella nostra educazione musicale, un ritorno alle fonti vive, eternamente vive, della musica italiana, finché un intelligente interesse non sarà ridestato intorno a tanti capolavori pressoché ignoti, quel che si aspetta dall'arte patria, un rinnovamento, una produzione elevata, indipendente, duratura, geniale, non verrà mai. Agl'interessi personali e meschini, ad ogni egoistica tendenza, che è stata la rovina dell'arte nostra e che in essa pur oggi impera [...] è ora che i musicisti italiani, di senno, di rettitudine e carattere, contrappongano lo studio severo dei monumenti dell'arte patria [...]." Übersetzung vom Verfasser.

16 Giacomo LEOPARDI, All'Italia, Verse 1-7, in: DERS., Canti, hg. von Mario FUBINI, Torino ²1971: „O patria mia, vedo le mura e gli archi / E le colonne e i simulacri e l'erme / Torri degli avi nostri, / Ma la gloria non vedo, / Non vedo il lauro e il ferro ond'eran carchi / I nostri padri antichi. Or fatta inerme, / Nuda la fronte e nudo il petto mostri."

17 Alessandro MANZONI, *Adelchi*, dritter Akt, Chor, erste Strophe, hg. von Pietro EGIDI, Torino 1944, S. 194: „Dagli atri muscosi, dai fori cadenti, / dai boschi, dall'arse fucine stridenti, / dai solchi bagnati di servo sudor, / un volgo disperso repente si desta, / intende l'orecchio, solleva la testa, / percosso da novo crescente rumor."

18 Francesco DEGRADA, La „generazione dell'80" e il mito della musica italiana, in: Fiamma NICOLODI (Hg.), Musica italiana del primo novecento. „La generazione dell'80", Firenze 1981, S. 83-96, insbesondere S. 89. Hinweise auf

ältere Musik sind zwar auch in den Opern Verdis und Mascagnis zu finden (siehe dazu ebenda, S. 84-85). Erst am Beginn des 20. Jahrhunderts wird aber dieser Bezug gegen die jüngere Vergangenheit der Opernkomponisten gewendet und zur Stiftung einer nationalen Wiedergeburt ideologisch eingesetzt. Die frühesten Dokumente dieser aggressiven Einstellung der jüngeren Musiker und Kritiker der älteren Generation gegenüber sind Ildebrando Pizzettis Aufsatz ‚*Les italianismes*' *nella musica* (1909) und Fausto Torrefrancas im Jahr 1912 veröffentlichtes Pamphlet *Giacomo Puccini e l'opera internazionale*.

19 Siehe dazu Roberto FAVARO, La musica nel romanzo nuovo di Gabriele D'Annunzio, in: Musica/Realtà 18 (53) (1997), S. 77-113.

20 Vgl. dazu Paola SORGE, La musica nell'opera di D'Annunzio, in: Nuova Rivista Musicale Italiana 1984/4, S. 612-624. Die wichtigsten Quellen für die musikbezogenen Stellen in D'Annunzios Romanen sind die musikhistorischen Schriften Romain Rollands, insbesondere dessen Dissertation *Les Origines du Théâtre lyrique moderne. L'histoire de L'Opéra en Europe avant Lully et Scarlatti* (Paris 1895). Siehe dazu Guy TOSI, Une source inédite du ‚Fuoco': Romain Rolland, in: Rivista di letterature moderne e comparate 20 (1967), S. 133-141; Ivanos CIANI, Gabriele D'Annunzio alla ricerca della musica, in: D'Annunzio, la musica e le arti figurative, (Quaderni del Vittoriale, 1982), S. 38-57. Im Jahr 1897 lernt D'Annunzio in Rom Arnold Dolmetsch kennen, Pionier der Aufführung alter Musik, der sein diesbezügliches Interesse bestimmt weiter stärkte. Siehe dazu Renato MEUCCI, D'Annunzio e la musica (parte seconda), in: Hortus Musicus 6 (2001), S. 64-65.

21 Sämtliche Erwähnungen musikalischer Kompositionen in *Il piacere* und im *Trionfo della morte* sind aufgelistet in: Carlo SANTOLI, Gabriele D'Annunzio. La musica e i musicisti, Roma 1997, S. 311-317 bzw. S. 319-328.

22 Gabriele D'ANNUNZIO, Das Feuer, hrsg. und eingeleitet von Vinzenzo ORLANDO, übersetzt aus dem Italienischen von Maria Gagliardi und weitgehend verbessert und umgearbeitet von Gianni Selvani, München 1988, S. 152. Gabriele D'ANNUNZIO, Il fuoco, Milano 1996, S. 65-66: „A celebrar quell'immagine gli giunsero dall'aula prossima le prime note della Sinfonia di Benedetto Marcello, il cui movimento fugato rivelava subito il carattere del grande stile. Un'idea sonora, nitida e forte come una persona vivente, sviluppavasi secondo la misura della sua potenza. Egli riconobbe in quella musica la virtù di quel principio medesimo intorno a cui, come intorno a un tirso, egli aveva avvolto le ghirlande della sua poesia."

23 Stelios Rede ist dieselbe, die D'Annunzio am 8. November 1895 in Venedig im damaligen Sitz des Liceo musicale *Benedetto Marcello* zum Abschluss der ersten *Esposizione Internazionale d'Arte* hielt.

24 Zu Stelio als dem „Antiwagner latino" siehe Ettore PARATORE, D'Annunzio e Wagner, in: D'Annunzio, la musica e le arti figurative, (Quaderni del Vittoriale, 1982), S. 76-80 sowie Paolo ISOTTA, Echi di Wagner e Nietzsche in Gabriele D'Annunzio. L'Itinerario parallelo di D'Annunzio e Mann, in: Ebenda, S. 97-110.

25 D'ANNUNZIO, Das Feuer, S. 154; DERS., Il fuoco, S. 66-67: „Trasalì, allo scoppio delle voci umane che salutavano con un'acclamazione trionfale il dio invitto. *Viva il forte, viva il grande...* L'aula profonda rimbombò come un vasto timpano percosso; e il rimbombo si dilatò per la scala dei Censori, per la Scala d'Oro, per gli anditi, per gli atrii, per i vestiboli, per le logge, sino ai pozzi, sino alle fondamenta del palagio, come un tuono di allegrezza tonante nella notte serena."
26 Siehe oben Anmerkung Nr. 13.
27 D'ANNUNZIO, Das Feuer, S. 159; DERS., Il Fuoco. S. 71: „Così, d'improvviso, nell'interno mondo dell'animatore si schiudevano le vie dei secoli prolungandosi per le lontananze dei misteri primitivi. Quella forma dell'Arte, a cui tendeva ora lo sforzo del suo genio attratto dalle aspirazioni oscure delle moltitudini umane, gli appariva nella santità delle sue origini. Il divino dolore di Arianna, saliente come un grido melodioso fuor del Tiaso furibondo, faceva sussultare anche una volta l'opera ch'egli nutriva entro di sé informe ma già vitale."
28 Der todkranke Wagner erscheint auch mehrmals im Laufe des Romans, dessen Handlung sich vom Ende September 1882 bis zum 6. Februar 1883 erstreckt, jenem Tag an dem Wagners Trauerzug stattfand. Die symbolische Verbindung zwischen der Wiedergeburt des „italienischen Dramas" und dem Tod Wagners konnte damit nicht deutlicher hergestellt werden.
29 D'ANNUNZIO, Das Feuer, S. 188-189; DERS., Il Fuoco, S. 92-93: „- L'opera di Riccardo Wagner – egli rispose – è fondata sullo spirito germanico, è d'essenza puramente settentrionale. La sua riforma ha qualche analogia con quella tentata da Lutero. Il suo drama non è se non il compendio straordinariamente efficace delle aspirazioni che affaticarono l'anima dei sinfoneti e dei poeti nazionali, dal Bach al Beethoven, dal Wieland al Goethe. Se voi immaginaste la sua opera su le rive del Mediterraneo, tra i vostri chiari olivi, tra i nostri lauri svelti, sotto la gloria del cielo latino, la vedreste impallidire e dissolversi."
30 Man darf allerdings daraus nicht den Schluss einer absoluten Ablehnung des italienischen melodramma vonseiten D'Annunzios ziehen, denn kurz darauf widmete er Bellini und Verdi zwei laudi. Die Haltung D'Annunzios den Komponisten der neuen „veristischen" Oper gegenüber änderte sich im Laufe der Zeit. Hatte er 1887 die „opera lirica" für „completamente esaurita e morta" gehalten sowie 1892 Mascagni als einen „Capobanda" bezeichnet, so schrieb er 1912 das Libretto *Parisina* für denselben Mascagni, nachdem zuvor Puccini damit beauftragt werden sollte. Die Nachricht von der Zusammenarbeit zwischen D'Annunzio und Mascagni verwunderte die meisten Kommentatoren der Zeit. Siehe dazu u.a. Carlo SANTOLI, Gabriele d'Annunzio, S. 247-252. 1913 versuchte D'Annunzio vergeblich, Puccini zur Komposition der Musik für seine französische Komödie *La Pisanelle* zu bewegen. Die Musik für das Stück wurde schließlich von Ildebrando Pizzetti komponiert. Siehe dazu Renato CHIESA, Il teatro di D'Annunzio e l'opera, in: D'Annunzio, la musica e le arti figurative, (Quaderni del Vittoriale, 1982), S. 83-96.
31 D'ANNUNZIO, Das Feuer, S. 189-190; DERS., Il fuoco, S. 93: „Nulla è più

lontano dall'Orestiade quanto la tetralogia dell'anello. Penetrarono assai più profondamente l'essenza della tragedia greca i Fiorentini della Casa Bardi. Omaggio alla Camerata del Conte Vernio!"

32 D'ANNUNZIO, Das Feuer, 190; DERS., Il fuoco, S. 94: „Nel discorso preposto alla *Rappresentazione di Anima et di Corpo* Emilio del Cavaliere espone intorno alla formazione del teatro novello le medesime idee che furono attuate a Bayreuth, compresi i precetti del perfetto silenzio, dell'orchestra invisibile e dell'ombra favorevole. Marco da Gagliano, nel celebrare lo spettacolo di festa, fa l'elogio di tutte le arti che vi concorrono [...]."

33 D'ANNUNZIO, Das Feuer, S. 188; DERS., Il fuoco, S. 92: „ – Bayreuth – interruppe il principe Hoditz. – No; il Gianicolo, – gridò Stelio Èffrena uscendo all'improvviso dal suo silenzio vertiginoso – un colle romano. Non il legno e il mattone dell'Alta Franconia; noi avremo sul colle romano un teatro di marmo."

34 Ebenda, S. 189; D'ANNUNZIO, Il Fuoco, S. 93: „ [...] io annunzio l'avvento d'un'arte novella o rinovellata che per la semplicità forte e sincera delle sue linee, per la sua grazia vigorosa, per l'ardore de' suoi spiriti, per la pura potenza delle sue armonie, continui e coroni l'immenso edificio ideale della nostra stirpe eletta. Io mi glorio d'essere un latino; e – perdomatemi, o sognante Lady Myrta, perdonatemi, o delicato Hoditz – riconosco un barbaro in ogni uomo di sangue diverso."

35 Brief an Ricordi vom 5. April 1909, zit. nach Fiamma NICOLODI, Musica e musicisti nel ventennio fascista, S. 170. Ricordi lehnte jedoch die Veröffentlichung des Werkes wegen geringer Erfolgsaussichten ab. Die *Fedra* wurde von Renzo Sonzogno aufgenommen. Nachdem Pizzetti monatelang vergeblich auf die noch fehlenden Verse D'Annunzios warten musste, wurde die Uraufführung vom Verleger immer wieder verschoben zugunsten von Mascagnis *Parisina*, dessen Librettist auch D'Annunzio war und ebenfalls bei Sonzogno verlegt wurde (Siehe Anm. Nr. 29). Siehe zu den biographischen Einzelheiten dieser Mitarbeit Carlo SANTOLI, Gabriele D'Annunzio, S. 168-216. Zu den Verhältnissen zwischen D'Annunzio und Pizzetti siehe auch Fiamma NICOLODI, Musica e musicisti, S. 169-176.

36 Zit. n. Carlo SANTOLI, Gabriele D'Annunzio, S. 202. Übersetzung des Verfassers. Über die *Fedra* siehe u.a. Fiamma NICOLODI, Musica e musicisti nel ventennio fascista, Fiesole 1984, S. 170-175.

37 Alfredo CASELLA, Die ‚Reaktion' in Italien, in: Anbruch 7/7 (1925), S. 381. Nach mehreren Begegnungen wurden die Beziehung zwischen Casella und D'Annunzio im Jahr 1923 durch die Gründung der *Corporazione delle Nuove Musiche*, an der auch Malipiero und Pizzetti beteiligt waren, intensiviert. Auschnitte aus dem Briefwechsel dieser Zeit sind abgedruckt in Carlo SANTOLI, Gabriele d'Annunzio, S. 455-461. Zu Casella und dem Nationalismus siehe Jürg STENZL, Nationalistische Selbststilisierung: Alfredo Casella, in: Nationaler Stil und europäische Dimension in der Musik der Jahrhundertwende, hg. von Helga DE LA MOTTE-HABER, Darmstadt 1991, S. 132-146.

38 Gerade das Fehlen der patriotischen Motivation wirft Casella Strawinsky vor.

Dessen Rückgriff auf Pergolesi sei daher nur als „snobistisch" und „opportunistisch" zu bezeichnen (Alfredo CASELLA, Scarlattiana, in: Anbruch 11/1 (1929), S. 26). Durch diesen Bezug zur Heimat und zur eigenen musikalischen Tradition verselbständigt sich Casella zufolge der in der „Wurzel der Nation" fundierte „italienische" Neoklassizismus von jenem Strawinskys: „Von einem erneuten Studium dieser Vergangenheit und von dem ebenfalls erneuten Kontakt mit der Volksmusik zeigt sich das Schaffen der neu-italienischen Musiker beeinflußt. Deshalb ist es ein bedauerlicher Irrtum, wenn man die großartige Bemühung der jetzigen italienischen Generation um eine wohl ausgewogene Kunst von architektonischer Gemessenheit als eine bloße Nachäffung der letzten Werke Strawinskis [sic!] bezeichnen will. Als ob die Italiener, um das Toscanische vollendet zu beherrschen, heutzutage nach Paris reisen und dort die Syntax und die Akzente ihrer Sprache studieren müssten." (Alfredo CASELLA, Tendenzen und Stile in der neuen italienischen Musik, in *Melos* 8/1 (1929), S. 11.)

39 Alfredo CASELLA, Scarlattiana, in: Anbruch 11/1 (1929), S. 27: „[...]. Aber die italienische Musik hat ältere und tiefergehende Wurzeln als die Oper. Sie leitet ihren Ursprung aus dem Gregorianischen Gesang her, aus dem [sic] Folklore, und größte Beachtung verdient die fruchtbare Epoche, die das 16., 17. und 18. Jahrhundert für uns bedeutet hat. Dieser, durch den Glanz der erfolgreichen Opernkunst der letzten Jahrhunderte vorübergehend überstrahlten Kunst wendet sich heute das Interesse der italienischen Musiker zu. Aber hier handelt sich nicht um eine augenblickliche snobistische oder opportunistische Geste, sondern um eine Frage des künstlerischen Gewissens, eine Bewegung, die Hand in Hand mit der allgemeinen menschlichen und sozialen Umbildung geht, die - seit sechs Jahren - Italien den Rang einer großen Nation verleiht."

40 D'ANNUNZIO, Das Feuer, S. 193; DERS., Il fuoco, S. 95–96: „Esse [le anime dei presenti] ardevano insieme nella sempiterna verità, udivano la melodia del mondo passare a traverso la loro estasi luminosa."

41 Gian Francesco Malipiero begann 1913 die Musik für D'Annunzios einaktige Tragödie *Sogno d'un tramonto d'autunno* zu komponieren, obwohl er vom Dichter, der die Rechte einer anderen Komponistin bereits verkauft hatte, ihn über seine Erlaubnis im Ungewissen gelassen wurde. Das Werk wurde vollendet, wurde aber erst 1963 uraufgeführt. Siehe dazu Carlo SANTOLI, Gabriele d'Annunzio, S. 55–65. Über Pizzetti und D'Annunzio siehe oben Anm. Nr. 35.

42 In die Zeit der Herausgabe fällt auch die Besetzung Fiumes (September 1919 bis Dezember 1920). Während des Krieges überschlagen sich die nationalistischen Töne in der musikbezogenen Diskussion. Die bloße Erwähnung einiger Titel gibt davon eine Vorstellung: Alberto GENTILI, Nazionalismo musicale, in: *La riforma musicale* II (1914); GAJANUS [Cesare Paglia], Consigliamo ai giovani musicisti il più sacro egoismo per l'italianità, in: *Orfeo* VI (1915); DERS., Basta con la musica tedesca, ma basta anche con la musica francese, in: Ebenda; R. DE RENSIS, Rivendicazioni musicali, Roma 1917.

Historische Dramen als immaterielle Denkmäler im öffentlichen [Theater]raum

Elisabeth Großegger (Wien)

Materiell - Immateriell: Fest und Flüssig

In Anerkennung, dass materiellen Kunstwerken immaterielle als gleichbedeutend und gleichwertig zur Seite stehen, erließen die Kulturminister der teilnehmenden Staaten der UNESCO – anlässlich des als United Nations Year of Cultural Heritage ausgerufenen Jahres 2002 – ein Schlusskommuniqué, die so genannte *Istanbul Declaration*, in der sie unter dem Titel *Intangible Cultural Heritage - a Mirror of Cultural Diversity* ihre Bemühungen zur Sicherung immaterieller Kulturgüter zusammenfassten.[1] Materiellen künstlerischen Gestaltungsformen im öffentlichen Raum stellen sie immateriellen künstlerischen Ausdruck ex aequo zur Seite. Dabei wird Immateriellem die gleiche Qualität zugesprochen wie Materiellem: nämlich Quelle der kulturellen Identität und deren lebendige und ständig erneuerte Praxis zu sein.

Dem von der UNESCO entwickelten Beschreibungsmodell von materiell und immateriell entspricht die von Aleida Assmann für die Kulturwissenschaften fruchtbar gemachte Denkfigur von fest und flüssig.[2] Fest und flüssig bestimmen nach Assmann als „Grenzwerte jenes Spannungsfeld, in dem sich Kultur grundsätzlich konstituiert und kulturelles Leben immer schon bewegt."[3] Fest, festgeschrieben und geschlossen entspricht dem Materiellen, flüssig, prozesshaft und offen entspricht dem Immateriellen. In der Kategorie „fest" finden wir ein fixiertes Resultat, in der Kategorie „flüssig" formt sich das Ergebnis ständig und individuell neu.

Aufs Theater übertragen stehen Theaterbau, die leibliche Präsenz der Schauspieler und des Publikums für die materielle Seite, für feste Produktionsvoraussetzungen von Kunst. Das Immaterielle ereignet sich in der abendlichen Aufführung, die flüssig, ereignishaft und damit einmalig ist. Es ist das performative Potenzial des Theaters, die am Wiedererkennbaren sich entzündende produktive Einbildungskraft; immateriell ist die Möglichkeit der

Bedeutungsgenerierung aus dem wechselseitigen und prozessualen Verhältnis der an sich getrennten Räume, der Bühne und des Publikums; immateriell ist das Entstehen eines sozialen Raumes gemeinsamer Erfahrungen.

Öffentlicher Raum ist nicht nur Ort „lebensweltlicher Kommunikation", sondern vor allem auch Ort der Produktion und Reproduktion der tragenden Elemente des gesellschaftlichen Selbstbildes.[4] Öffentlicher Raum umfasst allerdings nicht nur Straßen und Plätze, auch Museen und Theater sind öffentlicher Raum. Theater konstituiert im allabendlich versammelten Publikum Öffentlichkeit und produziert anhand ausgewählter verräumlichter Textdokumente gesellschaftliche Selbstbilder.

Textdokumente, Dramen, deren Protagonisten historische Persönlichkeiten darstellen, transponieren historische Personen in einen neuen, dem Publikum vertrauten Kontext, erinnern relevante Aspekte der vergangenen Existenz und überantworten sie einer zeitgemäßen Reflexion. Unsichtbar für jene außerhalb des theatralischen Raumes, immateriell, flüchtig, performativ für die Besucher, die sich im theatralen Raum einfinden, wird für die wenigen Stunden der Dauer der Aufführung eines historischen Dramas ein immaterielles Denkmal errichtet, das in der Wahrnehmung der Rezipienten prägendere Wirkung haben mag als der flüchtige Blick auf ein steinernes Monument in der Mitte des Stadtplatzes. Historische Dramen sind immaterielle Denkmäler im öffentlichen Raum der Theaterwirklichkeit.

Denkmal und Öffentlichkeit

Im Bewusstsein der Flüchtigkeit, der Immaterialiät menschlichen Seins und der der Erinnerung übertragenen Möglichkeit eines Weiterlebens, entstanden materielle Monumente: Denkmäler von für die Gemeinschaft erinnerungswürdigen Menschen. Diese Denkmäler waren allerdings nie ein Abbild des Realen, sondern immer vielmehr die Visualisierungen eines Identitätsangebotes.

1795–1807 ließ Kaiser Franz für Joseph II. in Wien ein Denkmal errichten. Es ist ein Reiterdenkmal am Josefsplatz und der berühmten Statue Marc Aurels am Capitol in Rom nachgebildet. In Fortsetzung der Tradition erfolgte vom 2. bis 17. Juli 1838 die Aufstellung des Modells eines Kaiser Franz-Denkmals am heutigen Heldenplatz, das Franz I. als „sitzende Statue im antiken Gewande" nach dem Entwurf von Professor Klieber darstellte. Sinn der Aufstellung war es, „die Wirkung zu probieren", „die Dimensionen zu prüfen."⁵ Das Identitätsangebot sollte auf seine Wirksamkeit und Lesbarkeit, die konkrete Platzierung im öffentlichen Raum auf seine Akzeptanz hin überprüft werden.

Auf Staatskanzler Metternichs Anweisung forschten Sedlnitzky'sche Kundschafter das Publikum und dessen Meinung über das Denkmal aus. Zahlreich strömten die Wiener herbei, um das Denkmal anzuschauen. „Schon lange hat das Publikum nichts so aufgeregt als die Aufstellung des Monuments des Kaiser Franz." Kunstrichter und Menschen „mit dem natürlichen Sinn für das Schöne" waren sich einig: Man kritisierte nicht nur den Platz „zwischen altem und neuem Burgthor" als unangemessen, als ob man den Kaiser aus der Stadt schaffen würde und empfahl Graben und Hof, inneren Burghof und Ball(haus)platz. Auch die Ausführung stieß beim Publikum auf Widerstand. Vergleiche mit dem Joseph Denkmal wurden gezogen, ebenso mit anderen „Herrscher Monumenten in den Städten Europas". Die sitzende Stellung wurde als „nicht imposant und mit dem Gewande eines römischen Imperators harmonisierend" kritisiert, war man doch „gewohnt [...] den Kaiser in einer Reiterstatur zu erblicken." Viele waren auch mit dem Kostüm nicht zufrieden, „da Franz der römischen Kaiserwürde entsagt habe. Die Feldmarschallsuniform, sagten sie, wäre dem Zeitgeiste angemessener." Und so manches Bonmot, manche satirische Bemerkung machte die Runde. Deutungsbegierig wurde alles interpretiert: Die Stellung drückte für das Publikum das „monarchische Prinzip" aus, die vier Adler standen dem Publikum für die „vier Gemahlinnen" Franz' I.⁶

Aber nicht nur das aufgestellte Monument wurde kritisiert, auch die geplanten, noch folgenden Entwürfe wurden reflektiert, in der allgemeinen Überzeugung, „daß jenes [Monument] das der Generalstab entwarf und vorlegte, den Preis erringen werde." Plastisch sah man es bereits vor sich „als hoch in die Lüfte ragende Säule, auf welcher in abwärts schlängelnder Form die Biographie des Kaisers ersichtlich gemacht ist, und auf deren Spitze der Kaiser in Lebensgröße steht ..." Die Kritik an dem ausgestellten Monument für Kaiser Franz gipfelte in der „Wahl des darzustellenden Gegenstandes" als durchaus unpassend. „Man wünscht hier angemessene, geschichtliche Momente, deren es in dem thatenreichen Leben des allerhöchst Verstorbenen doch so viele gebe".⁷

Immaterielle Denkmäler

Der 1838 formulierte Wunsch nach Darstellung „angemessener geschichtlicher Momente" der in Bilder gefassten Biographie des Kaisers bei der Denkmalerrichtung war (bildungs)bürgerlich und wurde in der Folge in das Medium des Bildungsbürgertums, auf die Bühne, verlagert.

Historische Dramen – wie auch die Denkmäler – verdanken ihre Entstehung dem aufkommenden Nationalismus der nachnapoleonischen Zeit. Sie reflektieren meist die Phase machtpolitischer Umbrüche der Herrschenden, Fragen der Legitimität und Sicherheit, sinnfällig ausgedrückt in der Antithese zwischen Dunkelheit und Licht, alter und neuer Zeit, zwischen der sie sich bewegen.[8] Im Gegensatz zu den steinernen Denkmälern waren immaterielle Denkmäler, historische Dramen, allerdings in der Lage noch einem anderen Prinzip bildungsbürgerlichen Denkens gerecht zu werden: dem Prinzip der Gleichheit aller Menschen: im Tod – entsprechend dem barocken Memento mori – wie im Leben – gemäß dem aufklärerischen Revolutionsprinzip.[9] Und sie exemplifizieren darüber hinaus auch, dass es immer der Mensch ist, der seine Geschichte schreibt, sein Leben lang gewissermaßen an seinem Denkmal baut.

Die Forderung nach Errichtung eines Denkmals, das im Sinne des „ästhetischen Historismus" geschichtliche Momente in Bilderreihen auflöst, historische Vergangenheit im Schein dramatischer Präsenz zur ästhetischen Gegenwart werden lässt[10], hatte Franz Grillparzer mit *König Ottokars Glück und Ende* eingelöst. Grillparzer empfand den Stoff „für einen österreichischen Dichter [als] unbezahlbare Gottesgabe", umso mehr als er „alle Ereignisse, die [er] brauchte, in der Geschichte oder Sage bereitliegend vorfand".[11] Er studierte alle ihm nur irgend zugänglichen Werke zur österreichischen und böhmischen Geschichte, vor allem auch die in Mittelhochdeutsch verfasste Reimchronik Ottokars von Horneck. Wissen geht dabei in Erinnern über, Geschichte wird zum Erinnerungsraum. Die „Ästhetisierung von Geschichte" trifft auf die „Historisierung der Kunst". Die Funktion des Kunstwerkes ist seine historische Bestimmung.[12]

Das Einzigartige des 1823 geschriebenen *König Ottokars Glück und Ende*, uraufgeführt am 19. Februar 1825 im k.k. Hofburgtheater, besteht darin, dass Grillparzer dem Warnbild des Titelhelden einen „rundum positiven und geschichtsmächtigen Helden, [...] einen Repräsentanten guter Geschichte" gegenüberstellt, der in den späteren Dramen nicht mehr vorkommen wird.[13]

Für Grillparzer ist „weder die Kategorie eines individuellen Schicksals noch die einer psychologisch motivierten Charakterentwicklung" als Gestaltungsabsicht relevant, sondern vielmehr das Typische und Beispielhafte des Handelns.[14] Es ging ihm um den exemplarischen Fall, das Allgemeine. Grillparzer spricht mit dem Drama aber auch das Verdikt der egoistischen Gewaltpolitik und bringt eine neue, moderne Sicht des Staatsgedankens, „die dem Staatslenker ganz andere Aufgaben zuschreibt als Hausmacht-Politik und persönliche Machtsteigerung."[15] Das Stück schließt mit der Verleihung der Kaiserwürde an Rudolf von Habsburg, der der Figur Ottokars kontrapunktisch als Inkarnation und Allegorie des Rechtmäßigen gegenübergestellt wird. Ottokar und Rudolf sind einander zugeordnet „wie die beiden komplementären Seiten eines Fürstenspiegels."[16] Grillparzer gestaltet Rudolf als idealtypische Figur, die alle Eigenschaften des Vorbildes in sich vereinigt, als Inbild der wahren historischen Größe durch Hingabe an das kaiserliche transnationale Amt. „Er ist der wahrhaft Geschichtsmächtige, der gar nicht zu handeln braucht. Er braucht nur auszuführen, was sein kaiserliches Amt und Recht und Gerechtigkeit von ihm fordern."[17] Dadurch, dass Grillparzer Rudolf als idealen Herrscher mit den Zügen Josephs II. ausstattete, beleuchtete er gleichzeitig kritisch das Regime seiner Zeit.[18]

Die Aufführung am 19. Februar 1825 verdankte sich so auch einem Zufall, der empfehlenden Lektüre der Kaiserin-Mutter. Denn bei der Zensur war das Stück nach der Einreichung – trotz des Huldigungsschlusses – und wider Grillparzers Erwartung zuerst verboten worden und dann lange unauffindbar gewesen. Die Zensoren zögerten, denn „man kann doch nicht wissen –!"[19] Hatten sie die kritische Spiegelung der Zeit im idealen Gegenbild eines vorbildlichen Volkskaisers geahnt? Ebenso wie auch das Theaterpublikum die Differenz zwischen despotischem System und josephinischem Freiheitsdenken erkannt haben mag. So erinnerte das immaterielle Denkmal, das Grillparzer im *König Ottokar* errichtet hatte, die, die es betrachteten, das Publikum des Theaters, an die Möglichkeit einer Utopie zwischen Restauration und Revolution.

Nach zeitgenössischem Bericht äußerte der Kaiser beim Hinausgehen aus der Loge zur Kaiserin: „Das ist gescheit, dass wir das Stück heute mit angeschaut haben; morgen wird's gewiss verboten." Die gleichzeitig erschienene zweibändige Textausgabe ließ sich zwar nur „heimlich kaufen"[20], fand allerdings reißenden Absatz: Allein am Uraufführungstag wurden 900 Stück verkauft. Allmählich gekürzt wurde das Stück ein Jahr lang fünfzehn Mal am Burgtheater aufgeführt, verschwand danach für dreizehn Jahre vom Spielplan.

Ab 4. April 1825 (bis 2. Februar 1840 gab es 18 Aufführungen) konnte das Publikum – einen vom Schauspieler Karl Rott „mild gegebenen"[21] – König Ottokar auf der größeren Bühne des Theaters an der Wien als musikuntermaltes, opulentes Schaustück bewundern.

Eine Besonderheit des Dramas stellt der Monolog von Ottokar von Horneck dar, Grillparzers Gewährsmann. Horneck singt das Preislied des Landes Österreich, das sich in Wiener Aufführungen bis zum heutigen Tag der weiten Zustimmung des Publikums mit Szenenapplaus erfreuen kann. Wie Wienerisch Grillparzers *Ottokar* Denkmal ist, zeigen auch ausländische Aufführungszahlen: *König Ottokars Glück und Ende* wurde in Wien am Burgtheater an ebenso vielen Abenden aufgeführt wie an allen anderen deutschsprachigen Bühnen.

Immaterielles Denkmal Prinz Eugen

Es war staatspolitisch und aus Zensurrücksichten schwierig die Habsburger einem Publikum als Protagonisten vorzuführen. Umso zahlreicher wurden in der Folge die immateriellen Denkmäler, die man jener Persönlichkeit setzte, die bereits zu Lebzeiten an ihrer Identität in Konkurrenz zu den habsburgischen Kaisern und zum französischen König gebaut hatte: Prinz Eugen von Savoyen. Im Jahr der Enthüllung des Franz I.-Denkmals, 1846, erschien das erste Prinz Eugen-Drama in Druck.

Am 18. Oktober 1865 erfolgte mit umfangreichem Rahmenprogramm und Festakten die Enthüllung des von Kaiser Franz Joseph als „Bauherr" in Auftrag gegebenen materiellen Denkmals für Prinz Eugen am Heldenplatz. Am Abend desselben Tages versammelten sich die Festgäste im Burgtheater zur Errichtung des immateriellen Denkmals in Form des einaktigen dramatischen Gemäldes *Am Tag von Oudenarde* von Joseph von Weilen.[22] In der Leopoldstadt errichteten das Carltheater *Prinz Eugen dem edlen Ritter* auf Grundlage von Anton Langers Volksstück mit Gesang[23], in Neulerchenfeld das Thaliatheater mit der Festvorstellung der einaktigen Operette *Prinz Eugen* ebenfalls ein immaterielles Denkmal.[24]

Rund um den 18. Oktober 1865 stand Wien ganz im Zeichen Prinz Eugens. Das Lied vom Prinzen, dem edlen Ritter, erfuhr Zusatzstrophen, auch mit boshaften Spitzen auf Franz Josephs unglückliche Heerführung bei Solferino.[25] Die Feuilletons der Zeitungen brachten Darstellungen zu „Prinz Eugen und sein Zeitalter" (Neue Freie Presse) und „Prinz Eugen und sein Wien"

(Die Presse). Dreizehn Bildnisse des Prinzen Eugen aus der Privatsammlung des Kaisers wurden im österreichischen Museum ausgestellt. Berichte von der Denkmalsenthüllung füllten die Zeitungsspalten noch in den folgenden Tagen; „photographische Moment-Aufnahmen" der Enthüllungsfeierlichkeiten konnten käuflich erworben werden. Die Schüler des Schottengymnasiums – manch anderer Schulen vielleicht auch – mussten anlässlich der Enthüllung des Denkmals einen Aufsatz beitragen: „Wodurch hat sich Prinz Eugen, der edle Ritter, die Bewunderung der Welt und den Dank Österreichs verdient?"[26] Zahlreiche Romane und Festgedichte belebten das kollektive Erinnern. Allerorten erklang das Prinz Eugen-Lied: auf dem Heldenplatz, im Konzertsaal, und auf den Theaterbühnen. Für Pianoforte zwei- und vierhändig sowie für Pianoforte und Gesang konnte man die neu aufgelegten Noten zu 27 Kreuzer für Hauskonzerte erwerben. Im Burgtheater erklang das Lied dramaturgisch verflochten mit der Handlung des Festspiels *Am Tag von Oudenarde*. Im Carltheater vertrat Anton Langer in seinem Volksstück mit Gesang in vier Bildern *Prinz Eugen der edle Ritter* die Ansicht, das Volk habe seinem Helden durch das Lied längst ein Denkmal gesetzt. Das Lied machte denn auch „die mächtigste Wirkung".[27]

Die Reiterstatue am Heldenplatz materialisierte die „Zusammenfassung der zu dieser Zeit aktuellen politischen Ansprüche und Zielsetzungen des Hauses Habsburg."[28] In seiner semiotischen Deutung lässt sich das Denkmal lesen als Personifizierung der „Heldenzeit Österreichs" im siegreich Volk und Armee einenden Feldherrn der Türkenkriege, ebenso lässt es sich lesen als Antwort auf die politischen Ansprüche der Nationalitäten der Monarchie, vor allem Ungarns, das in weiten Teilen durch die militärischen Erfolge Prinz Eugens aus türkischer Herrschaft erst dem Habsburgerreich zugewachsen war, und außerdem ist es lesbar als Verkörperung der apostolischen Funktion des Hauses Österreich als Beschützer und Verteidiger des christlichen Glaubens, hatte Prinz Eugen doch weite Teile Südosteuropas von den muslimischen Osmanen erobert.[29]

Prinz Eugen war wirkungsmächtiger Zeichenträger, der von den gesellschaftlichen Deutungsinstanzen in mehrfacher Hinsicht lesbar gemacht kollektive Vorstellungen prägte. Das Fest, das Wien mit der Enthüllung des Monuments feierte, lieferte zumindest zwei sinnstiftende Erzählungen, parallel zu den damals aktuellen gesellschaftlichen Diskursen. Vorherrschend mag 1865 noch die habsburgische Lesart gewirkt haben, Prinz Eugen als „glänzendsten Repräsentanten der österreichischen Staatsidee" zu sehen, der weder für die Stephanskrone noch für die Wenzelskrone, weder für Deutsche noch für Magyaren oder Czechen, sondern für Österreich und die Österreicher seine Siege auf dem Schlachtfelde und im Rathe der Staatsmänner und Diplomaten erfochten.[30]

Daneben bestand jedoch auch jene Lesart, die den deutschsprachigen Kommunikationsraum als Einheit im politisch überholten, aber in den Köpfen nach wie vor existenten Raum des einstigen Heiligen Römischen Reiches Deutscher Nation sah. Auch als deutscher Held war Prinz Eugen präsent: So sei es

das Princip der äußeren Politik Eugens gewesen, daß Österreich in Deutschland sich stärken müsse [...] seinen Einfluß im römischen Reiche immer mehr auszudehnen, daß es dort Einigkeit zu stiften und dann mit dieser gesammten Wucht auf den Orient zu drücken habe, um ein wahres Österreich zu werden.[31]

Eindeutiger noch formulierte man es im Local-Anzeiger. In der Vorstadt war man der Meinung, Prinz Eugen lebte in

aller Gedächtnis, und die Geschichte seiner Heldenlaufbahn pflanzt sich fort von Mund zu Munde, wohin kein Buch als der Kalender dringt. Prinz Eugenius ist der Held des deutschen Volkes.[32]

Josef Weilen (1828–1889), der „Meister des Festspiels" betreute als Redakteur auch „Die Österreich-ungarische Monarchie in Wort und Bild", das so genannte Kronprinzenwerk. Er war einer jener Vertreter der Einheit des habsburgischen Reichsgedankens, die diesem 1908 in der Verwirklichung des Kaiserhuldigungsfestzuges ein immaterielles Denkmal setzten. In diesem Sinne hatte er auch das einaktige Festspiel *Am Tag von Oudenarde* für die Burgtheaterbühne verfasst. Die bis in unsere Tage immer wieder diskutierte Frage der Zugehörigkeit zu Nation oder Staatsgefüge als Geburtsrecht oder -pflicht beantwortet Joseph von Weilen in Übereinstimmung mit Schiller mit dem Erwerbsrecht durch Dienste und Leistungen am Staat. Der gebürtige Franzose Prinz Eugen argumentiert seine österreichische Nationalitätszugehörigkeit als durch Arbeit, Mühe, Blut und Wunden, als durch Schlacht und Sieg erworbenes Recht. Gegen seinen (zufälligen) Geburtsort setzt er sein tatenreiches Leben. Auf die Frage, was ihn denn so an Österreich fesseln könne, lässt Prinz Eugen die ihm treu ergebenen Soldaten antworten, wie die „zu einem großen Reiche verbundenen Völker verschiedener Sprachen und Zungen in ihrer Mannigfaltigkeit sich ergänzen, in dieser Ergänzung eine Einheit, in dieser Einheit stark und unüberwindlich" sind.[33]

Rahmen dieser Argumentation bildet das historisch nicht belegte Zusammentreffen des Prinzen Eugen nach der Schlacht von Oudenarde mit seiner seit Jahren auf einem nahen Schloss auf Befehl Ludwigs XIV. gefangen gehaltenen Mutter, die, absichtlich über die Zeitereignisse getäuscht, erst durch das Treffen mit ihrem Sohn von seinen Siegen gegen den französischen König erfährt.

Um die Authentizität der Erinnerung zu verstärken, ließ man zur Festvorstellung im Burgtheater „mit Genehmigung Seiner Majestät des Kaisers wirkliche Trophäen des Prinz Eugen auf der Bühne paradiren."[34]

Für die Dauer der Aufführung erblickte das Publikum im Theater im Darsteller der Rolle des Prinzen Eugen, in Joseph Lewinksy, der rein äußerlich gar nichts mit dem gefeierten Helden gemein hatte, einen „Revenant", einen aus einer anderen Welt wiedergekehrten Geist, die Auferstehung des vor fast 130 Jahren Verstorbenen, dessen vereinheitlichte, von der historischen Wahrheit abweichende Physiognomie sich durch eine zahlreiche Ikonographie, zuletzt durch das Reiterstandbild am Heldenplatz dem kollektiven Gedächtnis eingeschrieben hatte.[35]

Herr Lewinsky war nach Gestalt, Tracht und Gesichtsmaske ein so treuer Prinz Eugen, daß man, als er die Bühne betrat, wie vor einem Revenant erschrecken konnte. Überdies spielte er seine Rolle meisterhaft.[36]

Die allgemeine und genaue Bekanntschaft mit dem Charakter und den Schicksalen der Hauptperson, das bestimmte Bild, welches jeder sich von derselben gemacht hat, die unauslöschliche Begeisterung für dieselbe würden das Publikum zu einem um so strengeren Urtheil bestimmt haben, wenn es nicht eben diese Persönlichkeit in dem Gedichte wiedererkannt hätte.[37]

Die größte Wirkung hatten dabei eben jene Szenen zwischen Prinz Eugen und Marquis Torcy, dem französischen Minister und Friedensbevollmächtigten Ludwigs XIV., die die Frage der Staatszugehörigkeit berühren. Ludwig Speidel, der der zweiten Aufführung am 19. Oktober in „erhobener Stimmung" beiwohnte, schildert die tiefe Wirkung dieser Begegnung zwischen Eugen und Torcy:

Hier läßt der Dichter das herrliche Gemüth, den edlen Geist Eugen's wie transparent erscheinen. Hier läßt er ihn Worte reden, die in der Seele jedes guten Österreichers den kräftigsten Widerhall wecken müssen. Wie kann man eindringlicher und einleuchtender Österreichs Einheit lehren, als er es thut; wie das von allen Völkerschaften des Reiches gleichmäßig verstandene *deutsche* Commandowort ‚Vorwärts' schöner verherrlichen? Und als der Marquis Torcy dem Prinzen vorhält, daß er kein

Österreicher, daß er nach Frankreich, dessen Sohn er sei, zurückkehren solle, wie erschütternd wirken da Eugen's ‚mit Hoheit' gesprochene Worte: ‚Mein Herr, ich glaube mir durch Jahre voll Arbeit und Mühe, durch Blut und Wunden, durch Schlacht und Sieg das Recht erkauft zu haben, ein Österreicher zu sein.' Überhaupt sind nur mit flüchtigen Worten ein paar locale Beziehungen eingeflochten, die unmittelbar packender wirken, als es die höchste Poesie vermag. Wie schlagen nur, einfach hingeworfen, die Worte „Wien" und „Belvedere" ein! Und dann ist man ganz selig in unserer begeisterungsarmen Zeit, eine Heldengestalt, wenn auch nur auf der Bühne zu finden, der man aus voller Seele zujauchzen darf.[38]

Das Identitätsangebot mit der Hauptperson, dem immateriellen Denkmal, wurde mit „rauschendem Beifall" aufgenommen. Nicht nur die festliche Stimmung, vor allem war es „der Name, die Gestalt des Helden und der Wiederklang, welchen die angeschlagenen Töne in der Brust jedes Österreichers" wachriefen, die den Erfolg ausmachten. Denn Weilen hatte jenen Augenblick zur Darstellung gewählt, „um in Eugen den Soldaten und den Diplomaten, den trefflichen Menschen und den treuen Patrioten" darzustellen.[39]

Der Journalist, Übersetzer und Schriftsteller Anton Langer (1824–1879) war Vielschreiber. Er verfasste ab 1846 rund 120 Theaterstücke, 100 Romane und übersetzte 150 Romane aus dem Französischen. Sein auf dem Carltheater aufgeführter *Prinz Eugen* wurde als „Tendenzstück" rezipiert und der Überprüfung durch Historiker unterzogen. So blieb die Kritik nicht aus: Die Wiederaufwärmung „des abgeschmackten Märchens", Prinz Eugen habe die Schlacht bei Zenta gegen den ausdrücklichen Befehl des Kaisers geschlagen, kritisierte Alfred von Arneth, der 1858 eine nach den handschriftlichen Quellen der kaiserlichen Archive erarbeitete dreibändige Prinz Eugen-Biographie verfasst hatte. Und auch der Rezensent der Presse gestand dem Dramatiker das ansonsten gültige dramatische Privileg, mit „geschichtlicher Wahrheit eigenmächtig zu verfahren" nicht zu. Dennoch wurde nicht nur die Aufführung des Stücks auf einer Privatbühne in Konkurrenz zur kaiserlichen Hofbühne als „Ehrenpflicht" erachtet, auch die inhaltlich lose aneinander gefügten vier Bilder aus dem Leben Prinz Eugens fanden Zustimmung in der Auswahl, führten sie doch „den genialen Feldherrn, den tapferen Krieger, den Vater seiner Soldaten, den Freund der Bürger, den treuen Österreicher, den liebenswürdigen Cavalier, den Pfleger der Wissenschaften und Künste" vor und errichteten ein reich verziertes Relief an dem „Postament des Heldendenkmals". Gelobt wurde auch Langers Charakterisierung Prinz Eugens, dem passend zum Aufführungsort „unter der Rüstung nicht nur das größte, sondern auch das leutseligste Herz schlug".[40]

Einstimmigkeit herrschte in der Vorstadt wie auf der kaiserlichen Bühne über jenes Identitätsangebot, das Prinz Eugen als wahren Österreicher betonte, unabhängig davon,

> wo auch seine Wiege gestanden haben mag, seine Thaten und des Volkes Liebe haben ihm den Heimatschein geschrieben. Und wenn der Schiffer an der Nord- und Ostsee den Helden von Belgrad als den seinigen hochhält, wie viel tiefer muß sein Andenken gewurzelt sein in der Stadt, in welcher er lebte und starb, wo der Feldherr zum Staatsmann, zum Bürger, zum Beschützer der Wissenschaften und Künste wurde!\[41\]

Und beiden Stücken gemeinsam ist das abwerbende Angebot Frankreichs, das Prinz Eugen ausschlägt.[42] Vor dem realpolitischen Hintergrund der hegemonialen Konkurrenz Preußens um die deutschen Länder fand die Standhaftigkeit Prinz Eugens, das verlockende Angebot auszuschlagen, den größten Publikumszuspruch. „Möge die patriotische Perspektive, welche in dieser Szene eröffnet wird, glückverheißend für alle Zeiten sein!" stoßseufzte der Rezensent des Fremdenblattes.[43]

Performativ gewendeter Blick

Während das bronzene Monument am Heldenplatz unbeweglich in seiner Materialität den Blick immer noch gegen Osten richtet, wandte das Publikum im Theater im Laufe der Aufführungen des Dramas beim Anblick der immateriellen Personifizierung seinen Blick immer stets auch nach Norden.

Abseits der politischen Ansprüche und Zielsetzungen des Hauses Habsburg, wurde ein anderer Diskurs immer wirkungsmächtiger. Denn angesichts der preußisch hegemonialen Vorgangsweise schien die Gesamtsicht des deutschsprachigen Kommunikationsraumes als Einheit immer mehr gefährdet.

In dieser neuen Kontextualisierung erhielt auch das Weilensche Festspiel eine neue Deutungsdimension. Jene Sicht betonte auch Alexander von Weilen, als er das Festspiel anlässlich der Herausgabe im Rahmen der „Deutsch-Österreichischen Klassiker-Bibliothek" mit dem Attribut des „unhöfischen Patriotismus" charakterisierte: „ohne Chauvinismus atmet jede Zeile echten, unhöfischen Patriotismus, wie die Kritik nahezu einhellig ihren Beifall kundgebend, hervorhob."[44]

Am 23. Mai 1866 hatte Heinrich Laube am Burgtheater abermals Weilens kleines Festspiel angesetzt, das nach Rezensentenmeinung sowieso „nie vom

Repertoire des Burgtheaters verschwinden sollte".⁴⁵ An diesem Abend wurde die Aufführung anders gelesen als an zahlreichen Aufführungsabenden davor. Der Kontext der Schauspieler, ebenso wie jener, die im Theater versammelt waren, hatte sich geändert. Die Erfahrungen war geprägt vom „deutsch-preußischen" Konflikt und die Aufführung glich einer politischen Demonstration „jede Stelle, die nur einigermaßen in eine Beziehung zur erregten Gegenwart gebracht werden konnte, ward förmlich bejubelt." Die Aufführung fand gleichsam unter antipreußischen Jubel statt.⁴⁶

Die Stimmung des 23. Mai 1866 spiegelte sich auch in den Zeitungen. Das humoristische Volksblatt Kikeriki veröffentlichte auf Seite eins eine Personenbeschreibung Bismarcks, die an Schärfe nichts zu wünschen übrig ließ.⁴⁷ Und Sätze, die im Stück gegen den französischen König Ludwig, den Mann, welcher „die ganze Welt in einen Kerker" verwandeln, ganz Europa knechten will, gesprochen werden, wurden aus tagespolitischer Aktualität am Vorabend des Krieges vor allem gegen Bismarck und Preußen instrumentiert und interpretiert.

„Jede Gelegenheit, und Weilens Schauspiel bietet deren gar viele, wurde benützt, um zwischen der Zeit Eugens und unseren Tagen Analogien zu finden."⁴⁸ Besonders die Rede der Olympia, Prinz Eugens Mutter, daß Gott die Welt niemals „als Spielball dem selbstsüchtigen Ehrgeiz eines Einzigen" hingebe, wurde heftig akklamiert, ebenso Prinz Eugens schwungvolle Rede über Österreich und die Hingebung der Armee für Kaiser und Herrn. Mit vielstimmigem Bravo und lautem Händeklatschen wurde auch Eugens Liebe zu Österreich bedacht, die er damit begründete, dass er hier „niemals in die Lage komme, mein Schwert für eine Sache zu ziehen, die keine edle und gerechte ist". In den Beifall, der bei diesen Worten ausbrach, stimmten das gesamte Parterre- und Logen-Publikum, und auch der in der Hofloge anwesende Herzog von Modena mit ein. Immer wieder ließ sich das Publikum zu spontanem Applaus hinreißen, der „den Gang des Stücks minutenlang unterbrach", wodurch die Wirkung vielleicht noch größer war als am Festtag des Vorjahres.⁴⁹

Die Emotionen des Publikums waren dermaßen aufgeheizt, dass nicht nur das Prinz Eugen-Stück, sondern auch bei anderen Vorstellungen, „die harmlosesten Stücke im Burgtheater dem Publikum Gelegenheit geben zu stürmischen Demonstrationen." Worte, welche „fünfmal gesprochen worden waren, ohne Beifall zu erregen", fanden plötzlich „ein vielhundertstimmiges Echo". Sie brachten die allgemeine Wut zum stürmischen Ausbruch, „welche das Vorgehen unseres lieben Bundesgenossen in unseren Herzen entzündet." Aussagen fanden begeisterte Zustimmung, in dem Sinne, daß man sie als „an die Adresse der Fürsten und Stämme Deutschlands gerichtet"[50] sah. Am 18. Oktober 1914 stand das kleine Stück – nach 47 Jahren – abermals auf dem Spielplan. Es war dies nicht nur der Jahrestag der Enthüllung des Denkmals am Heldenplatz, Prinz Eugens Geburtstag sowie der „Jahrestag der Leipziger Völkerschlacht", sondern auch der Tag der Wiedereröffnung des Burgtheaters nach der durch Ausbruch des Ersten Weltkrieges verlängerten Sommerpause. Man hatte über ein geeignetes Programm nachgedacht und die Teile des Abends zu einer „Botschaft [mit] symptomatischer Bedeutung" zusammengestellt.[51] Das Repertoire des Ersten Weltkrieges wurde eingeleitet mit einem Feldherren-Programm und mit Feldherren-Musik. Es war Abbild jener „heldischen Zeit, [die] aufgegangen ist"[52], „vom Ernst und der Größe der Stunde durchschauert".[53] Bei ermäßigten Eintrittspreisen formierten sich drei große Feldherren zum immateriellen Denkmal des Eröffnungsabends: Radetzky, Wallenstein und Prinz Eugen. Auf Grillparzers Verse an Feldmarschall *Radetzky* als Prolog folgte Schillers *Wallenstein[s Lager]* und abschließend als Epilog Weilens *Am Tag von Oudenarde*. Weilens Text hatte man nach vielen Jahren zur Freude der Kritik aus dem „Staub des Archivs" hervorgezogen: „Die saubere Arbeit enthält alle jene Stichworte, welche das Publikum jetzt verlangt."[54]

Hatte man 1866 das immaterielle Denkmal des Prinz Eugen-Textes noch in abwehrende Stellung gegen Preußen gebracht, so gestaltete es sich 1914 zur „Hymne der verbündeten Reiche"[55] und zum Lobgesang Österreichs. Denn was das Publikum „diesem Stück geradezu freudig in die Arme treibt, sind seine seltsam treffenden Beziehungen zu dem Kampf unserer Tage. Die Worte, die über Österreich fallen, klingen wie Glockenklang."[56] Nach dem Prolog erklang die Volkshymne, „alles erhebt sich, setzt sich, erhebt sich abermals, da der österreichischen Hymne die deutsche folgt."[57]

Bejubelt wurden die Schmetterworte des Savoyen-Dragoners: ‚Wir belagern Lille, wir rücken gegen die französische Grenze, wir marschieren nach Paris und diktieren dort den Frieden. Alles oder nichts.' Nicht minder große Begeisterung erregte die feierliche Erklärung der Soldaten des Prinz Eugen, mit ihm zu sterben und sterbend zu rufen: ‚Es lebe Österreich, es lebe der Kaiser!' Und als dann zum Schluss alle das Eugenlied sagen, erzitterte das Haus in seinen Grundfesten.[58]

Seit der Enthüllung des Prinz Eugen Denkmals vor fast einem halben Jahrhundert waren zahlreiche Romane erschienen, wodurch sich das Bild Prinz Eugens im kollektiven Gedächtnis – unabhängig von historischer Authentizität – verfestigt hatte. Anders als 1865, als man Josef Lewinsky als Inkarnation des Prinzen Eugen gefeiert hatte, spielte ihn 1914 Albert Heine „teils von oben herab, teils von unten hinauf" und man wünschte sich „eine tiefere Charakteristik des genialen Prinzen Eugen, der sich zum Bühnenhelden seinem Äußeren nach gewiß wenig empfiehlt."[59] Zu sehr wich die Vorstellung von Prinz Eugens Erscheinung (wie sie auch vom Reiterstandbild geprägt worden war) von der „Persönlichkeit dieses Künstlers ab" und auch „seine hastige, stoßweise Sprache" mochte sich das Publikum nicht mit der Vorstellung eines „Feldherrn von klarer Ruhe" denken.[60] Dennoch, das Gelegenheitswerk, „geschrieben zu einer Gelegenheit von vorgestern, aber dem Tag angepaßt, als wär's soeben bestellt und fertig geworden" tat seine Wirkung, „der Eröffnungsabend tat seine Schuldigkeit".[61] Der musikalische Abschluss des Abends, das Prinz Eugen-Lied, „sein unsterblicher Sang bei Fackelbeleuchtung" ließ das immaterielle Denkmal noch einmal erstrahlen in den Köpfen des „freudig überraschten Publikums".[62]

Der ganze Abend war wie eine „Festvorstellung".[63] Der Austausch sozialer Energie ergriff alle, die gekommen waren, ihre Sehnsucht „nach einem bindenden Gemeinschaftsgefühl"[64] wurde gestillt. Das Burgtheater war wieder „Nationaltheater"[65]. Bald schon nach Beginn der Vorstellung hatte sich das Schauspiel „von der Bühne nach dem Zuschauerraum verschoben".[66] Auf der Bühne

zogen in edler dramatischer Belebung fast drei Jahrhunderte Kriegsgeschichte vorbei: Wallenstein, Prinz Eugen, Radetzky! Alle drei an einem Abend, andere Lieder stets derselbe Grundton. Die Zeiten wechselten und in jeder spiegelte sich die lebendige Gegenwart unter dem Jubel des Publikums. Bleibt denn nur zu wünschen und zu hoffen, daß der rauschende dröhnende Beifall im Donner unserer Kanonen bald seinen sieghaften Widerhall finden werde.[67]

Die Materialität des Immateriellen

Jene Dramen um den Protagonisten Prinz Eugen erinnern diachron Aspekte seines Lebens, transponieren sie in einen neuen, vertrauten Kontext und überantworten sie einer synchronen Reflexion. Unsichtbar außerhalb des Theaters, immateriell, flüchtig, performativ für das Publikum, wird für die Dauer der Aufführung ein immaterielles Denkmal errichtet, das in der Wahrnehmung prägend wirkt. Der Zuschauer nimmt Eindrücke mit nach Hause, die er ähnlich der Arbeit eines Bildhauers seinem immateriellen Denkmal eindrückt. Aus einem groben, unbehauenen Stein wird nach und nach mit jeder neuerlichen Begegnung ein Monument, das eigenes Handeln prägt.

1998 machte Dieter Dorns Inszenierung von Heinrich von Kleists *Prinz Friedrich von Homburg* in der Ausstattung von Jürgen Rose in den Münchner Kammerspielen die immaterielle Denkmalserrichtung durch historische Dramen als Äquivalent zu den steinernen Denkmälern im öffentlichen Raum optisch einsichtig. Im Zentrum der Bühne ragte ein grober unbehauener, nur angeschliffener Stein hoch auf. Die Inszenierung, die Aufführung schafft ein immaterielles Denkmal. Die Imagination der Zuschauer gestaltet es entsprechend der empfangenen Prägungen weiter aus.

Anmerkungen

1 Vgl. Proclamation of Masterpieces of the oral and intangible heritage of humanity. Guide for the Presentation of Candidature Files.
2 Vgl. Aleida ASSMANN, Fest und Flüssig. Anmerkungen zu einer Denkfigur, in: DIES., Dietrich HARDT (Hg.), Kultur als Lebenswelt und Monument, Frankfurt a. M. 1991, S. 181–199.
3 Ebenda, S. 182.
4 Hannes STECKL, Wien. Orte der Erinnerung. Thesenpapier. Wiener Vorlesungen, SS 2000.
5 Kunstblatt (Nr. 73), 11. September 1838. Beylage zur Allgemeinen Zeitung (Nr. 203), 22. Juli 1838; Morgenblatt für gebildete Leser (Nr. 207), Mittwoch, 29. August 1838.
6 Polizei Direktion Fasc. 1530, No. 5719, 10. Juli 1838. (Abschriften im Nachlass Carl GLOSSY, K. 2)
7 Ebenda.
8 Herbert LINDENBERGER, Historical Drama. The Relation of Literature and Reality, Chicago-London 1975.
9 Vgl. Jürgen SCHRÖDER, ‚Der Tod macht alle gleich'. Grillparzers Geschichtsdramen, in: Gerhard NEUMANN, Günter SCHNITZLER (Hg.), Franz Grillparzer. Histoire und Gegenwärtigkeit, Freiburg i. Br. 1994, S. 37–57.
10 Hannelore und Heinz SCHLAFFER, Studien zum ästhetischen Historismus, Frankfurt a. M. 1975.
11 Franz GRILLPARZER, Selbstbiographie, in: DERS., Sämtliche Werke IV, München 1965, S. 117. – Frühere deutschsprachige Dramatisierungen des Stoffes standen in der Tradition des Ritterdramas.
12 SCHLAFFER, ebenda, S. 16–17.
13 SCHRÖDER, ebenda, S. 45.
14 Walter JENS (Hg.), Kindlers Neues Literaturlexikon, München 1998, Bd. 6, S. 897.

15 Franz GRILLPARZER. Leben und Werk. Kleine Humboldt-Bibliothek 201, Wien 1947, S. 74.
16 SCHRÖDER, ebenda, S. 45.
17 SCHRÖDER, ebenda, S. 46.
18 Harald STEINHAGEN, Grillparzers König Ottokar. Drama, Geschichte und Zeitgeschichte, in: Jahrbuch der deutschen Schillergesellschaft 14 (1970) S. 456–487.
19 Franz GRILLPARZER, Selbstbiographie, W IV, S. 130.
20 Norbert FUERST, Grillparzer auf der Bühne. Eine fragmentarische Geschichte, Wien–München 1958, S. 102.
21 GRILLPARZER, Selbstbiographie, W IV, S. 130.
22 Josef WEILEN, Am Tag von Oudenarde. Dramatisches Gedicht in einem Aufzuge, Wien 1865. – 15. Oktober 1865 bis 28. Dezember 1867, elfmal.
23 Anton LANGER, Prinz Eugen der edle Ritter. Volksstück mit Gesang in 3 Aufzügen. Musik: Anton Michael STORCH, Wien 1865. – Die Premiere hatte bereits am 14. Oktober 1865 stattgefunden, bis 22. Oktober wurde das Stück sieben Mal aufgeführt.
24 Karl Ferdinand KONRADIN, Erik NESSL, Prinz Eugen, der edle Ritter. Vaterländische Operette in einem Akt. Vom 13. Mai bis 31. Mai 1863 hatten sechs Aufführungen im Theater am Franz Josefs-Kai stattgefunden, anlässlich der Enthüllung des Denkmals am Heldenplatz hatte der Direktor des Thaliatheaters eine Reprise der Operette als Festvorstellung angesetzt.
25 Peter STACHEL, Der Heldenplatz. Zur Semiotik eines österreichischen Gedächtnisortes, in: Stefan RIESENFELLNER (Hg.), Steinernes Bewußtsein I. Die öffentliche Repräsentation staatlicher und nationaler Identität Österreichs in seinen Denkmälern, Wien 1998, S. 619–656, hier S. 638.
26 Jahresbericht des kais.kön. Ober-Gymnasiums zu den Schotten in Wien am Schlusse des Schuljahres 1866, veröffentlicht von dem Direktor desselben, Wien 1866, S. 62.
27 Wiener Abendpost 242, 21. Oktober 1865.
28 STACHEL, ebenda, S. 636.
29 STACHEL, ebenda, S. 639.
30 Zeitungsschau Ost-Deutsche Post, Wiener Abendpost 239, 18. Oktober 1865.
31 Zeitungsschau Neue Freie Presse, Wiener Abendpost 239, 18. Oktober 1865.
32 Local-Anzeiger der Presse 288, 18. October 1865.
33 Wiener Abendpost 242, 21. Oktober 1865.
34 Local-Anzeiger der Presse 288, 18. October 1865.
35 Die Diskrepanz zwischen historischer Realität und Abbild kritisierte das humoristische Volksblatt Kikeriki (43, 26. Oktober 1865, S. 1), indem es das Standbild optisch korrigierte und im Bildtext darauf hinwies, dass „Fernkorn aus dem kleinen, schmächtigen Eugen einen kolossalen Riesen gemacht ... [und] den künstlerischen Interessen leider die geschichtliche Treue geopfert hat."
36 Neue Freie Presse 412, 21. October 1865.
37 B., Wiener Abendpost 242, 21. Oktober 1865.
38 Neue Freie Presse 412, 21. October 1865.

39 Wiener Abendpost 242, 21. Oktober 1865.
40 „Prinz Eugen in der Vorstadt". Local-Anzeiger der Presse 288, 18. October 1865.
41 Ebenda.
42 Prinz Eugen, der edle Ritter (3. Bild): Eugen erbricht ein Schreiben Louvois': „Er bietet einen Marschall-Stab und fünf Millionen Livres. Das Geld mag Herr Louvois den Pfälzern schenken, die seine Mordbrenner zu Bettlern machten. Den Marschallstab werd' ich mit Gott aus Frankreich holen." (S. 27) – Am Tag von Oudenarde (7. Szene) schlägt der französische Minister Torcy Prinz Eugen vor nach Frankreich zurückzukehren: „Welch beglückende, stolze Genugtuung müßte es für Sie sein, wenn Frankreich keinen Preis zu hoch, kein Opfer unerschwinglich fände, den Mann zurückzugewinnen, den es einst in beklagenswerter Verblendung in die Ferne ziehen ließ." (S. 116).
43 Fremden-Blatt 289, 19. Oktober 1865.
44 Josef WEILEN, Ausgewählte Werke 1. Deutsch-Österreichische Klassiker-Bibliothek. Band 42, Wien–Teschen–Leipzig o.J. [1912], S. XXX.
45 Fremden-Blatt 139, 23. Mai 1866.
46 WURZBACH, Biographisches Lexikon des Kaiserthums Österreich. 54. Theil, Wien 1886, S. 4f.
47 Kikeriki 21, 24. Mai 1866: Personenbeschreibung des Grafen von Bismark. Statur: als Verräther groß, als Mensch klein. Augen: dreiäugig: zwei Katzenaugen, einen Zwicker. Mund: großmaulig. [...]
48 Local-Anzeiger der Presse 139, 23. Mai 1866.
49 Fremden-Blatt 139, 23. Mai 1866; Neue Freie Presse, Beilage zu 621, 24. Mai 1866; Local-Anzeiger der Presse 139, 23. Mai 1866.
50 Neue Freie Presse Abendblatt 620, 23. Mai 1866.
51 B[ertha] Z[uckerkandl], Wiener Allgemeine Zeitung 10958, 19. Oktober 1914.
52 Ebenda.
53 H.B. Reichspost 489, 19. Oktober 1914.
54 Wiener Allgemeine Zeitung 10958, 19. Oktober 1914.
55 Reichspost 489, 19. Oktober 1914.
56 Ebenda.
57 Neue Freie Presse 18016, 20. Oktober 1914.
58 Illustrirtes Wiener Extrablatt 289, 19. Oktober 1914.
59 Neues Wiener Tagblatt 289, 19. Oktober 1914.
60 Reichspost 489, 19. Oktober 1914.
61 bs., Neues Wiener Journal 7537, 19. Oktober 1914.
62 Neues Wiener Tagblatt 289, 19. Oktober 1914.
63 Neue Freie Presse 18016, 20. Oktober 1914.
64 Wiener Allgemeine Zeitung 10958, 19. Oktober 1914.
65 Alexander von Weilen, Wiener Abendpost 240, 19. Oktober 1914.
66 Neue Freie Presse 18016, 20. Oktober 1914.
67 Ebenda.

Die ideologische Dimension der Kölner Straßennamen von 1870 bis 1945

Dietz Bering/ Klaus Großsteinbeck (Köln)

Der Plan, ausschließlich über die ideologische Dimension der Kölner Straßennamen zu berichten, bringt uns in große Schwierigkeiten. Wir müssen einen schmalen Sektor aus einem umfassenden Projekt schneiden. Dessen Forschungszweck und besonderer -fortschritt besteht nun aber gerade darin, ein breites Erkenntnisfeld endlich in angemessener Großflächigkeit und Vielschichtigkeit anzugehen, ein Forschungsareal, das man bislang, wenn überhaupt, in eher eng gestellter Perspektive abzuhandeln gewohnt war. Straßennamen – in den gängigen trivialen, meist heimatgeschichtlich orientierten Publikationen höchstens einer dürftigen Etymologie wert, so gerade interessant genug für eine Kurzhistorie des Namensspenders und andere Histörchen; Straßennamen – in den wenigen Publikationen auf hohem Niveau, wir greifen jetzt sofort zum höchsten Punkt: Maoz Azaryahu, auch für ihn sind sie Objekte einer eher engen, wenn in seinem Falle auch hochinteressanten, aber strikt politikhistorischen Sicht.[1] Unser Kölner Forschungsteam hingegen hat seit 1990 versucht, die sprachwissenschaftlich eher wenig beachtete Onomastik am Beispiel der Straßennamen aus ihrem Aschenbrödel-Dasein[2] zu erlösen. Durch Zusammenführung mit dominanten Strömungen der allgemeinen Kulturwissenschaft versuchten wir, sie zu einer attraktiven Figur im Ensemble der Wissenschaften umzuformen.

An erster Stelle stand Pate die inzwischen weithin bekannte Theorie des *kulturellen Gedächtnisses.* Sie versucht ja genau jener Teile des Bewusstseins habhaft zu werden, die garantieren sollen, dass die Menschen sich nicht als ephemere, haltlos im Flusse der Zeit daher schwimmende, als ziellosem Wandel unterworfene Wesen empfinden müssen, sondern sich als verwurzelt fühlen können, in festem, stabile Identität ermöglichendem Boden. Die tragenden Balken sind die Gedächtnisinhalte, die, als zukunftswichtig angesehen und daher für geradezu sakrosankt erachtet, in jenem „kulturellen Gedächtnis" bewahrt und gepflegt werden, auf dass sie jede Generation wieder neu internalisieren kann und muss. Denn sie sagen einem, wer man ist, worum willen man ist und auch, was man bleiben, was man werden will.[3] Um dieses „Auf-Dauer-stellen" der basalen gesellschaftlichen Grundüberzeugungen und -ziele zu erleichtern, installieren Sozietäten bestimmte Einübungs- und Erinnerungsprozeduren: Es geht da immer um Engramme der „ewigen" Bestände durch festgelegte Symbole, Rituale – seien es nun die Bilder auf den Münzen, die von Nation oder Folklore getragenen (Stiftungs-)Feste, die Monumente oder eben auch, so kalkulierten wir, die Straßennamen. Auch sie werden ja nicht rein zufällig von heute auf morgen montiert oder gelöscht, sondern versierte Spezialisten fügen sie nach langen Diskussionen in die schon etablierten Bestände ein.

Wer nun *kulturelles Gedächtnis* sagt, evoziert automatisch auch – zweitens – das *kommunikative Gedächtnis*. Hier hat die alltägliche *Lebenswelt*[4] ihre Domäne, die „oral history", die vielleicht gerade ein Jahrhundert (ein saeculum) überblickt. Eher zufallsgeboren, ungeformt-chaotisch, sind hier alle jene kollektiven Bewusstseinsinhalte hinterlegt, die das Gruppenleben einer Sozietät im Alltag so mit sich bringt. Hat man nun vor Augen, dass die beiden vorgeführten Gedächtnisareale als ziemlich scharf getrennte Zonen gelten, dann springt einem beim Stichwort *Straßenname* sofort eine exzeptionelle Besonderheit entgegen: Mögen die normalen Inhalte des *kulturellen Gedächtnisses* ganz nah zur Feier, geradezu in die sakralen Bezirke gestellt sein, so ist zum Beispiel die gewiss hoch würdige *Beethoven Straße* gleichzeitig doch auch ein Element im ganz trivialen alltagsgeborenen und alltagssteuernden *kommunikativen Gedächtnis*, und zwar ein Element, dem auszuweichen – jetzt kommt der entscheidende Punkt! – geradezu unmöglich ist. Diese Doppelzugehörigkeit, genau die könnte das einzigartige Gewicht, die einzigartige Wichtigkeit der Straßennamen ausmachen.

An dritter Stelle drängte sich uns die *Mentalitätstheorie*[5] auf. Da geht es ja auch um die *longue durée* von Bewusstseinsinhalten. Nur stehen hier nicht mehr jene zur Debatte, die gezielt von Fachgremien durchdiskutiert, abgewogen und dann öffentlich als verbindlich ausgerufen werden. Es geht da vielmehr um jene Horizonte, die, ziemlich unbewusst, den Menschen gleichwohl als schlichte Denkgewohnheiten permanent begleiten. Den Brillengläsern ähnlich, sind sie aber eher unsichtbar. Der Mensch sieht sie nicht, weil er eben mit ihrer *Hilfe* die Realität wahrnimmt, strukturiert, ordnet. Selbstverständlich, alltäglich und daher fast unbeachtlich scheinen ihm diese Grundstellungen und -überzeugungen. Gleicht diese Konstellation nicht auch den vielen Straßennamen, die man als Alltagsphänomen einfach so hinnimmt und erst bei Entzug ihre steuernde und Heimat gebende Aura zu erkennen beginnt? Wir brauchen das hier nicht weiter auszuführen, denn die Mentalitätstheorie – das sind ziemlich weit verbreitete Gedankengänge, über deren Relevanz für Straßennamen wir uns auch schon mehrfach verbreitet haben.[6]

Denkt man sich nun zu diesen drei umfassenden Theorien noch die linguistische Grundvorstellung hinzu, dass Namen beileibe nicht, wie mit ähnlich guten Argumenten behauptet worden ist, die Sprachelemente mit gar keinem (begrifflichem!) Inhalt sind, sondern genau jene Wörter, die geradezu den umfassendsten Inhalt haben, nämlich den begrifflich unzerspaltenen Namenträger in seiner Totalität, dazu noch die Summe der gesamten Gebrauchsgeschichte des Namens,[7] die doch seine assoziative Fülle und Dynamik permanent anreichert – zieht man das alles zusammen, dann hat man eine Vorstellung davon, mit welch schwer zu bändigenden Dimensionen unsere Forschungsgruppe zu tun hatte und wie zutreffend die Eingangsbehauptung ist, wir müssten hier einen wahrlich kleinen Sektor aus einem großen, ja riesigen Feld herausbrechen. Wir brauchen die Weite der Dimensionen auch nicht mehr nur zu beschwören, denn inzwischen ist, gleich mit zwei Wissenschaftspreisen ausgezeichnet, aus unserem Team eine erste umfassende Abhandlung erschienen: das zweibändige Werk von Peter Glasner über die Kulturgeschichte der mittelalterlichen Straßennamen Kölns: „Die Lesbarkeit der Stadt"[8]. 2006 wird die Dissertation von Marion Werner über die Kulturgeschichte der Kölner Straßennamen von 1933 bis 1997 publiziert, und so fällt es jetzt uns zu, hier über einen Sektor der Zwischenzeit zu berichten.

Nach dem Vorgetragenen ist klar: Würden wir nun einfach in impressionistischer Manier etwas zu Straßennamen ideologischer Prägung erzählen, hätten wir den ganzen Forschungsansatz verfälscht. Richtige Fasson bekommt das Darzubietende nur, wenn man sich auf unseren Plan einlässt, die gesamte Aura der Straßennamen systematisch auszukundschaften und in einer dann wahrlich immensen, aber dennoch wohl strukturierten Datenbank abfragefreundlich zu hinterlegen. Nach diesen Präliminarien sind unsere drei Arbeitsschritte verständlich:

1. Wir bieten zunächst einen Überblick über unsere Forschungssystematik, so dass die fast universelle Reichweite und auch die Härte unserer Daten nachgewiesen ist. Dabei kommt es darauf an zu zeigen, dass die Datenbank keine Faktenhuberei, sondern der Schlüssel zu wichtigen Erkenntnissen ist.

2. Wir führen dann zweitens etwas vor, was man „symbolische Kriegsvorbereitung von 1890 bis 1918" nennen kann. Da wird gezeigt, welch erstaunliche Ergebnisse zutage treten, wenn man die Datenbank nicht einfach linear ihre

leicht einsehbare Oberfläche auswerfen lässt, sondern sich durch Kreuzabfragen bis auf eine tiefere Ebene vorarbeitet. Da tut sich dem schlichten Draufblick denn doch Entzogenes auf.

3. Wir zeigen schließlich, dass man mit Hilfe unserer Datenbank die unterschiedlichen Verfahrensweisen ganzer historischer Epochen zu fassen bekommt. Also: Wie haben das Kaiserreich, die Weimarer Republik und die Nazis ihre Symbolpolitik angelegt, und wie sind sie mit ihr reüssiert? Hier wie beim vorigen Punkt lassen wir hervortreten, dass die Struktur der Datenbank nicht einfach nach irgendwelchen Einfällen gebaut ist, sondern dass sie – wie dann auch die Abfragen – Reflex intensiven Quellenstudiums sind.

1. Die Kölner Datenbank[9]

Wollen wir über die ideologischen Implikationen des Straßennamenkorpus von 1870 bis 1945 berichten, so muss man wissen, an welcher Stelle dies ideologische Areal im weiten Feld unserer systematischen Durchleuchtung der Strahlungsaura von Straßennamen angesiedelt ist. Wir bieten zwei mehrfach gestaffelte Schaubilder. Das erste (vgl. S. 315) zeigt den Aufbau der Analysekategorien (deren Füllung dann aus dem zweiten Schema ersichtlich ist). Ganz links sieht man da, fett gesetzt, vier Ebenen: A: Basisinformation, B: Formanalyse, C: Bezugsanalyse, D: Bedeutungsanalyse. Auf der Ebene A geht es um die Basisinformationen, also um nichts anderes als um das, was man von einem Straßennamen zunächst einmal, ganz trivial gedacht, so wissen will. Die Ebene B dient zur Analyse der formalen Struktur des Namens. Die einzelnen Kategorien sind, wie in A, selbsterklärend; daher nur kurz: Es dürfte einen massiven Unterschied ausmachen, ob eine Stadt alle Straßen „Alleen" nennt, bei denen wohl selten Präpositionen auftauchen („*An der Ulmenallee*" – das wäre gewiss eine eigene Straße *an* der „*Ulmenallee*"), oder ob sie grundsätzlich auf Namen der Struktur „*Vor St. Katharinen*", „*Im Fuchsbau*" usw. setzt.

Deutlich komplizierter die Ebene C: Hier sind, grob formuliert, die vielfältigen konnotativen Strahlungen/Assoziationen eines Straßenamens systematisiert und, ebenso grob kalkuliert, auf Ebene D die quasi-begrifflichen[10] (denotativen) Merkmale. Sind die konnotativen Merkmale chaotisch, deshalb auch, gleichsam simultan, *neben*einander gestellt (daher hier auch Mehrfach-Zuordnungen möglich), so werden die denotativen Merkmale strikt hierarchisch geordnet. Das ist auf der Ebene D leicht zu zeigen: Die Gesamtmenge aller Straßennamen (oberster Knoten „Bedeutungskategorien") stammt aus zwei

Schaubild 1: Aufbau des Kategorienrasters

Ebene A: Basisinformationen

Textfelder: a. Erläuterungen b. Quellen c. Notizen d. Lokalisierung e. Benennungsnachw. f. Tilgungsnachw. g. Andere Bezeichn. h. Andere Schreibw.

Kategorienfelder: j. Stadtteil k. Benj. 1 l. Benj. 2 m. Art d. Ben. n. Tilgj. 1 o. Tilgj. 2 p. Art d. Tilg. **q. Zentralitäisfaktor** r. Cluster s. Siedlung t. Synchr. Nachw.

Ebene B: Formanalyse   a. Grundwort   b. Präposition   c. Adjektiv   d. Dialekt

Ebene C: Bezugsanalyse   a. Geogr. Bez   d. Histor. Tiefe   h. Naturbez.   j. Polit. Bez.   o. Milit. Bez.   p. Ökon. Bez.   q. Kultur. Bez.   **r. Relig. Bez.**   **s. Sozial. Bez.**

b. national   c. europäisch   e. Geb.-/Ereignisjahr ⇒ f. Todesjahr ⇒ g. Biogr. Mittel   **k. Polit.-histor. Bez. ⇒ l. Lokalpolit. Bez. ⇒ m. Ideol. Bez. ⇒ n. Polit. Orient.**

Ebene D: Bedeutungsanalyse

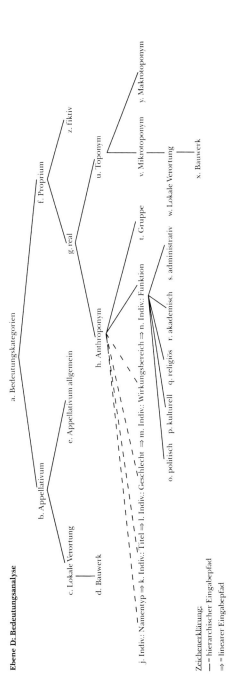

Zeichenerklärung:
— = hierachischer Eingabepfad
⇒ = linearer Eingabepfad

Quellen: entweder aus einem Appellativum (Begriffswort, linker Ast) oder von einem Proprium (Eigenname, rechter Ast) – nur aus diesen beiden, nicht aus einer dritten Quelle. Geht der Straßenname nun auf einen Eigennamen zurück, dann kann das entweder ein realer Name oder ein fiktiver sein (zusammen wieder 100 %), die realen (C: g.) wiederum entweder Personen- (C: h.) oder Ortsnamen (C: u.). In dieser Weise nun können wir systematisch abwärts schreiten. Vergleichlichkeit garantierend, summieren sich die Kanten in ihrem übergeordneten Knoten immer zu genau 100 %. Also: reale und fiktive ergeben wieder sämtliche Straßennamen, die aus Propria entstanden sind, und nach diesem Schema von den untersten Kategorien systematisch hinauf bis eben zur obersten. Auf der konnotativen Ebene C, Punkt d. haben wir auch noch ein besonderes Maß für die *historische Tiefe* angesetzt. Der Nutzen ist leicht einzusehen: Von jeder Straße wissen wir so, in welchem historischen Hallraum sie steht (vgl. Kategorienschlüssel, S. 318) unter C: d.: 0 = ohne historischen Bezug, 1 = Neuzeit, 2 = Mittelalter, 3 = Antike).

So einfach nackt hingestellt, dürfte einem das Schema als heikle Ausgeburt einer bedenklichen Systematisierungswut erscheinen. Beispiele müssen her, die die analytische Kraft dieses nur scheinbar monströsen Apparats deutlich vor Augen führen. Also: Prima facie erscheint es eher nebensächlich, ob nun ein Name von einem realen Eigennamen (Proprium) und der wiederum von einem Personen- (D: h.) und nicht von einem Ortsnamen (D: u.) abgeleitet ist. In Wirklichkeit ermöglichen diese Unterscheidungen den Zugriff auf eine höchst bedeutsame mentalitätshistorische Grundstellung. Es ist die Annahme ja keine Selbstverständlichkeit, dass das Weltgeschehen von bedeutenden, daher hervorzuhebenden Menschen gesteuert werde (und nicht etwa von Gott oder von anonymen Klassen). Erst seit der Französischen Revolution, seit dem deutschen Idealismus glaubten immer mehr Menschen und schließlich fast alle, dass Geschichte sich in den Sonderindividuen geradezu verdichte; sogar im Marxismus-Leninismus ist die geschichtsbestimmende Arbeiterklasse vorab auf zielklare Führer angewiesen (schon der eigene Name sagt's ja deutlich!); Nietzsche meinte gar, dass die Geschichte überhaupt nur um der großen Individuen willen ablaufe; und dann erst mal seine Usurpatoren und Verfälscher – die Nazis: nicht vorübergehend angewiesen auf Führertum, sondern aus ihm erklärt, ausschließlich auf Führer gebaut das ganze Gesellschafts- und Staatswesen! Hält man sich das alles vor Augen, dann ist es doch sehr hilfreich, ein Instrument in der Hand zu haben, das das Steigen und Sinken des Parameters *Personenname* genau festhält und so verlässlich anzeigt, wann solches individuenfundiertes Denken in der Gesellschaft aufkommt und dann sogar nach dem ersten Platz zu greifen beginnt. Und als Kontrast die hoch symptomatische Gegenkonzeption: Eine *Walther-von-der-Vogelweide-Gasse*, einen *Barbarossa-Platz* und auch eine *Papst x,y,z-Straße* wird man in keinem Band von Peter Glasners Analyse des Mittelalters finden, wohl aber gute Gründe, warum solche Bezeichnungen erst gar nicht in den Vorstellungshorizont mittelalterlicher Namenpraxis passen.[11]

Nachdem die hohe Bedeutsamkeit der Ebene D so außer Zweifel gesetzt ist, wenden wir uns den Konnotationen der Ebene C zu. Nehmen wir einmal die drei Namen: *Adolf-Hitler-Platz*, *Braunauer Straße* und *Maifeld*. Beschränkten wir uns jetzt einfach auf jene „denotative" D-Ebene der Bedeutung, so käme heraus, dass markant Verschiedenes vor uns liegt: *ein* Straßenname von einem realen Anthroponym (D: g.) abgeleitet (Hitler), *einer* von einem Makrotoponym (D: y., Braunau), *einer* von einem Mikrotoponym (D: v., Maifeld). So getrennt, fiele aber ausgerechnet das wichtige Gemeinsame der drei durchs Raster der gewiss wichtigen quasi-denotativen Kategorien. Eben dies wird nun durch die konnotativen Netze auf der Ebene C eingefangen. Da stehen ja gleichberechtigt nebeneinander (j.–s.): politische, ökonomische, religiöse, militärische, soziale, kulturelle Assoziationen und, zum *politischen Bezug* gestellt, noch vier weitere, unter anderem C: m.: *ideologischer Bezug*.

Jeder dieser Assoziationsräume, sie haben besonders dichte mnemische Potenz[12], ist nun – wie auch fast alle anderen Parameter des Rasters von Schaubild 1 – in einem Kategorien*schlüssel* genauer spezifiziert. Da wird angegeben, welche Werte die Parameter jeweils annehmen können, ablesbar im Schaubild 2 (S. 318f.). Bei *ideologischer Bezug* (C: m., fett gesetzt) findet man zehn für gängig erachtete, durch Quellenstudium nahe gelegte Assoziationen und als Nr. 5 eben: *faschistisch*. Diese Markierung C: m. 5 bekommen nun in der Datenbank alle drei Beispielnamen, auf dass das vollkommen Disparate so, durch ein und dieselbe Assoziation verbunden, als doch zusammengehörig hervortritt. Hitler war ja in Braunau geboren und wollte seine SA auf dem Nürnberger Maifeld paradieren lassen. Diesen Zusammenklang hatten damals nicht wenige so ungefähr im Ohr. Der Sinn der Namengebung war aber gewiss, ihn für alle Zeit im Gedächtnis sämtlicher „Volksgenossen" zu verblocken. Dem Vorgeführten Ähnliches könnten wir an anderen Beispielen zeigen, zum Beispiel: *Iltisstraße*, *Lansstraße*, *Takuplatz*, *Togostraße* – das dem denotativen Nameninhalte nach Verschiedene wird auf der Ebene C gleichwohl durch die ideologische Assoziation *kolonialistisch* (C: m. 3) gebündelt.

Es beginnt hervorzutreten, welche Erklärungspotenzen man sich mit solch mühevoller Aufarbeitung verschafft. In voller Breite kann man sie allerdings

Schaubild 2: Kategorienschlüssel

A: Basisinformationen
j. Stadtteil
k./l. Benennungsjahr 1/2
m. Art der Benennung
  1 = neubenannt
  2 = umbenannt
  3 = geerbt
  4 = gewachsen
  5 = modifiziert
  6 = umb. nach Stadterw.
n./o. Tilgungsjahr 1/2
p. Art der Tilgung
  1 = umbenannt
  2 = rückbenannt
  3 = übernommen
  4 = weggefallen
  5 = modifiziert
  6 = remodifiziert
  7 = umb. nach Stadterw.
q. Zentralitätsfaktor
r. Cluster
s. Siedlung
t. Synchrone Nachweise

B: Formanalyse

a. Grundwort
b. Präposition
c. Adjektiv
d. Dialekt
  ja/nein

C: Bezugsanalyse

a. Geographischer Bezug
  0 = ohne
  1 = lokal
  2 = regional
  3 = national ⇒ b.
  4 = europäisch ⇒ c.
  5 = außereuropäisch
b. Geogr. Bez. national
  1 = westdeutsch
  2 = ostdeutsch
  3 = allgemein
  4 = zeitweise deutsch

c. Geogr. Bez. europ.
  1 = westeuropäisch
  2 = osteuropäisch
  3 = allgemein
d. Historische Tiefe
  0 = ohne
  1 = Neuzeit ⇒ e.-g.
  2 = Mittelalter
  3 = Antike
e. Geburts-/Ereignisjahr
  0 = nicht relevant
  ? = nicht bekannt
f. Todesjahr
  0 = nicht relevant
  ? = nicht bekannt
g. Biographisches Mittel
  ? = nicht bekannt
  # = Todesjahr - x
  x = (y - 20) : 2
  y = Todesj. - Geburtsj.
h. Naturbezug
  0 = ohne
  1 = unbelebte Natur
  2 = Flora
  3 = Fauna
j. Politischer Bezug
  ja/nein ⇒ k.-n.
k. Polit.-histor. Bezug
  0 = ohne
  1 = germanisch
  2 = römisch
  3 = fränkisch
  4 = französisch
  5 = preußisch
l. Lokalpolit. Bezug
  ja/nein
m. Ideologischer Bezug
  0 = ohne
  1 = monarchistisch
  2 = nationalistisch
  3 = kolonialistisch
  4 = revanchistisch
  5 = faschistisch
  6 = demokrat.-republikan.
  7 = Arbeiterbewegung
  8 = NS-Widerstand
  9 = NS-Verfolgte
  10 = NS-Funktionäre

n. Politische Orientierung
  0 = ohne
  1 = antifaschistisch
  2 = pazifistisch
  3 = sozialistisch
  4 = sozialdemokratisch
  5 = liberal
  6 = konservativ
  7 = reaktionär
  8 = nationalsozialistisch
o. Militärischer Bezug
  ja/nein
p. Ökonomischer Bezug
  0 = ohne
  1 = Handel
  2 = Dienstleistung
  3 = Handwerk
  4 = Industrie
  5 = Landwirtschaft
  6 = Bergbau
  7 = Bauwirtschaft
  8 = sonstige
q. Kultureller Bezug
  ja/nein
r. Religiöser Bezug
  0 = ohne
  1 = katholisch
  2 = protestantisch
  3 = christlich allgemein
  4 = jüdisch
  5 = sonstige
s. Sozialer Bezug
  ja/nein

D: Bedeutungsanalyse

a. Bedeutungskategorie
  0 = Bedeutung unklar
  1 = Appellativum ⇒ b.
  2 = Proprium ⇒ f.
  3 = Systembezeichnung
b. Appellativum
  1 = Lokale Verort. ⇒ c.
  2 = Appell. allgem. ⇒ e.
c. Lokale Verortung
  1 = Natur
  2 = Bauwerk ⇒ d.
  3 = Infrastruktur

4 = selbstreferentiell
  5 = sonstige
d. Bauwerk
  1 = privat
  2 = öffentlich
  3 = sakral
  4 = militärisch
  5 = sonstige
e. Appellativum allgemein
  1 = Natur
  2 = Industrie/Gewerbe
  3 = Beruf/Funktion
  4 = Bevölk.-Gruppe
  5 = Institut./Organisat.
  6 = Herrschertitel
  7 = Abstrakta
  8 = sonstige
f. Proprium
  1 = real ⇒ g.
  2 = fiktiv ⇒ z.
g. Proprium real
  1 = Anthroponym ⇒ h.
  2 = Toponym ⇒ u.
  3 = Ergonym
  4 = Praxonym
  5 = Phänonym
  6 = sonstige
h. Anthroponym
  1 = Individuum ⇒ j.-n.
  2 = Gruppe ⇒ t.
j. Individuum: Namentyp
  1 = Vollname
  2 = Zuname
  3 = Vorname
  4 = sonstige
k. Individuum: Titel
  ja/nein
l. Individuum: Geschlecht
  1 = weiblich
  2 = männlich
m. Indiv.: Wirkungsbereich
  0 = nicht bestimmbar
  1 = lokal
  2 = regional
  3 = überregional
n. Individuum: Funktion
  0 = nicht bestimmbar
  1 = politisch ⇒ o.
  2 = militärisch
  3 = ökonomisch
  4 = kulturell ⇒ p.
  5 = religiös ⇒ q.
  6 = sozial
  7 = akademisch ⇒ r.
  8 = administrativ ⇒ s.

  9 = Anwohner
  10 = Anleger
  11 = sonstige
o. Funktion politisch
  1 = Kaiser
  2 = König
  3 = Prinz
  4 = Fürst
  5 = Herzog
  6 = Graf
  7 = Präsident
  8 = Kanzler
  9 = Regierungsmitglied
  10 = Abgeordneter
  11 = Bürgermeister
  12 = Lokalpolitiker
  13 = Parteifunktionär
  14 = Politischer Aktivist
  15 = sonstige
p. Funktion kulturell
  1 = Schriftsteller
  2 = Bildender Künstler
  3 = Musiker/Komponist
  4 = Architekt
  5 = Journalist
  6 = Sportler
  7 = sonstige
q. Funktion religiös
  1 = Heiliger
  2 = Papst
  3 = Bischof
  4 = Abt
  5 = Ordensmitglied
  6 = Pfarrer
  7 = Rabbiner
  8 = sonstige
r. Funktion akademisch
  1 = Naturwissensch.
  2 = Ingenieur
  3 = Mediziner
  4 = Geisteswissensch.
  5 = Pädagoge
  6 = Jurist
  7 = Ökonom
  8 = Universalgelehrter
  9 = sonstige
s. Funktion administrativ
  1 = Verwaltung
  2 = Gericht
  3 = Bildungsinstitution
  4 = Kulturinstitution
  5 = Sportinstitution
  6 = Organisation
  7 = sonstige

t. Anthroponym: Gruppe
  1 = Volksstamm
  2 = Bevölkerungsgruppe
  3 = Geistlicher Orden
  4 = Institut./Organisat.
  5 = Firma/Unternehmen
  6 = Herrscherhaus
  7 = Adelsgeschlecht
  8 = Familie
  9 = Geschwister
  10 = sonstige
u. Toponym
  1 = Mikrotoponym ⇒ v.
  2 = Makrotoponym ⇒ y.
v. Mikrotoponym
  1 = Lokale Verort. ⇒ w.
  2 = Flurname
w. Lokale Verortung
  1 = Natur
  2 = Bauwerk ⇒ x.
  3 = Infrastruktur
  4 = selbstreferentiell
  5 = sonstige
x. Bauwerk
  1 = privat
  2 = öffentlich
  3 = sakral
  4 = militärisch
  5 = sonstige
y. Makrotoponym
  1 = Ort hinführend
  2 = Ort
  3 = Partnerstadt
  4 = Burg
  5 = Berg
  6 = Gewässer
  7 = Insel
  8 = Region
  9 = Land
  10 = Kontinent
  11 = sonstige
z. Proprium fiktiv
  1 = mythologisch
  2 = religiös
  3 = literarisch
  4 = sonstige

Zeichenerklärung:
⇒ = siehe Subkategorie #

erst sehen, wenn nun mitgeteilt wird, dass wir – Marion Werner hat einen Großteil der Mühen mitgetragen – genau 6658 Kölner Straßennamen nach diesem System aufgeschlüsselt haben. Das heißt: Jeder einzelne ist mittels der mehr als 325 Kategorien von Schaubild 1 und 2 abgetastet und so, zugriffsfreundlich, in die Datenbank eingespeist. In Eins gerechnet: Wir haben jetzt die Möglichkeit, unsere analytische Sonde durch einen Raum zu steuern, der durch 6658 mal 325, also durch weit mehr als zwei Millionen Punkte strukturiert ist. Dass sich so erstaunliche Fakten ins Licht bringen lassen, mag man *ahnen*. Indes, wir müssen es jetzt *beweisen*.

2. Symbolische Kriegsvorbereitung 1880 bis 1914

Die Niederlegung der noch intakten mittelalterlichen Mauern leitete 1881–1886 in der Geschichte Kölns einen radikalen Umbruch ein. Die Stadt war 1815 von den Preußen zur Festung erklärt worden. Jetzt sprengte sie endlich ihren einschnürenden Gürtel. Der große Halbkreis des schussfreien Festungsglacis – vom Rhein zum Rhein – wurde jetzt zur einheitlich geplanten *Neustadt*.[13] Köln war mit einem Schlage doppelt so groß. 144 neue Straßennamen – in 20 Jahren! Im Parallelschwung entstand, unmittelbar feldseits der geschliffenen Stadtmauer, ein nicht weniger als sechs Kilometer langer Prachtboulevard.[14] Seine Benennung ist ein Beispiel wilhelminischer Denkmalsetzung, ganz wie von Aleida Assmann beschrieben,[15] hier allerdings eine „Arbeit am nationalen Gedächtnis" nicht in Erz oder Stein, sondern in Sprache. Die in Köln dominierenden National-Liberalen plädierten da für die Festschreibung eines preußisch-reichsgeschichtlichen Geschichtsbildes. Vom germanischen *Ubierring* ging es zielstrebig durch die Herrscherhäuser: *Chlodwigplatz, Karolingerring*, dann geradlinig weiter, so richtig wie im alten Plötz: *Sachsen-, Salier-, Hohenstaufen-, Hohenzollern-, Kaiser-Wilhelm-Ring*, dieser gewidmet der Zielfigur der gesamten deutschen Geschichte, dann der makellos geschwungene Halbkreis noch angereichert mit einem Symbol für die deutsche Wirtschaftsmacht: *Hansaring* und schließlich das Ganze zuführend auf den heiß ersehnten historischen Schlusspunkt deutscher Geschichte: *Deutscher Ring*, das Einigungssymbol, die Einlösung aller vaterländischen Hoffnungen. Damit hatte man der gesamten Bevölkerung eine historische Lektion verabreicht – „verabreicht", weil alle drauf festgenagelt waren, „Lektion", weil sie ja (mit eingebautem Lernzwang!) eine bestimmte, stark fälschende Lesart der deutschen Geschichte festschrieb. Die polyzentristische Historie des vielstaatigen Deutschlands war offiziell in eine lineare, zielstrebig teleologische umgebogen, wesentliche Teile rausdefiniert.

Die katholischen Zentrumsabgeordneten fochten im Rat vergebens für ein ganz anderes Benennungsverfahren, für ein lokaltopologisches. Sie wollten sich an den alten Wallnamen der mittelalterlichen Stadtmauer orientieren, also: *Eigelsteinring(-wall), Gereonring(-wall), Friesenring(-wall)* und so fort. Alles komme nämlich darauf an, „die Straßennamen in eine historische Beziehung zur Stadt zu bringen"[16]. Diese – eher innengeleitete – Sicht- und Benennungsweise kam also nicht zum Zuge, und genau diese Kräfteverhältnisse verbaler Macht setzten sich ein zweites Mal durch. Die Nationalen schlugen für einen wiederum ringähnlichen Straßenschwung in der Neustadt vor: *Bismarck-, Moltke-, Roonstraße*. Die katholischen Köln-Orientierten aber wollten da die berühmten Bischöfe ihrer Vaterstadt verewigt sehen:

Die Aeußere Ringstraße sei der Ersatz für den frühern Bischofsweg, und es wolle ihm scheinen, daß unter der großen Zahl bedeutender Erzbischöfe der Stadt Köln, welche nicht bloß in der Geschichte der Stadt, sondern auch des Reiches eine hervorragende Rolle einnehmen, Männer gefunden werden könnten, die würdig seien, daß man ihre Namen durch Straßenbezeichnungen verewige [...]. Er nenne nur die Namen Anno und Engelbert und würde z. B. die Bezeichnung ‚Anno-Ring' in Vorschlag bringen.

– so der Stadtverordnete Röckerath vom Zentrum.[17] Wieder siegten die preußischen Ikonen. Aber es gab ausgleichende Gerechtigkeit. Im Gegenzuge gelang es nämlich dem Zentrum, dem unbeliebten preußischen Kriegsminister Alfred von Kameke den Weg ins städtische Gedächtnis zu versperren.[18] An seiner Stelle pflanzten sie *Hildebold* ein (Erzbischof von Köln 799–819, Erzkanzler Karls des Grossen), und ihre anderen verehrten Kirchenfürsten brachten sie alsbald an anderer Stelle unter.[19]

Was sich hier anhand der Quellen abzeichnet, zeigt die Datenbank in klaren Zahlen, so dass als sicheres Ergebnis festgeschrieben werden kann: Arbeiten die Liberalen und das Zentrum 1880 bis 1900 auch an durchaus verschiedenen „Gedächtnissen"[20], so hielten sich doch das national-preußische und das lokaltopographisch-stadtkölnisch-klerikale in fast perfektem Gleichgewicht. Denn: Von den 144 bis 1900 in der Neustadt entstandenen Straßen gehören 19 (13,1 %) ins erste Areal und nur eine einzige weniger, also 18, ins zweite.

Nun gilt es zu kontrollieren, was aus diesem symbolpolitischen Gleichgewicht in der Zeit von 1900 bis 1914 geworden ist. Dabei werden jetzt auch die angekündigten Kreuzabfragen angesetzt. Staunend konstatiert man auf dem

Diagramm 1, dass der ideologische Bezug *monarchistisch* in der brisanten Zeit von 1900 bis 1918 doch tatsächlich abnimmt! 3 % gegen 2,1 % aller Neu- und Umbenennungen (N. = 526). Würden wir nun bei diesem Ergebnis verharren, so bliebe uns Wichtiges verborgen. Kreuzen wir aber die Werte von *monarchistisch* mit denen der *historischen Tiefe* (C: d.), dann tritt hervor, dass von 1871 bis 1900 allein acht der zwölf *monarchistischen* Namen im Mittelalter wurzeln. 1900 bis 1918 aber sind es nur noch fünf von abermals zwölf *monarchistischen*. Jetzt dominiert das *preußische* Königshaus! Auf ähnliche Weise können wir uns vor einem weiteren Irrtum bewahren. Seine Aufdeckung weist in dieselbe Richtung.

Beim Suchgang durchs noch Unbekannte ist natürlich immer auf ein feines Zusammenspiel zwischen Quellenstudium und Datenanalyse zu achten. Sonst übersieht man die zielführenden Spuren. Ist zum Beispiel in folgender Einlassung des Abgeordneten Pilartz aus dem Jahre 1900 eine Fährte zu finden, die in bedeutsames Gelände weist? Dieser Vertreter des Zentrums tritt da dem Plan der Tiefbaukommission entgegen, im Stadtteil Nippes acht Projektstraßen nach Himmelskörpern zu benennen.

An Ereignissen und Namen, die sich zu Straßenbenennungen eigneten, sei kein Mangel. Man brauche sich beispielsweise nur das Königsdenkmal auf dem Heumarkt[21] anzusehen. An demselben sei eine ganze Anzahl von bedeutenden Staatsmännern und Feldherren aus den Freiheitskriegen verewigt, deren Namen man auch bei Straßenbezeichnungen verwenden könne. Es sei ihm einigermaßen befremdend, daß wir noch keinen *Blücherplatz*, keine *Scharnhorst-*, *Gneisenau-*, *Schwarzenbergstraße* u.s.w. hätten.[22]

Da herrscht wieder die Preußenfixierung – seit 1900 also wohl eine Konstante. Schaut man aber genauer hin, dann sieht man nicht nur dies allein. „Bedeutende Staatsmänner und Feldherren aus den Freiheitskriegen" am Königsdenkmal auf dem Heumarkt? Völlig richtig. Aber da standen nicht nur diese beiden Sorten, sondern auch Wissenschaftler, Alexander und Wilhelm von Humboldt, Niebuhr und andere. Für sie hatte der inzwischen offensichtlich ins nationale Lager gedriftete Zentrumsabgeordnete gar keinen Blick, und auch die wahrlich bedeutenden Staatsmänner (Hardenberg, Freiherr von Stein und andere) – die apostrophierte er nur in cumulo und nannte dann als konkrete Namensvorschläge: Feldherren – ausschließlich Feldherren! Ist das nun eine Spur, die in Richtung forcierter Ideologisierung und Militarisierung führt? Wir können die weiteren Quellen zu kräftiger Ausmalung der Vermutung hier nicht vorführen, sondern wenden uns sofort an die Datenbank.

Diagramm 1

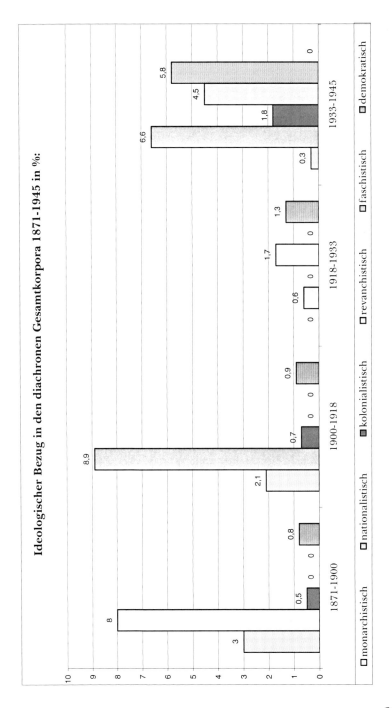

Mit geschärftem Auge schauen wir jetzt auf das Diagramm 2. Genau wie wohl jeder erwartet, sehen wir da während der nationalsozialistischen Zeit 1933–1945 den *ideologischen Bezug* deutlich nach oben springen. Da sind es plötzlich 18,9 % (von N. = 369), während es 1871–1900 nur 12,3 % (von N. = 398) waren. In der Zeit von 1900 bis 1918 jedoch nimmt die ideologische und militärische Strahlung im Korpus der neuen Namen aber keineswegs zu, bleibt vielmehr fast gleich (12,3 % vs. 12,6 %, 9 % vs. 8,9 % (!) von N. = 526). Dem erstaunten Historiker bietet sich so ein statisches Bild gerade da, wo er doch – gegen den Weltkrieg hin – mit aggressiver Dynamik rechnet. Wir setzen nun aber eine Kreuzabfrage an: Wie viele der (zunächst einmal gleichmäßigen Fluss der Dinge anzeigenden) ideologisch markierten Straßennamen haben *gleichzeitig* einen militärischen Bezug auf Ebene C: o.? Jetzt belehrt uns das Diagramm 3: Vor 1900 halten sich die ideologisierten Namen *mit* und die *ohne* militärischen Bezug ganz genau die Waage (5,8 %). Von 1900 bis 1918 aber wachsen die ideologischen Namen *mit* militärischem Bezug auf das Doppelte an (8 % mit, nur noch 3,7 % ohne). Rechnet man jetzt auf Dezennien und andere wichtige Zeitabschnitte um, dann enthüllt die Datenbank plötzlich ein signifikantes Bild. Wo der *ideologische Bezug* zuerst Stagnation signalisierte, da zeigt sich nach tieferer Betrachtung mittels Kreuzabfrage plötzlich in Diagramm 4 (S. 327) eine derart bedrohliche Bewegung, dass man von symbolpolitischer Kriegsvorbereitung sprechen muss: Die Namen mit ideologischer *und* militärischer Konnotation steigen kontinuierlich; gerade in der zunächst ruhig erscheinenden Zeit machen sie einen ruckartigen Sprung auf die doppelte Prozentzahl, gehen in der Weimarer Zeit dann schlagartig zurück und schnellen in der Nazi-Zeit wieder nach oben. Dies Ergebnis zeigt die analytische Potenz der Kölner Datenbank, und wenn wir jetzt noch hinzufügen, dass in der Zeit von 1900 bis 1914 immer weniger Kräfte da waren, die im großen Stil mit bedeutsamem lokalpolitisch-katholischem Assoziationspotenzial dagegenhielten, dann sieht man, wie das zunächst eher ausgewogene Polysystem der Straßennamen von 1900 bis 1918 schon bedenklich in Kipplage gerät.

3. Kampf um Kanonisierung und Entkanonisierung

Dass es die Weimarer Republik schwer hatte, so schwer, dass sie sich schon nach 15 Jahren nicht mehr halten konnte, ist bekannt, ziemlich unbekannt hingegen, welche Maßnahmen sie symbolpolitisch ergriffen hat, um über-

Diagramm 2

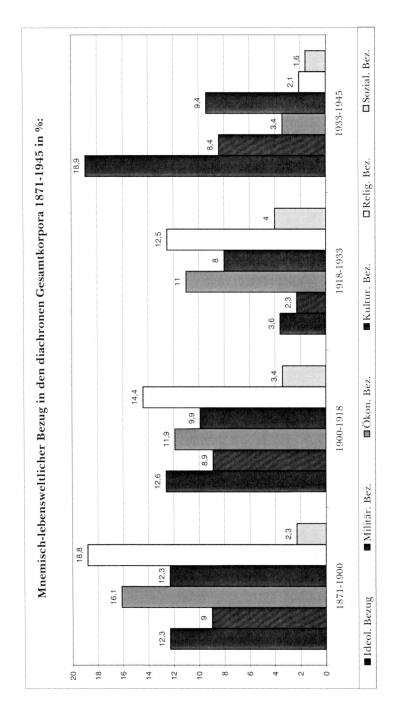

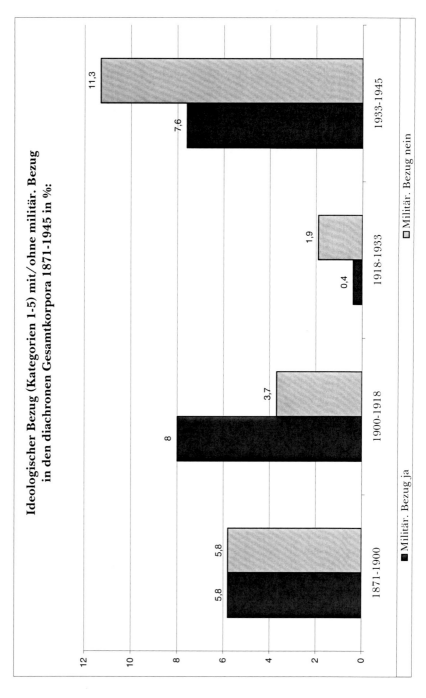

Diagramm 4

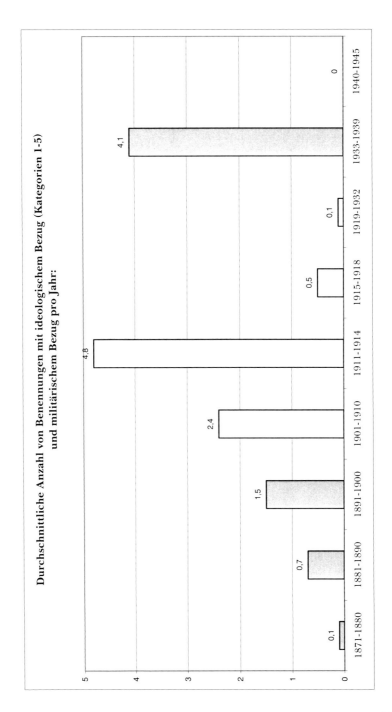

haupt zu Kräften zu kommen. Da hatte sie eigentlich vier Optionen: die wilhelminisch kontaminierte Namenschicht a) entsorgen (Entkanonisierung), b) belassen, um entweder c) neue politische Inhalte zu verankern (Kanonisierung) oder d) auf die Installation eigener Werte zu verzichten. Alle vier Modelle sind in Köln debattiert worden. 70 undemokratische Namen standen zur Disposition – 21 davon preußisch-monarchistisch, 30 Militärführer und 19 Schlachtorte. Bezeichnend ist es schon, dass Exemplare aus diesem Arsenal zwar immer wieder in die Debatte kamen, aber niemals wurde eine komplette Liste erstellt, die derartige Namen als Agenda markiert hätte. Nur unsere Datenbank wirft diese 70 als kompakten Block aus. Nicht dass man nach 1918 kein Bewusstsein gehabt hätte von der Bedeutsamkeit der Denkmal- und Namenfrage. Schon im September 1919 berichtet eine sozialdemokratische Zeitung unter der Überschrift „Denkmäler und Straßennamen in der neuen Zeit":

In einer starkbesuchten sozialdemokratischen Wählerversammlung im Humboldtkino sagte Genosse Sollmann unter anderem, von manchen Leuten werde erwartet, daß die sozialdemokratischen Stadtverordneten Bilderstürmerei gegen die Denkmäler der vergangenen Geschichtsepoche und gegen Straßennamen, die an das monarchistische Zeitalter erinnern, treiben werden. Er sei persönlich der Auffassung, daß in Köln manches Reiterdenkmal stehe, das unter dem Beifall von neun Zehnteln der Kölner Bevölkerung ohne Unterschied der Parteirichtung verschwinden könne.

Trotz dieser kämpferischen Töne plädierte Wilhelm Sollmann (wahrlich nicht irgendwer, sondern Mitglied der Weimarer Nationalversammlung) für eine moderate Symbolpolitik. Der Artikel fährt nämlich fort:

Es sei aber kleinlich und zeuge von geringem Selbstvertrauen, wenn man die äußeren Erinnerungszeichen an einen doch nun einmal vorhanden gewesenen Abschnitt der deutschen Geschichte entfernen wolle. Notwendig sei vielmehr, endlich auch in der Oeffentlichkeit zum Ausdruck zu bringen, daß nicht nur die Hohenzollern und ihre Diener Träger der deutschen Geschichte gewesen seien. Das Geschick des deutschen Volkes sei von Kräften aus allen Schichten der Bevölkerung gestaltet worden, und im letzten halben Jahrhundert sei vor allem die Arbeiterklasse gestaltend auf den Schauplatz der deutschen Geschichte getreten.[23]

Sollmann, 1923 sogar Reichsinnenminister, propagierte also nicht das Konzept einer strikten Entkanonisierung. Er strebte an, den monarchistischen Erinnerungsinhalten Symbolträger der neuen, demokratischen Kultur zur Seite zu stellen. So sollte dem ziemlich eindimensionalen Geschichtsbild der

Wilhelminischen Epoche sein Platz in einer sodann pluralistisch geprägten Erinnerungskultur zugewiesen werden. Er nannte auch gleich den Namen einer Persönlichkeit, der „ein würdiger Platz oder eine gute[!] Straße in Deutz"[24] alsbald gewidmet werden solle: August Bebel.

Wie dieser Vorschlag 1920 nun ins Werk gesetzt wurde, weist deutlich auf die selbst für einen Bebel. kaum zu überwindenden Hindernisse: Obwohl zentrale, alles überstrahlende Figur der deutschen Sozialdemokratie, Jahrzehnte lang Vorsitzender der Reichstagsfraktion mit ganz unerhörten rhetorischen Gaben, obendrein noch in Köln geboren und aufgewachsen, in den Deutzer Kasematten nämlich – trotz allem: Man konnte es nur so weit bringen, dass er in Deutz, südlich jener Kasematten, einen Platz zugesprochen bekam, und zwar einen erst nur geplanten, einen, der sieben Jahre später immer noch nicht Gestalt gewonnen hatte![25] Leben war da nicht, auch sonst wie Impressionables war da nicht, und so konnte er denn auch im Bewusstsein der Kölner nicht gebührend Platz greifen, nicht einmal vorhandener Erinnerung gestärkte Stabilität geben.

Die anvisierte Pluralität hatte also bis 1922 nicht installiert werden können. Da setzte am 6. Juni die Ermordung Rathenaus einen neuen Impuls. Dieses aufwühlende Ereignis zeigte ja: Von einer sicheren Basis der Republik konnte noch immer keine Rede sein. Jetzt entschloss sich die Kölner SPD-Fraktion zum „clean sweep": Kanonisierung und Entkanonisierung in einem Zuge. Sie beantragte:

Die Ermordung des Reichsaußenministers Walter Rathenau hat allen republikanischen Staatsbürgern zum Bewusstsein gebracht, daß ein offenes Bekenntnis zur Deutschen Republik zur staatsbürgerlichen Pflicht geworden ist. Aus diesen Erwägungen heraus beantragen wir, der nächsten Sitzung der Stadtverordnetenversammlung einen Beschlußentwurf zu unterbreiten, der für den ‚Kaiser-Wilhelm-Ring' und den ‚Hohenzollernring' die Bezeichnung ‚Walter-Rathenau-Ring' und ‚Erzberger-Ring' und für die ‚Hohenzollernbrücke' die Bezeichnung ‚Dombrücke' vorsieht.[26]

Keiner der Vorschläge kam durch. Die Gegenargumente stützten sich nicht zuletzt auf das fest gefügte, so leicht nicht aufzubrechende Geschichtsbild, das die Ringe zum historischen Monolith gemodelt hatte. Eingriffe konnten leicht als Zerstückelung, als geschichtswidriges Zerstörungswerk abgewehrt werden. Man hatte es eben mit einer Mentalität zu tun, die so richtig nicht einmal für Dekanonisierung, geschweige denn für zukunftsgerichtete Implantate interessiert werden konnte. Der Zentrumsabgeordnete Rings führte das ungeniert vor:

Wenn man dazu übergeht, Straßen nach allen möglichen [!] Männern und Frauen zu benennen, über deren hervorragende Tüchtigkeit man doch auch mindestens verschiedener Meinung sein kann, [...] verfällt man in denselben Fehler, von dem man früher befangen gewesen war, und wir dürfen auch nicht vergessen, daß ja auch wieder mal die Zeit umschlagen kann und daß man dann wieder zu der Wiedertäufermanie greift. (Lachen, Zuruf Lentzen (SPD): Da warten Sie jedenfalls schon drauf?).[27]

Der SPD-Abgeordnete hatte das Richtige getroffen: Viele sahen in der Weimarer Republik von vornherein ein Übergangsphänomen und für ein solches gelten bestimmt ganz besondere symbolpolitische Grundsätze, nämlich weiche. Wie es mit der versuchten Kanonisierung und Dekanonisierung ausging, ist signifikant, signifikant aber auch wie die ganze Ratssitzung ausging, jedenfalls lehrreich nicht zuletzt für Sprach- und Kulturwissenschaftler, die noch zur Ansicht neigen, Straßennamenforschung sei doch eher ein nebensächlicher Gegenstand. In immer hitzigerer Debatte schlug der KPD-Stadtverordnete Neuhäuser als Trostpflaster für die rechte Seite des Hauses vor: „Nennen Sie doch die Kammachergasse Hohenzollernstraße". Wer weiß, dass just die Bordellgasse so hieß und dass Gerüchte über ausschweifendes Leben der Hohenzollernprinzen kursierten, den wird nicht mehr wundern, welchen Eklat das Protokoll festzuhalten jetzt gezwungen war:

(Lautes Pfui! Pfui rechts; Zuruf: Gemeinheit! Glocke des Vorsitzenden. Zuruf Frl. Ackermann (USPD): Wenn Sie das Leben des Kronprinzen kennen, brauchen Sie sich darüber nicht aufzuregen! [...] Zurufe von der rechten Seite: Der hat kein Gefühl für ...[...] Der Kerl gehört nicht hierher! [...] Herr Neuhäuser entledigt sich seines Rockes, greift zu einem Wasserglas, um damit nach einem Mitglied der Rechten zu werfen. [...] Herr Bingen (USPD) droht ebenfalls handgreiflich zu werden.) Der Oberbürgermeister: Ich schließe die Sitzung.[28]

Vierzehn Tage später kam es dann doch noch zu einem Minimalkompromiss: Nichts von Dekanonisierung, nur ein Teilstück des *Deutschen Rings* wurde in *Platz der Republik* umbenannt – wurde umbenannt ist eigentlich zu viel gesagt, denn hier konnte man sehen, mit welchen Tricks ein Großteil der Bevölkerung diese Entscheidung unterwanderte, um dem Neuen nur ja keinen Raum zu geben: Die Schilder, schon äußerlich anders gestaltet als die gewohnten, waren sofort mit Straßendreck beschmiert;[29] die Straßenbahnen blieben lange Zeit ohne die korrekte Aufschrift *Platz der Republik*; die Schaffner ignorierten den neuen Namen der Haltestelle und riefen einfach: *Deutscher Ring*;[30] immer wieder durch Kot unleserlich gemacht, wurden die Schilder dann nächtens abgerissen und waren verschwunden[31] – kein großer Verlust, dachten viele, denn sie hatten doch Debatten im Ohr, die den neuen Namen als Kotau vor den Franzosen anprangerten: Gut Deutsch müsse es doch wohl *Republikplatz* heißen; also weg mit diesem unpatriotischen Abklatsch des *Place de la République.*[32]

Jetzt gibt es wohl keinen Zweifel mehr, dass unsere Quellen die nackten Zahlen der Datenbank dicht an der prallen Realität halten können; sie generieren auch die Fragen, denen sich dann die Daten stellen müssen. So nehmen wir uns jetzt jene 21 monarchistischen Namen vor. Die Quellen hatten zur Hypothese geführt: Die Weimarer Republik erwies sich als nicht durchsetzungsfähig genug, den Bruch der Staatsform im Bewusstsein der Bevölkerung positiv zu verankern und schon gar nicht auf der quasi sakrosankten Ebene der politischen Symbole. Das kulturelle Gedächtnis wurde also nicht umgeformt. Ganz anders griffen wenig später die Nationalsozialisten durch.

Wie können wir nun Beweise erbringen, die die dargebotene Kasuistik und die aus ihr entwickelte Hypothese in einen wohl abgesicherten Rahmen stellen? Zunächst teilen wir bloß Numerisches mit. Diese Zahlen werden keinen nur einigermaßen Orientierten in Erstaunen versetzen. Wir liefern dann aber etwas nach, das die Stringenz des Scheiterns doch auf erschreckende Weise plastisch macht. Also: Von den 21 preußisch-monarchistisch kontaminierten Namen wurden a) zwölf erst einmal gar nicht umbenannt[33], vier wechselten b) zwar den Namen, bekamen aber ganz unpolitische neue[34]. Nur zwei wurden c) wirklich „umgedreht", also dekanonisiert und mit einem demokratieorientierten kanonisiert, von den Nazis dann aber gleich wieder rekanonisiert (der *Königin-Luise-Platz* (1903) ⇒ *Erzberger-Platz* (1923) ⇒ *Königin-Luise-Platz* (1933) und die *Prinz-Heinrich-Straße* (1914) ⇒ *Lassalle-Straße* (1923) ⇒ *Prinz-Heinrich-Straße* (1933)). Drei weitere bekamen d) zwar einen republikstützenden Namen, wurden 1933 aber sofort gegen zentrale Bestände des Nationalsozialismus ausgetauscht.[35] Und schließlich e) die Art des Zupackens der Hitlerhörigen: Allein 1933 implantierten sie schlagartig zehn Straßen Kernsymbole ihrer Ideologie.[36] Nicht eine einzige der ohnehin wenigen demokratieorienten überlebte die ersten Monate dieses Jahres. Drohte Hitler den Engländern im Kriege: „Ich werde ihre Städte ausradieren", so präludierten seine Helfershelfer diese nazieigene Auslöschungsmentalität erst einmal an den demokratieorienten Straßennamen.

Es ist nicht schwer, sich eine Datenbank vorzustellen, die diese präzisen Daten liefert. Die Kölner hat jedoch ein zusätzliches Maß installiert, das solche Umwälzungsprozesse noch sinnfälliger machen kann: Jeder der 6.658 Straßen wird da noch ein „Zentralitätsfaktor" (Vgl. S. 315, Kategorienraster Ebene A: q.) zugesprochen, um einem seit dem 19. Jahrhundert wichtigen

Benennungsgrundsatz: Gleichgewicht der Bedeutsamkeit von Straße und dem Sachgegenstand ihres Namens ein präzises Maß zur Seite zu stellen: Um den Dom, als dem urbanen, aber auch psychischen Stadtmittelpunkt, sind 25 wachsende Kreise (so genannte Zentralitätsfaktoren) gelegt – vom innersten, hochbelebten, also bedeutsamen Kern (Maßzahl 1) bis hin zur meist öden, in Belanglosigkeit endenden Peripherie (Maßzahl 25). Jetzt eröffnen sich zwei Wege: Entweder man trägt die vorgeführten fünf Veränderungsblöcke (a–e) mit je eigener Farbe in eine Karte Kölns ein und erhofft, dass sich mehr als eine buntgemischte Ansammlung, dass sich vielmehr von selbst ein bedeutungsvolles „Bild", eine Struktur ergibt. Oder: Man nimmt diese Straßenpakete und schaut sich ihre gemittelten Zentralitätsfaktoren (ZF.) an, dies in der Hoffnung, dass sich ebenso deutlich Signifikanzen zeigen. Bei letzterem Verfahren ergibt sich:

    a. 12 unangetastete wilhelminische   ZF. 5
    b. 4 wilhelminische in unpolitische   ZF. 10,5
    c. 2 wilhelminische in demokratische, von NS *rück*benannte   ZF. 10
    d. 3 wilhelminische. in demokratische, von NS *um*benannte   ZF. 4
    e. 7 von NS umbenannte   ZF. 3.

Das Erhoffte, besser: das Befürchtete, auf das der ‚periphere' *Bebelplatz* bereits verwies, springt tatsächlich sofort ins Auge: Die unangetasteten aus der Wilhelminischen Epoche und die von den Nazis in den Griff genommenen liegen an bedeutsamen Stellen im Zentrum der Stadt (gemittelter ZF. von a., d., e. = 4). Häufige Nennung und Aufmerksamkeit, also: Hoch-Achtung war ihnen gewiss. Hingegen: Die von den Stadtverordneten nach langen Kämpfen ins Demokratische gewandelten muss man meist draußen suchen, oft in der öden Zone symbolpolitischer Taubheit. Hier ist der gemittelte Zentralitätsfaktor (von b., c., d.) doppelt so hoch: 8, die „Strahlung" also doppelt so schwach. Rechnen wir die nationalsozialistischen Umbenennungen allein, so sinkt der ZF. sogar noch unter 4.

Die Datenbank zeigt also auf der numerischen Ebene präzise, was die Quellen eindrucksvoll, aber eben doch vage andeuten: Die Nazis machten kurzen Prozess – offensichtlich unter dem Beifall vieler. Die Weimarer Demokratie schaffte es kaum, ihre Symbole zu installieren und wenn überhaupt, dann eher an der Peripherie. Kein Wunder, dass sie sich auch sonst nicht ins Zentrum des Bewusstseins vorkämpfen konnte. Sie blieb eben überhaupt peripher.

Und abschließend der Blick noch einmal zum Anfang zurück und dann wieder in die Zukunft gewendet. Wir mussten gewiss fürchten, dass die in

Punkt 1 vorgeführte Mechanik unserer Datenbank hypertroph und bedenklich erschien. Wir hoffen, dass man sie nunmehr, mit ihrer Ergebnisstärke bekannt gemacht, zumindest als bedenkenswert einschätzt, wenn nicht gar als zukunftsträchtig.

Anmerkungen

1 Vgl. Maoz AZARYAHU, Vom Wilhelmplatz zu Thälmannplatz. Politische Symbole im öffentlichen Leben der DDR, Gerlingen 1991; herausragende Arbeiten sonst: Hugo STEGER, Institutionelle innerörtliche Orientierungssysteme – Fallstudien, in: Ernst EICHLER u.a. (Hg.), Namenforschung. Ein internationales Handbuch zur Onomastik, Bd. 2, (Handbücher zur Sprach- und Kommunikationswissenschaft 11.1-3), Berlin–New York 1996, S. 1499-1521.
2 Sehr bezeichnend: im umfassenden, dreibändigen Kompendium der Namenforschung: EICHLER u.a. (Hg.), Namenforschung, 13 Artikel über Flurnamenforschung, Mikrotoponyme, S. 1430-1533, davon nur vier Artikel (S. 1468-1521) über die doch verbissen umkämpften, hochbrisanten Straßennamen.
3 Vgl. Jan ASSMANN, Kollektives Gedächtnis und kulturelle Identität, in: DERS., Tonio HÖLSCHER (Hg.), Kultur und Gedächtnis, Frankfurt/M. 1988, S. 9; für unseren Zeitabschnitt besonders wichtig: Aleida ASSMANN, Arbeit am nationalen Gedächtnis. Eine kurze Geschichte der deutschen Bildungsidee, Frankfurt/M. 1993.
4 Vgl. Jens KULENKAMPF, Notiz über die Begriffe ‚Monument' und ‚Lebenswelt', in: Aleida ASSMANN, Dietrich HARTH (Hg.), Kultur als Lebenswelt und Monument, Frankfurt/M. 1991, S. 26-33.
5 Guter Überblick bei Peter BURKE, Offene Geschichte. Die Schule der ‚Annales', Berlin 1991 und Peter DINZELBACHER (Hg.), Europäische Mentalitätsgeschichte, Stuttgart 1993.
6 Am frühesten: Dietz BERING, Das Gedächtnis der Stadt. Neue Perspektiven der Straßennamenforschung, in: Dieter KREMER (Hg.), Onomastik I. Akten des 18. Internat. Kongresses für Namenforschung, Trier 12. bis 17. April 1993, Bd. 1 (Patronymica Romanica 14), Tübingen 2002, S. 209-225; am ausführlichsten: Dietz BERING, Klaus GROßSTEINBECK, Marion WERNER, Wegbeschreibungen. Entwurf eines Kategorienrasters zur Erforschung synchroner und diachroner Straßennamenkorpora, in: Zeitschrift für germanistische Linguistik 27 (1999), H. 4, S. 135-166, hier auch sehr umfangreiche Bibliographie; sämtliche bisher aus dem Projekt zahlreich hervorgegangenen Publikationen bei Dietz BERING, Grundlegung kulturwissenschaftlicher Studien über Straßennamen: Der Projektentwurf von 1989, in Jürgen EICHHOFF, Wilfried SEIBICKE, Michael WOLFFSOHN (Hg.), Name und Gesellschaft. Soziale und historische Aspekte der Namengebung und Namenentwicklung, Mannheim 2001, S. 270, Anm. 1; Peter GLASNER, Straßennamen: Ein Fall für die Menta-

litätengeschichte?, in: DERS., Die Lesbarkeit der Stadt. Kulturgeschichte der mittelalterlichen Straßennamen Kölns, Köln 2002, S. 75-83.
7 Gute Zusammenschau bei Rainer WIMMER, Eigennamen im Rahmen einer allgemeinen Sprach- und Zeichentheorie, in: EICHLER u.a., Namenforschung, Bd. 2, S. 372-379; breiter entfaltet bei Dietz BERING, Der Name als Stigma. Antisemitismus im deutschen Alltag 1812-1933, Stuttgart ²1988, S. 273-288.
8 Vgl. Peter GLASNER, Die Lesbarkeit der Stadt. Kulturgeschichte der mittelalterlichen Straßennamen Kölns, Köln 2002; DERS., Die Lesbarkeit der Stadt. Lexikon der mittelalterlichen Straßennamen Kölns, Köln 2002.
9 Wir haben sie an einem anderen Ort schon ausführlich dargestellt und ihre Vorteile und Schwachstellen diskutiert: BERING, GROßSTEINBECK, WERNER, Wegbeschreibungen, S. 135-166.
10 „Begrifflich" soll und kann hier nicht im gängigen Sinne meinen: semantisch-analytische Komponenten, die das Wort komplett beschreiben – wie man sich z.b. „Kind" als Multiplikat aus „menschlich + unerwachsen" denken kann. Hier geht es nur darum, ob sich ein Name z.b. auf Menschen bezieht (Anthroponym, diese wieder getrennt in Individualnamen [„Maria"]) oder Gruppennamen [„Franzosen"] usw.) oder als Ortsname eben auf einen Ort (Toponyme, diese wieder mehrfach unterteilt).
11 Vgl. GLASNER, Lesbarkeit der Stadt, Bd. I, S. 264 (Märkte), S. 258, vgl. weiter S. 417ff. (Personennamen); vgl. auch DERS., Vom Ortsgedächtnis zum Gedächtnisort: Straßennamen zwischen Mittelalter und Neuzeit, in: EICHHOFF u.a. (Hg.), Name und Gesellschaft, S. 282-302, hier besonders S. 293-299.
12 Wir sagen einfach „mnemisch", um der oft schwierigen Unterscheidung kulturelles vs. kommunikatives Gedächtnis erst einmal auszuweichen.
13 Vgl. Hiltrud KIER, Die Kölner Neustadt. Planung, Entstehung, Nutzung, Düsseldorf 1978.
14 Vgl. Hiltrud KIER, Werner SCHÄFKE, Die Kölner Ringe. Geschichte und Glanz einer Straße, Köln ²1994, S. 7ff.
15 Vgl. Aleida ASSMANN, Arbeit am nationalen Gedächtnis, S. 48.
16 So der Abgeordnete Braubach, Stenographische Verhandlungsberichte der Stadtverordneten-Versammlung zu Köln, 4.5.1882, S. 186f.
17 Verhandlungsberichte, 21.10.1886, S. 291f.
18 Verhandlungsberichte, 4.5.1882, S. 186f.
19 Drei Kölner Erzbischöfe: *Engelbert(str.)*, 1216 bis 1225; *Heinsberg(str.)*, 1167 bis 1191; *Hochstaden(str.)*, 1238 bis 1261 (Initiator des Dombaus).
20 Über die Tatsache, dass „Gedächtnisse" immer nur auf bestimmte Gruppen bezogen, von diesen festgeschrieben und gepflegt, also immer „identitätskonkret" konstruiert werden vgl. Jan ASSMANN, Das kulturelle Gedächtnis. Schrift, Erinnerung und politische Identität in frühen Hochkulturen, München 1992, S. 40.
21 Denkmal zu Ehren des preußischen Königs Friedrich-Wilhelm III.; feierliche Enthüllung 1878 in Gegenwart des Kaiserpaares. Der Sockel des Reiterstandbilds ist geschmückt mit 16 Figuren von Persönlichkeiten, die in Zusammenhang mit den Freiheitskriegen und der preußischen Staatsreform stehen. Mili-

tärführer: Beuth, Blücher, Bülow, Gneisenau, Kleist, Scharnhorst, York; Staatsmänner und Wissenschaftler: Arndt, Hardenberg, Alexander und Wilhelm von Humboldt, Motz, Niebuhr, Schön, Solms, von Stein. Am Sockel selbst ist ein Relief mit 46 weiteren Persönlichkeiten angebracht, die folgenden Themen zugeordnet sind: Freiheitskriege, wirtschaftlicher Aufschwung des Rheinlandes, die Vollendung des Domes, Kunst und Wissenschaft.
22 Verhandlungsberichte, 8.11.1900, S. 383f.
23 Sammlung Sanitätsrat Dr. Josef Bayer. Zeitungsausschnitte: Straßennamen, Straßen und Plätze. Historisches Archiv der Stadt Köln: Bestand 1010, Nr. 23, S. 77.
24 Ebenda.
25 Verhandlungsberichte, 15.9.1927, S. 389f.
26 Verhandlungsberichte, 6.7.1922, S. 402f.
27 Ebenda.
28 Ebenda, S. 411.
29 Vgl. Sammlung Bayer, S. 103.
30 So noch acht Monate später die Beschwerden im Rat, Verhandlungsberichte 19.4.1923, S. 175f.
31 Sammlung Bayer, S. 103.
32 Ebenda, S. 113.
33 *Kaiser-Wilhelm-Ring* (1882); *Hohenzollernring* (1882); *Elisenstraße* (1844), Tochter Königs Max Josef von Bayern; *Victoriastraße* (1860), Victoria, 1840–1901, Gemahlin Friedrichs III. [seit 1858], deutsche Kaiserin, Tochter der Queen Victoria; *Königin-Augusta-Halle* (1883) Gemahlin Wilhelms I., später Kaiserin; *Friedrich-Wilhelm-Straße* (1821), Friedrich Wilhelm IV. 1795–1861, König von Preußen 1840–1861; *Kaiser-Friedrich-Ufer* (1892) Friedrich III., deutscher Kaiser vom 9.3.–15.6.1888; *Hohenzollernbrücke* (1910); *Louisenstraße* (1875?), Gemahlin Königs Friedrich Wilhelm III., 1776–1810; *Regentenstr.* (vor 1884), 1818 trafen die drei Regenten von Preußen, von Österreich und von Russland in Köln ein; *Augustastr.* (1903), Augusta, deutsche Kaiserin, Gemahlin Wilhelms I., 1811–1890; *Oranienstr.* (1910), Wilhelm III. von Nassau-Oranien vermachte Preußen 1702 das Fürstentum Oranien.
34 *Prinz-Wilhelm-Straße* (1914) ⇒ *Adamstr.* (1923; Bischof in Hildesheim, Verdienste beim Westfälischen Frieden 1648)); *Kaiserstr.* (1894) ⇒ *Eythstr.* (1923; 1836–1906 Erfinder, Schriftsteller); *Schaumburgstr.* (1910) ⇒ *Lilienthalstr.* (1923; 1848–1896 Flugtechniker); *Kronprinzenstr.* (1901) ⇒ *Dieselstr.* (1923; 1858–1913 Erfinder).
35 *Deutscher Ring* (1887, Teilstück) ⇒ *Platz der Republik* (1922) ⇒ *Adolf-Hitler-Platz* (1933); *Königsplatz* (1887) ⇒ *Rathenauplatz* (1923) ⇒ *Horst-Wessel-Platz* (1933); *Bebelplatz* (1920) ⇒ *Dietrich-Eckart-Platz* (1933).
36 *Langemarckplatz*; *Steinstraße* ⇒ *Heisterstr.* (= ns. „Märtyrer"); *Rudolfplatz* (1883) ⇒ *Schlageterplatz* (1933, = von den NS usurpierter nationaler „Märtyrer"); *Hansapl.* (1891) ⇒ *Spangenbergpl.* (= ns. „Märtyrer"); *Eintrachtstr.* (1863, Teilstück) ⇒ *Winterbergstr.* (= ns. „Märtyrer"); *Tirpitzufer* (1933); *Hindenburgbrücke* (1933) und die drei aus Anm. 35.

Die Namen von Prager öffentlichen Räumen als Spiegelung des Wandels der politischen Realität im 20. Jahrhundert*

Václav Ledvinka (Prag)
(unter Benutzung der Materialien
von Marek Lašťovka und Jakub Hrdlička)

Unter den Prager Bedingungen bis zur Mitte des 19. Jahrhunderts hatte die Benennung der öffentlichen Plätze keine politische oder ideologische Funktion und alle Bezeichnungen, die durch Gewohnheit entstanden waren und sich durch die lange Benutzung eingebürgert hatten, dienten lediglich der Orientierung. Da aber seit dem Jahr 1787 die Namen an den Straßenecken und auch in der behördlichen Liste durch den verstaatlichten Magistrat konsequent in einer einheitlichen Behördensprache der Habsburger staatlichen Verwaltung geschrieben wurden, bewirkte die Regulierung der Straßenbezeichnungen in Prag deren augenblickliche und vollständige Eindeutschung. Vielerorts handelte es sich um eine vollkommen mechanische Übertragung durch Anschluss des Wortes -gasse oder -straße an die alten böhmischen Bezeichnungen. Nach einer gewissen Zeit begann man auch mit der behördlichen Genehmigung neuer Bezeichnungen, die sich zunächst lediglich auf einzelne Benennungen der Prager Inseln, neuer Brücken und Uferstraßen nach den Angehörigen der herrschenden Habsburger-Lothringischen Dynastie beschränkte.

Das Revolutionsjahr 1848 brachte für die Benennung der öffentlichen Plätze eine neue Tendenz, die dem bisherigen Trend entgegengerichtet war. Sie bestand in der Bemühung, in Prag erneut sprachlich tschechische, national patriotische und allslawische Bezeichnungen durchzusetzen. Der erste Anstoß war der Vorschlag von Karel Havlíček Borovský vom 16. März 1848, dass zu Ehren des Nationalpatrons der bisherige Pferdemarkt in Wenzelsplatz umbenannt werden sollte. Sogleich folgte die Umbenennung der Jesuiten-Gasse in Karls-Gasse, des Viehmarktes in Karlsplatz und danach auch die Bemühung um die erneute Durchsetzung und Benutzung der ursprünglichen alten böhmischen Bezeichnungen. Die böhmischen patriotischen Anhänger führten die Rückübersetzungen der deutschen Bezeichnungen oftmals auch dort ein, wo die deutschen Benennungen alt und ursprünglich waren und wo das tschechische Äquivalent kalkuliert und offensichtlich gewaltsam übersetzt oder unangemessen war (Ballgasse – Bálová, Perlgasse – Perlová, Schalengasse – Skořepka, Šnekova – Hlemýźďová/Plžová/Slimáková, Baumgarten – Stromovka).

Damit begann bereits die einhundertfünfzigjährige Kette mehrerer Umbenennungen der Prager öffentlichen Räume, die durch politisch-nationale und politisch-ideologische Gründe motiviert waren. Bis zur heutigen Zeit können wir dabei sieben Etappen, oder eher große Kampagnen, von massenweisen Umbenennungen einer größeren oder kleineren Anzahl von Prager Straßen, Plätzen, Uferstraßen, Parks, Bahnhöfen und in der neuesten Zeit auch der Prager Metrostationen zählen. In deren einfacher Aufzählung kann lediglich den neueren Etappen, die sich in der zweiten Hälfte des 20. Jahrhunderts ereigneten, nähere Aufmerksamkeit gewidmet werden.

Nach dem Prolog oder der ersten Etappe des Revolutionsjahres 1848 und des nachfolgenden Jahrzehnts stellt der Eingriff der Prager Städtischen Selbstverwaltung in die Straßenbenennung die zweite Etappe dar, nachdem sie nach den ersten Kommunalwahlen (1861) beständig in die Hände der bürgerlichen tschechischen Politiker übergegangen war. Diese Etappe begann mit dem Beschluss des Gemeindeältestenrats vom 8. Oktober 1868, dass gemeinsam mit den neuen Straßenhausnummern (Orientierungsnummern) die Prager Straßen einheitlich mit Tafeln mit deutsch-tschechischen Straßenbezeichnungen gekennzeichnet werden sollen. An deren Ende steht dann der definitive Beschluss des Gemeindeältestenrates vom 18. April 1894, alle öffentlichen Plätze in Prag lediglich mit tschechischen Bezeichnungen zu kennzeichnen. Das Ergebnis war die durchweg tschechische Kennzeichnung der öffentlichen Räume, angereichert um Namen der böhmischen historischen und patriotischen Persönlichkeiten (Jan Hus, Jan Žižka, Jan Amos Komenský, Palacký, Havlíček, Smetana und so weiter), aber auch der demonstrative Weggang der deutschen Vertreter aus der städtischen Prager Selbstverwaltung während der nationalistischen Streitigkeiten im Jahre 1882.

Die dritte Etappe mit großen Umbenennungen der Prager öffentlichen Räume brachten der Zerfall der österreichisch-ungarischen Monarchie und die Entstehung der Tschechoslowakischen Republik am 28. Oktober 1918 mit sich. Der politische Umsturz rief entschlossene Reaktionen der Prager Bevölkerung in der Form eines gewaltigen Drucks auf die Beseitigung all dessen hervor, was an die vorhergehenden Perioden der nationalen Unselbstständigkeit erinnerte. Das Franz-Ufer wurde zum Masaryk-Ufer und die Brücke des Kaisers Franz zur Brücke der Legionen. Die anderen Bezeichnungen aus der Dynastie wurden durch Namen von Künstlern (Smetana-Platz, Aleš-Ufer), republikanische Bezeichnungen (Platz der Republik, Revolutionsstraße) beziehungsweise durch die ursprünglichen Bezeichnungen (Kleinseitner Ring, Letná-Gärten) ersetzt. Die Bemühungen um weitere weitreichende Änderungen im Zentrum der Stadt unterband die so genannte Benennungskommission, die zum Ende des Jahres 1918 aus der Umfrage des Klubs für das alte Prag hervorging. Sie bestand aus Schriftstellern, Künstlern, Historikern und Sachverständigen der Prager Toponymie. Im Jahre 1924 unterbreitete die Kommission einen Vorschlag mit den Prinzipien für die Benennung der Straßen, den der Stadtrat am 9. Januar 1925 verabschiedete. Er beinhaltete sechs durchdachte und umsichtige Grundprinzipien, die jedoch unter dem Druck von einflussreichen Interventionen nicht einmal in der Zeit zwischen beiden Weltkriegen, aber auch später nicht eingehalten werden konnten. Neben der Bezeichnung Masaryk-Ufer musste die Kommission bereits ab 1919 zum Beispiel Schritt für Schritt eine ganze Reihe weiterer Bezeichnungen nach lebenden oder längst verstorbenen Persönlichkeiten aus den befreundeten Staaten der Großen oder Kleinen Entente zulassen (Léger, Hoover, Foch, Pellé, Peter der Befreier).

Die vierte Etappe der Prager Umbenennung begann zehn Tage nach der Okkupation durch die Nazis. Am 25. März 1939 teilte die deutsche Okkupationsverwaltung der Verwaltungskommission der Hauptstadt Prag mit, dass es „keine Einwände" dahingehend gebe, dass die Hauptstraßen in der Stadt neben der tschechischen Kennzeichnung auch eine deutsche Kennzeichnung erhalten sollen. Das Prager Rathaus unternahm jedoch in dieser Richtung auch nach den Anmahnungen des deutschen Stellvertreters des Oberbürgermeisters Prof. Josef Pfitzner keine praktischen Schritte. Daher nahm zu guter Letzt das Amt des Reichsprotektors selbst die Sache in seine Hände und in Zusammenarbeit mit der Prager Deutschen Universität erarbeitete es ein eigenes umfangreiches Elaborat. Es trat am 4. April 1940 in Kraft und führte eine konsequente deutsch-tschechische Doppelsprachigkeit aller Prager Bezeichnungen ein. Gleichzeitig beseitigte es für die Nazis inakzeptable, „historisch gegen den Sinn laufende" Bezeichnungen nach den Taten der „politisch abgedrifteten Tschechen" (Arraská, Bachmačská, České družiny, Revoluční, Zborovská, Brücke der Legionen, Platz der Republik und andere) und nach „feindlichen" Persönlichkeiten, Ländern und Städten (Barthou, Foch, König Alexander, Charlotta G. Masaryková, Podlipný, Pštross, Švec, Washington, Masaryk-Ufer, Štefánik-Platz, Englische Straße, Französische Straße, Kiewer Straße, Londoner Straße, Na Kozačce, Na Marně, Pariser Straße,

Verduner Straße, Ural-Platz). An ihrer Stelle wurden mehrere Dutzend Benennungen deutscher Herkunft eingeführt, aber insbesondere deutsche und tschechische Namen, die das Jahrhunderte während Zusammenleben der Tschechen und Deutschen auf dem Territorium von Prag symbolisierten – die der tschechisch-deutschen Gegenseitigkeit, der kulturellen Zusammengehörigkeit und Zusammenarbeit. Das Masaryk-Ufer (ab 1940 Moldau-Ufer) erhielt nach dem Attentat auf den vertretenden Reichsprotektor (1942) die Bezeichnung Reinhard-Heydrich-Ufer. Die zuletzt genannte Bezeichnung hatte als einzige in Prag kein behördliches tschechisches Äquivalent.

Der Prager Aufstand vom 5. bis 9. Mai 1945 brachte eine spontane Rückkehr zu den ursprünglichen Bezeichnungen vor der Okkupation, mit allen Problemen, die dies in sich barg. Die Hauptschwierigkeit war die vielfache Wiederholung der gleichen Straßenbezeichnungen in verschiedenen Bezirken, die während der sechzehn Jahre des Bestehens von Großprag in der Vorkriegszeit nicht beseitigt werden konnte. Daher nahm sich im Sommer 1945 die neue Kommission für die Benennung der Straßen dieser Aufgabe an. Die Regeln ihrer Arbeit ergaben sich aus den bewährten Prinzipien vom Jahre 1924, nur die Bestimmung, dass „Straßen prinzipiell nicht nach lebenden Personen benannt werden sollen", wurde durch den Satz ersetzt: „Namen nach lebenden Personen sollten nicht benutzt werden, es sei denn, dies geschieht vollkommen außerordentlich und in Ausnahmefällen." Dadurch wurde jedoch der Umstand legalisiert, dass die besagte persönliche Benennung plötzlich eher zu einer gewöhnlichen Praxis als zu einer Ausnahme wurde.

Diese freie Praxis der fünften Etappe (Nachkriegsetappe) der Prager Umbenennung erleichterte nach dem kommunistischen Putsch im Jahre 1948 den Beginn der sechsten Etappe, die die Durchsetzung einer immer einseitigeren klassenideologischen Tendenz charakterisierte. Sie schlug sich einerseits in der konsequenten Beseitigung von Bezeichnungen, die aus irgendeinem Grunde für „reaktionär" (im Geiste der zeitlichen Diktion gesagt) angesehen wurden, andererseits in der Einführung von Benennungen mit „fortschrittlichem", „revolutionärem" oder „volkstümlichem" Gehalt nieder. Nach dem Vorspiel, das im Jahre 1951 in der Umbenennung der Straßen bestand, die nach den Repräsentanten und Institutionen des amerikanischen, britischen und französischen „Imperialismus" (Eisenhower, Montgomery, General M. Janin, Pellé, UNRRA) und nach einigen Repräsentanten der böhmischen Bourgeoisie, der antisowjetischen tschechoslowakischen Legionen und der „Verräter" der Arbeiterklasse aus den Reihen der ehemaligen

Sozialdemokratie (Rašín-Ufer, Jiří-von-Lobkowitz-Platz, Soukup-Platz, Štefánik-Platz, die Straßen Česká družna, Starodružníků, Čeček, Drtina, Eliáš, Nečas, Švec, Tusar) benannt wurden, gipfelte diese Tendenz im Jahre 1952. Damals wurden einige Dutzend Straßen und Plätze umbenannt. Der auffälligste Zug dieser Änderungen war die Einführung einer großen Anzahl von sowjetischen und russischen Bezeichnungen, die die neue politische Orientierung des tschechoslowakischen kommunistischen Staates, die Unverbrüchlichkeit seiner Freundschaft mit der Sowjetunion und die enge Abhängigkeit von den dortigen Mustern demonstrieren sollte.

Diesem Trend lief jedoch – nach der Episode der Umbenennung der Stalin-Straße in Vinohradská nach der Verurteilung des so genannten Personenkults (währenddessen die Namen anderer Protagonisten des Kults in den Prager Straßenbezeichnungen verblieben) – die folgende sechste Umbenennungsetape zuwider. Sie kann „Normalisierungsetape" genannt werden, da sie nach der Okkupation der Tschechoslowakei durch die Truppen der Warschauer Vertragsstaaten (1968), konkret in den Jahren 1969 bis 1974 stattfand. Paradoxerweise wurde sie durch den Umstand erleichtert, dass die Prager am 21. August 1968 mit der Absicht, den Okkupationstruppen die Orientierung in Prag zu erschweren, innerhalb von 24 Stunden praktisch alle Straßenbezeichnungen in der Stadt entfernt hatten.

Das abrupte Ende der Durchsetzung der so genannten führenden Rolle der kommunistischen Partei im Bereich der Prager Straßenbezeichnungen brachte zum Ende des Jahres 1989 die „samtene Revolution". Wie alle vorhergehenden grundlegenden politischen und verfassungsmäßigen Umstürze – beginnend mit der Revolution im Jahre 1848 – rief auch diese eine Umbenennungswelle der öffentlichen Räume hervor und setzte dies auch durch, die nunmehr die siebte und bislang letzte Etappe darstellt. An deren Anfang stand die spontane und allgemeine Rückkehr zur Bezeichnung Jan-Palach-Platz noch in den Novembertagen des Jahres 1989. Auch diesmal führte der Aufschwung von elementaren Initiativen und Vorschlägen betreffs Umbenennung bereits am 13. Dezember 1989 zur Entstehung der unabhängigen Gruppe für Benennung der Straßen und öffentlichen Plätze beim Archiv der Hauptstadt Prag. Die Gruppe, die aus freiwilligen Mitarbeitern verschiedener wissenschaftlicher Institutionen und Bürgerinitiativen bestand, stellte sich die Aufgabe, den Zerfall des Orientierungssystems der Stadt zu verhindern, unerwünschte Grenzfälle lawinenartiger und konzeptionsloser Umbenennungsaktionen zu verhindern und der Bezeichnungstätigkeit eine neue Ordnung zu verleihen. Sie bereitete zusammen mit dem Referat für innere Verwaltung des Magistrats der Hauptstadt Prag praktisch alle Umbenennungen nach den Novembertagen vor. Dies betraf zunächst die neuen Bezeichnungen der Prager Metrostationen und danach die Umbenennung von Straßen, deren Namen in der Wahrnehmung der Prager am meisten das totalitäre Regime vor dem November 1989 symbolisierten (Die Bezeichnungen K. Gottwald-Brücke – Nusle-Brücke, A. Zápotocký-Brücke – Barrandov-Brücke, Brücke des 1. Mai – Brücke der Legionen, Stalin-Straße – Alte Chodauer Straße, A. A. Ždanova – Terronská, Platz der Volksmilizen – wurden abgeschafft). Aus verschiedenen Gründen gingen jedoch die Vorbereitung und der Verabschiedungsprozess bei der Umbenennung langsam voran und bis Ende 1990 waren in Prag lediglich knapp vier Dutzend Bezeichnungen umgeändert. Dies stand zu den radikalen Anforderungen der Bürgerinitiativen und der einzelnen Stadtteile, aber auch zu den Empfehlungen der unabhängigen Gruppe in Widerspruch. Die Gruppe hatte dann im Jahre 1991 die zweite Etappe ihrer Tätigkeit in Angriff genommen – das heißt die systematische Durchforstung des Bestandes der Straßenbezeichnungen und der erforderlichen Änderungen in den einzelnen Prager Stadtbezirken und danach auch in den kleinen Stadtteilen. Aus dieser Tätigkeit ergaben sich mehrere Dutzend weiterer Vorschläge beziehungsweise Empfehlungen betreffs Umbenennung oder Aufhebung der bisherigen Bezeichnungen. Demgegenüber empfahl die Gruppe, einige Benennungen beizubehalten, obwohl von Seiten der Bürger, Verbände beziehungsweise der Stadtteile deren Änderung beantragt worden war (es handelte sich zum Beispiel um die Bezeichnungen I. P. Pavlov-Platz und Dimitrov-Platz, Šverma-Brücke, Straße der Roten Armee, Sokolovská). Obwohl sich die Kampagne der Umbenennung und systematischen Revision der Prager Straßenbezeichnungen gegenüber den ursprünglichen Annahmen bis zum Jahre 1996 in die Länge gezogen hatte, wurde diese Aufgabe bei fast der Hälfte der Prager Stadtteile nicht erfüllt und ist bis heute nicht vollendet worden.

Demgegenüber ist bereits in den Frühjahrs- und Sommermonaten des Jahres 1990 erneut die altneue Praxis aufgetaucht – aus „höherer Macht" wurden anlässlich von Staatsbesuchen sozusagen von heute auf morgen bei der Prager Straßenbenennung Bezeichnungen wie W. Churchill und Ch. de Gaulle durchgesetzt. Ebenso wurde auch das Engels-Ufer auf Grund des persönlichen Wunsches des Präsidenten Václav Havel in Rašín-Ufer umbenannt. In einigen Fällen überwog auch die direkte politische Motivation, die in der aufgebrachten Atmosphäre der gesellschaftlich-politischen Wende gut verständlich und nachvollziehbar ist, und aus den Straßenbezeichnungen sind somit auch eine ganze Reihe von Namen von gefallenen oder ermordeten Angehörigen des kommunistischen Widerstandskampfes und von sowjetischen und weiteren linksorientierten kulturellen Persönlichkeiten verschwunden (zum Beispiel J. Fučík, J. Jabůrková, V. Majakovský, S. Richtěr, N. Hikmet).

Insgesamt gibt es heute in Prag um die 6550 Bezeichnungen öffentlicher Räume. Davon wurden 3090 seit der Hälfte des 19. Jahrhunderts wenigstens einmal umbenannt (einige aber fünf- bis sechsmal), 3460 Räume behielten ihre Bezeichnung. Nach dem November 1989 wurden durch die bürgerlichen und politischen Initiativen 457 Namensänderungen beantragt. Die letzte bedeutsame politisch motivierte Änderung war die Umbenennung der Jan-Šverma-Brücke in Štefánik-Brücke im Jahre 1997.

Zum Schluss dieser Bilanz kann mit einem gewissen nüchternen Optimismus festgestellt werden, dass das Benennungssystem, das in Prag zur Zeit nach der Wende im November entstanden war, höchstwahrscheinlich ausgewogener und stabiler ist, als die vorhergehenden Systeme je waren; dies ist bereits auf Grund der beträchtlichen Erhöhung des Anteils von lokal charakterisierenden Benennungen, örtlichen und geografischen Bezeichnungen gegeben, die nicht nur politisch und ideologisch neutral, sondern auch für alle Benutzerkategorien am akzeptabelsten sind.

Anmerkungen

* Dieses Referat entstand aufgrund einer faktographischen, im Archiv der Hauptstadt Prag zwischen den Jahren 1995-1998 zusammengestellten Datenbank, die u.a. als Vorlage zur Vorbereitung der Enzyklopädie der Benennungen von Prager öffentlichen Räumen (*Pražský uličník* – siehe weiter unten) diente. Diese Datenbank wird in der Abteilung der neuesten Verwaltung des Archivs auch weiterhin durchgehend mit aktuellen Änderungen ergänzt. Sie besteht aus den systematisch exzerpierten Archivbeständen des Magistrats der Hauptstadt Prag und seiner Hilfsämter aus der Zeit 1784-1949, weiters aus den Beschlüssen des zuständigen Zentralen Nationalausschusses aus den Jahren 1945-1960 und des Nationalausschusses der Hauptstadt Prag aus den Jahren 1960-1990, zusammen mit den topographischen und terminologischen Beschlüssen des Rats und der Vertretung der Hauptstadt Prag 1990-2004. Es wurden ebenfalls erreichbare Materialien der so genannten topographischen bzw. terminologischen Kommissionen benutzt, die anlässlich der massenhaften Benennungen und Umbenennungen von Prager öffentlichen Räumen in den Jahren 1918-1938, 1945-1948 und 1989-1996 als Beratungsorgane der Stadtverwaltung tätig waren. Der Autor hat zur Vorbereitung des Referats einige Unterlagen von seinen Mitarbeitern aus dem Archiv und von bedeutenden Akteuren der letzten Prager Umbenennungswelle nach der „samtenen Revolution" im Jahre 1989 benutzt – insbesondere von Marek Lašťovka und Jakub Hrdlička. Für diese Materialien und freundliche Zustimmung zu ihrer Verwendung gebührt den beiden Archivaren Dank. Grundlegende Literatur zum Thema: Karel Jaromír ERBEN, Autentický ukazatel ulic a náměstí i čísel domovních královského hlavního města Prahy, Praha 1869; Úřední seznam ulic, náměstí a sadů hlavního města Prahy, Praha 1940; Orientační kniha Velké Prahy a Modřan, hg. v. Masarykův četnický vzdělávací a podpůrný fond, Praha 1948; Jiří ČAREK u.a., Ulicemi města Prahy od 14. století do dneška, Praha 1956; Marek LAŠŤOVKA u.a., Pražský uličník – Encyklopedie názvů pražských veřejných prostranství, I–II, Praha 1997–1998.

Der Umsturz als Feier – die ersten Tage der Tschechoslowakischen Republik

Jiří Pokorný (Prag)

Der Umsturz vom 28. Oktober 1918 sowie die Entstehung der selbstständigen Tschechoslowakischen Republik waren natürlich nur ein Teilprozess des Zerfalls der Habsburgermonarchie. Dieser wiederum war das Ergebnis der militärischen Niederlage und einer katastrophalen Versorgungsorganisation; dem gingen zahlreiche Hungerdemonstrationen und militärische Aufstände voraus. Gleichzeitig kann man den 28. Oktober auch als eine großartige Feier, als Höhepunkt einer spezifischen Politik der tschechischen bürgerlichen Elite ansehen, die in den letzten Kriegsjahren um die Durchsetzung ihrer Rechte kämpfte und dafür auf die langjährige Unzufriedenheit der tschechischen Bevölkerung bauen konnte.[1]

Die tschechische bürgerliche Politik wurde vom Nationalausschuss, einer Organisation tschechischer politischer Parteien, geleitet. Am Anfang spielte der Nationalausschuss nur eine bescheidene Rolle. Er sollte dem Český svaz (dem Tschechischen Verband), d. h. einer Organisation tschechischer Abgeordneter in Wien Hilfe leisten. In der zweiten Hälfte des Jahres 1918 wurde der Nationalausschuss zur zentralen nationalen Institution. Das ergab sich aus der Tatsache, dass die tschechische Politik jedes Interesse an Wien und der Monarchie verloren hatte und begann sich nur um das Gebiet des künftigen tschechoslowakischen Republik, tatsächlich sogar nur um die böhmischen Länder zu kümmern. Der Nationalausschuss erfreute sich unter der tschechischen Bevölkerung einer unglaublichen Autorität – er verfügte jedoch über keine Machtinstrumente. Er fing an, sie sich erst zu beschaffen – er trat mit Beamten in Fühlung, die ihm für höhere Posten in der künftigen Staatsverwaltung geeignet erschienen. Aus Angehörigen der Turnvereine versuchte der Nationalausschuss einen Ordnungsdienst aufzubauen. Er bemühte sich sogar, mit Offizieren der Prager Garnison den Grundstock für eine eigene Armee zu legen. Mit Hilfe der Arbeiter- und Gewerkschaftsorganisationen war der Nationalausschuss imstande, die Ausfuhr von Kohle und Nahrungsmittel nach Wien zu blockieren. Das war sein größter Triumph.

Diese Geschehnisse waren von einer eigentümlichen Politik begleitet, die von symbolischen Gesten, theatralischen Auftritten und von Beeinflussung der öffentlichen Meinung charakterisiert war. Diese Entwicklung wurde durch die Lockerung der Verhältnisse nach dem Regierungseintritt Kaiser Karls eingeleitet, als das Manifest der tschechischen Schriftsteller im Mai 1917 vorgelegt wurde.[2] Dieses Manifest forderte die tschechischen Abgeordneten auf, eine offene, prinzipientreue Politik zu betreiben, welche die Rechte des Volkes schützen sollte. Die Abgeordneten, die daran gewöhnt waren, eine althergebrachte Politik, d.h. im Parlament und hinter den Kulissen – in den Vorräumen der Ministerien – zu verhandeln, wollten diesen Aufruf zunächst ignorieren. Die Schriftsteller erhielten jedoch die Unterstützung von Massendemonstrationen und die Abgeordnete waren somit gezwungen, eine entschiedenere und sich offen deklarierende Politik zu betreiben.

Als erste Aktion dieses neuen Stils wurde die so genannte Dreikönigs-Deklaration organisiert. Es handelte sich um eine Protestkundgebung aller tschechischen und mährischen Reichsrats- und Landtagsabgeordneten gegen die Äußerung Graf Czernins, dass Österreich kein Selbstbestimmungsrecht anerkenne. Eine noch schärfere Protestkundgebung kam nach einer anderen Äußerung Czernins über den „elenden und elendigen" Masaryk zustande. Die Antwort darauf stellte der nationale Eid dar. Diese großartige Manifestation gipfelte mit der Ansprache des Schriftstellers Alois Jirásek, der erklärte: „Wir harren aus, bis wir den Sieg davontragen. Wir müssen die Selbständigkeit des Volkes erreichen!" Der Manifestation wohnten auch einige südslawische Abgeordnete bei und Stephan Radić sagte im Anschluss daran ganz offen: „Das, was wir gesehen haben, ist kein Volk mehr – es ist schon ein Staat."[3]

Vor dem Oktober 1918 erreichten diese Bestrebungen den Höhepunkt in den Theaterfesten aus Anlass des 50. Jahrestags der Gründung des Nationaltheaters im Mai 1918.[4] Diese Feier wurde später als die Generalprobe für den 28. Oktober bezeichnet. Von der Menschenmenge überfüllte Strassen, Fahnen, Volkstrachten, forsche Ansprachen – dies alles sollte zur Mobilisierung der Bevölkerung gegen die österreichische Regierung dienen. Zur gleichen Zeit diente es jedoch zur Beruhigung des volkstümlichen Radikalismus und zur Ablenkung des Volkes vom sozialen Protest.

Die führenden tschechischen Repräsentanten rechneten lange Zeit damit, dass der Krieg bis zum Frühling 1919 dauern würde. Im Spätsommer

1918 war es aber schon klar, dass man so lange nicht warten würde müssen. Die Vorbereitungen waren intensiver geworden, aber die Ereignisse sind ihnen schließlich zuvorgekommen und geschahen in einem hohen Grad ganz spontan. Der Nationalausschuss war jedoch imstande, sie ausreichend und in den entscheidenden Momenten zu steuern.

Die erste Aktion, welche die Machtverhältnisse umkehrte, war die schon frühzeitig verabredete Übernahme des Getreideinstituts. Es handelte sich dabei vor allem um einen praktischen Schritt, weil die Kontrolle der Verteilung von Nahrungsmitteln vom Standpunkt der Machtausübung gesehen eine unbedingte Notwendigkeit darstellte. Gleichzeitig hatte dieser Schritt auch eine große symbolische Bedeutung: Er stellte die Übernahme der Verantwortung auf höchster Ebene dar, umso mehr, als dies im Namen eines noch nicht existierenden Staates geschah.

Darüber dass der 28. Oktober als Tag der Entstehung eines selbstständigen tschechoslowakischen Staates in die Geschichte eingehen würde, entschied jedoch ein anderer Umstand. Die Redaktionen der Tageszeitungen *Národní Politika* und *Národní listy* hängten Nachrichten über die Note Andrassys aus, die als eine Erklärung der Kapitulation und damit des Kriegsendes aufgefasst wurden. Die Redaktionsangestellten machten auf diese Nachricht mit einer Aushängetafel mit der Überschrift „Waffenstillstand" und einer rotweißen Flagge nachdrücklich aufmerksam. Um diesen Zettel sowie um die Aushängetafeln weiterer Tageszeitungen versammelten sich die Leute und es bildeten sich kleine Scharen. Vor dem Hotel Zlatá husa (Goldene Gans) auf dem Wenzelsplatz, wo die so genannte *Slawische Linde* geschmückt wurde, formierte sich der erste Manifestationsumzug. Bald entstanden weitere Umzüge, welche in der Stadtmitte marschierten. Soldaten rissen sich die Abzeichen der Monarchie von den Mützen ab (die so genannten Äpfelchen). Dasselbe taten weitere uniformierte Staatsangestellte, zum Beispiel Briefträger und Telegrafenangestellte.[5]

Die spontanen Manifestationen betrachteten die führenden Persönlichkeiten des Nationalausschusses (Alois Rašín, Antonín Švehla, Jiří Stříbrný und František Soukup) als ein Zeichen, dass es nicht länger möglich wäre, die Entwicklung aufzuhalten und stellten sich sofort an ihre Spitze. Von der Polizeidirektion erbaten sie sich ein Automobil und begaben sich auf die Kleinseite, wo sie im Namen des tschechoslowakischen Staats die Statthalterei und das Landtagsgebäude übernahmen. Die „Männer des 28. Oktobers" ordneten an, die Lokale des Landtags in möglichst kurzer Zeit zu räumen und sie zur Einberufung eines neuen gesetzgebenden Körpers bereitzustellen.

Die Manifestation nahm ein immer größeres Ausmaß an. Die Menschenmenge zog entlang des Wenzelsplatzes und durch die Nebenstraßen. Es wurden Blechadler, Symbole der alten Monarchie, abgerissen und in den Fluss geworfen. In den öffentlichen Lokalen wurden die Porträts des Kaisers entfernt, in Geschäftsauslagen erschienen Bildnisse von T. G. Masaryk und Woodrow Wilson. Die Liquidation aller Zeichen des alten Regimes zog sich natürlich über längere Zeit hin. Schon bald wurden die Statuen Kaiser Franz' I. und das Denkmal Radetzkys mit Stoff umhüllt, aber erst im Frühling 1919 endgültig beseitigt.[6] Am 3. November wurde die Mariensäule auf dem Altstädter Ring niedergerissen (davon wird noch später die Rede sein). Die Festigung der Macht des tschechoslowakischen Staats im Jahre 1919 führte dazu, dass die Statuen Kaiser Josef II. bedroht waren; sie wurden dann wenig später auch entfernt.

Kurz nach Mittag begann die Straßenbahn neue Menschenmassen in die Stadtmitte zu bringen, deren Arbeitszeit schon zu Ende war oder die von den Arbeitgebern früher nach Hause entlassen worden waren. Dabei muss erwähnt werden, dass sich in den Stadtvierteln außerhalb der Stadtmitte nichts Besonderes abspielte. Im Stadtviertel Dejvice zum Beispiel waren die Strassen ganz ruhig.[7] Der Schriftsteller Richard Weiner, der sich zu jener Zeit in die Stadtmitte begab, wurde sich der „Umsturzatmosphäre" erst in der Nähe des Altstädter Rings bewusst. Dazu trug sicherlich in einem nicht geringen Masse der Umstand bei, dass man sich gegenseitig als „Bürger" ansprach. In der Stadtmitte nahm der Wenzelsplatz eine privilegierte Stellung ein und dort insbesondere das Denkmal des Heiligen Wenzel. Das Denkmal war mit verschiedenen Plakaten und Flugblättern beklebt, am öftesten mit den Todanzeigen Österreichs. An dieser Stelle rief der Abgeordnete Isidor Zahradník die Selbständigkeit des Staates aus. Nach diesem Schritt setzte er einen zweiten, nicht minder wichtigen, er begab sich zum Bahnhof (der damals noch Franz Josef-Bahnhof hieß) und leitete von dort aus an verschiedene tschechische Städte die Nachricht darüber weiter, was gerade in Prag geschah. Rechtzeitig kamen diese Nachrichten nur in einigen Städten an, wie z.B. in Beroun oder in Český Brod. In den meisten Städten, wie etwa in Brünn, fand der 28. Oktober einen Tag später statt.

Das Benehmen der Massen entsprach den anspruchsvollen Forderungen, welche der Nationalausschuss veröffentlicht hatte. Er forderte die Bevölkerung auf, sich würdig zu benehmen und sich der Größe des Augenblicks bewusst zu sein. Es wurde sogar behauptet, dass während dieser Tage keine einzige Fensterscheibe zerschlagen wurde (dasselbe wurde schon im Jahre

1848 und dann später 1989 behauptet). Zu dieser Stimmung haben sehr wahrscheinlich Blaskapellen beigetragen, die über Weisung des Nationalausschusses in den Straßen einrückten. Es waren besonders diese Kapellen, die dem Umsturz eine freudige, herzliche Atmosphäre verliehen haben. Über die Disziplin wachten außerdem Mitglieder des Nationalausschusses, Aufseher der Mitglieder von Turnvereinen und einige ausgewählte Militärpersonen. Diese Idylle konnte aber schnell in ihr Gegenteil umschlagen. In Prag gab es noch genügend Soldaten, die von ihren Vorgesetzten den Befehl bekommen konnten, die Menschenmenge auseinander zu treiben. Tatsächlich kam es zu solchen Befehlen, aber es gelang, durch Verhandlungen deren Ausführung zu verhindern. Es sollte sich als richtig erweisen, dass die Prager Bevölkerung an das Militär nicht feindselig herantrat – im Gegenteil, sie begrüßte dessen Angehörige mit den Rufen „Nazdar" oder „Eljén". Die Soldaten wurden dadurch aufgefordert sich mit der Bevölkerung zu verbrüdern, was dazu beigetragen hat, ihre Einsatzfähigkeit wesentlich zu vermindern. Die alles andere als einfachen Verhandlungen führten trotz aller Widerstände dazu, dass das Militärkommando schließlich die Autorität des Nationalausschusses anerkannte.

Was sagten eigentlich die Deutschen dazu? Nichts, gar nichts. Am 28. Oktober, darin stimmen alle Zeitgenossen überein, war kein einziges deutsches Wort auf den Prager Strassen zu hören.[8] Alle Deutschen zogen sich ins Privatleben ihrer Häuser zurück. Des öffentlichen Raumes bemächtigten sich die Tschechen, die auch die deutschsprachigen Tafeln von den Geschäftsportalen herabwarfen. Auf diese Art und Weise verlor Prag die letzten offenkundigen Kennzeichen des Deutschtums. Es drohte ohne Zweifel die Gefahr, dass es zu Angriffen auf die mit dem kulturellen Leben der deutschen Minderheit verbundenen Gebäude, wie zum Beispiel das Deutsche Casino oder die Redaktionen der deutschen Tageszeitungen, kommen konnte. Das entschlossene Eingreifen der Wachen bannte jedoch diese Gefahr.

Die freudige Atmosphäre dauerte in Prag, beziehungsweise in anderen tschechischen Städten, noch bis in den nächsten Tag an. Am 29. Oktober feierte man überall in ähnlicher Weise wie am 28. Oktober. Am 30. Oktober wahrte die Bevölkerung die Disziplin und trat auf Weisung des Nationalausschusses wieder in die Arbeit. Was geschehen war, davon gaben nur die zahlreichen Fahnen, Trikoloren usw. Zeugnis. Auch danach gab es Gelegenheiten zum Feiern, denn die Bevölkerung nahm Abschied von den abfahrenden Soldaten und hieß die eigenen heimkehrenden Truppen willkommen. Die feierliche Stimmung gipfelte und endete mit der Ankunft von

TGM am 20. Dezember in Prag.⁹ Der Anbruch einer neuen Zeit wurde neben der reichen Ausschmückung der Straßen dadurch charakterisiert, dass auch die alten adeligen Paläste zu neuem Leben erweckt wurden. Sie dienten von nun an öffentlichen Zwecken. Früher waren sie leer und dunkel, auf einmal leuchten die Lampen in ihnen, aus den Pforten sahen die Pförtner den Strom der Leute, die aus- und eingingen. Eine noch größere Wirkung übte auf die Öffentlichkeit die Tatsache aus, dass die tschechische Fahne über der Burg wehte und auch in ihren Fenstern war nun Licht zu sehen. Es handelte sich dabei um keine festliche Beleuchtung; jedem, der das sah, war bewusst, dass man dort schon den alltäglichen Amtsgeschäften nachging.

Euphorie und Begeisterung waren damals fast allgemein im ganzen Volk. Das hohe Maß des nationalen Konsens wurde auch in den offiziellen Druckwerken der Arbeiterbewegung nicht hinterfragt. Trotzdem waren bestimmt nicht alle ganz so begeistert. František Sauer, vulgo Franta Habán aus Žižkaberg, hinterließ uns das Zeugnis eines Menschen, der alles vom anderen Ufer aus betrachtete. Als Arbeitsloser lebte er vom Verkauf der Fahnen, Trikoloren und der Textblätter mit patriotischen Liedern usw. Habán freute sich zuerst über den Zerfall Österreichs, er sah jedoch zugleich, dass sich eigentlich nichts änderte, dass die Revolution wegen der Feier nicht stattfand. Diese Frustration führte ihn zur einzigen „revolutionären" Tat jener Tage – zum Sturz der Mariensäule am 3. November 1918. Aber auch das war nur eine Geste.¹⁰

Anmerkungen

1 Aus der umfangreichen Literatur über den 28. Oktober 1918 vgl. z.B.: František SOUKUP, 28. říjen 1918. Předpoklady a vývoj našeho odboje domácího v československé revoluci za státní samostatnost národa, [Der 28. Oktober 1918. Voraussetzungen und Entwicklung unseres heimischen Widerstandes in der tschechoslowakischen Revolution um die staatliche Selbständigkeit der Nation], 2 Bde, Prag 1928; Jan OPOČENSKÝ, Konec monarchie rakousko-uherské [Das Ende der österreichisch-ungarischen Monarchie], Praha 1928; Ferdinand PEROUTKA, Budování státu I. 1918–1919 [Aufbau des Staates], Prag 1991³; Jan GALANDAUER, Vznik Československé republiky 1918. Programy, projekty, předpoklady [Entstehung der Tschechoslowakischen Republik 1918. Programme, Projekte, Voraussetzungen], Prag 1988; Otto URBAN, Die tschechische Gesellschaft 1848–1918, 2 Bde, Wien–Köln–Weimar 1994;

Antonín KLIMEK, Říjen 1918. Vznik Československa [Oktober 1918. Entstehung der Tschechoslowakei], Prag–Litomyšl 1998.
2 Jan HEIDLER, 1917. Projev českých spisovatelů [Kundgebung der tschechischen Schriftsteller], Prag 1921; Jaroslav KVAPIL, Projev českých spisovatelů r. 1917 [Kundgebung der tschechischen Schriftsteller 1917], Prag 1924.
3 František SOUKUP, 28. říjen 1918, S. 604–617, 650–671; Otto URBAN, Die tschechische Gesellschaft, S. 902–903.
4 František SOUKUP, ebenda, S. 689–696; Jaroslav KVAPIL, O čem vím. Sto kapitol o lidech a dějích z mého života [Worüber ich weiß. Hundert Kapitel über Leute und Geschehnisse aus meinem Leben], Bd. II, Prag 1947, S. 201–207.
5 Beste, kritische Schilderung des 28. Oktobers jetzt in Antonín Klimek, Říjen 1918.
6 Zdeněk HOJDA, Jiří POKORNÝ, Pomníky a zapomníky [Denkmäler und „Vergessmäler"], Prag–Litomyšl 1996, S. 43, 51; DIES., O habsburských pomnících v Čechách [Über Habsburgerdenkmäler in Böhmen], in: Jiří RÁK, Vít VLNAS (Hg.), Habsburské století 1791–1914. Česká společnost ve vztahu k dynastii a monarchii, Prag 2004, S. 37–38.
7 Richard WEINER, Třásničky dějinných dnů (1918-1919) [Fransen der historischen Tage 1918–1919], Prag 1991, S. 15.
8 Weiner, Třásničky, S. 17.
9 Jiří Pokorný, 1918 – Masaryk presidentem [1918 – Masaryk als Präsident], in: Petr ČORNEJ, Jiří POKORNÝ (Hg.), Osudové osmičky. Přelomové roky v českých dějinách, S. 287–293.
10 Franta SAUER, Franta Habán ze Žižkova. Obrázky doby popřevratové [Franta Habán aus Žižkaberg. Bilder aus der Zeit nach dem Umsturz], Prag 1956.

Ghetto und Großstadt.
Die Prager Judenstadt als Topos

Georg Escher (Zürich)

1.

Das ehemalige Prager jüdische Viertel, die Josefstadt (Josefov), ist ein wichtiger Bestandteil der Tourismusindustrie, die die Innenstadt heute wirtschaftlich fest im Griff hält. Das kleine Geviert zwischen dem Altstädter Ring und dem unteren Moldaukai hat den Rang einer Sehenswürdigkeit, die sich nahtlos in das Image des ‚unheimlichen' oder ‚magischen' Prag fügt. Die sagenhafte *Golem*-Gestalt ist seit Paul Wegeners Filmen und Gustav Meyrinks Roman ein fester Bestandteil der lokalen Folklore.[1] Daneben ist die Josefstadt auch Schauplatz oder Motiv einer ganzen Reihe anderer literarischer Texte. Vom ursprünglichen Ghetto ist jedoch nach der so genannten Assanierung, einem groß angelegten Stadtumbau um 1900, kaum etwas übrig geblieben. Umso intensiver, so scheint es, lebt das Gassengewirr in der (literarischen) Imagination weiter: Die ehemalige jüdische Stadt ist vom Ort zum Topos geworden.

Soll es im Folgenden um einige Aspekte dieser Entwicklung gehen, so steht mit der Prager Josefstadt eine zumindest im Rahmen des vorliegenden Bandes eher ungewöhnliche Form eines öffentlichen Raums und Erinnerungsorts im Zentrum. Im Gegensatz zu repräsentativen Ensembles wie der Burg, dem Wenzelsplatz oder dem Altstädter Ring, wo zwar widerstreitende und wechselnde, aber doch zumeist affirmativ-emphatische symbolische Besetzungen des öffentlichen Raums zu beobachten sind, ist das ehemalige Ghetto in den Assoziationen traditioneller jüdischer Kultur, unheimlicher Sagengestalten und der städtischen Unterwelt als Schattenseite der modernen Metropole in mehrerer Hinsicht als prototypischer Ort des Anderen und Ausgegrenzten kodiert.

Richtet man das Augenmerk auf die Gassen, Synagogen und den alten Friedhof der Josefstadt, so wird gewissermaßen die Rückseite der dominierenden Formationen kollektiver städtischer Identität erkennbar. An diesen Orten, die scheinbar nicht im Brennpunkt politischer Codierung des öffentlichen Raums liegen, sind Symbolisierungsprozesse gesellschaftlich-politischer Praxis vielleicht weniger manifest als bei Straßenbenennungen und Denkmalsetzungen, aber nicht weniger dicht als in den klassischen Zentren städtischer Repräsentation. Zugleich handelt es sich bei der Josefstadt aber auch um einen Ort, wo im Zuge des Stadtumbaus um 1900 repräsentativer öffentlicher Raum auf materieller Ebene radikal neu geschaffen wird, dessen intensive touristische Nutzung ihn zumindest für die heutigen BesucherInnen der Stadt in den Vordergrund der Wahrnehmung rückt.

Die touristische Nutzung der Josefstadt ist indes kein neues Phänomen. Tatsächlich ist das Ghetto seit dem beginnenden 19. Jahrhundert ein prominentes Ziel. Schon Karl Baedeker widmet ihm 1846 in seinem *Handbuch für Reisende* nicht weniger als anderthalb Seiten, fast gleich viel wie der Beschreibung der Prager Burg.[2] Der alte Friedhof ist, so Sigrid Weigel, „als Pathosformel einer ‚versunkenen Kultur' längst in den Diskurs von Reiseführern und Kulturgeschichten eingegangen und aus seiner ikonologischen Erstarrung kaum noch zu befreien [...]."[3] Heute ist das Jüdische Museum, zu dem unter anderem die Synagogen und der alte Friedhof gehören, schon einige Jahre in Folge das meistbesuchte Museum Tschechiens.[4] An der touristischen wie an der Erinnerungstopographie Prags scheint sich bis heute wenig geändert zu haben.

Die scheinbar ungebrochene Entwicklung von Erinnerungsort und Tourismusattraktion kontrastiert freilich mit der Tatsache, dass fast die gesamte Bausubstanz des jüdischen Viertels um 1900 der so genannten Assanierung (asanace) zum Opfer gefallen ist, einem Stadtumbau, wie er in den europäischen Metropolen des ausgehenden 19. Jahrhunderts gängig war. Das ganze ehemalige Ghetto sowie Teile der umliegenden Alt- und Neustadt wurden geschleift, und der Friedhof, schon seit 1787 außer Gebrauch, verkleinert; lediglich die Synagogen und das Rathaus blieben unberührt. Anschließend wurde das Gelände auf neuem Grundriss mit sezessionistischen Mietshäusern überbaut.[5] Das Viertel, das beim Ausbruch des Ersten Weltkriegs vom Stadtplan verschwunden war, stellte freilich schon viel früher kein Ghetto im eigentlichen Sinn mehr dar. Durch die allmähliche rechtliche Gleichstellung der Juden in Österreich nach 1848 kam es zur Abwanderung der jüdischen Bevölkerung aus der Josefstadt; am Ende des 19. Jahrhunderts betrug der Anteil der Juden an der Wohnbevölkerung der Josefstadt nur noch etwa 25 Prozent.[6] Die Gegend verkam zu einem Elends- und Rotlichtviertel mit desolaten Wohnbedingungen, was auch die vordergründige Motivation für das städtebauliche Projekt der Assanierung war.

An diesem eklatanten Auseinanderklaffen von materiellem Raum, sozialer Struktur und symbolischer Überlagerung ist die Tatsache bemerkenswert, dass ein touristisches Ziel und ein Erinnerungsort seine totale Umstrukturierung scheinbar problemlos übersteht – die touristisierte Josefstadt erscheint heute als gut funktionierende Gedächtnisindustrie an einem Ort, an dem es so gut wie nichts von dem zu sehen gibt, was man sehen will.[7] Der mehrfache Bruch in der materiellen und sozialen Struktur des Ortes – die Aufhebung des Ghettos, die Assanierung und schließlich auch die Vertreibung und Ermordung der böhmischen Juden – lässt seine symbolische Aufladung praktisch unberührt. Auf eigensinnige Weise zeigt sich so die Affinität von Raum und Erinnerung: Der Ort wird paradoxerweise gerade dann zu einem *lieu de mémoire*, zu einem Topos oder Denkbild mit zusätzlichen Sinndimensionen, wenn er die materiellen Qualitäten, die ihn dafür prädestinieren, verliert. Pierre Noras Begrifflichkeit drängt sich hier auch deshalb geradezu auf, weil sich in der Prager Josefstadt vielleicht deutlicher als anderswo ein Aspekt von Erinnerungsorten zeigt, den Nora in seiner dezidierten Entgegensetzung von Erinnerung und Geschichte hervorhebt: Erinnerungsorte werden gerade erst durch den Verlust einer kontinuierlichen Erinnerungstradition, durch radikale geschichtliche Brüche, hervorgebracht.[8]

Nun gehören aber zu einem Erinnerungsort nach Nora auch immer ein Wille zur Erinnerung, der den Orten erst ihre spezifische Funktion zuweist, und eine Erinnerungspolitik, die ein privilegiertes Gedächtnis etabliert und die Sinnproduktion reguliert.[9] Damit stellt sich freilich die Frage, was am Erinnerungsort Josefstadt neben der Evokation eines diffusen Bildes von der ‚magischen Stadt' und von traditioneller jüdischer Kultur überhaupt erinnert wird, was also jenen symbolischen Mehrwert eigentlich ausmacht, der den Ort erst zum Topos werden lässt. Eine dominante Gedächtnispolitik ist nicht leicht zu erkennen. So wurde zwar die Pinkas-Synagoge als Bestandteil des Jüdischen Museums zu einer Gedenkstätte für die böhmischen und mährischen Opfer des Holocaust umgestaltet; Krieg, Repression und Holocaust werden jedoch durch die Pathosformel des Friedhofs und die sentimentale Evokation einer vormodernen jüdischen Kultur eher verdrängt als lesbar gemacht,[10] und man kann davon ausgehen, dass die tragische Geschichte des Jüdischen Museums[11] – die Mehrheit seiner Bestände wurde während der Deportation der böhmischen Juden zwischen 1941 und 1945 zusammengetragen – den meisten BesucherInnen unbekannt ist.

Angesichts des undeutlichen Charakters allfälliger Sinnregulierungsversuche treten umso deutlicher mehrfache und mehrfach gebrochene symbolische Kodierungen zutage: das Ghetto als Modell der Ausgrenzung, die zur Herstellung kollektiver Identität benötigt wird[12], als vormoderner Ort traditioneller jüdischer Kultur, zugleich aber auch Brennpunkt eines typisch modernen Urbanisierungsprozesses, begleitet von vielfachen Umbrüchen in der Sozialstruktur und überlagert von konkurrierenden und zunehmend aggressiven Nationalismen. Wenn Nora festhält, dass das Funktionieren von Erinnerungsorten auf ihrer Fähigkeit zur Metamorphose, zur Sinnrezyklierung und zum fast unendlichen Fortspinnen von Assoziationen beruhe,[13] dann müsste man ihn hier mehr beim Wort nehmen, als er es gelegentlich selber tut. Ebenso wie durch die Frage, *was* erinnert wird, könnten sich das Funktionieren des Erinnerungsorts auch dadurch erschließen, dass man das Augenmerk vorerst auf die mediale Vermittlung des Topos richtet, dass man sich also für die Geschichte der Bilder interessiert, die zur symbolischen Codierung des Ortes beitragen, und sich fragt, *wie* erinnert wird, welches Material an Bildern, Vokabular und Motiven in die Sinnakkumulierung einfließt. Ein solcher vorerst eher formal orientierter Zugang könnte insbesondere auch deshalb aufschlussreich sein, weil er die in Bezug auf Prag schon traditionsreiche Fixierung auf die geschichtsträchtige Einzigartigkeit des Ortes lösen und den Blick für Zusammenhänge jenseits lokaler Partikularitäten schärfen kann.

2.

Diesen Fragen kann man natürlich anhand verschiedener Medien nachgehen – dass ich mich im Folgenden auf Literatur konzentriere, ist zum einen die naheliegende, aber arbiträre Wahl eines Literaturwissenschaftlers; zum andern jedoch, so meine ich, hat Literatur einen entscheidenden Anteil an der Formung und Tradierung des Gedächtnisortes Josefstadt, und zwar in mehrfacher Hinsicht.

Gehen wir von der verbreiteten Annahme der neueren Stadtforschung aus, dass städtischer Raum nicht als bloßer materieller Behälter zu verstehen ist, sondern als Produkt eines Zusammenspiels von materiellen und diskursiven Prozessen,[14] so ist es klar, dass auch das Medium Literatur in diese Konstruktionsprozesse einbezogen ist. Literatur liefert Sehmuster für den Stadtraum, die sich zu orientierungs- und handlungsleitenden Images verdichten.[15]

Nun ist das Medium Literatur zwar weniger zwingend mit politischen Diskursen verbunden als Zeichensetzungen im öffentlichen Raum mit ihren oft unmittelbaren politischen Absichten. Andererseits bietet die Betrachtung eines Mediums außerhalb des Kernbereichs des Politischen auch die Chance, dass damit auch Variationen und Gegenerzählungen zu den dominanten Formationen des Städtischen ins Blickfeld rücken. Die literarischen Repräsentationen einer verschwundenen Topographie können also daraufhin befragt werden, welche Art von Stadtraum in ihnen lesbar wird, was umgekehrt ausgeblendet wird, und welche symbolischen Aufladungen der zum Topos gewordene Ort im Kontext der multiethnischen Metropole Prag zu Beginn des 20. Jahrhunderts erfährt. Diese Perspektive kann aber auch insofern aufschlussreich sein, als die Bedeutung der literarischen Ghetto-Bilder als Versatzstücke einer Erinnerungskultur und als Sehmuster für die touristische Erschließung der Stadt bis heute ungebrochen scheint.

Umgekehrt ist die Literatur in Form ihrer kanonisierten Exponenten auch zum Bestandteil des Erinnerungsorts Josefstadt geworden. Die literarische Tradition, die man gemeinhin unter dem Begriff *Prager deutsche Literatur* zusammenfasst, ist zumindest im deutschsprachigen Kontext ein zentraler Teil des Stadtimages. Rund um die Überfigur Franz Kafka ist die Prager deutsche Literatur, deren kanonisierte Periode ungefähr in die Jahre zwischen 1900 und 1930 fällt, ebenso gründlich zum Mythos stilisiert worden wie die Stadt selbst. Ist es nach wie vor geradezu selbstverständlich, Kafka mit Prag und Prag mit Kafka zu erklären, so gilt das für das jüdische Viertel ganz besonders. Als jüngsten materiellen Ausdruck der Zugehörigkeit eines literarischen Kanons zur kulturellen Topographie der Josefstadt kann man das von der Prager Franz-Kafka-Gesellschaft in Auftrag gegebene und vom Bildhauer Jaroslav Róna geschaffene Kafka-Denkmal lesen, das seit Dezember 2003 in der Dušní ulice (Geistgasse) steht.[16]

Schließlich ist das ehemalige Ghetto auch auf eigenartige Weise zum Interpretandum schlechthin für die so genannte Prager deutsche Literatur geworden. Nicht nur in den besonderen Bedingungen der multiethnischen Stadt und den jüdischen Wurzeln vieler deutsch schreibender Prager Autoren liege die Grundlage für die spezifische Prager Literaturtradition, so wird in der Germanistik bis heute oft behauptet, sondern auch der Ort selbst, die einzigartige Prager Atmosphäre und besonders das Gassengewirr der Josefstadt, seien für das Entstehen einer lokalen literarischen Tradition verantwortlich. Die deutschsprachige Prager Stadtliteratur sei aus einem *Genius loci* entstanden und erklärbar, dessen verdichtete Präsenz sich in der Josefstadt finde, und der etwa Meyrinks *Golem*, aber auch die Werke Kafkas hervorgebracht hätte.

Die Argumentation mit dem *Genius loci* des Ghettos wurde später zur sozialgeschichtlichen These modifiziert, die Autoren rund um Kafka hätten sich in einem ‚dreifachen Ghetto', in einer sozialen, sprachlichen und religiösen Isolation befunden, die ihr Leben und Schreiben geprägt habe. So kann es dann in einer einschlägigen Monographie noch 1982 heißen:

Aus der Perspektive des Stillstandes sahen sie [die deutschsprachigen Schriftsteller aus Prag, GE] [...] die abscheuliche Gedrängtheit des einstigen Ghettos [...], sie durchstöberten die Gewölbe der Trödler und fanden vorvorjährigen Krimskrams [...], und sie vertieften sich in die dunklen Legenden vom Golem des Rabbi Loew. So kommt es, dass Prag in den Werken der deutschen Schriftsteller oft als eine bizarre Stadt dargestellt wird, dem Gestern zugewandt, geheimnisvoll flimmernd.[17]

3.

Im Folgenden sollen einige wichtige Stationen der Literarisierung der Prager Judenstadt skizziert werden, wobei es vorerst um die Frage nach der Herkunft jener Motive geht, die sich in den Jahrzehnten vor und nach 1900 zu einem nachhaltig wirkenden literarischen Bild des unheimlichen wie geheimnisvollen Prager Ghettos verdichten. Neben Reiseberichten und Stadtschilderungen, die für die Verbreitung bereits konventionalisierter Sehmuster von kaum zu unterschätzender Bedeutung sind, haben hauptsächlich drei im engeren Sinn literarische Genres die mit der Josefstadt verbundene Motivik geprägt: Sagen- und Legendensammlungen, die deutschjüdische Ghettogeschichte sowie die großstädtische Kolportage- und Kriminalliteratur.

Sagen und Legenden, die sich um die Josefstadt ranken, erfahren in den *Sippurim*-Sammlungen des Verlegers Wolf Pascheles Mitte des 19. Jahrhunderts ihre bedeutendste Verschriftlichung,[18] die sich erst in den Zehner- und Zwanzigerjahren des 20. Jahrhunderts nochmals intensiviert.[19] Auf die deutschsprachige wie auf die tschechische Literatur haben zwei Gestalten am nachhaltigsten gewirkt: der Golem, eine aus der jüdischen Mystik stammende Lehmfigur, die zu menschlichem Leben erweckt wird, und deren Schöpfer, der wundertätige Rabbi Löw.

Nun gehört zwar die starke Ortsgebundenheit zum Definitionskern der Textsorte *Sage*; der Einfluss der örtlichen Sagen auf die Herausbildung des Topos ist jedoch nicht zu überschätzen: Die Stoffe erscheinen durchaus mit anderen Lokalitäten austauschbar, und auch andere Orte in der Stadt haben eine ähnlich dichte Sagentradition, die in die Herausbildung eines Gedächtnisorts eingehen kann. Die Spezifik des literarischen Topos lässt sich deshalb kaum bloß aus dem Vorhandensein einer Sagentradition erklären. Schließlich ist selbst der Golem keine Prager Erfindung: Die Figur ist auch in anderen Traditionen Mittel- und Osteuropas präsent und wird erst im frühen 19. Jahrhundert in Prag lokalisiert und mit der historischen Gestalt des Rabbi Löw in Zusammenhang gebracht;[20] in die Literatur und in den Film geht sie erst in dem Moment ein, als sich die Judenstadt als Ganzes bereits zum literarischen Topos wandelt.

Größeren Einfluss auf das literarische Bild der Josefstadt hat das Genre der *Ghettogeschichte*. Diese zumeist deutschsprachigen, dem literarischen Realismus verpflichteten Erzählungen, Prosastücke und Feuilletons über das traditionelle Leben des Ghettos in der böhmischen oder galizischen Provinz und über den Aufbruch in die Stadt und mithin in die säkularisierte bürgerliche Gesellschaft, angereichert mit jüdischen Sagen- und Legendenstoffen, erfreuen sich in der zweiten Hälfte des 19. Jahrhunderts großer Beliebtheit bei einer westlichen, bürgerlich-urbanen Leserschaft. Neben Erzählungen von böhmischen Autoren wie Leopold Kompert sind vor allem die Ghettogeschichten von Karl Emil Franzos und Leopold von Sacher-Masoch bekannt geworden.[21]

Das Bild, das diese Texte vom Ghetto zeichnen, ist ein zutiefst ambivalentes. Im Blick zurück auf die eigene, bereits fremd gewordene Vergangenheit konkurriert das nostalgische Sentiment mit der Ablehnung vormoderner jüdischer Traditionalität und der ungebrochenen Bewunderung für ein säkularisiertes und urbanisiertes Bildungsbürgertum. Positive und negative Stereotype über die traditionelle jüdische Gesellschaft liegen in der Ghettogeschichte ganz nahe beieinander. Das ethnographische Interesse an der eigenen Vergangenheit kann leicht in die Karikatur umschlagen. Dann nimmt, so W. G. Sebald, „ein Vokabular der Aversion" überhand.[22] So ist das jüdische Viertel bei Karl Emil Franzos „ein abgeschiedener, verstoßener Stadttheil, der sich in den ungesunden Morästen des Flusses hindehnt. Dort bleibt es düster und traurig, mag die Sonne noch so glänzend leuchten, dort verpesten verderbliche Dünste die Luft [...]."[23] Schmutz, Krankheit und Dunkelheit sind die immer wiederkehrenden literarischen Embleme der Aversion gegen das Ghetto. Das „Kotmeer des Städtchens" und „in den dumpfigen Häusern [...] die kaftanbekleideten, schmutzstarrenden Bewohner" bilden bei Franzos den Kontrast zum sentimentalen Bild der Sabbatfeier, die „das düstere winkelige Ghetto [...] im Glanz von tausend Kerzen und tausend frohen Menschenangesichten erscheinen lässt".[24]

Die auf das typische Detail bedachte Beschreibung kippt in die Karikatur und ins antisemitische Stereotyp. Die Lust am Grotesken, die aus vielen Passagen spricht, verrät aber, dass mit dem „Vokabular der Aversion" auch eine Faszination durch die fremd gewordene traditionelle Welt verbunden ist. Erst mit dem Zionismus und mit dem, was Sander Gilman die „Erfindung des Ostjuden" genannt hat,[25] wird diese ambivalente Faszination zur Begeisterung für alles, was aus der bürgerlich-urbanen Perspektive als traditionell jüdisch erscheint.

Nun gibt es zwar keine bekannteren Prager Vertreter dieses literarischen Genres;[26] das Vokabular der Ghettogeschichte ist aber in Texten über die Prager Judenstadt allgegenwärtig. Alfred Meissners „Prager Judengeschichte" *Lemberger und Sohn* (1865) beginnt mit einer Beschreibung des jüdischen Viertels, die den einschlägigen Passagen aus Franzos' Erzählungen zum Verwechseln ähnlich sieht:

Ganz nahe dem Mittelpunkte Prags [...] existiert wie im Versteck ein so desolater Häuserkomplex, dass sein Anblick den Besucher an die ödesten und verwildertsten Quartiere einer herabgekommenen italienischen Stadt mahnt. [...] Tiefgeschwärzte, ungesund und baufällig aussehende Häuser von einer wahrhaft grotesken Difformität treten bald so nahe zusammen, als wollten sie jedem Sonnenstrahl, der hereinfallen möchte, den Zutritt verwehren [...]. Aus den kellerähnlichen Gelassen und Spelunken im Erdgeschoss der Häuser blicken fremdartige, verwitterte Gesichter mit schwarzem Haar, brennenden Augen: hier handeln einzelne alte, unverfälschte Juden mit [...] Trödel aller Art und müssen durch lange Übung die Fähigkeit erlangt haben, im Finstern zu sehen [...].[27]

Hier sind bereits jene rhetorischen Konventionen vorbereitet, die das literarische Bild des Ghettos im Prag der Jahrhundertwende prägen. Zugleich ist gegenüber den klassischen Ghettogeschichten eine unscheinbare, aber bedeutsame Verschiebung zu beobachten: Das Ghetto befindet sich nicht in der fernen Provinz, sondern „ganz nahe dem Mittelpunkte Prags". Die Räume der Assimilation und der Tradition, Peripherie und Zentrum, treffen mitten in der Stadt aufeinander.

Als Bildspender für den Topos ‚Judenstadt' nicht weniger einflussreich sind die Gespenster-, Kolportage- und Kriminalgeschichten des 19. Jahrhunderts, ein genuin großstädtisches Genre mit einem besonderen Faible für die dunkle Seite der modernen Metropole. So gerät in Wilhelm Raabes Novelle *Holunderblüte* (1863) ein deutscher Medizinstudent „in das namenlose

Gewirr von Gassen und Gässlein"[28] der Josefstadt, in ein Labyrinth also, das klassische Symbol der unübersichtlich gewordenen Großstadt, die dem herumstreifenden *Flaneur* eine verlockende Vielzahl neuer Selbstentwürfe verheißt, damit aber zugleich auch Angst vor dem drohenden Selbstverlust weckt. In diesem ambivalenten Raum begegnet Raabes Student der schönen Jüdin Jemima, die ihn wie ein „zierliche[s] Irrlicht [...] kreuz und quer durch die abscheulichsten Winkel, Gassen und Durchgänge" auf den alten Friedhof lockt und den Helden dort alsbald verführt.[29]

Die Motive der *femme fatale* und des labyrinthischen Gassengewirrs voller unheimlicher Gestalten verweisen auf den Topos des gefährdeten Subjekts in der modernen Großstadt und die Muster der urbanen Kriminalliteratur. Die Josefstadt wandelt sich damit auch literarisch zu jener Schattenseite der modernen Stadt, die sie als Armen- und Bordellviertel nach der Aufhebung des Ghettos geworden ist.

Im Gegensatz zur fast ausschließlich deutschsprachigen Ghettogeschichte spielt hier auch die tschechische Literatur mit ihrer reichen Tradition der Fantastik und des Pitavals – Josef Svátek, Jakub Arbes oder Jiří Karásek ze Lvovic sind hier als Autoren zu nennen – eine Rolle. Die literarischen Imaginationen der städtischen Halb- und Unterwelt Prags lokalisieren sich mit Vorliebe in der Josefstadt. Karel Krejčí hat das anhand einer ganzen Reihe deutscher, tschechischer und englischer Texte gezeigt,[30] und Peter Demetz weist auf die Verbindungen dieser Schauerromane mit dem aufkommenden militanten Antisemitismus hin.[31] Besonders der alte Friedhof zieht die Trivialliteratur des fin-de-siècle mit ihrer Vorliebe für Tote und Untote an wie kein zweiter Ort. Gespenster und Wiedergänger bevölkern ihn; und in Meyrinks okkultistisch inspirierter Version ist auch der Golem mitsamt seiner menschlichen Doppelgestalt – *Athanasius* Pernath – ein Untoter.

4.

Sagen- und Legendensammlungen, die Ghettogeschichte sowie die urbane Kolportage- und Kriminalliteratur liefern das Bildmaterial für jenen imaginären Ort, der nach dem Abriss an die Stelle des verschwundenen jüdischen Viertels tritt. In der Raumstruktur des Ghettos zeigt sich die Verstrickung von Identität und Alterität, die Komplizenschaft von Ausgrenzung und Identitätsbildung, die sich gegenseitig bedingen: Als Verräumlichung sozialer Ausgrenzung schlechthin weist das Ghetto den Ausgegrenzten gleichzeitig immer auch eine Identität zu.³² Indem sich im Fall des Prager Ghettos die literarische Imaginationsgeschichte der fremdartigen vormodernen Stadt und jene der unheimlichen Kehrseite der modernen Großstadt verschränken, vervielfacht sich diese Kodierung des Anderen und bietet Anschlussmöglichkeiten für die konkurrierenden Entwürfe kollektiver Identität im heterogenen und zunehmend nationalisierten Prag des frühen 20. Jahrhunderts. Vor dem Hintergrund des Stadtumbaus erfährt das konventionalisierte literarische Vokabular spezifische Neukodierungen. In ihnen lebt die symbolische Raumstruktur des Ghettos weiter, auch wenn die materielle Grundlage verschwindet. Die literarischen Beschreibungsmuster des realen Ghettos werden zu identitätspolitischen Denkbildern.

Die Assanierung wurde 1887 vom Magistrat beschlossen, ab 1893 umgesetzt und zog sich bis zum Ersten Weltkrieg hin.³³ Obwohl schließlich nur ein Bruchteil der ursprünglichen Pläne verwirklicht wurde, stellt sie den größten je geplanten Eingriff in die historische Bausubstanz Prags dar: Er umfasste nicht nur das gesamte ehemalige Ghetto, sondern auch beträchtliche Teile der Alt- und der Neustadt. Dieser Stadtumbau fand seine Begründung in hygienischen und sozialen Missständen und war zeittypisch am Prinzip der Zirkulation (Wasser, Verkehr, Licht, Waren, Kapital in Form von Bodenrenten) orientiert.³⁴

Die für ein solches Projekt charakteristische Fortschritts- und Hygienerhetorik weist vielfache Berührungspunkte mit dem literarischen Diskurs auf. Unordnung, Schmutz und Dunkelheit, gegen die die Promotoren der Assanierung in den Spalten der zeitgenössischen Presse anschreiben, sind auch die literarischen Embleme des Ghettos. So beklagt man sich in Zeitschrift *Zlatá Praha* (*Das goldene Prag*), dass sich „in nächster Nachbarschaft" zum „Eingang in die moderne Stadt" ein „ekelhaftes Labyrinth krummer enger Gassen, erfüllt von mephitischen Gerüchen" befinde: „Warum weit in den Osten reisen, wenn man den vernachlässigtsten Winkel von Stambul mitten in der tschechischen Hauptstadt finden kann!"³⁵ und Ignát Herrmann schreibt in einem Bildband über das im Verschwinden begriffene Viertel: „Was in einer Grosstadt [sic] die Kloake in Bezug auf die Hygiene bedeutet, das wurde [...] in moralischer Beziehung das Fünfte Viertel für Prag. In seinen engen, dunklen übelriechenden Gässchen floss seit langem der ganze Unrat zusammen, hierher gravitierte das ganze materielle und sittliche Elend."³⁶ Bezeichnenderweise ist der maßgebliche Plan des Stadtgeometers Alfred Hurtig mit *Finis Ghetto* betitelt, obwohl seine Regulierungsvorschläge weit über die Josefstadt hinausgreifen.³⁷

Ebenso stark wie die Motivation, ein Elendsviertel zu beseitigen, ist das Repräsentationsbedürfnis des wirtschaftlich und politisch erstarkten tschechischen Bürgertums. Vom seit 1882 tschechisch dominierten Magistrat initiiert, zielt das städtebauliche Projekt von Anfang an auch auf eine repräsentative Neuinszenierung Prags als tschechischer Metropole, als *naše zlatá slovanská Praha* (unser goldenes slawisches Prag), wie es der damalige Bürgermeister Tomáš Černý zu nennen pflegte. Die radikalen Abrissvorhaben weckten in einem Teil der tschechischen Öffentlichkeit jedoch auch Widerstand. Vilém Mrštíks Pamphlet *Bestia triumphans*,[38] in welchem der prominente Autor die Zerstörung historisch bedeutsamer Gebäude vor allem in der Umgebung des Altstädter Rings als Plünderung des nationalen Erbes brandmarkt, markiert den Höhepunkt einer erregten Debatte über den Umgang mit der historischen Bausubstanz. Sie mündete in einen langwierigen Kampf um *Stará Praha* (*Alt-Prag*), das vom konservativen Flügel der tschechischen nationalen Emanzipation zunehmend zum Monument der Nationalgeschichte stilisiert wurde.[39] Das groß angelegte Projekt der Neuschöpfung eines repräsentativen Stadtraums wird zwar durch die tschechische Nationalbewegung getragen, scheitert aber letztlich auch an deren inneren Widersprüchen.

An ein und demselben Ort kollidieren somit gleich mehrere symbolische Geographien: das ehemalige Ghetto als Chiffre jüdischer Identität oder als Schauplatz für modische Gespensterromane, das neu zu bauende Viertel als Ausdruck des ökonomischen Aufschwungs eines selbstbewussten tschechischen Bürgertums und der nationale tschechische Gedächtnisort, zu dem die historische Bausubstanz in der unmittelbaren Umgebung des Ghettos stilisiert wird. Im Moment des gesellschaftlichen und städtebaulichen Umbruchs gewinnt die Koppelung von Raum und kollektiven Identitäten neue Aktualität. Das gängige Bild von Prag als ‚Dreivölkerstadt' (‚Tschechen', ‚Deutsche', ‚Juden') lässt sich vor diesem Hintergrund auch als Ausdruck konkurrierender Entwürfe der Stadt lesen.

Das kann man auch an den literarischen Repräsentationen der Josefstadt beobachten: Ist das Ghetto im Allgemeinen schon ein Paradebeispiel für die enge Verbindung von Raum und kollektiver Identität, so ermöglicht gerade das Verschwinden des gebauten Ghettoviertels, dass die literarischen Motive von bloßen Beschreibungsmustern zu eigentlichen Topoi werden, zu Denkbildern, die im Dienst von konkurrierenden Identitätspolitiken die Lokalisierung eines jeweils Anderen ermöglichen.

Deutlich wird das an den Formen, in denen die traditionelle literarische Motivik des Ghettos in Prag fortgeschrieben wird. In den Historienromanen von Zikmund Winter und seinem späten Nachfolger Leo Perutz, die um die legendäre Herrschaft Rudolfs II. in Prag kreisen, spielt das Ghetto mit dem Wunderrabbi Löw und dem sagenhaft reichen Mordechai Meisl eine wichtige Rolle als Gegenpol zum politischen und gesellschaftlichen Machtzentrum, der Burg. In vielen Texten über das nunmehr verschwundene Viertel, die nach 1900 entstehen, ist die Judenstadt aber auf weitaus aggressivere Weise ein Ort des Anderen. Die sich hartnäckig haltenden einschlägigen Stereotype erfahren nicht selten eine deutliche Wendung ins Antisemitische. Vor dem Hintergrund der Ghettogeschichte erscheinen die Schilderungen der Judenstadt in Gustav Meyrinks *Golem* (1915) sehr vertraut:

> Da stand ich plötzlich in einem düsteren Hofe und sah durch einen rötlichen Torbogen gegenüber – jenseits der engen, schmutzigen Strasse – einen jüdischen Trödler an einem Gewölbe lehnen, das an den Mauerrändern mit altem Eisengerümpel, zerbrochenen Werkzeugen, verrosteten Steigbügeln und Schlittschuhen und vielerlei anderen abgestorbenen Sachen behangen war. [...] Wie eine menschliche Spinne kam er mir vor, die die feinsten Berührungen ihres Netzes spürt, so teilnahmslos sie sich auch stellt.[40]

In Meyrinks *Golem*, aber auch in vielen anderen Texten wie zum Beispiel Paul Leppins *Gespenst der Judenstadt* (1919), kann man beobachten, wie sich diese konventionalisierte Rhetorik ins Drastische steigert und – zumindest dem heutigen Leser – ihre Verwandtschaft mit dem Vokabular des modernen Antisemitismus offenbart:

> In der Mitte von Prag, wo sich jetzt hohe und lustige Zinshäuser zu breiten Strassen aneinanderschließen, stand noch vor zehn Jahren das Judenviertel. Ein schiefes, düsteres Gewinkel, aus dem kein Wetter den Geruch nach Moder und feuchtem Gemäuer wegzublasen vermochte [...]. Der Schmutz und die Armut stanken hier um die Wette, und aus den Augen der Kinder, die hier aufwuchsen, blinzelte eine stumpfe, grausame Verderbtheit.[41]

Bei Meyrink wie bei Leppin mischen sich die antisemitischen Klischees mit der kriminalistischen Faszination für die städtische Unterwelt: Die Hauptfigur in Leppins Erzählung ist eine Prostituierte, die durch den Abriss des Ghettos ihre Heimat verliert und daran zu Grunde geht. In seinem literarischen Fortleben ist das beseitigte Viertel der Ort des ausgegrenzten Anderen schlechthin – der jüdischen Bevölkerung, aber auch des Elends der modernen Großstadt.

Neben dem stereotypen Fortleben der einschlägigen Motive in diesen Literarisierungen des Armenviertels gibt es in Prag aber auch differenziertere

Gegenerzählungen zum plakativen Ausgrenzungsbild, in denen die komplizenhafte Verstrickung von Alterität und Identität fassbar wird. In einem späten Nachfolger der klassischen Ghettogeschichte, einer kurzen Erzählung von Hans Natonek mit dem schlichten Titel *Ghetto* (1917) kommt ein Knabe an einem Feiertag mit seinem Vater zum ersten Mal „in das engbrüstige Dunkel des Prager Ghetto", eine für ihn, den säkular erzogenen Bürgerssohn aus der Neustadt und kleinen *Flaneur* an der Hand des Vaters, fremde und doch vertraute Welt: „[D]as alles war so bedrückend fremd, und doch war etwas in den Zügen der Knaben, in den Augen etwas, das mir stumm ‚Bruder!' zurief […]". Beunruhigt bestürmt er den Vater mit Fragen, erhält aber nur zögernde Antworten, die sich der Klischees von Schmutz und Dunkelheit bedienen: „‚Was ist das – Ghetto?' – ‚Hier leben die Juden, von der übrigen Welt abgesondert, nach uralten Gesetzen.' – ‚Und warum leben wir nicht hier und alle die anderen, die oben in der neuen Stadt wohnen?' – ‚Weil es hier ungesund ist, dunkel und feucht.'" Schließlich mündet der innere Kampf, den der Vater mit sich austrägt, in erlösende Trauer: „Als ich zu ihm emporsah, blickte ich in ein von Schluchzen zerrissenes Männergesicht. Ich warf mich vor ihm nieder und rief weinend: ‚Segne mich, Vater!' […] Unsere Tränen netzten die stille, dunkle Judengasse. In den niedrigen Häuschen hatten auf weißen Tischen sich die Sabbathlichter entzündet."[42]

Anders als bei Kompert oder Franzos ist Natoneks Prager Sabbatszene nicht mehr einfach eine Verklärung der Familie[43] im Zeichen der erstrebten bürgerlichen Ordnung. Die Rückkehr zu den verleugneten Wurzeln erscheint vielmehr als Befreiung von den Zwängen des bürgerlichen Gefühlshaushalts, und die Sabbatlichter ermöglichen die heilsame Rückkehr in den Schoß der abgelegten Tradition. Was in ihnen aufleuchtet, ist das Konzept einer neuen kollektiven jüdischen Identität – aufgebaut auf denselben Motiven, die bei Meyrink und Leppin in ihrer negativen Form zum Arsenal des Antisemitismus zählen.

Im Zusammenhang mit dem aufkommenden Zionismus, der in Prag durch die intensive Rezeption Martin Bubers eine eigenständige Ausprägung als kulturnationales Projekt erfährt,[44] gewinnt die Ghettogeschichte neue Virulenz. Natoneks Text erscheint als Protokoll einer schmerzlichen Rückkehr in eine verworfene, doch jetzt für besser befundene Vergangenheit. Die Problematik jüdischer Assimilation wird im Raum metaphorisiert. Das Schtetl kann jetzt plötzlich der Ort einer neu entworfenen jüdischen Identität sein, denn dort scheint das aufzugehen, was Marc Augé die „Gleichung des anthropologischen Ortes" genannt hat: „Boden = Gesellschaft = Nation = Kultur = Religion".⁴⁵ Die zionistisch inspirierte Rückkehr zur identitätsstiftenden Tradition vollzieht sich für das assimilierte Bürgertum durch die Rückkehr zum Territorium. Sie macht es möglich, den konkurrierenden Nationalismen eine eigene kollektive Identität entgegenzusetzen, die ihre Form unter anderem im Prager Entwurf eines Kulturzionismus findet.⁴⁶

In der prononciert jüdischen Literatur aus dem Prag der 1910er Jahre zeichnet sich so eine urbane Variante und Fortsetzung der Ghettogeschichte ab. Sie verfügt nicht mehr über den ethnographisch distanzierten Blick zurück auf das fremd gewordene Ghetto, denn der Raum des traditionellen Lebens befindet sich nicht in der geographischen Ferne der böhmischen oder galizischen Provinz, sondern ist mitten in die Stadt gerückt und wird überlagert vom neuen Raum der bürgerlichen Assimilation. Ghetto und Großstadt existieren nicht nebeneinander, sondern übereinander.

Im selben Sammelband wie Natoneks Geschichte ist auch eine Erzählung von Oskar Baum mit dem Titel *Das junge Geschlecht* enthalten. Die Auseinandersetzung um jüdische Identität findet hier als Konflikt zwischen Bruder und Schwester (sie begeisterte Zionistin, er Mitglied einer deutschnationalen Studentenverbindung) statt – bezeichnenderweise „im obersten Stockwerk eines der sichtlich modernen Mietshäuser auf dem Boden des alten Ghetto".⁴⁷ Der neue Raum, obwohl „sichtlich modern", steht „auf dem Boden des alten Ghetto": Das Prager Judenviertel erscheint als eigentlicher Chronotopos der Assimilation.

Auf der Folie des neuen urbanen Repräsentationsraums großbürgerlicher Identität hebt sich nach wie vor das Raumbild einer vormodernen Vergangenheit ab. Der Stadtraum funktioniert hier nicht auf indexikalische Weise als Schauplatz oder Gedenkort, sondern verweist als Symbol auf ein abwesendes Anderes – er macht das Vergangene gerade dadurch präsent, indem er sich radikal davon unterscheidet. Die Rückkehr zum Volk, zum Territorium, zum Ghetto impliziert freilich schon in ihrer Struktur die Großstadt: Genau diese ist es nämlich, die durch ihre heterogene Raum- und Sozialstruktur das Territorium der kollektiven Identität als bedroht erscheinen lässt. Im fixen Blick zurück auf das Ghetto ist die Metropole gewissermaßen als Negativabdruck immer mit enthalten. Die moderne Großstadt ist der Ausgangspunkt, der die imaginative Rückkehr in die magische alte Stadt erst ermöglicht – als touristisches Sehmuster hat diese Konstellation in Prag bis heute überlebt.

An der Überlagerung der literarischen Motive des traditionellen Ghettos und der unheimlichen Großstadt lässt sich beobachten, wie eng die Identitätsdiskurse des frühen 20. Jahrhunderts mit modernen Urbanisierungsprozessen verknüpft sind. Schon in Meissners *Lemberger und Sohn* steht dem Ghetto, in fast prophetischer Vorwegnahme der Assanierung, die Vision einer modernen Stadt gegenüber. An die Stelle des alten Viertels tritt aber nicht irgendein beliebiger Neubau, sondern ein Warenhaus:

Anderswo wäre ein solches Proletarierquartier im Herzen der Stadt, dicht neben den elegantesten Plätzen, eine Unmöglichkeit. Längst wären diese schwarzen, rissigen, seit Jahrhunderten nicht wieder getünchten Mauern unter der Haue zusammengebrochen, und ein schmucker Basar, mit Dielen von Marmor, die Mauern mit Stuck belegt, mit Glas gedeckt, von tausend Gasflammen beleuchtet, böte abends dem promenierenden Publikum seine lachenden Waren zur Schau.[48]

Der bauliche Kontrast zwischen dem „Proletarierquartier" und den Errungenschaften der Industrialisierung (Glasdächer und Gasbeleuchtung) hat seine Parallele in den unterschiedlichen Modellen der Warenzirkulation: Dem Klischee des jüdischen Trödlers aus dem Ghetto wird der Inbegriff des bürgerlichen Kapitalismus, das moderne Warenhaus, gegenüber gestellt. In dieser Verschränkung der Bilder verbindet sich der soziale Diskurs der Ausgrenzung und Assimilierung mit dem ökonomischen der Warenzirkulation und dem räumlichen des modernen Stadtumbaus.

5.

Die moderne Faszination für die vormoderne Stadt zeigt sich in vielfältigen Varianten und Fortschreibungen des Ghetto-Topos auch in anderen Textsorten und Medien. Gleichzeitig mit ihrer intensiven Literarisierung werden die krummen Gassen und Häuser zum zentralen Motiv in den nachhaltig wirkenden *Golem*-Filmen Paul Wegeners. In parodistischen Gegenerzählungen wird das romantische Pathos gebrochen, etwa in Egon Erwin Kischs Reportagen oder in einem Vaudeville des avantgardistischen Prager Schauspielerpaars Voskovec+Werich (mit einer umwerfenden *Schauerballade über den Golem und wie er von der Lust gepackt wurde*).[49] Abschließend soll indes auf eine Spielart des Ghetto-Topos eingegangen werden, die sich im literaturkritischen Diskurs findet, und die den identitätsstiftenden Ort noch einmal auf überraschende Weise neu definiert.

In den Jahren nach 1910 entbrennt in der deutschsprachigen wie auch in der tschechischen Presse eine Debatte um einen ‚Prager Roman', um einen

Text, der den spezifischen *Genius loci* Prags gültig festhalten würde.[50] Auch diese Idee eines kanonischen Stadttexts steht ganz im Zeichen der Auseinandersetzungen um den städtischen Raum als identitätsstiftendes Territorium eines nationalen Kollektivs. Zudem verknüpft sie die für nationale Identitätsdiskurse zentrale Kategorie des Raums mit der nicht weniger wichtigen Denkfigur der Produktion einer repräsentativen nationalen literarischen Kultur.[51] In diesem Zusammenhang erfolgt von tschechischer Seite bald der Vorwurf an die deutschsprachigen Autoren, sie seien gefangen in der bizarren Welt des alten Ghettos und könnten oder wollten die Existenz einer modernen Metropole gar nicht wahrnehmen. So beklagt sich der Literaturkritiker Arne Novák über Gustav Meyrink und seinen *Golem*:

> Über das wirkliche Leben Prags weiß der Autor des *Golem* gar nichts – oder besser gesagt: er will nichts wissen. Ganz absichtlich verschweigt er, dass um die groteske Insel des Ghettos herum Industrie- und Geschäftsleben, wissenschaftliches und künstlerisches Streben, die frohe, jugendliche Brandung eines gesunden, fähigen Volkes braust und strömt.[52]

Der exotisierende, nicht selten antisemitische Blick des *Golem*-Autors auf das Ghetto wird hier auf den Autor selbst zurück projiziert und schließt ihn vom „wirkliche[n] Leben" der Stadt aus. Der Topos des Ghettos wird zum Teil zweier scharf von einander abgegrenzter Raumkonstruktionen, eines tschechischen und eines deutschen Prag. Die Raumbilder des jüdischen Diskurses wandern in die sprach- und kulturnationalistischen Parallelprojekte der Deutschen und der Tschechen ab. In den Zwanziger- und Dreißigerjahren etabliert sich, besonders durch die Schriften von Pavel Eisner,[53] in der Literaturkritik und in der Germanistik die These, dass die deutschjüdischen Literaten Prags in einem ‚dreifachen Ghetto' gelebt hätten – isoliert von der Mehrheitsbevölkerung durch Religion (jüdisch statt christlich), Sprache (deutsch statt tschechisch) und sozialen Status (bürgerliche Oberschicht). Die Werke dieser Autoren seien eine Literarisierung dieses dreifachen Ghettos.

Die Geschichte des Ghettotopos schlägt hier eine beachtliche Volte: Das literarische Bild wird zu seiner eigenen sozialgeschichtlichen Erklärung. Nichts könnte die besondere Qualität eines Topos besser illustrieren: Es wohnt ihm eine eigene Argumentationslogik inne, die sich verselbständigen und zum Sinn stiftenden Deutungsmuster für die außerliterarischen Realitäten wie für die Literatur selbst werden kann. Besonders wenn Literatur als repräsentative Kulturproduktion verstanden und so eng auf nationale Identitätspolitik bezogen wird wie im Zentraleuropa des beginnenden 20. Jahrhunderts,[54] kann dieser zirkuläre Deutungsprozess große Sogwirkung entfalten.

Die Rede vom dreifachen Ghetto hat die literaturwissenschaftliche Auseinandersetzung mit der so genannten Prager deutschen Literatur in vielfachen, bisweilen merkwürdigen Abwandlungen über Jahrzehnte hinweg geprägt. Sie findet sich in Heinz Politzers Aussage, Kafka hätte „in einem dreifachen Ghetto" gelebt, „dem jüdischen zuerst, das seinerseits von aufsässigen Slawen[!] umgeben war, um die als ein dritter Wall die Verwaltung der altösterreichischen Beamtenschaft gezogen war [...]",[55] in Eduard Goldstückers marxistisch motivierter These, die ‚Prager deutsche Literatur' sei aus der Isolation der deutschjüdischen Bourgeoisie entstanden, die in den düsteren Bildern des alten Prag ihren eigenen Untergang vorausgeahnt hätte,[56] und nicht zuletzt auch in Gilles Deleuze' und Félix Guattaris wirkungsmächtiger Kafka-Studie, wo die mehrfache Ausgrenzungssituation zur Grundlage für Kafkas experimentelle Sprache und die subversive Poetik einer *Kleinen Literatur* erhoben wird.[57]

Hartmut Binder hat unlängst mit viel Erudition die historische Kontrafaktizität dieser Ghettothese belegt.[58] Als Modell für eine historische Lebenswelt hat das ‚dreifache Ghetto' im Licht neuerer sozialhistorischer Studien[59] definitiv ausgedient. Ebenso notwendig, wie den Topos vom dreifachen Ghetto mit einer – wie auch immer zu verstehenden – historischen Realität zu konfrontieren, ist es aber, auf die Mechanismen zu verweisen, die diesem Topos seine über lange Zeit unangefochtene Deutungsmacht verliehen hatten. Seine vielfache Verwendungsfähigkeit erschließt sich gerade in seiner Eigenschaft als symbolisch überdeterminierter und zugleich vager Gemeinplatz. Als rhetorische Ausgrenzungsstrategie schlechthin ist er nicht mehr nur auf die jüdische Bevölkerung gerichtet. Er unterbricht die Kommunikationsräume entlang sprachlicher Grenzen und bringt gleichzeitig das, was innerhalb dieser Grenzziehungen liegt, auf einen Nenner: ‚Deutsche', ‚Juden' und ‚Tschechen' erscheinen als homogene Kollektive.

Der literarische Topos holt auch die Literatur ein: Sie wird festgeschrieben auf einen Kanon und auf dominante Lesarten – magisch, unheimlich, durch den *Genius loci* bedingt –, und in der Charakterisierung als lokalspezifisches Produkt einer isolierten Minderheit ihrer breiteren kulturellen und historischen Kontexte beraubt. Innerhalb dieser Grenzziehungen wird wiederum so Heterogenes wie Natoneks oder Max Brods Kulturzionismus, Kafkas moderne literarische Experimente und Meyrinks oder Leppins Gespensterromane zu einem Kanon der Prager deutschen Literatur und zu einem unspezifischen Hypertext der ‚unheimlichen Stadt' amalgamiert.

6.

In der Literarisierung der Prager Judenstadt und im Topos des dreifachen Ghettos lässt sich beobachten, wie literarische Motivtraditionen sich unter bestimmten historischen Umständen zu einem Denkbild verdichten können. Auch über die materielle Beseitigung des Ghettos hinaus – oder gerade wegen ihr – bleibt der Topos des Ghettos diskursbestimmend. Er dient in der heterogenen modernen Stadt zur Eingrenzung von Identitätsräumen und zur Ausgrenzung des jeweils Anderen. Diese Verortungen sind über die geschichtlichen Brüche der Jahre 1918 und 1939–1945 hinaus erstaunlich konstant. Sie erweisen sich als vielfach kodierbar und dienen immer wieder von neuem als Sehmuster für die Erschließung des städtischen Raums und die Deutung urbaner Realitäten. In der zweiten Hälfte des 20. Jahrhunderts wandelt sich das Ghetto vom handfesten Ausgrenzungstopos zu einem harmlosen ‚Ort des Anderen' – zu einer touristisch nutzbaren exotischen Gruselkulisse.

Topoi zeigen am Beispiel Prags ihren spezifischen Doppelcharakter von konkretem Raumbezug und verfestigtem Denkbild, und ihre spezifische Fähigkeit, zugleich Eindeutigkeit zu erzeugen und vieldeutig zu bleiben: Indem sie immer wieder neue Assoziationen und Lesemuster zu liefern vermögen, lassen sie sich als Konsens stiftende Gemeinplätze in verschiedenste konkurrierende Symbolpraktiken und Sinnregulierungsversuche einbinden. Zwischen traditionellen Bildern des Ghettos, Signaturen der Großstadt und der emphatischen Rekurrenz auf einen *Genius loci* oszillieren die verschiedenen Lesarten des Ghetto-Topos. Sie bieten Anknüpfungspunkte auch für heutige Imaginationen des städtischen Raums. Zusammen mit anderen Denkbildern ist das Ghetto Teil eines symbolischen Surplus von Prag, das als Image-Kapital genutzt wird, sowohl in den konkurrierenden Identitätspolitiken innerhalb der Stadt zu Beginn des 20. Jahrhunderts wie auch heute gegen außen in einer europäischen Städtekonkurrenz.

Heute wie damals macht der Topos indes nicht nur Stadträume lesbar, er rückt auch anderes aus dem Blickfeld. Die krummen Gassen in den Köpfen verhindern eine konkrete Auseinandersetzung mit der problematischen Geschichte des Orts und stützen einen Gedächtnistourismus, der auch heutige Realitäten allzu oft aus der Wahrnehmung verdrängt. Ein eigenwilliges Sinnbild für den Umgang mit diesem Raum könnte man in einer der wohl bizarrsten Statuen sehen, die die Prager Denkmallandschaft zu bieten hat, Ladislav Šalouns *Rabbi Löw* beim Neuen Rathaus (1912): Eine verhüllte, vornüber gebeugte Gestalt steht mit dem Rücken zur Wand des Rathauses und streckt ihre langfingrigen Hände in die Richtung der Josefstadt aus, deren einstige Grenze auf der gegenüberliegenden Seite der Gasse verläuft – als müsste der steinerne Rabbi, fest auf dem Boden der neu gebauten Stadt stehend, die verschwundene alte Stadt unablässig heraufbeschwören.

Anmerkungen

1 Vgl. z.B. http://www.golemtour.cz, [25.1.2005].
2 Karl BAEDEKER, Handbuch für Reisende in Deutschland und dem oesterreichischen Kaiserstaate, Koblenz ³1846, S. 198–199.
3 Sigrid WEIGEL, Ingeborg Bachmann. Hinterlassenschaften unter Wahrung des Briefgeheimnisses, Wien 1999, S. 360.
4 Vgl. http://www.jewishmuseum.cz/cz/czword.htm, [1.12.2004].
5 Jiří HRŮZA (Hg.), Pražská asanace, Praha 1993; Cathleen GIUSTINO, Tearing Down Prague's Jewish Town. Ghetto Clearance and the Legacy of Middle-Class Ethnic Politics Around 1900, Boulder 2003.
6 GIUSTINO, Tearing Down, S. 172; zur Sozialstruktur des Prager Judentums vgl. auch Gary B. COHEN, The Politics of Ethnic Survival. Germans in Prague 1861–1914, Princeton 1981.
7 Vgl. dazu auch Detlef HOFFMANN (Hg.), Das Gedächtnis der Dinge. KZ-Relikte und KZ-Denkmäler 1945–1995, Frankfurt a.M. 1998.
8 Pierre NORA, Between Memory and History: Les Lieux de Mémoire, in: Representations 26 (1989), S. 7–25, hier S. 8.
9 NORA, Between Memory and History, S. 12.
10 Vgl. WEIGEL, Ingeborg Bachmann, S. 360.
11 Vgl. Dirk RUPNOW, Täter – Gedächtnis – Opfer. Das „Jüdische Zentralmuseum" in Prag 1942–1945, Wien 2000.
12 Vgl. Richard SENNETT, Flesh and Stone. The Body and the City in Western Civilization, New York–London 1994, S. 212–251.
13 NORA, Between Memory and History, S. 19.
14 Vgl. Martina LÖW, Raumsoziologie, Frankfurt a.M. 2001.
15 Vgl. Sigrid WEIGEL, Topographien der Geschlechter. Kulturgeschichtliche Studien zur Literatur, Reinbek b. Hamburg 1990, S. 53.
16 Vgl. http://www.jaroslav-rona.cz/cz/pomnik.html, [25.1.2005].
17 Dirk HOFFMANN, Paul Leppin. Eine Skizze mit einer ersten Bibliographie der Werke und Briefe, Bonn 1982, S. 71–72.

18 Sippurim. Geschichten aus dem alten Prag, hg. von Peter DEMETZ, Frankfurt a.M. 1994.
19 Vgl. Chajim BLOCH, Der Prager Golem. Von seiner „Geburt" bis zu seinem „Tod". Nach einer alten Handschrift bearbeitet von Chajim BLOCH, Wien 1919.
20 Sippurim, S. 361–376; Peter DEMETZ, Die Legende vom magischen Prag, in: DERS., Böhmische Sonne, mährischer Mond. Essays und Erinnerungen, Wien 1996, S. 143–166, hier S. 154.
21 Vgl. Gabriele von GLASENAPP, Aus der Judengasse. Zur Entstehung und Ausprägung deutschsprachiger Ghettoliteratur im 19. Jahrhundert, Tübingen 1996.
22 W. G. SEBALD, Westwärts – Ostwärts. Aporien deutschsprachiger Ghettogeschichten, in: DERS., Unheimliche Heimat. Essays zur österreichischen Literatur, Frankfurt a.M. 1995, S. 40–64, hier S. 44.
23 Zit. n. SEBALD, Westwärts – Ostwärts, S. 47.
24 Zit. n. SEBALD, Westwärts – Ostwärts, S. 48.
25 Sander GILMAN, Jüdischer Selbsthass. Antisemitismus und die verborgene Sprache der Juden, Frankfurt a.M. 1993, S. 190–192, 202 (engl. Original 1986).
26 Vgl. von GLASENAPP, Aus der Judengasse, S. 135–151 über Leopold Weisel und Salomon Kohn.
27 Alfred MEISSNER, Lemberger und Sohn. Eine Prager Judengeschichte, Berlin 1865, S. 3–4.
28 Wilhelm RAABE, Holunderblüte, in: DERS., Erzählungen, hg. v. Karl HOPPE, Hans OPPERMANN, Hans PLISCHKE, Göttingen 1962, S. 86–119, hier S. 95 (Sämtliche Werke 9.1).
29 RAABE, Holunderblüte, S. 95.
30 Karel KREJČÍ, Praha legend a skutečnosti, Praha 1967, S. 297–341.
31 DEMETZ, Legende, S. 159–163.
32 Vgl. SENNETT, Flesh and Stone, S. 217.
33 Der legislative Prozess, der zur Verwirklichung des Stadtumbaus führte, zog sich über mehr als ein Jahrzehnt bis in den Januar 1887 hin. Das mit der Umsetzung beauftragte ‚Assanierungsbüro' nahm seinen Betrieb 1893 auf, die ersten baulichen Maßnahmen fielen ins Jahr 1896. Vgl. GIUSTINO, Tearing Down, S. 6, 88, 122; Kateřina BEČKOVÁ, Asanace – zatracovaný i obdivovaný projekt obce Pražské. Příspěvek k dějinám pražské asanace, in: HRŮZA, Pražská asanace, S. 84–99.
34 Vgl. SENNETT, Flesh and Stone, S. 255–281, 324–338.
35 R., ‚Finis Ghetto', in: Zlatá Praha, IV (1887), Nr. 22, S. 350, [Übersetzung GE].
36 Ignát HERRMANN, Aus dem Leben des Fünften Viertels, in: Das Prager Ghetto. Unter Mitwirkung von Ignát HERRMANN, Dr. Jos[ef] TEIGE und Dr. Zikm[und] WINTER, Zeichnungen von A. KAŠPAR, Prag 1903, S. 95 (tschech. Original u. d. T. ‚Pražské ghetto' 1902).
37 ‚Finis Ghetto'. První cenou poctěný návrh městského geometra p. Hurtiga [...] na upravení Židovské čtvrti města Prahy, Abdruck in Zlatá Praha IV (1887), Nr. 22, S. 348; GIUSTINO, Tearing Down, S. 5–8.

38 Vilém MRŠTÍK, Bestia triumphans, in: Rozhledy, VI (1896–1897), S. 551, 588, 633.
39 KREJČÍ, Praha, S. 274–279; BEČKOVÁ, Asanace, S. 88–90.
40 Gustav MEYRINK, Der Golem, Frankfurt a.M. 1992, S. 12–14 (Erstausgabe 1915).
41 Paul LEPPIN, Das Gespenst der Judenstadt, in: Oskar WIENER (Hg.), Deutsche Dichter aus Prag, Wien–Leipzig 1919, S. 199–203, hier S. 199.
42 Hans NATONEK, Ghetto, in: Das jüdische Prag. Hg. von der Redaktion der Selbstwehr, Prag 1917, S. 37–38.
43 SEBALD, Westwärts – Ostwärts, S. 48.
44 Vgl. Giuliano BAIONI, Kafka – Literatur und Judentum, Stuttgart 1994, S. 9–45 (ital. Original 1984).
45 Marc AUGÉ, Orte und Nicht-Orte. Vorüberlegungen zu einer Ethnologie der Einsamkeit, Frankfurt a.M.1994, S. 137 (frz. Original 1992).
46 Vgl. Scott SPECTOR, Prague Territories. National Conflict and Cultural Innovation in Franz Kafka's Fin de Siècle, Berkeley 2000, S. 135–151.
47 Oskar BAUM, Das junge Geschlecht, in: Das jüdische Prag. Herausgegeben von der Redaktion der Selbstwehr, Prag 1917, S. 28–30, hier S. 28.
48 MEISSNER, Lemberger und Sohn, S. 7.
49 Jiří VOSKOVEC, Jan WERICH, Golem. Romatická revue o 11ti obrazech. Hudba Jaroslav JEŽEK, Praha 1931.
50 Gabriela VESELÁ, E.E. Kisch und der Prager deutschsprachige erotische Roman, in: Philologica Pragensia 28 (1985), S. 202–215; SPECTOR, Prague Territories, S. 174–184.
51 SPECTOR, Prague Territories, S. xi, 13–15.
52 Arne NOVÁK, Pražský román? [Ein Prager Roman?], in: Venkov, 12.4.1917, S. 2–4, hier S. 3 [Übersetzung GE].
53 Paul [d. i. Pavel] EISNER, Erotische Symbiose, in: Prager Presse X (1930), 23.3.1930, S. 4; DERS., Milenky. Německý básník a česká žena, Praha 1930.
54 SPECTOR, Prague Territories, S. 25–35.
55 Heinz POLITZER, Franz Kafka: der Künstler, Frankfurt a.M. 1978, S. 27 (engl. Original u. d. T. ‚Franz Kafka: Parable and Paradox', 1966).
56 Eduard GOLDSTÜCKER, Die Prager deutsche Literatur als historisches Phänomen, in: DERS. (Hg.), Weltfreunde. Konferenz über die Prager deutsche Literatur, Berlin 1967, S. 21–45.
57 Gilles DELEUZE, Félix GUATTARI, Kafka. Für eine kleine Literatur, Frankfurt a.M. 1976, S. 24–39 (frz. Original 1975).
58 Hartmut BINDER, Paul Eisners dreifaches Ghetto. Deutsche, Juden und Tschechen in Prag, in: Michel REFFET (Hg.), Le monde de Franz Werfel et la morale des nations / Die Welt Franz Werfels und die Moral der Völker. Actes du Colloque Franz Werfel à l'Université de Dijon, Frankfurt a.M. 2000, S. 17–138.
59 Vgl. Christoph STÖLZL, Kafkas böses Böhmen. Zur Sozialgeschichte eines Prager Juden, München 1975; COHEN, The Politics; Alena WAGNEROVÁ, Im Hauptquartier des Lärms. Die Familie Kafka aus Prag, Frankfurt a.M. 1997.

Wohltätigkeitsfeste, Fahnenschmuck und Militärmusik: Konflikte um den öffentlichen Raum in der Steiermark um 1900

Martin Moll (Graz)

Um 1900 war die Steiermark ein zweisprachiges Land, bewohnt von einer knappen Million Deutsch-Steirer und 400.000 Slowenen.[1] In den Jahren bis zum Ersten Weltkrieg bestimmten Gegensätze zwischen den beiden Volksgruppen das Klima. Hickhack um Postenbesetzungen im öffentlichen Dienst, die Gleichberechtigung der slowenischen Sprache vor Ämtern und Gerichten sowie in den Schulen prägten das Geschehen. Dieser Konflikt bildet den Hintergrund eines bizarren Streits, der im Frühsommer 1901 die Wogen hochgehen ließ.[2] Seine Besonderheit liegt darin, dass diesmal die *Slowenenfrage* nur am Rand mitschwang. Vielmehr handelte es sich um eine Auseinandersetzung um Symbole, die das deutschbewusste Bürgertum mit dem Vertreter des Kaisers im Herzogtum, dem Statthalter Manfred Graf Clary und Aldringen, austrug: Mitte Juni 1901 hatte Clary im Grazer Burggarten, gleich neben dem Amtssitz der Statthalterei, ein dreitägiges Fest organisiert, dessen Ertrag dem Steirischen Notstandsfonds zufließen sollte. Im Vorfeld hatte Clary dafür gesorgt, dass die vom Grazer Bürgermeister gewünschte Ausschmückung des Festgeländes mit schwarz-rot-goldenen Fahnen – dem Symbol des groß- bzw. gesamtdeutschen Gedankens – unterblieb.[3] Dies trug ihm scharfe Kritik von Seiten deutschnationaler Politiker ein.

Eine Menge lässt sich daraus lernen über den Stellenwert politischer Symbole in jener Zeit und über die Erbitterung, mit der um die Präsenz jener Symbole im politisch aufgeladenen, öffentlichen Raum gerungen wurde. Ferner kann anhand der Flaggenaffäre ein Szenario sowohl der steirischen Parteien als auch ihrer Presse gezeichnet werden. Von allen politischen Kräften im Land und ihren Zeitungen liegen Aussagen pro oder contra vor. Sie ermöglichen es besser als langatmige Ausführungen, eine politische Landschaft zu skizzieren, indem die Stellungnahmen zum Fahnenstreit als Ausdruck ideologischer Standpunkte verstanden werden. Schließlich lassen sich Erkenntnisse gewinnen über das spannungsreiche Verhältnis zwischen der kaiserlichen Zentralgewalt einerseits, der von deutschnationalen Kreisen dominierten Landespolitik und der Grazer Gemeindevertretung andererseits. Damit wird deutlich, dass Nationalitätenkonflikte nicht auf den Gegensatz von Deutschen und Slowenen beschränkt blieben. Der Zentralstaat – angeblich über den Parteien stehend – konnte in substanziellen Fragen keine neutrale Haltung einnehmen. Um eine solche Frage handelte es sich bei der Erwägung, welche Beflaggung bei einem derartigen Fest zugelassen war. Gestattete der Statthalter die schwarz-rot-goldene Beflaggung, war mit einem Proteststurm der Slowenen zu rechnen. Lehnte er sie ab, fühlte sich das deutsche Lager vor den Kopf gestoßen. Ich plädiere nachstehend dafür, solche Konflikte als Politik gewordene Ideologie zu untersuchen.[4]

Schwarz-rot-gold bildete nicht nur in der Steiermark einen Stein des Anstoßes. Gerade in der Zeit um die Jahrhundertwende hatten sich Verwaltung und Rechtsprechung mit der Frage zu befassen, ob diesen Farben eine politische Aussage innewohnte. So hatten die Behörden in Mähren und Krain Ansuchen deutscher Turnvereine um Genehmigung ihrer Vereinsfarben in schwarz-rot-gold abschlägig beschieden, obwohl den slowenischen Turnern in Krain das Führen ihrer nationalen Farben weiß-blau-rot gestattet worden war. Als Begründung führten sie an, damit würden sich die Turner auf das untersagte Feld der Politik begeben. In zwei Entscheidungen von Anfang 1900 gab das Reichsgericht den Sportlern Recht.[5] Schwarz-rot-gold beinhalte wohl eine nationale, nicht jedoch eine politische Aussage, so das Höchstgericht in seiner naiv anmutenden Auslegung.

In der Steiermark war um 1900 das Verhältnis der gewählten Vertretung des Kronlandes bzw. der Landeshauptstadt zum Gesamtstaat überaus gespannt. Nur wenige Jahre lagen jene als Badeni-Unruhen bekannten Ereignisse zurück, die Ende 1897 eine der schwersten politischen Erschütterungen in der Geschichte der Monarchie im Gefolge gehabt hatten.[6] Aus Protest gegen die von der Regierung Badeni beabsichtigte Gleichstellung der deutschen und tschechischen Sprache in Böhmen war es in den Alpenländern zu Tumulten gekommen, in deren Verlauf in Graz mehrere Zivilisten bei Zusammenstößen mit dem hier stationierten bosnisch-herzegowinischen Infanterieregiment getötet worden waren.[7] Das Begräbnis der Opfer gestaltete sich zu einer von den Grazer Stadtvätern angeführten Massenkundgebung gegen Wien. Die Regierung versuchte vergeblich, den Protest mundtot zu machen, indem sie den Grazer Gemeinderat auflöste. Die Neuwahl stärkte die schon vorher tonangebende deutschnationale Fraktion, die in der Folge die Verlegung des erwähnten Regiments forderte. Die Anwesenheit der Bosniaken sei eine Beleidigung der deutschen Stadt Graz. Als dies nichts fruchtete, änderte man die Taktik und verlegte sich auf ein Mobbing der Soldaten: Die öffentlichen Konzerte der Regimentskapelle wurden boykottiert. Die Stadt subventionierte ein als Ersatz ins Leben gerufenes Orchester, das allerdings 1902 wieder von der Bildfläche verschwand – nicht ohne heftige Debatten im Gemeinderat, wo von einer Kapitulation vor dem Militär die Rede war.[8] Das Verhältnis zwischen der Stadt und dem Militär war auf dem Nullpunkt angelangt. Es handelte sich bei all dem nicht um die Agitation einer kleinen Gruppe deutschnationaler Fanatiker, sondern um eine Auseinandersetzung zwischen der Gemeindevertretung und der Staatsmacht.

Die Heftigkeit der Konflikte zeigte sich darin, dass die Regierung den gescheiterten Statthalter, Olivier Marquis Bacquehem, Ende 1898 durch Manfred Graf Clary und Aldringen ersetzte, dem es in seiner 20-jährigen Amtszeit besser gelang, die Konfrontation mit den Regional- und Lokalgewalten zu vermeiden, freilich um den Preis weitreichender Akzeptanz deren gegen die Slowenen gerichteter Repressionspolitik. In Clarys Amtszeit setzte sich der Konflikt eher unterschwellig fort. So blieb der Statthalter nationalen Denkmalsenthüllungen wie jenen für den Turnvater Jahn oder den Dichter Robert Hamerling fern. Im Gegenzug gestaltete das Militär mehrere Ehrenmale als bewusste Gegen-Denkmäler zum *deutschen* Graz, bei deren Enthüllung sich die notgedrungen anwesenden Vertreter der Stadt den Huldigungen des Hauses Habsburg so weit als möglich zu entziehen trachteten.[9] Ständige Versuche, den öffentlichen Raum mit deutschnationalen Symbolen zu besetzen und kaiserliche Manifestationen in den Hintergrund zu drängen, waren also seit Jahren an der Tagesordnung.

Clary-Aldringen trat ein schweres Erbe an. Wenige andere Städte hatten sich in der Frontstellung gegen Wien derart exponiert wie Graz. Clary konnte allerdings auf einen wertvollen Bonus verweisen: Unmittelbar vor Antritt seiner Stellung in Graz hatte er für wenige Monate als Ministerpräsident Cisleithaniens amtiert und für eine Aussetzung der Badenischen Verordnungen gesorgt, was ihm beim deutschgesinnten Bürgertum große Sympathien einbrachte.[10] Damit war der erste Schritt getan, um die Innenpolitik in ein ruhigeres Fahrwasser zu leiten. Wegen Clarys gewinnender Art und da er an seiner deutschen Gesinnung keinen Zweifel ließ, bestanden gute Chancen, dass es ihm in Graz gelingen würde, die Wogen zu glätten. Froh, den verhassten Bacquehem losgeworden zu sein, brachte ihm die steirische Bevölkerung Vorschusslorbeeren entgegen.[11] Diese verstand Clary zu nutzen – bis das Burggartenfest seinem Entspannungskurs einen Dämpfer versetzte.

Das Klima gestaltete sich freilich schon vorher nicht reibungsfrei, zumal der radikale Flügel des steirischen Deutschnationalismus an einer Befriedung nicht interessiert war. Aus seiner Sicht versprach der Konflikt die Chance auf Profilierung, nicht zuletzt gegenüber den gemäßigten eigenen Parteigängern. Folglich konstruierten die Radikalen immer wieder neue Affären, um den Schulterschluss des steirischen Bürgertums gegen Wien neu zu zementieren: Deutschbewusste Steirer würden von der Zentralmacht systematisch benachteiligt. Symptomatisch ist ein Artikel, den das Sprachrohr dieser Richtung, das radikal deutschnationale *Grazer Tagblatt*, Ende Februar 1901 abdruckte: Angeblich hatte die Statthalterei einen schadenfrohen Bericht über die Faschingsbälle der deutschnationalen Studenten nach Wien geschickt und die Veranstaltungen der klerikalen Konkurrenz gelobt.[12] Aus dem finanziellen Misserfolg der Studentenbälle wollte der Statthalter, so die Zeitung, ein Abflauen der nationalen Strömung konstruieren. Angesichts des Aufbauschens solcher Bagatellen half es wenig, wenn die Statthalterei erklärte, einen derartigen Bericht habe es nie gegeben.[13] Derlei Empfindlichkeiten belegen, dass Clary nach knapp zweijähriger Amtszeit eine Beilegung der Streitpunkte nicht gelungen war.

Der Statthalter kam von außerhalb in die Steiermark und verbrachte hier einen erheblichen Teil seines Lebens. Er identifizierte sich mit seiner neuen Heimat und entfaltete eine Fülle von Aktivitäten. So übernahm er den Vorsitz zahlreicher Wohltätigkeitsvereine und bemühte sich um die Gründung amtlicher wie privater Organisationen, die dem Wohl des Landes dienen sollten.[14] Eine Initiative betraf den Steirischen Notstandsfonds, der rasche Hilfe bei Elementarereignissen leisten sollte.[15] Gedacht war daran, im Katastrophenfall unbürokratisch Mittel des Fonds auszuschütten, der durch die Anforderung staatlicher Hilfsgelder wieder aufgefüllt werden sollte.[16] Um dem Notstandsfonds eine gesicherte Basis zu schaffen, sollte im Burggarten ein dreitägiges Fest abgehalten werden. Konzerte, Theateraufführungen, Lotterien, der Verkauf gespendeter Gemälde wie auch eine allgemeine Sammlung waren dazu bestimmt, Summen bereit zu stellen, die auf andere Weise kaum aufzubringen gewesen wären.[17] Kein Wunder, dass Clary für seinen Plan stürmischen Beifall erntete. Die gemäßigt deutschnationale *Tagespost* lobte ihn als „Mann der Initiative"; er habe erneut „bewiesen, daß er sich ganz als Angehöriger unserer Steiermark fühlt".[18] Das christlich-soziale *Grazer Volksblatt* vermerkte „die freundlichste Aufnahme" von Clarys Initiative, welche „die politischen Gegensätze, die bei uns in Graz nicht so leicht zu überwinden sind, zum Schweigen gebracht" habe.[19] Das Festprogramm wurde vielfach publiziert und dem Publikum ein einmaliges Event in Aussicht gestellt.[20] Die Grazer Gesellschaft ließ es sich nicht nehmen, als Spender und/oder Helfer in Erscheinung zu treten und dafür mediale Aufmerksamkeit zu ernten.[21] Spätestens jetzt, so schien es, war der Statthalter als „Einer von uns" akzeptiert. Das Burggartenfest verfolgte nicht allein humanitäre Ziele. Es ging auch um eine Geste der Versöhnung nach dem Badeni-Wirbel: Im Zeichen einer Wohltätigkeitsveranstaltung sollten Stadt, Land und Statthalter ihre Querelen begraben. Die bosnische Militärkapelle sollte wieder „concertfähig" gemacht und ein Rahmen geschaffen werden, in dem „Freund und Feind sich [...] die Hände zu gemeinsamer Arbeit reichen" konnten.[22] Im sozialdemokratischen *Arbeiterwille* hieß es sarkastisch, „das Nothstandsfest sollte zugleich den Nothstand der bosniakischen Militärkapelle beseitigen". Es gehe um „eine Versöhnung des Bürgerthums mit dem Militär".[23]

Clarys Schachzug war geschickt, wenngleich er mit seiner Hoffnung, der Militärkapelle ein Forum für öffentliche Auftritte zurückzugewinnen, an die Toleranzgrenze des deutschnationalen Lagers stieß. Damit war die Gefahr verbunden, dass die an einer Aussöhnung desinteressierten Kreise die Initiative torpedieren würden. Man kann jedenfalls nicht sagen, dass Clary eine Kompromiss-Strategie verfolgte: Vielmehr sollte vor allem die aufsässige Stadt Graz, die Bannerträgerin des Boykotts der Bosnier, in ihre Schranken gewiesen werden. Bei einem festlichen Anlass, der das schaulustige Publikum in Massen anziehen würde, konnte der Stadtvertretung ihre Isolation vor Augen geführt werden, falls sie nicht von sich aus einlenken würde. Man hatte vermutlich aus dem Rathaus signalisiert bekommen, dass die Stadtväter ihre Boykotthaltung begraben wollten. Als das Grazer Korpskommando im Mai 1901 anfragte, ob gegen einen Auftritt der Militärkapellen bei der kurz nach dem Burggartenfest angesetzten Automobil-Ausstellung Bedenken bestünden, und ausdrücklich erklärte, es könne lediglich eine kombinierte Abstellung von Musikern eines deutschen sowie des bosnisch-herzegowinischen Regiments erfolgen, da erwiderte die Statthalterei, die Konzerte könnten bedenkenlos stattfinden.[24] Wie gespannt die Lage nach wie vor war, ersieht man daraus, dass die Militärs noch bis Ende 1901 bei jedem derartigen Konzert eine Unbedenklichkeitsbescheinigung einholten!

Trotz Clarys harter Haltung schien anfangs eitel Wonne zu herrschen, hatte doch die Grazer Stadtvertretung ihre Mitarbeit zugesagt – wohl wissend, dass sie damit Auftritte der Bosnier akzeptieren würde. Erst die Fahnenfrage brachte einen Misston in die freudige Stimmung – mehr als ein Misston war es vorerst nicht; der Sturm sollte erst nach dem Fest losbrechen. Clary hatte sich an den Grazer Bürgermeister Dr. Franz Graf mit der Bitte um Überlassung geeigneten Fahnenschmucks gewandt.[25] Graf erklärte sich bereit, dem Ansuchen zu entsprechen, stelle aber die Bedingung, es müsse eine schwarz-rot-goldene Flagge im Burggarten gehisst werden. Vor diese Wahl gestellt, verzichtete Clary auf Grafs Angebot. Die Ablehnung fand sofort ihren Weg in die Öffentlichkeit – als Quelle der Indiskretion kommt nur das Rathaus in Frage, wie der gehässige, gegen Clary gewendete Inhalt der umlaufenden Gerüchte bezeugt.

Unmittelbar vor Beginn des Fests sah sich der Statthalter veranlasst, in einem Gespräch mit dem Herausgeber der *Grazer Montagszeitung* zu dem Vorwurf Stellung zu nehmen, er habe ein Verbot der schwarz-rot-goldenen Beflaggung ausgesprochen.[26] Mit geschickten Argumenten stellte Clary dar, dass es nicht um ein Verbot ging, sondern um die Nicht-Annahme der Offerte Grafs. Seine Entscheidung betreffe nur die Burg, die kaiserliches Territorium sei und auf der lediglich die Farben der Dynastie, des Staates und des Landes aufgezogen werden könnten. Dies sei ein durch Tradition gefestigtes *Hausgesetz*, das in der ganzen Monarchie angewandt werde. Auf den Einwand des Interviewers, die deutschgesinnte Bevölkerung würde dennoch an ein Verbot glauben und dieses als eine „feindliche Maßregel" betrachten, replizierte Clary, ein solcher Gedanke liege ihm völlig fern und jeder, der sein Wirken objektiv beurteile, werde ihm dies glauben. Auch habe er dem Bürgermeister freigestellt, die ganze übrige Stadt – auch die an den Burggarten angrenzenden Gebäude nahe dem heutigen Schauspielhaus – zu beflaggen, wie es ihm beliebe.

Im Umlauf war freilich das entgegengesetzte Gerücht, wie der Statthalter einräumen musste. Sodann kam einer der bizarrsten Punkte zur Sprache: Der Bürgermeister hatte – offenbar als Kompromissvorschlag – angeboten, die ominöse Fahne in einem entlegenen, an das städtische Theater angrenzenden Winkel zu platzieren, der außerhalb des kaiserlichen Grundstücks lag. Nicht ungeschickt, versuchte Graf auf diese Weise, Clarys formaljuristisch begründete Haltung zu unterlaufen. Dafür war Graf sogar bereit, einen alles andere als würdigen Aufstellungsort seiner Fahne zu schlucken – es ging eben um die Präsenz der eigenen Symbole bei einer derart massenwirksamen Veranstaltung, um das Flaggezeigen im wörtlichen Sinn.

Hätte Clary den Vorschlag angenommen, wäre ihm viel Ärger erspart geblieben. Seine Ablehnung begründete er damit, dass niemand die Grenze zwischen Kaiser- und Stadtgut genau kenne, weshalb der Winkel von den Besuchern dem Burggrundstück zugerechnet werden würde – wahrscheinlich hatten Graf und seine Mannen genau darauf spekuliert. Es müsse aber seitens einer kaiserlichen Institution jeder Anschein von Parteilichkeit vermieden werden. Außerdem sei der abgelegene Eckplatz der deutschen Fahne nicht würdig.[27] Abschließend betonte der Statthalter, er praktiziere nur eine in der ganzen Monarchie geltende Regel, die sich keinesfalls gegen „deutsche Städte und deutsche Fahnen richte: Wer an die Spitze aller Völker Österreichs gestellt ist, kann nicht Partei sein".

Fast schien es, als wäre es gelungen, den Gegnern den Wind aus den Segeln zu nehmen und die leidige Angelegenheit rechtzeitig vor Beginn des Festes aufzuklären. Der Großteil der Presse verzichtete auf kritische Kommentare zu Clarys Darlegung. Allerdings war ersichtlich, dass die Speerspitze der Deutschnationalen nicht ans Einlenken dachte. Das radikale *Tagblatt* begleitete das Fest vom ersten Tag an mit einer schrillen Begleitmusik und verweigerte jede Berichterstattung über den Ablauf. Heftige Kritik gab es für die *Tagespost*, der byzantinische Liebedienerei vorgeworfen wurde, weil sie die Fahnenfrage totgeschwiegen habe. Die Argumente des Statthalters wurden scharf zurückgewiesen: Wäre ihm an einer alle politischen Gruppierungen einigenden Veranstaltung gelegen gewesen, so hätte er einen anderen Festplatz auswählen sollen, bei dem die deutsche Fahne hätte gehisst werden können. So aber habe diese Fahne eine „beleidigende Zurückweisung" erfahren. Deutschgesinnte Männer und Frauen könnten dieses Fest keinesfalls besuchen.[28]

Das Trommelfeuer des *Tagblatts* tat seine Wirkung. Unmittelbar vor Beginn sagten drei Chöre, unter ihnen der *Grazer Männergesangverein* und der *Gesangverein der Kärntner*, ihre Teilnahme ab. Das Festkomitee ließen sie wissen, „unter den gegebenen Verhältnissen nicht singen zu können".[29] Damit war der Flaggenstreit gemeint. Jedenfalls ging es ganz und gar nicht um eine generelle Ablehnung des Festes, wie die gleichzeitig bekannt gegebene Spende des Grazer Gesangvereins für den Notstandsfond belegt. Im *Tagblatt* war der wahre Grund der Absage nachzulesen. Dort wurde mit Jubel vermerkt, die Vereine hätten einen „deutscher Männer und Sänger würdigen, hocherfreulichen Beschluss" gefasst, den das *Tagblatt* mit den Worten „Heil den deutschen Sängern!" kommentierte.[30] Es ging ums Prinzip: Bekam der Deutschnationalismus, der unter den Sängern eine seiner organisatorischen Basen hatte, nicht das, was er wollte, griff er zum Mittel des Boykotts, selbst auf Kosten eines wohltätigen Zwecks. Eine Kritik an dieser Absage ließ sich nicht ermitteln.[31] Offenbar reichte das Verständnis selbst in sozialdemokratische und christlichsoziale Kreise hinein.

Inzwischen hatte die steirische Provinzposse die Landesgrenzen überschritten und das Ausland erreicht. Genüsslich berief sich das *Tagblatt* auf reichsdeutsche Pressestimmen, selbstredend nur auf solche, die einen seelenverwandten radikalen Deutschnationalismus artikulierten. Das Blatt zitierte etwa aus der *Ostdeutschen Rundschau*, welche der Stadt Graz, der *urbs germanissima*, zu ihrer harten Haltung gratulierte: „In ausgesprochen nationalen Angelegenheiten gibt es keinen Compromiß".[32] Die Versuche, eine geschlossene deutsche Pressefront vorzuführen, fielen allerdings mehr als kläglich aus. Lediglich die *Bozener Zeitung* und das *Obersteirerblatt* hatten entsprechende Artikel gebracht. Aus dem letztgenannten Organ zitierte das Tagblatt die poetische Verarbeitung des Fahnenstreits, einen trotzigen Kampfruf an alle nationalbewussten Deutsch-Steirer: „Trage das Banner hoch, du grimmiger Panther am Murfluss, Mögest Flammen du speien, wenn man die Deutschen bedroht!"

Das Burggartenfest selbst lief klaglos ab. Nimmt man die Berichte der Zeitungen als Maßstab, so muss es sich um etwas gehandelt haben, was man neuerdings als Mega-Event zu bezeichnen pflegt. Die künstlerischen Darbietungen wurden gelobt, das Feuerwerk bejubelt und der Glückshafen gestürmt. Peter Rosegger trat mit einer Lesung eigener Werke auf; von der *Tagespost* wurde er als „ein deutscher Poet" gefeiert.[33] Besonders bemerkenswert: Selbst die Kapelle des bosnisch-herzegowinischen Regiments erhielt herzlichen Applaus. Berichterstatter schätzten bis zu 18.000 Besucher an jedem der drei Tage. Selbst wenn die *Tagespost* betonte, der Traubensaft sei „nach echt altdeutschem Gebrauche kredenzt" worden, so blieben solche Vereinnahmungsversuche Episoden. Zum Abschluss brachte eine begeisterte Menge Clary Ovationen dar. In seiner Dankesrede erwiderte er, dieser Tag sei der schönste seines Lebens. Die Presse, auch die gemäßigt nationale, glaubte es ihm und stimmte in den Jubel ein.[34]

Selbstredend nahm sich das alles in den Augen des *Tagblatts* ganz anders aus: Man musste zwar einräumen, dass das Fest gut besucht gewesen war, tröstete sich jedoch damit, dass die verlässlich deutschnationalen Kreise: Die Grazer Stadtvertretung, die Landtagsabgeordneten der Deutschen Volkspartei, die Gesangvereine sowie die deutsche Studentenschaft den Boykott befolgt hatten. Allen Besuchern schrieb das Blatt ins Stammbuch, sie seien auf die Lockungen von „Panem et Circenses" hereingefallen und hätten einem unwürdigen Schauspiel beigewohnt.[35] Die sozialdemokratische Presse berichtete ebenso kritisch, nur aus anderen Gründen. Der wohltätige Zweck wurde zwar anerkannt, doch wurde hervorgehoben, im Burggarten versammle sich eine dekadente Gesellschaft aus Bürgertum und Adel, die sich ob ihrer vermeintlichen Humanität selbst beweihräuchere.[36] Clarys Position in der Fahnenfrage wurde mit keinem Wort gewürdigt, vereinzelt übernahm der *Arbeiterwille* sogar die Empörung über die Beleidigung der deutschen Farben. Den Deutschnationalen wurde nicht ihre Hetze zum Vorwurf gemacht, sondern ihre windelweiche Politik, die nicht energisch genug sei.[37] In dieses Bild passt auch die Behauptung, die Arbeiterschaft sei dem Fest ferngeblieben, während die Boykott-Aufrufe bei den Bürgern und Bürgerinnen kein Echo gefunden hätten.[38] Genau den gleichen Eindruck hatte das christlich-soziale *Volksblatt*.[39] Dort konstatierte man ein Fiasko der Boykott-Bewegung und jubelte darüber, dass die Bevölkerung „dem Terrorismus der radicalen Presse" widerstanden habe.[40]

Clarys Freude sollte bald einen weiteren Dämpfer bekommen: Die deutsche Volkspartei, die Mehrheitsfraktion im Landtag, begann sich auf ihn einzuschießen. Eine erste Salve war während des Festes in der Grazer Gemeindestube geplant. Presseberichten zufolge wurde die vorbereitete Interpellation an den Statthalter wieder zurückgezogen. Die besonnene Mehrheit befürchtete eine neuerliche Auflösung des Gemeinderats und eine Gefahr für jenen Kredit, den die Stadt in jenen Tagen zur Behebung ihrer Finanznöte aufnehmen wollte.[41] Es kann sein, dass man das Fest nicht durch politische Querschüsse stören wollte.

Es gibt noch eine andere Erklärung für das nachträgliche Aufgreifen der Flaggenaffäre: Unmittelbar nach dem Fest war es auf einem anderen traditionellen Kampffeld, in der Bosnierfrage, erneut zu Auseinandersetzungen gekommen. In Graz fand in diesen Tagen in der Industriehalle eine Automobil-Ausstellung statt, in deren Rahmen die bosnisch-herzegowinische Militärkapelle musizierte. Verärgert über den Applaus, den die Musiker im Burggarten erhalten hatten, startete das *Tagblatt* eine Kampagne, deren Zweck es war, die Bosnier bei der Automobilschau vor leeren Hallen spielen zu lassen: Das *Tagblatt* meldete, zu welchen Uhrzeiten die Kapelle spielen würde, und forderte das Publikum auf, die Schau zu anderen Zeiten zu besuchen. Damit der Militärkommandant nicht auf die Idee verfalle, die Regimentsmusik wieder auf öffentlichen Plätzen spielen zu lassen, sei es am besten, wenn „unsere Gesinnungsgenossen diesen Concerten einfach fernbleiben" sollten. Mit einer Anspielung auf die Badeni-Krawalle von 1897, die vier Jahre danach jeder Leser zu deuten verstand, hieß es scheinheilig, man wolle jenen Teil des Publikums, „der aus bekannten Gründen" Darbietungen der Bosnier nicht besuche, über die Beginnzeiten informieren.[42]

Zusätzlich zu diesem neuerlichen Boykott war es bei einem der Auftritte der Bosniaken zu Krawallen gekommen: Etwa 80 bis 100 Studenten versuchten das Konzert durch Pfiffe und Buhrufe zu stören, wurden jedoch von den Sicherheitskräften vertrieben. Anscheinend war das Publikum von der Randale alles andere als angetan. Die Zuhörer sollen der Kapelle sogar demonstrativen Applaus gespendet haben. Prügel für die Demonstranten und 21 Verhaftungen waren die Bilanz dieser raffiniert verschleierten Hetze des *Tagblatts*.[43] Ungewohnt war für die nationalen Agitatoren, dass sie diesmal auf die bei den Badeni-Unruhen notorische Unterstützung durch die Sozialdemokraten verzichten mussten. Kein einziger Arbeiter hatte in der Automobilschau gewirbelt, vermutlich schon deshalb, weil die Ausstellung diesen Teil des Publikums nicht anzog.

In der Grazer Gemeindestube packte das nationale Lager die Gelegenheit beim Schopf, gegen die Bosnier zu wettern, denen gegenüber jede Art von symbolischer „Selbstverteidigung" legitim erschien.[44] Wenn die Regierung die Kapelle auftreten lasse, so sei dies nichts anderes als der Versuch, den störrischen Grazern „den Fuß auf den Nacken zu setzen". Irritiert über die feindseligen Reaktionen des Publikums gegenüber den Studenten, beschworen die Deutschnationalen die Gefahr für die Stadt, wenn die national gesinnte Studentenschaft an andere Universitäten wechseln würde: „Auf dem ganzen Erdenrund gibt es kein Volk und keine Gemeinde, die jemals der Studentenschaft in dieser Weise in den Rücken gefallen wäre." Was sich in diesen theatralischen Worten Bahn brach, war das ungewohnte Gefühl der fehlenden Rückendeckung durch die Mehrheit der Stadtbürger, die den Konfrontationskurs gegen die Staatsmacht satt hatte. Hier wurde eine Art „Dolchstoßlegende" konstruiert. In die Ecke gedrängt, warfen die Radikalen jede Rücksicht über Bord. Sie verunglimpften die Ausstellungsbesucher als „Automobiljuden" und ritten Attacken gegen die Polizei, weil sie aus harmlosen Pfiffen eine Staatsaktion gemacht habe. Nun stand auch zur Diskussion, wer den Polizeieinsatz angeordnet hatte, und welche Sanktionen der Bürgermeister gegen die allzu pflichteifrigen Beamten zu ergreifen gedenke.[45] Diese Kritik konnte sich nur gegen das eigene Lager richten, das diese Beamten stellte.

Selbst wenn gefordert wurde, beim Statthalter wegen einer Verlegung der Bosnier zu intervenieren, hatten sich doch die Fronten verschoben. Nun tat sich ein Riss innerhalb der deutschnationalen Gemeinderäte bzw. zwischen den Parlamentariern und den gewählten bzw. verbeamteten Funktionären der Stadt auf. Die Radikalen dürften über die Antwort, die ihnen der Bürgermeister-Stellvertreter, der stramm deutschnationale Ritter von Hochenburger, erteilte, wenig erbaut gewesen sein: Man werde zwar die detaillierten Anschuldigungen gegen einzelne Polizeibeamte nochmals untersuchen; eine interne Erhebung hatte freilich schon zu dem Resultat geführt, dass die städtische Sicherheitswache korrekt vorgegangen war, weil sie lediglich die Studenten vor den tätlichen Attacken der Ausstellungsbesucher geschützt hatte.[46]

Die Spaltung innerhalb der Deutschnationalen war perfekt. An der Frage, ob man den Bosniern Pardon gewähren oder den Konflikt auf die Spitze treiben sollte, schieden sich die Geister. Bei allem Dissens bestand Einigkeit darüber, dass ein Bruch unerwünscht war, ging es doch im Grunde nur um die Taktik, nicht um das Ziel an sich. Es galt, einen Weg zu finden, die ideologischen Grundsätze zu wahren, ohne sich jeden Verhandlungsspielraum zu verbauen. Der Ausweg hieß: Mit der einen Hand Verhandlungsbereitschaft zu signalisieren, während die andere weiter hetzte. Das *Tagblatt* ließ von seiner Agitation nicht ab und brachte weitere Aufforderungen, die Konzerte der Bosnier zu meiden. Die Zeitung muss einen aufmerksamen Zensor gefunden haben: Er quittierte die verklausulierte Aufforderung, das Mobbing der Bosnier erneut aufzunehmen, mit der Beschlagnahme des *Tagblatts*. Empört schrieb das Organ in seiner darauffolgenden Ausgabe, man habe beruhigend auf Demonstranten einwirken wollen; die Staatsmacht wolle das Blatt mundtot machen. Es sei eine Frage des nationalen Ehrgefühls, dies nicht widerstandslos hinzunehmen.[47]

Schäumend vor Wut über die Konfiszierung ihres Haus- und Hof-Blattes[48], griff der radikale Flügel der Deutschen Volkspartei zur einzigen Waffe, die ihm in einer solchen Lage zur Verfügung stand – einer Interpellation im Landtag. Ein protestierender Artikel des *Tagblatts* hatte nämlich postwendend zu einer weiteren Beschlagnahme geführt! In zwei Anfragen an Clary wollten die Interpellanten wissen, wie er diese „gegen Gesetz und Recht verstoßende(n) Beschlagnahmen" rechtfertigen wolle.[49] Getreu dem Schema einer Täter-Opfer-Umkehr wurde den staatlichen Organen der Vorwurf gemacht, durch ihr Handeln Öl ins Feuer gegossen zu haben. Das *Tagblatt* habe nur Randalierer, die sich durch die Bosnier provoziert fühlten, fernhalten und damit zur Beruhigung der Situation beitragen wollen. Schlussendlich wurde die Vermutung ausgesprochen, die Konfiszierung sei von Persönlichkeiten angeregt worden, „deren beispielloser Starrsinn schon so viel Unfrieden in diese Stadt gebracht hat".[50] Verantwortlich für die Konfiszierungen war die Staatsanwaltschaft Graz, die aber im Landtag nicht zur Beantwortung von Fragen verhalten werden konnte.[51] Die Interpellationen dienten einem Stellvertreterkrieg – abgesehen davon, dass sich mit ihnen der Angelegenheit über die Landtagsberichterstattung der Presse eine gewisse Publizität verschaffen ließ. Vor allem bestand die Möglichkeit, einen von der Zensur unterdrückten Artikel textlich in die Interpellation einzubauen. Damit war er nach damaliger Rechtsanschauung *immunisiert* und konnte von den Zeitungen gebracht werden, indem sie den Text der Anfrage – und damit den beschlagnahmten Artikel – wiedergaben.

Wenn es gegen Eingriffe des Staatsanwalts ging, waren sich die zerstrittenen Lager einig. Diese parteiübergreifende Koalition trat sofort auf den Plan, als Landeshauptmann Edmund Graf Attems nach Verlesung der Interpellationen zur Beschlagnahme des *Tagblatts* eine Bemerkung fallen ließ, er werde es künftig nicht mehr dulden, dass unterdrückte Artikel durch die Aufnahme in eine Anfrage doch ihren Weg in die Presse fänden.[52] Postwendend meldete sich der *Arbeiterwille* zu Wort, der die Methode des *Immunisierens* oft praktizierte: Attems habe seine Kompetenzen überschritten, er möge besser die Interpellationsfreiheit der Abgeordneten verteidigen als der Regierung die Mauer zu machen.[53] Clary konnte es sich einfach machen und in seiner Beantwortung der Anfragen auf die Zuständigkeit der Justiz verweisen; politische Einflussnahmen habe es nicht gegeben.[54]

Schon wegen des hohen Prestigegehalts der Flaggenfrage war nicht damit zu rechnen, dass das deutschnationale Lager seine Niederlage einfach wegstecken würde. Es scheint jedoch, als ob erst der Eklat wegen des *Tagblatts* sowie die Krawalle bei der Automobil-Ausstellung die Fahnenaffäre wieder nach oben spülten. Die Verknüpfung mit der bosnischen Kapelle bot die Chance, an eingewurzelte Ressentiments erheblicher Teile der Grazer Bevölkerung bis hin zu den Sozialdemokraten anzuschließen. Die Schüsse der Bosnier anno 1897 hatte niemand vergessen, und das *Tagblatt* war unermüdlich am Werk, diese Erinnerung aufzufrischen. Vor diesem Hintergrund wird man es zu sehen haben, dass nun wegen der Beflaggung interpelliert wurde. Immerhin 18 Abgeordnete – ein knappes Drittel des Landtags, darunter auch Bürgermeister Dr. Graf – hielten dem in der Sitzung vom 18. Juni 1901 anwesenden Clary vor, sein Flaggen-Verbot habe in ganz Österreich „das größte Aufsehen" erregt und alle Deutschen schmerzlich getroffen. Da die Argumente des Statthalters aufgrund des Interviews in der *Montag-Zeitung* bekannt waren, schritten die Fragesteller zur Widerlegung seiner These vom überparteilichen Charakter kaiserlichen Bodens: Erstens habe Schwarz-Rot-Gold bis 1866 vom Dach der österreichischen Botschaft am

Frankfurter Bundestag geweht und zweitens hätten unter Clarys Vorgängern Gesangvereine den Burggarten benutzen und dabei die inkriminierten Farben hissen dürfen. Diese Fahne sei eine ganz und gar *unpolitische*, verkörpere sie doch keine reelle, sondern eine „ideale deutsche Gemeinschaft". Clary habe, gewollt oder nicht, die deutsche Bevölkerung der Steiermark auf das Schwerste gekränkt.[55]

Dieses Ignorieren der wahren Absichten Clarys war sogar dem gemäßigten Flügel der Deutschen Volkspartei zuviel. In der *Tagespost*, dem Organ dieses Flügels, wurde zwar die Beschlagnahme des *Tagblatts* als Relikt einer vergangen geglaubten Zeit gebrandmarkt.[56] Clary wurde aber explizit zu gute gehalten, er habe glaubwürdig dargelegt, dass ihm jedwede Kränkungsabsicht fern gelegen habe. An dieser Stelle zeigt sich eine wesentliche Differenzierung innerhalb des nationalen Lagers: Wenn es gegen die Slowenen ging, waren sich die Flügel der Deutschen Volkspartei einig. Ein Teil der Partei weigerte sich aber offen, einen grundsätzlichen Konflikt mit einem persönlich integren und beliebten Statthalter wie Clary mitzutragen. Ausgerechnet diesen Mann zum Feind des Deutschtums zu stempeln, war zu absurd, um geglaubt zu werden.

Clary nahm die Interpellation nicht auf die leichte Schulter. Niemand musste ihm erklären, dass bei einer ungeschickten Replik die Gefahr bestand, alle Befriedungserfolge der vergangenen Jahre zu verspielen. Dann drohten ähnlich verfahrene Zustände, wie sie sein Vorgänger Bacquehem erlebt hatte. Dessen Methoden wie die Auflösung des Gemeinderates waren weder beliebig wiederholbar noch zielführend. Auch hatten die Badeni-Unruhen in Graz gezeigt, dass eine scharfe Reaktion auf den Deutschnationalismus nur zu einer Solidarisierungswelle führte. Da schien es klüger, nicht auf offenen Konfrontationskurs zu gehen und vor allem den Schulterschluss des radikalen und des gemäßigten Flügels der Volkspartei zu verhindern. Diesem Zweck diente Clarys Beteuerung, von einer bewussten Kränkung könne keine Rede sein. Es war damit zu rechnen, dass ein erheblicher Teil der Deutschnationalen sich damit zufrieden geben und nur wenige Radikale auf einer Weiterverfolgung der Angelegenheit beharren würden.

Diese Taktik ging auf. Die moderate Gruppierung gab durch ihr Sprachrohr *Tagespost* zu erkennen, dass sie der Sache überdrüssig war.[57] In seiner sorgfältig konzipierten Antwort[58] brauchte Clary nur die bekannten Argumente zusammenzufassen: Die Überparteilichkeit sowohl des kaiserlichen Grundstücks als auch des karitativen Fests; die Verwechslungsgefahr in Zusammenhang mit dem kleinen, angrenzenden Flecken im Besitz der Stadt, das Fehlen jeglicher Kränkungsabsicht sowie den Umstand, dass die Stadt

Graz rund um den Burggarten soviel Schwarz-Rot-Gold flaggen konnte, wie sie wollte. Außerdem hätten alle an dem Fest teilnehmenden Vereine ihre Embleme tragen können. Zwischen den Zeilen klang der Verdruss des Statthalters durch: Jeder unvoreingenommene Beobachter kenne seine keinesfalls anti-deutschen Gefühle und – am stärksten – der Hinweis, Querschüsse ausgerechnet bei einer humanitären Aktion seien nicht geeignet, die *Schaffensfreude* zu fördern.[59]

Clary wich auch nicht der von den Interpellanten aufgeworfenen Frage nach dem *idealen* Charakter der Fahne aus: Jedermann sei klar, welche politische Bedeutung dieser Fahne zukomme. In diesem politischen Gehalt – gemeint war wohl: der den Rahmen der Habsburgermonarchie sprengende Bedeutungszusammenhang – unterscheide sich Schwarz-Rot-Gold von anderen Trikoloren, die bei den Völkern Österreich-Ungarns in Verwendung stünden. Schließlich rieb der Statthalter den Fragestellern noch unter die Nase, die lebhafte Beteiligung weiter Kreise der steirischen Gesellschaft schlösse es aus, dass die Bevölkerung in ihrem nationalen Gefühl gekränkt worden sei. Davon rede nur eine „sehr geringe" Minderheit. „Lebhafter Beifall" belohnte diese geschickte Rede. Eine Wortmeldung zur Entgegnung wurde von Landeshauptmann Attems unter Verweis auf die Geschäftsordnung abgeschmettert. Damit war der Fall abgeschlossen – sieht man davon ab, dass es sich das *Tagblatt* nicht nehmen ließ, der ungekürzten Wiedergabe von Clarys Antwort einen Leitartikel voranzustellen, der die Gegenposition rechthaberisch wiederholte, im Grunde aber bereits die Rückzugsgefechte einleitete.[60]

Wir erkennen anhand dieser Episode, welche emotionale Aufladung der Verbindung von öffentlichem Raum und nationaler Symbolik um 1900 in der Steiermark zukam. Sie zeigt, dass es innerhalb des Deutschnationalismus eine radikale, vom *Tagblatt* unterstützte und im Landtag stark vertretene Gruppierung gab, die in Fragen, die ihr nationales Prestige tangierten, zum Konflikt entschlossen war – sei es auch um den Preis der Beeinträchtigung eines wohltätigen Zweckes, sei es gegen die ganz überwiegende öffentliche Meinung und sei es gegen die Person eines allseits geachteten Statthalters, der im Allgemeinen keinesfalls zu den bevorzugten Feindbildern dieser Fraktion zählte. Die Episode zeigt ebenso, dass es um 1900 für den gemäßigten Flügel noch deutliche Grenzen gab, dass er nicht bei jedem Unfug der Radikalen hinterherlief.[61] Drittens haben wir gesehen, dass ein geschickter Statthalter mühelos die Oberhand behielt, wo sein Vorgänger gescheitert war. Eine persönliche Charmeoffensive hatte diesen Erfolg ebenso ermöglicht wie Clarys Klugheit, sich nicht etwa zu einer prinzipiellen Absage an Schwarz-Rot-Gold hinreißen zu lassen.

Der radikale steirische Deutschnationalismus war findig im Provozieren der Staatsmacht – nicht oder nicht nur durch nackte Gewalt, sondern durch Worte, Anspielungen zwischen den Zeilen und Symbole, die er als unpolitisch und *ideal* ausgab und dabei doch wusste, dass die Anhängerschaft genau verstand, was gemeint war. Reagierte der Staatsapparat hierauf, spielte man den Ahnungslosen. Diese Taktik konnten wir anhand des Mobbing der Bosnier studieren. Fiel der Staat darauf herein, indem er zurückschlug, konnten sich die Urheber einer breiten Solidarisierung sicher sein. Clary beging diesen Fehler nicht. Selbstredend war auch Dr. Grafs Angebot, schwarz-rotgoldene Fahnen bereit zu stellen, als Provokation gedacht. Nach der Erlangung der totalen Kontrolle des Landtags und des Grazer Gemeinderats sollte die politische Okkupation der Steiermark durch das deutschnationale Lager mit der Hissung ihrer Standarte auf der kaiserlichen Burg symbolisch gekrönt werden.[62] Der Statthalter ließ die Provokation ins Leere laufen und isolierte seine Gegner durch geschicktes Taktieren.

Es war also möglich, den Radikalen Einhalt zu gebieten. Man durfte nur nicht den Fehler begehen, den Kampf nach deren Bedingungen zu führen. Offen muss bleiben, ob die gefundene Lösung Clarys taktischem Geschick zuzuschreiben war oder einfach einer Politik entsprang, die er sowohl mit seiner Kaisertreue als auch mit seiner unzweifelhaft deutschen Gesinnung vereinbaren zu können glaubte. Mit Fingerspitzengefühl gelang ihm das, was man heute De-Eskalation von Konflikten nennt. Überblickt man das weitere Geschehen bis zum Umbruch vom Herbst 1918, so stand er mit dieser Fähigkeit ziemlich allein. Den anderen maßgebenden Männern ging diese Eigenschaft nicht nur ab, sie ließen außerdem keine Gelegenheit aus, Öl ins Feuer zu gießen, indem sie den öffentlichen Raum mit ihren eigenen Symbolen besetzten und die gegnerischen verdrängten.

Bald nach dem Burggartenfest und dem Interpellationswirbel schien sich die Lage zu entspannen. Noch im Oktober 1901 hatte Bürgermeister Dr. Graf im Falle eines Auftritts der bosnischen Militärkapelle Demonstrationen befürchtet – ob ihm diese so unangenehm gewesen wären, wie er gegenüber der Statthalterei beteuerte, sei dahingestellt.[63] Immerhin machte sich Graf, dessen Parteigenossen in der Vergangenheit studentische Randalierer klammheimlich ermutigt hatten, nun erbötig, Vorkehrungen für die Unterdrückung von Krawallen zu treffen. Grafs samtweicher Kurs war durch den Umstand motiviert, dass in jenen Tagen seine Wiederwahl als Bürgermeister anstand, die zu ihrer Gültigkeit eine Bestätigung durch den Kaiser benötigte. Und dieser monarchische Sanktus war alles andere als ein Formalakt, hatte Franz

Joseph doch dem Wiener Bürgermeister Lueger seine Zustimmung mehrfach verweigert. Graf musste also daran interessiert sein, dass Clary kein Veto gegen die Wiederwahl vorschlug. Dies war auch nicht der Fall. Sowohl der Statthalter als auch Ministerpräsident von Koerber teilten dem Monarchen mit, Graf habe es zwar wiederholt an Festigkeit gegenüber den in Graz herrschenden, deutschnationalen Tendenzen fehlen lassen. Er sei jedoch mit Eifer für die Stadt tätig und da keinerlei Aussicht auf einen anderen Kandidaten vorhanden sei, könnten die Bedenken eine Verweigerung der kaiserlichen Sanktion nicht rechtfertigen. Ende November 1901 wurde Graf als Grazer Bürgermeister bestätigt.[64]

Schon im März des folgenden Jahres wagte sich die bosnische Regimentsmusik in die Höhle des Löwen: Sie gastierte ausgerechnet im Rittersaal des Landhauses.[65] 1903 verdichteten sich Initiativen aus der Bevölkerung, die für eine Wiederaufnahme der beliebten, seit Jahren eingestellten Militärkonzerte auf öffentlichen Plätzen plädierten.[66] Diesem Wunsch wollte sich Bürgermeister Dr. Graf nicht länger verschließen.[67] Dies war vielleicht nicht eine echte Aussöhnung, wohl aber hatten die Streithähne zu einem modus vivendi gefunden. Man tolerierte sich wenigstens. Noch kurz zuvor schien sich der Konflikt neuerlich zuzuspitzen, und wieder gab eine Kombination von Fahnen und Militärmusik den Nährboden dafür ab. Im Juli 1902 fand in Graz das 6. Deutsche Sängerbundfest statt, ein Großereignis, das Sänger aus nah und fern in die Murmetropole bringen sollte. Es versteht sich von selbst, dass die aus dem gesamten deutschen Sprachraum angereisten Sänger ihre Auftritte zur Manifestation ihrer deutschnationalen Gesinnung sowie zur Unterstreichung des deutschen Charakters von Graz zu nutzen gedachten. Im Vorfeld hatte es Zwist über die politische Ausrichtung gegeben. Dabei setzte sich die großdeutsche Linie gegen einen stärker auf Österreich fokussierten Kurs derart deutlich durch, dass das Militärkommando allen Soldaten die Teilnahme an dem penetrant großdeutsch aufgemachten Fest untersagte. Die 15.000 Teilnehmer, darunter zahlreiche Gäste aus dem Deutschen Reich, rückten nämlich das festlich beflaggte Graz ins Zentrum des pangermanischen Orbits.[68]

In der Vorbereitung hatte die gemäßigte Richtung innerhalb des Organisationskomitees versucht, eine Frontstellung gegen die zentralstaatlichen Instanzen zu vermeiden. Der Obmann des Komitees verwahrte sich gegen die Querschüsse des *Tagblatts*, das die zarten Pflänzchen der Versöhnung zerstören wollte. Er versicherte dem Statthalter im März 1902, vier Monate vor dem Fest, die Beflaggung werde den österreichischen Staatsgedanken paritätisch mit der großdeutschen Idee zum Ausdruck bringen. Man erhoffte sich sogar einen Besuch Kaiser Franz Josephs und die Zustimmung der militärischen Stellen zur Teilnahme ihrer Musikkapellen. Mit der Einladung an das Korpskommando verband der Obmann die Hoffnung, „dass die Heeresverwaltung diese nicht so bald wiederkehrende Gelegenheit, ehrlichen und für beide Teile annehmbaren Frieden zu schließen, nicht unbenützt vorübergehen lassen [...] wird".[69]

Nun begannen die bürokratischen Mühlen des Korpskommandos und des Kriegsministeriums zu mahlen. Dort erkannte man, dass es den Veranstaltern darum zu tun war, das Militär über den Tisch zu ziehen. Die Regimentskapellen sollten in einem mit deutschnationalen Symbolen geschmückten Rahmen auftreten. Das galt insbesondere für öffentliche Platz-Konzerte, um die Bürgermeister Dr. Graf ersucht hatte; sein Wunsch wurde auf Weisung des Kriegsministeriums abgewiesen.[70] Clary, der eine unwiederbringliche Chance dahinschwinden sah, schrieb Korpskommandant Feldzeugmeister v. Succovaty sogar in dessen Urlaubsort nach, um ihn umzustimmen. Der General wollte seine Meinung nur dann ändern, wenn sichergestellt war, dass sämtliche Plätze nur mit österreichischen Fahnen geschmückt seien.[71] Es verstand sich von selbst, dass das Festkomitee auf dieses Ansinnen nie und nimmer eingehen konnte. So kam es – quasi als Revanche für die Behandlung der Bosnier – zu dem befohlenen Boykott des Sängerbundfestes seitens aller aktiven Militärangehörigen. Dies tat freilich dem großen Erfolg des Treffens keinen Abbruch, verhärtete aber neuerdings die etwas abgebröckelten Fronten.

In den folgenden Jahren wandelte sich das Szenario insofern, als nun vermehrt der Gegensatz zwischen den beiden im Herzogtum lebenden Nationen ausgetragen wurde, in den die staatliche Verwaltung nicht als direkter Gegner, sondern in der Rolle des Schiedsrichters involviert war. Ihre Aufgabe bestand darin, auf die Einhaltung der Gesetze zu dringen, die ärgsten Auswüchse zu bekämpfen sowie einer weiteren Eskalation entgegenzuwirken. Wenn eine Einflussnahme auf die Beteiligten nichts fruchtete, blieb nur mehr der Rückgriff auf das Verwaltungsrecht. Dieser Waffe bediente sich die Bezirkshauptmannschaft (BH) im untersteirischen Windischgraz/Slovenji Gradec, nachdem der Gemeindeausschuss Anfang August 1901 beschlossen hatte, den Hausbesitzern das Dekorieren ihrer Gebäude mit „slawischen Fahnen" zu verbieten.[72] Dieser Beschluss wurde von der BH als Aufsichtsbehörde sistiert, also ausgesetzt, und an seiner Stelle das unparteiische Verbot verhängt, bei den anstehenden Firmungsfeierlichkeiten „internationale Fahnen" zu flaggen. Darunter waren gleichermaßen das deutschnationale Schwarz-Rot-Gold wie das slowenische Weiß-Blau-Rot zu verstehen. Einem Rekurs der deutschdominierten Stadtvertretung von Windischgraz gab die Grazer Statthalterei keine Folge.

Ähnlich reagierte die BH Cilli/Celje in einem parallelen Fall. In Gonobitz/Konjice meldete im September 1902 der slowenische Leseverein (*Čitalnica*) ein Wohltätigkeitsfest an, das ihm auch genehmigt wurde. Einen Tag vor der Veranstaltung erschien bei der Expositur der BH ein Vertreter der deutschen Gemeinderatsmehrheit von Gonobitz und informierte den Regierungsvertreter von der Erregung unter den deutschen Einwohnern: Man hatte gerüchteweise erfahren, das Vereinslokal werde mit slowenischen Fahnen geschmückt; dies empfanden die Gonobitzer Deutschen als *Provokation*.[73] Um weiteren Wirbel zu vermeiden, sprach der Expositurleiter mit dem Obmann des *Lesevereins*, der beteuerte, das Gerücht entbehre jeder Grundlage. Solcherart beruhigt, staunte der Beamte nicht schlecht, als ihm während der Veranstaltung von dem gleichen deutschen Gemeindevertreter mitgeteilt wurde, es sei doch eine slowenische Trikolore gehisst worden. Der Kommissär veranlasste die Verpflanzung der Fahne in den von außen nicht einsehbaren Innenhof des Gebäudes. Zu weiteren Zwischenfällen kam es nicht.

Deutlich wird, dass die Zivilverwaltung um 1900 gewillt war, beide Seiten zur Mäßigung zu verhalten und Eigenmächtigkeiten notfalls unter Anwendung administrativer Mittel zu unterbinden. Eine Parteinahme für die deutsche Majorität ist nicht erkennbar. Dennoch muss ein Kurswechsel zugunsten der Deutschen erfolgt sein. Anders ist es nicht zu erklären, dass die Slowenen in den folgenden Jahren ihr Heil nicht mehr bei der steirischen staatlichen Verwaltung, sondern bei den Höchstgerichten in Wien suchten. Wenn der Magistrat der autonomen Stadt Cilli slowenische Beschriftungen von Geschäftsportalen oder von Grabsteinen auf dem städtischen Friedhof untersagte, so blieb den Slowenen nichts anderes übrig als die Anrufung der Höchstgerichte, hatte doch die Grazer Statthalterei keinen Anlass gesehen, dagegen einzuschreiten.[74]

Auch in einem ähnlich gelagerten Fall sind keine Reaktionen aus Graz überliefert: Ende 1908 hatte der deutschnational dominierte Gemeinderat von Marburg an der Drau eine Kundmachung erlassen, derzufolge die Beflaggung bzw. das Tragen „allslawischer" Farben verboten wurden.[75] Legitimiert wurde die Maßnahme mit „Gründen der öffentlichen Ruhe und Ordnung". Der erste Anwendungsfall ließ nicht lange auf sich warten: Als im August 1913 in der Stadt an der Drau eine neue Brücke eingeweiht werden sollte, beabsichtigte die slowenische Sparkasse (Posojilnica), ihr Gebäude mit weiß-blau-roten Fahnen zu schmücken, was ihr der Stadtrat prompt untersagte. Mehrere Protestschreiben an die Statthalterei[76] quittierte der Bürgermeister mit der Bemerkung, die Aufrechterhaltung der öffentlichen Ordnung habe das Verbot erfordert, denn in den Tagen vor der Einweihungsfeier habe die slowenische Presse eine Reihe von Hetzartikeln gedruckt, sodass die deutsche Bevölkerung seiner Stadt „ungemein erbittert" sei. Ohne es direkt auszusprechen, deklarierte das Stadtoberhaupt sein Vorgehen als eine Retourkutsche, weil im benachbarten Krain, wo die Mehrheitsverhältnisse umgekehrt lagen, den deutschen Turnern das Tragen ihrer schwarz-rot-goldenen Fahnen untersagt worden war.[77] Bemerkenswert an dieser Argumentation ist die Tarnung der eigentlichen Motive hinter dem Wunsch, Ruhestörungen vorzubeugen. Auch die Einreihung der slowenischen Trikolore unter die „allslawischen" Symbole verdient Aufmerksamkeit. Ausweislich der Aktenlage würdigte die Statthalterei die Eingaben der Slowenen nicht einmal einer Antwort.

Dazu ein Kontrastbeispiel, bei dem ebenfalls Fahnen im Mittelpunkt standen. In Graz war 1889 die *Südmark* als deutschnationaler „Schutzverband" gegründet worden.[78] Dessen Ziel bestand unter anderem in der Ansiedlung deutschstämmiger Familien in den am heftigsten umstrittenen Gebieten der Untersteiermark. Wegen dieser Germanisierungspolitik war die *Südmark* für die steirischen Slowenen das rote Tuch schlechthin. Anlässlich der Feierlichkeiten zum 20-jährigen Bestehen des Verbandes im Juni 1909 hatte nicht nur der Bürgermeister von Graz die Bevölkerung aufgefordert, die Häuser zu beflaggen. Landeshauptmann Attems[79] hatte die Anbringung verschiedener Fahnen auf dem Landhaus angeordnet und hierdurch nach Ansicht slowenischer Interpellanten „seine entschiedene Parteilichkeit für den gegen die Slowenen überaus feindlichen Verein Südmark gezeigt, dessen verderbliche(s) Wirken [...] in Untersteiermark man nur zu gut kenne". Attems beantwortete die Beschwerde damit, er habe ohnedies nur eine einfache Beflaggung angeordnet. Eine Demonstration gegen die slowenische Bevölkerung habe ihm ferngelegen, doch habe er den Antrag auf Flaggenhissung nicht ablehnen wollen, da die Mehrheit des Landtags durch ihre Subventionsbewilligungen zugunsten der *Südmark* zum Ausdruck gebracht habe, dass sie dem Verband wohlwollend gesinnt sei.[80]

Wäre Clary ein solcher Lapsus unterlaufen? Die Frage ist weniger leicht zu beantworten, als es den Anschein hat. 1901, mit dem Rückenwind seiner Popularität als Veranstalter des Burggartenfestes und angesichts eines gespaltenen deutschnationalen Lagers, war es ihm nicht schwer gefallen, den radikalen Elementen Einhalt zu gebieten. Attems tat sich da ungleich schwerer, denn als Landeshauptmann war er – wenngleich nicht gewählt, sondern vom Kaiser ernannt – auf eine reibungslose Zusammenarbeit mit dem Landtag angewiesen, und in diesem gaben nun einmal die Deutschnationalen den Ton an. Freilich war auch jeder Statthalter gut beraten, sich nicht in einen Dauerkonflikt mit der politischen Vertretung seines Kronlandes hineinzumanövrieren, aber sein Handlungsspielraum war doch von ganz anderem Zuschnitt, da er nicht dem Landtag, sondern dem Monarchen und den Wiener Zentralstellen Rechenschaft schuldete. Bevor wir über Attems den Stab brechen, lohnt es sich zu untersuchen, ob auch Clary zu Konzessionen an den deutschnationalen Zeitgeist gezwungen war. Im Folgenden wird zu fragen sein, ob sich die Position des Statthalters wandelte, ob sich Tendenzen erkennen lassen, die neutrale Position zu Gunsten des deutschen Standpunkts aufzugeben und Schwarz-Rot-Gold nicht als ein dem österreichischen Staatsgedanken fremdes, sondern als ein ihm zugehöriges Symbol zu akzeptieren.

Ende November 1908 bereitete sich das von einer deutschen Gemeinderatsmehrheit dominierte Hohenmauthen/Muta[81] im Bezirk Windischgraz auf die Festlichkeiten aus Anlass des 60-jährigen Regierungsjubiläums Kaiser Franz Josephs vor. Zu diesem Zweck wurde neben einem Festgottesdienst, Blasmusik, Böllerschüssen und weihevollen Ansprachen die Beflaggung des Ortes mit schwarz-gelben und grün-weißen Fahnen vorbereitet.[82] Glaubt man den Beteuerungen des Bürgermeisters, so war großer Wert darauf gelegt worden, nationalen Hader hintanzuhalten. Das Vorhaben schlug fehl. Im Ort befand sich nämlich eine vom slowenisch-nationalen *Cyrill- und Method-Verein* unterhaltene Volksschule, deren Lehrer Anton Hren zum Stein des Anstoßes wurde: Zum Schrecken des Gemeindevorstandes wehte am 1. und 2. Dezember auf besagter Schule eine slowenische Trikolore.[83] Mehrfache Anläufe, den Lehrer dazu zu bewegen, die slowenische Fahne abzunehmen, erzielten keine Resonanz. Hren verschloss sich allen Appellen, an diesem Tag auf nationale Symbole zu verzichten: Die Trikolore „flatterte lustig im Wind".

Erst nach dieser Abfuhr besann sich der Bürgermeister auf seine nationale Ehre und weigerte sich, mit dem Festzug vor einer slowenischen Fahne zu defilieren. Eine Ausweichroute wurde gefunden, welche die Schule umging. Offenkundig interpretierte das deutsche Lager Hrens Vorgehen als Versuch, eine ungewollte Ehrenbezeugung vor der Trikolore herbeizuführen. Darüber hinaus wäre Weiss-Blau-Rot auf diesem Umweg in den Fundus an staatstreuen Symbolen integriert worden. Damit war die Angelegenheit auf die Ebene eines um das nationale Prestige geführten Konflikts gehoben. Da Hren sich dem patriotischen Konsens entzogen hatte, wurde versucht, ihn mit administrativen Mitteln klein zu kriegen. Mit Hinweis auf die von dem Pädagogen veranstaltete *Provokation* und die Empörung in Hohenmauthen wollte der Bürgermeister nicht mehr für Ruhe und Ordnung garantieren und kündigte „Selbsthilfe" der Bevölkerung an; er appelierte an die BH Windischgraz, gegen den Lehrer „mit aller Strenge u. ohne Nachsicht vorzugehen". Die Behörde möge doch „Hohenmauthen als ein deutscher Markt" in Schutz nehmen.

Das Wechselspiel gegenseitiger Aufschaukelung lässt sich am Beispiel dieses Kaiserjubiläums gut verfolgen. Wie üblich fühlten sich beide Seiten in der Position desjenigen, der auf die Attacken des Anderen reagieren zu müssen glaubt. Nicht nur der Bürgermeister, auch Hren teilte diese Position, wenn er beteuerte, eine einzige slowenische Fahne in einer auch von vielen Slowenen bewohnten Stadt könne keine Provokation sein und solle zum Ausdruck bringen, „dass auch wir Slowenen dem Kaiser ergeben sind".[84] In diesem Streit wurde die kaiserliche Zivilverwaltung als Schiedsrichter angerufen. Das von ihr eingeleitete Verwaltungsstrafverfahren stellte nur vordergründig einen juristischen, in Wahrheit aber einen hochpolitischen Akt dar. Bezeichnend ist, dass die Anzeige der Gendarmerie nicht juristisch argumentierte, sondern unter Berufung auf den bedrohten Frieden die Maßregelung des Störenfrieds forderte. Die BH Windischgraz verhängte über Hren wegen Störung der öffentlichen Ordnung eine Geldstrafe von 20 Kronen, während die Statthalterei auf den Rekurs des Lehrers hin wissen ließ, in der Hissung der Fahne des Kronlandes Krain könne schwerlich ein die öffentliche Ordnung verletzendes Vergehen erblickt werden.[85] Die Statthalterei hielt an rechtsstaatlichen Prinzipien fest, während die ihr unterstellte BH geneigt war, sich um des lieben Friedens willen auf die Seite der Mehrheit zu stellen.

Typisch für den rücksichtslosen Einsatz administrativer Machtmittel war auch der folgende Zwist, bei dem die Rollen vertauscht waren. Die vom *Deutschen Schulverein*[86], einem deutschnationalen Schutzverband, unterhaltene Volksschule für die wenigen Deutschen im ganz überwiegend slowenischen Lichtenwald/Sevnica[87] im untersteirischen Bezirk Rann/Brežice wollte im August 1912 anlässlich eines Schulfestes mit Schwarz-Rot-Gold flaggen lassen und suchte hierfür um die behördliche Genehmigung an. Die von Slowenen dominierte Gemeindevertretung verweigerte die Erlaubnis mit der Begründung, es handle sich um „reichsdeutsche Fahnen", die zu zeigen in Österreich als „unpatriotisch und anti-dynastisch" gelten müsse (die offiziellen Farben des Deutschen Reiches waren, was die Lichtenwalder Gemeindevertretung absichtlich oder nicht verkannte, Schwarz-Weiß-Rot). Das provokatorische Schwarz-Rot-Gold könne den Anlass zu Störungen des Festes geben. Zur Wahrung des deutschen Charakters der Feier sei die österreichische Farbe Schwarz-Gelb ausreichend, da diese „auch deutsch gemeint ist".

Diese nicht ungeschickte Begründung löste auf deutscher Seite einen Sturm der Entrüstung aus, der nur verständlich ist, wenn man den hohen Symbolgehalt von Schwarz-Rot-Gold in Rechnung stellt. Das *Grazer Tagblatt* widmete der Provinzposse einen Bericht auf der Titelseite („Das hochverräterische Schwarz-Rot-Gold"), erging sich in wüsten Ausfällen gegen den Bürgermeister und druckte einen Aufruf zum Besuch des Festes, welches trotz der behördlichen Untersagung „unter schwarz-rot-goldenem Schmuck in Szene gehen wird". Der *Schulverein* werde sich von niemandem seine „nationalen Rechte rauben lassen. Heil!"[88] Die Statthalterei wagte es diesmal nicht, den slowenischen Argumenten beizutreten und einen Bruch mit dem geschlossen agierenden deutschnationalen Lager zu riskieren. Sie gab dem Rekurs des *Schulvereins* gegen die Entscheidung der Gemeinde statt und trat somit als Protektor deutscher Interessen auf den Plan.[89]

Die Entscheidung hätte freilich unter den gegebenen Verhältnissen und wegen des weit über Lichtenwald hinausreichenden öffentlichen Interesses kaum anders ausfallen können, ohne einen Proteststurm zu entfachen, welcher bei den gegebenen Mehrheitsverhältnissen geeignet war, die Landtagsmajorität in eine grundsätzliche Frontstellung gegen den Statthalter zu manövrieren. Die pro-deutsche Entscheidung ist bemerkenswert, hatte doch der *Schulverein* nicht nur zum Ungehorsam gegen ein Verbot aufgerufen, sondern implizit argumentiert, zur Wahrung der deutschen „nationalen Rechte" seien die österreichischen Fahnen nicht ausreichend. Hiermit war Schwarz-Rot-Gold die höhere amtliche Weihe zuteil geworden, einer Fahne mit eindeutig großdeutschem Gehalt, wobei die Verwirklichung der durch sie artikulierten Programmatik eine Auflösung der Habsburger-Monarchie de facto einschloss.

Mit dem Ausbruch des Weltkriegs spitzte sich der Fahnenstreit dramatisch zu. Im Sommer und Herbst 1914 wurden zahlreiche Slowenen verhaftet, weil sie entweder ihre Trikolore ausgehängt oder die Flagge verkehrt gehisst hatten, sodass die Anordnung der serbischen Staatsfahne entsprach. Sei es aufgrund dieser Verwechslungsgefahr, sei es wegen einer auf die Unterdrückung slowenischer Symbole gerichteten Politik: Die Slowenen klagten jedenfalls lautstark darüber, die steirischen Behörden würden Weiß-Blau-Rot behindern oder sogar verbieten.[90] Soweit die Ermittlungen ein verlässliches Bild ergeben, wird klar, dass ein amtliches Verbot nicht ergangen war; lediglich die deutschnational dominierten Stadträte von Marburg und Cilli hatten jeglichen Aushang der slowenischen Trikolore untersagt.[91] Generell wurde gemeldet, die Bevölkerung flagge nur mehr selten, seit die Euphorie des Kriegsbeginns verflogen sei. Wenn überhaupt, würden nicht nationale, sondern habsburgische oder Landesfahnen gehisst. Die Statthalterei wertete dies als Erfolg ihrer Politik, in gemischtsprachigen Gemeinden jegliche national gefärbte Symbolik zu verbannen. Diese Methode habe sich „sehr gut bewährt".[92] Zugleich wurde konstatiert, in der zweiten Kriegshälfte seien die Slowenen selbstbewusster geworden und würden wieder vermehrt die nunmehr als offizielle Landesfarben Krains sanktionierte Trikolore flaggen. Von Seiten der steirischen Zivilverwaltung werde dem auch keinerlei Hindernis mehr in den Weg gelegt.

Mit der Auflösung der Habsburgermonarchie im Herbst 1918 wurde dieser langjährige Streit gegenstandslos. Er illustriert insbesondere den emotionalen Charakter des Kampfs um Symbole und den öffentlichen Raum. So wie die Bosnier zum Symbol des ungeliebten Gesamtstaates geworden waren, genauso war Schwarz-Rot-Gold die Verkörperung jener groß- bzw. gesamtdeutschen Orientierung, die sich der Deutschnationalismus von seiner Regierung um keinen Preis nehmen lassen wollte. Da eine offene Propagierung eines Anschluss-Wunsches nicht in Frage kam (eine solche Forderung wäre als Hochverrat strafrechtlich verfolgt worden), behalf man sich mit einer symbolischen Artikulation, eben den Farben Schwarz-Rot-Gold. Die hier präsentierten Fallbeispiele belegen zugleich eine bemerkenswerte Spannweite in den amtlichen Reaktionen: Statthalter Clary schwankte je nach den Machtverhältnissen zwischen einer kompromisslosen Verfechtung des gesamtstaatlichen Gedankens und einer weitgehenden Nachgiebigkeit gegenüber deutschnationalen Forderungen. Ansätze gegen Kriegsende, den Slowenen entgegen zu kommen und den öffentlichen Gebrauch ihrer nationalen Symbole zu gewähren, kamen zu spät. Mit der neuen Grenzziehung ab 1919 kehrten sich die Fronten um: Nun war es die deutschsprachige Minderheit im neuen jugoslawischen Staat, deren nationale Entfaltung nicht nur über Symbole behindert wurde.[93] Die Kenntnis der Vorgeschichte dieser Entwicklung zu vertiefen, war eines der zentralen Anliegen des vorliegenden Beitrags.

Anmerkungen

1 Vgl. Birgit BOLOGNESE-LEUCHTENMÜLLER, Bevölkerungsentwicklung und Berufsstruktur, Gesundheits- und Fürsorgewesen in Österreich 1750-1918, Wien 1978 (Materialien zur Wirtschafts- und Sozialgeschichte 1); Emil BRIX, Die Umgangssprachen in Altösterreich zwischen Agitation und Assimilation. Die Sprachenstatistik in den zisleithanischen Volkszählungen 1880 bis 1910, Wien-Graz-Köln 1982 (Veröffentlichungen der Kommission für Neuere Geschichte Österreichs 72).
2 Vgl. Martin MOLL, Kein Burgfrieden. Studien zum deutsch-slowenischen Nationalitätenkonflikt in der Steiermark vor dem und im Ersten Weltkrieg, Habilitations-Schrift Universität Graz 2002.
3 Schwarz-Rot-Gold waren die erstmals beim Hambacher Fest 1832 gezeigten Farben eines Großdeutschlands im Sinne Hofmanns von Fallersleben, des Dichters des Deutschlandliedes.
4 Martin MOLL, Volkstumskampf als Ideologie und Praxis. Steirischer Deutschnationalismus und slowenische Nationalbewegung in den letzten Jahren der Habsburgermonarchie, in: Zeitschrift des Historischen Vereines für Steiermark 94 (2003), S. 277-313.
5 Erkenntnisse des Reichsgerichts Zl. 427 und Zl. 428 ex 1899, beide vom 18.1.1900, in: Akt MdI Nr. 9.496/1900. Österreichisches Staatsarchiv Wien. Allgemeines Verwaltungsarchiv. Ministerium des Inneren Allgemein 15. Politische Vereine 1900-1918 gen. und A-Z. Karton 871. Künftig zitiert als ÖStA. AVA, MdI.
6 Vgl. Berthold SUTTER, Die Badenischen Sprachenverordnungen von 1897. Ihre Genesis und ihre Auswirkungen auf die innerösterreichischen Alpenländer, Wien 1960/1965 (Veröffentlichungen der Kommission für Neuere Geschichte Österreichs 46/47); Hannelore BURGER, Helmut WOHNOUT, Eine „polnische Schufterei"? Die Badenischen Sprachenverordnungen für Böhmen und Mähren 1897, in: Michael GEHLER, Hubert SICKINGER (Hg.), Politische Affären und Skandale in Österreich. Von Mayerling bis Waldheim, Wien-München 1995, S. 79-98.
7 Vgl. Martin PARTH, Die Garnison Graz um 1900, in: Historisches Jahrbuch der Stadt Graz 27/28 (1998), S. 165-189.
8 Die Subvention betrug 14.000 Kronen, ab 1900 20.000 Kronen/Jahr. Wolfgang HEGER, Die Grazer Kulturpolitik im Zeitalter des Liberalismus und Nationalismus (1867-1914), Dissertation Universität Wien 1971, S. 102f.
9 Vgl. Heidemarie UHL, „Bollwerk deutscher Kultur". Kulturelle Repräsentationen nationaler Politik in Graz um 1900, in: DIES. (Hg.), Kultur - Urbanität - Moderne. Differenzierungen der Moderne in Zentraleuropa um 1900, Wien 1999 (Studien zur Moderne 4), S. 39-82.
10 Vgl. Joseph Franz DESPUT, Zwischen Sprachenverordnungen und Ausgleich. Ministerpräsident Graf Clary-Aldringen, letzter Statthalter in Steiermark, und der Notverordnungsparagraph im Spiegel der Presse, in: Gerhard PFERSCHY (Hg.), Siedlung, Macht und Wirtschaft. Festschrift Fritz Posch zum 70. Ge-

burtstag, Graz 1981 (Veröffentlichungen des Steiermärkischen Landesarchives 12), S. 437-448.
11 Apologetisch Elma FLOOH, Manfred Graf Clary-Aldringen. Der letzte k.k. Statthalter in Steiermark. Sein Leben und Wirken, Dissertation Universität Graz 1948.
12 Grazer Tagblatt Nr. 59, 28.2.1901, Abend-Ausgabe, S. 1. Künftig zitiert als GT.
13 Statthalterei an GT (Konzept), 2.3.1901, in: Steiermärkisches Landesarchiv Graz. Statthalterei-Präsidium 9 Zl. 765/1901. Künftig zitiert als StLA. Sth. Präs.
14 Vgl. Amire MAHMOOD, Der Steirische Landtag 1861–1918. Unter besonderer Berücksichtigung seiner Leistungen auf dem Gebiet der Förderung der materiellen Landeskultur, Dissertation Universität Graz 1991.
15 Ausführlich zu den Zielen des Fonds Grazer Tagespost Nr. 157, 9.6.1901, Morgenblatt, S. 1f. Künftig zitiert als TP.
16 Statthalterei Graz an Ministerium des Inneren, 4.7.1902, in: ÖStA. AVA, MdI. Allgem. 28. Elementarschäden, Notstand, Sammlungen Steiermark 1900–1903. Karton 2261. Akt MdI 28.767/1902.
17 Über die ersten Jahre des Fonds sind nur Splitterakten erhalten. Vgl. insbesondere StLA. Sth. Präs. 8 Zl. 1618/1901.
18 TP Nr. 157, 9.6.1901, Morgenblatt, S. 1.
19 Grazer Volksblatt Nr. 156, 9.6.1901, S. 1. Künftig zitiert als GV.
20 TP Nr. 156, 8.6.1901, Abendblatt, S. 2; TP Nr. 159, 11.6.1901, Morgenblatt, 4. Bogen. Reklame-Anzeigen für das Fest in: Grazer Montags-Zeitung Nr. 23, 10.6.1901, S. 3; Arbeiterwille Nr. 130, 9.6.1901, S. 7. Künftig zitiert als AW. Das gesamte Programm sowie sämtliche Mitwirkenden wurden in einer Broschüre mit einem Vorwort des bekannten Kunstschriftstellers und Literaten Emil Ertl veröffentlicht: Wohltätigkeits-Fest im Burggarten zu Graz am 10., 11. und 12. Juni 1901, Graz 1901.
21 Wiederum beispielsweise GV Nr. 155, 8.6.1901, Beilage.
22 GV Nr. 156, 9.6.1901, S. 1.
23 AW Nr. 132, 12.6.1901, S. 3.
24 3. Corps-Kommando an Statthalterei, 20.5.1901. Antwort, 23.5.1901, beide in: StLA. Statth. Präs. 26 Zl. 1311/1901.
25 Vgl. Gerhard MARAUSCHEK, Die Grazer Bürgermeister 1885–1919. Ein Überblick über die deutsch-nationale Periode der Stadtgemeinde Graz, in: Historisches Jahrbuch der Stadt Graz 27/28 (Graz 1998), S. 27–49.
26 Grazer Montags-Zeitung Nr. 23, 10.6.1901, S. 1f. Nachdruck des Interviews in: TP Nr. 158, 10.6.1901, Abendblatt, 2. Bogen. Hiernach das Folgende.
27 Der Interviewer hielt Clary an dieser Stelle verklausuliert vor, er solle nicht päpstlicher sein als der Papst und es anerkennen, wenn sich sogar der deutschnationale Gemeinderat mit dem Winkel zufrieden gebe.
28 GT Nr. 158, 10.6.1901, Abend-Ausgabe, S. 1.
29 TP Nr. 159, 11.6.1901, Morgenblatt, 2. Bogen.
30 GT Nr. 159, 11.6.1901, Morgen-Ausgabe, S. 2f.
31 Hingegen wurde ein Ariensänger, der abgesagt hatte, scharf gerügt. TP Nr. 161, 13.6.1901, Abendblatt, S. 1.

32 GT Nr. 159, 11.6.1901, Abend-Ausgabe, S. 1. Hiernach das Folgende.
33 TP Nr. 159, 11.6.1901, Abendblatt, S. 1f.
34 Der vorstehende Absatz stützt sich auf: TP Nr. 160, 12.6.1901, Abendblatt, S. 2; Ebenda 2. Bogen; TP Nr. 161, 13.6.1901, Morgenblatt, S. 7; Ebenda, Abendblatt, S. 1; GV Nr. 159, 12.6.1901, Beilage; GV Nr. 161, 14.6.1901, S. 2.
35 GT Nr. 161, 13.6.1901, Abend-Ausgabe, S. 1.
36 AW Nr. 134, 14.6.1901, S. 1–3.
37 AW Nr. 132, 12.6.1901, S. 3.
38 AW Nr. 134, 14.6.1901, S. 1–3.
39 GV Nr. 161, 14.6.1901, S. 1.
40 GV Nr. 160, 13.6.1901, S. 1.
41 AW Nr. 134, 14.6.1901, S. 2.
42 Abschnitt aus dem *Grazer Tagblatt* Nr. 165, 17.6.1901, Morgen-Ausgabe, als Beilage zur Original-Fassung der Interpellation der Abgeordneten Walz, Fürst, Stallner und Genossen, 18.6.1901, in: StLA. Sth. Präs. 22 a Zl. 1905/1901.
43 Berichte in: GV Nr. 162, 15.6.1901, S. 3; GV Nr. 165, 18.6.1901, S. 1 und ebenda, Beilage; Marburger Zeitung Nr. 72, 18.6.1901, S. 2.
44 Anfrage Gemeinderat Felle über Vorfälle beim Concert der Bosnier bei der Automobilausstellung, in: Amtsblatt der landesfürstlichen Hauptstadt Graz Nr. 28, 10.7.1901, S. 755f. Stenographischer Bericht über die ordentliche öffentliche Sitzung des Gemeinderates vom 25.6.1901. Hiernach das Folgende.
45 Anfrage Gemeinderat Einspinner. Ebenda, S. 759.
46 Antwort Bürgermeister-Stellvertreter Ritter von Hochenburger. Ebenda, S. 759f.
47 GT Nr. 166, 18.6.1901, Abend-Ausgabe, S. 1. Die Morgen-Ausgabe dieses Tages war beschlagnahmt worden.
48 Das *Tagblatt* bezeichnete sich im Untertitel als Organ der Deutschen Volkspartei für die Alpenländer.
49 Stenographische Protokolle über die Sitzungen des Steiermärkischen Landtages. VIII. Landtagsperiode. V. Session. 5. Sitzung vom 18.6.1901, Graz 1901, S. 27. Künftig zitiert als StenProt LT. Die Anfragen waren von 11 bzw. 7 Abgeordneten unterschrieben worden. Der Landtag hatte damals 60 gewählte Abgeordnete und drei Virilisten.
50 StLA. Sth. Präs. 22 a Zl. 1905/1901. Zusammenfassung der Anfrage in: TP Nr. 166, 18.6.1901, Abendblatt, S. 2.
51 Es durfte nur in Angelegenheiten interpelliert werden, die zum Wirkungskreis des Landtages gehörten. Selbst bei der üblichen, sehr weitherzigen Auslegung konnte sie auf die Justiz auf keinen Fall angewandt werden.
52 StenProt LT. VIII. Landtagsperiode. V. Session. 5. Sitzung vom 18.6.1901, Graz 1901, S. 27.
53 AW Nr. 139, 20.6.1901, S. 1f.
54 TP Nr. 175, 27.6.1901, Morgenblatt, S. 2; StenProt LT. VIII. Landtagsperiode. V. Session. 9. Sitzung vom 26.6.1901, Graz 1901, S. 9.
55 StLA. Sth. Präs. 22 a Zl. 1905/1901. Wiedergabe in TP Nr. 166, 18.6.1901, Abendblatt, S. 2. Nur summarische Wiedergabe in: StenProt LT. VIII. Landtagsperiode. V. Session. 5. Sitzung vom 18.6.1901, Graz 1901, S. 26.

56 TP Nr. 167, 19.6.1901, Morgenblatt, S. 1. Hiernach das Folgende.
57 Z.B. TP Nr. 175, 27.6.1901, Abendblatt, S. 1.
58 Konzept und endgültige Fassung, in: StLA. Sth. Präs. 22 a Zl. 1905/1901.
59 Wiedergabe in TP Nr. 175, 27.6.1901, Morgenblatt, S. 2; GT Nr. 174, 26.6.1901, Abend-Ausgabe, S. 2f; GV Nr. 174, 27.6.1901, Beilage; AW Nr. 145, 27.6.1901, S. 2; StenProt LT. VIII. Landtagsperiode. V. Session. 9. Sitzung vom 26.6.1901, Graz 1901, S. 9.
60 GT Nr. 174, 26.6.1901, Abend-Ausgabe, S. 1.
61 Vgl. Martin MOLL, Die „Affäre Wastian": Ein Streiflicht auf deutschnationale Politik in der Steiermark am Vorabend des Ersten Weltkrieges, in: Geschichte und Gegenwart 19 (2000), S. 131-156.
62 Zu den Machtverhältnissen vgl. Edith MARKO-STÖCKL, Der Steiermärkische Landtag, in: Helmut RUMPLER, Peter URBANITSCH (Hg.), Die Habsburgermonarchie 1848-1918. Band VII: Verfassung und Parlamentarismus. 2. Teilbd., Wien 2000, S. 1683-1718; Gerhild TROGER, Der Steirische Landtag. Sein politisches, kulturelles und soziales Wirken in den Jahren 1890-1900, Dissertation Universität Graz 1968.
63 Statthalterei an Bürgermeister Graz (Konzept), 3.10.1901. Antwort, 5.10.1901, beide in: StLA. Sth. Präs. 26 Zl. 1311/1901.
64 Koerber an Kaiser Franz Joseph, 21.11.1901. Clary an Ministerium des Inneren, 5.11.1901, beide in: ÖStA. AVA, MdI. Allgemein 11/1. Bürgermeister Salzburg, Steiermark, Tirol, Schlesien 1900-1918. Karton 381. Akt MdI 45.394/1901.
65 3. Corps-Commando an Statthalterei, 1.3.1902, in: StLA. Sth. Präs. 26 Zl. 1311/1901.
66 Verein der Hausbesitzer in Graz an Clary, 10.4.1903. Ebenda.
67 Graf an Clary, 6.5.1903. Ebenda.
68 Karl RAPPOLD, Die Entwicklung des Männerchorwesens in der Steiermark, Dissertation Universität Graz 1961, S. 109-116; Karl HAFNER, Zur politischen Geschichte des 6. Deutschen Sängerbundesfestes in Graz 1902, Graz 1932; Karl VOLK, Das Deutsche Sängerbundesfest in Graz 1902. Eindrücke des Lehrers im Marianistenorden Albert Läufer, in: Blätter für Heimatkunde 76 (2002), S. 136-139. Druckschriften in: StLA. Sth. Präs. 26 Zl. 1311/1901.
69 6. Deutsches Sängerbundfest, gez. Obmann Ritter v. Schmeidel, an Clary, 7.3.1902. Ebenda.
70 3. Corps-Kommando an Clary, 12.7.1902. Ebenda.
71 V. Succovaty an Clary, 17.7.1902. Ebenda.
72 Statthalterei an Ministerpräsident (Konzept), 20.10.1901, in: StLA. Sth. Präs. 22 b Zl. 2604/1901.
73 Politische Expositur Gonobitz (BH Cilli) an Statthalterei-Präsidium, 16.9.1902, in: StLA. Sth. Präs. 8 Zl. 2899/1902.
74 Vgl. Gerald STOURZH, Die Gleichberechtigung der Nationalitäten in der Verfassung und Verwaltung Österreichs 1848-1918, Wien 1985, S. 115, 127f. und 138.
75 Kundmachung des Stadtrates Marburg, 21.8.1913 (Abschrift), in: StLA. Sth. Präs. E 91 Zl. 1698/1913.

76 Telegramm und Brief der Posojilnica v mariboru an Statthalterei, 18.8.1913. Beide ebenda.
77 Bürgermeister Dr. Schmiderer an Statthalterei, 27.8.1913. Ebenda.
78 Hierzu Eduard G. STAUDINGER, Die Südmark. Aspekte der Programmatik und Struktur eines deutschen Schutzvereins in der Steiermark bis 1914, in: Helmut RUMPLER, Arnold SUPPAN (Hg.), Geschichte der Deutschen im Bereich des heutigen Slowenien 1848-1941, Wien-München 1988 (Schriftenreihe des österreichischen Ost- und Südosteuropa-Instituts 13), S. 130-154.
79 Vgl. Ulrike FRANK, Edmund Graf Attems. Landeshauptmann der Steiermark 1893-1918, Dissertation Universität Graz 1967.
80 StenProt LT. X. Landtagsperiode. I. Session. 3. Sitzung vom 21.9.1909, Graz 1909, S. 45f.
81 Bei der Volkszählung 1910 bekannten sich 946 der 1.083 Ortsbewohner zur deutschen und 122 zur slowenischen Umgangssprache. Spezialortsrepertorium von Steiermark. Bearbeitet auf Grund der Ergebnisse der Volkszählung vom 31. Dezember 1910, Wien 1917 (Spezialrepertorium der österreichischen Länder IV: Steiermark), S. 148.
82 Bürgermeister Hohenmauthen an BH Windischgraz, 4.12.1908, in: StLA. Sth. Präs. E 91 Zl. 2689/1914.
83 Kaiser Franz Joseph hatte am 2. Dezember 1848 den Thron bestiegen.
84 Hren an Statthalterei Graz, 26.12.1908, in: StLA. Sth. Präs. E 91 Zl. 2689/1914.
85 Ebenda sowie Statthalterei an BH Windischgraz, 22.2.1909. Ebenda Vgl. StLA. Sth. Präs. E 91 Zl. 908/1909.
86 Vgl. Werner DROBESCH, Der Deutsche Schulverein 1880-1914. Ideologie, Binnenstruktur und Tätigkeit einer nationalen Kulturorganisation unter besonderer Berücksichtigung Sloweniens, in: Geschichte und Gegenwart 12 (1993), S. 195-212.
87 Bei der Volkszählung 1910 bekannten sich nur 94 der 2.867 Ortsbewohner zur deutschen, aber 2.661 zur slowenischen Umgangssprache. Spezialortsrepertorium, S. 132.
88 GT Nr. 217, 8.8.1912, Abend-Ausgabe, S. 1.
89 Vgl. StLA. Sth. Präs. E 91 Zl. 1436/1912.
90 Anfrage der Abgeordneten Dr. Ravnihar, Dr. Rybář und Genossen an den Innenminister, betreffend das Verbot des Gebrauches der nationalen weiß-blau-roten Trikolore, 18.12.1917. Anhang zu den Stenographischen Protokollen des Hauses der Abgeordneten des österreichischen Reichsrates 1917/1918. XXII. Session. V. Band, Wien 1918, S. 4855f.
91 Vgl. hierzu die Vorlagen der untersteirischen BHs, Februar 1918, in: StLA. Sth. Präs. A 3 b 1 Zl. 434/1918.
92 Statthalterei an Innenministerium (Konzept), 10.3.1918. Ebenda.
93 Vgl. Reinhard REIMANN, „daß mit den deutschtümelnden Hetzern endlich einmal abgerechnet wird." Die Deutsch-Untersteirer als Minderheit 1918-1921, Diplomarbeit Universität Graz 2000.

Symbole und Räume rivalisierender Nationalismen am Beispiel der multiethnischen Stadt Cluj[1]

Margit Feischmidt (Pécs)

Die Stadt, die rumänisch *Cluj*, ungarisch *Kolozsvár* und deutsch *Klausenburg* heißt, ist ein wichtiges urbanes Zentrum der Region Siebenbürgen. Historisch ein Bildungs-, Handwerks- und Handelszentrum Siebenbürgens wurde sie um die Jahrhundertwende ein politisches und kulturelles Zentrum der Österreich-Ungarischen Monarchie und beherbergte viele ungarische nationale Institutionen. Nach dem Ersten Weltkrieg wurde Cluj, wie auch Siebenbürgen ein Teil des als Nationalstaat konzipierten Rumäniens, und ist dies bis heute geblieben, abgesehen von der Periode 1940–1944. In der weiteren Entwicklung wurde die Stadt in Folge der sozialistischen Modernisierung ein Industriezentrum, damit auch Zielort interner Migration und seit 1989 wieder verstärkt zum Standort rumänischer und ungarischer nationaler Institutionen, Parteien und kultureller Organisationen. Die Staatsgrenzen- und politischen Systemwechsel brachten in Cluj viele Veränderungen in der Bevölkerungsgröße, ihrer ethnischen Zusammensetzung und ihrem Charakter mit sich.

Ich werde, auch wenn die Stadt drei Namen hat, immer von Cluj sprechen und möchte in diesem Text darstellen, wie Räume in der Stadt symbolisch besetzt und interpretiert werden. Durch Umdeutungen und historische Legitimationen wurde die Stadt oft redefiniert, je nach politischem Interesse und divergierenden Konzepten von Nationalität, was ich im Folgenden darzulegen versuche. In der Arbeit richtete sich die Argumentation darauf, dass die öffentliche Repräsentation der Stadt Cluj (Kolozsvár, Klausenburg) von einem Diskurs über Kultur und Geschichte, kulturelle Homogenität und historische Rechte bestimmt wird. Der multiethnische Raum wurde in verschiedenen Zeitaltern und von unterschiedlichen Machthabern als Symbol und als ein imaginiertes Laboratorium der nationalen Gemeinsamkeit und Differenz betrachtet. Es ist keinesfalls so, dass diese Bedeutungszuschreibungen nur in der Hauptstadt des jeweiligen Nationalstaates geschehen, als ob andere Städte und ihre Bewohner nur passive Opfer wären. Neben der Macht des Nationalstaates, die anerkannten Identitätskategorien zu definieren, gibt es einen lokalen diskursiven Raum, wo der Kampf im Kleinen um dasselbe Ziel geht: die wichtigsten Ereignisse und ihre sozialen Akteure zu bestimmen und dadurch die Kontrolle über die Konstruktion – zumindest über die öffentliche Repräsentation – der Wirklichkeit zu erwerben.

Wenn heute jemand dieser Stadt in Rumänien einen Besuch abstattet und beginnt, die lokalen Probleme und Diskurse zu beobachten, dann wird er mit Sicherheit nach kurzer Zeit auf die Bedeutung der Statuen an öffentlichen Plätzen aufmerksam, die hier als nationale Symbole aufgefasst werden. Cluj hat zwei Paradeplätze, die als symbolische und mentale Zentren fungieren: Auf dem ersten dieser Plätze steht eine monumentale Reiterskulptur einer historischen Gestalt, die von den Ungarn als Nationalheld gefeiert wird – im Hintergrund die römisch-katholische Kirche der ungarischsprachigen Bevölkerung. In der ungarischen Kunstgeschichte gilt das *Matthias Corvinus*-Denkmal als eine der hochwertigsten Statuen im öffentlichen Raum. Man betrachtet es als Hauptwerk der historistischen Denkmalbildhauerei aus der Zeit der Doppel-Monarchie und vergleichbar mit den besten europäischen Werken dieser Kunstart[2]. Für die Klausenburger Ungarn ist die architektonische Komposition des *Főtér* (Hauptplatz) ihr nationales Symbol, welches gleichzeitig ihre ethnische Eigenart und Differenz zu Nicht-Ungarn markiert. Die meisten von ihnen sind der Überzeugung, dass der symbolische Ort mit ihren hochwertigen Objekten den Ungarn und nicht den Rumänen (die mit anderen, meist neueren Stadtteilen identifiziert werden) gehört. Des Weiteren weist das Denkmal auf eine vergangene Epoche hin, in der die Ungarn noch dominant in dieser Stadt und in Siebenbürgen waren, im Gegensatz zu heute, wo sie dort als Minderheit leben.

Auf dem zweiten zentralen Platz befindet sich eine noch größere Skulpturenkomposition eines rumänischen Nationalhelden – im Hintergrund die griechisch-orthodoxe Kathedrale der rumänischsprachigen Bevölkerung. Von klassizistischen Palais und Häusern umrahmt, unter denen sich das imposante Gebäude des rumänischen Nationaltheaters befindet, wurde 1993 das Denkmal von *Avram Iancu* aufgestellt. Er war der Führer des bewaffneten Aufstands der Siebenbürger Rumänen gegen die ungarische Revolution im Freiheitskampf 1848–1849 und ist in einer kämpferischen Position dargestellt. Die Statuenkomposition mit der Hauptfigur und drei Nebengestalten, welche die Einheit der rumänischen Nation symbolisieren sollen, ist ein monumentales Werk mit eher politischer Bedeutung als von ästhetischem

Wert. Das neue Denkmal wirkt durch die Popularität des von ihm dargestellten Nationalhelden und durch die emotionelle Ladung der öffentlichen Feste und Feiern, die seit seiner Enthüllung auf diesem Platz organisiert werden. Diejenigen, denen der alte Hauptplatz fremd ist, betrachten die architektonische Komposition und den Gedächtnisort *Avram Iancu* als ihr identifizierendes und differenzierendes Symbol.

Die symbolischen Zentren und nationalen Gedächtnisräume der Stadt traten nach 1989 in den Mittelpunkt der medialen Öffentlichkeit und wurden in nationalen Identitätsdiskursen thematisiert. Am 1. Dezember 1992, kurz nach der Einsetzung des neuen Bürgermeisters – der in seiner Position damals die wichtigste und populärste rumänische nationalistische *Partei der Nationalen Einheit der Rumänen* (Partidul Unității Naționale a Românilor) repräsentierte – wurde auf die Initiative des Stadtrates und mit großen Feierlichkeiten eine neue Inschrift am Matthiasdenkmal eingeweiht. Sie weist auf die rumänische Abstammung des ungarischen Königs und auf den Verrat an seiner Nation hin. Die festliche Inschriftanbringung wurde von den neuen Machthabern als ein Akt der „Wiederherstellung" der lange Zeit unterdrückten „historischen Wahrheit" verstanden. Einige Tage später veranstaltete die politische Organisation der ungarischen Minderheit – der *Demokratische Bund der Ungarn aus Rumänien* (Romániai Magyarok Demokrata Szövetsége) – welcher die Anbringung der neuen Inschrift als „kollektive Kränkung der Siebenbürgerungarn" empfand, eine Gegendemonstration, die als ein Ritual der symbolischen Wiedereroberung des Platzes und des als ungarisches Patrimonium verstandenen Objekts interpretiert werden kann.

Die Diskussion über das Matthiasdenkmal kehrte zwei Jahre später noch einmal zurück. Das Bürgermeisteramt veranlasste, gemeinsam mit dem Historischen Museum Siebenbürgens, eine archäologische Untersuchung in der unmittelbaren Nähe des Matthiasdenkmals, mit dem Ziel die römisch-rumänische Tradition der Stadt sichtbar zu machen. Die ungarische Partei, sowie die katholische und reformierte Kirche als Opposition hegten die Vermutung, es sei eine Versetzung des Matthiasdenkmals geplant und als Antwort darauf fanden wieder Demonstrationen statt, denen zutrotz mit der archäologischen Ausgrabung begonnen wurde. Auf dem Hauptplatz der Stadt befand sich so jahrelang ein riesiges Loch, in dem die Historiker und ihre Hilfskräfte mit wechselnder Begeisterung suchten und gruben – und in dessen Tiefe sich immer wieder politische Meinungs- und Interessenunterschiede fanden, die als Katalysator der ethnischen Konflikte benutzt werden konnten.[3] Und auch Diskussionen um das Denkmal von *Avram Iancu* waren im öffentlichen Diskurs vorhanden. 1993 wurde für die 75-Jahrfeier der Vereinigung Siebenbürgens mit Rumänien und der Errichtung des rumänischen Nationalstaates die Einweihung des neuen *Avram Iancu*-Denkmals vorbereitet. In Cluj, wo seit 1990 eine rumänische Gesellschaft seinen Namen trägt, wird Avram Iancu als nationaler Held und Märtyrer der Siebenbürger Rumänen betrachtet. Und somit ist die historische Vision einer rumänischen Nation als Opfer fremder Mächte, die ihre Befreiung und Vereinigung durch bewaffneten Kampf errang, im Gedächtnisort *Avram Iancu* in Cluj verortet. Der Diskurs über *Avram Iancu* erinnerte an die historischen Feinde der Siebenbürgerrumänen: „die Ungarn", die mit den heutigen ungarischsprachigen Bewohnern der Stadt und der Region identisch seien.[4]

Kurz nach der politischen Wende von 1989 entstand in Cluj so ein „Krieg um die Denkmäler". Es handelte sich hierbei um einen Symbolkonflikt, in dem einerseits neue Denkmäler errichtet wurden und andererseits eine politische Bestrebung auftauchte, den alten Denkmälern neue Bedeutungen zuzuschreiben. Und zur Zeit der osteuropäischen Wende war es eine allgemeine Strategie, durch Denkmäler neue Identitätsformen und symbolische Räume zu schaffen und dadurch die symbolischen Machtstrukturen umzugestalten[5]. Der historische Rückblick im Falle von Cluj zeigt uns doch, dass die Instrumentalisierung des kulturellen Gedächtnisses und seine rituelle wie auch diskursive Formen nicht *ex nihilo* entstehen. Vielmehr sind Kontinuität und Wandel der Symbole und Begriffe der Repräsentation sowie Strategien der Nationalisierung gleichermaßen bezeichnend. Deswegen sollen die heutigen Ereignisse auch aus einer historischen Perspektive analysiert werden.

Die Nationalisierung der multiethnischen Städte

In der Organisation der multiethnischen Gesellschaft, in dem Verhältnis der ethnischen Gruppen zueinander ist die Modernisierung ein bestimmendes Moment, bei der die Meinungen der Erforscher von Nationalismus und Ethnizität hinsichtlich der möglichen Folgen bedeutend voneinander abweichen. Über die modernen Gesellschaften ist man im Allgemeinen der Ansicht, dass diese den Individualismus und den freien Wettbewerb in den Mittelpunkt stellen, indem sie mit den traditionellen Formen des Kollektivismus brechen. Ernest Gellner legt in seiner Arbeit dar[6], dass durch die kulturelle Homogenisierung im Übergang von den Agrargesellschaften zur kapitalistischen Produktion ein Bedarf an Arbeitskräften und Mobilität notwendig wurde, da die verschiedenen Institutionen des Nationalstaates eben diesen durchsetzen sollten. Dadurch begegneten sich die Gruppen, die vorher isoliert, segmentiert und in wirtschaftlichen und gesellschaftlichen Nischen lebten, auf dem Arbeitsmarkt der Großstädte und der industriellen Zentren. Und der Wettbewerb zwischen ihnen führte zu gesellschaftlicher und kultureller Integration.

Amerikanische Forscher verdeutlichten den Misserfolg des Homogenisierungsprojekts im modernen Nationalstaat durch das Scheitern des *melting-pot*-Konzepts. Ihrer Ansicht nach folgt auf die Modernisierung, die Industrialisierung und die Abwanderung eines bedeutenden Teiles der ländlichen Bevölkerung in Richtung der städtischen Zentren keine kulturelle Homogenisierung, bzw. nur dann, wenn das Maß der ländlichen Einwanderer sehr gering ist. Ganz im Gegenteil vertiefe die wirtschaftliche Expansion die früheren Unterschiede und Gegensätze, da die betroffenen Parteien näher aneinander gerückt würden. Zu einer ähnlichen Konsequenz kamen auch einige der mittelosteuropäischen Erforscher des Nationalismus, wie z.B. Karl Deutsch: „Integration may produce more conspicuous differentiation and conflict... At this stage it is the subordinates who experince the frustration of relative deprivation, as their normative expectations outpace their experienced satisfactions."[7] Er ist der Ansicht, dass die häufigste Konsequenz der Integration in Konflikten liegt, die jene Minderheiten verursachen, die ein hohes Maß an Mobilität besitzen und gleichzeitig nicht zu assimilieren sind: „The proportion of mobilizied but unassimilated persons is the ‚first crude indicator' of group conflict."[8]

In Osteuropa zeigen zahlreiche Beispiele, dass die Urbanisierung unter den Prozessen der Modernisierung den größten Einfluss auf die Veränderung des Verhältnisses der ethnischen Gruppen zueinander ausübte. Wogegen in Westeuropa der Nationalstaat ausreichend stark war, um die neue, standardisierte Kultur auf die Bevölkerungsmassen auszuweiten. Die osteuropäischen Städte, insbesondere multiethnische Städte wie Cluj, waren nicht in der Lage, eine standardisierte Kultur zu etablieren, da sie sich einerseits ethnisch und sprachlich von den umliegenden Dörfern unterschieden und andererseits auch innerhalb der Städte verschieden segmentierte ethnische und religiöse Gruppen lebten. Infolge der missglückten Assimilation entwickelten sich in den Städten Gegen-Eliten, die gerade auf Abgrenzung drängten und am ethnischen Wettbewerb interessiert waren.

Das bekannteste Beispiel ist wohl Prag, wo ab der zweiten Hälfte des 19. Jahrhunderts die Verhältnisse der alten deutschsprachigen Elite und des neuen tschechischen Bildungsbürgertums in nationale Kategorien umformuliert wurden.[9] Oder auch Vilnius, welches sowohl den Polen als auch den Litauern als „uraltes Zentrum" ihrer nationalen Kultur galt, während die Stadt hingegen einen ausgeprägten jüdischen Bevölkerungsanteil hatte. Cluj, selbst nur im Laufe des Prozesses der Urbanisierung und internen Migration multiethnisch geworden, ist ebenfalls ein exemplarischer Fall, der zeigt, wie die Nationalisierung *in* und *durch* diese Städte – in *borderlands* – hindurch läuft.

Im Folgenden möchte ich versuchen, den historischen Prozess der Nationenbildung und Nationalisierung auf einer lokalen Ebene, vor allem durch die Rekonstruktion der jeweiligen Auseinandersetzungen über Geschichte und Gedächtnis zu erklären. Die Frage des Nationalismus wird demnach nicht auf der Ebene des Staates gestellt, wie dies im Übrigen in der Fachliteratur üblich ist. Die Betonung liegt darauf, dass es sich hier um eine multiethnische Region handelt, die an der Grenze von zwei Ländern liegt und deren staatlicher Status sich im Laufe der Geschichte des Öfteren verändert hat.

Welchen Beitrag kann nun diese außergewöhnliche Perspektive zur Nationalismusforschung leisten? In erster Linie sei hier erwähnt, dass bei der Beschäftigung mit dem Nationalismus, der Nationenbildung und der Kultur- und Identitätspolitik im Zusammenhang mit einer multiethnischen Stadt, Details von sozialen und politischen Prozessen, sowie die an diesen Prozessen beteiligten Akteure sichtbar gemacht und rekonstruiert werden können. Den Begriff der *rivalisierenden Nationenbildung* oder *Nationalismen* leite ich von den Beispielen der öffentlichen Skulpturen und den begleitenden rituellen und diskursiven Ereignissen ab. Diese Rivalität objektiviert sich in den *symbolischen Konflikten*, deren gesellschaftliche Antriebskraft der Wettbewerb zwischen den Eliten der zwei ethnischen Gruppen ist.

Die ungarische Nationalisierung an der Jahrhundertwende. Die Errichtung des Matthiasdenkmals als nationalen Gedächtnisraum

Die Stadt Cluj wurde in der zweiten Hälfte des 19. Jahrhunderts zum politischen und kulturellen Zentrum der Region Siebenbürgen. Ihre Entwicklung wurde in der dualistischen Monarchie Österreich-Ungarns ein wichtiges politisches Ziel. Während die beiden traditionell sächsischen Städte Hermannstadt (Sibiu, Nagyszeben) – vor dem Ausgleich die politisch-administrativ wichtigste siebenbürgische Stadt – und Kronstadt (Brasov, Brassó) in den

Hintergrund gedrängt wurden, begann in Cluj eine relativ schnelle Modernisierung. 1870 wurde die Eisenbahn gebaut, wodurch die Stadt eine direkte und schnelle Verbindung mit der Hauptstadt Budapest und mit der siebenbürgischen Provinz erhielt. Modernisierung bedeutete auch eine beschleunigte Industrialisierung, deren Folge ein bedeutender Zuwachs der Bevölkerung war. 1869 betrug die Gesamtbevölkerung der Stadt 26.638, 1891 schon 37.957 und sie stieg weiter bis auf 60.808 im Jahr 1910.[10] Aber trotz all dieser Veränderungen wurde Cluj keine Industriestadt. Die Institutionen, mit denen die Position als Zentrum Siebenbürgens und zweitwichtigste Stadt Ungarns angestrebt wurde, waren Schulen und Wissenschaftseinrichtungen, Zeitschriften und Organisationen – die Anlagen einer herzustellenden nationalen Kultur. Als wichtigste davon wurde 1872 die Franz-Joseph-Universität, die zweite Universität Ungarns, gegründet.

Schon 1882 gab es in Cluj Bestrebungen, das Geburtshaus des Königs Matthias zu restaurieren und mit einer Gedenktafel auszustatten. Im selben Jahr entschied die Generalversammlung des Stadtrats über die Aufstellung einer Reiterstatue des Königs Matthias, wofür eine nationale Spendeaktion gestartet wurde. Gleichzeitig wurde die Ausbreitung des Statuenkomitees mit weiteren Mitgliedern aus der Reihe der Stadtbürger, weil alle Bürger an dieser patriotischen Bewegung und an der Finanzierung des Denkmals teilnehmen sollen, vorgeschlagen.[11] An der Umsetzung und Verwirklichung des Vorschlags waren fast alle ungarischen Organisationen für Kultur in Siebenbürgen beteiligt, vor allem der Siebenbürgische Karpatenverein (Erdélyi Kárpátegyesület) und der Ungarische Bildungsverein Siebenbürgens (Erdélyi Magyar Közművelödési Egyesület).[12]

Die Budapester Zeitungen begrüßten begeistert die Entscheidung der Stadt, ein Denkmal zu Ehren ihres größten Sohnes zu errichten und die Initiative „der Hauptstadt Siebenbürgens" sollte ein Vorbild für alle historischen Orte des Landes sein, der Geschichte ein versteinertes Gedenken zu setzen.[13] 1893 wurde der Wettbewerb für ein Matthiasdenkmal auf dem Klausenburger Hauptplatz ausgeschrieben und das Komitee, das mit der Entscheidung betraut wurde, sprach den ersten Preis und damit den Auftrag für die Ausführung dem Bildhauer János Fadrusz zu. Ein Modell des in Cluj hergestellten Matthiasdenkmals, eines der schönsten Werke des damals wohlbekannten Künstlers, wurde 1900 auf der Pariser Weltausstellung gezeigt und mit dem Grand Prix prämiiert.

Die Auftraggeber wollten ein nationales Symbol haben, welches ein Symbol der Stadt ist, ein Gedächtnisraum, der einem Vergleich mit jenen der ungarischen Hauptstadt standhält. Wie der Künstler selbst sagte, wollte er ein nationales Denkmal, eine Reiterstatue nach dem europäischen Modell und eine glanzvolle Darstellung der ungarischen Nation schaffen. Über sein Matthias-Bild schrieb Fadrusz in einem Privatbrief:

> Mit der Matthias-Statue in Kolozsvár möchte ich die Glanzzeit Ungarns darstellen, als die Ungarn eine fürchtend geehrte und bewunderte Nation unter den europäischen Völker waren. Wenn sich das Herz eines Ungarn verfinstert, und Tröstung im Glanz und in der Größe der längst vergangenen Zeiten sucht, dann kehrt er in dieses ruhmreiche und weltberühmte Zeitalter zurück und findet dort diese gloriose Gestalt, den legendären König des ungarischen Volkes, Matthias von Hunyad, der mit den kleinen Leuten wie ein einfacher Mensch umgehen konnte, unter den Königen seiner Zeit aber wie der Adler unter den Spatzen war.[14]

Das Matthiasfest wurde 1902 anlässlich der Einweihung des Denkmals und gleichzeitig als eine verspätete Veranstaltung der ungarischen Millenniumsfeier organisiert und in diesem Zusammenhang entwickelte sich ein richtiger Kult um König Matthias.[15] Die Hauptrede wurde von dem damaligen ungarischen Ministerpräsidenten gehalten und der Einweihungsakt von einem Vertreter des Kaisers ausgeführt. Die lokale Zeitung berichtete über die Teilnahme weiterer Repräsentanten der Regierung, der beiden Häuser des Parlaments sowie über eine sich „wälzende Masse der Klausenburger und Leute aus der Siebenbürger Provinz auf den Straßen der Stadt".[16] Die feierliche Einweihung des Matthiasdenkmals wurde als staatliche Feier, eine Darstellung der offiziellen Gedächtnisideologie inszeniert und gleichzeitig auf lokaler Ebene als nationale Massenveranstaltung wahrgenommen.

1902 erschien in der wissenschaftlichen Zeitschrift des Siebenbürgischen Museumvereins „Erdélyi Múzeum" ein Artikel mit dem Titel „König Matthias und Klausenburg" (Cluj), welcher alte und neue Argumente für die Errichtung des Matthiasdenkmals in Cluj aufführte. Sein Autor war der Universitätsprofessor Lajos Szádeczky, der einige Zeit Dekan an der Fakultät der Geisteswissenschaften und Mitglied der Ungarischen Akademie der Wissenschaften war und begeistert für das Matthiasdenkmal kämpfte. Er war der Meinung, dass in „Kolozsvár" (Cluj), der zweitgrößten Stadt Ungarns, ein Symbol des ungarischen Nationalstaates vorhanden sein sollte:

> Und vergessen wir nicht, dass die Statue sich auf dem Hauptplatz von Kolozsvár gegenüber dem siebenbürgischen Gebirge befindet, von dem ein selten gebührend kühles Lüftchen gegen die Ideen der ungarischen Nation bläst. Hier entfaltet die Statue eine erzieherische und politische Wirkung: der uralte ungarische Ruhm und die großartige Repräsentation der ungarischen Staatsidee wird hier wachgehalten.[17]

Was die Metapher des „kühlen Lüftchens" andeutet, wird in einem Artikel der Lokalzeitung konkreter gesagt. Es handele sich hierbei um „die inneren Feinde, die ihre Waffen gegen ihre eigene Heimat gekehrt haben".[18] Damit wird Stellung gegen die rumänische Bevölkerung Siebenbürgens und die nationalen Bestrebungen ihrer Elite bezogen.

In diesem Zusammenhang wurde auch der alten Auseinandersetzung über die ethnische Herkunft von *Mátyás király* bzw. *Matei Corvin* eine besondere Bedeutung zugeschrieben. Der Direktor der wichtigsten Lokalzeitung schrieb am Tag der Enthüllung des Denkmals im Leitartikel:

Die Familie Hunyadi ist wahrscheinlich rumänischer Abstammung. Was heißt das? [...] Das heißt, dass man sich auf diesem Boden schon seit tausend Jahren nur im Rahmen des ungarischen Nationalbewusstseins, der ungarischen Nationalkultur, der ungarischen Nationalpolitik zu den Großen der Geschichte erheben konnte. Wenn Matthias ungarischer Abstammung wäre, hätten wir den Ruhm, dass die fruchtbare Kraft unserer Rasse ihn ins Leben rief. Wenn er rumänischer Abstammung wäre, ist unser Ruhm, dass die umwandelnde und einschmelzende Kraft unserer Rasse ihn zum Ungarn gemacht hat. Denn er war doch Ungar![19]

Zu jener Zeit gab es in Cluj keine rumänische Zeitung, in anderen Städten Siebenbürgens wurde aber sowohl über das neue Denkmal als auch über das Enthüllungsfest berichtet. In der in Hermannstadt erscheinenden Zeitung *Tribuna* unterstrich der Journalist den nationalistischen Charakter der Matthiasfeier, der „in zwei Richtungen zugespitzt wird: im Haß gegen die Nationalitäten und im Haß gegen die Habsburger Dynastie".[20]

Im Diskurs über das Denkmal und dessen Ort trat das Thema der Zugehörigkeit der Städte Siebenbürgens, wie anderer Gebiete mit einem großen Bevölkerungsanteil anderer Ethnien, in den Vordergrund. Das monumentale Symbol der „mächtigsten Nation Mittel-Europas" wurde als Katalysator der Nationalisierung der multiethnischen Stadt und Region vorgestellt. In der hauptstädtischen Öffentlichkeit erschien über Cluj das metaphorische Bild der „Grenzburg des Ungarntums". Und damit die Vorstellung, dass die Nation von diesen Grenzen ab verteidigt werden müsse: „Siehe da die starke Bastei des ungarischen nationalen Geistes, eine echte ungarische Stadt, die nicht von gestern auf heute entstanden ist, sondern die eine ruhmvolle Vergangenheit hat und die eine große Zukunft verspricht."[21] An anderer Stelle wurde behauptet, dass Orte und Ereignisse, wie Cluj und das Matthiasfest die ungarische Nation gegen den Kosmopolitismus und die „antinationale Agitationen" verteidigten, also die „Reinheit" der Nation bewahrten.[22] Dem multiethnischen Siebenbürgen wurde so symbolisch die Funktion der Vereinigung der ungarischen Nation sowie die Bewahrung und Konservierung ihrer historischen Traditionen zugeschrieben.

Rumänische Nationalisierung durch Inszenierung römisch-rumänischer Tradition nach 1918

Es ist eine von vielen Historikern hervorgehobene Tatsache,[23] dass die Rumänen als ethnische Gruppe am Anfang des 20. Jahrhunderts hauptsächlich in ruralen Gegenden Siebenbürgens verortet waren. Weniger in Städten, die meist von Sachsen, Schwaben, Ungarn und entweder ungarisch oder jiddisch sprechenden Juden bewohnt waren. 1910 sprachen rund 60 % der ruralen Bevölkerung Siebenbürgens Rumänisch als Muttersprache, während ihr Anteil an der urbanen Bevölkerung nur rund 20 % darstellte. Hingegen waren Ungarn, die nur 25 % der Gesamtbevölkerung bildeten, in den Städten Siebenbürgens mit 62 % präsent.[24] Der nationalistische Diskurs hat in der Öffentlichkeit auf das Dilemma „Urbanität – Ruralität" eine für lange Zeit gültige Antwort gegeben: die rurale Zivilisation, das Dorf, wurde als *nationale Eigenart* (specificul naţional) oder als „nationaler Lebensraum" betrachtet, im Gegensatz zu den Städten, die wie „Parasiten auf dem Leib einer ruralen Nation" lebten. Der Bauer wurde als Symbol der rumänischen Nation, der Bürger als Fremder gesehen.

Nach 1918 sollte dieses Bild mit dem modernen rumänischen Nationalstaat bekämpft werden. Die kulturellen Muster aber, welche das Bild des „rumänischen Bauern" und der „fremden Städte" produzierten, veränderten sich viel langsamer als das politische System. Die Chancen und Möglichkeiten der in die Stadt umziehenden Rumänen veränderten sich dadurch, dass die Verwaltung und viele andere Institutionen nach rumänischen Arbeitskräften suchten. Die „Rumänisierung" der Städte durch ihre kulturellen Institutionen und ihre Elite war ein Ziel der nationalisierenden Politik, bzw. der Nationenbildung. Die liberale Vorstellung über die Modernisierung Rumäniens durch Industrialisierung und Urbanisierung wurde in vielerlei Hinsicht als ein Nationalisierungsprojekt betrachtet und doch von einer fundamentalistischen, antiurbanen und xenophoben Kritik begleitet.[25]

1921 wurde das erste „rumänische Denkmal" in unmittelbarer Nähe des Matthiasdenkmals errichtet. Das Abbild der nach dem „Romulus und Remus"-Mythos in Rom gestalteten Bronzeplastik, der so genannten *Kapitolinischen Wölfin*, war ein Geschenk der italienischen Hauptstadt und erinnerte an die gemeinsame Herkunft Roms und der rumänischen Nation. Anlässlich der Einweihung, wie die Lokalzeitung *Voința* berichtete, wurde eine großartige Nationalfeier geplant. Eine Delegation der Stadt Rom sowie die Repräsentanten der rumänischen Armee, der orthodoxen Kirche, der Universität und der Schulen waren zugegen und nachdem die Statue nach orthodoxer und griechisch-katholischer Liturgie eingeweiht worden war, hielten die Vertreter der Stadt Rom und der Bürgermeister von Cluj die Einweihungsreden.

Nur einen Tag nach der Denkmalenthüllung 1921 erschien in der Tageszeitung *Voința* ein Hauptartikel mit dem Titel „Cluj: das wirtschaftliche, kulturelle und administrative Zentrum Siebenbürgens: die zweite Hauptstadt des Landes". Es wurde über radikale Veränderungen in der Stadt berichtet, wie dass nun auch „die Fremden", meint Ungarn und Juden, anfingen Rumänisch zu sprechen. Das Fest der Einweihung soll ihnen gezeigt haben, dass Cluj sowohl in der Bevölkerung als auch in der Kultur nicht „fremd", sondern eine „rumänische Stadt" geworden sei, so die Interpretation. Um seine Behauptung zu unterstützen, berief sich der Artikel auf „rumänische Betriebe", „rumänische Banken", „rumänische kulturelle Institutionen" und auf die „rumänische Universität"[26] – also auf die Modernisierung als nationale Leistung Rumäniens.

Die Rede über das neue Denkmal und Cluj verdeutlicht eine besondere Bedeutung im Kontext der Konzeptualisierung von Stadt bzw. der Urbanität in Rumänien. Durch das Denkmal wurde eine neue Gedächtnisideologie verräumlicht und in der Öffentlichkeit bedeutend gemacht:

[...] die Latinität der Stadt, die jahrhundertelang unter fremder Unterdrückung schlummerte, wurde jetzt endlich aufgewacht und zum Sieg gebracht. Aus der alten *Dacia* grüßt euch nicht *Cluj*, sondern die Nachfolge der Burg *Napoca*, auf deren Steinen diese Stadt aufgebaut wurde, die aber euch bis zum Krieg fremd war.[27]

Den konzeptuellen Horizont der Repräsentation der Stadt bilden Begriffe, wie „das Fremde" und „das Eigene", „die Fremdheit" und „die Eigenart". Es wurde beklagt, dass die Städte Siebenbürgens jahrhundertelang nur von „Fremden", meint Ungarn, Juden und deutschsprachigen Sachsen, bewohnt wurden – und deshalb die Rumänen keine Bürger im modernen Sinne werden konnten. Aus diesem Grund sei die widersinnige Situation entstanden, dass im Einwohnerverzeichnis von Cluj auch noch im 19. Jahrhundert nur wenige rumänische Namen erwähnt würden, obwohl die ganze Umgebung der Stadt fast ausschließlich rumänisch gewesen sei. Im 19. Jahrhundert und besonders in der Zeit der dualistischen Monarchie sei „Cluj ein Golgota der rumänischen Nation" gewesen, so behauptet der Historiker und Lehrer Victor Lazăr[28].

1922, kurz nach dem Trianoner Friedensvertrag und der Vereinigung Siebenbürgens mit Rumänien, formulierte die Staatliche Kommission für Nationale Denkmäler[29] einen Plan, nach dem jene Denkmäler, welche die ungarische Staatsideologie widerspiegeln, zu entfernen sind. Solche, bei denen die Möglichkeit bestand ihre Bedeutung durch eine neue Inschrift umzudeuten, sollten „korrigiert" werden. Und somit war das Schicksal vieler ungarischer Millenniumsdenkmäler in siebenbürgischen Orten besiegelt: die Vernichtung. Ungarische Medien klagten natürlich über die Verstümmelung des Matthiasdenkmals[30] und rumänische Medien sprachen sich für eine Schleifung und Neuaufstellung eines „wahren rumänischen Denkmals" an jener Stelle aus.

Ein Intermezzo der ungarischen Hegemonie und ungarischer Ursprungsmythen (1940-44)

1940 erfolgte eine weitere grundsätzliche politische Wende im Leben der Stadt, weil sie infolge des zweiten Wiener Schiedsspruchs zusammen mit dem nördlichen und östlichen Teil Siebenbürgens mit Ungarn zusammengeschlossen wurde. Die ungarische Staatshoheit bestand dann bis Oktober 1944. Die Selbstrepräsentation der Stadt Cluj wurde in dieser Zeit von der Vorstellung der „tausend Jahre alten ungarischen Stadt" bestimmt. „*Kolozsvár.* Tausend Jahre einer ungarischen Stadt" war der Titel eines monumentalen Buches über Cluj, das 1944 erschien[31] und das neben der Glorifizierung der „ungarischen Geschichte" der Stadt verneinte, dass Cluj auch für die siebenbürgischen Rumänen ein Zentrum war. Es wurde in Bezug auf prägende Einrichtungen, Institutionen und Gebäude über die „ungarischen Traditionen" der Stadt, deren „ungarischen Charakter" und den Beitrag zur „einheitlichen ungarischen Kultur" gesprochen.

Im Herbst des Jahres 1943, also in der Mitte des Krieges und der damit einhergehenden Not im Hinterland, wurde eine archäologische Ausgrabung veranlasst, welche in unmittelbarer Nähe des wieder die ungarische Inschrift *Mátyás király* tragenden Denkmals stattfand. Das „geschichtswissenschaftliche Projekt" wurde von Gyula László geleitet, einem der anerkanntesten Historiker der Epoche und damals Professor der ungarischen Universität in Cluj. Einige Tage nach dem Beginn der Arbeiten erschien in den Lokalzeitungen die Nachricht, dass im Forschungsgraben Teile eines Friedhofs und sechs „ungarische Leichen" aus dem 12. oder 13. Jahrhundert entdeckt worden waren. Genaue „wissenschaftliche" Einzelheiten wurden weder dann, noch später angegeben. In der Medienöffentlichkeit wurde jedoch daraufhin die These der „ungarischen Kontinuität" als bewiesen betrachtet. Es wurde angenommen, dass in den Fundamenten der Stadt die Überreste zweier Kulturen vorzufinden seien: die der römischen Siedlung *Napoca* und die des mittelalterlichen ungarischen *Kolozsvár*. In der populären Leseart der damaligen Presse hieß es, dass zwischen dem 1. oder 2. bzw. dem 12. oder 13. Jahrhundert keine „bedeutende Zivilisation auf dem Gebiet der heutigen Stadt existierte"[32], also keine Spuren von Rumänen. Durch die archäologische Ausgrabung, deren Ergebnisse von Anfang an feststanden, wurde der Vision von der „ungarischen Stadt" eine historische Dimension gegeben: „Die Urbewohner von Kolozsvár waren Ungarn, sie haben diese Stadt gegründet und zum Blühen gebracht."[33] Der Bürgermeister von Cluj besichtigte den Ausgrabungsort am Tag des Beginns der archäologischen Arbeit und in seiner Zustimmungserklärung betonte er, dass die Untersuchung vom Bürgermeisteramt unterstützt werde. Er regte auch zu der Idee eines archäologischen Museums an, in welchem die Andenken der römischen Antike und des ungarischen Mittelalters ausgestellt werden könnten. Und gleich nachdem die Nachricht über die sechs „ungarischen Leichen" aus der Zeit der ungarischen Landnahme erschienen war, traf der Verteidigungs- und Propagandaminister Ungarns in Cluj ein, um die Bedeutung der archäologischen Entdeckung nicht so sehr für die Wissenschaft, als eher für die Politik zu unterstreichen.[34] Der ungarische Stadtrat sowie der nationalistische Diskurs des Staates brauchten beide den Beweis der ethnischen Kontinuität um Hegemoniebestrebungen zu legitimieren.

Die dakische Stadt „Napoca" als Bühne des kommunistischen Nationalismus

Durch das Kriegsende und den Friedensvertrag von Paris wurde aus Siebenbürgen wieder Rumänien und das Land blieb unter der Besatzung der Roten Armee, deren Einfluss den Sozialismus in Rumänien eingeführt hatte. Der allgemeine Prozess der Industrialisierung und Urbanisierung des sozialistischen Rumäniens lässt sich auch in Cluj erkennen. Die Bevölkerung wuchs zwischen 1956 und 1992 um mehr als die Hälfte[35] und auch die ethnische Zusammensetzung änderte sich grundsätzlich. 1955 gab es noch eine ausgeglichene Verteilung der beiden größten ethnischen Gruppen in Cluj, 1966 wurde schon eine kleine Mehrheit der rumänischen Gruppe registriert und 1992 waren die Rumänen weit in der Überzahl.

In der Selbstrepräsentation der Stadt stand bis in die Mitte der siebziger Jahre die „Verwirklichung des Aufbaus des Sozialismus" und die Vernachlässigung der ethnischen Unterschiede im Namen der „Brüderlichkeit der Arbeiter verschiedener Ethnien" im: Mittelpunkt.[36] Aber ab den siebziger Jahren nahmen ein nationalistischer Diskurs und die historische Inszenierung der „einheitlichen Nation" zu. 1974 wurde das Programm des Elften Kongresses der Rumänischen Kommunistischen Partei (Partidul Comunist Român) veröffentlicht, welches eine achtzehn Seiten lange Zusammenfassung der rumänischen Geschichte enthielt. Dieses Werk zeigt die Hinwendung zu den Symbolen und Bildern der Vergangenheit in der rumänischen Politik exemplarisch. 1974 wurde ein „wichtiges Gedenkjahr" genannt, das an die Befreiung des Landes 1944 erinnern sollte.

In Cluj wurde zu jener Zeit ein weiteres Gedächtnisfest vorbereitet, welches der vergangenen 1850 Jahre gedenken sollte, seit das dakische *Napoca* in den Rang eines römischen Munizipiums erhoben wurde.[37] Die Kontinuität zwischen antikem *Napoca*, einem der ersten und wichtigsten Kastelle von „Dazien-Traiana", und dem heutigen rumänischen Cluj wurde besonders betont. Ein Aufruf an alle Bewohner der Stadt wurde veröffentlicht, „neue Beweise der Herkunft dieses Ortes finden" zu helfen und dieses Ereignis dazu zu nutzen, die „Wahrheit" über die Vergangenheit der Stadt zu erkennen.[38]

Bei dieser Arbeit am kulturellen Gedächtnis und der Neuformulierung der Geschichte der Stadt waren vor allem Berufshistoriker beteiligt. Über die „1850 Jahre alte Stadt" wurden monumentale historische Werke veröffentlicht wovon „Istoria Clujului"[39] mit etwa sechshundert Seiten die umfangreichste Arbeit darstellt. Die wichtigste Autorität der neuen Geschichtsschreibung und ein Verfasser dieser Werke war der Historiker Stefan Pascu, zu jener Zeit Rektor der Universität von Cluj und Mitglied der Rumänischen Akademie der Wissenschaften. In einem der Lokalzeitung gegebenen Interview erläuterte er die neuen Vorstellungen über die Vergangenheit,[40] nach denen *Daker* die ersten Bewohner dieser Gebiete waren. Die erste Siedlung bis 124 n.Chr. sei *Napoca* genannt und später in den Rang eines Munizipiums erhoben worden. Es sei ein Name, der später auch von den Römern benutzt wurde, der aber in der Zeit der Völkerwanderung, als die Urbewohner von den aggressiven Wandervölkern in rurale Gegenden verdrängt wurden, vergessen wurde.

Damit war für Pascu anhand der Frühgeschichte der Stadt Cluj die Kontinuität der rumänischen Nation in Siebenbürgen und gleichzeitig die „Fremdheit" der sich dort später ansiedelnden Völker der Ungarn und Sachsen bewiesen. Darüber hinaus wurde behauptet, dass *Napoca* sogar das politische Zentrum Daziens, eine Art Hauptstadt gewesen sei. Über die späteren Zeitalter wurde die Teilnahme der Stadt und ihrer Bewohner an den wichtigsten Ereignissen der rumänischen Geschichte, an der Bildung der „politischen Einheit aller Rumänen" und an der „Verwirklichung der Unabhängigkeit" des einheitlichen rumänischen Staates betont. Die Kapitel über den Klassenkampf blieben in dieser Neufassung der Geschichte im Hintergrund oder fehlten vollkommen. Während die Vergangenheit anderer ethnischer Gruppen tabuisiert wurde, wurde Cluj in den Mittelpunkt der Ethnogenese und der Geschichte der rumänischen Nation gestellt.

Die Inszenierung der dakischen Geschichte erreichte ihren Höhepunkt am 16. Oktober 1974, als in Cluj ein nationales Fest organisiert wurde. Im Mittelpunkt der riesigen, feierlichen Volksversammlung „zum Gedenken der 1850 Jahre, als der dakische Ort Napoca zum Munizipium deklariert wurde", stand die Rede des Parteiführers Nicolae Ceausescu. Er betonte die Bedeutung der Kenntnisse über die Geschichte in der Ausbildung des sozialistischen Selbstbewusstseins sowie des Wissens, dass es „auf diesem Boden schon in der Zeit der Daker und später der Römer eine hochentwickelte Zivilisation gab".[41] Am Tag der Gedenkfeier erschien auf der ersten Seite der Zeitung „Făclia" ein Leitartikel vom Historiker Stefan Pascu. Als Anreger der Feierlichkeiten definierte er die dakische Tradition als Wesen nicht nur der Geschichte der Stadt, sondern der rumänischen Geschichte überhaupt:

Ihr Name ist Napoca und sie ist von fleißigen Dakern und Dakerinnen mit schönen Antlitzen und sauberer Kleidung bewohnt. Und Napoca ist sie auch in jener Zeit geblieben, in der neben den Dakern römische Kolonialisten gekommen sind, Bauern, Handwerker und Kaufleute. Ihre Verbrüderung und Verschmelzung ist in kurzer Zeit geschehen. Die alteingesessenen Rumänen bauten mit den anderen Neuankömmlingen, den Ungarn und Deutschen, die Burg in eine Stadt um, der sie den Namen Clus/Cluj gaben.[42]

Die Namensänderung der Stadt, von Historikern veranlasst und zum ersten Mal öffentlich in der Form „Napoca-Cluj" im Januar 1974 erwähnt, wurde von der Parteiführung aufgegriffen. „Cluj-Napoca", wie der neue Name der Stadt seitdem lautet, galt als ein erster Akt der Inszenierung Daziens als historisches Vorbild des rumänischen Nationalstaates bzw. des Nationalisierungsprojekts des späteren Staatssozialismus in Rumänien.

Die rumänische und ungarische Nationenbildung im symbolischen Kampf

Im Folgenden versuche ich die Ereignisse und Diskurse der Inszenierung nationaler Geschichtsvorstellungen innerhalb der multiethnischen Stadt Cluj im Kontext der Nationenbildung, der kulturellen Homogenisierung und der dazu gehörenden Geschichtspolitik zu erläutern.

1867 wurde durch den Kaiser des Habsburgreiches und die ungarische liberale Elite eine konstitutionelle Monarchie gegründet: Österreich-Ungarn, mit den beiden Zentren Wien und Budapest. Durch die Union Siebenbürgens mit der Doppelmonarchie nahm die mehrere Jahrhunderte lang autonome Entwicklung Siebenbürgens ein Ende, und die folgenden Jahrzehnte waren durch die politische und kulturelle Eingliederung Siebenbürgens in eine einheitliche ungarische Nation geprägt.

In der Zeit des Dualismus von 1867 bis 1914 rivalisierten in Ungarn zwei verschiedene Vorstellungen der Nation miteinander. Erstere war ein politisches Konzept der Nation,[43] welches sich an das historische Vorbild des mittelalterlichen ungarischen Königtums anlehnte. Jenő Szűcs, einer der ersten Kritiker der ungarischen Historiographie, stellte dies wie folgt dar:

> Der ungarische Nationalismus gehörte zu jenem besonderen Typus der mittelosteuropäischen Entwicklung, in dessen Vorgeschichte und Argumentation der ehemalige, mittelalterliche – nicht nationale, aber später als national wahrgenommene – Staat, und die ihre Tradition gegen die „fremden" zentralen Mächte bewahrende Ständeordnung eine wichtige Rolle spielte.[44]

Diese historische Staatsnation wurde als „hungarus" betrachtet und damit die ethnische Vielfalt des mittelalterlichen Königtums anerkannt. Später verschob sich die Inszenierung der ungarischen Nation durch die Legitimation ihrer politischen Suprematie zunehmend in die Richtung ethnischer Vorstellungen, des „Magyarismus", was dann die zweite politische Vorstellung einer multiethnischen ungarischen Nation darstellte. Die Millenniumsfeier der Landnahme im Jahre 1896, die eine Verortung der magyarischen Ursprungsmythen bedeutete und andere ethnische Gruppen ausschloss, stand im Mittelpunkt dieser Politik. Das „Magyarentum" wurde auf der Basis der gemeinsamen Sprache und Kultur definiert, die trotz aller „fremden" Einflüsse tausend Jahre lang „rein" geblieben sei[45]. Dieses ethnokulturelle Konzept der ungarischen Nation gewann später durch die Geschichtspolitik der neunziger Jahre mehr Popularität und allgemeine Anerkennung.

Diese beiden Vorstellungen galten nicht nur in der Politik und in der Form unterschiedlicher Modernisierungskonzepte, sondern auch in einem breiteren diskursiven Raum der Medien und Geisteswissenschaften. Gemeinsamkeiten wiesen sie nur in der Historisierung ihrer Argumentation auf, indem sie, stark vom deutschen Nationalismus inspiriert, das „Wesen der Nation", den sog. „Volksgeist" in der Geschichte verkörpert sahen.

Zu den zwei Visionen von Nation gehörten zwei Bestände von Symbolen.[46] Die Hauptfigur der ersten Vision war der erste König des mittelalterlichen Staates, Stephanus (oder Stephanus der Heilige). Er symbolisierte zusammen mit der „Heiligen Krone" die ungarische Staatlichkeit und implizit die gemeinsamen Werte und Traditionen der verschiedenen ethnischen Gruppen des Donauraums bzw. ihrer sozialen Oberschichten. Ganz sein Gegenteil war der nationale Held in der zweiten Vision, *Árpád*, Heerführer der ungarischen Stämme bei der Landnahme. Er war Symbol der ethnischen Kontinuität und Homogenität sowie der östlichen Tradition der ungarischen Nation.[47]

In Cluj, welches zu dieser Zeit zum administrativen und politischen Zentrum Siebenbürgens avancierte, wurde König Matthias Corvinus als eine eigene Tradition der Stadt angesehen. Die lokale bürgerliche Initiative, vorwiegend gebildet durch die Bildungselite, suchte nach einem Symbol, das die Emanzipation und Eigenart der Stadt innerhalb Ungarns repräsentierte, um die eigene Dominanz gegenüber der Mehrheit der rumänischen Bevölkerung zu demonstrieren.

Von Budapest aus gesehen war der Gedächtnisort *Matthias Corvinus* ein Plädoyer für die politische Einheit aller Ungarn. *Mátyás király* war ein Symbol des mittelalterlichen ungarischen Staates, der sich vom Heiligen Stephanus wesentlich unterschied. Der siegreiche Heerführer, zu dessen Füßen die Fahnen der Nachbarländer liegen, symbolisiert die *Suprematie* der ungarischen Nation über die anderen Nationen des Donauraumes. Das Ritual seiner feierlichen Enthüllung 1902 richtete sich sowohl gegen Wien als auch gegen die anderen ethnischen Gruppen Siebenbürgens. Obwohl die rumänische Abstammung des ungarischen Königs für möglich gehalten wurde, gab es keine rumänische Repräsentation innerhalb der feierlichen Inszenierung und die Präsenz der Spitzenpolitiker aus Budapest demonstrierte die politische Einheit Ungarns.

Durch diesen nationalen Gedächtnisraum wurde Cluj eine besondere Bedeutung als ungarischer Bastion zugeschrieben, an der die symbolischen Kämpfe – für die Hegemonie der ungarischen Nation über die anderen „Nationalitäten" der Monarchie – verräumlicht werden konnten. Die Ethnisierung und Praxis der Marginalisierung anderer wurde einerseits durch den Diskurs über Cluj und andererseits mit der aktiven Teilnahme der lokalen ungarischen Elite an dieser Strategie realisiert.

Seit den Grenzveränderungen nach dem Ersten Weltkrieg und dem Trianoner Friedensvertrag war und ist Siebenbürgen, abgesehen von der Periode 1940–44, ein Teil Rumäniens. Die Homogenisierungsbestrebungen kommen seitdem aus Bukarest und bestätigten die rumänische Elite Siebenbürgens in ihrem Machtkampf gegen die anderen ethnischen Gruppen der Region, vor allem gegen die Ungarn. Der neue, 1918 gebildete rumänische Staat stand vor der Aufgabe, die vielen inneren Differenzen zu bekämpfen, welche ethnischer, kultureller und wirtschaftlicher Art waren. Und durch die Zentralisierung der Verwaltung und eine geplante kulturelle Homogenisierung sollte politische Kontrolle über die unterschiedlichen Gebiete ausgeübt werden.[48] In diesem Land, wo ein großer Anteil der Stadtbewohner zu einer ethnischen Minderheit gehörte, waren Modernisierung und Urbanisierung ein nationales und nationalisierendes Projekt.[49] Weswegen das Wachstum des rumänischen Bevölkerungsanteils, die Errichtung von neuen Industrieanlagen und Bildungseinrichtungen auch in Cluj als „Siege an der Front der Rumänisierung" dargestellt und gefeiert wurden. Über die in Cluj oder Siebenbürgen wohnenden Ungarn wurde in den rumänischen Diskursen vor allem im Imperfekt, wie etwa über „die Übel der Vergangenheit" gesprochen. Die Gegenwart wurde mit der Vision über „Cluj als rumänische Stadt" identifiziert, die keinen siebenbürgischen, sondern einen allgemeinen und homogenen rumänischen Charakter haben sollte. Gleichzeitig überlebte in anderen, ethnisch organisierten Bereichen der Öffentlichkeit auch die Vision „des ungarischen Kolozsvár". Die Vorstellung von Homogenität, verankert in den Bildern der „ungarischen Vergangenheit", kam 1940–44 zu ihrem letzten Hegemonieversuch und abgesehen von dieser Periode bildeten die Bilder eine visionäre, aber auf ähnlichen nationalen Prinzipien aufbauende „ungarische" Gegenwelt.

Nach der Zwischenkriegszeit, als das wichtigste Ziel der Geschichtspolitik die Herstellung der einheitlichen Nation Rumäniens als Nationalstaat war, kam eine neue Konjunktur der Historisierung in den 70er Jahren. 1974 wurde das 1850-jährige dakische *Napoca* gefeiert und im selben Jahr auch die Veränderung des Namens der Stadt in „Napoca-Cluj" beschlossen. Wie oben betont wurde, war im symbolischen Instrumentarium des nationalen Kommunismus Rumäniens die dakische Mythologie das wichtigste Motiv.

During the Ceausescu era the Dacian primacy was used as a political tool designed to give historical legitimacy to the policies of the leadership; the so called „independent centralized Dacian state" which, it was argued, was created under the Dacian king Burabista circa 80 BC was the archetype of the so-called „independent policies" pursued by Burabista's 1980s counterpart.[50]

Durch die Inszenierung eines „einheitlichen und zentralisierten dakischen Staates" konstruierte der neue sozialistische Staat sein monumentales Vorbild. Man glaubte daran, dass die dakische Herkunft tiefere Wurzeln und ältere Rechte hätte als die römische, und dass die Daker sowohl „das nationale Wesen" als auch die kulturelle und politische Einheit der Nation besser verkörpern könnten. Die Vorstellung, dass die Daker und ihre Abkömmlinge die ersten Bewohner dieser Gegend und damit auch die einzigen legitimen Besitzer historischer Rechte seien, konnte man am wirkungsvollsten im Zusammenhang mit einem Ort konstruieren, der selbst mit der Verarbeitung des Daseins anderer ethnischen Gruppen kämpft. Durch und in Cluj wurde eine Lösung beider Probleme angeboten: eine historische Selbstthematisierung der Stadt, deren Ergebnis das öffentliche Bild einer uralten rumänischen Siedlung ist und der Beitrag durch die Festivalisierung des dakischen Gedächtnisses zur nationalen Wende im staatlichen Diskurs. Hier kehrte die Rhetorik der dakischen Mythologie in das gewöhnliche, alterprobte Bett der historischen Diskussionen über die Herkunft und Zugehörigkeit Siebenbürgens zurück.

Zum Schluss möchte ich zu der Frage nach der Bedeutung und Funktion der Gedächtnisräume in multiethnischen Städten der ost-europäischen Grenzregionen zurückkehren. In Cluj war das Errichten von Denkmälern immer ein staatliches Monopol und daher ist die daran anknüpfende Frage: Wofür braucht der jeweilige Staat in Cluj neue Gedächtnisräume, zu welchem Zweck dient die Umdeutung der Stadt im historischen Kontext?

Mit Ausnahmefällen waren die Staaten, welche die multiethnische Stadt Cluj und die multiethnische Region Siebenbürgen inkorporierten, als Nationalstaaten konzipiert. Einen homogenen und dadurch kontrollierbaren Nationalstaat zu verwirklichen war die Bestrebung der ungarischen politischen Elite innerhalb der dualistischen Monarchie, ebenso der rumänischen Politik in der Zwischenkriegszeit „Großrumäniens" und des kommunistischen Systems, welches den „multilateral entwickelten, homogenen rumänischen Staat" herstellen wollte. Die Homogenisierung im Namen der jeweiligen dominierenden Nation war im letzten Jahrhundert eines der wichtigsten staatlichen Projekte in dieser Region.

The ideologies we call nationalism and the subordinated subnational identities we call ethnicity result from the various plans and programs for the construction of myths of homogeneity out of the realities of heterogeneity that characterize all nation building.[51]

Demnach war die wichtigste Strategie dieser staatlichen Homogenisierungspolitik die Konstruktion der *Gemeinsamkeiten*, eines „space amenable to management".[52] Die „nationale Kultur" mit den historischen Mythen der gemeinsamen Abstammung wurden erfunden, um alle Mitglieder der imaginierten Gemeinschaft „Nation" zu verbinden und ihre Gemeinsamkeit zu erschaffen. Die ethnokulturellen Vorstellungen der Nation erwiesen sich jedoch als unfähig, alle Bürger der Nationalstaaten einzuschließen – noch weniger in einer Region, deren staatliche Zugehörigkeit innerhalb von hundert Jahren mehrmals verändert wurde – weswegen sie nicht nur als normative und *inklusive*, sondern auch als *exklusive* Konstruktionen wirkten.

Der Fremde, der als Feind definiert wurde, war sowohl im rumänischen als auch im ungarischen nationalistischen Diskurs eine konstitutive Gegenfigur. Für den rumänischen Bauern als nationalen Archetyp war der ungarische (oder jüdische) Bürger und Adlige der historische Feind. Hingegen war in der Vision einer ungarischen Adels- und Bürgernation der „unterentwickelte rumänische Bauer" der Feind. Der „kulturelle Unterschied", der infolge der kulturellen Homogenisierung und historischen Gemeinsamkeitsvorstellungen entstand, war viel größer und wichtiger als die in der Alltagspraxis erfahrenen Unterschiede. „Der" Rumäne und „der" Ungar als ethnische Kategorien wurden durch die Identitätspolitik der Nationalstaaten auf eine zentripetale Bahn gestellt.

Die historische Rekonstruktion der Vergangenheitsbewältigung in Cluj beleuchtet die kulturelle Strategie der Nationalisierung, welche häufig in multiethnischen Regionen Osteuropas präsent ist. Es werden Räume und Symbole, für welche die Vision der kulturellen Homogenität wirklich und konstitutiv zu sein scheint, erfunden und inszeniert. Diese Strategie konstruiert durch nationale Ursprungsmythen historische Momente, in denen nur die „eigene" ethnische Gruppe im späteren multiethnischen Lebensraum existierte und ihre politische und kulturelle Dominanz unbestritten war.

Seien es die ungarischen Stämme, die Römer oder die Daker, alle diese Gedächtnisideologien stützen sich auf dieselbe Logik. Nämlich dass dieser ursprüngliche historische Moment die gegenwärtige politische Bestrebung nach der Neugestaltung des Zustands der nationalen Homogenität, nach der Dominanz der imaginierten „Ansässigen" über die fremden „Spätkommenden", legitimieren kann. Dabei kann die Geschichte ursprünglicher ethnischer Reinheit immer in zwei Varianten erzählt werden, die in einem unauflösbaren Gegensatz zueinander stehen. Die historische „Wahrheit" über die Geschichte Siebenbürgens, mit der in historisch verändernden Formen sowohl der rumänische als auch der ungarische Nationalismus argumentiert haben, ist ein System dualer Wahrheiten. Diese Art der Repräsentation führt, wie der Fall Cluj uns zeigt, zu Erinnerungskonflikten, d.h. zu imaginierten historischen Ereignissen, welche ethnische Bruchlinien zeichnen.

Die Vision einer ethnisch und kulturell homogenen Nation kann jedoch die erfahrungsmäßige Wirklichkeit multiethnischer Siedlungen oder Regionen, wie Cluj oder Siebenbürgen, nicht widerspiegeln. Die Öffentlichkeit nimmt diesen Teil der sozialen Wirklichkeit, den multiethnischen Charakter lokaler Gesellschaften, oft nicht wahr und multiethnische Räume werden mehr national – im Fall von Cluj, mehr ungarisch und mehr rumänisch – dargestellt. Dem Raum wird die symbolische Funktion der „Bastion" beider Nationen zugeschrieben und dieser insofern als Kampffeld betrachtet. Der multiethnische Ort bedeutet in der kulturellen Logik der osteuropäischen Nationalismen nicht die Anerkennung der Verschiedenheit, sondern die Wahrnehmung des Anderen als einen „Feind". Der Feind, diese zentrale Gestalt der imaginierten Wirklichkeit der Nationen, wird in besonderen Ereignissen dargestellt, in und durch *symbolische Konflikte* konstruiert. In Cluj und in Siebenbürgen im Allgemeinen werden diese Konflikte aus den unvereinbaren Wahrheiten der nationalen Geschichtsvorstellungen ernährt, sind Inszenierungen der verschiedenen Traditionen, Mythen und Helden. Durch symbolische Konflikte werden so nach innen starke Emotionen von Bedrohung und Bedürfnis nach Zusammenhalt produziert und nach außen wird durch die historischen Feindbilder eine Trennung entlang ethnischer Linien vollzogen. Somit legitimieren symbolische Konflikte, als Ereignisse immer wieder in den Mittelpunkt der Öffentlichkeit gestellt, die nationalen Gemeinsamkeiten und Unterschiede in einer multiethnischen Gesellschaft, wo Ähnlichkeit und Differenz sonst gar nicht so eindeutig wären.

Anmerkungen

1 Eine frühere Variante dieser Arbeit war ein Kapitel meiner Dissertation „Abgrenzung und Vermischung. Ethnizität in der siebenbürgerischen Stadt Cluj (Kolozsvár, Klausenburg)" verteidigt am 10. Juli 2001 an der Humboldt-Universität zu Berlin. Das Forschungsprojekt wurde 1996 vom „Research Support Scheme" Programm der Open Society Institute, Budapest, 1997 vom Katholischen Akademischen Ausländerdienst, Bonn, und 1999 mit dem „Policy Fellowship" der Open Society Institute, Budapest, unterstützt.
2 Vgl. Lajos NÉMET (Hg.), A magyar művészet története (Geschichte der ungarischen Kunst). 6. Band, Budapest 1981, S. 208 und Károly LYKA, Szobrászatunk a századfordulón (Unsere Bildhauerei an der Jahrhundertwende), Budapest 1983, S. 39.
3 Für eine tiefergehende Analyse des „Matthias Corvinus-Konfliktes" siehe Margit FEISCHMIDT, Symbolische Kämpfe der Nationalisierung. Die Auseinandersetzungen um ein Nationaldenkmal im multiethnischen Ort Cluj, 1997 [Manuskript].
4 Die Quellen dieser Analyse sind die Reden der Einweihungsfeier und die Artikel, die den Mythos von Avram Iancu in der lokalen Öffentlichkeit (vor allem in den Zeitungen: Adevărul de Cluj, Mesagerul, Szabadság) thematisierten. Der Historiker Lucian Boia meint in seiner kritischen Analyse der rumänischen historischen Mythen, dass es zu einer Blütezeit von Avram Iancu erst in den 70er und 80er Jahren kam, jedoch war er nie so wichtig wie in den 90er Jahren in Cluj im Kontext der symbolischen Kämpfe zwischen Rumänen und Ungarn, vgl. Lucian BOIA, Istorie si mit in constiinta româneasca (Geschichte und Mythos im rumänischen Bewußtsein), Bucuresti 1997, S. 278. Für eine kritische Analyse des Avram Iancu Mythos siehe noch Radu MARES, O sfidare istorică: Avram Iancu (Eine historische Entehrung), in: Vatra 3 (1996), S. 63–66.
5 Vgl. Peter NIEDERMÜLLER, Zeit, Geschichte, Vergangenheit: Zur Logik des Nationalismus in Postsozialismus, in: Historische Anthropologie, 2 (1997), S. 245–267, Tamás HOFER, Harc a rendszerváltásért szimbolikus mezőben. 1989 március 15. Budapesten, in: Politikatudományi Szemle 1, S. 29–52, Margit FEISCHMIDT, Rogers BRUBAKER, Az emlékezés politikája: az 1848-as forradalmak százötven éves évfordulója Magyarországon, Romániában és Szlovákiában (Die Politik der Erinnerung), in: Replika 37, S. 67–88.
6 Vgl. Ernest GELLNER, Nations and Nationalism, Ithaca–London 1983.
7 Karl DEUTSCH, Nationalism and Social Communication, Cambridge 1966, S. 41.
8 Vgl. DERS., Nationalism sowie Donald L. HOROWITZ, Ethnic Groups in Conflict, Berkeley 1985, S. 100.
9 Vgl. Gary B. COHEN, The Politics of Ethnic Survival: Germans in Prague, 1861–1914, Princeton–New York 1985.
10 Vgl. György GAAL, Magyarok utcája (Die Straße der Ungarn), Kolozsvár (Cluj) 1995, S. 11; Stefan PASCU u.a. (Hg.), Istoria Clujului (Geschichte Clujs), Cluj 1974, S. 285.

11 Ellenzék, 17. und 24. Juli 1882.
12 Der „Ungarische Bildungsverein Siebenbürgens" wurde 1885 gegründet, um die ungarische Kultur vor allem in multiethnischen Regionen zu verbreiten und „verteidigen", und wurde eine lautstark politisierende Organisation, vgl. Zoltán SZÁSZ, Wirtschaft und Kultur im Zeitalter des Kapitalismus, in: Béla KÖPECZI (Hg.), Kurze Geschichte Siebenbürgens, Budapest 1990, S. 551–593, hier S. 581).
13 Egyetértés, 25. Juli 1882.
14 Zit. n. Malonyai (1902: 419) und Gyula SOÓS, Fadrusz János, Budapest 1961, S. 41).
15 Für die Gestaltung eines Matthiaskultes war das monumenatale „Gedenkbuch" besonders wichtig: Sándor Márki, Mátyás király emlékkönyv. Kolozsvári szobránák leleplezése alkalmára. (König Matthias Gedenkbuch. Zur Gelegenheit der Enthüllung seines Denkmals in Kolozsvár), Kolozsvár 1902.
16 Ellenzék, 11. Oktober 1902.
17 Vgl. Lajos SZÁDECZKY, Mátyás király és Kolozsvár (Der König Matthias und Klausenburg), in: Erdélyi Múzeum (1902), S. 412–417, hier S. 415.
18 Ellenzék, 11. Oktober 1902.
19 Ellenzék, 12. Oktober 1902.
20 Tribuna 3, 16 Oktober 1902.
21 Budapesti Hírlap, 13. Oktober 1902.
22 Magyar Állam, 13. Oktober 1902.
23 Vgl. Irina LIVEZEANU, Cultural Politics in Greater România. Regionalism, Nation Building and Ethnic Struggle, 1918–1930, Ithaca–London 1997; Joseph ROTHSCHILD, East Central Europe between the Two World Wars, Seattle 1977, S. 283–285.
24 Sabin MANUILA, Aspects of demographiques de le Transylvanie, S. 70–73, zit. n. LIVEZEANU, Cultural Politics, S. 135.
25 LIVEZEANU, Cultural Politics, S. 8.
26 Vointa, 1. Oktober 1921.
27 Ebenda.
28 Vgl. Victor LAZĂR, Clujul, Biblioteca oraşele noastre (Cluj. Die Bibiothek unserer Städte), Bucuresti 1923.
29 Comisiunea Monumentelor Istorice. Secţiunea din Transilvania şi ţinuturile mărginaşe. Raport cu privire la lucrările din primul an de funcţionare. 1921/22. Intocmit şi publicat de Alexandru Lepadatu (Die Kommission der Denkmaler. Die Abteilung für Siebenbürgen und die marginalen Gebiete. Bericht über das erste Jahr ihrer Tätigkeit), Cluj 1922.
30 Keleti Újság, 28. September 1921 und 12. Juli 1923 sowie 11. Dezember 1932
31 László MAKKAI, Emil Z. VÁSÁRHELYI (Hg.), Kolozsvár. Egy magyar város ezer esztendeje (Kolozsvár. Tausend Jahre einer ungarischen Stadt), Budapest 1944.
32 Kolozsvári Képeslap, 5. August 1943.
33 Keleti Újság, 8. August 1943.
34 Keleti Újság, 8. August 1943.

35 Die Gesamtbevölkerung von 154.723 Menschen im Jahre 1956 wuchs in zehn Jahren auf 185.663, und dann bis 1992 auf 328.602.
36 Vgl. PASCU u.a. (Hg.), Istoria Clujului, S. 285.
37 Faclia, 4. Januar 1974.
38 Faclia, 7. April 1974.
39 Vgl. PASCU u.a. (Hg.), Istoria Clujului.
40 Faclia, 4. April 1974.
41 Faclia und Igazság, 17. Oktober 1974.
42 Faclia und Igazság, 16. Oktober 1974.
43 Tamás HOFER, Construction of the ‚Folk culture heritage' in Hungary and Rival Versions of National Identity, in: Ethnologia Europeae 21 (1991), S. 145–170, hier S. 155.
44 Jenő SZŰCS, A nemzet historikuma és a történetszemlélet nemzeti látószöge. Hozzászólás egy vitához, in: DERS., Nemzet és történelem (Nation und Geschichte), Budapest 1974, S. 30f.
45 HOFER, Construction of the ‚Folk culture heritage', S. 156.
46 Katalin Sinkó gab eine Analyse der Dualität der symbolischen Repräsentation der ungarischen Nation (Sinkó 1989).
47 Katalin SINKÓ, Arpád versus Szent István. Competing Heroes and Competing Interests in the Figurative Representation of Hungarian History, in: Ethnologia Europaea 19 (1989), S. 67–83, hier S. 80.
48 Wie diese kulturelle Homogenisierung durch das neue Bildungssystem verlief, siehe LIVEZEANU, Cultural Politics.
49 Vgl. LIVEZEANU, Cultural Politics, S. 7–10 und über den nationalen Charakter der Modernisierung während einer späteren Periode des Staatsozialismus, siehe Trond GILBERG, Nationalism and Communism in Romania. The Rise and Fall of Ceausescu's Distatorship, Colorado 1990.
50 Dennis DELETANT, The Past in the Contemporary Romania: Some Refelections on Recent Romanian Historiography, in: László PÉTER (Hg.), Historians and the History of Transylvania. East European Monographs, New York 1992, S. 133–158, hier S. 142.
51 Vgl. Brakette 1994, hier Katherine VERDERY, Ethnicity, nationalism and statemaking, in: Hans VERMEULEN, Cora GOVERS (Hg.), The Anthropology of Ethnicity, 1994, S. 33–58, hier S. 45.
52 Ebenda, S. 45.

Staging Empires and Nations: Politics in the Public Space of Habsburg Lemberg[1]

Markian Prokopovych (Budapest)

Research an the politization of urban public realm may bring insights into the complexity of cultural politics of the Habsburg Empire. The transformation of Lemberg's public space was in this respect particularly spectacular. Since the First Partition of Poland (1772) the capital of Austria's far eastern province of Galicia, Lemberg was throughout the history of the nineteenth century characterized with progressive urban planning projects that preceded those of the imperial Vienna and added to a particular "Habsburg" flavour. In the light of the repressive character of the *Vormärz* (after the death of Joseph II) and Neo-Absolutist Austrian state, notorious for its Germanization policies, restriction of free thinking and general censorship, such early and comprehensive planning strategies may appear curious. A set of gubernial policies, devised by Austrian clerks, sent to Lemberg as part of Josephinian policy of centralization and regular transfers of bureaucracy, were crucial in the shaping of later municipal policies at the *fin de siècle*. It will be argued here that they had a deeply embodied symbolic meaning from the very beginning.

At the same time, *fin-de-siècle* Lemberg was characterized by its traditional multiethnic (Polish-Jewish-Ruthenian) composition[2] that during the process of social modernization resulted in the birth of several conflicting national programmes. Its history was rich of events that provided a variety of self-identification perspectives for the local population. It was taken over by Napoleonic Polish military forces from Austrian rule[3] in summer 1809, occupied by the Russian army and fell back into Austrian possession due to the Peace Treaty of Vienna later that year. Being the centre of turbulent events in 1848, the city lived through the barricade fights and was heavily bombarded by the Austrian army, which finally suppressed the revolution. Since the 1870s it became a battlefield for representation on behalf of its two large ethnic groups, the Poles and the Ruthenians. Yet the German-speaking culture of the *Vormärz*, along with transformed medieval traditions of an imperial city ("reichsfreie Stadt") according to the Magdeburg law, left their imprint on the physical looks of the city. Though a centre of nationalisms, it remained at the same time one of the most *kaisertreu* places in the monarchy.

The scope of cultural politics, as shown by Eric Hobsbawm in relation to the rise of nationalism, incorporated a vast variety of tools that nineteenth-century public officials and intellectuals had at their disposal.[4] In Habsburg Lemberg, this scope was as broad as to include buildings, monuments, street names and street celebrations, the acting parties as diverse as gubernial and municipal authorities, public activists and the wider public, and cultures as divergent as imperial and national loyalties. In such a situation, the public space was throughout the century open to the simultaneous staging of the two grand symbolic projects: the empire and the nation. Public space means also social space, and political territory. What is to follow here is the analysis of its physical – architectonic – aspect, in which the political authorities were the dominant actors, and its political uses, in which they were only one of many actors. Thus this is an account of the political use of the street, to which the inner, the imagined, the unrealised projects and everyday life are marginal.[5] The scope of this paper limits me to presenting the dominant projects: the imperial concept and its Polish alternative. Rather than concentrating on the rise of "national" use of public spaces after 1848,[6] I will attempt to put them in the context of the persistent *Vormärz* concepts and traditions.

Public Space: Politicising the Concept

The *Vormärz* Austrian bureaucrat's concept of public space – notorious but not specifically limited to Lemberg – was that of imperial, i.e. Habsburg representation and restriction of everything else, justified in terms of maintenance of "public peace, safety and order" in the name of the community. Hence the establishment of Lemberg's first *public* library, the *Ossolineum*, a Polish institution of enlightened culture, in 1817, became a matter of highest imperial approval,[7] while for a *Vormärz* functionary such as Governor Ludwig Taaffe in 1824, public space *was* identical with the state.[8] The reasons for the initial restriction of non-German urban cultures from the public sphere lie in the core of Josephinian vision of unifying the vast Habsburg lands under an enlightened "high" German – and therefore initially the only *public* (*öffentliche*) – culture. Public realm – physical as well as conceptual – was to be shaped and dominated according to that intention. This is in part why the Austrian *Vormärz* functionaries initially refused to admit the existence of a separate, local "high" – and at times just as enlightened – culture of the Galician Polish gentry. Since the "Sarmatian beasts," i.e. Poles, were only to be "re-educated into men," as maintained, among others, by the Gubernial Councilor Koffler[9] they could not have possessed an aesthetic taste or erudition worthy of any notice.

The official concept of public space shaped planning strategies. In "greater public safety considerations," the Gubernium envisioned the demolition of fortifications and the ring project in the late 1780s[10] and concerned itself with criminal offences and sanitary regulations throughout the *Vormärz*. In the late 1840s, functionaries wrote about "preserving/disturbing public peace and order" (*öffentliche/gemeinschaftliche Sicherheit und Ordnung zu erhalten/stören*), as regards revolutionary demonstrations. Since 1848, the prohibition of evening illumination of private buildings on the grounds of "*Sicherheitsrisiko*" became the authorities' political weapon.[11] Since the 1850s, they were concerned with "public establishments disturbing general communal safety" on the city streets[12] and public paupers. For an Austrian representative, public space was the state's exclusive area and the use of streets and facades of the building was too. This implied the right to the physical restructuring of the inner city, yet it also implied the prohibition to use public buildings for other purposes such as street celebrations and ceremonials and, in the second half of the nineteenth century, national demonstrations. The need to restrict public space from *national* representation in the name of "public peace" survived in official documents until late in the nineteenth century. It is exactly in this sense that the reports by police directors Sacher-Masoch in 1840s, and Chomiński in 1860s–1880s speak of "revolutionary/national demonstrations" threatening "general public peace."[13] In 1888, "national demonstration" was still found outrageous by the Gubernium, exactly because it took place in *public* space.[14]

Privacy, on the other hand, was a realm, from which the authorities officially constrained themselves. Local German *Biedermeier* culture, imported by wandering Austrian bureaucrats, was deeply respectful of privacy and solitude and, at the same time, disliked public socialising in cafes and pubs. Already police director Joseph Rohrer criticised the great popularity of Lewandowski's cafe on *Ringplatz* (*Rynek*), apparently the first one in the city (opened in 1802).[15] Gubernial Councilor Ernst Kortum's private estate, the so-called *Kortumówka*, restricted to high-class Christians, serves as a good example of an "ideal" private house.[16] Throughout the century, suspicion of the authorities was increasingly directed against ethnonational socialising, yet the authorities let it flourish while *indoors*. By definition – perhaps by coincidence of "publicity" (*Öffentlichkeit*) stemming from "open space" – anything that was happening *indoors* seemed to possess a sense of *privacy*, was given more tolerance and was only under secret surveillance. This became a crucial issue in late 1860s, when the public started expressing its diverse sentiments, first on open meetings inside various public buildings of national institutions, in public gardens and, finally, on the street in the form of demonstration.

During the *Vormärz*, there existed places of public nature within the city, where different social and ethnic groups socialised separately. For gentry and the government officials, these were the balls and exclusive evenings.[17] This created an exclusive German-speaking cluster in the city, centred around the German Theatre and the University. Lemberg's high-brow social life was unusually active in the 1820s–1830s.[18] Restrictions needed to be put in order to stop marriages, balls, masquerades and dances during great Christian feasts, as well as to assign particular places for public celebrations and for holiday illumination.[19] Lemberg's cafes and pubs naturally had a socially segregated clientele. Yet the history of *Vormärz* Lemberg also speaks of gradual convergence, albeit in a socially and ethnically segregated form, into the government-produced imperial culture and public space. In this process of convergence, the exclusive "German" cluster was on the loss on the long run. The understanding of this culture – just as the understanding of public space, representation and nation – changed due to the subsequent events of 1848 and the liberalisation of imperial home affairs after the *Ausgleich*.

Yet the first shift occurred earlier, after the Congress of Vienna, when the Austrian core, and, along with it, the Galician provincial bureaucracy came to realize that concessions regarding the representation of the local gentry were necessary to ensure its loyalty.[20] Although such concession did not mean the re-conceptualisation of the notion of the superior German culture, it signalled the beginning of a long process of transformation of the meaning of public space and the public (*Öffentlichkeit, Publikum, publiczność*) on behalf of the authorities. From complete isolation, through gradual concessions to representative institutions to Poles after 1815 (the *Ossolineum* Institute, est. 1817, built in 1827–1850s and the Skarbek Theatre, built in 1837–1843) and to Ruthenians after 1848 (The National House, *Narodnyj Dom*, est. 1851, opened in 1864), public policy arrived at the point to deliberate municipal promotion of the Polish national cause after 1870.

Lemberg various "*Parteien*" – a term applied by the authorities to ethnic and social groups interchangeably with "Nationen" – took advantage of this shift differently. All exercised ethnic sentiment *indoors*, always topped with statements of imperial loyalty. Polish aristocrats' palaces and public institutions (*Ossolineum*) became centres of such activity for the Polish "party" in the *Vormärz*, while Ruthenians socialised largely within the Greek-Catholic Seminary and later in *Narodnyj Dom*.[21] Polish activists maintained sites of traditional Polish commemoration practices indoors – the Roman-Catholic Cathedral, the City Casino and the Skarbek Theatre – as well as outdoors, in a traditional route of their processions through the city. This was their first claim to public space that the authorities reserved exclusively for themselves. With the establishment of the Galician autonomy (1867) and municipal self-government (1870), Polish enthusiasts also laid claims on use of the buildings of power, especially the Town Hall.[22] Ruthenian intellectuals continued to socialise indoors until late 1800s, deeply loyal to the Habsburg Court and increasingly hostile to the Polish-dominated Municipality. They ascribed to the official understanding of public space as restricted to imperial commemorations and memorials and deeply resented Polish claims on public space.[23]

The Autonomy era brought a radically different understanding of publicity as represented by activist societies, the forerunner of which was Franciszek Smolka[24] and his idea of the Union of Lublin anniversary celebration and an artificial mound on the Castle Hill. Smolka was the first to use the notion of public space in terms of "citizen rights and freedoms" (*prawa i wolności obywatelskie*) and skilfully manipulated the official concept of public space.[25] This corresponded with the inclusive, "democratic" doctrine of Polish liberal nationalism.[26] As time went by, the Polish-dominated post-1870 Municipality inverted the argument by viewing every building project as *public* works and thus marginalised independent organisations from participation in nationalist architectural projects.[27]

The city's wider public possessed a still different idea about public space as opposed to its politicisation by the administration and the activist intellectuals and societies. It was essentially a-political, increasingly hungry for loud attractions and enthusiastic about every city's *public* novelty. It loved pubs and cafes and actively participated in various street ceremonies. Rather than challenging political authorities' right to public space by "political demonstrations," as nationalist intellectuals did, they rather saw such celebrations as an occasion to socialise. Not until late 1800s did the "national crowd" become a threat to public space, which was to be suppressed, beaten and dispersed by the police.

Staging the Empire: Vormärz through Gründerzeit

In the context of the official restrictive understanding of public space and an alternative, yet by the end of the nineteenth century increasingly dominant "democratic" concept of Polish nationalism, the staging of two major symbolic projects in public space was possible. What follows here is a critical contextualising of the symbolics of the empire into general urban planning strategies of the authorities and their allegedly purely practical purpose.

The Politics of Beautification

Austrian planning achievement in Lemberg was far from insignificant. Even in the turbulent year of 1809, the authorities continuously and seriously concerned themselves with Lemberg's urban sanitary conditions and general city-"beautification."[28] Throughout the whole pre-autonomy period, political and military turmoil notwithstanding, these issues were a matter of concern. Within new methods of urban planning, architecture played only a minor role: it was conceptualised in connection with urban criminality and sanitary conditions.[29] Yet partial as the role of architecture was, it nonetheless occupied a proportionately large section of the Gubernium's policies. With exemption of the year 1848, when due to military operations and street fights, more damage than improvement was done to the city's built environment, one witnessed a gradual upgrade of the city's public spaces, in which the role of administration was decisive. In such upgrading, the key-attention was routinely put on rationalising space: ordering and regulating streets in their width and straightness, demolishing the fortification walls, vaulting the city's river, cleaning public spaces, removal of inner city graveyards outside the city limits, regulating greenery and establishing sanitary and humanitarian institutions. The practical use of such government's initiatives for Lemberg's steady, yet gradual, growth, for the improvement of the built environment and, subsequently, for the emergence of inhabitable and agreeable *public* space in the city's representative areas is unquestionable.

When Austria acquired Galicia in 1772, Lemberg's Medieval and Renaissance inner city was, just like in other cities in late eighteenth-century Europe, including Vienna, surrounded with the system of fortification walls and gutters, largely run down and outdated. Ecclesiastic buildings and the real estates that came into public possession due to Josephinian policies concerning church ownership were also in a sorry state, which actually brought the term "*ruina*" (ruin)[30] to existence. The built environment was extremely dilapidated ever since the city had lost its importance as a trade center and the eighteenth-century numerous sieges and could therefore serve as a legitimate field for planning experimentation.[31]

The first comprehensive attempts to reshape Lemberg's historic core along with the demolitions of city walls and the establishment of recreational promenades were made in the early nineteenth century.[32] By the late 1780s, an approved detailed plan of city enlargement and beautification, the so-called *Verschönerungsplan*, already existed.[33] The Court Chancellery approved of a ambitious "ring" planning project, initiated by the Gubernium: that of demolition of fortification walls and their replacement with broad boulevards and greenery encircling the city center.[34] Due to Josephinian legislative and administrative reform, initiated in 1780s,[35] every new building and planning project in the city was controlled by the Gubernium, which reported on major planning initiatives to the Court Chancellery. This gave full legitimation to the authorities' unilateral shaping of public space.[36] The architectural bureaucracy – the employees of the Gubernium's Building Department – was decisive for Lemberg's reshaping.[37] Along with these planning initiatives around the inner city, they for the first time saw Lemberg as an urban conglomerate that included both the inner city *and* the suburbs. Importantly, streets and boulevards took priority over buildings – the latter were adapted to governmental needs from the abolished cloisters[38] – while inner city took priority over the suburbs.

Throughout the whole pre-autonomy period, sanitary and humanitarian issues were a matter of concern, one of the legacies of Josephinian administration.[39] Yet issues of other than purely practical – or humanitarian – nature were present in the new government's architectural and planning policies from the very beginning. The re-naming of the streets and institutions in German, as well as celebrations of new buildings and boulevards – deeply symbolic activities that cemented the new rule and its representatives – also took place along these planning arrangements.[40] The principle of "rational", mathematically planned, cleaned and ordered public space, filled with Classicist architecture and regulated greenery, was implemented in practice, as much as this concerned the inner city and as much as – or at times more than – the finances allowed. Yet the grandeur of the ring project was unmatched with the reality of Lemberg's urban fabric in the late eighteenth century.[41] Furthermore, the new, broad and straight promenades not only made the city's public space easier to clean and navigate in peaceful moments, but also allowed for easier control in the times of trouble. The *Vormärz* functionaries' writings show that they had not grown to fully trust the city inhabitants after the events of 1809, when sympathies to Polish Napoleonic troops had been clearly expressed.[42] Thus when General Wilhelm Hammerstein's army bombarded Lemberg on November 2, 1848, his divisions had a beneficial strategic position: in short, the army surrounded the revolutionary city by locating its regiments on the ring.[43]

Ordering and urbanisation of the Galician capital city was largely due to government revenues, and was a political as well as an economic issue.[44] Yet general concern with functionality and sanitary improvement notwithstanding, the planning actions were divergent in different parts of the city and, in one aspect at least, contradicted the overall homogenising policy. The Jewish inner city quarter barely received attention throughout the whole period of Habsburg rule in Galicia, which resulted in its exceptionally dilapidated condition, recorded at the *fin de siècle*.[45] Instead, the Gubernium concentrated on the removal of Jewish tenants residing outside the limits of the ghetto since 1772, continuing the policy introduced by the preceding Polish rulers. The appeals of the Jewish community to the Viennese Court Chancellery were unsuccessful, while the two imperial decrees from 1793 and 1795 finalized the restriction of Jewish residence to merely three streets in the inner city and the Cracow and Żółkiew suburbs.[46] In the situation when residential restrictions provided that Jews were forced to move only into already highly populated, small and poor areas, it is only ironic that the Gubernial resolutions would speak in the name of the "commune" during the removals.[47]

During the period of Neo-Absolutism (1848–1867), the authorities continued the ring project, started in the *Vormärz*, now on a greater scale,[48] yet not only in connection with the city's "beautification", but also with sanitary conditions and safety/criminality issues and the concern over the Jewish quarters. The Gubernium thus set the *Vormärz* theory of governing into practice: police control and disciplinary measures.[49] Yet it was difficult to enforce the latter with legal means within private establishments, while the former was impossible to achieve due to the lack of police staff in the fast expanding city. Under the conditions of high inflation and subsequent extreme poverty within the population in 1850s, paupers emerged as a potentially explosive urban element.[50] The authorities failed to transform a provincial town to an ordered and regulated capital (i.e., not just the inner city and the ring street) by simple "ordering" of physical urban fabric, disciplinary measures against its law-breakers and the removal of "disturbing elements," i.e. paupers and prostitutes, from the representative areas. While blockage of streets may have been a consequence of the inner city street's inadequate width for the requirements of modern transport, especially in poor and densely populated areas, many signs spoke of the population's general disrespect of order and, consequently, of public space.[51] Lemberg's centre might have resembled Vienna, Magdeburg or Frankfurt am Main, but much of its public space outside the central representative areas still was "unorderly" in 1850s to the 1860s, and remained as such to the turn of the century.[52] The predominantly Jewish Cracow and Żółkiew suburbs, a matter of continuous concern,[53] yet also of rather unsystematic and scattered planning, remained extremely populated, disordered and dirty areas, which the Gubernium tried to regulate rather unsystematically.[54]

The establishment of Galician Autonomy in 1867 and municipal self-government in 1870 caused major change of the hierarchy of actors in Lemberg's building process.[55] The history of the late nineteenth- and early twentieth century urban planning and architectural innovation in Lemberg needs not be told here in full.[56] At the *fin de siècle*, the city's image changed radically. By the 1890s the ring project was finalised, while all new buildings were to correspond to a set building regulation.[57] The city possessed a comprehensive system of streets, transport, water pipes and sewage channels extending into the suburbs, and thus had become undoubtedly a modern city regarding its public institutions, as well as in terms of transport capacity, sanitary characteristics and architectural style.[58] The *fin-de-siècle* municipal administration continued to legitimise itself with modern planning, representative architecture, organised greenery and sanitary improvements.[59] Yet just as in the 1850s and 1860s, the majority of the urban built environment outside the inner city remained "disorderly" in the 1870s and 1880s. When Juliusz Hochberger, the Berlin-trained Polish architect, came to occupy his position of a municipal Building Department's director in 1872, his task was difficult. Much of Lemberg was still "a memorial from the times of pre-Partition, enlarged only by military barracks and government buildings."[60] This implied that, apart from the city center and the surrounding ring street, public institutions were arranged in inadequate buildings, roads in a sorry condition, pluming channels not arranged, while water pipes sometimes were remains from the pre-Austrian period.[61] The Jewish districts, as recorded by Polish writers in the last decades of the nineteenth century, remained dirty and run down.[62]

Instead of concentrating on these issues, the municipality, stimulated by the activity of various independent organisations and societies, paid much greater attention to what Alice Freifeld called "memorialising."⁶³ The beautification project (the term "*Verschönerung*" was translated literally as "*upiększenie*") maintained its new-old symbolic dimensions. The idea of the new edition of the city guidebook was arising each decade: not only new streets, quarters and districts needed to be included each time, but also streets were regularly re-named. The increasingly Polish administration put a great emphasis on the re-naming, yet now to Polish names. This required considerable sums of money for the printing house, for the mapping of the city and for producing new streets signs.⁶⁴ Even more costly were the numerous monuments, which were erected in public space.⁶⁵

Memorialising

Due to the prevailing *Vormärz* understanding of monument as a memory rather than a physical object,⁶⁶ and of public space as an area where "public peace" was to be carefully maintained unprovoked, the city concerned itself little with the erection of public memorials until the late 1880s. Although "the first and foremost duty (*Pflicht*) of each country's inhabitant" remained "to prove love, obedience and faithful attachment to their God-given Monarch," and out of such love regularly suggest the erection of memorials,⁶⁷ no monument to an Austrian emperor was ever erected in Lemberg. Apart from provisory care of the existing sacred monuments to St. Michael and St. John Nepomuk, only one monument was restored and re-erected in the city centre in the 1860s: the statue of hetman Jablonowski.⁶⁸

The city's gardens, those curious semi-public spaces peculiar for relatively unrestricted *Biedermeier* socialising, were to be politicised first. Public greenery was one of the beautification plan's priorities from the very beginning, and remained as such throughout the century.⁶⁹ As the Austrian administration demolished city walls and filled in the gutters from the late eighteenth century on, it introduced a new system of parks and green boulevards.⁷⁰ Practical considerations aside, public green promenades were places of representation: for the gubernial authorities to demonstrate the achievement to the honourable visitors, and for the "respectable public" to show itself. Although until Emperor Franz' I visit to Lemberg in 1817, there still were few places for such public representation, this had changed radically by the 1830s.⁷¹ Perhaps the most illustrative example of how greenery and park architecture could be manipulated for different purposes – and with varying success – is the story of the *Vormärz* City Park (*Ogród miejski/jezuicki*).⁷² Regulated and maintained throughout the century by the Municipality, it was "memorialised" with a statue of Galicia's Neo-Absolutist governor, Agenor Gołuchowski, in 1898.[73]

The post-1870 Municipality would not have reconsidered its vision of public space without the activity of various committees and societies for the erection of monuments. Parks became contested public space, where monuments were erected, celebrations organised and next to which meetings and demonstrations were held, yet streets became even more contested. By the *fin de siècle* some have succeeded to overcome official reluctance and to "nationalise" the garden, including the most adequate place of *Vormärz* solitude, the cemetery.[74] The efforts of a Polish intellectual lobby for the erection of a Mickiewicz monument (1904) were decisive.[75] Yet although increasingly more public (Polish and Ruthenian) societies laid claims on shaping public space, these were more often than not limited to intellectual speculation. Together with speculative works on Lemberg's foundation, its University[76] and modern democratically elected municipal and provincial government,[77] these claims for space belong to a more general discourse of inventing Lemberg's historic and modern "national" character.[78] The role of the municipality in urban planning affairs at the *fin de siècle* caused "memorialising" of the city with statues of great Austrian (Polish) officials such as Agenor Gołuchowski, and *not* great national figures, such as Tadeusz Kościuszko.[79] In most cases a kind of consensus with imperial values was sought, even if a figure of Polish national history was to be "memorialised." Such was the case with the monument to king Jan III Sobieski, a major hero in Polish national history, who was also renowned for his defence of Vienna against the Turkish army in 1683.[80] Lemberg's public streets and squares remained double-coded: the symbolics of Polish national rebirth were at the same time delivering a message of loyalty to the Austrian Empire.

The Politics of Celebration

Early under the Austrian rule, public events such as street rituals became a special experience. As captured by Bronisław Pawłowski:

The absolutist-bureaucratic oppression [...] was tolerated quietly, and the torments of life colourlessness were attempted to drown in various kinds of attractions and parties. [...] Therefore one did not complain about the contemporary life, but attempted to make it in those circumstances not only bearable, but also pleasant.[81]

Under these "circumstances", when the only recognised "high" culture was German, when aristocracy was restricted from its medieval ritual honors[82] and when literature and press were severely censored, places of entertainment were turned into centers of social life and street rituals became rare occasions to enjoy public space.

Illuminating and decorating the houses for special occasions as well as organising a public procession through the center was by then a matter of fashion and habit.[83] New rule restricted their use to imperial celebrations only. In comparison with earlier rituals, Austrian celebrations were actually simplified and rationalised.[84] A typical example of a street ritual of greater scale in this period is the 1814 celebration of the Emperor's nameday, connected with the First Peace Treaty of Paris (May 30, 1814).[85] Starting early in the morning at the Dominican church, the procession passed the Market Square by the Town Hall, entered the Roman-Catholic Cathedral to attend the Mass "*Te Deum*" and the anthem "*Gott erhalte.*" A strict order was to be maintained: major streets and squares were encircled by the municipal police, which would also perform salvos during the Mass. For this occasion a triumphal arch – an almost inseparable element of imperial ritual – was constructed, while the city boulevards along the ring that were by then laid out and covered with greenery, were decorated with lamps. In the evening, public buildings were illuminated, along with private houses whose owners had received prior permission from the Police Department. A fitting production was staged at the theatre. On selected occasions the city militia and the military were stationed on *Ringplatz* (*Rynek*) and the neighbouring streets, creating live corridors through which the procession would pass. Simplified arrangements were made, for example, during Emperor Franz' I visit and the opening of the Diet in 1817,[86] the celebration of Emperor Franz' 60th birthday in 1828,[87] the Austrian Constitution in 1849,[88] and in honour of Franz Joseph's wife after the prince's birth in 1856[89] and the opening of the Galician Diet in 1861.[90] Polish celebrations during the *Vormärz*, as in 1809, followed just the same pattern, albeit interpreted with different emotions by late nineteenth-century Polish historians.[91]

Provincial and municipal documents are full with records on the city population's appreciation of imperial celebrations.[92] Lemberg's long-term police director Rohrer could gather little material for his "public mood reports" (*Stimmungsberiche*) that nearly all ended with a cliché: "The mood of the local Public has until today remained largely unchanged."[93] The revolutionary euphoria of 1848, the "spring of other nations," was short-lived. Rohrer's statement could well be extended to the second half of the nineteenth century, when the numerous public attended Governor Agenor Gołuchowski's funeral in 1875. As one municipal functionary commented, "ordained with a volunteer participation of all social strata, the funeral procession, a true regret for the loss, and previously the acute attention of his illness were clear signs that our province was able to value the late governor's deeds."[94] Yet at the same time, insertions of national symbolism into the official ritual gradually became commonplace, while alternative, national rituals were invented.

Staging the Nation: Kopiec Unji Lubelskiej

Nationalism did not possess a clear political programme and its adherents could be counted on fingers during *Vormärz*, as particular social stratum, the Polish nobility, demonstrated itself clearly in 1809 in various street celebrations during the presence of Polish troops in Lemberg.[95] In the times of peace, the public attended to both imperial and national stages. In the times of unrest, as in 1809 and 1848, backed with centuries-old divisions and the recent economic misfortune, national sentiment mobilised larger groups of population.

Yet while revolutionary Polish brochures spoke confidently of the Polish "nation" and its "Slavic brothers" and derivatively of Austrian "hierarchy," refused by their own "nation," in 1848,[96] the gubernial documents of late nineteenth century still used *Parteien* and *Nationen* interchangeably.[97] For the majority of functionaries, there existed only *one* nation, just as there existed only *one* public culture: the people of the Monarchy and the imperial culture. The governor of Galicia Franz Stadion learned to manipulate the ethnic issue by taming Polish nationalism during the *Vormärz* and "invented the Ruthenians" in 1848.[98] As ethnic bonds characteristically overlapped with imperial and class loyalties, such *divide et impera* politics were in effect until the Autonomy era. For their success, the activities of independent societies became the most serious obstacle since the late 1860s. Public space could and would be used for national memorials and celebrations. Nationalism collected ever-larger crowds at various national celebrations and, in the 1900s, was a serious issue for public order. Here, this process would be followed by one of its most spectacular examples, the erection of the artificial mound in memory of the Union of Lublin (*Kopiec Unji Lubelskiej*), and the celebrations associated with it.

The Mound to the Union of Lublin was the city's first memorial initiated by a public society, rather than by the authorities.[99] For the Diet deputy, Franciszek Smolka, who nurtured the idea, the fact that the future mound would be erected on Lemberg's *Franz-Joseph-Berg* – yet modeled on Cracow's Kościuszko Mound – was not accidental. The official *Vormärz* notion of public greenery as a semi-public space, where matters of representation were less critical than on the streets, and where memorial plaques and obelisks were routinely placed to mark the memory of the city's honourable visitor,[100] played an important part. Smolka's pioneering initiative was to be followed by many other enthusiasts, who nurtured ideas of monuments and celebrations to national leaders. Smolka's followers and other Lemberg celebration activists became an important urban actor.

The Union of Lublin (1569) was one of the key-treaties in the Polish history: it symbolised Polish greatness and encouraged national pride. At the same time, it fitted well into the revolutionary idea of the union of free nations under the leadership of the most progressive one. To commemorate it would mean to suggest an alternative to the Habsburg project where Poland would play the leading role.

A public celebration of the 300th anniversary of the union on August 10–11, 1869, was thus turned into a political weapon. Smolka wanted it to be declared a national holiday, accompanied with the laying down of the foundation stone for the mound and a public ceremony reminiscent in its form, yet not its content, of a traditional imperial celebration. The police called the public celebration altogether off, on the all too familiar grounds that an agreement between the "democrats" – Smolka and other Polish intellectuals – and the Ruthenians was not reached, and that it would cause "irritation to the majority of inhabitants of the city and province" and thereby threaten public peace.[101] This was to be a usual working day, while the public procession and the city illumination were forbidden. Yet Smolka was not only an ambitious social activist and a Diet deputy, but also a professional lawyer, who succeeded to have the celebration in 1869 as grand as possible, even if he had to submit to official prohibition from having it "public." He reasoned that, since the organisation committee changed the programme to a celebration of a "priva-te" nature, no one could forbid people to gather in the morning for the church service and then, in small groups and without "disturbing public peace" proceed through the city to the Castle Hill.

The celebration went with expected "disturbances and excesses" and the dissatisfaction of the Ruthenians: the brochures containing the Ruthenian protest were sold on every corner.[102] A small crowd, some in national costumes, gathered for the church service in the Dominican Church and an even smaller crowd at the Bernadine Church and, after passing though the city in small groups, arrived at the site of the future mound. "*Boże coś Polskę*" and "*Z dymem pożarów*" were sang.[103] The founding stone, with Polish coat-of-arms and the inscription "Free among the free and equal among the equal – Poland, Lithuania and Ruthenia unified by the Act of the Lublin Union on August 11, 1569", was erected. Smolka made his speech:

We cannot afford marble and bronze in order to erect an adequate monument to the most magnificent moment in our past. [...] Let it be the symbol of the unbreakable union of the brotherly nations that inhabit this land [...] For the sake of equality and brotherhood, let us start now, citizens, to mould this monument.[104]

Just as the Gubernium could not prohibit the celebration altogether, it could not forbid illumination of private houses. If we are to believe the accuracy of the police report, the city must have had an unusual look that evening: "Simultaneously [with the theatre performance] the illumination took place. Except for the dwellings of the Ruthenians, officers and some officials, and except for the buildings of the Crownland Administration and the Town Hall, all (*sämtliche*) private dwellings were illuminated."[105] Smolka succeeded, at least by the end of the day and in this "private" form, to create a truly national celebration.

This celebration became the city's annual tradition, conducted in ever greater scale and increasingly a public holiday with a grand and picturesque ceremony through the city centre, and with increasingly less lip service to the Ruthenians.[106] The celebration, sacralised in the cathedral, and legitimised by passing through the city centre, the Town Hall, routinely ended on the site of the slowly growing mound. As the public buildings became increasingly available for such events, the speeches at the Town Hall became an integral part of the celebration.

The Castle Hill came on the agenda once again in 1905, this time as a site of reference: this was the year of the 250th anniversary of the siege of Lemberg by the Cossack troops led by Bohdan Chmelnyćkyj, during which the defence of the Castle Hill was an important issue. Historical interpretations of the siege were radically different: the Poles, dominant in the municipal and provincial administration, saw it as an act of violence notorious for the abuse of the Jewish inhabitants and as a demonstration of Lemberg's spiritual strength and its unanimous loyalty to the Polish crown.[107] Ruthenians, conversely, saw it as an unsuccessful act of Lemberg's liberation from the Polish yoke and of Chmelnyćkyj's solidarity with Galician Ruthenians, and his demand to give away Lemberg Jews in return of the termination of the siege as an act of long-awaited justice.[108] The Jewish community joined with a laconic brochure where it simply quoted the municipal archival source from November 2, 1655, by Lemberg mayor Marcin Grossmajer.[109] Thus to stage such celebration would mean to cause serious public unrest.

The Ruthenian protest notwithstanding, the celebration went on according to the program approved by the Municipality and thus demonstrated that Polish historic glory could and would be commemorated.[110] The outcome was expectable: a Ruthenian crowd, empassioned by nationalist speeches at the *Narodnyj Dom*, headed towards the Rynek Square to "finish the siege that Chmelnyćkyj had started two hundred fifty years before" i.e. to throw stones into the Town Hall's windows, shortly afterwards met by the police. The crowd attacked with cobblestones, the police used force. After one gunshot from the crowd, the demonstration was scattered, the official indoor celebration of Lemberg's historic loyalty to the Polish crown and its inhabitants' "heroism against the Cossack siege" undisturbed. Rynek remained quiet and the Town Hall's windows safe.[111]

Organising a public celebration was one task, while finishing the erection project was quite another. Long-term national projects were chronically short of money and people. Until the Monarchy's collapse, "marble and bronze" would be available only for the monuments of great statesmen – Sobieski and Gołuchowski – and great cultural figures – Mickiewicz – but not for a national project such as the Union of Lublin Mound. The actual erection seriously complicated Smolka's "success story." While brochures spoke emotionally of "erecting new Poland with our own hands" on the Castle Hill, neither the organisers, nor the wider public were particularly enthusiastic about the actual outcome. The committee not only needed to seek approval from different organs of power, use legal tricks to be able to continue the project and to marginalise the Ruthenian opinion as well as monument conservation authorities, but also to commit its own "nation" to the idea.[112]

Yet as time went by, the Municipality seems to have fallen into a trap: by the coincidence of a variety of factors, it was now compelled to see the erection of the mound as a *public* affair, and thus as one that required its support. Closer to the turn of the century, some indeed saw the erection of the mound as a pressing national issue. The members of the Municipal Council attended the ceremony on August 11, 1869. Thus even if the erection would be long and difficult – as it indeed proved to be – this provided a way out of the deadlock: the political power could preserve its legitimacy and engage in its traditionally favored activity, urban planning. Even those public officials who would oppose the idea, such as the police, would acknowledge the mound erection as a *public* enterprise.[113] The Municipality struggled nearly forty years with the project and finally gave up in 1907, when strong summer rains caused previously unseen deformations. Lamenting the mound's "catastrophic condition" on June 15, 1907, the Municipal Presidium appealed, again unsuccessfully, to public consciousness, employing heavy national rhetoric.[114] Yet the expected national commitment did not come but, as previously, in its written form. The issue became a matter of political dispute: from the basis of great unity of the three "Polish" nations, the deteriorating mound was turned into a metaphor of the early twentieth-century troublesome Polish-Ukrainian relations.[115] Ironically, the metaphor worked well: it was exactly the mound's foundation that was set badly. Having destroyed much of the medieval ruins, the initiators failed to erect a proper solid monument to liberal values as represented by the Act of the Union. The indifference of the general public to issues other than public attractions did not come as a surprise either. The Municipality, forced to consider the problematic project as its own affair due to its reluctance to re-conceptualise the notion of public space as a heterogeneous one, where many more actors could and should play, was then put in a position to dedicate sums for the badly started, technically wretched, and yet emotionally loaded memorial on the top of *Franz-Joseph-Berg*. Instead of demonstrating the victory of liberal values and the greatness of Polish national mission along with it, the mound became a regular municipal worry throughout the remaining years under the Habsburg rule, the Interwar period and the Soviet times.

Conclusions

While being the government's matter of mundane practice, architectural and planning initiatives also served a deeply symbolic purpose: to the new rulers just as to the local population, they visually presented their imprint on the local environment. Thus matters of representation dictated a lot of spending, without which the government's notoriously wretched financial situation would be much more manageable. Urban planning strategies, established by the Josephinian late eighteenth-century administration and carried further during the *Vormärz*, established a framework for further actions in the second half of the nineteenth century, when the methods of the rule – as well as the rulers themselves – changed. The way sanitary improvement and especially the drastic and irregular intrusions into the Jewish suburbs since 1850s were linked with the elimination of beggars and street paupers from public space demonstrated that there was a greater agenda behind official architectural projects than a mere sanitary upgrade. Public space – just as press, literature, theatre, and social life – was a matter of politics, in which Lemberg was to become a homogeneous, rational and planned provincial Habsburg capital. In such a city's public space, there was no place for suspicious national clusters, romantic fortifications, medieval rituals and street paupers.

Apart from mere financial difficulties, various restrictions prevented the fulfilment of this agenda. One such restriction was a contradictory understanding of public space by the authorities. On the one hand, they reserved sanitary improvement and imperial representation to themselves, and attempted to prohibit national representation. On the other hand, public space was conceded to Polish institutions during the *Vormärz* and also to Ruthenian ones after 1848, and thus provided for the appearance of ethnocultural clusters in the inner city. Polish intellectuals, convinced of their "citizen's right" to demand representation for the monuments to Polish national heroes and events, became an important urban lobby. On the streets, banners, inscriptions and evening illumination became statements of projected self-identification. During imperial celebrations, they bespoke imperial loyalty from public and private buildings. Smolka appropriated the form of this street ritual to a quite different, national, celebration in 1869. As the century drew to its end, the national "memorialising" project, the Union of Lublin Mound, initiated by an independent body, was gradually taken over by the Municipality.

In consequence, public space was radically politicised, and the *fin-de-siècle* Municipality and various independent activist organisations competed over its memorialising, rather than rationalising. Buildings and sites – the *Rynek* Square with the Town Hall, the *Franz-Joseph-Berg* with the Union Mound – accumulated a variety of codes and served as symbolic background for both imperial and national projects. The result was a hybrid version of imperial symbolism merged with compromise heroes and events from Polish national history, in which none of the "parties" was able to satisfy its aspirations fully.

Notes

1 This text is a modified fragment of my PhD dissertation "Architecture, cultural politics and national identity: Lemberg 1772-1918", Central European University, Budapest 2004. I rely most on Maria BUCUR and Nancy M. WINGFIELD (Hg.), Staging the Past. The Politics of Commemoration in Habsburg Central Europe, 1848 to the Present, West Lafayette, Indiana 2001 and, more closely related to Lemberg, on Karl SCHLÖGEL, Lemberg – Hauptstadt der europäischen Provinz, in: Promenade in Jalta und andere Städtebilder, München–Wien 2001, S. 61–73; and Harald BINDER, Politische Öffentlichkeit in Galizien – Lemberg und Krakau im Vergleich, in: Andreas HOFMANN and Anna Weronika WENDLAND (Hg.), Stadt und Öffentlichkeit in Ostmitteleuropa 1900–1939, Stuttgart 2002, S. 259–280. I rely on an extensive archival research conducted at the Central'nyj Deržavnyj Istoryčnyj Archiv Ukrainy [Central State Historical Archive of Ukraine, further in the text, CDIAU]. Other abbreviations used throughout the text are Deržavnyj Archiv L'vivśkoji Oblasti [L'viv Regional Archive, DALO] and for the journals Czasopismo techniczne [CzT] and Halycka Brama [HB].
2 Hence different names of the city in different scientific communities: Lemberg (German), Lwów (Polish), Lvov (Russian and Jewish) and L'viv (Ukrainian). Here the name "Lemberg" is used, unless in quotations and as place of publication.
3 Originally founded as a Ruthenian fortress, the city belonged to the Polish crown since 1340. Two historical sieges are important here: by Bohdan Chmel'nyckyj's troupes in 1655 and by the Swedes in 1704.
4 Vgl. Eric HOBSBAWM and Terence RANGER (Hg.), The Invention of Tradition, Cambridge 1992, S. 263-308.
5 For an excellent analysis of the dichotomy between the actual urban public space and the imagined spirit of the city, vgl. Karl SCHLÖGEL, Lemberg – Hauptstadt der europäischen Provinz; vgl. Vorwort von DERS., in: Nikolai P. ANZIFEROW, Die Seele Peterburgs, München–Wien 2003, S. 1–46.
6 Thus the stories of the Ruthenians, who did not succeed, and Jews, who did not attempt to stage an alternative to either of the two dominant projects, lay behind the scopes of this paper, just as the use of public space in the times of mass politics by Social Democracy. For an excellent overview of the nationalisation of Lemberg's public space in 1848–1914, vgl. Harald BINDER, Politische Öffentlichkeit in Galizien – Lemberg und Krakau im Vergleich, S. 259–280.
7 The *Ossolineum* was established by a Polish aristocrat Józef Maximilian Ossoliński, who spent most of his fortune on the establishment of the library. The institution became an important site for underground Polish activity already in 1830s and turned into the leading national institution in the second half of the nineteenth century, in: CDIAU F. 146, Op. 7, Sp. 2293, L. 2, 7.
8 Taaffe desired to satisfy his dwelling's "purposes of public representation" [*des Bedürfnisses der öffentlichen Repräsentation,* here and further, translation by the author], in: CDIAU F. 146, Op. 6, Sp. 322, L. 1742. The concept of "public responsibility," on the other hand, is a later one: on the level of the municipal

government, one speaks of "public responsibility" only in late 1840s, in: CDIAU F. 52, Op. 1, Sp. 30, L. 11.

9 Koffler is reported to have "worked for the House of Austria thirty seven years in order to make these Sarmatian beasts into men" ["*hat für das Haus Österreich daran gearbeitet, aus diesen sarmatischen Bestien Menschen zu machen*"]. Zit. n. Bronisław PAWŁOWSKI, Lwów w 1809 r. z 20 rycinami w tekście, Lemberg 1909, S. 14.

10 Vgl. CDIAU F. 146, Op. 79, Sp. 210, L. 1–10.

11 Vgl. Harald BINDER, Politische Öffentlichkeit in Galizien – Lemberg und Krakau im Vergleich, S. 259–280.

12 Vgl. CDIAU F. 146, Op. 7, Sp. 3365, L. 31–32.

13 "By putting together (*Zusammenströmen*) of foreign guests and certain familiar politically exalted [local] personalities [...] can give pretext for demonstrations [...] and also will unavoidably threaten public peace and generally of communal well-being" (1869), in: CDIAU F. 165, Op. 5, Sp. 110, L. 20–25.

14 In connection with Jan Kiliński monument, in: CDIAU F. 146, Op. 7, Sp. 4437, L. 4.

15 Joseph ROHRER. Bemerkungen auf einer Reise von der türkischen Grenze über die Bukowina durch Ost- und Westgalizien, Schlesien und Mähren nach Wien, Wien 1804, [Reprint Berlin 1989], S. 141.

16 Ernst Bogumil Kortum was a German from Bielitz, Silesia. In Galicia, he served as a Gubernial Councilor and a Privy Councilor to the Court. More vgl. Franciszek JAWORSKI, Lwów stary i wczorajszy (szkice i opowiadania) z illustracyami, Lemberg 1911, S. 328.

17 Most of the Galician governors were regularly inviting the gentry to such events. Baron Franz Krieg, the hated Gubernial President (1832–1846), also had regular evening events at his house on Szeroka Street in 1830s and 1840s, which with very few exceptions the whole city's Polish aristocracy attended; vgl. Stanisław SCHNÜR-PEPŁOWSKI, Obrazy z przeszłości Galicyi i Krakowa (1772–1858), Lemberg 1896, S. 372.

18 In 1823, the road specialist (Wegmeister) Radislaus Hodoly reported on the intense social life of Lemberg gentry, full of luxurious balls and weddings, in: CDIAU F. 146, Op. 6, Sp. 313, L. 546.

19 These sites were the Jabłonowski Garden, and temporarily also the hill of St. George Cathedral, the latter however proved inadequate in 1830. For intense correspondence between the Court Chancellery, the Gubernium and the Municipality about the issues related to public celebrations, vgl. CDIAU F. 146, Op. 85, Sp. 2768.

20 Vgl. Victor Hugo LANE, State Culture and National Identity in a Multi-Ethnic Context: Lemberg 1772–1914, Ph.D. dissertation, University of Michigan 1999.

21 *Narodnyj Dom* became the recurrent place for the state's secret informers reports. See, for example, CDIAU F. 146, Op. 7, Sp. 4215; Sp. 3685; Sp. 4254.

22 In 1867, Józef Ignacy Kraszewski (1812–1887), the leading Polish drama writer, held lectures in the Town Hall. Kraszewski's play was applauded at the Opera. Jan Matejko, the leading Polish national academic painter, spoke passionately at the receiving honorary citizen's status at the Town Hall in 1869, vgl. SCHNÜR-PEPŁOWSKI, Obrazy z przeszłości Galicyi i Krakowa, S. 222f.

23 Even the most outspoken Ruthenian meetings at the time of mass politics, the so-called Viča of the 1880s, were held indoors; vgl. Harald BINDER, Politische Öffentlichkeit in Galizien – Lemberg und Krakau im Vergleich, S. 259–280; vgl. Marjan MUDRYJ, Ukraiński narodni viča u L'vovi, 1880 I 1883 rokiv, in: MUDRYJ, ed. L'viv: misto-suspil'stvo-kultura: Zbirnyk naukovych prać, 3 vols., L'viv 1999, S. 333–347.
24 Franciszek Smolka (1810–1899), by education a lawyer, a Polish liberal politician in Galicia. Arrested in 1841 for his membership in a secret separatist Society of Polish Nation (*Stowarzyszenie Ludu Polskiego*), and convicted in 1845 to death sentence (later released). Active during the events of 1848, and the Slavic Congress in Prague (1848). In 1848–1849, he served as vice-president and president of the Austrian Parliament in Vienna. In 1861 he was elected deputy to the Galician Diet (*Sejm*) and in 1862 to the Viennese Parliament.
25 Vgl. CDIAU F. 165, Op. 5, Sp. 110, L. 31–32, 46–47.
26 Adherents of integral Polish nationalism (i.e. of Roman Dmowski) as well as anti-semitic parties remained in Lemberg marginal at least until the First World War; vgl. Maciej JANOWSKI, Polish Liberal Thought before 1918. Budapest–New York 2004, S. 235, 253f; DERS., Inteligencja wóbec wyzwań nowoczesności, Dylematy ideowe polskiej democracji liberalnej w Galicji w latach 1889–1914, Warsaw 1996.
27 Yet the gubernial administration (Statthalterei, *Namiestnictwo*) and other governmental institutions, notably the police, remained consistently hostile to expressions of nationalism.
28 For 1801–1805, in: CDIAU F. 146, Op. 85, Sp. 2492; for 1807–1816, Op. 7, Sp. 258; 300; Sp. 576.
29 Within the early nineteenth century gubernial files on city planning issues of criminality and sanitary conditions predominate. For 1810, vgl. CDIAU F. 146, Op. 7, Sp. 512; for 1820s–1830s, Sp. 1884.
30 "Ruina" is a commonly used term in historiography concerning the times of war and stagnation in the eighteenth century Lemberg. The new rulers inherited century old files dealing with dilapidated houses in the inner city, the so-called *rudera* houses, in: CDIAU F. 52, Op. 1, Sp. 15.
31 On the concomitant (revolutionary French) conceptualisation of the old world order as a ruin as a consequence of the natural law see, for example, German translation of Constantin Franz Chassebeuf VOLNEY, Die Ruinen oder Betrachtungen über die Umwälzungen der Reiche und die natürlichen Gesetze, aus dem Französischen von A. Kühn, Leipzig 1842.
32 Partly because these fortifications had outlived themselves both in terms of their purpose and in terms of their actual physical condition (Mykola BEVZ, Urbanistyčni transformacii central'noi častyny mista L'vova u XIX-XX st., in: Bohdan TSCHERKES, Martin KUBELIK and Elisabeth HOFER (Hg.), Baukunst in Galizien XIX–XX Jh., L'viv 1996, S. 53.)
33 Compiled by Mörz (Baudirektor) and Pintershofen (Ingenieur-Hauptmann). In 1774, an alternative project by Defilles (geschworner Ingenieur, Architekt) existed, in: CDIAU, F. 52, Op. 1, Sp. 17, L.1–6.

34 Vgl. CDIAU F. 146, Op. 79, Sp. 210. L. 2
35 Strict administrative hierarchies were established in 1785. Joseph II abolished Magdeburg law in 1793 and the Municipality was subordinated to the Galician Gubernium. The Municipal Building Department (*Lemberger Oberbau-Direction*) was incorporated into the Gubernial administration as *Vereinte Galizische Provinzialbaudirection* in 1793 (later *Landesbaudirecion*). In Lemberg, the royal city, important municipal affairs were subordinated directly to the Court Chancellery. Since the establishment of the central advisory body at the Viennese Court, the *Hofbaurat*, in 1809, the Gubernial Building Department was made subordinate and responsive to it; vgl. Schematismus der Königreiche Galizien & Lodomerien für das Jahr 1842, Lemberg 1842; Tadeusz MAŃKOWSKI, Początki nowożytnego Lwowa w architekturze, Lwów 1923, S. 10; Iuliana IVANOČKO, Urbanizacijni procesy Halyčyny (1772–1914), in: Architektura 358 (1998), S. 216.
36 Vgl. the Gubernial Presidium's reminder, April 22, 1826, in: CDIAU F. 146, Op. 7, Sp. 1616, L. 3.
37 State-employed architects, primarily the directors of the Building Department of the Municipality Max von Kruz (since 1772), Mörz (1780s), Pierre Denis Gibeau (until 1800) and Jerzy Głogowski (until 1838), as well as other architects working at the department: Franz Trescher (father and son), Josip Wandruszka, Franz Onderka and Alois Wondraczka.
38 Vgl., for example, CDIAU F. 146, Op. 7, Sp. 512; 611. Sp. 1577, L. 17.
39 On the establishment of hospitals and humanitarian institutions, vgl. CDIAU F. 146, Op. 7, Sp. 1430; Sp. 1428, L. 30–33, 56; Sp. 3365, L. 36–37. For a good summary vgl. H. PETRYŠYN and Iuliana IVANOČKO, Terytoriaľno-planuvaľni peretvorennia Ľvova v avstrijkyj period (1772–1918), in: MUDRYJ, S. 191–208.
40 Titles such as *Kaiserwald* (1780), Reitzenheim boulevard (*Reitzenheimówka*, 1816), and later *Franz-Joseph-Berg* (1851) came as a result of such renaming.
41 Vgl. CDIAU F. 146, Op. 79, Sp. 210, L. 5–6.
42 Vgl. Leopold SACHER-MASOCH, Memoiren des k. k. Hofraths v. Sacher-Masoch (1809–1874), *Auf der Höhe (1880–1882)*.
43 Vgl. Anonymus (von Mathes), "Geschichtliches über Lemberg", in: CDIAU F. 52, Op. 1, Sp. 953, L. 9.
44 Vgl. IVANOČKO, Urbanizacijni procesy Halyčyny, S. 213, 217; DIES., Peredumovy urbanistyčnoho rozvytku Halyčyny naprykinci XVIII–XX st., in: Architektura 439 (2002), S. 211–216; DIES., Budiveľno-pravovi zachody ščodo terytoriaľnoplanuvaľnoho rozvytku Ľvova u XIX st., in: Architektura 375 (1996), S. 214–216.
45 As recorded, for example, by SCHNÜR-PEPŁOWSKI, Obrazy z przeszłości Galicyi i Krakowa, S. 169.
46 In fear of undesired Jewish population's increase due to immigration, the Austrian authorities closed Lemberg to newcomers soon in the early 1770s. From 1772 onwards Jewish tenants were at a high rate removed into the Jewish quarter. Only in 1865, Jews who would agree to shave and dress in European way, were permitted to reside outside the ghetto. Vgl. Vladimir MELAMED, Evrei vo Lvovie, XIII – pervaia polovina XX veka. Sobytia, obshchestvo, liudi, Ľviv 1994, S. 107–109; A. GARKAVY and L. KATZENELSON

(Hg.), Evreiskaia entsiklopediia, Svod znanii o evreistvie i ego kulture v proshlom i nastoiashchem, St. Petersburg 1906–1913; The Hague 1969–71, Vol. 10, S. 405–412. Also vgl. Majer BAŁABAN, Dzielnica żydowska we Lwowie [book online], Lemberg 1909), available at http://www.lwow.com.pl/judaica.html.

47 On the street widening in 1801–1805 in the inner city and the Żółkiew suburb in connection with the removal of Jewish tenants, in: CDIAU F. 146, Op. 85, Sp. 2492, L. 1, S. 4–13.

48 Vgl. CDIAU F. 146, Op. 78, Sp. 7; Op. 79, Sp. 219.

49 For a typical Gubernium's regulation from October 25, 1854, vgl. CDIAU F. 146, Op. 7, Sp. 3365, L. 31–32)

50 The police report from April 5, 1855 mentions periodic attacks by the paupers on the streets and blames the lack of humanitarian institutions that could deal with the problem (vgl. CDIAU F. 146, Op. 7, Sp. 3365, L. 51). For the measures for the elimination of beggars (1857) vgl. Vol. II, Sp. 3455.

51 Ebenda, L. 32–34; 37.

52 For repeated cases of building regulations violation by the inhabitants of the suburbs – Zniesienie, Krywczyce and Lysynycze (1826–1850) – vgl. CDIAU F. 146, Op. 78, Sp. 338–340.

53 Vgl. CDIAU F. 146, Op. 7, Sp. 3365, L. 53.

54 Vgl. for example, the municipal-gubernial communication of 1855, especially the municipal report on cleaning the public spaces from July 17, 1855: Ebenda, L. 42–47, 70–73. The extreme overpopulation of the Jewish districts seems to have been a matter of concern only to the *kahal*, which in vain appealed to (reluctant and ignorant) Vienna to enlarge the highly restricted residence area.

55 The elected Municipal Council became the official city representation. The Gubernial Administration's Building Department was incorporated into the Technical Department (since 1874, Technical and Road Department – *Oddział techniczno-drogowy*). The enlarged Municipal Building Department became responsive for architectural planning matters as in terms of drawing policies, as in terms of their execution (Szematyzm król. Galicyi i Lodomeryi z Wielkim Księżstwem Krakowskim na rok 1872, Lemberg 1872, 86). For an overview of the establishment of Austrian legislation on municipal self-government in relation to the province and the districts, vgl. Adam WANDRUSCHKA, Peter URBANITSCH, Die Habsburgermonarchie: 1848–1918, Vol. 2, Vienna 1975, S. 249–251; 270–305.

56 Vgl. Pavlo GRANKIN, Dva stolittia holovnoivulyci Ľvova, in: HB 2, 38 (1998); Oleksandr ŠYŠKA, Ferdinand-Marijśka-Mickievyča: deščo pro topografiju, ikonografiju ta istoriju odnijei lvivśkoi plošči, in: HB 9, 33 (1997).

57 For the establishment of Lemberg's building regulation (1882–1909) vgl. CDIAU F. 146, Op. 4, Vol. I, Sp. 2505, 2507. 2508, 2510, 2511–2514. On the remaining fortifications in 1901, vgl. CDIAU F. 52, Op. 1, Sp. 953, L. 5. For obligatory regulation concerning the connection of city buildings with the municipal-canalisation system (1903), vgl. CDIAU F. 146, Op. 8, Sp. 205.

58 Vgl. Krzysztof PAWŁOWSKI, Miejsce Lwowa w rozwoju urbanistyki europejskej przełomu XIX i XX wieku, in: in: Bohdan TSCHERKES, Martin KUBELIK and

Elisabeth HOFER (Hg.), Baukunst in Galizien XIX-XX Jh., L'viv 1996, S. 125–131.
59 Vgl. BEVZ, S. 53–4.
60 S., "Nekrologia. Juliusz Hochberger", in: CzT 9 (1905), S. 171.
61 Ebenda.
62 SCHNÜR-PEPŁOWSKI, Obrazy z przeszłości Galicyi i Krakowa, S. 169.
63 Alice FREIFELD, Nationalism and the Crowd in Liberal Hungary: 1848–1914, Baltimore and Washington 2000.
64 For 1886–1887, for example, vgl. CDIAU F. 55, Op. 1, Sp. 75.
65 For a summary of monument erection in Lemberg, vgl. Ihor SIOMOČKIN, "Pamjatnyky", in: HB 2, 38 (1998), S. 14–15.
66 Vgl. Françoise CHOAY, The invention of the historic monument, Cambridge 2001, S. 1–16.
67 For the erection of the monument to Franz I in Stanislaw in 1844, vgl. CDIAU, Fond 146, Op. 7, Sp. 2468.
68 Although the provincial administration held correspondence with regional offices about the collection of funds for the erection of monuments to the Emperor Franz I and the Archduke Franz Karl in Lemberg in 1838–1848, none of the projects was realised, in: CDIAU F. 146, Op. 7, Sp. 2243.
69 Vgl. Zygmunt STAŃKIEWICZ, Ogrody i plantacje miejskie, in Bohdan JANUSZ (Hg.), Lwów stary i dzisiejszy. Praca zbiorowa pod redakcyą, Lwów1928, S. 63–70.
70 The city's largest ecclesiastic Baroque gardens came – in a sorry state – into public ownership with the establishment of the new rule in 1772, in: CDIAU, F. 52, Op. 1, Sp. 17, L. 2–6.
71 Vgl. further CDIAU F. 52, Op. 1, Sp. 950, L. 12.
72 Vgl. STAŃKIEWICZ, S. 63; CDIAU F. 146, Op. 6, Sp. 322, L. 727; F. 720, Op. 1, Sp. 623.
73 Agenor Gołuchowski (1812–1875), one of Austria's leading conservative politicians, the author of the October Diploma (1860) and a Governor of Galicia (1849–1859, 1866–1868 and 1871–1875). On the monument to Gołuchowski (1875–1898), in: CDIAU F. 165, Op. 5, Sp. 230. For several preserved plans and architectural drawings of the Monument to Jan Sobieski, in: DALO F. 2, Op. 4, Sp. 1261.
74 More on the nationalisation of the most prestigious Łyczaków cemetery, in: CDIAU F. 55, Op. 1, Sp. 190, 191.
75 Vgl. Ihor SIOMOČKIN, Pamjatnyk Mickevyču v Lvovi, in: HB 2, 38 (1998), S. 14–15.
76 This Polish discussion came as a reaction to the official Austrian statement of the foundation of the modern university by Joseph II, and claimed historic continuity of the Lemberg University and the earlier Jesuit College.
77 This has been interpreted as a continuation of the earlier Magdeburg law, abolished by the Austrians shortly after 1772.
78 Ruthenians, who lacked an independent body of intellectuals willing to work with the authorities, and whose relation with the Municipality could be described as suspicion that in the early twentieth century turned into hostility,

could only contemplate in private the possible site of the monument to a great Ukrainian poet, Taras Ševčenko.
79 Tadeusz Kościuszko (1746-1817), the leader of the 1794 insurrection against Russia. For a full discussion on the issue of Kościuszko monument (1893-1928), vgl. DALO F. 2, Op. 4, Sp. 829.
80 For the official opening of Sobieski's monument (in 1897) vgl. CDIAU F. 739, Op. 1, Sp. 130. For a summary of monument erection in Lemberg, vgl. Ihor SIOMOČKIN, Pamjatnyky, S. 14-15; idem, U tradycijach l'vivśkych ambicij, abo u hlybyni navkolotvorčych konfliktiv kincia XIX st., in: HB 11 (1996), S. 15.
81 Bronisław PAWŁOWSKI, Lwów w 1809 r, S. 24.
82 On the transformation of the Riflemen Brotherhood (*Konfraternia strzelecka*) and its annual ritual, vgl. Franciszek JAWORSKI, Lwów stary i wczorajszy, S. 280-281; vgl. SCHNÜR-PEPŁOWSKI, Obrazy z przeszłości Galicyi i Krakowa, S. 94
83 Organising a standard ritual for the arrival of every king, archbishop, he·man, *vojevoda*, governor or any other dignitary had become a usual matter in eighteenth-century Lemberg. Vgl. Franciszek JAWORSKI, Lwów stary i wczorajszy, S. 137.
84 For an earlier, though not very different in scale and programme version of a traditional ritual at Stefan Czarniecki's entry to Lemberg in 1656 [?] vgl. Franciszek JAWORSKI, ebenda, S. 137-143. For a much more bizarre celebration of the Marian icon coronation at the Dominican Church in 1757 vgl. Franciszek JAWORSKI, Ratusz lwowski z 21 rycinami w tekście, Lemberg 1907.
85 This procession included the guilds, the schools, the gymnasiums and the *Lyceum*, both seminaries, the clergy of all the city churches, the municipality, other public institutions and the higher corps officers, in: CDIAU F. 146, Op. 7, Sp. 633.
86 Vgl. SCHNÜR-PEPŁOWSKI, Obrazy z przeszłości Galicyi i Krakowa, S. 24; 33-34.
87 Vgl. CDIAU F. 146, Op. 7, Sp., 1877, L. 7.
88 Vgl. CDIAU F. 146, Op. 7, Sp. 2867.
89 Due to provincial and municipal administration's enthusiasm this resulted in one of the most pompous celebrations in Lemberg, in: CDIAU F. 146, Op. 7, Sp. 3431, L. 6; 8; 16-17; 19-20; 24-25; 52-55. For earlier burial ceremony (Governor Hauer) vgl. CDIAU F. 146, Op. 7, Sp. 1230, L. 3-19.
90 Vgl. Harald BINDER, Politische Öffentlichkeit in Galizien – Lemberg und Krakau im Vergleich, S. 259-280.
91 Bronisław PAWŁOWSKI, Lwów w 1809 r, S. 59.
92 Vgl. CDIAU F. 146, Op. 7, Sp. 1877, L. 1-9; CDIAU F. 146, Op. 7, Sp. 3431, L. 16-17.
93 Franciszek JAWORSKI, Lwów stary i wczorajszy, S. 37.
94 CDIAU F. 165, Op. 5, SP. 230, L. 17.
95 Bronisław PAWŁOWSKI, Lwów w 1809 r, S. 43-52; SCHNÜR-PEPŁOWSKI, Obrazy z przeszłości Galicyi i Krakowa, S. 24-25.
96 Vgl. CDIAU F. 146, Op. 7, Sv. 149, Sp. 2863, L. 2-4.
97 As in the police report on the erection of the Union of Lublin mound from 1869: "democratische Partei" (the Polish Liberal intellectuals) and "ukrainische und galizisch-ruthenische Partei", in: CDIAU F. 165, Op. 5, Sp. 110, L. 6, 20.

98 On Franz Stadion (1806–1853) vgl. Neue österreichische Biografie ab 1815: Große Österreicher, Vol.14, Zürich–Leipzig–Vienna 1960, S. 62–73. The first Ruthenian political institution, the Ruthenian Council (*Holovna Ruśka Rada*) was established to counter Polish revolutionary threat, with Stadion's full support.

99 This was one of the first documents submitted to the authorities in Polish language, where Smolka not only suggested the laying of the foundation stone for the future mound, but also included an expanded, boldly political, celebration programme. The event was to attract international attention, and therefore "celebrities from other Slavic nations" were to be invited, civilian militia guard was to be created and national speeches publicly made, in: CDIAU F. 165, Op. 5, Sp. 110, L. 8–11; vgl. also SCHNÜR-PEPŁOWSKI, Obrazy z przeszłości Galicyi i Krakowa, S. 79–85.

100 The site itself was already marked by imperial presence: due to Joseph II's visit in 1780 there was a memorial obelisk erected there, and after Franz Joseph's visit in 1851 the hill itself was named *Franz-Joseph-Berg*, appreciated by the local public, in: CDIAU F. 52, Op. 1, Sp. 950, L. 11.

101 The Ruthenians (*die jungruthenische Partei*, i.e. Ukrainophiles) printed out a brochure in June, 1869 where they explicitly positioned themselves against the celebration (Doniesienie zastępcy Dyrektora policyi we Lwowie 1. sierpnia 1869, ebenda, L. 20–25; S. 37).

102 Vgl. CDIAU F. 165, Op. 5, Sp. 110, L. 50.

103 By the late nineteenth century, the singing "*Boże coś Polskę*", a nationalist song, became a matter of political statement against the Austrian rule; vgl. Harald BINDER, Politische Öffentlichkeit in Galizien – Lemberg und Krakau im Vergleich, S. 259–280.

104 On this occasion, the inclusive character of Polish nationalism – the "brotherly union of nations that inhabit this land" was clearly pronounced by attempting to integrate Ruthenian history into a grand Polish narrative: the opera "Ukrainka", the "Ruthenian song" (*ruśka duma*) and the fragment "Zygmunt August on his throne" performed at the Skarbek Theatre, in: CDIAU F. 165, Op. 5, Sp. 110, L. 48–50.

105 Ebenda.

106 As in 1871 and 1874. For 1871, SCHNÜR-PEPŁOWSKI, Obrazy z przeszłości Galicyi i Krakowa, S. 83–84; for 1874, in: CDIAU F. 165, Op. 5, Sp. 110, L. 97-110.

107 Krzysztof Arciszewski. Obrazek historyczny z dawnej przeszłości Lwowa, in: Przyjaciel domowy 1–16 (1857); Tereza Jadwiga. Wspómnienie z dni minionych 26. Września r. 1848, in: Zorza 7 (1902), 105–107.

108 Osada Lvova Bohdanom Chmelnickim v 1655 r, Polskaja demonstracyia v godovshchinu osady gor. Lvova Chmelnickim, in: Galicanin 213–216 (1905). On alternative, more settled Ruthenian interpretation, vgl. Semon WITYK, Pokój ludziom dobrej woli!, Lemberg 1905.

109 Karta pamiątkowa obchodu rocznicy oblezenia miasta Lwowa przez hetmana kozaków Chmielnickiego i walecznej obrony mieszkańców w roku 1655, Lemberg 1905.

110 Vgl. CDIAU F. 146, Op. 8, Sp. 448, L. 56; F. 101, Op. 1, Sp. 5, L. 35; F.165, Op. 5, Sp. 50.
111 Vgl. CDIAU F.165, Op. 5, Sp. 50, L. 57–58.
112 Vgl. CDIAU F. 165, Op. 5, Sp. 110, L. 38, 55–133.
113 "Since the erection of the mound is happening in the name of the government (*w obliczu rządu*), [...] and since the committee has started this activity without the government's permission – the activity which, even if we do not view it as a demonstration against Austria, nonetheless is a political demonstration designed to have a different trajectory [than Austrian patriotism] – consequently, the government in a possession of means to prohibit this illegal act" ("Sprawozdanie c. k. Dyrektora policyi z dnia 21. września 1869", ebenda, L. 62–63).
114 Ebenda, L. 150.
115 Vgl. Teofil MERUNOWICZ, List otwarty do JWPana Stanisława Ciuchcińskiego prezydenta Lwowa, in: Gazeta narodowa 138, 19 Czerwca, 1907.

Personenregister

Ackermann, Stadträtin 330
Ackroyd, Peter 40
Adam-Schwätzer, Irmgard 249
Adžija, Božidar 127f.
Adler, Guido 278f., 281
Albrecht, Erzherzog 153f.
Aleš, Mikoláš 339
Alexander I., russischer Zar 135
Alexander II., russischer Zar 138
Alexander III., russischer Zar 142
Alexander Karađjorđjević, Kronprinz von Serbien 121
Algorotti, Francesco 135
Anderson, Stanford 18
Anno, Kölner Erzbischof 321
Anziferow, Nikolaj 133f.
Arbes, Jakub 361
Arndt, Ernst Moritz 32
Arneth, Alfred von 302
Arnold, Jan 107
Árpád 42f., 419
Ash, Timothy Garton 200
Assmann, Aleida 35, 56, 78, 186, 293, 320
Assmann, Jan 259
Atatürk, Mustafa Kemal 24
Attems, Edmund Graf 386, 388, 393f.
Attila, Jozsef 193, 196
Augé, Marc 365

Augustin, Vinzenz Freiherr von 81
Azaryahu, Maoz 20, 311

Bacquehem, Marquis Olivier 377, 387
Badeni, Kasimir Felix Graf 101, 376f., 379, 383f., 387
Badstieber, Karl 156
Baedeker, Karl 354
Bajcsy-Zsilinszky, Endre 59
Balogh, Andras F. 49
Barry, Charles, Sir 58
Barthou, Louis 339
Bartók, Béla 209
Bastianelli, Giovanni 288
Batka, Johann Nepomuk 206
Baum, Oskar 366
Baumann, Ludwig 155
Baumgartner, Josef 148
Bebel, August 329, 332
Becker, Wolfgang 270
Beethoven, Ludwig van 64, 69f., 312
Bem, József 59
Bendl, Johann Georg 102
Beneš, Eduard 109
Benjamin, Walter 47
Benk, Johannes 158, 173
Bense, Max 48
Berchtold V., Herzog 218f., 221, 224
Bering, Dietz 54

455

Bernhard, Thomas 41, 78
Bernolák, Anton 205
Binder, Hartmut 369
Bingen, Stadtrat 330
Bismarck, Otto von Fürst 30, 177, 304, 309, 321
Björnson, Björnstjerne 209
Blaas, Carl von 155
Bloesch, Hans 222
Blücher, Gebhard Leberecht von 322
Boddien, Wilhelm von 248
Boia, Lucian 424
Bošković, Rudjer 122, 128f.
Borovský, Karel Havlíček 337f.
Bossi, Renzo 288
Brahms, Johannes 280
Braudel, Fernand 75
Břenek, Antonín 159
Brod, Max 369
Brokof, Ferdinand Maximilian 151
Bubenberg, Adrian von 224
Bührer, Jakob 223
Burabista, dakischer König 421
Burke, Peter 259
Burney, Charles 277

Caffiaux, Philippe-Joseph 277
Carl von Habsburg-Lothringen, Erzherzog 77, 155f., 159
Casella, Alfredo 285, 288, 291f.
Cavalieri, Emilio de 285
Cavour, Camillo 33
Ceausescu, Nicolae 417, 421
Černý, Tomáš 363
Cesarec, August 127
Chilesotti, Oscar 279–282, 287
Chlodwig, fränkischer König 320
Chmelnyćkyj, Bohdan 441f., 445
Chomiński, Polizeidirektor 429
Christo, Vladimirov 198
Christophory, Leo 148

Chrysander, Friedrich 287
Churchill, Winston Sir 342
Clary-Aldringen, Manfred Graf 375, 377–380, 382f., 385–389, 391, 394, 397
Clemenceau, George 37
Clementi, Muzio 277
Coch, Georg 64
Corradi, Corradino 17
Cortés, Hernán 58
Csikszentmihályi, Robert 44
Czernin, Ottokar Graf 346

da Campione, Giovanni 51
Dach, Simon 30
D'Annunzio, Gabriele 6, 277, 281–286, 289–292
D'Aspre, Ferdinand Freiherr 154
de Gaulles, Charles 36, 38, 57, 324
Deleuze, Gilles 369
Demetz, Peter 361
Destinnová, Emma 109
Deutsch, Karl 407
Diepgen, Eberhard 239, 247, 256, 264
Dimitrov, Georgi 342
Diner, Dan 26
Dmitar Zvonimir, kroatischer König 122, 124, 127f.
Dollfuß, Engelbert 33, 90
Donner, Georg Raphael 161
Dorn, Dieter 307
Dürrenmatt, Friedrich 224

Eco, Umberto 233
Edward I., König von England 57
Eisenhower, Dwight David 340
Eisenmann, Peter 267
Eisner, Pavel 368
Eleonore von Kastilien 57
Engelbert, Kölner Erzbischof 321

Engels, Friedrich 235, 342
Ennker, Benno 139
Erlach, Rudolf von 224
Erzberger, Matthias 329, 331
Eugen, Prinz von Savoyen 77, 80f., 158, 298–306, 308f.

Fadrusz, János 206, 409f.
Falconet, Etienne Maurice 135f.
Feigler, Ignaz 205
Ferdinand I., Kaiser von Österreich 64
Ferdinand I., römisch-deutscher Kaiser 151
Ferdinand III., römisch-deutscher Kaiser 278
Fernkorn, Anton Dominik 151, 154–157, 159, 162, 308
Ferstl, Heinrich von 81, 84
Ficher, Sylvia 48
Figl, Leopold 85, 88
Fischer, Ernst 85
Flierl, Thomas 236, 249, 263, 266–269
Foch, Ferdinand 339
Földenyi, Laszló F. 45
Fomin, Ivan 138
François, Etienne 260
Franz Ferdinand, von Österreich-Este Erzherzog 41, 81
Franz II./I., römisch-deutscher/ österr. Kaiser 80f., 164, 294f., 298, 348, 436, 438
Franz Joseph I., Kaiser von Österreich, König von Ungarn 33, 80–82, 87, 148–151, 156f., 162, 298, 390f., 394, 409, 438
Franzos, Karl Emil 359f., 365
Freifeld, Alice 436
Frescobaldi, Girolamo 285
Freud, Sigmund 25, 57

Friedmann, Desider 64
Friedrich der Große, preußischer König 158, 278
Friedrich Heinrich, Prinz von Preußen 331
Friedrich I. Barbarossa, Kaiser 147, 317
Fučík, Julius 343
Fux, Johann Joseph 279

Głogowski, Jerzy 448
Galuppi, Baldassare 286
Gambetta, Léon 56
Gandhi, Mohandas Karamchand „Mahatma" 265
Gellner, Ernest 406
Gibeau, Pierre Denis 448
Gilman, Sander 360
Glasner, Peter 313, 317
Gneisenau, August Wilhelm von 322
Gołuchowski, Agenor 437, 439, 442, 450
Goethe, Johann Wolfgang von 219
Goldstücker, Eduard 369
Gorbatschow, Michail 272
Göring, Hermann 33
Gottwald, Klement 109, 209, 342
Gradaščević, Husein-beg 126f.
Graf, Franz 380f., 386, 389–391
Grgur, Bischof von Dukljanska 124, 129
Grillparzer, Franz 153, 296–298, 305
Grossmajer, Marcin 442
Großsteinbeck, Klaus 54
Grotewohl, Otto 235
Groys, Boris 14
Guattari, Félix 369
Guldan, Fero 209

Habán, Franta 350
Habermas, Jürgen 13

Hahnloser, Hans 224
Halbwachs, Maurice 15, 111, 234, 259
Haller, Albrecht von 224
Hammerstein, Wilhelm 434
Hanak, Anton 196
Händel, Georg Friedrich 277
Hardenberg, Karl August von 322
Haring, Keith 260
Hassemer, Volker 241
Haussmann, Georges-Eugène 36
Haussmann, Leander 270
Havel, Václav 342
Havlíček, Karel 102
Haydn, Joseph 209, 277
Hazan, Eric 37, 40
Hegenbarth, Ernst 158
Heine, Albert 306
Henkel, Frank 269
Henselmann, Hermann 236
Herder, Johann Gottfried 32
Herrmann, Ignát 362, 372
Herschel, Friedrich Wilhelm Sir 122
Heß, Heinrich Freiherr von 154
Heydrich, Reinhard 340
Hikmet, Nazim 343
Hildebold, Kölner Erzbischof 321
Hildebrandt, Alexandra 266, 268
Hildebrandt, Rainer 265
Hillebrand, Richard 155
Himmler, Heinrich 127
Hitler, Adolf 36, 41, 78, 317, 331
Hlinka, Andrej 209
Ho Tai, Hue-Tam 129
Hobsbawm, Eric 428
Hochberger, Juliusz 435
Hochenburger, Viktor Ritter von 385
Hodoly, Radislaus 446
Hoffmann-Axthelm, Dieter 48
Hoheisel, Horst 56
Hojda, Zdeněk 55
Holston, James 48

Holzbauer, Wilhelm 89
Honecker, Erich 235
Hoover, Herbert C. 339
Horneck, Ottokar von 296, 298
Horthy, István 194
Horthy, Miklós 194f., 199
Houska, Čestmír 107
Hren, Anton 394f.
Humboldt, Alexander von 322
Humboldt, Wilhelm von 322
Hummel, Johann Nepomuk 205–207, 209
Hurtig, Alfred 362
Hus, Jan 106, 338
Hviezdoslav, Pavol Országh 208
Hyrtl, Josef 161

Iancu, Avram 404–406, 424
Ipsen, Detlev 15

Jablonowski, Stanisław Jan 436
Jabůrková, Jožka 343
Jäckel, Eberhard 273
Jan III. Sobieski, König von Polen 437, 442
Jandl, Ernst 41
Janin, Maurice 340
Jaworski, Rudolf 60
Jelačić de Buzim, Josip 29, 34
Jirásek, Alois 109, 346
Johannes Nepomuk 150
Joseph I., römisch-deutscher Kaiser 278
Joseph II., römisch-deutscher Kaiser 80, 159f., 180f., 294f., 297, 384, 427, 448, 450, 452

Kádár, János 197
Kafka, Bohumil 208
Kafka, Franz 357f., 369
Kameke, Alfred von 321

Karajan, Herbert von 64
Karásek ze Lvovic, Jiří 361
Karl der Große, Kaiser 321
Karl I., Kaiser von Österreich 41, 346
Karl IV., römisch-deutscher Kaiser 102, 337
Karl VI., römisch-deutscher Kaiser 150
Katharina die Große, russische Zarin 135
Keppel, Matthias 260
Kiliński, Jan 446
Kisch, Egon Erwin 367
Kisfaludi Strobl, Zsigmond 194–196
Kleist, Heinrich von 32, 307
Klieber, Joseph 294
Kościuszko, Tadeusz 437, 451
Koerber, Ernest von 390
Koffler, Gubernialbeamter 429
Kohlhaas, Rem 48
Kokoschka, Oskar 64
Komenský, Jan Amos 338
Kompert, Leopold 359, 365
Korff, Rüdiger 48
Körner, Theodor 32, 85
Kortum, Ernst Bogumil 429
Koselleck, Reinhart 184
Kossuth, Lajos 59
Kovács, Szilvia 49
Kovačević, Vojo 127f.
Krafft, Johann Peter 155
Kraszewski, Józef Ignacy 446
Krejčí, Karel 361
Krieg, Baron Franz 446
Kruz, Max von 448
Küchelbecker, Johann Basilius 147
Kulin, Ban von Bosnien 125–127
Kupelwieser, Leopold 155

Lachnit, Peter 60
Lamár, Ignác (Náci) 6, 203, 210
Langer, Anton 298f., 302
Lapper, Alison 46, 60
Lassalle, Ferdinand 331
László, Gyula 414
Laube, Heinrich 303
Lazăr, Victor 414
Le Carré, John 260
Léger, Fernand 339
Leisek, Georg 149
Leith, James A. 118
Lenin, Wladimír Iljítsch 59, 136, 139, 180, 186f., 191f., 209, 235f., 242
Lentzen, Stadtrat 330
Leopardi, Giacomo 281
Leopold I., römisch-deutscher Kaiser 278
Leppin, Paul 364f., 369
Lewinksy, Joseph 301, 306
Libényi, Janos 150
Liebknecht, Karl 235
Lipták, Ľubomír 203
Liszt, Franz 206, 209
Lobkowitz, Jiří von 341
Lothar, Ernst 41
Louvois, Marquis François Michel de 309
Löw, Martina 13, 134
Ludwig Viktor, Erzherzog 81
Lueger, Karl 64, 71, 75, 154, 158, 390
Luise, preußische Königin 331
Luxemburg, Rosa 235
Lynch, Kevin 14

Majakovský, Vladimir 343
Malipiero, Gian Francesco 286, 288, 291f.
Manzoni, Alessandro 281
Marc Aurel, römischer Kaiser 294
Marcello, Benedetto 282f., 285–287, 289

Maria Theresia, Königin 6, 64, 74, 203, 206–208
Martini, Giovanni Battista 277
Marx, Karl 44, 235
Masaryk, Tomáš Garrigue 108, 210, 338–340, 346, 348, 350
Mascagni, Pietro 283, 288–291
Matejko, Jan 446
Matthias Corvinus, ungarischer König 404f., 409–412, 419, 425
Max, Emanuel 151
Max, Josef 151
Maximilian I., Kaiser von Mexiko 33, 80
Maximilian II., römisch-deutscher Kaiser 205
Meinrad, Josef 64
Meissner, Alfred 360, 367
Meštrović, Ivan 119
Metternich, Clemens Wenzel Lothar Graf 295
Meyrink, Gustav 353, 358, 361, 364f., 368f.
Michalkow, Sergei Wladimirowitsch 85
Mickiewicz, Adam 442
Mises, Ludwig von 74
Mislav, Herzog 128
Moltke, Hellmuth von 321
Monteverdi, Claudio 282, 285f.
Montgomery, Bernard 340
Mörz, Baudirektor 448
Mozart, Wolfgang Amadeus 24f., 209, 277
Müller, Josef 28
Mumford, Lewis 55
Muravev, Graf Michail Nikolaevič 177, 180
Murgaš, Jozef 210
Musil, Robert 27, 234
Mussolini, Benito 45

Myslbek, Josef Václav 105

Nagel, Wolfgang 239
Nagy, Imre 44, 196
Napoleon I. Bonaparte 36f., 40, 80, 131, 136
Napoleon III. Bonaparte 36
Nash, John 39, 58
Natonek, Hans 365f., 369
Nelson, Horatio Lord 39, 57
Nerger, Peter 263
Neuhäuser, Stadtrat 330
Niebuhr, Barthold Georg 322
Nikolaus II., russischer Zar 142
Nora, Pierre 115f., 118, 129, 355f.
Novák, Arne 368

Ohmann, Friedrich 149, 155
Onderka, Franz 448
Opletal, Jan 111
Ortvay, Theodor 204
Orwell, George 130
Ossoliński, Józef Maximilian 445
Ottokar I. Přemysl König von Böhmen 296–298

Palach, Jan 107, 110, 341
Palacký, František 338
Palestrina, Giovanni Pierluigi da 285
Panzl, Johann 155
Paolucci, Giuseppe 277
Pascheles, Wolf 358
Pascu, Stefan 416, 417
Pawłowski, Bronisław 437
Pawlow, Iwan Petrowitsch 342
Pekary, Karl 31
Pellé, Jean 339f.
Perutz, Leo 364
Peter I. Karađjorđjević, König von Jugoslawien 121f.
Peter I., russischer Zar 132, 135, 137

Petőfi, Sándor 59, 207–209
Pfitzner, Josef 339
Pilartz, Stadtrat 322
Pizzetti, Ildebrando 284–286, 288–292
Podlipný, Jan 339
Politzer, Heinz 369
Popper, Karl 116
Pótó, János 195, 199
Praetorius, Michael 279
Przewoznik, Andrzej 30
Pštross, František Václav 339
Puccini, Giacomo 283, 290
Puschkin, Alexander 135f.

Quinn, Marc 46

Raab, Julius 64
Raabe, Wilhelm 360
Radetzky, Johann Joseph Wenzel Graf von 151–154, 164f., 170f., 305f., 348
Radić, Stephan 346
Rački, Franjo 122, 124, 129
Rákosi, Mátyás 44
Rammelmayer, Adam 165
Rašín, Alois 341, 347
Rathenau, Walther 329
Raynal, Abbé Guillaume Thomas 220
Reagan, Ronald 261, 272
Rebhandl, Bert 267
Renner, Karl 85
Respighi, Ottorino 288
Richtěr, Sviatoslav 343
Rings, Stadtrat 329
Röckerath, Stadtrat 321
Rohrer, Joseph 429, 438
Roloff-Momin, Ulrich 239
Róna, Jaroslav 357
Roon, Albrecht von 321

Roosevelt, Franklin Delano 33
Roosevelt, Theodore 64
Rose, Jürgen 307
Rosegger, Peter 382
Rosh, Lea 273
Rott, Karl 298
Ruben, Christian 151
Rubinštejn, Anton 209
Rudolf I. von Habsburg, Kaiser 297
Ryffli, Berner Sagenfigur 220

Sacharow, Andrej 265
Sacher-Masoch, Leopold von 359, 429
Salghetti Drioli, Giovanni 45
Šaloun, Ladislav 371
Sauer, František 350
Scarlatti, Alessandro 285
Scharnhorst, Gerhard von 322
Scheinfeld, Michajl A. 86
Schickedanz, Albert 43
Schiller, Friedrich 69f.
Schinkel, Karl Friedrich 16
Schlögel, Karl 133, 140
Schmeiser, Florian 92
Schmidt, Franz 209
Schmidt, Friedrich 64, 69
Schnirch, Bohuslav 105
Schönhals, Karl Freiherr von 154
Schorske, Carl Emil 74, 90
Schott, Walter 147
Schuda, Susanna 92
Schulz, Joseph 103
Schulze, Hagen 260
Schütte, Thomas 46
Schwarzenberg, Carl Fürst 80, 82
Schwarzenberg, Karl Philipp Fürst 322
Sebald, Winfried Georg 359
Sedlnitzky, Josef Graf 295
Semper, Gottfried 16
Ševčenko, Taras 451

Simon, Gerhard 141
Simonek, Stefan 49
Sitte, Camillo 62, 73
Skoumal, Petr 106
Smetana, Bedřich 338f.
Smolka, Franciszek 431, 440–442, 444, 447, 452
Sofer, Chatam 210
Sollmann, Wilhelm 328
Sonne, Wolfgang 48
Soukup, František 341, 347
Speidel, Ludwig 301
Spitta, Philipp 278, 281
Staadt, Jochen 271
Stachel, Peter 78
Stadion, Franz Graf 439, 452
Stalin, Josef 28, 44, 137, 180, 182f., 187, 342
Štefánik, Milan Rastislav 208, 339, 341, 343
Stein, Heinrich Friedrich von 322
Stephan (Istvan) I., ungarischer König 192, 198f., 419
Stierle, Karlheinz 17
Stjepan I. Držislav, König von Kroatien 128
Stříbrný, Jiří 347
Stolz, Robert 64
Strawinsky, Igor 285, 291f.
Strieder, Peter 247f.
Stübben, Joseph von 74
Štúr, Ľudovít 204, 208
Succovaty, Eduard von 391
Svátek, Josef 361
Švehla, Antonín 347
Šverma, Jan 342f.
Szádeczky, Lajos 410
Szentjóby, Tamás 198
Szűcs, Jenő 418

Taaffe, Ludwig 428

Tell, Wilhelm 220
Thälmann, Ernst 235
Thun, Franz Graf von 151
Tilgner, Viktor 156, 160f., 205
Tintoretto, Jacopo 282
Toberentz, Robert 147
Toman, Ignacij 151
Tomski, Nicolai 236
Torchi, Luigi 279–281
Torcy, Marquis Jean-Baptiste Colbert de 301, 309
Traba, Robert 53
Trescher, Franz 448
Tuch, Josef 156, 159

Ulbricht, Walter 235
Urickij, Moisej 137

Varga, Imre 195f.
Verdi, Giuseppe 33, 283, 289f.
Vernet, Horace 151
Veselá, Barbora 107
Veselý, Jiří 107
Višeslav, Herzog 128
Visser, Alexander 259
Vittorio Emanuele II., König von Italien 33, 36
Vivaldi, Antonio 285
Vogelweide, Walther von der 317
Voskovec, Jiří 367
Vrchlický, Jaroslav 109

Wagner, Joseph 150
Wagner, Otto 148
Wagner, Richard 280–284, 290
Walden, George 118
Wallenstein, Herzog Albrecht Wenzel von 305f.
Wallner, Anton 155
Walser, Martin 273
Wandruszka, Josip 448

Weber, Anton 158
Weber, Max 67
Wegener, Paul 353, 367
Weghaupt, Fritz 149
Weilen, Josef 298, 300, 302–305
Weiler, Max 64
Weiner, Richard 348
Wenzel, König von Böhmen 102, 104–106, 112, 337
Wenzig, Josef 155
Werich, Jan 367
Werndl, Josef 160f.
Werndl, Leopold 161
Werner, Marion 313, 320
Weyr, Rudolf 148
Wieland, Christoph Martin 32
Wilhelm I., deutscher Kaiser 147, 320, 329
Wilhelm II., deutscher Kaiser 278
Wilson, Woodrow 348
Winter, Zikmund 364
Wolfrum, Edgar 263, 272
Wondraczka, Alois 448
Woroschilow, Kliment 194
Wratislav, Eugen Graf 154

Zahradník, Isidor 348
Zala, György 43
Zápotocký, Antonín 342
Zauner, Franz Anton 160
Ždanov, Andrej Alexandrovič 342
Zelle, Joachim 268
Zichy, Géza Graf 206
Žižka, Jan 338
Zumbusch, Caspar von 152–154, 161, 165, 171

Autoren

Prof. Dr. Dietz **Bering** (Köln) — *dietz.bering@uni-koeln.de*
Doz. Dr. Federico **Celestini** (Graz/Berlin) — *federico.celestini@uni-graz.at*
Dr. Corradino **Corradi** (1959–2006)
Dr. François **de Capitani** (Bern) — *francois.decapitani@slm.admin.ch*
Mag. Georg **Escher** (Zürich) — *georg.escher@solnet.ch*
Dr. Margit **Feischmidt** (Pécs) — *mfeischmidt@axelero.hu*
Dr. Elisabeth **Großegger** (Wien) — *elisabeth.grossegger@oeaw.ac.at*
Klaus **Großsteinbeck**, M.A. (1965–2004)
Mag. Josip **Hrgović** (Zagreb) — *josip.hrgovic@pilar.hr*
Dr. Zdeněk **Hojda** (Prag) — *hojda@ff.cuni.cz*
Prof. Dr. Rudolf **Jaworski** (Kiel) — *bholst@oeg.uni-kiel.de*
Prof. Dr. Jan **Kusber** (Mainz) — *kusber@uni-mainz.de*
Doz. Dr. Václav **Ledvinka** (Prag) — *petra.vokacova@cityofprague.cz*
Dr. Karin **Liebhart** (Wien) — *karin.liebhart@univie.ac.at*
Prof. Dr. Elena **Mannová** (Bratislava) — *histmann@savba.sk*
Doz. Dr. Martin **Moll** (Graz) — *martin.moll@uni-graz.at*
Dr. Jiří **Pokorný** (Prag) — *jiri.pokorny@pedf.cuni.cz*
Dr. Andreas **Pribersky** (Wien) — *andreas.pribersky@univie.ac.at*
Mag. Markian **Prokopovych** (Budapest) — *nphpro30@phd.ceu.hu*
Mag. Bernadette **Reinhold** (Wien) — *bernadette.reinhold@chello.at*
Mag. Lena **Schulz zur Wiesch** (Berlin) — *lena.schulzzw@sowi.hu-berlin.de*
Doz. Dr. Peter **Stachel** (Wien) — *peter.stachel@oeaw.ac.at*
Doz. Dr. Werner **Telesko** (Wien) — *werner.telesko@oeaw.ac.at*